XIX

COMENTÁRIOS
AO CÓDIGO DE
PROCESSO CIVIL

DA ORDEM DOS PROCESSOS E DOS
PROCESSOS DE COMPETÊNCIA
ORIGINÁRIA DOS TRIBUNAIS

www.editorasaraiva.com.br/direito
Visite nossa página

FABIANO CARVALHO

Doutor e Mestre pela Faculdade de Direito da Pontifícia Universidade Católica de São Paulo (PUC-SP). Professor da Fundação Armando Álvares Penteado (FAAP). Advogado.

COORDENADORES

JOSÉ ROBERTO F. GOUVÊA
LUIS GUILHERME A. BONDIOLI
JOÃO FRANCISCO N. DA FONSECA

COMENTÁRIOS AO CÓDIGO DE PROCESSO CIVIL

DA ORDEM DOS PROCESSOS E DOS PROCESSOS DE COMPETÊNCIA ORIGINÁRIA DOS TRIBUNAIS

ARTS. 926 A 993

2022

Av. Paulista, 901, 3º andar
Bela Vista – São Paulo – SP – CEP: 01311-100

SAC   sac.sets@saraivaeducacao.com.br

Diretoria executiva	Flávia Alves Bravin
Diretoria editorial	Ana Paula Santos Matos
Gerência editorial e de projetos	Fernando Penteado
Novos projetos	Aline Darcy Flôr de Souza
	Dalila Costa de Oliveira
Gerência editorial	Isabella Sánchez de Souza
Edição	Deborah Caetano de Freitas Viadana
Produção editorial	Daniele Debora de Souza (coord.)
	Cintia Aparecida dos Santos
	Daniela Nogueira Secondo
Arte e digital	Mônica Landi (coord.)
	Camilla Felix Cianelli Chaves
	Claudirene de Moura Santos Silva
	Deborah Mattos
	Guilherme H. M. Salvador
	Tiago Dela Rosa
Projetos e serviços editoriais	Daniela Maria Chaves Carvalho
	Emily Larissa Ferreira da Silva
	Kelli Priscila Pinto
	Klariene Andrielly Giraldi
Diagramação	Rafael Cancio Padovan
Revisão	Cecília Devus
Capa	Aero Comunicação / Danilo Zanott
Produção gráfica	Marli Rampim
	Sergio Luiz Pereira Lopes
Impressão e acabamento	Edições Loyola

DADOS INTERNACIONAIS DE CATALOGAÇÃO NA PUBLICAÇÃO (CIP)
VAGNER RODOLFO DA SILVA – CRB-8/9410

C331c   Carvalho, Fabiano

Comentários ao Código de Processo Civil – Vol. XIX (arts. 926 a 993): da ordem dos processos e dos processos de competência originária dos tribunais / Fabiano Carvalho ; coord. José Roberto F. Gouvêa, Luis Guilherme A. Bondioli, João Francisco N. da Fonseca. – São Paulo : SaraivaJur, 2022. (Comentários ao Código de Processo Civil)

536 p.

ISBN 978-65-536-2265-4 (Impresso)

1. Direito. 2. Direito Civil. 3. Código de Processo Civil. 4. CPC. 5. CPC/2015. 6. Processos. 7. Competência. 8. Tribunais. 9. Meios. I. Gouvêa, José Roberto F. II. Bondioli, Luis Guilherme A. III. Fonseca, João Francisco N. da. IV. Título. V. Série.

	CDD 341.46
2021-3899	CDU 347.91(81)(095)

Índices para catálogo sistemático:

1. Direito Processual Civil   341.46
2. Direito Processual Civil : Código de Processo Civil   347.91(81)(095)

Data de fechamento da edição: 15-12-2021

Dúvidas? Acesse www.editorasaraiva.com.br/direito

Nenhuma parte desta publicação poderá ser reproduzida por qualquer meio ou forma sem a prévia autorização da Saraiva Educação. A violação dos direitos autorais é crime estabelecido na Lei n. 9.610/98 e punido pelo art. 184 do Código Penal.

CL 607614   CAE 785701

Este livro é dedicado aos amigos
Rodrigo Otávio Barioni e Luis Guilherme A. Bondioli.

Um agradecimento especial para Lilian Patrus Marques,
que muito gentilmente revisou os originais.

APRESENTAÇÃO

Nossa relação com a Editora Saraiva tornou-se pública em 1995, com a publicação da 26ª edição do Código de Processo Civil e legislação processual em vigor e da 14ª edição do Código Civil e legislação civil em vigor, ainda de autoria exclusiva de Theotonio Negrão, mas já com a colaboração do primeiro subscritor desta apresentação, revelada na nota daquelas edições. Atualmente, mais de 20 anos depois, essas obras estão na 47ª edição e na 34ª edição, respectivamente, o que é motivo de imensa alegria e satisfação para nós.

Um outro momento marcante desta relação se deu em 2005, por ocasião do lançamento da Coleção Theotonio Negrão, destinada à publicação de dissertações de mestrado e teses de doutorado aprovadas nas melhores instituições de ensino jurídico do País, sob a coordenação do primeiro subscritor desta apresentação e com a participação, na condição de autores, dos outros dois subscritores.

Pouco depois de 2005, em nossas constantes conversas com a Editora Saraiva, surgiu a ideia de mais um projeto conjunto, qual seja, a edição de Comentários ao Código de Processo Civil, compostos por volumes a serem escritos individualmente por estudiosos do direito processual civil brasileiro. A inspiração óbvia para esse projeto era a paradigmática coleção coordenada pelo Mestre José Carlos Barbosa Moreira noutra casa editorial. Quando esse projeto não passava ainda de uma simples conversa, a constituição de uma comissão de juristas para a elaboração de um anteprojeto de Código de Processo Civil em 2009 nos causou sensações mistas. De um lado, esse anteprojeto nos colocava em compasso de espera e adiava a concretização do tal projeto. De outro lado, referido anteprojeto nos deixava a certeza de que, um dia, o mencionado projeto ganharia concretude e proporções maiores do que as imaginadas originalmente.

Entre 2009 e 2015, acompanhamos com atenção o processo legislativo que passou pela elaboração dos Projetos de Lei n. 166/2010 e 8.046/2010 e culminou com a publicação da Lei n. 13.105, de 16 de março de 2015, que trouxe para o Brasil um novo Código de Processo Civil. Nesse ínterim, nosso mais recente projeto conjunto com a Editora Saraiva foi tomando corpo. Conseguimos reunir um selecionado time de doutores, livres-docentes e professores das mais renomadas faculdades de direito do País, que se integrou ao nosso projeto e foi determinante para que ele se tornasse realidade. A todos os integrantes desse time, ficam aqui os nossos mais sinceros agradecimentos!

Com a chegada do ano 2016, o Código de Processo Civil entrou em vigor, um ano após a sua publicação e já alterado pela Lei n. 13.256, de 4 de fevereiro de 2016. Foi o período de maior reflexão e estudo na história processual recente do País. E é um extrato dessa reflexão e desse estudo que pretendemos ver presente nesta coleção de Comentários ao Código de Processo Civil, elaborada em 21 volumes, que, esperamos, contribuam para a boa compreensão e aplicação da lei processual mais importante do Brasil.

São Paulo, julho de 2016.

José Roberto Ferreira Gouvêa
Luis Guilherme Aidar Bondioli
João Francisco Naves da Fonseca

SUMÁRIO

Apresentação 7

LIVRO III
DOS PROCESSOS NOS TRIBUNAIS E DOS MEIOS DE IMPUGNAÇÃO DAS DECISÕES JUDICIAIS

TÍTULO I
DA ORDEM DOS PROCESSOS E DOS PROCESSOS DE COMPETÊNCIA ORIGINÁRIA DOS TRIBUNAIS

CAPÍTULO I
DISPOSIÇÕES GERAIS

1. Objeto do Capítulo...	23
2. Direito jurisprudencial no direito processual anterior..................	24

Art. 926. .... **25**

3. Conceito de precedente	25
4. *Ratio decidendi* (Fundamento determinante ou *holding*)	27
5. *Obiter dictum*	31
6. Jurisprudência	34
7. Jurisprudência divergente e jurisprudência uniforme	36
8. Jurisprudência dominante	36
9. Súmula	37
10. Súmula vinculante	39
11. Deveres dos tribunais: uniformização, estabilidade, integridade e coerência	41

Art. 927. .... **46**

12. Destinatários da norma	47
13. Precedentes: vinculação e persuasão..	48

COMENTÁRIOS AO CÓDIGO DE PROCESSO CIVIL V. XIX

14. Eficácia dos precedentes e das súmulas	53
15. Distinção (*distinguishing*)	55
16. Superação do precedente (*overruling* e *overriding*)	58
17. Modulação dos efeitos	60
18. Publicidade dos precedentes	68

Art. 928.	**69**
19. Microssistema de julgamentos de casos repetitivos	69
20. Identificação de "casos repetitivos"	70
21. Objeto dos "casos repetitivos"	71

CAPÍTULO II
DA ORDEM DOS PROCESSOS NO TRIBUNAL

Art. 929.	**71**
22. Registro no protocolo do tribunal	71
23. Imediata distribuição	72
24. Descentralização do serviço de protocolo (protocolo integrado)	73

Art. 930.	**73**
25. Distribuição do processo, recurso ou incidente	73
26. Prevenção	75

Art. 931.	**76**
27. Distribuição e conclusão	76
28. Função do relatório	77

Art. 932.	**82**
29. Notas sobre a evolução legislativa dos poderes do relator	83
30. Órgãos dos tribunais: colegiados e unipessoais	89
31. Poderes do relator externos ao art. 932	91
32. Relator	92
33. Poderes do relator e competência funcional	94
34. Taxatividade das hipóteses para julgamento unipessoal de recurso	97
35. Poderes do relator para atos ordinatórios	99
36. Poderes do relator para instrução	100
37. Poderes do relator para homologar autocomposição das partes	100

38. Poderes para apreciar o requerimento de tutela provisória............. 101

39. Poderes para não conhecer o recurso 102

40. Poderes para declarar prejudicado o recurso................................ 103

41. Poderes do relator para julgamento do recurso........................... 103

42. Momento para o julgamento unipessoal do recurso 105

43. Poderes para intimar o Ministério Público................................. 106

44. Atribuições estabelecidas no regimento interno do tribunal......... 106

45. Cláusula geral para sanar vício processual 107

Art. 933. .... **108**

46. Ocorrência de fato superveniente... 109

47. Existência de questão apreciável de ofício 110

48. Procedimento 111

Art. 934. .... **112**

49. Designação de dia para julgamento 112

Art. 935. .... **113**

50. Publicação da pauta.. 114

51. Vista dos autos e fixação da pauta 114

Art. 936. .... **114**

52. Ordem dos julgamentos 115

Art. 937. .... **115**

53. Admissibilidade da sustentação oral.. 116

54. Prazo para sustentação oral 118

55. Conteúdo da sustentação oral... 119

56. Requerimento da sustentação oral 120

57. Sustentação oral por meio de videoconferência ou outro recurso tecnológico de transmissão de sons e imagens em tempo real........ 120

Art. 938. .... **121**

58. Questão preliminar.. 121

59. Momento, competência e quem pode suscitar a questão preliminar... 123

60. Constatação de vício sanável 124

61. Necessidade de prova e conversão do julgamento em diligência.... 125

Art. 939. .... **126**

62. Efeitos do pronunciamento da questão preliminar 126

Art. 940. .... **127**

63. Vista dos autos 128

64. Prazo para devolução dos autos 129

Art. 941. .... **130**

65. Proclamação do resultado 131

66. Alteração do voto 131

67. Redator do acórdão 132

68. Quórum para julgamento de apelação ou de agravo de instrumento .. 133

69. Declaração do voto vencido 133

Art. 942. .... **135**

70. Generalidades 136

71. Julgamento não unânime como pressuposto da técnica do julgamento estendido 138

72. Competência 138

73. Dinâmica do julgamento estendido 139

74. Julgamento estendido na apelação 141

75. Julgamento estendido na ação rescisória 143

76. Julgamento estendido no agravo de instrumento 144

77. Julgamento estendido no agravo interno 145

78. Julgamento estendido nos embargos de declaração 146

79. Inaplicabilidade da técnica do julgamento colegiado estendido 147

Art. 943. .... **148**

80. Registro dos pronunciamentos judiciais 148

81. Ementa 148

Art. 944. .... **150**

82. Publicação do acórdão e das notas taquigráficas 150

Art. 945. .... **152**

83. Revogação do dispositivo 152

Art. 946. .... **152**

84. Ordem de julgamento do agravo de instrumento e da apelação 152

CAPÍTULO III
DO INCIDENTE DE ASSUNÇÃO DE COMPETÊNCIA

Art. 947... **154**

85. Generalidades 154
86. Conceito e finalidade.. 161
87. Pressupostos.. 163
88. Pendência de processo 164
89. Relevante questão de direito de grande repercussão social 165
90. Inexistência de múltiplos processos que envolvam a questão 169
91. Inexistência de outro procedimento para resolver a questão de direito .. 169
92. Demonstração da necessidade de prevenir ou compor a divergência jurisprudencial 170
93. Competência 171
94. Legitimidade 172
95. Juízo de admissibilidade.. 174
96. Procedimento.. 176
97. Julgamento e fixação da tese 179
98. Meios de impugnação 181

CAPÍTULO IV
DO INCIDENTE DE ARGUIÇÃO DE INCONSTITUCIONALIDADE

99. Objeto do Capítulo.. 182

Art. 948.... **184**

100. Objeto do incidente... 184
101. Legitimidade 186
102. Momento da arguição de inconstitucionalidade 187
103. Oitiva do Ministério Público 187
104. Submissão da matéria ao órgão fracionário...................... 188

Art. 949.... **188**

105. Decisão do órgão fracionário 189
106. Exceções à regra da reserva de plenário (*full bench*) 190

13

Art. 950. .... **191**

107. Competência 191

108. Procedimento 192

109. Decisão do órgão especial ou do plenário 193

110. Meios de impugnação 195

CAPÍTULO V
DO CONFLITO DE COMPETÊNCIA

Art. 951. .... **196**

111. Objeto 196

112. Legitimidade 198

113. Oitiva do Ministério Público 199

Art. 952. .... **200**

114. Arguição de incompetência relativa 200

Art. 953. .... **201**

115. Competência 201

116. Forma 202

Art. 954. .... **202**

117. Oitiva dos órgãos em conflito 202

Art. 955. .... **203**

118. Medidas de urgência 204

119. Julgamento pelo relator 205

Art. 956. .... **205**

120. Oitiva do Ministério Público 205

Art. 957 .... **206**

121. Julgamento 206

122. Recursos 207

123. Não cabimento de ação rescisória 207

Art. 958. .... **207**

124. Conflito entre órgãos fracionários do tribunal 208

Art. 959. .... **208**

125. Conflito de atribuições 208

CAPÍTULO VI
DA HOMOLOGAÇÃO DE DECISÃO ESTRANGEIRA E DA CONCESSÃO DO *EXEQUATUR* À CARTA ROGATÓRIA

126. Generalidades 209

Art. 960. .... **211**

127. Ação de homologação 212

128. Competência 215

129. Citação e defesa 215

130. Intervenção do Ministério Público 216

131. Carta rogatória e decisão interlocutória 217

132. Fontes normativas da homologação de decisão de sentença estrangeira 219

133. Efeitos da decisão estrangeira independentemente de homologação ... 219

134. Homologação de decisão arbitral estrangeira 220

Art. 961. .... **222**

135. Objeto da homologação 222

136. Homologação parcial 225

137. Decisões estrangeiras que independem de homologação 226

138. Decisões estrangeiras não sujeitas à homologação 227

139. Recursos 228

Art. 962. .... **228**

140. Execução de decisão estrangeira que conceder tutela de urgência . 229

141. Dispensa do *exequatur* 229

Art. 963. .... **230**

142. Requisitos indispensáveis à homologação da decisão 230

143. Autoridade competente 231

144. Citação regular, ainda que verificada a revelia 233

145. Decisão eficaz no país em que foi proferida 234

146. Respeito à coisa julgada brasileira 235

147. Tradução oficial 236

COMENTÁRIOS AO CÓDIGO DE PROCESSO CIVIL V. XIX

148. Respeito à ordem pública... 237

149. Concessão do *exequatur* às cartas rogatórias 239

Art. 964... **239**

150. Jurisdição nacional exclusiva 239

Art. 965... **239**

151. Cumprimento de sentença da decisão estrangeira homologada...... 240

152. Cumprimento de sentença da carta rogatória ulteriormente ao
exequatur... 241

CAPÍTULO VII
AÇÃO RESCISÓRIA

153. Generalidades 241

154. Breve comparação entre os sistemas do CPC/1973 e CPC/2015... 243

155. Dispositivos legais externos ao Capítulo VII 244

156. Direito intertemporal... 245

Art. 966... **247**

157. Decisões rescindíveis... 247

158. Decisão que obsta a repropositura da demanda 249

159. Decisão que inadmite recurso 251

160. Rescindibilidade total ou parcial..................................... 252

161. Efeito substitutivo e rescindibilidade 253

162. Trânsito em julgado 254

163. Decisão inexistente 256

164. Decisão ineficaz... 258

165. Erro material 260

166. Rescindibilidade do julgamento de questão prejudicial (art. 503,
§ 1º)... 261

167. Decisão proferida em tutela provisória 262

168. Decisão que fixa honorários advocatícios 263

169. Decisão que fixa juros e correção monetária 264

170. Decisão que fixa sanção processual 266

171. Decisão em liquidação de sentença.................................... 266

172. Decisão que extingue a execução...................................... 267

173. Decisão proferida em partilha judicial	270
174. Processo arbitral	273
175. Decisões rescindíveis e juizados especiais	274
176. Decisões nos procedimentos de jurisdição voluntária	277
177. Ação rescisória contra decisão proferida em ação rescisória	278
178. Ação anulatória (art. 966, § 4º)	279
179. Fundamentos rescisórios – causa de pedir	293
180. Prevaricação, concussão ou corrupção do juiz	295
181. Juiz impedido	298
182. Juízo absolutamente incompetente	301
183. Dolo ou coação da parte vencedora em detrimento da parte vencida	303
184. Simulação ou colusão entre as partes, a fim de fraudar a lei	311
185. Ofensa à coisa julgada	314
186. Violação manifesta de norma jurídica	319
187. Prova falsa	327
188. Obtenção de prova nova	331
189. Erro de fato	340

Art. 967.	**344**
190. Legitimidade para ajuizar ação rescisória	344
191. Parte e seu sucessor	345
192. Terceiro juridicamente interessado	347
193. Legitimidade do Ministério Público	348
194. Legitimidade de quem não foi ouvido no processo em que lhe era obrigatória a intervenção	351
195. Legitimidade passiva	352

Art. 968.	**354**
196. Petição inicial da ação rescisória	355
197. Pedido	356
198. Valor da causa	359
199. Depósito de 5% sobre o valor da causa	360
200. Improcedência liminar do pedido rescindente (art. 332)	362
201. Incompetência para julgar ação rescisória	363

Art. 969.	**365**
202. Execução e ação rescisória	366
203. Competência para apreciar a tutela provisória	367

COMENTÁRIOS AO CÓDIGO DE PROCESSO CIVIL V. XIX

Art. 970. .... **368**

204. Citação do réu 368

205. Prazo para resposta.. 369

206. Resposta do réu e revelia 370

207. Reconvenção em ação rescisória 370

208. Procedimento da ação rescisória 371

Art. 971. .... **372**

209. Procedimento prévio ao julgamento do processo rescisório 372

210. Escolha do relator 373

Art. 972. .... **374**

211. Instrução probatória no processo rescisório....................... 374

212. Competência para atividade probatória 376

213. Devolução dos autos 378

Art. 973. .... **378**

214. Razões finais 378

215. Procedimento prévio ao julgamento 379

216. Competência para julgamento 380

Art. 974. .... **380**

217. Forma do julgamento 381

218. Juízos rescindente e rescisório 381

219. Efeitos do julgamento 383

220. Destino do depósito 384

221. Recursos 387

Art. 975. .... **388**

222. Prazo para rescisão do julgado 388

223. Natureza do prazo: decadência 389

224. Prorrogação do prazo... 390

225. Forma de contagem do prazo 390

226. Prazos decadenciais diferenciados 393

CAPÍTULO VIII
DO INCIDENTE DE RESOLUÇÃO DE DEMANDAS REPETITIVAS

227. Generalidades 394

228. Aplicação em outros modelos processuais...................................... 396
229. Normas externas ao Capítulo VIII... 397
230. Normas externas ao Código de Processo Civil 398
231. Natureza jurídica 399

Art. 976. .... **401**
232. Pressupostos de cabimento 401
233. Restrições ao cabimento (pressuposto negativo).......................... 404
234. Necessidade de processo pendente no tribunal............................ 405
235. Participação do Ministério Público 407
236. Inadmissibilidade e novo IRDR 409
237. Modelo de custas 409

Art. 977. .... **409**
238. Endereçamento e forma 410
239. Legitimidade 411

Art. 978. .... **413**
240. Competência para julgamento 413
241. Avocação para julgar a causa 417

Art. 979. .... **418**
242. Publicidade 418

Art. 980. .... **421**
243. Prazo para julgamento 421
244. Preferência sobre os demais processos e procedimentos................ 422

Art. 981. .... **423**
245. Distribuição e juízo de admissibilidade 423

Art. 982. .... **426**
246. Competência do relator 427
247. Suspensão dos processos pendentes que versem sobre a questão
      comum 427
248. Extensão da suspensão aos processos em curso no território nacional.... 430
249. Requisição de informações 431
250. Tutela de urgência 431

COMENTÁRIOS AO CÓDIGO DE PROCESSO CIVIL V. XIX

Art. 983. .... **432**

251. Participação das partes e interessados 432

252. Audiência pública 435

253. Organização para julgamento 436

Art. 984. .... **436**

254. Dinâmica do julgamento 436

255. Fundamentos do acórdão 438

Art. 985. .... **439**

256. Força obrigatória da tese jurídica fixada.. 439

257. Aplicação da tese nos juizados especiais....................................... 439

258. Controle das decisões judiciais que não observam o precedente
      fixado 440

259. Papel das agências reguladoras 441

Art. 986. .... **442**

260. Revisão da tese jurídica: competência e legitimidade................... 442

Art. 987. .... **444**

261. Recursos... 444

262. Legitimidade para recorrer 448

263. Efeito suspensivo *ope legis* 449

264. Presunção de repercussão geral 450

265. Julgamento do recurso pelo STF ou pelo STJ 451

CAPÍTULO IX
DA RECLAMAÇÃO

266. Nota histórica 452

267. Normas externas ao Capítulo IX 454

268. Normas externas ao CPC 455

269. Natureza jurídica 456

Art. 988. .... **458**

270. Cabimento da reclamação... 459

271. Preservar a competência do tribunal 462

272. Garantir a autoridade das decisões do tribunal............................. 465

273. Garantir a observância de enunciado de súmula vinculante e de decisão do Supremo Tribunal Federal em controle concentrado de constitucionalidade 467

274. Garantir a observância de acórdão proferido em julgamento de casos repetitivos, acórdão de recurso extraordinário com repercussão geral reconhecida e acórdão proferido em assunção de competência...... 474

275. Reclamação e a superação do precedente 478

276. Legitimidade ativa 479

277. Competência 482

278. Instrução probatória... 483

279. Autuação e distribuição 484

280. Prazo para propor reclamação (trânsito em julgado)..................... 484

281. Reclamação e recurso: inexistência de relação de prejudicialidade 486

Art. 989. .... **486**

282. Poderes do relator 487

283. Informações da autoridade reclamada 488

284. Tutela provisória 489

285. Citação e resposta do beneficiário da decisão impugnada............. 491

Art. 990. .... **492**

286. Impugnação por terceiro.. 492

Art. 991. .... **493**

287. Participação do Ministério Público 493

Art. 992.... **494**

288. Julgamento 494

289. Recursos e ação rescisória 496

290. Honorários advocatícios.. 497

Art. 993. .... **498**

291. Cumprimento da decisão 498

LIVRO III
DOS PROCESSOS NOS TRIBUNAIS E DOS MEIOS DE IMPUGNAÇÃO DAS DECISÕES JUDICIAIS

TÍTULO I
DA ORDEM DOS PROCESSOS E DOS PROCESSOS DE COMPETÊNCIA ORIGINÁRIA DOS TRIBUNAIS

CAPÍTULO I
DISPOSIÇÕES GERAIS

1. Objeto do Capítulo

O nome do Capítulo I, "Disposições Gerais", na técnica legislativa, passa a mensagem de que os três dispositivos que o compõem seriam normas genéricas relativamente à "ordem dos processos" e "dos processos de competência originária dos tribunais". Porém, não é isso que ocorre. Ainda que, de maneira não criteriosa e sem qualquer rigor científico, o referido Capítulo modela originalmente artigos que disciplinam a formação e a aplicação da jurisprudência, da súmula e do precedente. Convencionou-se que os arts. 926, 927 e 928 descrevem o denominado "direito jurisprudencial".[1]

Tem-se, aqui, um conjunto de normas fundamentais que, de certo ponto de vista, são essenciais para o adequado funcionamento do Poder Judiciário, e, por tal motivo, melhor se assentariam na Parte Geral do Código, especialmente no Capítulo I do Título Único do Livro I ("Das Normas Fundamentais do Processo Civil").[2]

De todo modo, o Código realça a valorização e a relevância das decisões proferidas pelos tribunais. O que se busca é um padrão de estabilidade, coerência e integridade dos pronunciamentos judiciais, aproximando-se mais intimamente de valores e princípios insertos na Constituição. As decisões judiciais – conjunta ou isoladamente – passam a constituir – mais do que antes – importante fonte do direito, que será utilizada para julgar casos futuros.

---

[1] CASSIO SCARPINELLA BUENO faz referência expressa ao termo "direito jurisprudencial", confessadamente inspirado no nome da coletânea de dois volumes coordenada por TERESA ARRUDA ALVIM WAMBIER (*Manual de direito processual civil*, n. 2.1, p. 633). A nomenclatura também é utilizada por THEODORO JR.-NUNES-BAHIA-PEDRON, *Novo CPC* – fundamentação e sistematização, Cap. 7, p. 323-396.

[2] FREDIE DIDIER JR. afirma textualmente que o rol do Capítulo I do Título Único do Livro I da Parte Geral do Código não é exaustivo e que nele se inclui, *v.g.*, o art. 927 (Coment. ao art. 1º, *in Comentários ao novo Código de Processo Civil*, n. 1, p. 2).

Porém, nota-se na doutrina certa tendência a "teorizar" – inclusive com exagerada utilização de linguagem estrangeira, estranha ao nosso sistema jurídico, muitas vezes imprópria e desnecessária – matéria nitidamente de caráter prático. Essa teorização, de certa maneira, amplia a dificuldade em aplicar as normas expostas no Capítulo em referência.[3]

2. Direito jurisprudencial no direito processual anterior

No Código revogado, qualquer juiz, ao se pronunciar no órgão colegiado, poderia suscitar a manifestação prévia do tribunal "acerca da interpretação do direito" quando verificasse que, a seu respeito, ocorresse divergência ou no julgamento recorrido a interpretação fosse diversa da que lhe havia dado outro órgão colegiado (art. 476, I e II, do CPC/1973). A doutrina notou que esse regramento buscava "evitar, na medida do possível, que a sorte dos litigantes e afinal a própria unidade do sistema jurídico (...) fiquem na dependência exclusiva da distribuição do feito ou do recurso a este ou àquele órgão".[4] O procedimento da uniformização da jurisprudência objetivava a produção da "tese jurídica".[5] A esse propósito, nota-se que o art. 479 do CPC/1973 pregava que o julgamento seria objeto de súmula e constituiria *precedente* na uniformização da jurisprudência.

Ainda no sistema anterior, de acordo com a redação original do art. 542 do CPC/1973, o recurso extraordinário desempenhava papel relevante na função de uniformização da jurisprudência. Posteriormente à promulgação da Constituição de 1988, essa função foi atribuída ao recurso especial (art. 105, III, *c*, da CF).

Inúmeras reformas acabaram por reforçar a importância da jurisprudência no processo, especialmente para abreviar julgamentos colegiados (arts. 120, parágrafo único, 518, § 1º, 544, § 4º, e 557 do CPC/1973), compor técnica de julgamento de recursos repetitivos (art. 543-C, § 2º, do CPC/1973), identifi-

---

3   A questão é notada por José Rogério Cruz e Tucci para quem "é simplesmente indispensável, para o exercício profissional [de qualquer operador do direito, magistrado, advogado (público ou privado), representante do ministério público], a consulta em repertórios de julgados e em coletâneas de jurisprudência" (*Comentários ao Código de Processo Civil*, vol. 4, n. 1, p. 16).

4   Barbosa Moreira, *Comentários ao Código de Processo Civil*, vol. V, n. 3, p. 5. No mesmo sentido, mas com a preocupação de que o enunciado do procedimento de uniformização se estratificasse ou se perpetuasse, Sidney Sanches, *Uniformização da jurisprudência*, p. 8. Sobre a importância do instituto, inclusive quanto à obrigatoriedade, *v.* José Ignácio Botelho de Mesquita, *Da uniformização da jurisprudência – uma contribuição para seu estudo*, n. 1, p. 228.

5   José de Albuquerque Rocha, *O procedimento da uniformização da jurisprudência*, Cap. II, p. 63-89.

car a repercussão geral do recurso extraordinário (art. 543-A, § 3°, do CPC/1973) e obstar o reexame obrigatório de sentenças proferidas contra o Poder Público (art. 475, § 3°, do CPC/1973). Para prevenir ou compor divergência jurisprudencial, a Lei n. 10.352/2001 atribuiu nova redação ao art. 555 do CPC/1973, para instituir o procedimento da assunção de competência.

Sob a perspectiva administrativa da carreira do juiz, à luz do Código de 1973, a jurisprudência também ganhou contornos interessantes. Exemplo: a letra "d" do art. 5° da Resolução n. 106, de 6-4-2010, do Conselho Nacional de Justiça (CNJ) – que dispõe sobre os critérios objetivos para aferição do merecimento para promoção de magistrados e acesso aos Tribunais de segundo grau e está em vigor – estabelece que na avaliação da qualidade das decisões proferidas serão levados em consideração a pertinência da citação jurisprudencial e o respeito às súmulas do Supremo Tribunal Federal e dos Tribunais Superiores.

> **Art. 926.** Os tribunais devem uniformizar sua jurisprudência e mantê-la estável, íntegra e coerente.
>
> **§ 1°** Na forma estabelecida e segundo os pressupostos fixados no regimento interno, os tribunais editarão enunciados de súmula correspondentes a sua jurisprudência dominante.
>
> **§ 2°** Ao editar enunciados de súmula, os tribunais devem ater-se às circunstâncias fáticas dos precedentes que motivaram sua criação.

3. Conceito de precedente

O precedente tem seu fundamento na doutrina do *stare decisis*,[6] que, na realidade, corresponde à redução do adágio jurídico *stare decisis et non quieta movere* ("respeitar o que foi decidido e não mexer no que está estabelecido").[7]

---

6 Sobre os diversos sentidos do termo *stare decisis*, *v.* Cross-Harris, *Precedent in english law*, p. 100-102. A evolução da doutrina pode ser consultada em John Hasnas, Hayek, the Common Law, and Fluid Drive, NYU Journal of Law & Liberty, p. 92-93. O estudo do *stare decisis* foi divulgado e desenvolvido no Brasil por José Rogério Cruz e Tucci, *Parâmetros de eficácia e critérios de interpretação do precedente judicial*, n. 3, p. 101-107. Digno de registro é a Gustavo Santana Nogueira, *Precedentes vinculantes no direito comparado e brasileiro*, n.4.8 e 4.9, p. 177-181.

7 Stare decisis is the policy of the court to stand by precedent; the term is but an abbreviation of stare decisis et non quieta movere – "to stand by and adhere to decisions and not disturb what is settled". Consider the word "decisis". The word means, literally and legally, the decision. Under the doctrine of stare decisis a case is important only for what it decides — for the "what", not for the "why", and not for the "how". Insofar as precedent is concerned, stare decisis is important only for the decision, for the detailed legal consequence following a detailed set of facts

COMENTÁRIOS AO CÓDIGO DE PROCESSO CIVIL V. XIX

Nessa doutrina está difundida a ideia de que os tribunais, por meio de suas decisões, devem transparecer segurança, confiança, igualdade e eficiência.

Precedente não é algo novo no sistema jurídico brasileiro. Há estudos que remontam sua presença aos períodos colonial e do império.[8] Talvez, com o vigente Código de Processo Civil, o precedente seja valorizado.[9]

Chama-se precedente a decisão judicial proferida no caso anterior que potencialmente poderá ser aplicada para resolver casos futuros a partir das semelhanças fáticas entre os casos.[10]

Para a aplicação do precedente não se exige que os fatos – entre os dois casos, anterior e posterior – sejam absolutamente idênticos, até porque nenhum processo é igual ao outro. A utilização do precedente pressupõe identificar as semelhanças fáticas relevantes entre os dois casos. É preciso filtrar o que é importante e o que se pode desconsiderar para efeitos de solução do litígio.[11]

Precedente é fonte do direito.[12]

Por esse motivo, o precedente equipara-se a outras fontes formais (lei, decreto, regulamento etc.). Logo, toda vez que o órgão judicial tiver de deci-

---

(nited States Internal Revenue Serv. *v.* Osborne (In re Osborne), 76 F.3d 306, 96-1 U.S. Tax Cas. (CCH) paragr. 50,185 (9th Cir. 1996)).

8 MARCUS SEIXAS SOUZA, *Os precedentes na história do direito processual civil brasileiro*: colônia e império, especialmente Capítulos 2 e 3. Didier Jr.-Souza ainda explicitam os precedentes no período republicano, *O respeito aos precedentes como diretriz histórica do direito brasileiro*, n. 2, p. 106-120.

9 Os sistemas codificados (*civil law*) sempre conheceram a eficácia do precedente. Em trabalho bastante antigo, TULLIO ASCARELLI afirmou que "praticamente na França, na Itália, na Alemanha, na Bélgica, na Holanda, etc., o advogado ou o juiz, no seu trabalho quotidiano, dá aos precedentes jurisprudenciais uma importância fundamental e geralmente decisiva. Sob este aspecto a diferença com o sistema inglês, no direito privado, reside talvez no fato de que, ao passo que na Inglaterra é o precedente jurisprudencial que tem autoridade geral, nos sistemas da Europa continental é a orientação da jurisprudência no seu conjunto que acaba por ter, praticamente, um valor decisivo. Mesmo as obras de doutrina, dos últimos quarenta anos, dão uma importância progressivamente maior à jurisprudência e, muitas vezes, é esse aspecto que tem, especialmente nas obras francesas, uma importância predominante. Há capítulos de fundamental importância no direito privado europeu, cujo desenvolvimento é jurisprudencial e não haveria possibilidade de expô-lo sem lembrar o sucessivo desenvolvimento da jurisprudência" (*Problemas das sociedades anônimas e direito comparado*, nota 146, p. 82-83).

10 Aplica-se a conhecida fórmula: *ubi eadem ratio, ibi eadem dispositivo* (onde há igual razão, deve haver igual dispositivo) (NORBERTO BOBBIO, *Teoría general del derecho*, p. 246-248).

11 FREDERICK SCHAUER, *Precedent*, n. 3.1, p. 577.

12 JOSÉ ROGÉRIO CRUZ E TUCCI, *Precedente judicial como fonte do direito*, n. 2, p. 18-26. Colhe-se da filosofia do direito a mesma conclusão: KARL LARENZ, *Metodologia da ciência do direito*, n. 5, p. 612.

dir semelhante questão jurídica não pode se afastar do precedente para aplicar *diferente* norma. Todavia, isso não significa dizer que o órgão julgador deva aplicar *mecanicamente* o precedente. Exige-se do julgador atividade analógica, para estabelecer uma relação de semelhança fático-jurídica entre os casos.

Fala-se que "o elemento crucial que efetivamente justifica a recepção analógica da decisão anterior para a solução da hipótese posterior é o 'princípio da universalidade', entendido como uma exigência natural de que casos substancialmente iguais sejam tratados de modo semelhante".[13]

Ao decidir um caso, o órgão julgador elabora uma norma que constitui a solução para o caso concreto. A norma poderá servir para resolver outro litígio semelhante ao anterior.[14]

Nesse contexto, o precedente, na qualidade de norma jurídica e elemento vinculativo ou persuasivo, parece limitar a *discricionariedade judicial*.[15]

A justificação do precedente descansa nos valores que o promovem. Entre os valores estão eficiência, segurança jurídica, confiança, estabilidade do Direito, continuidade do direito, justiça ou equidade, legitimidade e melhora das decisões do Poder Judiciário.[16]

4. *Ratio decidendi* (Fundamento determinante ou *holding*)

Para a aplicação do precedente, torna-se necessário o conhecimento de algumas técnicas.

A *ratio decidendi*, também chamada de fundamento determinante ou *holding*, é a norma que se extrai da fundamentação da decisão judicial e será aplicada para resolver outro caso cujos fatos se enquadram no escopo daquela norma.[17] É o elemento essencial para resolver o caso concreto. É o núcleo do precedente.

A força do precedente não está na decisão do caso concreto, mas na sua justificação.

Duas observações são necessárias.

---

13 José Rogério Cruz e Tucci, *Precedente judicial como fonte do direito*, n. 2, p. 25.
14 Didier Jr.-Braga-Oliveira entendem que "ao decidir um caso, o magistrado cria(reconstrói), necessariamente, duas normas jurídicas. A primeira, de caráter geral, é fruto da sua interpretação/compreensão dos fatos envolvidos na causa e da sua conformação ao Direito positivo.
15 "Precedent appears to have a moderatelly constraining effect on judicial freedom" (Richard A. Posner, How judges think, p. 43).
16 Brenner-Spaeth, *Stare indecisis*, n. 1, p. 2-3.
17 Neil MacCormick, com propriedade, afirma: "é a regra ou princípio de decisão para o qual um dado precedente empresta autoridade, às decisões posteriores de questões semelhantes" (*Rhetoric and the rule of law*, p. 145).

COMENTÁRIOS AO CÓDIGO DE PROCESSO CIVIL V. XIX

Primeiro, note-se que a *ratio decidendi* não está na parte dispositiva da decisão. O dispositivo é "o *preceito concreto e imperativo* ditado pelo juiz em relação à causa".[18] É o resultado do processo. A *ratio decidendi*, por sua vez, é o fundamento determinante e suficiente para alcançar esse resultado. Trata-se da *rule*.[19]

Segundo, destaque-se que a *ratio decidendi* não corresponde aos fundamentos da decisão. Porém, é da fundamentação que se obtém a *ratio decidendi*. Por esse motivo, "como a individualização dos motivos determinantes pressupõe um novo olhar sobre a fundamentação, ou melhor, uma outra valoração da fundamentação, não basta simplesmente pensar em encontrar a essência. O problema não está na análise da estrutura interna da fundamentação. Há que se ter preocupação com sua qualidade".[20]

A *ratio decidendi* tem sua força vinculante *pamprocessual*,[21] i.e., servirá de "norma" para todo e qualquer processo que discutir semelhante fato a partir da mesma perspectiva jurídica. Por esse motivo, fala-se que a *ratio decidendi* tem um grau de generalização em relação ao caso que a originou.[22-23]

Nos julgamentos de casos repetitivos, o órgão julgador fixará a "tese jurídica" que será replicada nos casos iguais (arts. 976, § 4º, 978, parágrafo único, 984, § 2º, 985, *caput* e §§ 1º e 2º, 986, *caput* e § 2º, 1.039, *caput*, e 1.040, III e IV). Advirta-se, contudo, que tese jurídica não é sinônimo de *ratio decidendi*.

Normalmente, a tese jurídica é resultado do "julgamento de causas repetitivas" (incidente de resolução de demandas repetitivas e recursos repetitivos), cujo objetivo é gerenciar os processos massificados (gerenciamento da litigiosidade repetitiva), i.e., dar tratamento uniforme a todas as situações que se

---

18   CÂNDIDO R. DINAMARCO, *Instituições de direito processual civil*, vol. III, n. 1.444, p. 773.

19   TERESA ARRUDA ALVIM WAMBIER, *Precedentes e evolução do direito*, n. 4, p. 44.

20   LUIZ GUILHERME MARINONI, *Precedentes obrigatórios*, n. 3.7.3, p. 209-210.

21   JOSÉ ROGÉRIO CRUZ E TUCCI, *Parâmetros de eficácia e critérios de interpretação do precedente judicial*, n. 6, p. 124.

22   JOSÉ ROGÉRIO CRUZ E TUCCI explica que "a máxima jurídica que é extraída da decisão anterior e que, como visto, constitui efetivamente o "precedente", sofre tal processo de generalização que se insere em uma categoria de dogma dotado de extensão lógica. Desse modo, o caso concreto julgado passa a ser apenas um *exemplum* dentro de um conjunto genérico de casos" (*Precedente judicial como fonte do direito*, n. 2, p. 25).

23   NEIL MACCORMICK fala em "regra da universalidade". São as normas universais que podem ser utilizadas nos casos futuros (*Formal justice and the from of legal arguments*, p. 113). A afirmação é feita também no artigo *Why cases have rationes and what these are*, p. 164, e *Rhetoric and the rule of law*, p. 91-95.

encontram na mesma circunstância fática-jurídica. A *ratio decidendi* tem caráter mais abrangente e pode ser modelada aos casos subsequentes a partir de semelhantes fatos.

Daí por que a "tese não é o motivo determinante para a solução de casos subsequentes análogos, mas sim a própria solução, encartada em preceito de caráter normativo, como expectativa de ampla aplicação, cujo suporte fático abstrai-se do caso paradigma".[24]

Um bom exemplo para demonstrar a diferença é o "Tema Repetitivo 628", oriundo do julgamento do REspRep 1.101.412/SP,[25] no qual se cravou a seguinte "tese jurídica": "[o] prazo para ajuizamento de ação monitória em face do emitente de cheque sem força executiva é quinquenal, a contar do dia seguinte à data de emissão estampada na cártula". Porém, o fundamento decisivo (*ratio decidendi*) para o julgamento da causa consiste no princípio de que "qualquer dívida resultante de documento público ou particular, tenha ou não força executiva, submete-se à prescrição quinquenal, contando-se do respectivo vencimento".

Nessa ordem de ideias, o referido fundamento determinante poderia ser levado em consideração, *v.g.*, para definir que se aplica o prazo quinquenal para cobrança de dívida inserta em nota promissória por meio de ação monitória ou "ação de procedimento comum" (arts. 318 e s.). Note-se que, nesse caso, a nota promissória pode ser enquadrada como "documento particular que consubstancia obrigação de pagar dívida líquida".[26] Perceba-se que não é a tese jurídica oriunda do "Tema Repetitivo 628" em si que se presta para resolver a hipótese do prazo para cobrança de crédito inserto em nota promissória cuja pretensão executiva encontra-se prescrita, mas, sim, o fundamento determinante que originou aquela tese jurídica.[27]

---

24   Taís Schilling Ferraz, *O precedente na jurisdição constitucional*, n. 4.9.1.3, p. 291-292. Há quem afirme que a tese jurídica é um conceito equivalente à *ratio decidendi* (cf. Luis Roberto Barroso, *O controle de constitucionalidade no direito brasileiro*, n. 7.5, p. 129).

25   Relatado pelo Min. Luis Felipe Salomão, *DJe* 3-2-2014.

26   Tanto isso é verdade que o STJ, incorporando o mesmo fundamento determinante, definiu o "Tema Repetitivo 641: "O prazo para ajuizamento de ação monitória em face do emitente de nota promissória sem força executiva é quinquenal, a contar do dia seguinte ao vencimento do título" (REsp 1262056 / SP, rel. Min. Luis Felipe Salomão, *DJe* 3-2-2014).

27   Alvim-Barioni sustentam: "É preciso perceber que a obrigatoriedade de respeito ao precedente não se encerra na tese jurídica. Embora o julgamento de casos repetitivos esteja voltado a solucionar problemas localizados no mesmo espectro fático, o julgamento produzido nos procedimentos repetitivos está inserido no contexto jurídico do sistema de fontes do direito. Assim, quando se examinam os efeitos

Em um modelo regido pelo art. 926, seria manifestamente incoerente qualquer órgão do Poder Judiciário desprezar os fundamentos determinates do "Tema Repetitivo 628" para decidir acerca do cabimento do procedimento monitório para a cobrança de nota promissória, cuja pretensão executiva esteja prescrita. Por isso, o órgão judicial do caso ulterior *deve* levar em consideração a *ratio decidendi* extraída do caso anterior.[28]

Registre-se que a maior dificuldade para aplicação do precedente é o fato de que "a *ratio decidendi* tem sempre um caráter controverso".[29] Sua controvérsia justifica-se porque ela não é indicada ou individualizada expressamente pelo órgão julgador. A doutrina pontua que "cabe aos juízes, em momento posterior, ao examinarem-na como precedente, extrair a 'norma legal' (abstraindo-a do caso) que poderá ou não incidir na situação concreta".[30] Alguns autores chegam a afirmar que a *ratio decidendi* está na categoria de referência ilusória, porque transmitem a ilusão de certeza e estabilidade da fixação de determinada tese jurídica.[31]

Talvez, para minimizar as discussões para se saber *qual é a ratio decidendi*, alguns magistrados procurem identificá-la de modo expresso.[32] Ocorre que a

---

vinculantes do precedente não se pode desconsiderar a *ratio decidendi*. Na verdade, cabe aos juízes e tribunais observar – verbo utilizado pelo art. 927 do CPC – o precedente, assim considerado em sua inteireza, impedindo inconsistências no sistema jurídico. O precedente formado nos casos repetitivos – assim como os demais precedentes obrigatórios – se submete à possibilidade de as partes e o juiz o reinterpretar, para encontrar pontos de identidade ou distanciamento com o caso concreto, com a reformulação da *ratio decidendi*. Esse processo de identificar semelhanças ou diferenças pode ser mais ou menos complexo, a depender da matéria, das decisões que já tenham interpretado o precedente e, ainda, como registra Alberto F. Garay, da maior ou menor sofisticação do intérprete. Assim, a *ratio decidendi* será ressignificada. A estipulação de uma tese jurídica também pode servir como suporte à interpretação da *ratio decidendi*. Assim, o precedente formado no julgamento de casos repetitivos pode (e deve) ser interpretado, de maneira que os intérpretes proponham a *ratio decidendi* que deve regular o caso submetido a julgamento. O respeito ao precedente não se limita à tese jurídica. Os contornos da tese jurídica têm sentido unicamente para efeito do regime do julgamento de casos repetitivos. Uma vez julgado o recurso afetado, e sendo feita a adequação dos processos em curso, a vinculação do precedente formado aos demais casos, em que a situação fática não era idêntica, e que não foram suspensos, mas que devem ser decididos à luz da mesma *ratio decidendi,* deve passar a ocorrer naturalmente" (*Recursos repetitivos*: tese jurídica e *ratio decidendi*, RePro 296 (versão eletrônica)).

28 Taís Schilling Ferraz, *O precedente na jurisdição constitucional*, n. 4.3.1, p. 248.
29 Neil MacCormick, *Rhetoric and the rule of law*, p. 145.
30 José Rogério Cruz e Tucci, *Parâmetros de eficácia e critérios de interpretação do precedente judicial*, n. 6, p. 123.
31 Julios Stone, *Legal system and lawyers reasonings*, p. 263-280.
32 O Min. Luis Roberto Barroso parece ser adepto desse modelo. Por exemplo: no seu voto-vista, na Adin 4.983-CE, fez registrar a seguinte tese jurídica: "manifes-

prática, embora pautada num intuito colaborativo, o que poderia facilitar em algumas situações, pode muitas vezes dificultar o manuseio da técnica e colocar em risco os pilares da coerência e integridade. Os operadores do direito devem ser "livres" para trabalhar de forma argumentativa com o precedente, modelando cada caso.

5. *Obiter dictum*

Por força constitucional (art. 93, IX, da CF), com reforço do Código (arts. 11, *caput*, 489, II e § 1º), todas as decisões do Poder Judiciário serão fundamentadas, sob pena de nulidade.

Notadamente no modelo de precedentes, é da fundamentação que se extrai a tese jurídica (*ratio decidendi* ou *holding*), essencial para resolver a controvérsia.

Entretanto, muitas vezes, no corpo da decisão judicial são lançados fundamentos que não importam diretamente para a resolução do caso concreto. O argumento jurídico irrelevante ou desimportante que não é pressuposto necessário para solução da controvérsia, inserto nos fundamentos da decisão, é denominado *obiter dictum* (*obiter dicta*, no plural) ou simplesmente *dictum*.[33]

Literalmente, *obiter dictum* é um "dizendo a propósito" ("*Saying by the way*")[34] ou "ditas para morrer".[35] Trata-se, pois, de um fundamento ou argumento incidental, exposto pelo órgão julgador sem relevância para resolver o litígio. Pode-se dizer, ainda, que se trata de mera opinião explicitada na fundamentação, mas irrelevante para a solução do caso.[36]

Argumentos jurídicos, morais, econômicos, sociais, políticos, entre muitos outros, podem compor a classe do *obiter dictum*.[37] No entanto, sua

---

tações culturais com características de entretenimento que submetem animais a crueldade são incompatíveis com o art. 225, § 1º, VII, da Constituição Federal, quando for impossível sua regulamentação de modo suficiente para evitar práticas cruéis, sem que a própria prática seja descaracterizada". O mesmo ocorreu no julgamento do RE 845.779/SC (caso "Tratamento social a ser dispensado a transexuais"): "Os transexuais têm direito a serem tratados socialmente de acordo com a sua identidade de gênero, inclusive na utilização de banheiros de acesso público".

33   Lucas Buril de Macêdo, *Precedentes judiciais e o direito processual civil*, n. 5.5.3, p. 253; Daniel Mitidiero, *Precedentes*, n. 5, p. 90-91. Na doutrina estrangeira: Neil MacCormick, *Rhetoric and the rule of law*, p. 145; Alberto F. Garay, *La doctrina del precedente en la corte suprema*, n. 4.6, p. 134-136.

34   Neil Dexbury, *The nature and authority of precedent*, p. 68.

35   Teresa Arruda Alvim Wambier, *Estabilidade e adaptabilidade como objetivos do direito*: *civil law* e *common law*, n. 2.1, p. 131.

36   Neil MacCormick, *Why cases have rationes and what these are*, p. 156-157.

37   Neil MacCormick, *Why cases have rationes and what these are*, p. 170-171.

COMENTÁRIOS AO CÓDIGO DE PROCESSO CIVIL V. XIX

identificação é retrospectiva, por força da eventual e futura utilização do precedente, nada obstante alguns julgados, aqui no Brasil, para simplificar o trabalho, acabem por mencionar expressamente a técnica da *obiter dictum* na fundamentação.[38]

Assim como a *ratio decidendi*, o *obiter dictum* é um elemento integrante do precedente.

O *obiter dictum* não está relacionado diretamente com os fatos do litígio nem com alguma questão que a parte procurou argumentar no curso do processo.[39] Por esse motivo, é inconfundível a tese jurídica e *ratio decidendi* com o *obiter dictum*. Há quem argumente por "conceito negativo": tudo que não for *ratio decidendi* será *obiter dictum*.[40] Nuclearmente, a distinção decorre do princípio do contraditório. Na realidade, pode-se dizer que o *obiter dictum* não é elemento integrante do contraditório mantido pelas partes[41] e, portanto, algo adicional que não está sob a cognição direta do órgão julgador.[42]

Na literatura jurídica, entre nós e alhures, costuma-se afirmar que o *obiter dictum* não produz qualquer efeito vinculativo.[43] Todavia, tal afirmação não significa que os *dicta* são juridicamente irrelevantes para argumentação em outros casos.[44] É possível extrair deles eficácia persuasiva,[45] que pode ser trabalhada de forma argumentativa por todos os sujeitos do processo.[46] O grau

---

38   STF, RE 651.703/PR, rel. Min. LUIZ FUX, *DJe* 25-4-2017.

39   NEIL DEXBURY afirma: "In judicial opinions, passages which are obiter come in various forms – they might be unnecessary to the outcome, or unconnected to the facts of the case or directed to a point which neither party sought to argue – and may have been formulated by the judge with less care or seriousness than would have been the case had the passage been part of the reason for the decision" (*The nature and authority of precedent*, p. 68).

40   OTÁVIO VERDI MOTTA, *Justificação da decisão judicial*, n. 3.3.3, p. 182.

41   RONALDO CRAMER, *Precedentes judiciais*, n. 4.6.2, p. 107.

42   FREDERICK SCHAUER, *Thinking like a lawyer*, n. 3.5, p. 55-56.

43   THEODORE M. BENDITT, *The rule of precedent*, p. 99-100.

44   PATRICIA PERRONE CAMPOS MELLO, O Supremo e os precedentes constitucionais: como fica a sua eficácia após o novo Código de Processo Civil, in *Universitas JUS*, vol. 26, n. 2, p. 49.

45   JOSÉ ROGÉRIO CRUZ E TUCCI, *Precedente judicial como fonte do direito*, n. 8, p. 177; PATRICIA PERRONE CAMPOS MELLO, *Precedentes* – o desenvolvimento judicial do direito no constitucionalismo contemporâneo, n. 2.2, p. 126; JALDEMIRO RODRIGUES DE ATAÍDE JÚNIOR, *Precedentes vinculantes e irretroatividade do direito no sistema processual brasileiro*, n. 2.2.7, p. 88. A depender do seu grau de persuasividade, a doutrina registra que o *obiter dicutum* pode se aproximar da *ratio decidendi* (LUIZ GUILHERME MARINONI, *Precedentes obrigatórios*, n. 2.2, p. 171).

46   KENNETH J. VANDEVELDE mostra a técnica da persuasão com o *obiter dictum*, *Thinking lake a lawyer*, p. 106-108, 121.

da persuasão depende dos argumentos que estão expostos nos fundamentos do pronunciamento judicial, da profundidade da argumentação e também da autoridade do órgão que a proferiu.[47] Por exemplo: de acordo com a taxatividade imposta pelo art. 1.015, não é cabível agravo de instrumento contra decisão interlocutória que delibera a respeito de competência relativa. Admita-se, no entanto, que a parte haja interposto tal recurso contra decisão mediante a qual o juiz, de ofício, declara erradamente sua incompetência territorial para processar e julgar a demanda. Concebe-se que o órgão colegiado não conheça do recurso por ser ele inadmissível, mas, em *obiter dictum*, expresse que a jurisprudência do tribunal é no sentido contrário à decisão agravada. Observa-se, no caso, a irrelevância do fundamento "jurisprudencial" para o resultado do recurso (não conhecimento). Porém, é inegável seu caráter persuasivo frente ao juiz que proferiu a decisão agravada, possibilitando, inclusive, eventual juízo de retratação.[48]

Note-se que a utilização da técnica do *obiter dictum* pelo órgão julgador pode indicar uma política do tribunal e oferece "pistas" sobre como decidirá os casos em processos futuros.[49]

Outra função do *obiter dictum* é sinalizar relevantes distinções ou eventual superação do precedente.[50] Porém, a doutrina registra que essa técnica pode ser perigosa, porque, conforme assinalado, os *dicta* não fazem parte dos argumentos lançados pelas partes nem do objeto do processo, e nem sempre os fundamentos "a propósito" são expostos com clareza necessária para sua compreensão. Por esses motivos, quando houver sinalização de superação ou mudança do precedente e também da jurisprudência consolidada por meio

---

47   Especialmente no que toca à autoridade do órgão, Kent Greenawalt escreve que há uma tendência do órgão hierarquicamente inferior seguir aquilo que ficou registrado em *obiter dictum* pelo órgão superior (*Reflections on holding and dictum*, p. 432). Em semelhante perspectiva, Cross-Harris, *Precedent in english law*, n. 7, p. 77. Frederick Schauer registra que no famoso caso *Marbury v. Madison* a Suprema Corte declarou, em *obiter dictum*, que mantinha o poder de exercer jurisdição sobre o Presidente dos Estados Unidos (*Thinking like a lawyer*, n. 3.5, p. 53). Com maiores detalhes no contexto histórico, *v.* Stephen Breyer, *Making our democracy work*: a judg's view, p. 12-21. Robert S. Barker procura explicar a diferença entre tese jurídica e *obiter dictum* com base no emblemático caso acima referido (*El precedente y su significado en el derecho constitucional de Los Estados Unidos*, p. 33-40).

48   Registre-se que o Superior Tribunal de Justiça admitiu o cabimento de agravo de instrumento em decisão que trata de competência para julgamento da causa (Tema Repetitivo 988). Porém, essa interpretação não prejudica o exemplo do texto.

49   Kenneth J. Vandevelde mostra a técnica da persuasão com o *obiter dictum*, *Thinking lake a lawyer*, p. 51.

50   Lucas Buril de Macêdo, *Precedentes judiciais e o direito processual civil*, n. 5.5.3, p. 255.

da técnica do *obiter dictum*, é preciso que o órgão julgador documente adequadamente essa sinalização e atribua maior transparência ao trecho da fundamentação.[51]

Finalmente, cabe o registro segundo o qual a jurisprudência aceita embargos de declaração para esclarecer o alcance da decisão quanto aos seus fundamentos, ainda que utilizados de acordo com a técnica do *obiter dictum*.[52]

6. Jurisprudência

A palavra jurisprudência é termo próprio da linguagem jurídica, mas está longe de ter significado unívoco.[53] Diz-se que é um conceito polissêmico.

Na acepção clássica, jurisprudência "pode ser entendida como o conhecimento das coisas divinas e humanas e a ciência do justo e do injusto. Nesse sentido foi aplicado por Ulpiano (Livro I *Regularum*) no D. 2.1.10, § 2°: *Jurisprudentia est divinarum atque humanarum rerum notitia, justi et injusti scientia*".[54]

Jurisprudência, como "Ciência do Direito"[55] em sentido estrito, também denominada "Dogmática Jurídica",[56] "tem por objetivo o fenômeno jurídico tal como ele se encontra historicamente realizado".[57]

No campo jurisdicional, fala-se em jurisprudência como "a forma de revelação do direito que se processa através do exercício da jurisdição, em

---

51 ANTONIO DO PASSO CABRAL, *Estabilidade e alteração de jurisprudência consolidada*: proteção da confiança e a técnica do julgamento-alerta, n. 10, p. 50. No mesmo sentido: ANTONIO DO PASSO CABRAL, *A técnica do julgamento-alerta na mudança de jurisprudência consolidada*, n. 8, p. 42-43. A falta de transparência é demonstrada por CARLOS ROBERTO BARBOSA MOREIRA, *Ação rescisória no STJ*: exame de algumas questões, n. 7.3, p. 611-612. GEORGES ABBOUD, embora em outro contexto, também parece anotar a dificuldade na transparência do *obiter dictum* (*Discricionariedade administrativa e judicial*, n. 32 (versão eletrônica)).

52 STJ, EDcl no REsp 456.649/MG, rel. Min. LUIZ FUX, j. 24-10-2006.

53 O vocábulo jurisprudência sofre alguns distúrbios na prática forense. Com acerto LUIZ DE CARVALHO afirma que "constitui imperdoável erronia o emprego do vocábulo jurisprudência com o significado de um determinado acórdão ou julgado ou mero precedente jurisdicional. Por isso, não comporta seu uso no plural, como, por exemplo, se vê às vezes falar-se em 'jurisprudências' sobre alienação fiduciária, sobre *leasing*, sobre dano moral etc., etc. Nesses casos, o correto é falar-se em julgados, acórdãos, precedentes etc., sobre esses assuntos. Nunca *jurisprudências*" ("Jurisprudências", disponível em: www.stac.sp.gov.br/cedes).

54 Cf. ALFREDO BUZAID, Uniformização da jurisprudência, *Ajuris* 34, p. 189.

55 "Derivado do latim *jurisprudentia*, de *jus* (direito, Ciência do Direito) e *prudentia* (sabedoria), entende-se literalmente que é a ciência do Direito vista com sabedoria" (DE PLÁCIDO E SILVA, *Vocabulário Jurídico*, vols. III e IV, p. 34).

56 FRANCO MONTORO, *Introdução à ciência do direito*, p. 352.

57 MIGUEL REALE, *Lições preliminares de direito*, p. 16.

virtude de uma sucessão harmônica de decisões dos tribunais",[58] ou, ainda, "o conjunto de decisões dos tribunais sobre as matérias de sua competência ou uma série de julgados similares sobre a mesma matéria: *rerum perpetuo similiter judicatorum auctoritas*".[59]

O conjunto de decisões uniformes agrega o conceito de jurisprudência; nesse sentido, fala-se em "firmar jurisprudência" ou "contrariar a jurisprudência".[60]

Para esses *Comentários*, jurisprudência é a produção decisória, em série, dos tribunais, por meio dos seus órgãos colegiados, no exercício da função jurisdicional, sobre determinado assunto jurídico.[61]

O Código entende essa ideia de multiplicidade de decisões e busca eliminar a dispersão jurisprudencial. Por exemplo, ao art. 926, *caput* ("*Os tribunais devem uniformizar sua jurisprudência*"); art. 978, *caput*, parte final ("*responsáveis pela uniformização de jurisprudência do tribunal*"); art. 1.029, § 1º, primeira parte ("*Quando o recurso fundar-se em dissídio jurisprudencial*").

Advirta-se, todavia, que o reconhecimento da jurisprudência, por vezes, não é tarefa simples, basicamente por dois motivos: a) saber a *quantidade* de decisões colegiadas para formar o conceito de jurisprudência; e b) identificação do conteúdo das decisões colegiadas.

O exame da jurisprudência revela a interpretação do direito dada pelos tribunais.

Com frequência, na prática, as expressões "precedente" e "jurisprudência" são empregadas de maneira indistinta e simplista, como se fossem palavras com o mesmo sentido. Porém, são termos inconfundíveis.

A primeira distinção é *quantitativa*. Precedente decorre de uma decisão específica, resultante de um caso particular ("caso concreto"), cujo núcleo decisório (*ratio decidendi*) servirá para resolver outro – e posterior – caso. De outro lado, jurisprudência é o conjunto de decisões judiciais colegiadas dos tribunais, originadas de casos distintos ("pluralidade de casos") – embora o assunto jurídico seja coincidente entre todos os processos.[62]

---

58   MIGUEL REALE, *Lições preliminares de direito*, p. 167.
59   ORLANDO GOMES, *Introdução ao direito civil*, p. 46. ARRUDA ALVIM ensina que "a importância da jurisprudência, na ciência do processo é, pois, não só indiscutível, mas verdadeiramente *transcendental*. A lei processual civil ou, se se quiser, o processo, só se realiza, só é eficaz nos tribunais" (*Código de Processo Civil comentado*, vol. I, p. 210).
60   FRANCO MONTORO, *Introdução à ciência do direito*, p. 352.
61   FABIANO CARVALHO, *Poderes do relator nos recursos* – art. 557 do CPC, p. 122.
62   MICHELE TARUFFO, *Precedente e giurisprudenza*, n. 2, p. 12-13. No mesmo sentido: ALEXANDRE FREITAS CÂMARA, *O novo processo civil brasileiro*, n. 23.1, p. 420; RONALDO CRAMER, *Precedentes judiciais* – teoria e dinâmica, n. 4.1, p. 72-73; STRECK-ABBOUD, *O que é isto* – o precedente judicial e as súmulas vinculantes, n. 8.2, p. 109-110.

COMENTÁRIOS AO CÓDIGO DE PROCESSO CIVIL V. XIX

Identifica-se outra diferença, no sentido *qualitativo*. A aplicação do precedente ocorre por semelhanças e circunstâncias fáticas existentes entre os casos anterior e posterior. O órgão julgador examina os casos concretos, identifica as particularidades fáticas que os envolve e decide se é a hipótese – ou não – de utilizar o elemento nuclear do pronunciamento judicial (*ratio decidendi*) do caso anterior. Historicamente, em países de tradição romano-germânica (*civil law*), o emprego da jurisprudência não se dá pela análise comparativa dos fatos entre os diversos "casos anteriores", de onde se extrai a "jurisprudência", com o caso concreto.[63]

Pela letra do Código, especialmente observando o disposto nos incisos do art. 927, nota-se que a jurisprudência não tem um caráter puramente vinculativo, embora seja dotada de efeito persuasivo.[64] Todavia, o caráter persuasivo não obsta o dever do julgador de fundamentar (art. 489, § 1º, VI).

7. Jurisprudência divergente e jurisprudência uniforme

Embora jurisprudência seja conceito coletivo, i.e, conjunto de decisões proferidas pelos órgãos colegiados dos tribunais sobre determinado assunto jurídico, a jurisprudência poderá ser *divergente*. Isso significa dizer que pode haver conjunto de decisões colegiadas sobre o mesmo tema com interpretações em sentidos distintos.

Porém, reconhecidamente, a divergência produz situações negativas, *v.g.*, instabilidade, insegurança e desigualdade.

Daí por que o *caput* do art. 926 impõe aos tribunais o *dever* de uniformizar a jurisprudência (*jurisprudência uniforme*).

Observa-se que o dispositivo em comento impõe um *dever* aos tribunais. Porém, não fixa procedimentos para que a uniformização da jurisprudência ocorra. Sem querer excluir outros, concebem-se os seguintes meios: a) edição de súmulas; b) embargos de divergência (art. 1.043); c) assunção de competência (art. 947, § 4º, parte final).

Pelos semelhantes motivos expostos no item acima, jurisprudência uniforme e precedente são conceitos distintos. Acrescente-se apenas que a uniformização da jurisprudência gera unidade do direito, que até então não era uniforme.

8. Jurisprudência dominante

A Lei n 9.756/1998 introduziu o termo "jurisprudência dominante" no Código revogado. De acordo com o parágrafo único do art. 120 do CPC/1973,

---

63 MICHELE TARUFFO, *Precedente e giurisprudenza*, n. 2, p. 13-14.
64 JOSÉ ROGÉRIO CRUZ E TUCCI, *Processo civil e ideologia*, n. 3.1., p. 178.

CPC/2015, ART 926

"[h]avendo jurisprudência dominante do tribunal sobre a questão suscitada, o relator poderá decidir de plano o conflito de competência". Da mesma forma, o relator deveria negar ou dar provimento a recurso com base em "jurisprudência dominante" (art. 557, *caput* e § 1º-A, do CPC/1973).

Apesar disso, a doutrina criticou duramente o modelo "jurisprudência dominante", dada a imprecisão e a vagueza do termo.[65]

O vigente Código abandonou a expressão como fundamento para o relator decidir conflito de competência ou recurso sem a participação do colegiado. Porém, observa-se que o termo persiste em alguns dispositivos. Por exemplo, presume-se a repercussão geral no recurso extraordinário que impugnar acórdão que contrarie "jurisprudência dominante" do Supremo Tribunal Federal (art. 1.035, § 3º, I). Na hipótese de se modificar a "jurisprudência dominante", poderá haver modulação dos efeitos da alteração no interesse social e em proveito da segurança jurídica (art. 927, § 3º). Os tribunais editarão enunciados de súmula correspondentes a sua "jurisprudência dominante" (art. 926, § 1º).

9. Súmula

A súmula é a sinopse de determinada tese jurídica, destacada de casos concretos, que exibe a orientação do tribunal a respeito da interpretação do direito sobre específico tema jurídico de natureza material ou processual. Trata-se de um breve texto que sintetiza o "posicionamento" do tribunal. A súmula não é decisão, precedente ou jurisprudência.

O enunciado não resulta de um caso concreto, mas expressa o sentido dos diversos julgados a respeito do mesmo tema jurídico. Daí a expressão "súmula da jurisprudência dominante do tribunal".

Para a formação da súmula, exige-se um procedimento específico,[66] cuja definição, o Código delega ao regimento interno dos tribunais (*"Na forma estabelecida e segundo os pressupostos fixados no regimento interno, os tribunais editarão enunciados de súmula"*). As normas regimentais especificarão, essencialmente, a legitimidade para propor a edição de enunciados, participação de órgãos institucionais e Ministério Público, competência e quórum para deliberar, hipóteses de cabimento e regime procedimental, bem como seu cancelamento, modificação ou revisão.

---

65 A doutrina tentou atribuir algum critério para a expressão "jurisprudência dominante". Por exemplo, PRISCILA KEI SATO, *Jurisprudência (pre)dominante*, p. 578-581; LUIZ RODRIGUES WAMBIER, *Uma proposta em trono do conceito de jurisprudência dominante*, p. 83-84. Este último autor tentou utilizar um método matemático, na proporção de 70% a 30%, com período de cinco anos.

66 FÁBIO VICTOR DA FONTE MONNERAT, *Súmulas e precedentes qualificados*, n. 1.2, p. 57.

A súmula não faz referência aos fatos que serviram de base para o enunciado.[67] Apesar disso, esse instituto é um importante atalho para a solução de outros casos.

Todavia, a súmula não pode ser compreendida como enunciado geral e abstrato, e aplicada sem critério ou explicação do seu sentido para o qual foi editada.[68] Pressupõe grave erro acreditar que a súmula possa ser substituída pelo texto de lei, de modo que o operador do direito promova um silogismo entre os fatos do caso concreto com o enunciado da súmula.[69] A afirmação pode ser

---

67 Até por isso não pode ser considerado precedente, cf. JOSÉ ROGÉRIO CRUZ E TUCCI, *Processo civil e ideologia*, n. 3.3., p. 180.

68 LUIZ GUILHERME MARINONI, *Precedentes obrigatórios*, n. 4.3.1, p. 310.

69 ABBOUD-LUNELLI-SCHMITZ, *Como trabalhar – e como não trabalhar – com súmulas no Brasil*: um acerto de paradigmas, n. 3.2, p. 665. Cabe, aqui, um registro histórico. Idealizador da súmula, Min. VICTOR NUNES, em julgamento histórico, travou interessante discussão acerca da interpretação da súmula. No caso, discutia-se o teor da Súmula 303 ("Não é devido o imposto federal do selo em contrato firmado com autarquia anteriormente à vigência da Emenda Constitucional 5, de 21-11-61"). Eis o debate: "O Sr. Ministro VICTOR NUNES: Exatamente por isso, eminente Ministro Gonçalves de Oliveira, é que me parece não estar previsto. O Sr. Ministro Gonçalves de Oliveira: Interpreto a Súmula, posto tenha sido redigida por V. Exa., que está. O que diz a Súmula é o seguinte: 'Não é devido o imposto federal de selo em contrato firmado com autarquia anteriormente à vigência da Emenda Constitucional 5, de 21-11-61'. Por mais que V. Exa. queira interpretar esse dispositivo, evidentemente ele estabeleceu que, depois da emenda, é devido. Do contrário, que sentido teria a referência à Emenda 5? Podemos fazer uma revisão, evidentemente, em face dos argumentos que V. Exa. apresentar, mas que está prevista a não isenção, a meu ver, está, no sentido de que é devido o selo nos contratos posteriores à Emenda Constitucional 5. O Sr. Ministro Pedro Chaves: Seria inócua a emenda, se não se chegasse a essa conclusão. O Sr. Ministro VICTOR NUNES: Retomando o fio de meu raciocínio, contraditado, antecipadamente, pelos eminentes Ministros Gonçalves de Oliveira e Pedro Chaves, peço vênia para uma consideração preliminar. Se tivermos de interpretar a Súmula com todos os recursos de hermenêutica, como interpretamos as leis, parece-me que a Súmula perderá sua principal vantagem. Muitas vezes, será apenas uma nova complicação sobre as complicações já existentes. A Súmula deve ser entendida pelo que exprime claramente, e não a *contrario sensu*, com entrelinhas, ampliações ou restrições. Ela pretende pôr termo a dúvidas de interpretação e não gerar outras dúvidas. No ponto em debate, a Súmula declara que não é devido o selo nos contratos celebrados anteriormente à Emenda Constitucional 5. Mas não afirma que, celebrado o contrato posteriormente, o selo seja devido. (...) O Sr. Ministro VICTOR NUNES: A Súmula foi criada para pôr termo a dúvidas. Se ela própria puder ser objeto de interpretação laboriosa, de modo que tenhamos de interpretar, com novas dúvidas, o sentido da Súmula, então ela perderá a sua razão de ser. (...) O Sr. Ministro Pedro Chaves: O que é lamentável é que V. Exa. esteja destruindo a sua grande obra, que é a confecção da Súmula. O Sr. Ministro VICTOR NUNES: Faço um apelo aos eminentes colegas, para não interpretarmos a Súmula de forma diferente do que nela se exprime, intencional e clara-

confirmada pelo dever de fundamentação, pois não se considera fundamentada qualquer decisão judicial que se limitar a invocar enunciado de súmula, sem demonstrar que o caso sob julgamento se ajusta àqueles fundamentos (art. 489, § 1°, V). Isso significa dizer que na aplicação do enunciado sumular não se podem abandonar os fundamentos das decisões que originaram a súmula.[70]

O § 2° do art. 926 reza que "ao editar enunciados de súmula, os tribunais devem ater-se às circunstâncias fáticas dos precedentes que motivaram sua criação". Deve haver correlação dos fatos constantes nos julgados com o enunciado da súmula. O órgão competente que editará a súmula está vinculado a todos os termos – fáticos e jurídicos – da jurisprudência (e não de um caso concreto!). O dispositivo em comento assemelha-se à "regra da congruência", i.e., correlação entre a tutela jurisdicional e a demanda (arts. 141 e 492).[71] Caso o tribunal enuncie súmula com elementos distantes das circunstâncias fáticas, o enunciado será inválido.

Ao editar a súmula, o tribunal deverá dar ampla publicidade ao enunciado, inclusive com os dados dos julgados que deram origem ao verbete.[72]

Registre-se, por fim, que a edição de súmula não impede a discussão de novas teses. Sua revogação, revisão, modificação é permitida.

10. Súmula vinculante

A Emenda Constitucional n. 45/2004 acrescentou à Constituição o art. 103-A, dando origem ao instituto da súmula vinculante.

Em linhas gerais, a súmula vinculante compendia tese jurídica em matéria constitucional. O instituto terá por objetivo fixar tese *in abstracto* sobre a

---

mente. Do contrário, ela falhará, em grande parte, à sua finalidade. Quando a Súmula afirma que não é devido o selo se o contrato for celebrado anteriormente à vigência da Emenda Constitucional 5, sobre esta afirmação, e somente sobre ela, é que já está tranquila a orientação do Tribunal. Quanto a ser devido o selo nos contratos posteriores" (FERNANDO DIAS MENEZES DE ALMEIDA, *Memória jurisprudencial* – Ministro VICTOR NUNES, p. 35-36).

70   No mesmo sentido: LEONARD ZIESEMER SCHMITZ, n. 6.4.2, p. 339-343; RONALDO CRAMER, *A súmula e o sistema de precedentes no novo CPC*, n. 2, p. 968.

71   FÁBIO VICTOR DA FONTE MONNERAT fala em *dever de adstrição* (*Súmulas e precedentes qualificados*, n. 3.5, p. 393).

72   Os dados são essenciais para que o interessado possa consultar os elementos fáticos e jurídicos dos julgados que deram lugar à súmula. Na fundamentação, comumente, o órgão judicial cita a súmula para justificar a decisão, sem fazer referência aos precedentes que motivaram sua criação. A propósito, o § 4° do art. 102 do Regimento Interno do Supremo Tribunal Federal estabelece que a "citação da Súmula, pelo número correspondente, dispensará, perante o Tribunal, a referência a outros julgados no mesmo sentido".

validade, interpretação ou a eficácia de normas determinadas sobre as quais órgãos do Poder Judiciário ou órgãos da Administração Pública (direta ou indireta) controvertem, em situação de grave insegurança jurídica e relevante multiplicação de processos sobre idêntica questão.

Uma vez editada a súmula vinculante, todos os órgãos e membros do Poder Judiciário e da Administração Pública deverão obedecer à tese jurídica nela compendiada.

Há diferenças marcantes entre a súmula vinculante e a súmula *simples*[73] editada pelos tribunais.

O regime jurídico da súmula vinculante decorre de norma constitucional regulamentada por lei federal. O objeto da súmula vinculante abrange exclusivamente matéria constitucional e os pressupostos para sua edição estão previstos no art. 103-A da CF.

É preciso que a discussão tenha chegado ao Supremo Tribunal Federal algumas vezes (*"após reiteradas decisões sobre matéria constitucional"*).

Para sua aprovação, exige-se quórum qualificado de dois terços dos membros do Supremo Tribunal Federal – oito Ministros – , que declare a tese exposta no verbete. A Lei n. 11.417/2006 regula o procedimento para edição, revisão e cancelamento de enunciado de súmula vinculante,[74] de modo que a aplicação do regimento interno do Supremo Tribunal Federal é subsidiária.

A legitimidade para propor o procedimento não é exclusiva do órgão judicial (art. 3º da Lei n. 11.417/2006).

A vinculação da súmula não fica adstrita aos órgãos do Poder Judiciário, mas abrange indistintamente todos os membros da Administração Pública direta e indireta, em todos os seus níveis (municipal, estadual, distrital ou federal).

Da decisão judicial ou do ato administrativo – ainda que omissivo – que contrariar enunciado de súmula vinculante, negar-lhe vigência ou aplicá-lo indevidamente caberá reclamação ao Supremo Tribunal Federal, sem prejuízo dos recursos ou outros meios admissíveis de impugnação (art. 988, III; art. 7º da Lei n. 11.417/2006).

Atendidos os demais pressupostos, decisão judicial que contrariar manifestamente o teor da súmula vinculante desafia ação rescisória com fundamento no § 5º do art. 966.

---

73 Evita-se falar em súmula persuasiva. A súmula vinculante e a súmula *simples* devem ser obrigatoriamente observadas por força do art. 927.

74 "A arguição de descumprimento de preceito fundamental não é a via adequada para se obter a interpretação, a revisão ou o cancelamento de súmula vinculante" (STF, ADPF 147 AgR, rel. Min. Cármen Lúcia, *DJe* 8-4-2011).

11. Deveres dos tribunais: uniformização, estabilidade, integridade e coerência

O *caput* do art. 926 estabelece que os "tribunais devem uniformizar sua jurisprudência e mantê-la estável, íntegra e coerente".

Referido dispositivo enumera quatro deveres dos tribunais: a) uniformizar sua jurisprudência; b) manter a jurisprudência estável; c) manter a jurisprudência íntegra; e d) manter a jurisprudência coerente.[75] Tais deveres, se considerados em conjunto, materializam o princípio da igualdade.[76]

O primeiro dever dos tribunais é "uniformizar sua jurisprudência".

Com efeito, a atividade jurisdicional é exercida pelos juízes e tribunais, aos quais, entre outras funções, compete resolver os litígios que lhes são submetidos mediante aplicação do ordenamento jurídico. Dada a pluralidade de órgãos jurisdicionais e variações culturais, econômicas, jurídicas, sociais e políticas, concebe-se a ocorrência de diferentes soluções para semelhante problema jurídico.

No âmbito dos tribunais, a variabilidade de decisões a respeito do mesmo tema jurídico resulta dispersão da jurisprudência, rompendo a unidade lógico-jurídica. A consequência é a instabilidade, insegurança jurídica e a desigualdade.

Daí por que tornar uniforme o entendimento do tribunal a respeito de determinada questão jurídica configura um dever. Eliminar a divergência entre os órgãos jurisdicionais é atribuir o sentido normativo pelo tribunal.

Fala-se em dever funcional de os tribunais internamente uniformizarem a jurisprudência.[77] Além disso, pode-se dizer que a uniformização revela um dever institucional.[78]

---

75 "O dever dos Tribunais de manter sua jurisprudência estável, íntegra e coerente cumpre o propósito de garantir a isonomia de ordem material e proteger a confiança e a expectativa legítima do jurisdicionado, fornecendo-lhe um modelo seguro de conduta de modo a tornar previsíveis as consequências de seus atos" (STJ, EDcl no REsp 1.634.851/RJ, rel. Min. NANCY ANDRIGHI, *DJe* 22-3-2019).

76 Nesse sentido, discorrendo especificamente sobre coerência e integridade, LENIO LUIZ STRECK, *O que é isto* – a exigência de coerência e integridade no novo Código de Processo Civil, p. 160.

77 JOSÉ IGNÁCIO BOTELHO DE MESQUITA, ainda na perspectiva do CPC/1973, afirmava que "essa uniformidade contemporânea é uma exigência óbvia da igualdade de todos perante a lei. Não será igual para todos a lei que, para alguns, seja interpretada num sentido e, para outros, seja interpretada em sentido oposto. A unidade do sentido da lei é pressuposto da igualdade perante a lei. Por esta razão, constitui imperativo constitucional e dever indeclinável dos tribunais uniformizar a sua própria jurisprudência" (*Uniformização da jurisprudência* (esboço de substitutivo do Projeto de Lei 3.804/93), p. 240).

78 Embora seja difícil concretizar, é interessante a tentativa da doutrina em estabelecer alguns desdobramentos do dever de uniformizar: "a) a imposição de uma inevitável

COMENTÁRIOS AO CÓDIGO DE PROCESSO CIVIL V. XIX

Embora o art. 926 enuncie edição de súmula para indicar a "jurisprudência dominante do tribunal", concebe-se que há outros procedimentos que podem garantir a uniformização da jurisprudência. Por exemplo: recursos especial e extraordinário;[79] incidente de assunção de competência;[80] embargos de divergência,[81] incidente de resolução de demandas repetitivas;[82] técnica do julgamento estendido.[83]

Nada obstante a lei atribua precipuamente ao tribunal o dever de uniformizar a jurisprudência, é inegável que, no modelo cooperativo do processo, essa atividade é executada com a participação das partes e de seus advogados,[84] além daqueles que de qualquer maneira participam do processo (*v.g.*, Ministério Público na qualidade de fiscal da ordem jurídica, Defensoria Pública e *amicus curiae*). É importante que todos os postulantes se abstenham de deduzir pretensão contrária à jurisprudência uniformizada ou oposta à precedente obrigatório. A transgressão desse dever atrai a sanção com multa (arts. 77 e 80).[85]

---

observância e consideração da jurisprudência do tribunal quando do julgamento de recursos e ações originárias; b) a vedação, *a priori*, de julgamentos divergentes; c) a necessidade de monitoramento, pelo próprio tribunal, de sua jurisprudência; d) a vedação da consagração de posicionamentos isolados ou minoritários por órgãos fracionários; e e) a tomada de providências voltadas a promover a uniformização quando detectada a divergência" (FÁBIO VICTOR DA FONTE MONNERAT, *Súmulas e precedentes qualificados*, n. 1.3.1, p. 67).

79   Tanto no modelo do regime dos repetitivos (Cf. ALVIM-DANTAS, *Recurso especial, recurso extraordinário e a nova função dos tribunais superiores no direito brasileiro*, n. 11.1.2, p. 326), como no modelo "isolado". Com relação ao recurso especial, cuja função é dar unidade ao direito federal, lembrando ainda a hipótese em que esse meio impugnativo é fundado em dissídio jurisprudencial. O inciso I do § 3º do art. 1.035 prevê que haverá repercussão geral presumida quando o recurso extraordinário impugnar decisão que contrarie "jurisprudência dominante do Supremo Tribunal Federal".

80   De acordo com o § 4º do art. 947, o incidente de assunção de competência também pode visar a "prevenção ou a composição de divergência entre câmaras ou turmas do tribunal".

81   A divergência é o pressuposto do cabimento do recurso (art. 1.043).

82   A função do instituto é firmar precedente obrigatório para aplicação em todos os casos semelhantes (presentes e futuros). O art. 978 confere ao órgão competente para uniformizar a jurisprudência julgar o incidente de resolução de demandas repetitivas.

83   "O prosseguimento do julgamento com quórum ampliado em caso de divergência tem por objetivo a qualificação do debate, assegurando-se oportunidade para a análise aprofundada das teses jurídicas contrapostas e das questões fáticas controvertidas, com vistas a criar e manter uma jurisprudência uniforme, estável, íntegra e coerente" (STJ, REsp 1771815 / SP, rel. Min. RICARDO VILLAS BÔAS CUEVA, *DJe* 21-11-2018).

84   JOSÉ IGNÁCIO BOTELHO DE MESQUITA já havia percebido isso, cf. A súmula da jurisprudência predominante do Supremo Tribunal Federal, n. 2, p. 217-218.

85   FLÁVIO LUIZ YARSHELL, *Jurisprudência uniforme, estável, íntegra e coerente*: obstáculos superáveis?, n. 4, p. 303-304.

CPC/2015, ART. 926

A uniformização da jurisprudência gera o dever de estabilidade.

Inicialmente, pode-se dizer que o dever de estabilidade deriva do conhecido adágio latino *stare decisis et no quieta movere*.

A estabilidade é a dimensão objetiva da segurança jurídica.[86] A jurisprudência sedimentada precisa ter um mínimo de continuidade, de sorte que o cidadão possa pautar suas condutas na linha interpretativa definida pelo tribunal.

Impende assinalar que a estabilidade fortalece o Poder Judiciário enquanto instituição, obrigando todos os órgãos (juízes e tribunais) a se identificar como integrantes do sistema. O dever de estabilidade inibe descumprimentos isolados da orientação do tribunal.[87]-[88] Por isso, "não pode um órgão jurisdicional decidir uma matéria a cujo respeito exista jurisprudência constante simplesmente ignorando essa linha decisória, promovendo uma flutuação de entendimentos que contraria a exigência de segurança".[89]

O dever de manter o entendimento estável procura evitar a superação ou a alteração do entendimento do tribunal.[90] Porém, estável não se confunde com imutável.[91] A estabilidade do precedente, da tese jurídica, da súmula e da jurisprudência não obsta que o entendimento firmado possa ser modificado. A evolução da sociedade, as alterações legislativas, econômicas, políticas, sociais, tecnológicas, ou mesmo para corrigir erros,[92] entre muitas outras, podem interferir no modo de pensar dos tribunais.[93]

Registre-se que a "estabilidade" não significa igualmente "petrificação do direito" ou "engessamento do direito". Na realidade, a superação do entendimento deve ser encarada como progresso na interpretação do direito e

---

86   Luiz Guilherme Marinoni, *Precedentes obrigatórios*, n. 2.1.3, p. 103.

87   Enunciado 316 do FPPC: "A estabilidade da jurisprudência do tribunal depende também da observância de seus próprios precedentes, inclusive por seus órgãos fracionários".

88   Enunciado 453 do FPPC: "A estabilidade a que se refere o *caput* do art. 926 consiste no dever de os tribunais observarem os próprios precedentes".

89   Alexandre Freitas Câmara, *O novo processo civil brasileiro*, n. 23.1, p. 433.

90   Ronaldo Cramer, *Teoria dos precedentes judiciais no direito processual civil*, n. 4.8.1.1, p. 125.

91   Antonio do Passo Cabral explica que "Por outro lado, o art. 926 menciona o dever de coerência e integridade dos tribunais no sistema de precedentes vinculativos, determinando que devam manter sua jurisprudência "estável". É fora de dúvida que a estabilidade decorrente dos precedentes também é uma espécie de estabilidade processual, mais uma inovação do CPC/2015" (*Novas tendências nos limites objetivos e temporais da coisa julgada*, n. 4.1, p. 40).

92   Assim também ocorre no direito inglês: Slapper-Kelly, *O sistema jurídico inglês*, n. 3.6.3, p. 100-101.

93   Luiz Guilherme Marinoni fala em "perda de congruência social e surgimento de inconsciência sistêmica" (*Precedentes obrigatórios*, n. 5.1, p. 254).

forma de atualização do sistema jurídico.[94] O que se deve compreender é a exigência da estabilidade durante a mudança de entendimento levada a efeito pelo tribunal, de modo a garantir e proteger expectativas de situações subjetivas geradas durante o posicionamento *jurisprudencial* anterior.[95]

O *caput* do art. 926 menciona em terceiro lugar o dever de integridade.

Os dicionaristas registram que integridade é a qualidade ou o estado de inteiro.[96] No campo jurídico, de modo amplo, a integridade diz respeito à inteireza da interpretação do direito a respeito da mesma questão jurídica, levando em consideração o conjunto de regras, princípios, valores e precedentes.[97-98]

O dever de manter íntegra a jurisprudência significa que o órgão julgador não pode desprezar a atividade uniformizadora dos tribunais para decidir numa perspectiva diversa do entendimento uniforme.[99] Nesse ponto, a integridade é uma "garantia contra arbitrariedades interpretativas".[100]

A integridade, enquanto dever, revela a ultrapassagem do modelo individualista de decisão para o modelo institucional, no qual jurisprudência uniforme é o resultado da atividade do tribunal enquanto instituição.

---

94   Em sentido próximo, Cláudia Aparecida Cimardi, *A jurisprudência uniforme e os precedentes no novo Código de Processo Civil brasileiro*, n. 3.2.2.2, p. 175-183.

95   Lucas Buril de Macêdo escreve que "a necessidade de continuidade deve ser posta em paralelo com os possíveis efeitos negativos da permanência" (*Precedentes judiciais e o direito processual civil*, n. 3.2.3.3, p. 103.

96   http://www.aulete.com.br/integridade.

97   Numa perspectiva filosófica – mas que pode ser aproveitada para o processo civil – Ronald Dworkin fala que a integridade e a coerência – metaforicamente – servem de roteiro para um "romance em cadeira" (*O império do direito*, p. 275-279). A expressão é bem conhecida e utilizada pela doutrina brasileira, *v.g.*, Thais Sampaio da Silva, *Escrevendo um romance em cadeia*: pressupostos teóricos da teoria dos precedentes, n. 3.4, p. 1254-1261. Ronaldo Cramer diz que a "*integridade* exige que a jurisprudência seja construída a partir dos precedentes anteriores para evitar que haja incerteza quanto à compreensão da norma e, por conseguinte, do Direito como um todo" (*Teoria dos precedentes no direito processual civil*, n. 4.8.1.1, p. 126).

98   Enunciado 456 do FPPC: "Uma das dimensões do dever de integridade consiste em os tribunais decidirem em conformidade com a unidade do ordenamento jurídico".

99   "Um juiz não é livre para escolher de acordo com seu estado de espírito, suas simpatias ou suas opções estratégicas na vida. Um juiz de verdade, sobretudo um juiz constitucional, tem deveres de integridade e coerência" (Luis Roberto Barroso, A razão do voto: o Supremo Tribunal Federal e o governo da maioria, *RBPP*, vol. 5, p. 35).

100   Lenio Luiz Streck, Coment. ao art. 926, *in Comentários ao Código de Processo Civil*, n. 2.1, p. 1186.

O dever de integridade concretiza-se na aplicação do entendimento consolidado pelo tribunal nos casos futuros, cuja situação fática seja semelhante.[101] Desvios casuísticos afrontam o dever de integridade.[102]

Perceba-se que o dever integridade não conflita com as técnicas da superação ou distinção.[103] Essas técnicas podem modelar a integridade do Direito a partir de novas perspectivas (jurídicas, sociais, políticas, econômicas, tecnológicas etc.). Se preciso for, a técnica da modulação poderá dar um caráter mais estático à integridade.[104]

Em quarto lugar, passa-se a tratar do dever de coerência.[105]

No direito jurisprudencial, coerência é a relação lógica, jurídica e harmônica entre o entendimento uniformizado pelos tribunais e o julgamento dos casos futuros que envolvam semelhante questão fático-jurídica. *A contrario sensu,* "coerência está ligada à ideia de não contradição".[106] Por isso, é um conceito *relacional.*

---

101 LENIO LUIZ STRECK escreve que a "integridade também quer dizer: fazer da aplicação do Direito um 'jogo limpo' (*fairness* – que também quer dizer: tratar a todos os casos equanimemente)" (*Dicionário de hermenêutica,* verbete 4, p. 34). O entendimento doutrinário encontra eco na jurisprudência: "O CPC/2015 estabelece em seu art. 926 que é dever dos tribunais uniformizar a sua jurisprudência e mantê-la estável, íntegra e coerente. A integridade e coerência da jurisprudência exigem que os efeitos vinculante e persuasivo dos fundamentos determinantes (arts. 489, § 1º, V; 927, § 1º; 979, § 2º; 1.038, § 3º) sejam empregados para além dos processos que enfrentam a mesma questão, abarcando também processos que enfrentam questões outras, mas onde os mesmos fundamentos determinantes possam ser aplicados. Tal o caso dos presentes autos" (STJ, REsp 1.71.4361/SP, rel. Min. MAURO CAMPBELL MARQUES, *DJe* 17-10-2019).

102 STJ, AgInt no AREsp 1.410.406/RS, rel. Min. OG FERNANDES, *DJe* 22-10-2019.

103 Enunciado 457 do FPPC: "Uma das dimensões do dever de integridade previsto no *caput* do art. 926 consiste na observância das técnicas de distinção e superação dos precedentes, sempre que necessário para adequar esse entendimento à interpretação contemporânea do ordenamento jurídico". Assim já reconheceu a jurisprudência, cf. STJ AgInt no AREsp 986.300/GO, rel. Min. OG FERNANDES, *DJe* 22-5-2019.

104 Sobre a compatibilidade entre superação e dever de integridade, *v.* FABIO VICTOR DA FONTE MONNERAT, *Súmulas e precedentes qualificados,* n. 1.3.2, p. 104.

105 Alguns dizem que é muito difícil compreender isoladamente os deveres coerência e integridade. Por isso, parcela doutrinária afirma que o conjunto formado por coerência e integridade forma a "consistência". "É preciso extrair desse dispositivo do CPC [art. 926] o dever de o tribunal produzir uma jurisprudência consistente" (FREDIE DIDIER JR., *Sistema brasileiro de precedentes judiciais obrigatórios e os deveres institucionais dos tribunais*: uniformidade, estabilidade, integridade e coerência da jurisprudência, n.5.1, p. 388-389).

106 FREDIE DIDIER JR., *Sistema brasileiro de precedentes judiciais obrigatórios e os deveres institucionais dos tribunais*: uniformidade, estabilidade, integridade e coerência da jurisprudência, n. 5.2.1, p. 390.

O dever de coerência está relacionado à aplicação da mesma *ratio deciden-di* para situações que se assemelham. Pode-se imaginar o seguinte exemplo: segundo orientação do Superior Tribunal de Justiça, cheque prescrito configura prova escrita sem eficácia de título executivo hábil a ensejar ação monitória. Conceba-se que o caso posterior envolve procedimento monitório fundado em nota promissória prescrita. Se o que se almeja é a possiblidade de título executivo motivar o ajuizamento de ação monitória, e considerando que cheque e nota promissória configuram títulos executivos extrajudiciais (art. 784, I), a não aplicação do entendimento viola o dever de coerência.

A coerência ajuda a reduzir as incertezas quanto aos resultados dos futuros julgamentos.[107]

Por fim, anote-se que os deveres insertos no *caput* do art. 926 concretizam o princípio da inércia argumentativa. Isso significa dizer que assume o ônus argumentativo aquele que, pela técnica da superação ou da distinção, pretender retirar os atributos normativos da estabilidade, integridade e coerência,[108] exigindo-se, ainda, qualificada fundamentação judicial (art. 489, § 1º).[109]

> **Art. 927.** Os juízes e os tribunais observarão:
>
> **I -** as decisões do Supremo Tribunal Federal em controle concentrado de constitucionalidade;
>
> **II -** os enunciados de súmula vinculante;
>
> **III -** os acórdãos em incidente de assunção de competência ou de resolução de demandas repetitivas e em julgamento de recursos extraordinário e especial repetitivos;
>
> **IV -** os enunciados das súmulas do Supremo Tribunal Federal em matéria constitucional e do Superior Tribunal de Justiça em matéria infraconstitucional;
>
> **V -** a orientação do plenário ou do órgão especial aos quais estiverem vinculados.
>
> **§ 1º** Os juízes e os tribunais observarão o disposto no art. 10 e no art. 489, § 1º, quando decidirem com fundamento neste artigo.
>
> **§ 2º** A alteração de tese jurídica adotada em enunciado de súmula ou em julgamento de casos repetitivos poderá ser precedida de audiências públicas e da participação de pessoas, órgãos ou entidades que possam contribuir para a rediscussão da tese.

---

107 HUMBERTO ÁVILA, *Teoria da segurança jurídica*, p. 354.

108 JALDEMIRO RODRIGUES DE ATAÍDE JÚNIOR, *A inércia argumentativa no processo civil brasileiro*, 3.3, p. 279.

109 FREDIE DIDIER JR., *Sistema brasileiro de precedentes judiciais obrigatórios e os deveres institucionais dos tribunais*: uniformidade, estabilidade, integridade e coerência da jurisprudência, n. 4, p. 921,

§ 3º Na hipótese de alteração de jurisprudência dominante do Supremo Tribunal Federal e dos tribunais superiores ou daquela oriunda de julgamento de casos repetitivos, pode haver modulação dos efeitos da alteração no interesse social e no da segurança jurídica.

§ 4º A modificação de enunciado de súmula, de jurisprudência pacificada ou de tese adotada em julgamento de casos repetitivos observará a necessidade de fundamentação adequada e específica, considerando os princípios da segurança jurídica, da proteção da confiança e da isonomia.

§ 5º Os tribunais darão publicidade a seus precedentes, organizando-os por questão jurídica decidida e divulgando-os, preferencialmente, na rede mundial de computadores.

12. Destinatários da norma

O *caput* do art. 927 estabelece que no exercício da função jurisdicional os juízes e os tribunais observarão as decisões do Supremo Tribunal Federal em controle concentrado de constitucionalidade; os enunciados de súmula vinculante; os acórdãos em incidente de assunção de competência ou de resolução de demandas repetitivas e em julgamento de recursos extraordinário e especial repetitivos; os enunciados das súmulas do Supremo Tribunal Federal em matéria constitucional e do Superior Tribunal de Justiça em matéria infraconstitucional; a orientação do plenário ou do órgão especial aos quais estiverem vinculados.

A palavra "observarão" significa que o órgão julgador, durante o desempenho da atividade jurisdicional, deverá atentamente levar em consideração o precedente ou a súmula que possa de alguma forma corresponder ao caso em exame. Não observar o padrão decisório poderá trazer graves consequências processuais (*v.g.*, nulidade da decisão por não estar fundamentada).

Algo muito comum, no campo da fundamentação das decisões judiciais, é a invocação pura e simples do precedente ou da súmula. Porém, tal menção lacônica ao padrão decisório não satisfaz a exigência do disposto no *caput* do art. 927. Recorde-se que o Código reputa não motivada qualquer decisão judicial, seja ela interlocutória, sentença ou acórdão, que se limitar a invocar precedente ou enunciado de súmula, sem identificar seus fundamentos determinantes nem demonstrar que o caso sob julgamento se ajusta àqueles fundamentos ou deixar de seguir enunciado de súmula, jurisprudência ou precedente invocado pela parte, sem demonstrar a existência de distinção no caso em julgamento ou a superação do entendimento (art. 489, § 1º, V e VI).

O termo "juízes" refere-se aos órgãos julgadores de primeiro grau de jurisdição. De outro lado, "tribunais" são os órgãos unipessoais (relator, presidente, vice-presidente) e órgãos colegiados (turma, câmara, grupos de câmaras, órgão especial, plenário etc.) dos tribunais de segundo grau de jurisdição ou tribunais superiores.

Por força da abrangência de aplicação do Código (art. 15), a norma alcança órgãos jurisdicionais das mais variadas competências (Justiça do Trabalho, Justiça Eleitoral, Justiça Militar etc.).

A regra não tem apenas como destinatário os órgãos judiciais, mas deve ser observada por todos aqueles que desempenham funções essenciais à justiça (membros da Advocacia Pública ou Particular, do Ministério Público ou da Defensoria Pública). Há muitas razões para isso. Exemplificativamente, mencionem-se algumas aplicáveis ao advogado particular. São deveres das partes e de seus procuradores expor os fatos em juízo conforme a verdade e não formular pretensão ou de apresentar defesa quando cientes de que são destituídas de fundamento (art. 77, I e II). A transgressão desses deveres atrai a pecha de litigante de má-fé (art. 80, I e II). Logo, postular em juízo desconsiderando os padrões decisórios enumerados no dispositivo em comento também poderá configurar litigância de má-fé (art. 81). Além disso, há razões éticas. Advogar indiscriminadamente contra o precedente ou a súmula ou mesmo deturpar o padrão decisório poderá constituir infração disciplinar (art. 34, VI e XIV, do Estatuto da Advocacia). Finalmente, observar os precedentes e as súmulas pode redundar em acordos, evitar custos e despesas desnecessárias aos clientes.

O respeito aos precedentes e às súmulas define pautas de conduta da sociedade, pois "é uma maneira de preservar valores indispensáveis ao Estado de Direito, assim como de viabilizar um modo de viver em que o direito assume a sua devida dignidade, na medida em que, além de ser aplicado de modo igualitário, pode determinar condutas e gerar um modo de vida marcado pela responsabilidade pessoal".[110]

Os padrões decisórios expostos nos incisos I e II, por força constitucional, também precisam ser observados pelos órgãos da administração Pública direta e indireta, nas esferas federal, distrital, estadual e municipal (arts. 102, § 2º, 103-A, *caput*, da CF). De outro lado, nos termos do art. 30 da Lei de Introdução às Normas do Direito Brasileiro, as autoridades públicas devem atuar para aumentar a segurança jurídica na aplicação das normas (precedentes e súmulas).

13. Precedentes: vinculação e persuasão

O Código convive com dois modelos de precedentes: *persuasivos* e *vinculativos*.

---

110 LUIZ GUILHERME MARINONI, *A ética dos precedentes* – justificativa do novo CPC, n. 1, p. 102.

Será qualificada como precedente persuasivo toda decisão que não se acomoda no rol do art. 927. Embora não seja de aplicação obrigatória, o precedente pode ser utilizado como elemento argumentativo para resolução de casos semelhantes. O componente persuasivo do precedente não provém das partes ou do dispositivo do pronunciamento judicial. Sua força tem origem nos fundamentos jurídicos adotados para justificá-la, ou seja, da chamada *ratio decidendi*.[111]

A liberdade argumentativa, própria do contencioso judicial, pressupõe a livre manifestação dos argumentos provenientes de julgados de casos com contextos fáticos similares.

Parte da doutrina acredita que "os precedentes são mais bem compreendidos se tratados como persuasivos, em maior ou menor grau, em vez de absolutamente vinculantes. Porém, a afirmação não significa negar que existam proposições determinadas que mereçam ser tidas como persuasivas, e que não possam ser consideradas vinculantes em certas situações".[112]

De certa maneira, ainda que com menor intensidade, o uso dos precedentes contribui para a coerência e a integridade do direito jurisprudencial.

Quanto aos precedentes vinculativos, os incisos do art. 927 enumeram os precedentes que devem ser observados por juízes e tribunais.

Na esfera doutrinária, há grande discussão acerca da constitucionalidade da vinculação pretendida pelo Código. Porém, na jurisprudência não há discussão: aceita-se com tranquilidade o texto da lei, reafirmando o caráter obrigatório dos padrões decisórios enumerados nos incisos do art. 927.

Seja como for, parece indiscutível que todos os órgãos do Poder Judiciário devem respeitar os precedentes alinhados nos incisos do art. 927. A afirmação vale, inclusive, para os órgãos de cúpula. Logo, um ministro do Supremo Tribunal Federal observará a orientação do Plenário. Entendimento diverso faria letra morta do modelo de precedentes. Um juiz que se dá conta de que outros juízes – inclusive ministros – não seguem o precedente do Supremo Tribunal Federal se perguntará por que deve se preocupar em fazê-lo.[113]

De acordo com o inciso I, as decisões do Supremo Tribunal Federal em controle concentrado de constitucionalidade serão precedentes obrigatórios.

Note-se que o controle concentrado de constitucionalidade, por via principal, tem como paradigma a Constituição Federal, e é realizado pelo Supremo Tribunal Federal, por meio da ação direta de inconstitucionalida-

---

111 STF, QO no Inq 4.703/DF, rel. Min. Luiz Fux, *DJe* 1º-10-2018.
112 Neil MacCormick, *Rethoric and the rule of law*, p. 146.
113 O questionamento é feito por Richard A. Posner, *How judges think*, p. 144.

de de lei ou ato normativo federal ou estadual, a ação declaratória de constitucionalidade de lei ou ato normativo federal (art. 102, I, *a*, da CF) e a ação de inconstitucionalidade por omissão de medida para tornar efetiva norma constitucional (art. 103, § 2º, da CF). De outro lado, no âmbito estadual, tendo como pano de fundo a Constituição do Estado-Membro, o Tribunal de Justiça assume semelhante função por intermédio de representação de inconstitucionalidade de leis ou atos normativos estaduais ou municipais (art. 125, § 2º, da CF).[114] Finalmente, consideram-se hipóteses especiais de controle concentrado a arguição de descumprimento de preceito fundamental e a ação direta interventiva.

O dispositivo em comento é ligeiramente distinto do disposto no § 2º do art. 102 da CF (*"As decisões definitivas de mérito, proferidas pelo Supremo Tribunal Federal, nas ações diretas de inconstitucionalidade e nas ações declaratórias de constitucionalidade produzirão eficácia contra todos e efeito vinculante, relativamente aos demais órgãos do Poder Judiciário e à administração pública direta e indireta, nas esferas federal, estadual e municipal"*). A vinculação prevista no dispositivo constitucional decorre da coisa julgada que tem eficácia *erga omnes*. Nesse caso, o que vincula é a parte dispositiva do acórdão proferido no processo de controle concentrado de constitucionalidade (*v.g.*, declaração de inconstitucionalidade da Lei n. 18.909/2016, do Estado do Paraná). Diferentemente, pelo inciso I do art. 927, o elemento vinculante da decisão tomada em controle de constitucionalidade é a *ratio decidendi*, a qual se extrai da fundamentação (*v.g.*, "a proteção do consumidor não legitima a eventual competência dos estados-membros para legislar sobre normas aplicáveis aos prestadores de serviços de telecomunicações, ainda que a pretexto de proteção consumerista ou da saúde dos usuários"[115]).[116]

Os incisos II e VI expressam deveres de observar súmula vinculante e súmulas dos tribunais de superiores.[117] O texto quer expressar que os órgãos julgadores devem respeitar a tese jurídica compendiada na súmula da jurisprudência dominante do tribunal. Genericamente, a súmula é norma resultante da interpretação conferida pela jurisprudência do tribunal. Logicamente, nada obstante seu caráter geral e abstrato, a pura reprodução da súmula sem explicitar o contexto fático em que foi editada é insuficiente para o cumprimento do dever, como já mencionado no *comentário* ao art. 926.

---

114   Cf. LUIS ROBERTO BARROSO, *O controle de constitucionalidade no direito brasileiro*, n. 3, p. 223.

115   O STF declarou a inconstitucional a Lei n. 18.909/2016, do Estado do Paraná, cuja *ratio decidendi* está expressa no texto (Adim 5.725/PR, rel. Min. LUIZ FUX, j. 6-12-2018).

116   Para ALEXANDRE FREITAS CÂMARA, o dispositivo constitucional já seria suficiente (*Levando os padrões decisórios a sério*, 5.1, p. 182).

117   Sobre súmulas, *v.* comentário ao art. 926, acima.

Os acórdãos proferidos no incidente de assunção de competência (art. 947), no incidente de resolução de demandas repetitivas (arts. 976-987) e no julgamento de recursos repetitivos extraordinário e especial (arts. 1.036-1.041) também devem ser observados por juízes e tribunais. Há estrita relação entre a primeira parte do § 3º do art. 947 ("*O acórdão proferido em assunção de competência vinculará todos os juízes e órgãos fracionários*"), os incisos I e II do art. 985 ("*Julgado o incidente, a tese jurídica será aplicada: I - a todos os processos individuais ou coletivos que versem sobre idêntica questão de direito e que tramitem na área de jurisdição do respectivo tribunal, inclusive àqueles que tramitem nos juizados especiais do respectivo Estado ou região; II - aos casos futuros que versem idêntica questão de direito e que venham a tramitar no território de competência do tribunal*") e o art. 1.039 ("*Decididos os recursos afetados, os órgãos colegiados declararão prejudicados os demais recursos versando sobre idêntica controvérsia ou os decidirão aplicando a tese firmada*"), com a ideia de vinculação exposta no inciso III do art. 927.

O que há de comum entre todos os padrões decisórios alinhados nos incisos I a IV do art. 927 é o fato de serem formados a partir de procedimentos com contraditório qualificado e processados por órgãos de maior representatividade dentro dos tribunais.

Por fim, o inciso V prevê que a orientação do plenário ou do órgão especial deve ser seguida por todos os órgãos que àqueles estiverem vinculados. A palavra "orientação" ostenta o sentido de pronunciamento colegiado, i.e., "acórdão". Dentro do organograma, plenário e órgão especial são órgãos de *superposição*, porque são órgãos de cúpula, cuja composição é bastante qualificada. Por exemplo, o Plenário do Supremo Tribunal Federal é composto pelas duas Turmas e o Presidente. No âmbito do Superior Tribunal de Justiça, o Órgão Especial (ou Corte Especial) será integrado pelos quinze Ministros mais antigos e presidido pelo Presidente do Tribunal (art. 2º, § 2º, do RISTJ).

Porém, nada obstante essa concepção superlativa da competência – "do órgão perante o qual se origina o precedente" –, prestigiada doutrina, com substanciosos argumentos, afirma que o acórdão proveniente do plenário ou do órgão especial, a partir da amplitude do seu contraditório, não teria caráter vinculante.[118]

Embora atraente, o raciocínio parece ser insubsistente pelo modelo do Código.

O primeiro problema dessa tese é o fato de o Código não estabelecer qualquer grau de obrigatoriedade entre os padrões decisórios enumerados nos

---

118 Alexandre Freitas Câmara, *Levando os padrões decisórios a sério*, 5.1. e 5.2, p. 182-204.

incisos do art. 927. Além disso, seria difícil estabelecer matematicamente qual o *grau* de contraditório desejável desenvolvido no processo anterior para aplicar o precedente ao caso posterior.

A aplicação do precedente realiza-se pelo semelhante contexto fático entre os casos anterior e posterior e, a princípio, não por intermédio do *grau* de contraditório que se desenvolveu no processo ou procedimento em que foi proferida a decisão que se quer empregar como *precedente*. A prevalecer a tese de que o contraditório é elemento nuclear para aplicar o precedente, seria necessário investigar a atuação das partes e de todos que de alguma forma participaram do processo em que foi proferida a decisão que potencialmente servirá como precedente.

Nessa ordem de ideias, aceita-se como possível que outros procedimentos que formam precedente obrigatório, *v.g.*, incidente de assunção de competência, não tenham o contraditório *desejável*, e, nem por isso, o acórdão aí proferido deixará de ser obrigatório.

Isso tudo não significa dizer que o contraditório não seja importante para a técnica de aplicação dos precedentes. Na realidade, o problema está mais relacionado ao método da distinção do que propriamente à *vinculatividade* indicada no inciso V do art. 926.

Cabe registar que os precedentes e as súmulas, em algumas situações, podem perder o caráter *vinculativo*.

A eficácia vinculativa deixaria de existir de acordo com a posição do órgão julgador na estrutura do Poder Judiciário brasileiro. Aqui, concebem-se algumas hipóteses. Inicialmente, precedentes formados em segundo grau de jurisdição não vinculam os órgãos dos tribunais superiores. Logo, decisão proferida em incidente de assunção de competência proveniente de tribunal de justiça do estado ou do tribunal regional federal não obriga órgãos do Superior Tribunal de Justiça ou do Supremo Tribunal Federal.

Além disso, tribunais que estão na mesma base hierárquica não precedentes um do outro. Assim, *v.g.*, precedente oriundo de incidente de resolução de demandas repetitivas de competência do Tribunal de Justiça do Estado do Rio de Janeiro não vincula órgãos do Poder Judiciário de outra unidade da Federação. Adicione-se que não há obrigatoriedade de observar precedentes de tribunais de diferentes *sistemas*. Desse modo, *v.g.*, tese firmada em recurso especial repetitivo não obriga órgãos da Justiça do Trabalho, ainda que a matéria decidida seja comum aos dois *sistemas* (*v.g.*, direito processual).

Todavia, isso não significa dizer que o precedente não possa ser utilizado. Sua utilização, no entanto, será persuasiva.

Há outras decisões, que não estão alinhadas nos incisos do art. 927 – portanto, não há vinculação –, que podem servir como precedentes persuasivos. Por exemplo, decisão proferida por tribunal estrangeiro.[119]

14. Eficácia dos precedentes e das súmulas

Os precedentes e as súmulas expostos nos incisos do art. 927 têm eficácia.

No sentido deste comentário, eficácia significa aplicabilidade. Nesse contexto, o precedente é eficaz quando pode ser aplicado. Sua aplicação não se resume a resolver outro caso a partir das mesmas circunstâncias fáticas, mas pode ser estender a outras situações processuais, que serão analisadas ao longo desse tópico.

De acordo com o § 2º do art. 12, está excluída da ordem cronológica o julgamento de processos em bloco para aplicação de tese jurídica firmada em julgamento de casos repetitivos.

Admite-se a concessão de tutela provisória de evidência independentemente da demonstração de perigo de dano ou de risco ao resultado útil do processo, quando as alegações de fato puderem ser comprovadas apenas documentalmente e houver tese firmada em julgamento de casos repetitivos ou em súmula vinculante (art. 311, II).

O padrão decisório poderá ser utilizado para julgamento liminar do mérito. Nas causas que dispensem a fase instrutória, o juiz, independentemente da citação do réu, julgará liminarmente improcedente o pedido que contrariar: enunciado de súmula do Supremo Tribunal Federal ou do Superior Tribunal de Justiça; acórdão proferido pelo Supremo Tribunal Federal ou pelo Superior Tribunal de Justiça em julgamento de recursos repetitivos; entendimento firmado em incidente de resolução de demandas repetitivas ou de assunção de competência; enunciado de súmula de tribunal de justiça sobre direito local (art. 332).

Não está sujeita ao duplo grau de jurisdição obrigatório a sentença fundada em: súmula de tribunal superior; acórdão proferido pelo Supremo Tribunal Federal ou pelo Superior Tribunal de Justiça em julgamento de recursos

---

119 Para uma visão geral da utilização dos precedentes estrangeiros pelo Supremo Tribunal Federal, *v.* GEORGES ABBOUD, *Processo constitucional brasileiro*, n. 6.11.1, p. 1151-1160. Sobre as vantagens do uso do precedente internacional, do mesmo autor e obra, n. 6.11.2, p. 1160-1161. RICHARD A. POSNER critica o uso de precedentes estrangeiros para justificar a decisão. Para o professor da Universidade de Chicago, "as decisões estrangeiras emergem de um contexto social, político, histórico e institucional complexo ao qual a maioria dos magistrados desconhecem" (*How judges think*, p. 351).

repetitivos; entendimento firmado em incidente de resolução de demandas repetitivas ou de assunção de competência (art. 496, § 4º).

No procedimento do cumprimento provisório de sentença que reconhece obrigação de pagar quantia certa, a lei dispensa a caução para o levantamento de depósito em dinheiro e a prática de atos que importem transferência de posse ou alienação de propriedade ou de outro direito real, caso a decisão a ser provisoriamente cumprida estiver em consonância com súmula da jurisprudência do Supremo Tribunal Federal ou do Superior Tribunal de Justiça ou em conformidade com acórdão proferido no julgamento de casos repetitivos (art. 521, IV).

Incumbe ao relator negar provimento a recurso que for contrário a: súmula do Supremo Tribunal Federal, do Superior Tribunal de Justiça ou do próprio tribunal; acórdão proferido pelo Supremo Tribunal Federal ou pelo Superior Tribunal de Justiça em julgamento de recursos repetitivos; entendimento firmado em incidente de resolução de demandas repetitivas ou de assunção de competência. Da mesma forma, depois de facultada a apresentação de contrarrazões, dar provimento ao recurso se a decisão recorrida for contrária a: súmula do Supremo Tribunal Federal, do Superior Tribunal de Justiça ou do próprio tribunal; acórdão proferido pelo Supremo Tribunal Federal ou pelo Superior Tribunal de Justiça em julgamento de recursos repetitivos; entendimento firmado em incidente de resolução de demandas repetitivas ou de assunção de competência (art. 932, IV e V). Na mesma linha, o relator poderá julgar unipessoalmente conflito de competência com base em padrão decisório vinculante (art. 955, parágrafo único, I e II).

Recurso extraordinário que impugna acórdão que viola súmula ou jurisprudência do Supremo Tribunal Federal é dotado de presunção de repercussão geral (art. 1.035, § 3º, I).

A omissão no uso dos precedentes poderá ser motivo de invalidade de pronunciamento judicial. Os incisos V e VI do § 1º do art. 489 consideram não fundamentada a decisão que se limitar a invocar precedente ou enunciado de súmula, sem identificar seus fundamentos determinantes nem demonstrar que o caso sob julgamento se ajusta àqueles fundamentos, ou, ainda, que deixe de seguir enunciado de súmula, jurisprudência ou precedente invocado pela parte, sem demonstrar a existência de distinção no caso em julgamento ou a superação do entendimento.

A violação de padrão decisório autoriza o manejo de alguns meios de impugnação. No caso da omissão do órgão judicial, a parte poderá se valer de embargos de declaração (art. 1.022, parágrafo único, I e II). Caberá reclamação da parte interessada ou do Ministério Público para garantir a observância de enunciado de súmula vinculante e de decisão do Supremo Tribunal Federal em controle concentrado de constitucionalidade; e garantir a observância de acórdão proferido em julgamento de incidente de resolução de demandas repetitivas ou de incidente de assunção de competência (art. 988, III e IV).[120] Por fim, caso a decisão transitada em julgado viole manifestamente precedente ou súmula, será admissível ação rescisória (art. 966, § 5º).

15. Distinção (*distinguishing*)

Trabalhar com precedentes – também súmulas ou jurisprudência – não significa algo mecânico, de aplicação automática. Fala-se que "raciocinar por precedentes é, essencialmente, raciocinar por comparações".[121]

A comparação deve ser essencialmente fática. Não se exige que os fatos sejam perfeitamente idênticos. Nenhum caso é igual ao outro.[122] Para incidência do precedente, é necessária a identidade dos fatos relevantes que reclamam a aplicação da mesma *ratio decidendi*.

A técnica da "distinção" nada mais é do que comparar os elementos fáticos e verificar em que medida eles se distinguem entre um caso e outro. A distinção levada a efeito afasta a aplicação da *ratio decidendi*. Distinguir é uma forma de rejeitar a aplicação do precedente no caso concreto.[123] Trata-se da técnica utilizada com maior frequência.[124]

É preciso diferenciar "distinção dentro do caso" (*distinguishing within a case*) de "distinção entre os casos" (*distinguishing between cases*).[125]

A distinção dentro do caso assenta-se no problema em decifrar o que é *ratio decidendi* e o que é *obiter dictum*. Isso é importante dado o caráter vinculativo da *ratio decidendi*, característica que não é encontrada no *obiter dictum*.[126]

Por outro lado, a distinção entre os casos é a técnica propriamente dita, consistente na comparação entre os fatos dos dois casos.

---

120 Registre-se que, embora equivocado, o STJ decidiu, contrário ao texto do inciso II do § 5º do art. 988, por maioria de votos, não ser cabível reclamação para que seja examinada a aplicação supostamente indevida de precedente oriundo do recurso especial repetitivo (STJ, Recl 36.476/DF, rel. Min. NANCY ANDRIGHI, j. 5-2-2020).

121 NUNES-HORTA, *Aplicação de precedentes e* distinguishing *no CPC/2015*: uma breve introdução, n. 4, p. 310.

122 Nas palavras de FREDERICK SCHAUER "no two events are exactly alike" (Precedent, *Stanford Law Review*, vol. 39, p. 577).

123 RONALDO CRAMER, *Teoria dos precedentes judiciais no direito processual civil*, n. 4.9.3, p. 141.

124 LUCAS BURIL DE MACÊDO, *Precedentes judiciais e o direito processual civil*, n. 6.3.1, p 263.

125 NEIL DUXBURY, *The nature and authority of precedent*, p. 111.

126 TAÍS SCHILLING FERRAZ, *O precedente na jurisdição constitucional*, n. 4.9.3.1, p. 304.

Pode-se acrescentar, ainda, que o juiz ou os interessados devam separar os fatos relevantes dos fatos irrelevantes, dentro do caso e entre os casos.[127]

Reconhece-se que há situações que são mais simples e que os fatos são muito próximos. Considerem-se os dois casos abaixo.

A) O Superior Tribunal de Justiça fixou o entendimento de que é abusiva a cláusula contratual que determina a restituição dos valores devidos somente ao término da obra ou de forma parcelada, na hipótese de resolução de contrato de promessa de compra e venda de imóvel, por culpa de quaisquer contratantes.[128] Não será difícil aplicar o precedente se no caso posterior se identificar a discussão de semelhante cláusula por resolução de contrato de venda e compra de imóvel.

B) Há situações mais complexas. Conceba-se o seguinte caso: uma transexual foi impedida por funcionários de determinado *shopping center* de utilizar o banheiro feminino do estabelecimento, em abordagem grosseira e vexatória. Imagine-se que o Plenário do Supremo Tribunal Federal decida o caso e do acórdão seja possível extrair a hipotética *ratio decidendi*: "os transexuais têm direito a ser tratados socialmente de acordo com a sua identidade de gênero".[129] Posteriormente, em execução penal, duas transexuais femininas pedem sua transferência para o presídio feminino. Saber se o precedente do *shopping center* seria aplicável ao caso da transferência de presídios não é tarefa simples.

Teresa Arruda Alvim percebeu a dificuldade e aponta diferença entre *identidade absoluta* de casos e *identidade essencial* de casos.[130]

No caso da *identidade absoluta*, a discussão fática é praticamente a mesma e a consequência jurídica é a mesma. Tal situação ocorre nos casos de processos repetitivos. É a hipótese do caso "A", acima.

De outro lado, na situação de *identidade essencial*, a narrativa fática é diferente, mas o núcleo fático é o mesmo.[131] Note-se que no caso "B" narrado acima os fatos são absolutamente distintos. Porém, se se considerar que o núcleo é o tratamento igualitário a ser dispensado ao transexual, embora as circunstâncias fáticas sejam absolutamente distintas, o precedente seria aplicável.

---

127 Kenneth J. Vandevelde, *Thinking like a lawyer*, p. 124.
128 STJ, REsp 1.300.418/SC, rel. Min. Luis Felipe Salomão, *DJe* 10-12-2013 (Tema Repetitivo 577).
129 O caso encontra-se no Supremo Tribunal Federal (RE 845.779/SC). Porém, até a conclusão do presente trabalho, o julgamento não foi finalizado por força do pedido de vista do Min. Luiz Fux.
130 *Precedentes e evolução do direito*, n. 6, p. 57-64.
131 Muitos tribunais tentam empregar a técnica da distinção atraindo fatos que são absolutamente irrelevantes entre os casos. O problema é detectado por Richard A. Posner, *How judges think*, p. 184.

Logo, quando o núcleo do fato é diferente, o precedente não deve ser aplicado.[132]

Registre-se, ainda, que há hipóteses em que embora seja possível identificar a semelhança fática entre os casos tal correspondência pode ser insuficiente para aplicar o precedente. O exame da distinção é sútil; entretanto, ocorre.[133]

A técnica da distinção é inconfundível com eventual questionamento da validade, eficácia, legitimidade ou hierarquia que formou o precedente[134] Perceba-se que esses questionamentos, embora em alguma medida possam ser considerados no julgamento, não se relacionam na comparação dos fatos dos casos.

O emprego da técnica de distinção exige raciocínio argumentativo, dialógico e problematização de todos os sujeitos que participam do contraditório no processo.[135] O Código reproduz essa ideia ao dispor que não será fundamentada a decisão que "deixar de seguir precedente obrigatório (ou súmula) sem demonstrar a existência de distinção no caso em julgamento" (art. 489, § 1º). Nada obstante a norma seja dirigida ao órgão julgador, parece que a postulação dos sujeitos parciais deve se pautar na mesma linha, i.e., o ato postulatório que deduzir a distinção deverá ser argumentativo e racional, de modo a explicitar a razão pela qual os fatos são essencialmente distintos a não atrair a aplicação do precedente.

A exigência argumentativa retira a ideia de que a técnica da distinção possa ser um instrumento arbitrário e pouco seguro.[136]

---

132 O núcleo do fato é denominado, por alguns autores, "fatos materiais". Assim, v.g., LUIZ GUILHERME MARINONI, *Precedentes obrigatórios*, n. 4.1, p. 233-234. A expressão talvez venha da interpretação literal do termo "material facts", utilizado, v.g., na doutrina de ROBERT S. SUMMERS, *Precedent in the United State (New York State)*, p. 390.

133 LUCAS BURIL DE MACÊDO, *Precedentes judiciais e o direito processual civil*, n. 6.3.1, p. 268.

134 NUNES-HORTA, *Aplicação de precedentes e distinguishing no CPC/2015*: uma breve introdução, n. 4, p. 313.

135 "Problematizar é observar a realidade de modo crítico, é identificar o como e o porquê de certos acontecimentos em determinado momento, e relacionar os achados com a temática que está sob análise, discutindo os aspectos que tornem o caso específico ou mais difícil, separando o que não é relevante do que é essencial para a tomada de uma decisão (TAÍS SCHILLING FERRAZ, *O precedente na jurisdição constitucional*, n. 4.9.3.1, p. 305).

136 LUCAS BURIL DE MACÊDO explica que "o juiz que tentar realizar distinções com base em fatos irrelevantes ou critérios não razoáveis é, com certa facilidade, descoberto, mediante o escrutínio dos advogados, dos outros juízes ou de análise posterior da decisão pela doutrina. Isso se dá, justamente, mediante a utilização dos critérios para distinção" (*Precedentes judiciais e o direito processual civil*, n. 6.3.2, p. 269).

16. Superação do precedente (*overruling* e *overriding*)

O dever de estabilidade não é incompatível com a técnica da superação.

A mudança de entendimento firme pelo tribunal costuma ser denominada pela doutrina como "superação" ou "revogação" do precedente. Logicamente, não é apenas o precedente que pode ser superado ou revogado, mas também a súmula – seja qual for sua natureza – e a jurisprudência dominante.

Nesse contexto, apesar de gerar certa dose de incerteza e – de alguma maneira – insegurança, a possibilidade de revisão do entendimento demonstra o caráter transformativo do direito.[137] Logo, a alteração da jurisprudência deve ser encarada como um processo na sociedade civilizada e não retrocesso institucional.

O próprio Código admite possa haver a superação do precedente. Assim, *v.g.*, não se considera fundamentada a decisão que deixar de seguir enunciado de súmula, jurisprudência ou precedente invocado pela parte, sem demonstrar que o entendimento está superado (art. 489, § 1º, VI). Por sua vez, os §§ 3º e 4º do art. 927 utilizam a palavra "alteração". Alterar significa mudar, modificar e tais palavras entram no conceito de superação.

Na técnica do Código, superar quer dizer retirar o precedente do ordenamento jurídico dando lugar a lacuna ou nova interpretação sobre a questão jurídica. Na realidade, o que se elimina é a *ratio decidendi*.[138]

A superação do precedente poderá se dar pela edição de ato normativo de qualquer dos Poderes da República (Executivo, Legislativo ou Judiciário) ou por um novo pronunciamento jurisdicional.[139]

Admite-se que a superação poderá se dar de maneira explícita (*express overrruling*) ou implícita (*implied overruling*).[140] Por se chocar com o *valor* da estabilidade e produzir um grau de incerteza, ainda que diminuto, superar o precedente, seja qual for o modo, causa inquietação.[141]

---

137 MISABEL ABREU MACHADO DERZI escreve que "inexiste proibição de alteração da jurisprudência, da mesma forma que o legislador não fica impedido de alterar as leis antigas por meio da edição de novas leis. O caráter evolutivo do Direito repele as cristalizações e a estagnação" (*Modificações da jurisprudência no direito tributário*, n. 10.4, p. 284).

138 LUCAS BURIL DE MACÊDO, *Precedentes judiciais e o direito processual civil*, n. 7.4.1, p. 288.

139 É fácil imaginar a atividade legislativa dos Poderes Executivo e Legislativo como formas de provocar a superação do precedente (*v.g.*, medida provisória e lei ordinária, respectivamente). Mas também é concebível que um ato normativo do Poder Judiciário possa promover a mudança do precedente (*v.g.*, orientação do tribunal com base em norma do regimento interno, posteriormente modificada por assento regimental).

140 CROSS-HARRIS, *Precedent in english law*, p. 128-129.

141 ROBERT S. BARKER escreve que maneira mais dramática de tratar com o precedente tem lugar quando o tribunal resolve superá-lo (*El precedente y su significado en el derecho constitucional de Los Estados Unidos*, p. 49).

Superar explicitamente significa que o tribunal indica expressamente a modificação do precedente. Esse procedimento tem a vantagem de tornar inequívoco que posicionamento do tribunal está superado. Claramente, sabe-se que a *ratio decidendi* perdeu sua força vinculante.

De outro lado, a superação implícita precisamente não revela que o entendimento anterior deixa de corresponder à orientação vinculante do tribunal. Sabe-se que o precedente perdeu sua força porque a nova decisão é incompatível com a anterior *ratio decidendi*. Esse modo de proceder potencializa os aspectos negativos da superação do precedente. Implícito é algo que não está claro, carente de transparência, mas está subentendido. Essa situação de incerteza pode gerar complicações na (não) aplicação do precedente pelos órgãos inferiores. Aplicar algo "subentendido" induz o "juízo de suposição". A suposição pode criar ruídos com deveres de integridade, coerência e estabilidade.[142]

É possível que a superação do precedente seja *total* ou *parcial*. Ela será total quando o órgão judicial revogar inteiramente a *ratio decidendi*. A superação parcial, via de regra, surge por meio de sucessivas *distinções*, que modelam o precedente.[143] Fala-se que a técnica da distinção é um poderoso mecanismo de mudança.[144]

Em regra, órgão jurisdicional *inferior* não tem legitimidade institucional para superar o entendimento do órgão jurisdicional *superior*.[145] Porém, não se nega a possibilidade de o órgão *inferior* registrar sua discordância com o precedente (*disapprove precedente*)[146], embora o aplique para resolver o caso.

A fundamentação com base na "superação" do precedente é algo complexo. Aquele que se propõe a superar o precedente atrai para si o "ônus argumentativo".[147] A fundamentação deverá ser "específica, analítica, comple-

---

142 A crítica não escapa da monografia de RAVI PEIXOTO, *Superação do precedente e segurança jurídica*, n. 3.5.1.2, p. 212-213.

143 Na mesma linha, *Manual de prática dos precedentes no processo civil e do trabalho*, n. 7.6.3, p. 118-119.

144 THEODORE M. BENDITT, *The rule of precedent*, p. 99.

145 A superação é um poder que se concede ao órgão hierarquicamente superior àquele que decidiu o caso pretérito, cuja *ratio decidendi* resulta ultrapassada (CROSS-HARRIS, *Precedent in english law*, p. 127).

146 Técnica utilizada no sistema do *common law*. WILLIAM N. ESKRIDGE JR. arrola alguns casos que houve a utilização da técnica (Overruling Statutory Precedents, p. 1361 e s., *in* The Georgetown Law Journal, vol. 76:1361). No Brasil a técnica é aceita por RAVI PEIXOTO, *Superação do precedente e segurança jurídica*, 3.5.1.1, p. 211-212. Registre-se o Enunciado 172 do FPPC: "A decisão que aplica precedentes, com a ressalva de entendimento do julgador, não é contraditória".

147 STRECK-ABBOUD, *O que é isto – o precedente judicial e as súmulas vinculantes?*, n. 10.2, p. 122.

ta acerca da superação em si".[148] Não basta uma espelha do presente em detrimento do passado.

A doutrina explica que "o argumento ou o raciocínio precisa ser novo, a ponto de, contrastado com o precedente, fazer suas razões de decidir enfraquecerem. Superar um precedente significa explicar sua incompatibilidade com o direito. A decisão que não aplica um precedente por superação pretende ser uma resposta mais adequada ao caso do que a que já foi dada anteriormente".[149]

Reconhece-se que a superação do precedente pode ser previamente sinalizada (*signaling*). A sinalização é uma técnica segundo a qual o tribunal indica sua tendência de enunciar nova *ratio decidendi*.[150] Embora não tenha ocorrido a superação do precedente[151] e ele ainda continue sendo aplicável, a orientação do tribunal já não é mais confiável.[152] Ao sinalizar a possível mudança, essencialmente, o tribunal busca "proteger a confiança legítima dos jurisdicionados".[153]

17. Modulação dos efeitos

A superação do precedente poderá trazer transtornos para aqueles que confiaram na orientação sedimentada pelo tribunal e exercitaram seu comportamento de acordo com a jurisprudência.

Essa afirmação parte da premissa segundo a qual é inaplicável a regra da irretroatividade da lei ao direito jurisprudencial,[154] e o tribunal, ao fixar seu (novo) entendimento, possui "papel acentuadamente declaratório do direito e de que suas decisões se baseiam em fontes legais e sociais que permitem previsão de uma mudança jurisprudencial".[155] O efeito declaratório do renovado posicionamento produz eficácia *ex tunc* alcançando, na generalidade dos casos, situações preexistentes.[156]

---

148 ALEXANDRE FREITAS CÂMARA, *Levando os padrões decisórios a sério*, n. 6.3, p. 347.

149 LEONARD ZIESEMER SCHMITZ, *Fundamentação das decisões judiciais*, n. 6.4.2, p. 342.

150 Alguns denominam Técnica do julgamento-alerta. Assim, *v.g.*, ANTONIO DO PASSO CABRAL, *Técnica do julgamento-alerta na mudança da jurisprudência consolidada*, p. 14-43.

151 LUIZ GUILHERME MARINONI, *Precedentes obrigatórios,* n. 4.3.1, p. 238.

152 LUCAS BURIL DE MACÊDO, *Precedentes judiciais e o direito processual civil*, n. 7.6, p. 303.

153 LUCAS BURIL DE MACÊDO, *Precedentes judiciais e o direito processual civil*, n. 7.6, p. 304.

154 RAVI PEIXOTO, *Superação do precedente e segurança jurídica*, n. 4.4.1, p. 314-323.

155 PATRICIA PERRONE CAMPOS MELLO, *Precedentes*, n. 2.5.2, p. 263.

156 A eficácia *ex tunc* parece ser clara, pois, caso contrário, não teria sentido o § 3º do art. 927, que confere poderes ao tribunal para modular os efeitos do novo posicionamento. Porém, registre-se o posicionamento do STF: "Em consonância com o instituto da *prospective overruling*, a mudança jurisprudencial deve ter eficácia *ex nunc*, porque, do contrário, surpreende quem obedecia à jurisprudência daquele momento. Ao lado do prestígio do precedente, há o prestígio da segurança jurídica, princípio segundo o qual a jurisprudência não pode causar uma surpresa ao jurisdicio-

Nesse contexto, a *mutação jurisprudencial* pode trazer consequências inesperadas para setores da sociedade que legitimamente confiaram seu comportamento na orientação dos tribunais e pautaram suas condutas de acordo com a interpretação emprestada pela jurisprudência.[157]

O legislador, inspirado nas normas de controle de constitucionalidade – especialmente no art. 27 da Lei n. 9.868/1999 –, conferiu poderes ao órgão julgador para modular os efeitos do *novo* posicionamento com os olhos voltados ao interesse social e à segurança jurídica. Com efeito, o § 3º do art. 927, literalmente, estabelece: "[n]a hipótese de alteração de jurisprudência dominante do Supremo Tribunal Federal e dos tribunais superiores ou daquela oriunda de julgamento de casos repetitivos, pode haver modulação dos efeitos da alteração no interesse social e no da segurança jurídica".[158-159]

Na teoria dos precedentes, chama-se modulação a técnica aplicada pelos tribunais para impor um modelo restritivo dos efeitos advindos da nova orientação que poderiam alcançar situações pretéritas a respeito de semelhante questão jurídica. O instituto busca limitar a retroatividade do novo entendimento. A modulação influi nos efeitos do novo julgado sobre fatos anteriores à sua ocorrência. Por isso, fala-se em "moderar" as consequências da alteração ou da revogação do entendimento jurisprudencial.[160]

---

nado a partir de modificação do panorama jurídico" (AR 2422/DF, rel. Min. Luiz Fux, julgamento em 25-10-2018).

157 O termo *mutação jurisprudencial* é inspirado na doutrina constitucionalista que consagrou o termo *mutação constitucional*. Sobre o tema, *v.* Souza Neto-Sarmento, *Direito constitucional* – teoria, história e métodos de trabalho, Capítulo 8, p. 341-359.

158 A Lei n. 9.882/1999, que disciplina a arguição de descumprimento de preceito fundamental, no seu art. 11, também regulamenta a eficácia retroativa da decisão do Supremo Tribunal Federal. O Código também faz referência à modulação no § 13 do art. 525 e no § 6º do art. 535. Aqui é a modulação operada pelo Supremo Tribunal Federal em controle de constitucionalidade. Os arts. 23 e 24 da Lei de Introdução às Normas do Direito Brasileiro também disciplinam a modulação. O Decreto n. 9.830/2019 regulamentou os dispositivos mencionados.

159 O assunto já era discutido em sede doutrinária: Antonio de Pádua Soubhie Nogueira, *Modulação dos efeitos das decisões no processo civil*, n. 3.4, p. 80-160; Tércio Sampaio Ferraz Jr., *Irretroatividade e jurisprudência judicial*, p. 1-32; Roque Antonio Carrazza, *Segurança jurídica e eficácia temporal das alterações jurisprudenciais* – competência dos tribunais superiores para fixá-la – questões conexas, p. 32-71; Nelson Nery Jr., *Boa-fé objetiva e segurança jurídica* – eficácia da decisão judicial que altera jurisprudência anterior do mesmo tribunal superior, p. 75-104. Com ênfase no direito tributário, Misabel Abreu Machado Derzi, *Modificações da jurisprudência no direito tributário*, especialmente, n. 8, p. 498-562 e Capítulo V; Tiago Asfor Rocha Lima, *Precedentes judiciais civis no Brasil*, n. 3.5.4.1.1, p. 219-222. Nos países de tradição romano-germânica, a questão também tem repercussão, cf. Guillaume Drouot, *La rétroactivité de la jurisprudence*, especialmente Título III, Capítulo 2, p. 243-264.

160 Humberto Ávila, *Segurança jurídica*, p. 532.

A técnica da modulação pode ser aplicada a processo que envolva questão de direito material ou direito processual.[161]

Conforme o § 3º do art. 927, admite-se a modulação nos casos de "alteração de jurisprudência dominante do Supremo Tribunal Federal e dos tribunais superiores ou daquela oriunda de julgamento de casos repetitivos". O dispositivo deve ser interpretado em harmonia com os incisos do art. 927. Logo, pode ser objeto de modulação qualquer pronunciamento que venha a alterar ou revogar as decisões do Supremo Tribunal Federal em controle concentrado de constitucionalidade, os enunciados de súmula vinculante, os acórdãos em incidente de assunção de competência ou de resolução de demandas repetitivas e em julgamento de recursos extraordinário e especial repetitivos, os enunciados das súmulas do Supremo Tribunal Federal em matéria constitucional e do Superior Tribunal de Justiça em matéria infraconstitucional ou a orientação do plenário ou do órgão especial.[162]

A modulação dos efeitos da decisão que altera o posicionamento anterior tem caráter protetivo ao jurisdicionado. A técnica busca proteger o sujeito que depositou sua confiança nos padrões decisórios (incisos do art. 927) e administrou sua conduta de acordo o entendimento adotado pelos tribunais. Por esse motivo, fala-se que a modulação deve ser examinada a partir da perspectiva do *presente* projetada para o *futuro*,[163] i.e., no exato momento que o sujeito exerceu seu comportamento de acordo com a orientação do tribunal.

Daí por que a técnica da modulação tem fundamento central na confiança, aqui tomada no sentido de reduzir as incertezas do futuro.[164]

---

161 Exemplo de modulação em matéria processual é o caso do Tema Repetitivo 988, no qual o Superior Tribunal de Justiça afirmou: "Embora não haja risco de as partes que confiaram na absoluta taxatividade serem surpreendidas pela tese jurídica firmada neste recurso especial repetitivo, pois somente haverá preclusão quando o recurso eventualmente interposto pela parte venha a ser admitido pelo Tribunal, modulam-se os efeitos da presente decisão, a fim de que a tese jurídica apenas seja aplicável às decisões interlocutórias proferidas após a publicação do presente acórdão".

162 NELSON NERY JR. sustenta que a modulação tem fundamento na segurança e por esse motivo seria algo ínsito ao sistema constitucional de modo a justificar a técnica por todos os tribunais superiores (*Boa-fé objetiva e segurança jurídica*, n. 6, p. 101).

163 TERESA ARRUDA ALVIM escreve "o instituto deve ser abordado a partir de uma ótica voltada para o *presente*, que diz respeito à necessidade de se saber qual é a *pauta de conduta* (= o que é o direito) a que se deve conformar minha ação e ao *futuro*: alterada a pauta de conduta, minha ação deve ser avaliada, lá na frente, *não* a partir da nova pauta, *mas* daquela que havia antes, a que me submeti, de boa-fé, porque confiei" (*Modulação na alteração da jurisprudência firme ou de precedentes vinculantes*, p. 36).

164 A ideia de confiança deve ser atemporal. Na ótica de NIKLAS LUHMMANN, "[m]ostrar confianza es anticipar el futuro. Es comportarse como si el futuro fuera cierto" (*Confianza*, p. 15).

Acrescente-se que a técnica da modulação pode servir ao Poder Judiciário como norma de eficiência (art. 8º), *v.g.*, evitando novos litígios ou revisão de litígios já resolvidos.

O § 3º do art. 927 impõe dois pressupostos para que seja possível modular os efeitos da nova orientação jurisprudencial: a) "interesse social" e "segurança jurídica". São termos de difícil conceituação. Ambos os termos têm assento na Constituição.[165]

O "interesse social"[166] está associado ao "direito social". Segundo o art. 6º da CF, são direitos sociais a educação, a saúde, a alimentação, o trabalho, a moradia, o transporte, o lazer, a segurança, a previdência social, a proteção à maternidade e à infância, a assistência aos desamparados, na forma da Constituição. A princípio, caso a alteração refira-se a qualquer destes direitos, seria possível, em tese, justificar a modulação dos efeitos da recente orientação jurisprudencial. Ademais, admite-se que a concreção de algum direito fundamental protegido pela Constituição possa servir de elemento para ser incorporado no conceito de "interesse social" de tal sorte a restringir a eficácia do novo entendimento.[167]

A segurança jurídica, por sua vez, está no Preâmbulo da Constituição ("Estado Democrático destinado a assegurar a *segurança*") e está garantida pelo *caput* do art. 5º da CF ("Todos são iguais perante a lei, sem distinção de qualquer natureza, garantindo-se aos brasileiros e aos estrangeiros residentes no País a *segurança*"). Além disso, a ideia de segurança também está exposta no § 1º do art. 103 da CF, segundo o qual, para evitar a *insegurança* jurídica, o Supremo Tribunal Federal poderá editar súmula vinculante cujo objetivo é a validade, a interpretação e a eficácia de normas determinadas controvertidas entre órgãos do Poder Judiciário ou da Administração Pública.

---

165 Assim também na França, cf. GUILLAUME DROUOT, *La rétroactivité de la jurisprudence*, n. 23, p. 13. TERESA ARRUDA ALVIM fala que o princípio da confiança seria a dimensão subjetiva da segurança jurídica (*Modulação na alteração da jurisprudência firme ou de precedentes vinculantes*, n. 8.4.4, p. 155).

166 DANIEL MITIDIERO critica o termo "interesse social". Para o autor gaúcho, o requisito "é totalmente impertinente. O que interessa para a superação para a frente do precedente é a proteção da confiança legítima (elemento que participa do núcleo conceitual do princípio da segurança jurídica) e da igualdade de todos perante o direito" (*Precedentes*, n. 6, (*versão eletrônica*)).

167 Nesse sentido, RAFAEL ROTT DE CAMPOS VELHO, Inconstitucionalidade em matéria tributária e modulação de efeitos com lastro no excepcional interesse social, p. 155-157. Acrescente-se que o autor descarta que a supremacia do interesse público possa ser utilizada como meio para auferir o interesse público, bem como serem utilizados (exclusivamente) argumentos pragmáticos ou consequencialistas para justificar o interesse social (Ob. cit., p. 148-155).

Adicione-se que a segurança jurídica deve ser vista no aspecto *objetivo* e *subjetivo*. Objetivo de modo a assegurar a integridade do ordenamento jurídico à luz das duas interpretações (*nova* e *antiga*). Subjetivo referente ao beneficiário da modulação, i.e., o sujeito que legitimamente depositou sua confiança e pautou seu comportamento de acordo com posicionamento alterado ou revogado.[168]

A modulação é um dever do tribunal. Logo, é desnecessário pedido da parte ou do interessado (*v.g.*, *amicus curiae*) para motivar o órgão julgador a conferir eficácia restritiva à nova orientação jurisprudencial, nada obstante possa fazê-lo. Evidentemente que o requerimento para que o tribunal aplique a técnica da modulação deve ser justificada. Argumentos genéricos, vagos, imprecisos e indeterminados deverão ser descartados pelo órgão julgador.

Havendo ou não requerimento para manipular os efeitos da decisão, é indispensável o contraditório de todos que participam do processo.[169] Vale dizer: antes de tomada a decisão de modular os efeitos da decisão, torna-se necessário ouvir os interessados e levar em consideração todos os argumentos que possam justificar ou não a aplicação da referida técnica.

Ao revogar a orientação anteriormente consolidada e impor a modulação dos efeitos do novo posicionamento, o tribunal deverá fundamentar sua decisão (art. 927, § 4º). A fundamentação incorporará os pressupostos exigidos para minimizar os efeitos da nova direção jurisprudencial. Fórmulas vazias, *v.g.*, "situação grave", "gravíssimas consequências para sociedade", "caso excepcional com graves consequências ao jurisdicionado", são absolutamente inaceitáveis.[170] É preciso que a decisão seja adequadamente justificada de modo racional, com o exame integral do interesse social e/ou do princípio da segurança jurídica, i.e., explicitar o motivo pelo qual a alteração da jurisprudência interfere nocivamente nas situações jurídicas consolidas ou continuadas dos possíveis sujeitos afetados com a nova decisão do tribunal.[171]

O § 4º do art. 927 acrescenta outros dos pressupostos que até então eram desconhecidos pelo § 3º do mesmo dispositivo: "proteção da confiança" e

---

168 Sobre essas dimensões da segurança jurídica, v. HUMBERTO ÁVILA, *Segurança jurídica*, p. 156-178.

169 TERESA ARRUDA ALVIM, *Modulação na alteração da jurisprudência firme ou de precedentes vinculantes*, n. 8.4.2, p. 154.

170 Vale a letra do inciso II do § 1º do art. 489: "[n]ão se considera fundamentada qualquer decisão judicial, seja ela interlocutória, sentença ou acórdão, que empregar conceitos jurídicos indeterminados, sem explicar o motivo concreto de sua incidência no caso".

171 Deve-se justificar em argumentos jurídicos e "*não exclusivamente pragmáticos*" (THOMAS DA ROSA BUSTAMANTE, *Teoria do precedente judicial*, n. 3.4.4.7, p. 465).

"isonomia" ("§ 4º A modificação de enunciado de súmula, de jurisprudência pacificada ou de tese adotada em julgamento de casos repetitivos observará a necessidade de fundamentação adequada e específica, considerando os princípios da segurança jurídica, da proteção da confiança e da isonomia"). De certa maneira, "confiança" e "isonomia", em termos gerais, podem ser incorporados aos termos mais abertos de "interesse social" e "segurança jurídica".[172-173]

Embora a lei imponha expressamente o dever de fundamentar nos casos de "modificação" da orientação jurisprudencial (art. 927, § 4º), o tribunal, da mesma forma, sobretudo quando houver requerimento de qualquer interessado, deverá justificar sua posição quando rejeita aplicar a técnica da modulação.[174]

No âmbito do controle de constitucionalidade, a jurisprudência é no sentido de que, se o Supremo Tribunal Federal não se pronunciar acerca da eficácia temporal do julgado, é de se presumir que órgão julgador deu pela ausência de razões de segurança jurídica ou de interesse social. Fala-se em presunção *ex tunc*, de modo que a decisão alcança situações anteriores ao julgamento da Corte Constitucional. Porém, a presunção apenas se torna absoluta com o trânsito em julgado do processo de constitucionalidade. Por conseguinte, "ao tomar conhecimento, em sede de embargos de declaração (antes, portanto, do trânsito em julgado de sua decisão), de razões de segurança jurídica ou de excepcional interesse social que justifiquem a modulação de efeitos da declaração de inconstitucionalidade, não deve considerar a mera presunção (ainda relativa) obstáculo intransponível para a preservação da própria unidade material da Constituição". Ainda segundo o Supremo Tribunal Federal, os embargos de declaração constituiriam o último veículo processual apto a impedir o efeito retroativo da decisão.[175]

De acordo com o precedente do Supremo Tribunal Federal, acima citado, é fácil concluir que é autorizado o manejo dos embargos de declaração, sob o fundamento da omissão, para complementar decisão que possa ter seus efeitos modulados.[176] Tal afirmação não fica restrita ao campo do controle de consti-

---

172 Na França, por exemplo, a doutrina aponta que a argumentação para justificar a modulação, a confiança normalmente vem acoplada no fundamento da segurança jurídica, porque esse seria mais genérico (GUILLAUME DROUOT, *La rétroactivité de la jurisprudence*, n. 19, p. 11).

173 LUIZ GUILHERME MARINONI fala em "confiança justificada" para prevenir "surpresa injusta" (*Precedentes obrigatórios*, n. 9.3, p. 360).

174 Justificando o não cabimento da modulação com base nos pressupostos "interesse social" e "segurança jurídica", STF RE 929.670, rel. p/ Acórdão Min. LUIZ FUX, *DJe* 12-4-2019.

175 STF, EDecl na ADI 2.797, rel. para o Ac. Min. AYRES BRITTO, j. 17-12-2012.

176 No mesmo sentido: TERESA ARRUDA ALVIM, *Modulação na alteração da jurisprudência firme ou de precedentes vinculantes*, n. 8.4.4, p. 155.

tucionalidade, pois alcança qualquer situação de mudança da jurisprudência firme ou de precedente obrigatório.

No entanto, questão mais delicada é saber se o trânsito em julgado, de fato, constitui um obstáculo para aplicação da técnica da modulação. A leitura do precedente do Supremo Tribunal Federal conduziria à resposta positiva, vale dizer, não é possível modular os efeitos da decisão depois do trânsito em julgado, ao menos em controle de constitucionalidade.[177] A resposta, porém, não é simples. Com exceção do inciso I do art. 927 ("decisões do Supremo Tribunal Federal em controle concentrado de constitucionalidade"),[178] há mais motivos para contrariar do que aceitar o precedente da Corte Constitucional.

Em momento algum o Código determina que a técnica da modulação seja necessariamente empregada no momento da decisão. O § 3º do art. 927 preceitua o seguinte: na hipótese de alteração de jurisprudência dominante ou de revogação de precedente obrigatório pode haver modulação dos efeitos da alteração no interesse social e no da segurança jurídica.

Ressoaria minimamente estranho prenunciar a preclusão para aplicar a técnica de modelar os efeitos da nova orientação jurisprudencial por pelo menos dois motivos.

A primeira consideração é relativa à competência. Modular é *dever* do tribunal. A lei é imprecisa quanto à definição do órgão competente para o exercício da técnica da modulação. Logo, a princípio, a omissão do pronunciamento que altera ou revoga o entendimento jurisprudencial não pode ser obstáculo intransponível para que qualquer órgão judiciário exerça a atividade cognitiva de sorte a modular os efeitos da nova decisão de acordo com os pressupostos do interesse social e da segurança jurídica.

Segundo motivo diz respeito às incertezas relativas aos pressupostos do interesse social e da segurança jurídica. É possível que, no momento da alteração ou revogação da jurisprudência consolidada ou do precedente obrigatório, o tribunal não tenha debatido com profundidade os possíveis danos decorrentes dos efeitos retroativos da recente orientação jurisprudencial. A questão pode aparecer em casos concretos que discutam a matéria posteriormente ao trânsito em julgado da decisão que deu origem ao novo entendimento.

---

177 Confira-se: "Os embargos de declaração constituem a *última* (destacou-se) fronteira processual apta a impedir que a decisão de inconstitucionalidade com efeito retroativo rasgue nos horizontes do Direito panoramas caóticos, do ângulo dos fatos e relações sociais".

178 A exceção se dá pelo art. 27 da Lei n. 9.868/1999, que confere competência ao Supremo Tribunal Federal, por quórum qualificado, modular os efeitos da decisão que declara inconstitucional lei ou ato normativo.

CPC/2015, ART. 927

Com efeito. A Terceira Turma do Superior Tribunal de Justiça admitiu a modulação em caso concreto, posteriormente ao trânsito em julgado da decisão que alterou a orientação dominante. No caso concreto, discutia-se pagamento de indenização em apólice de seguro de vida em virtude de suicídio. Com base no art. 798 do CC/2002, a seguradora negou o pagamento da indenização sob o argumento de que o sinistro teria ocorrido nos primeiros dois anos da vigência da apólice de seguro. Porém, durante os fatos, no âmbito do Superior Tribunal de Justiça, a jurisprudência anterior ao CC/2002 estava consolidada em dois enunciados: a Súmula 61/STJ ("O seguro de vida cobre o suicídio não premeditado") e a Súmula 105/STF ("Salvo se tiver havido premeditação, o suicídio do segurado no período contratual de carência não exime o segurador do pagamento do seguro"). Mesmo com a entrada em vigor do CC/2002, o Superior Tribunal de Justiça manteve o entendimento compreendido nas referidas súmulas. Em 2015, houve alteração da jurisprudência. Por intermédio do julgamento do REsp 1.335.005/GO, a Segunda Seção deu nova interpretação ao disposto no art. 798 do CC/2002. Nesse julgado não foi aplicada a técnica da modulação. Posteriormente, a Corte Superior ratificou a alteração editando a Súmula 610 ("o suicídio não é coberto nos dois primeiros anos de vigência do contrato de seguro de vida, ressalvado o direito do beneficiário à devolução do montante da reserva técnica formada"). Considerando que os fatos (contratação da apólice e sinistro) ocorreram antes da alteração fática, o Superior Tribunal de Justiça aplicou, concretamente, a técnica da modulação para restringir os efeitos da nova orientação.[179-180]

---

179 STJ, REsp 1.721.716/PR, rel. Min. NANCY ANDRIGHI, *DJe* 17-12-2019. Registre-se o voto divergente do Min. VILLAS-BÔAS CUEVA, que afirmou não ser possível a modulação por conta do tempo entre o caso concreto e a decisão que alterou o entendimento. Confira-se: "importante ressaltar que desde abril de 2015, termo a partir do qual se pode dizer que foi estabilizada a orientação jurisprudencial da Segunda Seção acerca da interpretação do art. 798 do Código Civil de 2002, isto é, passados mais de 4 (quatro) anos de casos julgados em nível nacional em um ambiente de jurisprudência estável, íntegra e coerente, não parece adequado ou razoável voltar atrás para ressalvar o caso em apreço do seu alcance, o que poderia representar um verdadeiro contrassenso, visto que as circunstâncias dos autos não autorizam vislumbrar, ainda que isso fosse possível em tese, razões de segurança jurídica ou de interesse público ou social aptas a legitimar tamanha excepcionalidade". Adicione-se que, em sede doutrinaria, o Min. VILLAS-BÔAS CUEVA afirmou não ser possível a modulação por órgão jurisdicional diverso daquele que implementou a alteração ou a revogação do entendimento jurisprudencial (*A modulação dos efeitos das decisões que alteram a jurisprudência dominante do STJ* (art. 927, § 3º, do NCPC), p. 115).

180 Na doutrina: HERMES ZANETTI JR., Coment. ao art. 927, *in Comentários ao novo Código de Processo Civil*, n. 9, p. 1337. Pondere-se, porém, a divergência de TERESA ARRUDA ALVIM, *Modulação na alteração da jurisprudência firme ou de precedentes vinculantes*, 8.4.1, p. 153.

COMENTÁRIOS AO CÓDIGO DE PROCESSO CIVIL V. XIX

Finalmente, a modulação dos efeitos da nova orientação poderá inibir o ajuizamento da ação rescisória.[181]

18. Publicidade dos precedentes

O modelo de precedentes pressupõe ressignificação do conceito de publicidade no processo. A publicidade não está apenas vinculada aos atos processuais, como poderia sugerir o inciso LX do art. 5º da CF.

Para que os precedentes sejam observados é preciso que eles sejam conhecidos. O conhecimento ocorre por meio da veiculação eficiente da orientação jurisprudencial a respeito de um determinado tema.[182]

Por tal motivo impõe o Código que os tribunais deem publicidade a seus precedentes. Trata-se de "publicidade institucional", que envolve a ampla divulgação do entendimento do tribunal a respeito de determinada questão jurídica. O objetivo da publicidade é alcançar o maior número de pessoas, de modo a incentivá-las a adotar o comportamento de acordo com a orientação instituída no precedente.

Acrescente-se que a divulgação dos precedentes pelos tribunais alcança os órgãos judiciários que o aplicarão em casos semelhantes. A unidade do direito depende dessa aplicação, fato que fortalece o Poder Judiciário como instituição.[183]

A publicidade do precedente direciona a eficiência, pois ao refletir o posicionamento do tribunal, é possível programar e planejar decisões, evitar conflitos desnecessários, estimular acordos etc.

O § 5º do art. 927 estabelece que a divulgação do precedente, *preferencialmente*, seja por meio da rede mundial de computadores (*internet*). Claro que a

---

181 FABIANO CARVALHO, *Ação rescisória como meio de controle de decisão fundada em lei declarada inconstitucional pelo Supremo Tribunal Federal*, n. 5, p. 68-70. JALDEMIRO RODRIGUES DE ATAÍDE JÚNIOR parece adotar posição mais radical. Independentemente da modulação, não deveria ser admitida ação rescisória por violação manifesta à norma jurídica (*Precedentes vinculantes e irretroatividade do direito no sistema processual brasileiro*, n. 4.4.1, p. 246).

182 LUIZ GUILHERME MARINONI afirma que o conhecimento da legislação e da doutrina, embora importantes, não permite ao advogado passar ao cidadão todas as informações que ele realmente precisa saber para decidir sobre a oportunidade de realizar um negócio, incrementar a sua atividade ou tomar qualquer outra decisão com repercussão jurídica. Ora, o cidadão precisa saber – obviamente que com determinado grau de previsibilidade - o que esperar do judiciário (*Precedentes obrigatórios*, n. 2.5, p. 132-133).

183 Sobre fortalecimento institucional por meio dos precedentes, *v.* LUIZ GUILHERME MARINONI, *A ética dos precedentes*, n. 5, p. 105-106.

comunicação por esse meio é muito eficiente. Porém, não é a única. Tribunais podem dar publicidade a seus precedentes por outros veículos comunicativos. O importante é tornar pública a orientação contida no precedente.

A publicidade dos precedentes tem por objetivo influenciar comportamentos e tomadas de decisões. Logo, é importante que na comunicação com a sociedade o tribunal seja cuidadoso e preciso na divulgação correta dos termos dos precedentes, informando os dados de registro do processo, o órgão julgador, o procedimento perante o qual deu origem ao precedente etc.

Fala-se que a "organização temática também prestará grande contribuição. Com o tempo e a dedicação das instituições públicas, será possível identificar claramente o *leading case* (precedente originário) e os precedentes que criam as exceções universalizáveis, ou seja, os casos que dão os contornos de aplicação do *leading case*. Este é o exemplo do enunciado da Súmula do STF 691 ("não compete ao Supremo Tribunal Federal conhecer de 'habeas corpus' impetrado contra decisão do relator que, em 'habeas corpus' requerido a Tribunal Superior, indefere a liminar"). O STF criou exceções universalizáveis mitigando a eficácia do enunciado na presença de flagrante ilegalidade, abuso de poder ou teratologia, HC 85185 e HC 86864".[184]

O regimento interno do tribunal poderá detalhar o procedimento da publicidade dos precedentes.

> **Art. 928.** Para os fins deste Código, considera-se julgamento de casos repetitivos a decisão proferida em:
> **I -** incidente de resolução de demandas repetitivas;
> **II -** recursos especial e extraordinário repetitivos.
> **Parágrafo único.** O julgamento de casos repetitivos tem por objeto questão de direito material ou processual.

19. Microssistema de julgamentos de casos repetitivos

O art. 928 consagra o microssistema de julgamento de casos repetitivos. Significa dizer que as normas do Capítulo VIII do Título I do Livro III da Parte Especial e a Subseção II da Seção II do Capítulo VI do Título II do Livro III da Parte Especial interagem, trazendo a ideia de unidade e coerência do ordenamento processual. Daí extrai-se o Enunciado 345 do FPPC: "O incidente de resolução de demandas repetitivas e o julgamento dos recursos extraordinários e especiais repetitivos formam um microssistema de solução

---

184 HERMES ZANETTI JR., Coment. ao art. 927, *in Comentários ao novo Código de Processo Civil*, n. 10, p. 1338.

de casos repetitivos, cujas normas de regência se complementam reciprocamente e devem ser interpretadas conjuntamente".

A afetação de recurso especial ou recurso extraordinário destinado a firmar tese sobre questão de direito material ou processual veda o início de qualquer outro procedimento para resolver, simultaneamente, a mesma questão.

20. Identificação de "casos repetitivos"

De acordo com o Código, "julgamentos de casos repetitivos" resultam das decisões proferidas em dois procedimentos: a) incidente de resolução de demandas repetitivas (arts. 976-987); e b) recursos especial e extraordinário repetitivos (arts. 1.036-1.041).

O Código utiliza o termo "casos repetitivos" – melhor seria "questões repetitivas –em diversos dispositivos e nas mais variadas técnicas. Com efeito, o "julgamento de casos repetitivos" poderá: a) excluir da ordem cronológica os processos que serão julgados de acordo com a decisão tomada em "julgamento de casos repetitivos (art. 12, § 2°, II); b) autorizar a tutela de evidência (art. 311, II); c) dispensar caução para realizar execução provisória (art. 521, IV); d) permitir julgamento unipessoal para resolver conflito de competência (art. 955, parágrafo único, II); e) motivar ação rescisória por violação manifesta à norma jurídica (art. 966, § 5°); f) fundamentar as razões de embargos de declaração (art. 1.022, parágrafo único, I).

No caso de dispensa de remessa necessária, os incisos II e III (primeira parte) conjugados traduzem a fórmula "casos repetitivos". Igualmente as alíneas *b* e *c* dos incisos IV e V do art. 932 conferem competência ao relator para julgar unipessoalmente o recurso com fundamento em teses oriundas de julgamentos de "casos repetitivos".

O termo "casos repetitivos" deve ser compreendido como "questões repetitivas". O conceito de "questões" é mais abrangente que "casos". Os procedimentos indicados nos incisos I e II do art. 928 podem promover julgamentos de *questões* jurídicas de origem comum que não configuram propriamente o objeto do processo (pedido delineado pela causa de pedir). A afirmação é comprovada pelo parágrafo único do art. 928, segundo o qual o "julgamento de casos repetitivos tem por objeto questão de direito material ou processual".[185]

---

185 A discussão já ocorreu no âmbito do incidente de resolução de demandas repetitivas. Parcela da doutrina propõe a substituição do termo "demandas" por "questões" (cf. Marcos de Araújo Cavalcanti, *Incidente de resolução de demandas repetitivas (IRDR)*, n. 5.2.2, p. 1197-202; Sofia Temer, *Incidente de resolução de demandas repetitivas*, n. 2.1.3, p. 57-64).

Processos individuais ou processos coletivos podem dar lugar ao regimento do julgamento de casos repetitivos.

21. Objeto dos "casos repetitivos"

De acordo com o parágrafo único do art. 928, o julgamento de casos repetitivos poderá ter por objeto questão de direito material ou processual.

O dispositivo pretendeu não limitar o que poderá ser debatido nos procedimentos dos recursos repetitivos e do incidente de resolução de demandas repetitivas.

A referência ao termo "questão de direito" realça o desejo de restringir o escopo do julgamento de casos repetitivos para não admitir "questão unicamente de fato", nada obstante o fato possa ser objeto da controvérsia repetitiva.[186] Procura-se impedir a existência de um "*fato vinculante*".[187]

CAPÍTULO II
DA ORDEM DOS PROCESSOS NO TRIBUNAL

Art. 929. Os autos serão registrados no protocolo do tribunal no dia de sua entrada, cabendo à secretaria ordená-los, com imediata distribuição.

Parágrafo único. A critério do tribunal, os serviços de protocolo poderão ser descentralizados, mediante delegação a ofícios de justiça de primeiro grau.

COMENTÁRIO

22. Registro no protocolo do tribunal

Sem prejuízo de ser complementado por leis, organização judiciária, dos regimentos internos dos tribunais ou outras normas (portarias, resoluções etc.), o art. 929 cuida do registro de entrada dos "autos" no tribunal. A expressão "tribunal" encerra todos os Tribunais de Justiça dos Estados e do Distrito Federal, Tribunais Regionais Federais, Superior Tribunal de Justiça e Supremo Tribunal Federal, além de outros tribunais de competência diversa da civil, mas cujo processo é regulado supletiva e subsidiariamente pelo Código de Processo Civil, nos termos do art. 15 (*v.g.*, Tribunais Regionais do Trabalho, Tribunal Superior do Trabalho, Tribunais Regionais Eleitorais, Tribunal Superior Eleitoral).

---

186 HERMES ZANETTI JR., Coment. ao art. 928, *in Comentários ao novo Código de Processo Civil*, n. 4, p. 1346.

187 STRECK-ABBOUD, Coment. ao art. 928, *in Comentários ao Código de Processo Civil*, n. 2.1, p. 1210.

COMENTÁRIOS AO CÓDIGO DE PROCESSO CIVIL V. XIX

O ato de registro no protocolo, embora tenha natureza administrativa e não jurisdicional,[188] é pressuposto da formalidade do processo. O vocábulo "autos" compreende a materialização dos atos – físicos ou eletrônicos – realizados e que dão estrutura ao processo.

O registro no protocolo alcança também o ato processual que inaugura o processo ou procedimento de competência do tribunal.[189] Assim, registram-se a petição inicial de processos de competência originária (v.g., ação rescisória, reclamação, ação direta de inconstitucionalidade, entre outras), recursos interpostos contra decisões unipessoal ou colegiada (v.g., agravo interno, embargos de declaração, recurso ordinário, recurso especial, recurso extraordinário, agravo em recurso especial ou extraordinário e embargos de divergência), petição de incidentes (v.g., conflito de competência, pedido de tutela provisória) e ofícios (v.g., pedido de instauração de incidente de resolução de demandas repetitivas provocado pelo juiz, por ofício).

Na essência, a função do registro no protocolo da entrada no tribunal é a documentação e autenticidade e organização cartorial do processo. Além disso, o registro legitima juridicamente o ato processual, de modo a documentar a data de sua entrada no tribunal. Por consequência, é possível, por exemplo, examinar a tempestividade do recurso ou da petição inicial que dá início ao processo de competência originária do tribunal (v.g., ação rescisória, art. 975, caput).[190]

Posteriormente ao registro, caberá à secretaria ordenar os autos, trabalho que ficou facilitado com o avanço da tecnologia, especialmente com os "processos digitais".

23. Imediata distribuição

Registrados e ordenados, os autos serão distribuídos de acordo com as regras de competência. A Emenda Constitucional n. 45/2004 acrescentou o inciso XV ao art. 93 da CF, o qual estabelece que a distribuição de "processos" será imediata, em todos os graus de jurisdição. A distribuição imediata permite desde logo conhecer o órgão julgador que deverá conhecer e resol-

---

188 MANOEL CAETANO FERREIRA FILHO, Comentários ao Código de Processo Civil, vol. 7, p. 365.

189 Em semelhante perspectiva, à luz do CPC/1973: PONTES DE MIRANDA, Comentários ao Código de Processo Civil, t. VIII, p. 214.

190 O exemplo deve ser visto ao lado de outros dispositivos que possibilitam o exame da tempestividade do ato processual. Por exemplo, o § 4º do art. 1.003 estabelece que "Para aferição da tempestividade do recurso remetido pelo correio, será considerada como data de interposição a data de postagem".

CPC/2015, art. 930

ver todas as questões que exijam solução antes do julgamento.[191] A distribuição e o registro submetem-se ao disposto nos arts. 284 a 290, além de outras normas de organização judiciária ou do regimento interno do respectivo tribunal (art. 930).

24. Descentralização do serviço de protocolo (protocolo integrado)

O parágrafo único do art. 929 repete o sistema anterior (art. 547, parágrafo único, do CPC/1973, introduzido pela Lei n. 10.352), que, embora não se negasse a utilidade do dispositivo, foi alvo de correta crítica pela doutrina, porque a matéria ficaria mais bem acomodada se disciplinada em lei de organização judiciária.[192] Em país de dimensão continental como o Brasil, a descentralização do serviço de protocolo facilita às partes o acesso aos tribunais, os quais estão localizados somente nas capitais dos Estados da federação, além de reduzir custos. O serviço de protocolo descentralizado depende de regulação específica, podendo, inclusive, haver convênios (*v.g.*, sistema de protocolo postal integrado, adotado por diversos tribunais, firmado com a Empresa de Correios e Telégrafos – ECT para protocolo de petições diversas). O art. 1.003, § 3º, estabelece que, para aferição da tempestividade do recurso remetido pelo correio, será considerada como data de interposição a data de postagem.[193]

> **Art. 930.** Far-se-á a distribuição de acordo com o regimento interno do tribunal, observando-se a alternatividade, o sorteio eletrônico e a publicidade.
>
> **Parágrafo único.** O primeiro recurso protocolado no tribunal tornará prevento o relator para eventual recurso subsequente interposto no mesmo processo ou em processo conexo.

COMENTÁRIO

25. Distribuição do processo, recurso ou incidente

O tribunal é composto por diversos órgãos individualizados e colegiados com função jurisdicional. A existência de mais de um órgão competente para processar e julgar o processo, recurso ou incidente, faz com que a destruição seja necessária.

---

191 Cf. Nery-Nery, *Comentários ao Código de Processo Civil*, p. 1847.

192 Barbosa Moreira, *Comentários ao Código de Processo Civil*, vol. V, p. 647.

193 À luz do sistema processual revogado, o entendimento já era adotado pela jurisprudência: STJ, AgRg no AREsp 575269/RS, rel. Min. Regina Helena Costa, *DJe* 12-5-2015. Esse entendimento torna sem efeito a Súmula 216 do STJ (*A tempestividade de recurso interposto no Superior Tribunal de Justiça é aferida pelo registro no protocolo da secretaria e não pela data da entrega na agência do correio*), conforme Rodrigo da Cunha Lima Freire, *Breves comentários ao novo Código de Processo Civil*, p. 2084/2085.

Posteriormente às providências puramente administrativas de registro, de acordo com o inciso XV do art. 93 da CF, a distribuição de processos deve ser imediata, em todos os graus de jurisdição, de maneira que "infringe pois a Constituição, agora, a prática, que vinha sendo adotada em alguns tribunais, de "represar" a distribuição".[194]

A distribuição define o relator e, por consequência, o órgão colegiado que ele integra[195], cuja função é dirigir e ordenar o processo, recurso ou incidente no tribunal.

O Código delega ao regimento interno do tribunal fixar as normas de distribuição, respeitados a alternatividade, o sorteio eletrônico e a publicidade.[196] Qualquer desrespeito às normas regimentais de distribuição viola o disposto no *caput* do art. 930.[197]

Entende-se que a distribuição é essencial para garantir o respeito ao "juiz natural", à repartição igualitária dos feitos, à impessoalidade e à eficiência processual. Sem a distribuição, em tese, não será lícito o exercício de qualquer atividade jurisdicional pelo órgão.

Os feitos deverão ser distribuídos de forma alternada e aleatória, sem obedecer a uma ordem previamente definida, mas obedecendo rigorosamente a igualdade entre os julgadores (art. 285).[198] Tal medida obsta a ociosidade de um em detrimento da sobrecarga de outros.[199]

O sorteio garante a escolha impessoal do relator. Porém, em situações emergenciais (*v.g.*, problemas técnicos com o sorteio eletrônico), o sorteio poderá ser manual.

Publicidade na distribuição significa que qualquer um possa acompanhar a designação do órgão do tribunal que irá processar e julgar o processo, recurso ou incidente. Trata-se de uma garantia constitucional (art. 5º, IX, da CF) e norma fundamental do processo civil (arts. 8º e 11) que assegura a transparência e o funcionamento da máquina judiciária, transmitindo confiança e segurança. Tornar a distribuição pública possibilita a fiscalização pelas partes e por todos os interessados. A publicidade encontra certos limites nos feitos

---

194 BARBOSA MOREIRA, *Comentários ao Código de Processo Civil*, vol. V, n. 345, p. 648.
195 Cf. ARAKEN DE ASSIS, *Manual dos recursos*, n. 30.2, p. 349.
196 PONTES DE MIRANDA, *Comentários ao Código de Processo Civil*, t. VIII, n. 1, p. 215.
197 STJ, Pet 5286/RJ, rel. Min. JOSÉ DELGADO, *DJ* 29-11-2007.
198 LEONARDO CARNEIRO DA CUNHA, *Comentários ao Código de Processo Civil*, vol. III, n. 2, p. 286.
199 SERGIO BERMUDES, *Comentários ao Código de Processo Civil*, vol. VII, n. 267, p. 360; VINICIUS SILVA LEMOS, *Recursos e processos nos tribunais superiores*, n. 8.1, p. 134.

que devem tramitar em segredo de justiça (art. 189 e art. 5º, LX, da CF). As partes devem ser intimadas da distribuição.

A inobservância da alternatividade, sorteio e publicidade é motivo de nulidade, cujo decreto haverá de ser feito de acordo com o Título III do Livro IV da Parte Geral do Código.

Observa-se que não há violação à norma do juiz natural a redistribuição do processo em virtude de mudança no regimento interno, porquanto compete ao tribunal dispor sobre a competência e o funcionamento dos respectivos órgãos jurisdicionais (art. 96, I, "a", da CF). Além disso, a extinção de órgão judiciário do tribunal ou alteração de competência absoluta pode ser determinante para a redistribuição (art. 43).

26. Prevenção

O art. 930 estabelece duas espécies de distribuição: livre e por prevenção.

A norma prevista no *caput* cuida da distribuição livre. De outro lado, o parágrafo único estabelece a distribuição por prevenção.

O parágrafo único do art. 930 traz duas situações possíveis.

A primeira delas é a prevenção do órgão do tribunal pelo *primeiro* recurso interposto no processo para o caso de qualquer outra impugnação, ainda que a anterior haja transitado em julgado ("*O primeiro recurso protocolado no tribunal tornará prevento o relator para eventual recurso subsequente interposto no mesmo processo*" – primeira parte do parágrafo único do art. 930).[200] Por exemplo: o órgão "X" do tribunal nega provimento à apelação para manter a sentença que julgou procedente o pedido condenando o réu em quantia a ser definida em liquidação de sentença; o acórdão transita em julgado. Posteriormente, em fase de liquidação de sentença, o juiz de primeiro profere decisão para fixar o *quantum*. O órgão "X" do tribunal está prevento para processar e julgar o eventual recurso contra a decisão de liquidação de sentença. Acrescente-se que o recurso não necessita ser *conhecido* para gerar a prevenção do órgão: é suficiente o protocolo.[201] Porém, embora a lei diga textualmente que o protocolo do "recurso" torna prevento o relator, é possível sustentar que a distribuição do incidente ou da petição inicial de processo de competência originária do tribunal também fixa a prevenção do relator, em harmonia com o disposto nos arts. 59 e 286.

---

200   Cf. Ernane Fidélis dos Santos, *Manual de direito processual civil*, vol. 3, n. 2, p. 524.

201   Confira-se a Súmula 158 do TJSP: "A distribuição de recurso anterior, ainda que não conhecido, gera prevenção, salvo na hipótese de incompetência em razão da matéria, cuja natureza é absoluta".

COMENTÁRIOS AO CÓDIGO DE PROCESSO CIVIL V. XIX

A segunda situação possível é a prevenção em virtude de processos conexos (segunda parte do parágrafo único do art. 930). Exemplos: execução de título extrajudicial e ação de conhecimento relativa ao mesmo ato jurídico; execuções fundadas no mesmo título (art. 55, § 2º, I e II).

Por critério de eficiência processual, poder-se-ia estender a prevenção aos casos de continência (art. 56).

O registro da distribuição da petição inicial, do recurso ou do incidente processual torna prevento o órgão do tribunal.

Na realidade, o que demarca a prevenção do órgão é o primeiro incidente, recurso ou processo de competência originária extraído do processo.

Cessa a prevenção do relator se, por qualquer motivo, deixar de compor o órgão colegiado do qual faz parte.[202]

Antes de realizar a distribuição, deve a secretaria examinar se anteriormente algum processo, recurso ou incidente tramita ou tramitou perante o tribunal de modo a atrair a norma da prevenção. Todavia, o exame do acerto da distribuição é realizado pelo órgão judicial e não pela secretaria. Por esse motivo, a secretaria do distribuidor não pode se recusar a fazer a distribuição por prevenção caso requerida pela parte.[203]

Art. 931. Distribuídos, os autos serão imediatamente conclusos ao relator, que, em 30 (trinta) dias, depois de elaborar o voto, restitui-los-á, com relatório, à secretaria.

COMENTÁRIOS

27. Distribuição e conclusão

A distribuição do processo deverá ocorrer de forma imediata (art. 93, XV, da CF). Em seguida, os autos serão imediatamente conclusos ao relator que deverá conduzir o processo perante o tribunal.

Cuidando-se de recurso e se o julgamento for colegiado, não sendo o caso de aplicação do parágrafo único do art. 932, o relator deverá elaborar o voto e restituir os autos apenas com o relatório. Em regra, o voto será conhecido em sessão de julgamento.[204] Todavia, nada obsta a que o relator distribua seu voto a seus pares, de modo a facilitar a dinâmica do julgamento e evitar pedi-

---

202 LEONARDO GRECO, *Instituições de direito processual civil*, III, n. 6.5.3, p. 127.
203 ERNANE FIDÉLIS DOS SANTOS, *Manual de direito processual civil*, vol. 3, n. 2, p. 524.
204 BRUNO DANTAS, *Comentários ao Código de Processo Civil*, vol. 4, n. 1, p. 57.

do de vista. Tal procedimento é recomendável, sobretudo porque o Código eliminou a figura do revisor, o que atrai condições para um maior número de suspensão do julgamento.

Embora o prazo de 30 (trinta) dias seja flexível ("impróprio"),[205] deve o relator esforçar-se por cumpri-lo.

De outro lado, se se tratar de processo (*v.g.*, ação rescisória) ou incidente (*v.g.*, incidente de resolução de demandas repetitivas), o relator deverá tomar as providências procedimentais próprias delineadas no ordenamento jurídico.

28. Função do relatório

Posteriormente aos atos de registro e distribuição, os autos serão imediatamente encaminhados ao relator, que terá o prazo de 30 (trinta) dias para estudar o caso, elaborar o voto e restitui-los, com o relatório, à secretaria O relator haverá de atender, *preferencialmente*, à ordem cronológica de conclusão para adotar as referidas providências (art. 12).

O relatório é parte integrante do acórdão e da decisão unipessoal de membro do tribunal (relator, presidente, vice-presidente). Ele transmite a certeza e a segurança de que todas as alegações das partes e as provas produzidas no processo foram apreciadas pelo órgão julgador, caracterizando-se "condição primordial do prestígio e autoridade do órgão julgador, sinal patente do cumprimento de um dever precípuo".[206] No campo da ética "serve o relatório, ainda, para mostrar que o juiz leu o processo e fixou-lhe as circunstâncias capitais. Bem haver estudado a causa é uma das condições para bem julgar".[207] Do ponto de vista da publicidade, o relatório divulga, para qualquer um que o leia, o que foi objeto de contraditório no processo.

Na generalidade dos casos, o relatório é ato de gabinete e consequência do estudo do processo promovido pelo julgador.

Enquanto ato processual, o relatório é essencialmente escrito. Porém, tratando-se de julgamento colegiado, na sessão de julgamento, o relator dará oralidade ao relatório para expor os fatos que interessam à cognição do colegiado. É importante destacar que "o relator não fica adstrito, na exposição oral, à pura repetição do que consta do relatório escrito: pode acrescentar pormenores esclarecedores e deve, se for o caso, proceder a retificações ou suprir omissões relevantes".[208]

---

205   Zulmar Duarte de Oliveira Jr., *Execução e recursos - comentários ao Código de Processo Civil*, vol. 3, n. 2, p. 615.

206   João Monteiro, *Teoria do processo civil*, t. II, § 192, p. 571.

207   Mario Guimarães, *O juiz e a função jurisdicional*, n. 205, p. 342.

208   Barbosa Moreira, *Comentários ao Código de Processo Civil*, vol. V, n. 356, p. 663.

Em virtude da dinâmica da sessão de julgamento do colegiado, em algumas hipóteses, o Código de Processo Civil[209] e os regimentos internos dos tribunais[210] determinam que o relator faça prévia distribuição do relatório. Nada impede que essa providência, independentemente de imposição legal ou regimental, possa ser tomada pelo relator, mormente nos casos de maior complexidade, porquanto transmite antecipadamente aos demais integrantes do colegiado o conhecimento das questões que serão debatidas para a tomada da decisão.

O conteúdo do relatório e sua exposição oral são de suma importância, visto que delimita objetivamente as questões jurídicas sobre as quais o órgão colegiado discutirá e decidirá.

Formalmente, o relatório deverá equacionar cuidadosamente todos os fatos necessários à cognição do colegiado. Por esse motivo, o relator não deve omitir fato que possa influir no resultado da decisão.[211]

Daí por que é indispensável que a exposição do relator "contenha todos os dados relevantes, dispostos em ordem que lhes facilite a apreensão e a memorização, sem, contudo, perder-se em minúcias fatigantes que desviem a atenção do essencial. A exposição é puramente objetiva. Descreve o relator os fatos que deram origem ao pleito, como os tenham narrado as partes, e mais os que, verificados no curso do processo, se revistam de interesse para o julgamento".[212]

O objeto da exposição resume-se aos fatos relevantes, tais como "afirmações relevantes das partes, no que tange às questões de fato ou de direito, mas incertas ou controversas"[213], e provas produzidas no curso do processo.

Além disso, o relatório "deve ser uma narrativa imparcial do que consta dos autos, sem que da mesma se deva ou se possa vislumbrar o voto do seu subscritor a respeito da controvérsia em qualquer de seus pontos. Serve, apenas, para orientar os demais juízes, evitando a leitura do processo por todos seus pares, que causaria ainda maior perda de tempo".[214]

---

209 Art. 971. Na ação rescisória, devolvidos os autos pelo relator, a secretaria do tribunal expedirá cópias do relatório e as distribuirá entre os juízes que compuserem o órgão competente para o julgamento.

210 Por exemplo, o RISTF, cujo art. 87 dispõe: Aos Ministros julgadores será distribuída cópia do relatório antecipadamente: I – nas representações por inconstitucionalidade ou para interpretação de lei ou ato normativo federal ou estadual; II – nos feitos em que haja Revisor; III – nas causas avocadas; IV – nos demais feitos, a critério do Relator.

211 ODILON DE ANDRADE, *Comentários ao Código de Processo Civil*, vol. IX, n. 387, p. 377.

212 BARBOSA MOREIRA, *Comentários ao Código de Processo Civil*, n. 356, p. 663.

213 ARAKEN DE ASSIS, *Manual dos recursos*, n. 32.3, p. 369.

214 ALCIDES MENDONÇA LIMA, *Introdução aos recursos cíveis*, n. 223, p. 374-375.

Desse modo, ao expor o relatório em sessão de julgamento, o relator "não deve antecipar sua opinião, nem adotar tom de crítica ou aprovação a qualquer ato ou pronunciamento das partes ou, sendo o caso, de outro órgão judicial que antes haja funcionado no processo".[215]

Em particular, no julgamento colegiado de recurso, a praxe forense revela que, em sua exposição oral, habitualmente, o relator reporta-se ao relatório constante da decisão recorrida. Embora essa prática não seja aconselhável, principalmente nos casos de maior complexidade, se ela for empregada, impõe-se ao relator o dever de reproduzir o relatório[216] da decisão recorrida, com o acréscimo das razões do recurso. Não será possível adotar semelhante procedimento quando se tratar de processos e incidentes de competência originária dos tribunais, porquanto, supere-se o truísmo, o relatório será feito pela primeira vez, em estrita observância ao art. 489, II, e § 1º.

Outra prática que se sujeita aos riscos de um julgamento nulo, e tem sido absolutamente reiterada, é a solicitação do relator para dispensá-lo da leitura do relatório em sessão de julgamento, para manifestar diretamente seu voto. Esse comportamento desnatura a função do julgamento colegiado.

O relatório omisso, obscuro ou contraditório invariavelmente comprometerá a decisão do colegiado. Para evitar um julgamento comprometido por um relatório viciado, essas falhas podem ser corrigidas antes da sessão de julgamento, competindo ao revisor, nos feitos em que houver, sugerir ao relator o complemento ou a retificação do relatório. Essas solicitações podem ser feitas durante a sessão de julgamento por qualquer magistrado ou mesmo pelo advogado, que deverá usar da palavra pela ordem[217] ou, ainda, pelo membro do Ministério Público.

Em regra, antes da sessão de julgamento, a parte poderá acessar o relatório e da sua leitura constatar equívocos ou omissões que podem conduzir o órgão colegiado a praticar graves injustiças. Essas inexatidões podem ser sanadas pela sagacidade do advogado mediante apresentação de memoriais e/ou durante a sustentação oral, atraindo a atenção dos demais julgadores. Posteriormente ao julgamento, a via adequada para suprir essas falhas no relatório será opor embargos de declaração.

---

215 Barbosa Moreira, *Comentários ao Código de Processo Civil*, vol. V, n. 356, p. 664.

216 Sergio S. Fadel assinala que, nesses casos, o relator deverá ler as considerações do relatório da decisão recorrida "por ocasião da sessão de julgamento, para conhecimento dos demais membros do tribunal" (*O processo nos tribunais*, Forense, 1981. n. 210, p. 296).

217 Art. 7º, X, Lei n. 8.906/1994.

A esse propósito, é preciso discutir quais são as consequências jurídicas para as hipóteses de não haver relatório no acórdão ou, existindo relatório, esse for deficiente.

Por ser elemento indeclinável, imperativo e integrativo do pronunciamento colegiado, que lhe imprime juridicidade, constituindo premissa para a fundamentação e dispositivo do acórdão, a falta de relatório enuncia possível nulidade, "ainda que não cominada expressamente pelo Código".[218-219]

Exclusivamente sob a perspectiva da decisão unipessoal (sentença), a doutrina considera que o relatório defeituoso pode não gerar nulidade "desde que, pelo exame da fundamentação, seja possível constatar que o juiz examinou todos os fatos e os apreciou devidamente".[220]

No entanto, esse entendimento não pode ser aplicado indistintamente para o julgamento colegiado. A razão decorre do contraditório, que deve ser exercido na sessão de julgamento, pois os demais integrantes do colegiado, salvo exceções, não têm contato com o processo antes do julgamento, confiando unicamente na exposição dos fatos pelo relator. Sem a transmissão adequada dos fatos processuais, é forçoso concluir que comprometidos estarão o debate e a decisão do grupo.

No contexto do princípio do contraditório, o relatório qualifica-se como elemento intrínseco ao acórdão, mas com feição extrínseca, porquanto os fatos que compõem o relatório são discutidos em sessão de julgamento, formando, progressivamente, o julgado.

Ainda sob a ótica do princípio do contraditório, ao transmitir em sessão de julgamento todos os fatos relevantes do processo, o relator mostra-se como sujeito colaborador do processo e compromete-se a proporcionar verdadeiro debate entre os demais integrantes do órgão colegiado, tornando possível a formação *qualitativa* do acórdão, a ensejar maior confiança e segurança às partes.

Sustenta-se, com razão, que o contraditório é "consequência do princípio político da participação democrática", de modo que "ninguém pode ser atingido por uma decisão judicial na sua esfera de interesses sem ter tido ampla possibilidade de influir eficazmente na sua formação".[221] Com efeito, a decisão colegiada somente é revestida de legitimidade democrática se o relatório trans-

---

218 ALCIDES MENDONÇA LIMA, *Introdução aos recursos cíveis*, n. 223, p. 374-375; ARAKEN DE ASSIS, *Manual dos recursos*, n. 32.3, p. 370.

219 Historicamente os tribunais sempre interpretaram dessa forma: nula é a decisão "que omite o relatório, ou o faz incompleto, pois sem esse requisito não se sabe o que decidiu, a final, o juiz, nem como ele chegou à conclusão do julgado, se a premissa não foi exposta" (*Rev. Forense* 246/394).

220 GRINOVER-FERNANDES-GOMES FILHO, *As nulidades do processo penal*, n. 3, p. 208.

221 LEONARDO GRECO, Garantias fundamentais do processo: o processo justo, *in Os princípios da Constituição de 1988*, p. 379.

mitir em sessão de julgamento que se examinaram todos os elementos fáticos, argumentativos e probatórios constantes dos autos, a fim de que a turma julgadora considere toda a atividade desenvolvida pelos sujeitos processuais ou terceiros, que de alguma forma participaram do processo (testemunhas, perito, intérprete, oficial de justiça etc.), para exercer a influência necessária na formação do acórdão.

ANTONIO DO PASSO CABRAL, ao estudar o contraditório como influência reflexiva, anota que "o direito de ver os argumentos considerados, com o respectivo dever de atenção dos órgãos do Estado, obriga-os a indicar, ainda que apenas no relatório, todos os elementos apreendidos como dados persuasivos, mesmo os argumentos que não estruturam logicamente sua decisão".[222]

Assim, a exposição dos fatos que ocorreram no processo, de forma defeituosa, limita o contraditório no órgão colegiado, compromete o "modelo cooperativo" do processo civil[223] e, em última análise, põe em risco o "processo justo".[224]

O vício no relatório poderá repercutir no sucesso da interposição dos recursos de estrito direito (especial e extraordinário).

É bastante conhecida e firme a jurisprudência do STF e do STJ, segundo a qual, diante da exigência constitucional, para que ocorra o julgamento dos recursos extraordinário ou especial, "faz-se consideradas as premissas fáticas e jurídicas do acórdão impugnado".[225]

No caso de recurso especial interposto com fundamento no art. 105, III, "c", da CF, sob pena de não conhecimento, a divergência jurisprudencial há de ser comprovada, impondo-se esse ônus ao recorrente, que deverá demonstrar as circunstâncias que identificam ou assemelham os casos confrontados, com indicação da similitude fática e jurídica entre eles. Para que isso ocorra, é "indispensável a transcrição de trechos do relatório e do voto dos acórdãos recorrido e paradigma, realizando-se o cotejo analítico entre ambos, com o intuito de bem caracterizar a interpretação legal divergente".[226]

Nesse contexto, é preciso notar que as premissas fáticas e jurídicas somente constarão do acórdão se, em sessão de julgamento, forem relatados todos os

---

222 *Nulidades no processo moderno*, n. 3.3.4.2, p. 146.
223 *V.* FREDIE DIDIER JR., *Fundamentos do princípio da cooperação no direito processual civil português*, n. 3.2, p. 46–50; DANIEL MITIDIERO, *Colaboração no processo civil*, p. 134-140.
224 Sobre interseção do contraditório com o processo justo, à luz dos direitos fundamentais, *v.* MARINONI-MITIDIERO, Contraditório e motivação das decisões judiciais, *in Direitos fundamentais no Supremo Tribunal Federal* – balanço e crítica, Coord. DANIEL SARMENTO e INGO W. SARLET, Lumen Juris, 2011, p. 562-563.
225 STF, AgReg no RE 471.170, rel. Min. MARCO AURÉLIO, j. 7-4-2009; STJ, AgRg na MC 17.535/RJ, rel. Min. NANCY ANDRIGHI, *DJ* 17-12-2010.
226 STJ, REsp 448.442/MS, rel. Min. HERMAN BENJAMIN, *DJ* 24-9-2010.

Comentários ao Código de Processo Civil v. XIX

acontecimentos relevantes que ocorreram durante o curso do processo, pois, somente assim, o órgão colegiado julgador poderá discuti-los e qualificá-los juridicamente.

No entanto, caso o relator não transmita adequadamente os "fatos" essenciais para o julgamento colegiado e não seja estimulado a complementar seu relatório, dificilmente a parte recorrente alcançará êxito com a interposição de recursos extraordinário e/ou especial contra acórdão constituído por relatório defeituoso, porquanto, esses recursos poderão conter premissas fáticas que não estão na decisão do tribunal e muito provavelmente não serão conhecidos.

Art. 932. Incumbe ao relator:

I - dirigir e ordenar o processo no tribunal, inclusive em relação à produção de prova, bem como, quando for o caso, homologar autocomposição das partes;

II - apreciar o pedido de tutela provisória nos recursos e nos processos de competência originária do tribunal;

III - não conhecer de recurso inadmissível, prejudicado ou que não tenha impugnado especificamente os fundamentos da decisão recorrida;

IV - negar provimento a recurso que for contrário a:

a) súmula do Supremo Tribunal Federal, do Superior Tribunal de Justiça ou do próprio tribunal;

b) acórdão proferido pelo Supremo Tribunal Federal ou pelo Superior Tribunal de Justiça em julgamento de recursos repetitivos;

c) entendimento firmado em incidente de resolução de demandas repetitivas ou de assunção de competência;

V - depois de facultada a apresentação de contrarrazões, dar provimento ao recurso se a decisão recorrida for contrária a:

a) súmula do Supremo Tribunal Federal, do Superior Tribunal de Justiça ou do próprio tribunal;

b) acórdão proferido pelo Supremo Tribunal Federal ou pelo Superior Tribunal de Justiça em julgamento de recursos repetitivos;

c) entendimento firmado em incidente de resolução de demandas repetitivas ou de assunção de competência;

VI - decidir o incidente de desconsideração da personalidade jurídica, quando este for instaurado originariamente perante o tribunal;

VII - determinar a intimação do Ministério Público, quando for o caso;

VIII - exercer outras atribuições estabelecidas no regimento interno do tribunal.

Parágrafo único. Antes de considerar inadmissível o recurso, o relator concederá o prazo de 5 (cinco) dias ao recorrente para que seja sanado vício ou complementada a documentação exigível.

CPC/2015, ART. 932

COMENTÁRIO

29. Notas sobre a evolução legislativa dos poderes do relator

Com o claro propósito de atenuar a sobrecarga da atividade jurisdicional na fase recursal e tendo em vista o aumento do número de processos submetidos ao Supremo Tribunal Federal, foi aprovada, na sessão plenária realizada em 28 de agosto de 1963, sob a presidência do Min. Lafayette de Andrada, a Emenda Regimental que alterou a redação do art. 15, IV, do Regimento Interno do STF, ampliando os poderes do relator para mandar arquivar o recurso extraordinário ou o agravo de instrumento, quando o pedido do recorrente contrariasse a jurisprudência compendiada em súmula.[227] As palavras "mandar arquivar" alcançavam o mérito do recurso.[228]

Segundo o entendimento do STF, a referida norma regimental não deveria ser interpretada rigidamente, não só porque nela ressalvava-se o procedimento de revisão de súmula citada pelo relator, senão ainda porque ensejava a interposição de recurso.

Com efeito, na ocasião, afirmou-se que estaria afastado o risco da revivescência dos "assentos do Supremo Tribunal de Justiça"[229] (Dec. n. 2.684, de 23 de outubro de 1875[230]), na esteira dos assentos das Casas de Suplicação (Ord. L. 1, Tít. 4, § 1º, Tít. 5, § 5º). "Atendeu-se tão só à conveniência de evitar, quanto possível, a versatilidade nos julgados e de restituir à jurisprudência o valioso papel que desempenha na ordem jurídica, sem incorrer todavia nos perigos da estratificação abusiva nem da coerção reprovável."[231]

Em sessão do Plenário do STF, realizada em 13-12-1963, foi editada a Súmula 322, cujo teor dispunha que "não terá seguimento pedido ou recurso dirigido ao Supremo Tribunal Federal, quando manifestamente incabível, ou apresentado fora do prazo, ou quando for evidente a incompetência do tribunal".

---

227 ALFREDO BUZAID anotou que "esta provisão, de caráter jurisdicional, tem o mérito de aliviar a sobrecarga das sessões de julgamento, eliminando de plano um número considerável de recursos, de modo que só sejam incluídas em suas pautas causas que merecessem efetiva apreciação pela Turma ou pelo plenário" (*Estudos de direito* vol. I, p. 204-205).

228 EDUARDO RIBEIRO DE OLIVEIRA, *Embargos de divergência*, p. 264.

229 Aceitava-se a doutrina de ÁLVARO VILLAÇA AZEVEDO, para quem assento seria um registro, um apontamento, uma resolução. No campo processual civil, o assento deveria ser entendido como um julgado da instância superior, um aresto, um acórdão (Os assentos no direito processual civil, *Justitia* 74, p. 117).

230 "Art. 1º Os assentos tomados na Casa de Supplicação de Lisboa, depois da creação do Rio de Janeiro até à época da Independência, à excepção dos que estão derrogados pela legislação posterior, têm força de lei em todo o Império. As disposições desta lei não prejudicam os casos julgados contra ou conforme os ditos assentos."

231 *RTJ* 37/162.

A Lei Complementar n. 35, de 14-3-1979, que dispõe sobre a Lei Orgânica da Magistratura Nacional (LOMN), em seu art. 90, § 2º, já outorgava poderes para relatores no antigo Tribunal Federal de Recursos (TFR) julgarem, unipessoalmente, recurso: "O relator julgará pedido ou recurso que manifestamente haja perdido objeto, bem assim, mandará arquivar ou negará seguimento a pedido ou recurso manifestamente intempestivo ou incabível ou, ainda, que contrariar as questões predominantemente de direito, súmula do Tribunal ou do Supremo Tribunal Federal. Deste despacho caberá agravo, em cinco dias, para o órgão do Tribunal competente, para o julgamento do pedido ou recurso, que será julgado na primeira sessão seguinte, não participando o relator da votação".

No ano seguinte, aprovado em sessão de 15-10-1980, com entrada em vigor em 1-12-1980, o Regimento Interno do Supremo Tribunal Federal, no seu art. 21, § 1º, conferiu amplos poderes ao relator: "Poderá o Relator arquivar ou negar seguimento a pedido ou recurso manifestamente intempestivo, incabível ou improcedente e, ainda, quando contrariar a jurisprudência predominante do Tribunal, ou for evidente a sua incompetência."[232] Na oportunidade, observou-se que a palavra "arquivar" significava que o pedido ou o recurso poderia ser desde logo decidido, por contrariar a jurisprudência assente, não se justificando a submissão do colegiado.[233]

Posteriormente, a Emenda Regimental n. 2, de 4-12-1985, acrescentou o § 2º ao art. 21 do RISTF, ainda em vigor, autorizando o Relator, em caso de manifesta divergência com a Súmula, a prover, desde logo, o recurso extraordinário.

De outro lado, o art. 557 do CPC/1973, em sua redação original, dispunha: "Se o agravo for manifestamente improcedente, o relator poderá indeferi-lo por despacho. Também por despacho poderá convertê-lo em diligência se estiver insuficientemente instruído. Parágrafo único. Do despacho de indeferimento caberá recurso para o órgão a que competiria julgar o agravo". O texto constante do Anteprojeto (art. 604) e do Projeto (art. 571) expressava-se de modo mais modesto: restringia a possibilidade de converter o agravo em diligência. O poder, conferido ao relator, de indeferir (*rectius*: negar seguimento) o agravo de instrumento "resultou de proposta do relator-geral da Comissão do Senado, sen. Accioly Filho, que a justificou asseverando que essa pro-

---

232 O Código uruguaio, no art. 24,1, estabelece um verdadeiro poder-dever ao juiz para indeferir *in limine* o pedido quando for manifestamente imponível, quando careça dos requisitos formais exigidos por lei ou quando se apresente uma pretensão especialmente sujeita a termo de caducidade e este esteja vencido.

233 Eduardo Ribeiro de Oliveira, *Embargos de divergência*, p. 267.

vidência, que o Supremo Tribunal adotou no seu Regimento, pode ser estendida. Tem dado bons resultados".[234]

A doutrina da época criticou sistematicamente a redação do texto legal por mais de um motivo: (i) o vocabulário empregado não era adequado e metodologicamente correto, porque chamava de *despacho* o que o sistema (art. 162 do CPC) considerava *decisão*[235] e utilizava a palavra "indeferir", quando, tecnicamente, o certo era "negar seguimento" ao agravo; (ii) a expressão "manifestamente improcedente" mostrava-se demasiadamente ampla,[236] vaga e imprecisa, o que produzia insegurança para as partes e; (iii) criava um recurso novo (inominado) e não fixava prazo para sua interposição, nem regulava seu processamento.[237]

Em 1986 foi apresentado, por ATHOS GUSMÃO CARNEIRO, Luiz Melíbio Uiraçaba Machado e Ovídio A. Baptista da Silva, Substitutivo ao Anteprojeto de Reforma do CPC, que propunha alterar a redação do art. 557 do CPC para permitir o indeferimento liminar não só do agravo como também da apelação, nos casos de ostensiva inadmissibilidade ou manifesta improcedência. Nos dizeres dos autores, tal medida poderia contribuir para desafogar a pauta dos Tribunais, e foi empregada com real utilidade, nos casos de agravo, no Tribunal de Justiça do Rio Grande do Sul. Da decisão do relator, o substitutivo, igualmente à norma original, previa recurso para o colegiado, mas, no prazo de 15 dias. Anotaram, também, que tal recurso era utilizado muito limitadamente, concluindo pela utilidade prática do indeferimento liminar dos recursos.[238]

Inspirado no § 1º do art. 22 do RISTF, o art. 38 da Lei n. 8.038, de 28-5-1990, atribuiu poderes ao relator de recurso de competência do STF e STJ para decidir, sem a presença do colegiado, "o pedido ou o recurso que haja perdido seu objeto, bem como negará seguimento a pedido ou recurso manifestamente intempestivo, incabível ou, improcedente ou ainda, que contrariar, nas questões predominantemente de direito, Súmula do respectivo Tribunal".[239]

---

234 Cf. ALEXANDRE DE PAULA, *Código de Processo Civil anotado*, vol. 2, p. 2325/2326.

235 BARBOSA MOREIRA, *Estudos sobre o novo Código de Processo Civil*, p. 196/197; Carlos Silveira Noronha, *Do agravo de instrumento*, p. 312.

236 Cf. SERGIO BERMUDES, *Comentários ao Código de Processo Civil*, vol. VII, n. 251, p. 335.

237 ALEXANDRE DE PAULA, *Código de Processo Civil anotado*, vol. 2, p. 2326.

238 "Substitutivo ao anteprojeto de reforma do Código de Processo Civil", *RePro* 44, p. 137.

239 Cabe registrar que, apesar de semelhante, o atual art. 557 do CPC não revogou o art. 38 da Lei n. 8.038/90. Isso porque essa norma é mais ampla que aquela, porque autoriza o relator dos tribunais superiores a julgar individualmente, sem a participação do órgão coletivo, "pedido" – entenda-se, a própria pretensão do autor manifestada em tribunal. O STF já negou, por diversas vezes, seguimento a mandado

BARBOSA MOREIRA observou que, "das várias espécies de inadmissibilidade, só se mencionavam duas (intempestividade e descabimento), embora por via hermenêutica se pudesse ampliar às restantes (deserção, falta de legitimação para recorrer etc.) a área de incidência da disposição".[240] De outro lado, fez referência à súmula, vocábulo esse que já era conhecido do RISTF.

Por intermédio da Lei n. 9.139/95, modificou-se o texto do art. 557 do CPC/1973,[241] retirando a possibilidade de o relator converter o julgamento do agravo de instrumento para suprir a insuficiência do instrumento. De outra parte, ampliou sensivelmente os poderes do relator para negar seguimento a recurso manifestamente inadmissível, improcedente, prejudicado ou contrário à súmula do respectivo tribunal ou tribunal superior.[242]

Desapareceu a segunda parte da redação original que autorizava o relator, por *despacho*, a converter o agravo em diligência se insuficientemente instruído.

Em análise ponderada, CÂNDIDO R. DINAMARCO assentou que, "ao conferir ao relator poderes assim tão amplos, a nova lei assumiu o risco de abrir caminho para erros de um juiz singular julgando recursos e sua admissibilidade. Mas é inerente à vida de todo processo um sistema de *certezas*, *probabilidades* e *riscos* – a ser equilibrado mediante a oferta de meios corretivos dos erros que porventura se cometam."[243]

Finalmente, sobreveio a Lei n. 9.756, de 18-12-1998, que alterou novamente a redação do art. 557 do CPC/1973, ampliando – ainda mais – os poderes do relator nos recursos cíveis.[244]

---

de injunção (Cf. *RTJ* 129/53; 169/445; MI 590/RJ, rel. Min. CARLOS VELLOSO, 26-3-2003). Também já negou seguimento a mandado de segurança (*Rev. Forense* 361/219).

240 *Inovações da Lei 9.756 em matéria de recursos cíveis*, p. 322.

241 Art. 557. O relator negará seguimento a recurso manifestamente inadmissível, improcedente, prejudicado ou contrário à súmula do respectivo tribunal ou tribunal superior.
Parágrafo único. Da decisão denegatória caberá agravo, no prazo de 5 (cinco) dias, ao órgão competente para o julgamento do recurso. Interposto o agravo a que se refere este parágrafo, o relator pedirá dia.

242 Clito FORNACIARI JÚNIOR observa que a redação da norma do art. 557, conferida pela Lei n. 9.139, de 30-11-1995, repete a possibilidade de o relator negar seguimento ao recurso. Diz o renomado processualista: "o texto anterior referia-se somente ao agravo manifestamente improcedente; entretanto, se podia o mais, também podia o menos, ou seja, negar-lhe seguimento quando apresentasse vícios formais suscetíveis de impedir o seu conhecimento. A nova redação explicitou a negativa de seguimento por decisão do relator nos casos de agravo 'manifestamente inadmissível, improcedente, prejudicado ou contrário à súmula do respectivo tribunal ou tribunal superior'" (*A reforma processual civil (artigo por artigo)*, p. 147).

243 *A reforma do Código de Processo Civil*, p. 191.

244 Art. 557. O relator negará seguimento a recurso manifestamente inadmissível, improcedente, prejudicado ou em confronto com súmula ou com jurisprudência

Em sua redação precedente, a norma do art. 557 do CPC/1973 somente admitia a negativa de seguimento, por decisão do relator, nos casos em que o recurso estivesse em divergência com a *súmula* do respectivo tribunal (*rectiu*: tribunal competente para julgamento do recurso) ou tribunal superior. O atual art. 557 é mais amplo, pois – também – permite ao relator barrar o recurso quando contrariar a *jurisprudência dominante*.

A decisão singular passou a ser possível também para dar provimento ao recurso, desde que a decisão recorrida esteja em divergência com a súmula ou com a jurisprudência dominante do Supremo Tribunal Federal ou do Superior Tribunal de Justiça. A lei suprimiu a possibilidade de o relator dar provimento ao recurso com fundamento na orientação predominante (súmula ou "jurisprudência dominante") do tribunal local. A decisão de provimento passou a ser admitida como forma de equilibrar os poderes do relator e propiciar maior dinâmica aos julgamentos dos tribunais, subtraindo do colegiado recurso cujo resultado não é desconhecido por ninguém.

O dispositivo manteve o prazo de cinco dias para interpor recurso (agravo) contra a decisão do relator. Em harmonia com os arts. 523, § 2º, e 529, ambos do CPC/1973, o relator poderia exercer juízo de retratação.

A última parte do § 1º do art. 557 do CPC/1973 estabelecia que, provido o agravo, o recurso julgado unipessoalmente teria seguimento. *A contrario sensu*, negado provimento ao agravo, ficava mantida a decisão unipessoal do relator.

Como medida inibitória, foi introduzido o § 2º, que estabelece sanção pecuniária para a parte que interpor agravo manifestamente inadmissível ou infundado. Nesses casos, o tribunal deveria aplicar multa, calculada entre um por cento (1%) e dez por cento (10%) sobre o valor corrigido dado à causa. O recolhimento da multa era condição para interpor qualquer outro recurso, sem o qual não seria admitido.

---

dominante do respectivo tribunal, do Supremo Tribunal Federal ou de Tribunal Superior.

§ 1º-A. Se a decisão recorrida estiver em manifesto confronto com súmula ou com jurisprudência dominante do Supremo Tribunal Federal, ou de Tribunal Superior, o relator poderá dar provimento ao recurso.

§ 1º Da decisão caberá agravo, no prazo de 5 (cinco) dias, ao órgão competente para o julgamento do recurso, e, se não houver retratação, o relator apresentará o processo em mesa, proferindo voto; provido o agravo, o recurso terá seguimento.

§ 2º Quando manifestamente inadmissível ou infundado o agravo, o tribunal condenará o agravante a pagar ao agravado multa entre 1% (um por cento) e 10% (dez por cento) do valor corrigido da causa, ficando a interposição de qualquer outro recurso condicionada ao depósito do respectivo valor.

COMENTÁRIOS AO CÓDIGO DE PROCESSO CIVIL V. XIX

O vigente Código manteve um dispositivo específico sobre os poderes do relator. Todavia, mais organizado, técnico e abrangente.

Os incisos I e II do art. 932 atribuem ao relator poderes para ordenar o processo nos tribunais, realizar provas, homologar autocomposição das partes e conceder tutela provisória.

No campo dos recursos, o Código abandona o advérbio "manifestamente" e o adjetivo "manifesto".[245] Significa dizer que basta o recurso ser *apenas* inadmissível para dele o relator não conhecer. No entanto, é preciso observar o parágrafo único do art. 932, segundo o qual o relator deve conceder prazo de 5 (cinco) dias ao recorrente para que seja sanado o vício. De outro lado, contrariamente ao sistema revogado, o relator não poderá negar provimento a recurso "improcedente", ainda que a improcedência seja manifesta. "Jurisprudência dominante", cujo termo é vago e impreciso, alvo de crítica pela doutrina do CPC/1973,[246] não serve de fundamento para julgamento unipessoal. Agora, há critérios mais objetivos para fundamentar a decisão unipessoal de mérito do recurso. São eles: (*i*) súmula do Supremo Tribunal Federal, do Superior Tribunal de Justiça ou do próprio tribunal; (*ii*) acórdão proferido pelo Supremo Tribunal Federal ou pelo Superior Tribunal de Justiça em julgamento de recursos repetitivos; e (*iii*) entendimento firmado em incidente de resolução de demandas repetitivas ou de assunção de competência. O agravo interno – meio próprio para impugnar a decisão do relator – foi deslocado para o Título destinado aos recursos (art. 1.021).

Além disso, de acordo com o art. 932, o relator recebe poderes para resolver o incidente de desconsideração da personalidade jurídica quando o processo for de competência originária do tribunal, exercer outras atribuições indicadas nos regimentos internos dos tribunais e, nos casos em que a lei exigir, determinar a intimação do Ministério Público (*v.g.*, arts. 956, 982, III).

---

245 Note-se que nos termos do art. 557 do CPC/1973, o relator somente poderia negar seguimento a recurso *manifestamente* inadmissível, improcedente, prejudicado ou em confronto com súmula ou com jurisprudência dominante do respectivo tribunal, do Supremo Tribunal Federal ou de Tribunal Superior. Para dar provimento ao recurso, apenas se a decisão recorrida estivesse em manifesto confronto com súmula ou com jurisprudência dominante do Supremo Tribunal Federal, ou de Tribunal Superior, o relator poderá dar provimento ao recurso (cf. FABIANO CARVALHO, *Poderes do relator nos recursos*, n. 7, p. 83-89).

246 Cf. FABIANO CARVALHO, *Poderes do relator nos recursos*, n. 13.2, p. 123-147. A crítica também é feita no atual sistema (arts. 926, § 1º, 927, § 3º, e 1.035, § 3º, I) por HERMES ZANETTI JR., *Poderes do relator e precedentes no CPC/2015*, n. 2, p. 528-529.

30. Órgãos dos tribunais: colegiados e unipessoais

No âmbito dos tribunais, os julgamentos poderão ser tomados por duas espécies de órgãos: colegiado (plenário, órgão especial, turma, câmara etc.) e unipessoal (relator, presidente, vice-presidente etc.).

Em regra, nos tribunais, as decisões deverão ser proferidas por órgãos colegiados. O julgamento colegiado é regra.[247]

O órgão colegiado é constituído por pelo menos 3 (três) juízes "que cooperam em forma tal, que suas atividades aparecem no processo como expressão de uma vontade unitária."[248] O órgão colegiado opõe-se ao órgão unipessoal por seu conjunto, isto é, pela reunião de manifestações singulares, que se unem ou se agregam para formar uma decisão unitária, denominada acórdão (art. 204). O pronunciamento do órgão colegiado, diferentemente do singular, forma-se progressivamente, de acordo com a manifestação de cada magistrado que participa do julgamento, e conforme procedimento previamente estabelecido pelo ordenamento jurídico. Ainda no aspecto quantitativo, é importante que o órgão colegiado seja composto por número impar de julgadores de modo a evitar empate. Ainda assim o empate é possível (v.g., impedimento de um julgador). Nesse caso, em virtude do princípio universal "um homem, um voto", não será permitido o "voto de qualidade".[249]

Barbosa Moreira destaca que "num determinado instante do procedimento de votação, os pronunciamentos de todos os votantes hão de ter idêntico objeto, sob pena de somarem-se quantidades heterogêneas, o que não permite chegar a nenhuma conclusão válida. Ou todos se estão manifestando acerca de preliminar, ou todos acerca do mérito. Não é concebível que, na mesma etapa, um (ou alguns) votem quanto à preliminar e outro (ou outros) quanto ao mérito".[250]

Os fundamentos que justificam a existência do órgão colegiado estão na ideia de que esse órgão é formado por um maior número de juízes, dotados de maior experiência no trato do direito, diminuindo a possibilidade de erros judiciários. E, por essa razão, os julgamentos coletivos traduzem maior segu-

---

247 Didier Jr.-Cunha, *Curso de direito processual civil*, vol. 3, n. 10.1, p. 70; Rodrigo da Cunha Lima Freire, Coment. ao art. 932, *in Breves comentários ao novo Código de Processo Civil*, n. 1, p. 2323.

248 Cf. Calamandrei, *Instituiciones de derecho procesal civil*, vol. 2, p. 29.

249 Aplicando o princípio universal "um homem, um voto", STF, MS 26.264/DF, rel. Min. Marco Aurélio, *DJe* 5-10-2007. Em *obter dictum*, o STF, no julgamento do AgReg no AgInst 682.486 AgR/DF, relatado pelo Min. Ricardo Lewandowski, *DJe* 13-3-2008, por meio dos Min. Marco Aurélio e Carlos Britto, reafirmou o princípio.

250 *Direito aplicado II*, p. 126.

rança para as partes e a sensação de *justiça* seria maior. Os pronunciamentos provenientes dos órgãos colegiados presumidamente gozariam de maior legitimidade, porquanto fruto de um contraditório mais qualificado mediante o qual os magistrados manifestam-se, cada qual com seu argumento.[251] Todavia, é preciso registrar o posicionamento doutrinário segundo o qual a colegialidade, isoladamente, não garante nada, sobretudo se o julgamento ocorrer em déficit argumentativo, no qual os componentes da turma julgadora tendem a acompanhar o relator sem qualquer dissenso.[252]

O julgamento colegiado deve respeitar o procedimento que se desenvolve em pelo menos quatro fases: a) convocação dos membros do colegiado; b) quórum; c) contraditório em sessão de julgamento; e d) votação.[253]

Em regra, o julgamento colegiado será realizado em sessão pública, dentro do tribunal. Admite-se, todavia julgamento externo ao tribunal, "mediante descentralização estratificada em câmaras regionais"[254] (arts. 107, § 3º, 115, § 2º, e 125, § 6º, da CF). De acordo com normas de organização judiciária ou regimento interno do tribunal, o colegiado poderá julgar também de forma eletrônica ("virtual"), (*v.g.*, arts. 317, § 5º, 323, *caput*, 323-A, 324, *caput* e § 3º, e 337, § 3º, do RISTF). Em algumas ocasiões, o colegiado poderá iniciar a discussão eletronicamente e concluir a deliberação em sessão de julgamento "físico" (*v.g.*, arts. 334-C e 334-D do RISTF).

Destaque-se, ainda, o pronunciamento formado a partir do órgão colegiado vincula todos os integrantes que o compõe, ainda que algum membro haja dissentido. A questão é importante, sobretudo porque o Código adota o modelo de precedentes obrigatórios. Isso significa dizer que todos os membros do colegiado, concordantes ou discordantes, e eventuais ausentes, devem atuar em conformidade com o acórdão.

A jurisprudência considera constitucional e legal, e não viola o princípio do juiz natural, a criação por tribunais, mediante regimento interno ou reso-

---

251 Fabiano Carvalho, *Poderes do relator nos recursos*, p. 4; Antonio do Passo Cabral, *Juiz natural e eficiência processual*: flexibilização, delegação e coordenação de competências no processo civil, n. 7.2.9, p. 584. Há outros fatores que não são jurídicos que também podem justificar o julgamento colegiado, *v.* Barbosa Moreira, *Notas sobre alguns fatores extrajurídicos no julgamento colegiado*, p. 145-172.

252 Teresa Arruda Alvim, *Ampliar a colegialidade*: valeu a pena?, n. 2, p. 531. Cass R. Sunstein demonstra que a *ratio* argumenta que o dissenso é necessário para a evolução da sociedade (*Por que a sociedade precisa de dissenso*, p. 55-90)

253 No mesmo sentido, embora com referência expressa no direito administrativo, Rodrigo Bordalo, *Os órgãos colegiados no direito administrativo brasileiro*, n. 2.6.1, p. 91.

254 Didier Jr.-Cunha, *Curso de direito processual civil*, vol. 3, n. 10.1, p. 70-71.

luções, de órgão colegiado "temporário", sobretudo para vencer o acervo de processos que aguardam julgamento.[255]

O julgamento no tribunal também poderá ocorrer sem a participação do colegiado. O órgão unipessoal recebe competência funcional para, em algumas situações, julgar processos, recursos e incidentes processuais. No modelo do Código revogado, sustentou-se que a ampliação da competência do relator para julgar unipessoalmente decorreria da "necessidade de eliminar o número de recursos a serem julgados em sessão", diminuindo, por consequência, o acervo processual.[256]

31. Poderes do relator externos ao art. 932

Destaque-se que há poderes do relator externos ao art. 932.

Verificada a incapacidade processual ou a irregularidade de representação da parte, o relator suspenderá o processo e designará prazo para que seja sanado o vício, sob pena de não conhecimento do recurso ou desentranhamento das contrarrazões (art. 76, § 2º, I e II).

Compete ao relator apreciar o requerimento de gratuidade da justiça. Caso o relator denegue ou revogue a gratuidade, determinará ao recorrente o recolhimento das custas judiciais no prazo de 5 (cinco) dias, sob pena de não conhecimento do recurso (art. 99, § 7º; art. 101, § 2º).[257]

No tribunal, o relator poderá solicitar ou admitir a participação de *amicus curiae*, definindo seus poderes (arts. 138, *caput* e § 2º, 950, § 3º, e 983).

Há diversos dispositivos que cuidam dos poderes do relator para suspender processo (*v.g.*, arts. 982, I, e 989, II) ou incidentes (art. 955, *caput*).

Além disso, o Código encerra diversos dispositivos que conferem poderes ao relator para deliberar efeito suspensivo em incidentes, procedimentos e recursos (art. 146, § 2º, I e II).

No caso de apelação interposta no procedimento especial da homologação do penhor legal, poderá o relator ordenar que a coisa permaneça depositada ou em poder do autor (art. 706, § 2º).

A constatação de fato superveniente à decisão recorrida ou de existência de questão apreciável de ofício ainda não examinada, e que devam ser consi-

---

255   STF, AgReg no AgInst 696.233/SP, rel. Min. Cármen Lúcia, *DJe* 3-8-2015; STJ, HC 354.234/SP, rel. Min. Felix Fischer, *DJe* 27-6-2016. O CNJ também foi instado a se manifestar sobre o assunto e concluiu pela legalidade da medida: CNJ, PCA 0003941-31.2013.2.00.0000, rel. Cons. Gisela Gondin Ramos, j. 22-10-2013.

256   Athos Gusmão Carneiro, *Recurso especial, agravos e agravo interno*, n. 121, p. 283.

257   No mesmo sentido: Luiz Henrique Volpe de Camargo, Coment. ao art. 932, *in Comentários ao Código de Processo Civil*, n. 3.3, p. 1252.

derados no julgamento do recurso, impõe ao relator determinar a intimação das partes para que se manifestem (art. 933, *caput*).

Identificado vício sanável, o relator determinará a realização ou a renovação do ato processual, no próprio tribunal ou em primeiro grau de jurisdição (art. 938, § 1º). De outro lado, reconhecida a necessidade de produção de prova, o relator converterá o julgamento em diligência, cuja instrução se realizará no tribunal ou em primeiro grau de jurisdição (art. 938, § 3º).

É lícito ao relator solicitar vista pelo prazo máximo de 10 (dez) dias nas hipóteses em que ele não se sente habilitado a proferir imediatamente seu voto (art. 940, *caput*).

O relator poderá provocar, de ofício, incidente de assunção de competência (art. 947, § 1º), incidente de arguição de inconstitucionalidade (art. 948), incidente de resolução de demandas repetitivas (art. 977, I).

Na hipótese de conflito de competência, o relator determinará a oitiva dos juízes em conflito (art. 954, *caput*), cabendo-lhe sobrestar o processo e designar um dos juízes para resolver, em caráter provisório, as medidas urgentes (art. 955, *caput*). O relator poderá, ainda, julgar unipessoalmente o conflito, quando sua decisão se fundar em súmula do Supremo Tribunal Federal, do Superior Tribunal de Justiça ou do próprio tribunal; ou em tese firmada em julgamento de casos repetitivos ou em incidente de assunção de competência (art. 955, parágrafo único, I e II).

32. Relator

No tribunal, o relator assume posição central no processo de competência originária, recurso ou incidente processual.

O relator é órgão do tribunal, que integra o colegiado (câmara, turma, órgão especial, pleno etc.).

A escolha do relator é feita por distribuição de acordo com o regimento interno do tribunal, observando-se o critério da alternatividade e publicidade. Sorteado, o relator se vincula ao processo e o conduzirá até o julgamento, com a prática de todos os atos ordinatórios, sanativos, instrutórios e decisórios (*v.g.*, concessão de tutela provisória), salvo nos casos de afastamento definitivo (*v.g.*, aposentadoria, falecimento, exoneração, impedimento, suspeição) ou de afastamento temporário sem perda da função jurisdicional (*v.g.*, moléstia, viagem urgente).[258]

---

258 Fabiano Carvalho, *Poderes do relator nos recursos*, n. 2, p. 9-12.

Com exceção da atividade decisória, os demais poderes (ordinatórios, sanativos, instrutórios) são de competência exclusiva do relator, sob a justificativa do alto custo financeiro e temporal que haveria para reunir os magistrados que compõem o órgão colegiado para deliberação daqueles poderes.[259]

No tribunal, compete ao relator o impulso oficial do processo no interesse da adequada prestação jurisdicional (art. 2º).

Em tese, o relator é o primeiro membro do tribunal que tem contato com a *causa*. Compete-lhe o estudo e verificar a presença dos pressupostos de admissibilidade do processo, recurso ou incidente processual.[260]

Os poderes do relator variam conforme o processo, recurso e incidente processual. Porém, em todos os processos, o relator deverá zelar pela aplicação das normas fundamentais do processo civil no tribunal. Assim, *v.g.*, para preservar o efetivo contraditório e evitar decisão-surpresa, se o relator constatar a existência de questão apreciável de ofício, ainda não examinada que deva ser considerada para o julgamento da causa, intimará as partes para manifestação.

Finalmente, é preciso notar que o relator dirigirá o processo no tribunal de acordo com o disposto no art. 139, que remete de maneira genérica a todas as disposições do Código. Portanto, ao relator incumbe: a) assegurar às partes igualdade de tratamento; b) velar pela duração razoável do processo; c) prevenir ou reprimir qualquer ato contrário à dignidade da justiça e indeferir postulações meramente protelatórias; d) determinar todas as medidas indutivas, coercitivas, mandamentais ou sub-rogatórias necessárias para assegurar o cumprimento de ordem judicial, inclusive nas ações que tenham por objeto prestação pecuniária; e) promover, a qualquer tempo, a autocomposição, preferencialmente com auxílio de conciliadores e mediadores judiciais; f) dilatar os prazos processuais e alterar a ordem de produção dos meios de prova, adequando-os às necessidades do conflito de modo a conferir maior efetividade à tutela do direito; g) exercer o poder de polícia, requisitando, quando necessário, força policial, além da segurança interna dos fóruns e tribunais; h) determinar, a qualquer tempo, o comparecimento pessoal das partes, para inquiri-las sobre os fatos da causa, hipótese em que não incidirá a pena de confesso; i) determinar o suprimento de pressupostos processuais e o saneamento de outros vícios processuais; e, ainda j) quando se deparar com diversas demandas individuais repetitivas, oficiar o Ministério Público, a Defensoria Pública e, na medida do possível, outros legitimados a que se referem o art. 5º da Lei n. 7.347/85 (Lei da Ação Civil Pública) e o art. 82 do CDC, para, se for o caso, proporem a competente ação coletiva.

---

259 GUILHERME JALES SOKAL, *O julgamento colegiado nos tribunais*, n. 3.2.1, p. 195.
260 LEONARDO GRECO, *Instituições de direito processual civil*, vol. III, n. 6.5.3.1, p. 128.

33. Poderes do relator e competência funcional

Em regra, a competência para o julgamento dos recursos é atribuída aos tribunais. Nos tribunais, internamente, há órgãos colegiados (*v.g.*, turma, câmara) e órgãos individualizados (*v.g.*, presidente, vice-presidente, corregedor, relator, revisor). Diz-se que a competência desses órgãos é funcional, também chamada de hierárquica ou recursal.

O Código e os regimentos internos dos tribunais estabelecem a competência dos órgãos colegiados. Por exemplo: no julgamento de apelação ou de agravo a decisão será tomada pelo voto de três juízes (art. 941, § 2°); quando houver divergência no resultado da apelação, o julgamento terá prosseguimento com a presença de outros magistrados, convocados nos termos previamente definidos no regimento interno, em número suficiente para garantir a possibilidade de inversão do resultado inicial, cuja técnica é estendida ao julgamento de agravo de instrumento quando houver reforma da decisão que julgar parcialmente o mérito, ou da ação rescisória que concluir pela procedência do pedido de rescisão (art. 942); o agravo interno é necessariamente decidido pelo órgão colegiado (art. 1.021).

Da mesma forma, os órgãos individualizados dos tribunais: os recursos extraordinário e especial poderão ser julgados pelo presidente ou vice-presidente do tribunal (art. 1.030, I, "a" e "b"); o relator poderá julgar unipessoalmente conflito de competência e recurso (arts. 955 e 932, III, IV e V). A competência é estendida para outras atividades jurisdicionais. Por exemplo, o relator deverá intimar o recorrente para sanar vício de recurso (arts. 932, parágrafo único, 938, § 1°, 1.007, § 7°, e 1.017, § 3°).

Note-se que a competência de um órgão fracionário do tribunal pode ser deslocada para outro órgão, independentemente da vontade da parte. Isso ocorre de um órgão colegiado para outro órgão colegiado, *v.g.*, na técnica do julgamento estendido (art. 942) e na assunção de competência (art. 947).[261]

À luz do Código revogado, sustentou-se que a decisão do relator é "preliminar", porque está sujeita ao controle do órgão colegiado competente para julgar o recurso. Segundo tal diretriz, "o relator atua, portanto, com *função delegada* do órgão colegiado a que pertence".[262]

---

261   Nesse sentido: CÂNDIDO R. DINAMARCO, *Instituições de direito processual civil*, vol. I, n. 350, p. 757.

262   *Princípios fundamentais* – teoria geral dos recursos, p. 238; EDUARDO TALAMINI, Decisões individuais: legitimidade e controle, *in Aspectos polêmicos e atuais dos recursos cíveis*, série 5, p. 181; BARBOSA MOREIRA, Inovações da lei 9.756 em matéria de recursos cíveis, *in Aspectos polêmicos e atuais dos recursos cíveis de acordo com a lei 9.756/98*, p. 324; JOSÉ ROGÉRIO CRUZ E TUCCI, Sobre a atividade decisória do relator do agravo de instrumento, *in Questões práticas de processo civil*, p. 76; WANESSA FRANÇOLIN,

No sistema processual em vigor, reconhece-se que o relator recebeu competência funcional para o julgamento de processos, recursos e incidentes.

A atividade jurisdicional exercida pelo relator não é "preliminar" ao julgamento colegiado. Primeiro porque a decisão colegiada não é a "principal" a merecer uma atividade decisória preambular de outro órgão. Segundo, embora a decisão do relator possa ser impugnada por meio do agravo interno (art. 1.021), cujo julgamento compete ao órgão colegiado do qual ele faça parte, é concebível que o recurso não seja interposto, de maneira que a decisão unipessoal fica imune à apreciação do colegiado.

Tanto por uma razão ou outra, convém afastar o argumento de que o relator atua com *função delegada* do órgão colegiado. A competência funcional, embora não seja empregada expressamente pelo Código, consiste em repartir a função jurisdicional entre os diversos órgãos do Poder Judiciário, dentro do mesmo processo.[263] A competência funcional dos tribunais é definida pela lei que delimita os órgãos jurisdicionais que exercerão atividade jurisdicional para processar e julgar processos de competência originária, recursos e incidentes processuais.[264]

O art. 932 confere ao relator poderes para o exercício da função jurisdicional no âmbito dos processos, recursos e incidentes processuais. Os poderes do relator são ordinatórios, instrutórios, decisórios para concessão de tutelas provisórias ou definitivas e sanativos. Trata-se de *competência funcional*, porque a lei elegeu o relator, como órgão do tribunal, para o exercício da atividade jurisdicional de acordo com as competências que lhes são atribuídas pelo Código. A competência funcional do relator opera-se no plano *horizontal* de acordo com a fase do processo, recurso ou incidente processual no tribunal, sobretudo se considerarmos a possível e subsequente competência do órgão colegiado.[265]

Ampliação dos poderes do relator nos recursos cíveis, p. 60; Walter Piva Rodrigues, O princípio da colegialidade das decisões nos tribunais, *RDDP* 1, p. 178.

263 Cândido R. Dinamarco, *Instituições de direito processual civil*, vol. I, n. 265, p. 618; Calmon de Passos, Competência funcional, *in Enciclopédia saraiva do direito*, vol. 16, p. 36; Athos Gusmão Carneiro, *Jurisdição e competência*, n. 119, p. 313. Na doutrina estrangeira clássica: J. Goldschmidt, *Derecho procesal civil*, p. 163; Rosenberg-Schwab-Gottwald, *Zivilprozessrecht*, p. 174; Francesco Carnelutti, Competenza interna e competenza per delegazione, *Rivista di Diritto Processuale Civile*, vol. XI, p. 352. Para uma proposta mais ampla e eficiente de competência funcional, *v.* Antonio do Passo Cabral, *Juiz natural e eficiência processual*: flexibilização, delegação e coordenação de competências no processo civil, n. 6.2.1, p. 415-42.

264 Daniel Amorim Assumpção Neves, *Competência no processo civil*, n. 7.1, p. 128.

265 Waldemar Mariz de Oliveira Júnior, *Curso de direito processual civil*, vol. I, n. 74, p. 171; Athos Gusmão Carneiro, *Jurisdição e competência*, n. 119, 313-314.

De outro lado, registre-se que na técnica do direito administrativo, a *competência delegada* tem sempre caráter transitório e permissivo, visto que depende da vontade de um terceiro, "apoiando-se em razões de oportunidade e conveniência e na capacidade do delegado de exercer a contento as atribuições conferidas, de modo que o delegante pode sempre retomar a competência e atribuí-la a outrem ou exercê-la pessoalmente".[266] Parece-nos que a matéria não alcança o processo civil, ao menos no âmbito dos processos, recursos e incidentes nos tribunais.

A funcionalidade do relator provém da lei e não do órgão colegiado; tampouco se trata de competência *passageira*. Entendimento contrário imperiria a conclusão de que a decisão do juiz de primeiro grau também seria *preliminar*, uma vez que atuaria com função *delegada* do órgão (sentido *lato sensu*) ao qual exerce sua função judicante. E ainda mais: significa retirar a *imperatividade* da decisão do relator.

Na atual sistemática processual, não tem sentido falar que o órgão colegiado é o "juiz natural" dos processos de competência originária, recursos e incidentes nos tribunais. É cediça a lição segundo a qual somente se considera juiz natural o órgão judiciário cujo poder de julgar derive de fontes constitucionais.[267] Em razão disso, o princípio do juiz natural "vincula a garantia a uma ordem taxativa, e constitucional, de competências".[268] Anota-se que "o princípio do juiz natural exige não só uma disciplina legal da via judicial, da competência funcional, material e territorial do Tribunal, mas também uma regra sobre qual órgão judicante (Câmara, Turma, Senado) e qual juiz, em cada um desses órgãos individualmente considerados, devem exercer a sua atividade".[269] "E, desse modo, firma-se, explicitamente a exigência de *preconstituição do órgão jurisdicional competente*, entendendo-se este como o agente do Poder Judiciário, política, financeiramente e juridicamente independentes, cuja competência esteja previamente delimitada pela legislação em vigor."[270]

Nessa linha de ideias, o relator – como órgão individualizado do tribunal e, portanto, juiz natural – exerce competência funcional para o desempenho da atividade jurisdicional delineada pelo Código, especialmente pelo art. 932.

---

266 HELY LOPES MEIRELLES, *Direito administrativo brasileiro*, 4.4, p. 876.
267 JOSÉ FREDERICO MARQUES, Juiz natural, verb. *in Enciclopédia saraiva do direito*, vol. 46, p. 447.
268 ADA PELLEGRINI GRINOVER, *As garantias constitucionais do processo,* p. 23.
269 Divisão de funções e o juiz natural, p. 125.
270 ROGÉRIO LAURIA TUCCI e JOSÉ ROGÉRIO CRUZ E TUCCI, *Constituição de 1988 e processo,* p. 30.

CPC/2015, ART. 932

34. Taxatividade das hipóteses para julgamento unipessoal de recurso

De forma objetiva, o art. 932 enumera as hipóteses que autorizam o julgamento unipessoal de recurso (dar ou negar provimento), a saber: (i) súmula do Supremo Tribunal Federal, do Superior Tribunal de Justiça ou do próprio tribunal; (ii) acórdão proferido pelo Supremo Tribunal Federal ou pelo Superior Tribunal de Justiça em julgamento de recursos repetitivos; e (iii) entendimento firmado em incidente de resolução de demandas repetitivas ou de assunção de competência.

Excepcionalmente e em atenção à coerência sistemática, admite-se que se possa conferir interpretação mais ampla às hipóteses exibidas pelo Código para permitir ao relator julgar unipessoalmente recurso, especialmente para atrair aquelas previstas no art. 927, que não estão compreendidas nos incisos IV e V do art. 932 (*v.g.*, as decisões do Supremo Tribunal Federal em controle concentrado de constitucionalidade, os enunciados de súmula vinculante e a orientação do plenário ou do órgão especial aos quais estiverem vinculados). Note-se, porém, que, na interpretação extensiva das hipóteses de julgamento unipessoal, observar-se-á o critério objetivo.

Por variados motivos, censura-se a Súmula 568 do STJ, cuja redação é a seguinte: "*O relator, monocraticamente e no Superior Tribunal de Justiça, poderá dar ou negar provimento ao recurso quando houver entendimento dominante acerca do tema*".[271]

Intencionalmente, o legislador excluiu a cláusula "jurisprudência dominante", que autorizava o julgamento unipessoal, porque o termo é largamente subjetivo, muitas vezes usado de forma arbitrária pelos tribunais e de difícil controle por meio de recurso.

A Súmula 568 STJ foi editada pela Corte Especial em 16-3-2016 e publicada no *DJe* de 17-3-2016. Interessante notar que Código entrou em vigor no dia 18-3-2016. Logo, a Súmula 568 do STJ foi concebida durante o período de *vacatio legis* e apenas um dia antes de o Código começar a vigorar.

Estranha o fato de o STJ haver editado um enunciado de súmula para condensar uma tese que já se encontrava textualmente exposta no *caput* e no

---

271 A Súmula 568 tem seu paralelo nos incisos II e III do art. 255 do RISTJ: "Distribuído o recurso, o relator, após vista ao Ministério Público, se necessário, pelo prazo de vinte dias, poderá: II - negar provimento ao recurso especial que for contrário a tese fixada em julgamento de recurso repetitivo ou de repercussão geral, a entendimento firmado em incidente de assunção de competência, ou, ainda, a súmula ou jurisprudência consolidada do Supremo Tribunal Federal ou do Superior Tribunal de Justiça; III - dar provimento ao recurso especial após vista ao recorrido, se o acórdão recorrido for contrário a tese fixada em julgamento de recurso repetitivo ou de repercussão geral, a entendimento firmado em incidente de assunção de competência ou, ainda, a súmula ou jurisprudência consolidada do Supremo Tribunal Federal ou do Superior Tribunal de Justiça".

§ 1º-A do art. 557 do CPC/1973. Observe-se que o referido dispositivo legal – e agora revogado – já atribuía competência funcional ao relator para, unipessoalmente, inclusive no âmbito do Superior Tribunal de Justiça, decidir recurso com base na "jurisprudência dominante" (= "entendimento dominante acerca do tema"). À luz do sistema anterior, julgamento unipessoal de recurso não era objeto de divergência a recomendar a edição de uma súmula.

Ao investigar minuciosamente os acórdãos que serviram de substrato para a edição da Súmula 568 (REsp 503.701/RS, *DJ* 18-10-2004; REsp 732.939/ RS, *DJe* 2-6-2008; REsp 1.084.943/MG, *DJe* 15-3-2010; REsp 1.107.977/RS, *DJe* 4-8-2014; REsp 1.290.933/SP, *DJe* 24-4-2015; REsp 1.346.836/BA, *DJe* 16-10-2012; REsp 1.501.205/RS, *DJe* 30-6-2015; REsp 1.563.610/PI, *DJe* 4-2-2016), chega-se à conclusão: nenhum "precedente" examinou especificamente os poderes do relator para julgar unipessoalmente recurso. As decisões cuidam dos mais variados assuntos, desde a admissibilidade do recurso especial até questões tributárias de direito intertemporal; porém, inexiste eventual discussão para autorizar julgamentos monocráticos de "recurso quando houver entendimento dominante acerca do tema". Da leitura da jurisprudência indicada não é possível extrair a tese jurídica compendiada na Súmula 568.

Talvez pela absoluta falta de identidade entre a Súmula 568 e os "precedentes", a referência legislativa mencionada na página eletrônica em que está publicado o referido verbete não corresponde à discussão acerca dos poderes do relator para julgar unipessoalmente recurso, pois ali se indica a letra "c" do inciso III do art. 105 da CF, cujo dispositivo faz alusão ao cabimento do recurso especial por divergência jurisprudencial.

Note-se que "entendimento dominante acerca do tema" corresponde ao termo revogado "jurisprudência dominante". A afirmação é comprovada pelas recentes manifestações do próprio Superior Tribunal de Justiça: "Estando o acórdão recorrido de acordo com a jurisprudência dominante do STJ, aplicável, no caso concreto, a Súmula 568 do STJ, segundo a qual o relator, monocraticamente e no Superior Tribunal de Justiça, poderá dar ou negar provimento ao recurso quando houver entendimento dominante acerca do tema".[272]

No entanto, permitir que o relator julgue recurso com fundamento não previsto em lei ("entendimento dominante acerca do tema"), para minimizar

---

272 AgInt no REsp 1.656.207/MA, rel. Min. Moura Ribeiro, *DJe* 14-8-2017. Confira-se, entre muitos outros: STJ, AgInt no AREsp 600.264/RJ, rel. Min. Assusete Magalhães, *DJe* 11-9-2017; STJ, AgInt no REsp 1.510.336/MS, rel. Min. Gurgel de Faria, *DJe* 7-8-2017; STJ, AgInt no REsp 1.315.164/DF, rel. Min. Og Fernandes, *DJe* 15-5-2017; STJ, AgInt no AREsp 871565/SP, rel. Min. Nancy Andrighi, *DJe* 5-5-2017).

a atuação do órgão colegiado, é manifestamente ilegal e inconstitucional. Ilegal, porque afronta o disposto nos incisos IV e V do art. 932; inconstitucional, porque, dentre outras violações, ofende frontalmente o devido processo legal (art. 5º, LIV, da CF).

Poder-se-ia argumentar que a aplicação da Súmula não geraria grandes prejuízos, porque a parte poderá provocar a manifestação do órgão colegiado mediante a interposição do agravo interno, recurso cabível contra decisão proferida pelo relator (art. 1.021). Porém, tal raciocínio não se coaduna com o modelo do Código, pois é contrário ao paradigma da racionalização do sistema de recursos, incentivando o jurisdicionado a não recorrer. Especialmente ao agravo interno, a lei impõe a aplicação de multa quando o recurso for declarado manifestamente inadmissível ou improcedente. A propósito, não é incomum a prolação de "despacho alerta" convocando o agravante para se manifestar "se pretende insistir com o agravo interno, considerando o disposto no art. 1.021, § 4º, do CPC/2015".[273] Além disso, a interposição poderá gerar a majoração de honorários advocatícios (art. 85, § 11).

A aplicação da Súmula 568 do STJ é mais um expediente da "jurisprudência defensiva", porque de forma ilegal e contrariamente à Constituição limita o acesso ao órgão colegiado.

35. Poderes do relator para atos ordinatórios

O relator tem competência para colocar em ordem o processo, recurso ou incidente processual, determinando providências relativas ao seu andamento ("*Incumbe ao relator dirigir e ordenar o processo no tribunal*"). São poderes para a prática de atos ordinatórios.

Confiram-se atos ordinatórios aqueles destinados a impulsionar o procedimento, mediante o qual o relator efetiva o andamento do processo no tribunal.[274]

Os atos ordinatórios serão praticados de acordo com o processo, recurso ou incidente processual. No caso de processos da competência originária do tribunal, *v.g.*, na ação rescisória, o relator ordenará a citação do réu, designando-lhe prazo para resposta (art. 970); ao despachar a reclamação, o relator requisitará informações da autoridade a quem foi imputada a prática do ato impugnado (art. 989, I). Relativamente aos recursos, *v.g.*, distribuído o agravo de instrumento, o relator ordenará a intimação do agravado. Finalmente, na hipótese de incidente processual, *v.g.*, conflito de competência, o relator de-

---

273 Tal como sucedeu no Resp 1.486.153/PR, de relatoria do Min. Moura Ribeiro.
274 Guilherme Jales Sokal, *O julgamento colegiado nos tribunais*, n. 3.2.1, p. 196-197.

terminará a oitiva dos juízes em conflito ou, se um deles for suscitante, apenas do suscitado (art. 954).

É evidente que se não for o caso de julgamento unipessoal, o relator elaborará relatório e voto e pedirá dia para julgamento, providência ordinatória comum a todos os procedimentos (arts. 934, 983, § 2º, e 1.020).

36. Poderes do relator para instrução

Compete ao relator dirigir e ordenar o processo no tribunal, inclusive em relação à produção da prova.

A realização da prova dependerá do tipo do procedimento. A matéria não parece suscitar qualquer discussão no caso de processo de competência originária do tribunal. No caso da ação rescisória, *v.g.*, se os fatos alegados pelas partes dependerem de prova, o relator poderá delegar a competência para instrução. Na hipótese de incidente processual, também é possível a produção da prova que for autorizada e ordenada pelo tribunal, *v.g.*, na arguição de impedimento ou suspenção do juiz (art. 148, §§ 1º a 3º).

Com relação ao recurso, a prova recebe tratamento mais fechado. Porém, reconhecida a necessidade de produção de prova, o relator converterá o julgamento em diligência.[275] A prova poderá ser realizada no tribunal ou em primeiro grau de jurisdição. O recurso somente será julgado depois de concluída a instrução (art. 938, § 3º).

37. Poderes do relator para homologar autocomposição das partes

A parte final do inciso I do art. 932 dispõe da competência do relator para "homologar autocomposição das partes". O dispositivo decorre de norma fundamental do processo que impõe ao Estado promover, "sempre que possível, a solução consensual dos conflitos" (art. 3º, § 2º). Tal promoção há de ser feita "a qualquer tempo" (art. 139, V).

A competência do relator não fica adstrita apenas a homologar o acordo das partes. Embora a lei diga que incumbe ao relator "homologar autocomposição das partes". É possível que o relator incentive a que as partes cheguem a um consenso, inclusive com o auxílio de conciliadores ou mediadores judiciais.

Ao homologar a autocomposição das partes, toca ao relator proferir decisão resolvendo o mérito (art. 487, III).[276] Destaque-se que a homologação poderá ser de apenas parte do litígio, hipótese em que a decisão será proferida

---

275 José Américo Zampar Júnior, *Produção de provas em sede recursal*, n. 2.9, p. 82.
276 Marcos Antonio Rodrigues, *Manual dos recursos* – ação rescisória e recursos, n. 6.3.1, p. 112.

com fundamento no art. 356. A decisão de homologação da autocomposição pelo relator configura título executivo judicial (art. 515, II), o qual poderá ser objeto de "cumprimento da sentença".

É lícito ao relator homologar autocomposição que ultrapasse os limites subjetivos e objetivos do processo que está sob sua competência, porquanto, nos termos do § 2º do art. 515, "a autocomposição judicial pode envolver sujeito estranho ao processo e versar sobre relação jurídica que não tenha sido deduzida em juízo".

O pronunciamento do relator que homologar a autocomposição não fica submetido à apreciação do órgão colegiado para ser válido e eficaz.

Finalmente, a decisão homologatória de autocomposição está excluída da ordem cronológica de conclusão (art. 12, § 2º, I).

38. Poderes para apreciar o requerimento de tutela provisória

No âmbito do tribunal, a competência para conceder tutela provisória a recurso, incidente ou processo de competência originária compete ao órgão individualizado, podendo ser presidente, vice-presidente e relator. No Código, há regras específicas que cuidam do assunto (*v.g.*, arts. 146, § 2º, 1.012, 1.019, I, 1.029, § 5º, III). A legislação extravagante também atribui essa competência (*v.g.*, arts. 15 e 16 da Lei n. 12.016/2009).

É induvidoso que a atribuição de tutela provisória pelo relator haverá de respeitar as normas procedimentais do recurso, do processo de competência originária ou do incidente. Assim, *v.g.*, no caso da apelação, o requerimento poderá ser formulado diretamente ao relator se já distribuído o recurso. Caso contrário, i.e., se ainda a apelação não foi distribuída ao relator, o requerimento haverá de ser dirigido ao "tribunal". Se já houver relator prevento (art. 930, parágrafo único), a cognição acerca do pedido de tutela provisória será realizada por ele. Na hipótese de não haver relator prevento, uma de duas: distribui-se o requerimento ao relator ou confere-se ao presidente – ou vice-presidente – do tribunal. Seja como for, nessa hipótese, bem se compreende que o órgão de primeiro grau não tem competência para examinar o requerimento de tutela provisória.

A concessão da tutela provisória pressupõe requerimento da parte ou do interessado ("*incumbe ao relator apreciar o pedido de tutela provisória*"). É vedado ao relator conceder tutela provisória de ofício.

O termo "tutela provisória" abarca a tutela de urgência (cautelar ou antecipada) ou de tutela de evidência. Além disso, a "tutela provisória" engloba a "concessão de efeito suspensivo" (*v.g.*, art. 1.012, § 3º). O relator deverá examinar o requerimento da *específica* tutela provisória a partir da exigência dos requisitos expostos pela lei.

De forma genérica, o inciso II do art. 932 estabelece que compete ao relator apreciar o pedido de tutela provisória nos recursos e nos processos de competência originária. Evidentemente o dispositivo também alcança os incidentes processuais (*v.g.*, incidente de desconsideração da personalidade jurídica, quando de competência do tribunal).

A decisão do relator deverá ser fundamentada de acordo com o art. 489, II e § 1º. Não se trata de mera *faculdade*, mas, sim, de um verdadeiro dever de fundamentação. A ausência de fundamentação gera possível nulidade do pronunciamento do relator. É manifestamente imprópria, porque não satisfaz as exigências constitucional e legal, a fórmula: "indefiro a providência requerida, porque não estão presentes os pressupostos legais".

O meio próprio para impugnar a decisão do relator que aprecia o requerimento de tutela provisória é o agravo interno (art. 1.025).

39. Poderes para não conhecer o recurso

A primeira parte do inciso III do art. 932 impõe ao relator não conhecer de recurso inadmissível.

O Código abandonou o advérbio de intensidade "manifestamente" utilizado no *caput* do art. 557 do Código revogado ("*O relator negará seguimento a recurso manifestamente inadmissível*").[277]

Recurso inadmissível é aquele que não preenche os requisitos de admissibilidade (cabimento, legitimidade para recorrer, interesse em recorrer, tempestividade, regularidade formal, inexistência de fato impeditivo ou extintivo do ônus de recorrer e preparo).

Contudo, na forma do parágrafo único do art. 932, antes de considerar inadmissível o recurso, o relator "concederá prazo de 5 (cinco) dias ao recorrente para que seja sanado o vício ou complementada a documentação exigível". Significa dizer que, salvo os casos de vícios insanáveis, o relator não deverá declarar a inadmissibilidade do recurso.

Todos os recursos estão sujeitos a determinados requisitos impostos pelo ordenamento jurídico. Denomina-se *juízo de admissibilidade* a atividade do órgão judicial voltada ao exame da presença de requisitos relacionados ao ônus de recorrer e ao modo de exercê-lo.

As questões atinentes ao juízo de admissibilidade são *preliminares* ao exame do mérito do recurso. Vale dizer: antes de apurar se o inconformismo do re-

---

277 Sobre o tema, *v.* Fabiano Carvalho, *Poderes do relator nos recursos* – art. 557 do CPC, p. 83-89.

corrente procede ou não, faz-se necessário o órgão judicial promover uma investigação prévia sobre as condições de admissibilidade do recurso.

O juízo de inadmissibilidade, exercido individualmente pelo relator do recurso, tem efeito negativo. A decisão tranca o acesso do recurso ao conhecimento do órgão colegiado.

40. Poderes para declarar prejudicado o recurso

O relator poderá julgar unipessoalmente para declarar prejudicado o recurso.

Chama-se prejudicado o recurso que não trará proveito ou benefício que a futura decisão seria capaz de proporcionar de acordo com o novo julgamento. O julgamento do recurso torna-se algo inútil. Na realidade, o que ocorre é a existência de um fato, posteriormente à interposição do recurso, que provoca o desaparecimento do interesse em recorrer. Diz-se, no caso, "perda superveniente do interesse recursal".[278]

Logo, disso tudo, é fácil concluir que prejudicado é recurso inadmissível.

O Código traz algumas hipóteses de "recurso prejudicado". De acordo com o § 1º do art. 1.018, "[s]e o juiz comunicar que reformou inteiramente a decisão, o relator considerará prejudicado o agravo de instrumento". De outro lado, caso sejam interpostos recurso extraordinário e recurso especial, cujo objetivo seja o mesmo resultado, e essa solução é conquistada por meio do julgamento do recurso especial, o recurso extraordinário interposto fica prejudicado, cabendo ao ministro relator, no Supremo Tribunal Federal, pronunciar a perda superveniente (art. 1.031, § 1º).

Nem sempre o relator tem competência para declarar prejudicado o recurso. No regime do julgamento dos recursos extraordinário e especial repetitivos, "decididos os recursos afetados, os *órgãos colegiados* declararão prejudicados os demais recursos versando sobre idêntica controvérsia" (art. 1.039, *caput*, primeira parte).

41. Poderes do relator para julgamento do recurso

O revogado art. 557 previa que o relator poderia negar seguimento a recurso manifestamente improcedente ou em contraste com súmula ou com jurisprudência dominante do respectivo tribunal, do Supremo Tribunal Federal ou de Tribunal Superior. Já o § 1º-A do mesmo artigo rezava que o relator daria provimento ao recurso se a decisão recorrida estivesse em manifesto confronto com súmula ou com jurisprudência dominante do Supremo Tribunal Federal ou de Tribunal Superior.

---

278 FABIANO CARVALHO, *Poderes do relator nos recursos* – art. 557 do CPC, p. 102.

O Código vigente eliminou os termos "improcedente" e "jurisprudência dominante". Exatamente por esse motivo, o relator não poderá julgar o recurso unipessoalmente com base na "improcedência", ainda que manifesta. Do mesmo modo, é descabido o julgamento unipessoal com fundamento no impreciso termo "jurisprudência (pre)dominante", seja para dar ou negar provimento ao recurso.

O mérito do recurso, como regra, é julgado pelo órgão colegiado. Todavia, em algumas situações específicas e objetivas, o Código confere competência funcional ao relator para, unipessoalmente, julgar o recurso. Trata-se de técnica de julgamento antecipado do recurso.[279]

O julgamento de mérito, por decisão unipessoal, ocorre nas estritas hipóteses delineadas nos incisos IV e V do art. 932. As regras determinam que incumbe ao relator dar ou negar provimento a recurso com base em padrões decisórios objetivos: a) súmula do Supremo Tribunal Federal, do Superior Tribunal de Justiça ou do próprio tribunal; b) acórdão proferido pelo Supremo Tribunal Federal ou pelo Superior Tribunal de Justiça em julgamento de recursos repetitivos; e c) entendimento firmado em incidente de resolução de demandas repetitivas ou de assunção de competência. Por esse motivo, usurpa a competência funcional do órgão colegiado o relator que decide o recurso unipessoalmente utilizando-se de padrões de decisões não delineadas no Código.[280]

Considerando o propósito objetivo e conforme brevemente projetado acima, concebem-se outros possíveis padrões decisórios, silenciados nos incisos IV e V do art. 932, mas que poderiam servir de fundamento para o julgamento unipessoal.[281] Nessa ordem de ideias, a decisão do relator – para dar ou negar provimento a recurso – poderá fundar-se em súmula vinculante, decisões do Supremo Tribunal Federal em controle concentrado de constitucionalidade e orientação do plenário ou do órgão especial aos quais estiverem vinculados (*v.g.*, decisão em incidente de inconstitucionalidade, art. 948). A justificativa se dá pela segunda parte do *caput* do art. 927, segundo o qual "os tribunais observarão". A palavra tribunais engloba todos os órgãos, unipessoais ou colegiados.

---

279 Fabiano Carvalho, *Poderes do relator nos recursos* – art. 557 do CPC, p. 75.

280 Enunciado 462 do FPPC: "É nula, por usurpação de competência funcional do órgão colegiado, a decisão do relator que julgar monocraticamente o mérito do recurso, sem demonstrar o alinhamento de seu pronunciamento judicial com um dos padrões decisórios descritos no art. 932".

281 No mesmo sentido: Daniel Mitidiero, *Precedentes* – da persuasão à vinculação, n. 5, p. 97.

Note-se que há diferença sutil entre os incisos IV e V. O provimento do recurso por decisão do relator ocorrerá apenas quando o contraditório estiver completo, i.e., "depois de facultada a apresentação de contrarrazões". Caso o contraditório não esteja completo, é possível a aplicação do inciso II do art. 932 c/c o parágrafo único do art. 311, para conceder tutela provisória de evidência ao recurso. Para negar provimento, é desnecessária a oitiva do recorrido. A lógica é semelhante ao disposto no art. 332.[282]

Ainda sobre o tema do contraditório, concebem-se situações em que seria dispensável a oitiva do recorrido por inexistir prejuízo. Por exemplo, na generalidade dos casos, é prescindível contrarrazões quando o relator der provimento a recurso interposto contra decisão que indefere a petição inicial, indefere liminarmente a gratuidade da justiça ou altera liminarmente o valor da causa.[283]

Os incisos IV e V poderão ser aplicados aos sucedâneos recursais, *v.g.*, remessa necessária (art. 496).

42. Momento para o julgamento unipessoal do recurso

Neste tópico importa verificar a ocasião oportuna para o julgamento unipessoal do recurso.

Duas considerações devem ser formuladas como premissas: uma concerne à evidente vantagem que existe em evitar, mediante julgamento antecipado do recurso, o funcionamento em vão do órgão colegiado. A outra está ligada aos valores que decorrem do disposto no art. 932.

Distribuído, o recurso será imediatamente conclusos ao relator. É nesta ocasião que o julgamento unipessoal deverá ocorrer. Porém, se já elaborou voto e restituiu o processo com relatório à secretaria, a princípio, o julgamento deverá ser colegiado. Se os autos forem apresentados ao presidente e for designado dia para julgamento, com a ordenação de todas as solenidades previstas no Livro III da Parte Geral e publicação da pauta no órgão oficial (art. 934), não será permitido ao relator julgar unipessoalmente o recurso. Os atos preparatórios ao julgamento colegiado contrapõem-se ao julgamento unipessoal.

---

282 DIDIER JR.-CUNHA, *Curso de direito processual civil*, vol. 3, n. 8.2.5.5, p. 68.

283 Enunciado 81 do FPPC: "Por não haver prejuízo ao contraditório, é dispensável a oitiva do recorrido antes do provimento monocrático do recurso, quando a decisão recorrida: (a) indeferir a inicial; (b) indeferir liminarmente a justiça gratuita; ou (c) alterar liminarmente o valor da causa".

COMENTÁRIOS AO CÓDIGO DE PROCESSO CIVIL V. XIX

O relator deverá "decidir de plano" o recurso[284]. Tal expressão é semelhante a "liminarmente" ou "sumariamente" e, por isso, bem representa o momento em que o relator deve decidir, individualmente, e, portanto, sem submeter o recurso ao colegiado.

E nos casos em que o Ministério Público intervém na qualidade de fiscal do ordenamento jurídico (art. 178), deve o relator, antes de julgar antecipadamente o recurso, determinar a intimação do representante daquele órgão para oferecer manifestação? A princípio, nos processos em que sua participação é obrigatória, o Ministério Público deverá ser intimado para oferecer parecer. O julgamento unipessoal será nulo quando o membro do Ministério Público não for intimado a acompanhar o processo em que deva intervir. Porém, a nulidade só poderá ser decretada depois da intimação do Ministério Público, que se manifestará sobre a existência ou inexistência de prejuízo. A manifestação pela inexistência de prejuízo impede a invalidação do julgamento proferido pelo relator.

Finalmente, cabe o registro que o relator, para proferir as decisões com base no art. 932, não está sujeito à exigência da ordem cronológica de conclusão (art. 12, § 2º, IV).

43. Poderes para intimar o Ministério Público

Em casos em que sua participação for imposta pela lei ou pelo regimento interno, o relator mandará ouvir o Ministério Público, que se manifestará no prazo estabelecido de acordo com o procedimento que deva opinar.

44. Atribuições estabelecidas no regimento interno do tribunal

O regimento interno dos tribunais é fonte opulenta de normas processuais.

É histórica a lição de que sempre que a trajetória do processo na órbita do tribunal interfira sensivelmente nos "trabalhos internos do tribunal, preferível é deixar a regulamentação do assunto ao 'Regimento Interno'".[285]

Essa parece ter sido a linha geral do Código. Nele há regras de procedimento de recurso (v.g., arts. 1.021, *caput*, 1.028, *caput*, e 1.044, *caput*), procedimento de processos e incidentes de competência originária (v.g., arts. 148, § 3º, 235, *caput*, 926, § 1º, 930, *caput*), competência interna (v.g., arts. 942, § 3º, I, 947, § 1º, 978, *caput*), atribuições dos órgãos internos.

---

284 O parágrafo único do art. 120 do CPC/1973, que atribuía poderes ao relator para julgar unipessoalmente conflito de competência quando houver jurisprudência dominante do tribunal, emprega a locução "decidir de plano".

285 JOSÉ FREDERICO MARQUES, *Instituições de direito processual civil*, vol. IV, n. 861, p. 11.

O inciso IX do art. 932 prevê que o relator exercerá outras atribuições previstas no regimento interno. Assim, *v.g.*, no âmbito do Supremo Tribunal Federal, incumbe ao relator "submeter ao Plenário, à Turma, ou aos Presidentes, conforme a competência, questões de ordem para o bom andamento dos processos" (art. 21, III, do RISTF), "delegar atribuições a outras autoridades judiciárias, nos casos previstos em lei ou no Regimento" (art. 21, XIII, do RISTF). De outro lado, o Regimento Interno do Superior Tribunal de Justiça estabelece que o relator determinará às autoridades judiciárias e administrativas, sujeitas à sua jurisdição, providências relativas ao andamento e à instrução do processo, exceto se forem da competência da Corte Especial, da Seção, da Turma ou de seus Presidentes (art. 34, II, do RISTJ).

As normas regimentais de atribuição de poderes ao relator devem respeitar os limites estabelecidos pela lei e pela Constituição. Por conseguinte, são manifestamente ilegais os incisos II e III do § 4º do art. 255 do Regimento Interno do Superior Tribunal de Justiça, que concedem atribuição ao relator para dar ou negar provimento a recurso, "jurisprudência consolidada do Supremo Tribunal Federal ou do Superior Tribunal de Justiça"

45. Cláusula geral para sanar vício processual

Reza o parágrafo único do art. 932: "[a]ntes de considerar inadmissível o recurso, o relator concederá o prazo de 5 (cinco) dias ao recorrente para que seja sanado vício ou complementada a documentação exigível".

O dispositivo busca eliminar a "jurisprudência defensiva", assim entendida como "criação" de obstáculos formais para obstar o conhecimento de recursos.[286-287] De outro lado, procura-se dar efetividade ao "princípio da primazia do mérito recursal", no sentido de superar vícios processuais, mediante contraditório das partes, conquistando o juízo de admissibilidade positivo e o julgamento do mérito do recurso.[288]

---

286 Sobre o tema, no CPC/1973, *v.* Barbosa Moreira, *Restrições ilegítimas ao conhecimento dos recursos*, p. 267-282.

287 Mesmo com a entrada em vigor do Código, os tribunais ainda se apegam ao termo "jurisprudência defensiva", como se vê do precedente do STJ, AgInt no AREsp 826.608/SP, rel. Min. Benedito Gonçalves, *DJe* 3-4-2019. Todavia, reconhece-se o esforço de alguns julgadores no combate ao perverso termo. Assim, *v.g.*, STJ, EAREsp 742.240/MG, rel. Min. Herman Benjamin, *DJe* 27-2-2019. Louvem-se os votos vencidos dos Ministros Napoleão Nunes Maia Filho e Ricardo Villas Bôas Cueva, ambos do Superior Tribunal de Justiça, proferidos nos julgamentos, respectivamente: AgInt no AREsp 1.024.805/RS e EAREsp 750.657/RJ.

288 *Novíssimo sistema recursal conforme o CPC/2015*, n. 5, p. 81-102.

A norma impõe *dever* ao relator. Isso significa dizer que será ilegítimo ao relator desqualificar o recurso, inclusive os recursos *extraordinários*,[289] com a chancela da inadmissibilidade sem antes conceder o prazo para que o recorrente sane o vício ou complemente a documentação exigível.[290] Caso o relator descumpra a regra, o interessado poderá se valer do competente recurso.

A doutrina prega a aplicação da regra somente quanto aos vícios que possam ser corrigidos ("vícios sanáveis"). Defeitos incorrigíveis ("vícios insanáveis") não seriam passíveis de serem sanados. A dicotomia de "vícios sanáveis" e "vícios insanáveis" não parece o fator determinante para pôr em prática o parágrafo único do art. 932. Em realizar o juízo de admissibilidade, caso o relator se depare com algum vício que possa comprometer o conhecimento do recurso, independentemente da natureza, deve abrir oportunidade para o recorrente exercer o contraditório. Mesmo a tempestividade pode ser objeto de contraditório na linha do que dispõe o Código. Por exemplo, o relator, ao detectar suposta intempestividade do recurso, determinará a intimação do recorrente, que poderá comprovar a existência de feriado local ou a suspensão de expediente forense de modo a demonstrar que o recurso foi interposto no prazo que a lei assinou.[291]

Outros apontamentos sobre a cláusula geral para sanear recurso podem ser observados no comentário ao art. 938.

> **Art. 933.** Se o relator constatar a ocorrência de fato superveniente à decisão recorrida ou a existência de questão apreciável de ofício ainda não examinada que devam ser considerados no julgamento do recurso, intimará as partes para que se manifestem no prazo de 5 (cinco) dias.
>
> **§ 1º** Se a constatação ocorrer durante a sessão de julgamento, esse será imediatamente suspenso a fim de que as partes se manifestem especificamente.
>
> **§ 2º** Se a constatação se der em vista dos autos, deverá o juiz que a solicitou encaminhá-los ao relator, que tomará as providências previstas no caput e, em seguida, solicitará a inclusão do feito em pauta para prosseguimento do julgamento, com submissão integral da nova questão aos julgadores.

---

289 Enunciado 197 do FPPC: "Aplica-se o disposto no parágrafo único do art. 932 aos vícios sanáveis de todos os recursos, inclusive dos recursos excepcionais".

290 Enunciado 82 do FPPC: "É dever do relator, e não faculdade, conceder o prazo ao recorrente para sanar o vício ou complementar a documentação exigível, antes de inadmitir qualquer recurso, inclusive os excepcionais".

291 Equivocada a jurisprudência do STJ, REsp 1.813.684/SP, rel. Min. Raul Araújo, j. 2-10-2019.

CPC/2015, ART. 933

COMENTÁRIOS

46. Ocorrência de fato superveniente

Na essência, sabe-se que o recurso não proporciona a alegação de novos fatos ou pedidos. Porém, o art. 933 excetua a afirmação que se acaba de fazer, e, no âmbito do tribunal, impõe ao órgão julgador (unipessoal ou colegiado) levar em consideração, no momento do julgamento, o fato superveniente.

Na perspectiva do dispositivo em comento, fato superveniente ou fato novo pode ser compreendido como aquele ocorrido *posteriormente* ao pronunciamento judicial recorrido ("*fato superveniente à decisão recorrida*").[292] Se o fato é *anterior* ao julgado recorrido, a hipótese recomenda a aplicação do art. 1.014 ("*As questões de fato não propostas no juízo inferior poderão ser suscitadas na apelação, se a parte provar que deixou de fazê-lo por motivo de força maior*").[293]

Compreende-se que a alegação de *novo* fato não se confunde com produção de *nova* prova relativamente ao fato já articulado no processo. Salvo disposição em sentido contrário, em grau de recurso, é vedada a instrução probatória na espera do tribunal.[294] Logo, assimila-se com clareza que não será permitido a qualquer participante do processo invocar o disposto no art. 933 para instruir o recurso com *nova* prova, a qual deixou de ser produzida no momento oportuno, antes da decisão recorrida.

A possibilidade de alegar fato novo minimiza o rigor da preclusão destacada no ônus de o recorrente, no ato da interposição do recurso, expor "o fato e o direito" (*v.g.*, arts. 1.010, II, 1.016, II, 1.029, I). Essa *flexibilização da estabilidade objetiva* do recurso pode propiciar resultados eficientes, efetivos e úteis no processo.[295] O dispositivo evita as chamadas "decisões-surpresa".[296]

Todavia, uma vez alegado o fato superveniente, é lícito ao interessado empregar todos os meios legais e moralmente legítimos destinados a provar o fato novo.[297]

---

292 Note-se que fato ocorrido
293 Luis Guilherme A. Bondioli confirma o texto ao afimar que o art. 1.014 "não se aplica para o fato superveniente à sentença" (*Comentários ao Código de Processo Civil*, vol. XX, n. 95, p. 115).
294 Remete-se o leitor ao comentário exposto no § 3º do art. 938.
295 O mesmo argumento foi utilizado para justificar o art. 493 (cf. Didier Jr.-Oliveira-Braga, Coment. ao art. 493, *in Comentários ao novo Código de Processo Civil*, n. 1.2, p. 735).
296 Cassio Scarpinella Bueno, *Novo Código de Processo Civil anotado*, p. 837.
297 Rogério Licastro Torres de Mello, *Atuação de ofício em grau recursal*, n. 4.4, p. 212.

109

O fato superveniente pode dizer respeito à admissibilidade do recurso (*v.g.*, perda superveniente do interesse recursal) ou ao mérito do recurso (*v.g.*, pagamento de quantia quitando obrigação, objeto da decisão recorrida).

Note-se que a superveniência do fato tem de ter "eficácia no âmbito das situações jurídicas controvertidas",[298] as quais esperam por adequada solução pelo tribunal.

O dispositivo também é aplicado à remessa necessária (art. 496).

Tratando-se de processo de competência originária (*v.g.*, ação rescisória), *mutatis mutandis*, o dispositivo a ser aplicado será o art. 493 ("*Se, depois da propositura da ação, algum fato constitutivo, modificativo ou extintivo do direito influir no julgamento do mérito, caberá ao juiz tomá-lo em consideração, de ofício ou a requerimento da parte, no momento de proferir a decisão*").[299]

47. Existência de questão apreciável de ofício

No âmbito recursal, via de regra e sem excluir outras possibilidades, a questão apreciável de ofício é aquela que compõe o juízo de admissibilidade do processo (art. 337, com a ressalva do § 5º), juízo de admissibilidade do próprio recurso, questões ligadas à nulidade (art. 279, parágrafo único). Há matéria que compõe o mérito do processo que igualmente pode ser suscitada oficiosamente (*v.g.*, prescrição e decadência, art. 332, § 1º, art. 487, parágrafo único). Embora essa matéria não seja imune à preclusão e eventualmente não seja alegada pela parte interessada, sua flexibilidade propicia seu conhecimento pelo órgão judicial, promovendo debate entre as partes e eventuais interessados para posterior decisão.[300]

O recurso tem a força de transferir a matéria cognoscível de ofício ao tribunal (*efeito translativo*), independentemente de alegação das partes ou de outros interessados que eventualmente atuem no processo.[301]

Com base na cláusula constitucional "causas decididas" (art. 102, III, *a*, e art. 105, III, *a*, da CF), que dá lugar ao termo "prequestionamento", cristalizou-se na jurisprudência a afirmação de que mesmo tratando de questão

---

298 Freitas-Alexandre, *Código de Processo Civil anotado*, vol. 2, n. 2, p. 724.

299 Sobre o tema: Leonardo Carneiro da Cunha, *A atendibilidade dos fatos supervenientes no processo civil*, especialmente, n. 11.3, p. 98-102. Modernamente, em conformidade com o Código vigente, do mesmo autor, confira-se Coment. ao art. 493, *in Breves comentários ao novo Código de Processo Civil*, n. 1-13, p. 1381-1386. Sobre o tema, *v.* também João Francisco N. da Fonseca, *Comentários ao Código de Processo Civil*, vol. IX, n. 34, p. 73-75.

300 Araken de Assis, *Manual dos recursos*, n. 16.4, p. 157-158.

301 Por todos, *v.* Nery-Nery, *Código de Processo Civil comentado*, n. 34-37, p. 2121-2123.

cognoscível de ofício, a decisão do tema é indispensável ao conhecimento dos recursos que levam aos tribunais superiores. O assunto, inclusive, acompanha as Súmulas 282 e 356, ambas do STF.[302]

Destaque-se que, porém, quando ultrapassado o juízo de conhecimento do recurso especial ou do recurso extraordinário, ainda que por fundamentos diversos, a questão de conhecimento oficioso pode ser enfrentada junto aos tribunais superiores. Respalda o entendimento o teor da Súmula 456 do STF (*"O Supremo Tribunal Federal [ou Superior Tribunal de Justiça], conhecendo do recurso extraordinário [ou do recurso especial], julgará a causa, aplicando o direito à espécie"*).[303]

Mesmo no âmbito dos tribunais superiores, uma vez conhecida a matéria, cumpre ao órgão dar oportunidade aos interessados para manifestação.

48. Procedimento

O fato superveniente deverá ser introduzido no processo por meio de alegação do interessado. De outro lado, a matéria de conhecimento apreciável de ofício, caso não seja apresentada pelo órgão julgador (relator ou qualquer outro integrante da turma julgadora), poderá ser deduzida por qualquer interessado (partes, Ministério Público, *amicus curiae*), por meio de petição. A questão poderá surgir na sessão de julgamento. Nesse caso, o advogado deve pedir a palavra, pela ordem, e requerer seja aplicado o disposto no art. 933.[304-305]

Qualquer recurso comporta a alegação de fato novo ou suscitação de matéria conhecível de ofício.[306] A regra também é aplicável à remessa necessária (art. 496).

Importante que a matéria, seja ela qual for, seja exposta até a proclamação do resultado. Depois desse momento, em tese, será possível alegar o fato novo ou a questão conhecível de ofício em embargos de declaração.[307]

---

302 Entre muitos outros julgados, confira-se: STJ, AgRg no AREsp 1.229.976/RJ, rel. Min. MARIA THEREZA DE ASSIS MOURA, *DJe* 29-6-2018.

303 STJ, AgInt no REsp 1.340.110/PB, rel. Min. GURGEL DE FARIA, *DJe* 9-8-2019.

304 DIDIER JR.-CUNHA, *Curso de direito processual civil*, vol. 3, n. 9, p. 71-72.

305 Enunciado 595 do FPPC: "No curso do julgamento, o advogado poderá pedir a palavra, pela ordem, para indicar que determinada questão suscitada na sessão não foi submetida ao prévio contraditório, requerendo a aplicação do § 1º do art. 933". No mesmo sentido, Enunciado 60 do CJF: "É direito das partes a manifestação por escrito, no prazo de cinco dias, sobre fato superveniente ou questão de ofício na hipótese do art. 933, § 1º, do CPC, ressalvada a concordância expressa com a forma oral em sessão".

306 Remete-se o leitor às particularidades sobre a incidência do art. 933 aos casos de "recursos extraordinários".

307 Na jurisprudência, a matéria é polêmica (cf. NEGRÃO-GOUVÊA-BONDIOLI-FONSECA, *Código de Processo Civil e legislação processual em vigor*, nota 13 ao art. 493, p. 525).

COMENTÁRIOS AO CÓDIGO DE PROCESSO CIVIL V. XIX

Caso a constatação do fato superveniente ou da questão de conhecimento oficioso ocorra durante a sessão, o julgamento deve ser imediatamente suspenso, a fim de que todos os interessados possam exercer o contraditório, manifestando-se especificamente. O descumprimento do contraditório configura grave erro, que pode ser eliminado por embargos de declaração. Caso o vício não seja corrigido, o recurso especial poderá ser interposto, essencialmente, por violação aos arts. 10 e 933.[308]

Observa-se que o § 2º prevê a hipótese de a matéria ser notada em pedido de vista dos autos. Nesse caso, o magistrado que solicitou o processo para melhor exame deverá encaminhá-lo ao relator que tomará a providência de intimação dos interessados. Interessante notar que o relator e outros magistrados que eventualmente já votaram, depois da manifestação das partes e durante o julgamento podem modificar o voto. Ainda que não modifiquem, é necessário que conste na declaração de voto o fundamento em torno da *nova* questão suscitada.

O prazo para manifestação será de 5 (cinco) dias (art. 933, *caput*, parte final) úteis. É possível a dobra na forma dos arts. 180, *caput*, 183, *caput*, 186, *caput* e § 3º, e 229.[309]

Finda a diligência, o processo será novamente incluído em pauta, procedendo-se à publicação a que se refere o art. 934. Na sessão, relator fará a leitura do relatório contemplando todas as questões de fato e de direito relevantes – e discutidas pelas partes – para o julgamento.[310]

> **Art. 934.** Em seguida, os autos serão apresentados ao presidente, que designará dia para julgamento, ordenando, em todas as hipóteses previstas neste Livro, a publicação da pauta no órgão oficial.

COMENTÁRIO

49. Designação de dia para julgamento

Se não for o caso de julgamento unipessoal, o relator elaborará seu voto e restituirá o processo à secretaria ou ao cartório do órgão colegiado compe-

---

Na doutrina mais recente: José Américo Zampar Júnior, *Produção de provas em sede recursal*, n. 4.1.5, p. 168.

308 Araken de Assis, *Manual dos recursos*, n. 34.6.3, p. 456.

309 Araken de Assis, *Manual dos recursos*, n. 34.6.2, p. 456.

310 Enunciado 522 do FPPC: "O relatório nos julgamentos colegiados tem função preparatória e deverá indicar as questões de fato e de direito relevantes para o julgamento e já submetidas ao contraditório".

tente para julgar o recurso, remessa necessária, incidente ou processo de competência originária. Em seguida, o presidente deverá designar dia para julgamento com a publicação da pauta no órgão oficial.

A publicação da pauta é decorrência do princípio da publicidade, pois revela o local, a data e o horário do julgamento.

Além da publicação da pauta, compete ao presidente intimar as partes e de todos os interessados (*v.g.*, Ministério Público, Defensoria Pública) acerca da sessão de julgamento. Em respeito ao princípio do contraditório, a intimação é ato obrigatório, com a indicação do nome das partes e de seus advogados, com o respectivo número de inscrição na Ordem dos Advogados do Brasil, ou, se assim requerido, da sociedade de advogados. Mesmo que o julgamento não comporte sustentação oral (art. 272, § 2°), a intimação é obrigatória,[311] pois, na sessão de julgamento, o advogado poderá usar da palavra, pela ordem, mediante intervenção sumária, para esclarecer equívoco ou dúvida surgida em relação a fatos, documentos ou afirmações que influam no julgamento, bem como para replicar acusação ou censura que lhe forem feitas (art. 7°, X, da Lei n. 8.906/1994 – Estatuto da OAB).

Caso haja pedido de vista ocorrido em julgamento, ou seja, adiado a requerimento de qualquer membro da turma julgadora, o presidente deverá publicar nova pauta, na forma do art. 934.[312]

Ressalvadas as hipóteses expressas em lei (*v.g.*, art. 1.024, § 1°),[313] a falta de publicação ou intimação é causa de nulidade do julgamento.[314]

> **Art. 935.** Entre a data de publicação da pauta e a da sessão de julgamento decorrerá, pelo menos, o prazo de 5 (cinco) dias, incluindo-se em nova pauta os proces-

---

311 Daniel Amorim Assumpção Neves, *Novo Código de Processo Civil comentado*, n. 1, p. 1555. A jurisprudência do STJ se posiciona contrariamente ao texto e à doutrina dominante (REsp 1.183.774/SP, rel. Min. Nancy Andrighi, julgado em 18-6-2013).

312 Na vigência do Código revogado, a jurisprudência do STJ firmou-se no sentido de que, na hipótese de adiamento de processo em pauta de julgamento, não se faz necessária nova publicação desde que o julgamento ocorra em razoável lapso temporal (EDcl na Rcl 1.215/DF, rel. Min. Og Fernandes, j. 24-6-2009). O entendimento merece ser revisto. O termo "razoável lapso temporal" não é colaborativo e gera manifesta insegurança para a parte que não sabe quando ocorrerá o julgamento.

313 O agravo interno também deve ser incluído em pauta de julgamento, conforme estabelece o § 2° do art. 1.021, confirmado pela jurisprudência do STF (ARE 748.206 AgR-QO, rel. Min. Celso de Mello, *DJe* 8-5-2017).

314 Enunciado 84 do FPPC: "A ausência de publicação da pauta gera nulidade do acórdão que decidiu o recurso, ainda que não haja previsão de sustentação oral, ressalvada, apenas, a hipótese do § 1° do art. 1.024, na qual a publicação da pauta é dispensável".

sos que não tenham sido julgados, salvo aqueles cujo julgamento tiver sido expressamente adiado para a primeira sessão seguinte.

§ 1º Às partes será permitida vista dos autos em cartório após a publicação da pauta de julgamento.

§ 2º Afixar-se-á a pauta na entrada da sala em que se realizar a sessão de julgamento.

COMENTÁRIO

50. Publicação da pauta

A publicação da pauta de julgamento decorre do princípio da publicidade. A exigência de que a publicação ocorra, pelo menos, no prazo de 5 (cinco) dias da sessão de julgamento resulta do princípio do contraditório, de modo que as partes possam se preparar para o julgamento.

O desrespeito ao prazo de publicação da pauta de julgamento gera nulidade, salvo se as partes comparecerem ao julgamento.[315]

A constatação de ausência ou irregularidade da pauta de julgamento na forma do art. 935 impõe ao órgão determinar a correção, procedendo a nova publicação da pauta.[316]

51. Vista dos autos e fixação da pauta

A lei franqueia às partes vista dos autos em cartório após a publicação da pauta de julgamento. Naturalmente, o Código pressupõe que o processo seja *físico*. Caso o processo se desenvolva pelo meio *eletrônico* ou *digital*, a consulta poderá se dar a qualquer momento, inclusive durante o julgamento, de modo concomitante entre todos os sujeitos do processo.

> **Art. 936.** Ressalvadas as preferências legais e regimentais, os recursos, a remessa necessária e os processos de competência originária serão julgados na seguinte ordem:
>
> **I -** aqueles nos quais houver sustentação oral, observada a ordem dos requerimentos;
>
> **II -** os requerimentos de preferência apresentados até o início da sessão de julgamento;

---

315 *Mutatis mutandis*, adaptando-se o texto quanto ao prazo, a Súmula 117 do STJ tem aplicação no modelo vigente ("A inobservância do prazo de 48 horas, entre a publicação de pauta e o julgamento sem a presença das partes, acarreta nulidade.").

316 Enunciado 198 do FPPC: "Identificada a ausência ou a irregularidade de publicação da pauta, antes de encerrado o julgamento, incumbe ao órgão julgador determinar sua correção, procedendo a nova publicação".

III - aqueles cujo julgamento tenha iniciado em sessão anterior; e

IV - os demais casos.

COMENTÁRIO

52. Ordem dos julgamentos

Depois de publicada a pauta no órgão oficial, a sessão de julgamento ocorrerá de acordo com o art. 936, que organiza metodicamente os processos que serão julgados. Segundo a norma em comento, ressalvadas as disposições legais e regimentais, os recursos, a remessa necessária e os processos de competência originária serão julgados na seguinte ordem: inicialmente, os processos com pedido de sustentação oral, observada a cronologia dos requerimentos; em seguida, as solicitações de preferência apresentadas até o início da sessão de julgamento; em terceiro lugar, prosseguimento de julgamento iniciado em sessão anterior; e, por fim, nos demais casos previstos em lei.

Há também outros dispositivos na legislação que tratam de preferências para realização do julgamento. Por exemplo, mediante comprovação de sua condição, a gestante, a lactante, a adotante ou quem der à luz têm preferência na ordem das sustentações orais (art. 7º-A, III, da Lei n. 8.906/94) ou, ainda, pela ordem de inscrição do advogado feita até o início da sessão de julgamento (art. 937, § 2º).[317]

Não é possível realizar acordos processuais atípicos (art. 190) para modificar a ordem dos julgamentos na sessão, porque isso interferiria diretamente na ordem de julgamento de outros casos e, portanto, na posição de terceiros que não foram parte do acordo.

> **Art. 937.** Na sessão de julgamento, depois da exposição da causa pelo relator, o presidente dará a palavra, sucessivamente, ao recorrente, ao recorrido e, nos casos de sua intervenção, ao membro do Ministério Público, pelo prazo improrrogável de 15 (quinze) minutos para cada um, a fim de sustentarem suas razões nas seguintes hipóteses, nos termos da parte final do caput do art. 1.021:
>
> **I -** no recurso de apelação;
>
> **II -** no recurso ordinário;
>
> **III -** no recurso especial;
>
> **IV -** no recurso extraordinário;
>
> **V -** nos embargos de divergência;

---

317 ZULMAR DUARTE DE OLIVEIRA JR., *Execução e recursos* – comentários ao CPC de 2015, n. 1, p. 650.

VI - na ação rescisória, no mandado de segurança e na reclamação;

VII - (Vetado);

VIII - no agravo de instrumento interposto contra decisões interlocutórias que versem sobre tutelas provisórias de urgência ou da evidência;

IX - em outras hipóteses previstas em lei ou no regimento interno do tribunal.

§ 1º A sustentação oral no incidente de resolução de demandas repetitivas observará o disposto no art. 984, no que couber.

§ 2º O procurador que desejar proferir sustentação oral poderá requerer, até o início da sessão, que o processo seja julgado em primeiro lugar, sem prejuízo das preferências legais.

§ 3º Nos processos de competência originária previstos no inciso VI, caberá sustentação oral no agravo interno interposto contra decisão de relator que o extinga.

§ 4º É permitido ao advogado com domicílio profissional em cidade diversa daquela onde está sediado o tribunal realizar sustentação oral por meio de videoconferência ou outro recurso tecnológico de transmissão de sons e imagens em tempo real, desde que o requeira até o dia anterior ao da sessão.

COMENTÁRIO

53. Admissibilidade da sustentação oral

A sustentação oral é o momento em que os representantes dos sujeitos parciais (partes) ou sujeitos institucionais (*amicus curiae* e Ministério Público) podem apresentar, por meio da oralidade, suas alegações perante o órgão colegiado. Trata-se de um ato que aproxima a parte e outros interessados e do órgão colegiado. É a manifestação oral do contraditório.

Na sessão de julgamento, nos casos autorizados pelo ordenamento jurídico, depois da leitura do relatório pelo relator, o presidente dará a palavra, sucessivamente, ao recorrente, ao recorrido e, nos casos de sua intervenção, ao membro do Ministério Público, pelo prazo improrrogável de 15 (quinze) minutos para cada um, a fim de sustentarem suas razões.

Segundo os incisos do art. 937, o debate oral é autorizado nos seguintes recursos: apelação, recurso ordinário, recurso especial, recurso extraordinário, embargos de divergência, agravo de instrumento interposto contra decisões interlocutórias que versam sobre tutelas provisórias de urgência ou de evidência.[318] De acordo com a letra do § 3º, o procurador poderá sustentar as razões do agra-

---

318 Enunciado 681 do FPPC: "Cabe sustentação oral no julgamento do agravo de instrumento interposto contra decisão que versa sobre efeito suspensivo em embargos à execução ou em impugnação ao cumprimento de sentença".

vo interno interposto contra decisão do relator que extinguir processo de competência originária. Vale lembrar, ainda, que, no caso de julgamento conjunto com o recurso especial ou com o recurso extraordinário, o § 5º do art. 1.042 assegura a sustentação oral em agravo de recurso especial ou extraordinário.

Admite-se sustentação oral nos processos de competência originária, especialmente nos casos de ação rescisória, mandado de segurança e reclamação. Há outras situações em que igualmente se admite o debate oral, *v.g.*, *habeas corpus* impetrado contra decreto de prisão em cumprimento de sentença que condene ao pagamento de prestação alimentícia ou em cumprimento de decisão interlocutória que fixe alimentos (art. 528, § 3º).[319]

O Código admite sustentação oral em incidente de resolução de demandas repetitivas (art. 984, II). Dada a semelhança dos institutos, aceita-se o debate oral em sede de assunção de competência.[320]

Finalmente, o inciso IX do art. 937 delega aos regimentos internos dos tribunais outras hipóteses de sustentação oral. Por exemplo, o Regimento Interno do Tribunal de Justiça do Estado de Santa Catarina prevê debate oral em agravo de instrumento interposto contra decisão parcial de mérito (art. 175, *e*, 2).

Na legislação extravagante, há previsões para sustentação oral. Assim, *v.g.*, o § 2º do art. 10 da Lei n. 9.869/1999 estabelece que, "no julgamento do pedido de medida cautelar, será facultada sustentação oral aos representantes judiciais do requerente e das autoridades ou órgãos responsáveis pela expedição do ato".

Sustentação oral não se confunde com a intervenção oral para "esclarecimento de fato" ou "questão de ordem", cujo objetivo é elucidar equívoco ou dúvida surgida em relação a fatos, documentos ou afirmações que possam influenciar no julgamento do processo (art. 7º, X, da Lei n. 8.906/1994). O "esclarecimento" pode ser feito por iniciativa do procurador, que deverá usar da palavra, pela ordem, mediante intervenção sumária, ou por solicitação do julgador ao procurador, que deverá ocupar a tribuna e atender à solicitação. A sustentação oral é sempre prévia ao voto do relator. O esclarecimento de fato pode ser feito a qualquer momento, mas sempre antes da proclamação do resultado.[321]

---

319 Araken de Assis, *Manual dos recursos*, n. 33.6.1, p. 399. Na jurisprudência: STF, HC 106.411/MT, rel. Min. Ayres Britto, j. 9-8-2011.

320 Enunciado 651 do FPPC: "É admissível sustentação oral na sessão de julgamento designada para o juízo de admissibilidade do incidente de resolução de demandas repetitivas ou do incidente de assunção de competência, sendo legitimados os mesmos sujeitos indicados nos arts. 984 e 947, § 1º".

321 Didier Jr.-Cunha, *Curso de direito processual civil*, vol. 3, n. 10.4.9, p. 88.

Finalmente, "além do direito à sustentação oral, os advogados têm direito de participar da sessão de julgamento arguindo *questões de ordem* ao longo do debate da causa. Essas questões de ordem dizem respeito não só à eventual violação das regras de *julgamento do colegiado* (por exemplo, ordem de votação, forma de tomada de votos ou proclamação do resultado), como também à eventual descaracterização das *questões de fato* assentadas no acórdão recorrido (por exemplo, o voto de um dos membros do colegiado não reflete um fato decidido ou uma prova devidamente já valorada no acórdão recorrido) e à eventual invocação de *questões novas*, não debatidas pelas partes (por exemplo, nova qualificação jurídica do caso em função da regra *iura novat curia*). Em todos esses casos deve ser assegurada a palavra pelo Presidente do colegiado aos advogados a fim de que possam participar adequadamente do julgamento, sob pena de violação ao contraditório".[322]

54. Prazo para sustentação oral

O *caput* do art. 937 disponibiliza o tempo de 15 (quinze) minutos ao recorrente ou autor e mais 15 (quinze) minutos para o recorrido ou réu. Do mesmo prazo goza o membro do Ministério Público.

Na letra do Código, o prazo é improrrogável. Porém, no caso de eventual suspensão ou interrupção durante o debate oral, o prazo deve ser reparado.[323] Todavia, admite-se convenção processual (art. 190) para diminuir o tempo ou dividi-lo entre os advogados que participam do processo.[324]

O Código não resolveu o problema dos processos com pluralidade de partes. Nesse caso, retoma-se o pensamento da doutrina do Código revogado. Aplica-se analogicamente o art. 229, segundo o qual os litisconsortes que tiverem diferentes procuradores, de escritórios de advocacia distintos, terão prazos contados em *dobro* para *todas as suas manifestações*, em qualquer juízo ou *tribunal*. No caso, o prazo para sustentação oral será de 30 (trinta) minutos, divididos entre todos os litisconsortes.[325] A regra se aplica mesmo para os processos eletrônicos, pois o § 2º do art. 229 aplica-se apenas para manifestações escritas.[326]

---

322 MARINONI-MITIDIERO, *Recurso extraordinário e recurso especial*, n. 4.1.4, p. 263.

323 SÉRGIO BERMUDES, *Comentários ao Código de Processo Civil*, vol. VII, n. 286, p. 378.

324 Enunciado 21 do FPPC: "São admissíveis os seguintes negócios, dentre outros: acordo para realização de sustentação oral, acordo para ampliação do tempo de sustentação oral, julgamento antecipado do mérito convencional, convenção sobre prova, redução de prazos processuais".

325 BARBOSA MOREIRA, *Comentários ao Código de Processo Civil*, vol. V, n. 357, p. 664-665.

326 ARAKEN DE ASSIS, *Manual dos recursos*, n. 33.6.1, p. 400; DIDIER JR.-CUNHA, *Curso de direito processual civil*, vol. 3, n. 10.4.3, p. 83.

O *amicus curiae* tem direito de sustentar oralmente nos casos de incidente de resolução de demandas repetitivas, no prazo de 30 (trinta) minutos, divididos entre todos (art. 984, II, *b*). Em outros processos cuja intervenção de *amicus curiae* seja autorizada, caberá ao relator definir sua participação no debate oral e, sendo o caso, definir o tempo de sustentação (art. 138, § 2º).

55. Conteúdo da sustentação oral

A parte final do *caput* do art. 937 prevê textualmente: "a fim de sustentarem suas razões". A locução é perfeita para o campo dos recursos. Os procuradores farão a defesa das razões do recurso ou das contrarrazões, conforme a posição do sujeito no processo. Para os processos de competência originária, o alcance da lei deve ser maior para incorporar não apenas as razões da petição inicial ou da contestação, mas todos os elementos do processo que possam servir para sustentar a posição jurídica do interessado.

Os elementos da retórica podem ajudar o sustentante a explicitar os elementos fáticos e probatórios, além dos argumentos jurídicos, inerentes ao processo em julgamento perante o órgão colegiado.

Porém a doutrina afirma que "o sustentante não fica subordinado à simples e mecânica repetição dos argumentos já apresentados e constantes nas razões ou nas contrarrazões do recurso. É lícito, se for caso, invocar outros argumentos, no intuito de persuadir os magistrados e levá-los a alterar os votos escritos, expondo a causa sob novas e poderosas luzes".[327] Se "outros argumentos" forem simplesmente retóricos, o pensamento é irretocável. No entanto, se, por esse pensamento, a sustentação oral visa alterar o sentido do recurso, para emendá-lo ou complementá-lo, a lição não merece guarida, por um simples motivo: viola a regra da preclusão. O argumento ainda é perigoso porque pode contaminar o contraditório e propiciar decisões-surpresa.

É lícito sustentar questões de admissibilidade ou questões de mérito. O sustentante não é obrigado a debater oralmente tudo aquilo que se encontra no recurso ou no processo. Poderá fisgar um ou outro ponto, de acordo com estratégia processual.

Permite-se que matéria de conhecimento oficioso possa ser alegada a qualquer tempo (*v.g.*, art. 385, § 3º). Por isso, seria admitido, pela primeira vez, alegar tal matéria em debate oral.[328] Caso isso ocorra, o presidente da sessão deverá suspender o julgamento e passar a palavra ao relator, que tomará as providências delineadas no art. 933.

---

327 ARAKEN DE ASSIS, *Manual dos recursos*, n. 33.6.3, p. 403.
328 DANIEL AMORIM ASSUMPÇÃO NEVES, *Novo Código de Processo Civil comentado*, n. 6, p. 1561-1562.

COMENTÁRIOS AO CÓDIGO DE PROCESSO CIVIL V. XIX

A sustentação oral não admitirá interrupções ou apartes. Porém, o presidente da sessão poderá advertir o orador em caso de linguagem imprópria ou ofensiva. Caso o sustentante reitere o comportamento indevido, poderá ter sua palavra cassada.[329]

56. Requerimento da sustentação oral

O § 2º estabelece que o interessado no debate oral poderá requerer, até o início da sessão, que o processo seja julgado em primeiro lugar, sem prejuízo das preferências legais.

A lei não limita o número de sustentações orais durante a sessão de julgamento e igualmente não exige que o interessado faça o requerimento de modo diverso ao preceituado pelo Código. No entanto, observa-se que muitos tribunais, usurpando a competência legislativa, impõem ao interessado em proferir sustentação oral requerer à secretaria do órgão julgador a inscrição com prazos descabidos (*v.g.*, "até dois dias úteis após a publicação da pauta de julgamento"). Tal medida desmotiva a sustentação oral, além de ferir o princípio da legalidade.

Esclareça-se, no entanto, que "não há ilegalidade alguma no fato de se estabelecerem regramentos para, em reforço às normas regimentais de cada tribunal, conferir maior racionalidade e eficiência no desenvolvimento das sessões".[330] Porém, o que se quer dizer é que o "regramento" do ato de sustentação oral não pode servir de obstáculo ao exercício do contraditório junto ao órgão colegiado.

57. Sustentação oral por meio de videoconferência ou outro recurso tecnológico de transmissão de sons e imagens em tempo real

Em harmonia com o § 3º do art. 236 ("*Admite-se a prática de atos processuais por meio de videoconferência ou outro recurso tecnológico de transmissão de sons e imagens em tempo real*"), o § 4º diz que "[é] permitido ao advogado com domicílio profissional em cidade diversa daquela onde está sediado o tribunal realizar sustentação oral por meio de videoconferência ou outro recurso tecnológico de transmissão de sons e imagens em tempo real, desde que o requeira até o dia anterior ao da sessão".

A considerar a vastidão do território nacional e a distância física entre muitas comarcas em relação à sede do tribunal, perante o qual será realizado o ato de oralidade, o dispositivo em comento concretiza o princípio constitucional do acesso à justiça, além de reduzir custo e propiciar economia de tempo.

---

329 Assim, *v.g.*, art. 146, § 1º, do RITJSP.
330 STJ, REsp 1.388.442/DF, rel. Min. ROGÉRIO SCHETTI CRUZ, j. 18-12-2014.

CPC/2015, ART. 938

No momento em que o Código entrou em vigor, a doutrina gerou expectativa ao tratar do "*dever* dos tribunais disponibilizarem o que for necessário para a realização do ato a distância, nos mesmos moldes do art. 453, § 2º".[331] Todavia, não é incomum, na prática, a negativa do requerimento sob a justificativa de insuficiência financeira para manter os equipamentos necessários à realização do debate oral por meio eletrônico.

> **Art. 938.** A questão preliminar suscitada no julgamento será decidida antes do mérito, deste não se conhecendo caso seja incompatível com a decisão.
>
> **§ 1º** Constatada a ocorrência de vício sanável, inclusive aquele que possa ser conhecido de ofício, o relator determinará a realização ou a renovação do ato processual, no próprio tribunal ou em primeiro grau de jurisdição, intimadas as partes.
>
> **§ 2º** Cumprida a diligência de que trata o § 1º, o relator, sempre que possível, prosseguirá no julgamento do recurso.
>
> **§ 3º** Reconhecida a necessidade de produção de prova, o relator converterá o julgamento em diligência, que se realizará no tribunal ou em primeiro grau de jurisdição, decidindo-se o recurso após a conclusão da instrução.
>
> **§ 4º** Quando não determinadas pelo relator, as providências indicadas nos §§ 1º e 3º poderão ser determinadas pelo órgão competente para julgamento do recurso.

COMENTÁRIOS

58. Questão preliminar

Uma possível significação da palavra "preliminar" é algo que antecede (o principal). Trata-se de conceito de "relação".

No campo processual, essa relação equivale à correspondência entre duas questões dependentes, de maneira que a solução de uma dependa da solução da anterior. A melhor doutrina esclarece que "o conceito de preliminar envolve relação de duas questões, tais que a solução de uma, conforme o sentido em que se pronuncie o órgão judicial, cria ou remove obstáculo à apreciação da outra".[332] Na dicção do *caput* do art. 938, chama-se preliminar a questão que deve ser examinada antes de outra questão ("mérito"). A questão preliminar, por ordenação e lógica, deve ser decidida sempre antes do mérito (*"questão preliminar suscitada no julgamento será decidida antes do mérito"*).[333]

Embora façam parte do mesmo gênero – *questões prévias* –, porque devem ser examinadas prioritariamente no julgamento (antecedência lógica), questão

---

331 CASSIO SCARPINELLA BUENO, *Novo Código de Processo Civil anotado*, p. 841.
332 BARBOSA MOREIRA, *Comentários ao Código de Processo Civil*, vol. V, n. 374, p. 698.
333 NERY-NERY, *Código de Processo Civil comentado*, n. 3, p. 2084.

121

preliminar não se confunde com questão prejudicial. Prejudicial é a relação existente entre duas questões cuja análise da primeira condiciona o teor da segunda.[334] A *questão prévia* –seja preliminar ou prejudicial – deve ser decidida antes da *questão principal*.[335]

A apreciação do mérito depende do resultado da cognição acerca da questão preliminar. A decisão que acolhe a preliminar inviabiliza ou – quando menos – posterga a apreciação do mérito. É nesse sentido que deve ser compreendida a parte final do *caput* do art. 938 (*"deste* [mérito] *não se conhecendo caso seja incompatível com a decisão"* [que acolhe a preliminar]).[336]

O dispositivo em comento é aplicável não somente para os recursos, mas inclusive para todos os processos, procedimentos e incidentes[337] de competência do tribunal, inclusive dos tribunais superiores.

Observe-se que o sentido do termo preliminar é amplo. Assim, a solução de uma preliminar poderá obstar a solução de *outra(s)* preliminar(es).[338] Assim, *v.g.*, a competência do órgão julgador é preliminar à cognição da questão preliminar relacionada ao preparo recursal.

O artigo examinado alude a "questão preliminar suscitada no julgamento". Há, no mínimo, quatro conotações para a questão preliminar:[339]

a) na seara recursal, a análise dos requisitos de admissibilidade do recurso é preliminar ao julgamento do seu mérito. Assim, *v.g.*, a questão do preparo (art. 1.007) é preliminar ao julgamento do mérito do recurso;

b) nos processos de competência originária, questões atinentes aos pressupostos processuais, aqui englobadas as "condições da ação", são questões preliminares ao julgamento do processo;

---

334 BARBOSA MOREIRA, *Questões prejudiciais e coisa julgada*, n. 19, p. 175; CLARICE FRECHIANI LARA LEITE, *Prejudicialidade no processo civil*, 16, p. 91-92. No CPC/1939, nos arts. 877 e 878, questões preliminares e questões prejudiciais assumiam termos sinônimos.

335 THEREZA ALVIM, *Questões prévias e os limites da coisa julgada*, p. 13-14.

336 Critica-se o texto legal sob o argumento de que "não existe acolhimento de preliminar que possibilite o julgamento do mérito, sendo incorreto o dispositivo ora analisado ao indicar essa possibilidade" (DANIEL AMORIM ASSUMPÇÃO NEVES, *Novo Código de Processo Civil comentado* – artigo por artigo, n. 1, p. 1563).

337 Enunciado 657 do FPPC: "O relator, antes de considerar inadmissível o incidente de resolução de demandas repetitivas, oportunizará a correção de vícios ou a complementação de informações".

338 SÉRGIO BERMUDES, *Comentários ao Código de Processo Civil*, vol. VII, n. 305, p. 403.

339 Em regra, a doutrina menciona apenas três classes de preliminares (recursos, julgamento do mérito do processo e "preliminares de mérito"). Ver, por todos, ARAKEN DE ASSIS, *Manual dos recursos*, n. 33.7.3.3, p. 410.

c) admite-se que a questão preliminar se revele no julgamento de incidentes processuais. Por exemplo, no caso de incidente de resolução de demandas repetitivas, os requisitos expostos nos incisos I e II do art. 976 são preliminares ao seu julgamento para fixação da tese jurídica; e

d) sustenta-se que há "preliminares de mérito", *i.e.*, dentro do mérito há duas questões que se conectam de forma antecedente, de sorte que uma deve ser apreciada antes de outra (*v.g.*, prescrição e decadência).[340]

59. Momento, competência e quem pode suscitar a questão preliminar

O *caput* do art. 938 estabelece que "a questão preliminar suscitada antes do julgamento será decidida (...)".

É importante compreender o que significa a locução "antes do julgamento". A questão preliminar é antecedente lógico da questão principal. Assim, a preliminar poderá ser suscitada até o início do julgamento da questão principal. O importante é que esta questão prévia seja decidida antes da questão principal. É necessário observar esta ordem.

Poderão suscitar a questão preliminar as partes, terceiros – inclusive o *amicus curiae* –, o relator e os demais integrantes da turma julgadora.[341]

A preliminar poderá ser matéria cognoscível de ofício ou fato superveniente. Nessa circunstância, o relator deverá intimar as partes para que se manifestem no prazo de 5 (cinco) dias. Se a constatação da matéria preliminar se der durante o julgamento, a sessão será suspensa para que as partes exerçam o contraditório sobre a matéria suscitada. De outro lado, se a constatação ocorrer em vista, deverá o magistrado que a solicitou encaminhar o processo ao relator para as providências de intimação das partes de modo que elas se manifestem, e, em seguida, solicitará a inclusão do processo em pauta para prosseguimento do julgamento, com submissão integral da questão preliminar aos demais julgadores, tudo nos termos do art. 933.[342]

A não apreciação da questão preliminar suscitada antes do julgamento da questão principal autoriza o manejo dos embargos de declaração (art. 1.022, II), que se acolhidos poderão ensejar modificação da decisão embargada. Na hipótese, é imprescindível a intimação da parte embargada para exercer o contraditório (art. 1.023, § 2°).

---

340 STJ, AgInt no AREsp 1.074.604/SC, rel. Min. Mauro Campbell Marques. *DJe* 30-6-2017.

341 Sobre a iniciativa de qualquer integrante do órgão fracionário provocar a questão preliminar, *v.* Pontes de Miranda, *Comentário ao Código de Processo Civil*, t. VIII, n. 1, p. 254.

342 Araken de Assis, *Manual dos recursos*, n. 33.7.3.4, p. 411-412.

COMENTÁRIOS AO CÓDIGO DE PROCESSO CIVIL V. XIX

60. Constatação de vício sanável

A indicação constante do § 1º do art. 938 decorre do princípio da primazia do julgamento do mérito,[343] que se apresenta em outros dispositivos do Código (para ficar na quadra recursal, v. arts. 932, parágrafo único, 1.007, 1.013, § 3º, 1.017, § 3º, 1.029, § 3º).

A norma em comento tem aplicação em qualquer grau de jurisdição, inclusive perante o STF e o STJ. Entende-se que a norma, por força do disposto no art. 15, também se aplica a processos não cíveis.[344]

Confere-se competência ao relator para determinar a realização ou a renovação do ato processual viciado. Por força do § 4º do art. 938, o vício poderá ser constatado pelo órgão colegiado, que também detém competência para determinar a realização ou a renovação do ato processual.

Embora a lei estabeleça que somente "vício sanável" possa ser suprido pela realização ou renovação do ato processual, é preciso compreender que a possibilidade de sanar o vício não tem relação necessária com a intensidade do defeito que obsta a apreciação da questão principal.[345]

O poder concedido para sanar o vício é dever e não faculdade.[346]

O procedimento para sanar o vício processual é bastante simples. Constatada sua ocorrência, o relator ou o órgão colegiado competente para apreciar a causa adotará as providências necessárias à regularização. Em fácil esforço hermenêutico, tem-se que o prazo é de 5 (cinco) dias úteis, à semelhança do que dispõe a parte final do parágrafo único do art. 932.

---

343 Sobre o tema, v., com proveito, DIERLE NUNES, CLENDERSON RODRIGUES DA CRUZ e CUCAS DIAS COSTA DRUMOND, *A regra interpretativa da primazia do mérito e o formalismo processual democrático*, p. 101 e s.

344 Note-se o Enunciado 199 do FPPC: "No processo do trabalho, constatada a ocorrência de vício sanável, inclusive aquele que possa ser conhecido de ofício pelo órgão jurisdicional, o relator determinará a realização ou a renovação do ato processual, no próprio tribunal ou em primeiro grau, intimadas as partes; cumprida a diligência, sempre que possível, prosseguirá no julgamento do recurso".

345 MARCO ANTONIO RODRIGUES, *Manual dos recursos* – ação rescisória e reclamação, n. 6.5.2, p. 126. O Enunciado 332 do FPPC estabelece: "Considera-se vício sanável, tipificado no art. 938, § 1º, a apresentação da procuração e da guia de custas ou depósito recursal em cópia, cumprindo ao relator assinalar prazo para a parte renovar o ato processual com a juntada dos originais". Já o Enunciado 333 estipula que: "Em se tratando de guia de custas e depósito recursal inseridos no sistema eletrônico, estando o arquivo corrompido, impedido de ser executado ou de ser lido, deverá o relator assegurar a possibilidade de sanar o vício, nos termos do art. 938, § 1º".

346 Enunciado 82 do FPPC: É dever do relator, e não faculdade, conceder o prazo ao recorrente para sanar o vício ou complementar a documentação exigível, antes de inadmitir qualquer recurso, inclusive os excepcionais.

61. Necessidade de prova e conversão do julgamento em diligência

O § 3º do art. 938 estabelece: "[r]econhecida a necessidade de produção de prova, o relator converterá o julgamento em diligência, que se realizará no tribunal ou em primeiro grau de jurisdição, decidindo-se o recurso após a conclusão da instrução".

Além do relator, é admissível que o órgão colegiado reconheça a necessidade de produzir a prova e delibere a respeito da conversão do julgamento em diligência (§ 4º do art. 938).

Converter o julgamento em diligência para realização da atividade instrutória não é faculdade do relator ou do órgão colegiado. Trata-se de verdadeiro dever.[347]

A transformação do julgamento em diligência para produzir prova em primeiro grau de jurisdição origina a expedição da carta de ordem, que é meio de comunicação entre o tribunal e juízo a ele vinculado, preferencialmente por meio eletrônico, com os requisitos exigidos pelo art. 260, especialmente com a descrição pormenorizada do ato probatório a ser produzido.

É fácil compreender que a regra também se aplica aos tribunais superiores quando se tratar de processos de competência originária. No entanto, cuidando-se de recurso especial ou recurso extraordinário, a questão ganha dificuldade. Há pelo menos três posicionamentos acerca do tema. De início, sustenta-se que o § 3º do art. 938 não seria aplicável aos "recursos excepcionais", pois, "se o material de fato é incompleto, ou poderia ser produzido de modo mais consistente e esclarecedor, nada há para fazer". Nesta hipótese, o tribunal superior haverá de julgar a causa aplicando a Constituição ou a lei.[348] De outro lado, afirma-se que se houver necessidade de produção do prova "deve o tribunal superior simplesmente cassar o acórdão recorrido e devolver os autos para a instância inferior, para que tais atividades sejam lá desenvolvidas, em respeito às garantias constitucionais do devido processo legal, do contraditório e da ampla defesa (art. 5º, LIV e LV, da CF)".[349] Finalmente, com base no disposto no art. 1.034 ("*Admitido o recurso extraordinário ou o recurso especial, o Supremo Tribunal Federal ou o Superior Tribunal de Justiça julgará o processo, aplicando o direito*"), há quem afirme que não seria possível afastar o poder dos tribunais superiores em determinar a conversão do julgamento em diligência para realização da prova faltante.[350]

---

347 Enunciado 646 do FPPC: "Constatada a necessidade de produção de prova em grau de recurso, o relator tem o dever de conversão do julgamento em diligência".

348 ARAKEN DE ASSIS, *Manual dos recursos*, n. 82.2, p. 847.

349 LUIS GUILHERME AIDAR BONDIOLI, *Comentários ao Código de Processo Civil*, vol. XX, n. 186, p. 243-244.

350 MARCO ANTONIO RODRIGUES, *Manual dos recursos* – ação rescisória e reclamação, n. 6.5.2, p. 128.

COMENTÁRIOS AO CÓDIGO DE PROCESSO CIVIL V. XIX

A resposta para essa questão passa pelo entendimento do possível juízo de cassação no julgamento do recurso *excepcional*. Em regra, em sede de recurso extraordinário ou recurso especial, diante do óbice da Súmula 279 do STF e da Súmula 7 do STJ, o exame do contexto fático-probatório é vedado. Entretanto, cassada a decisão recorrida, os óbices sumulares não mais incidem. Por conseguinte, uma vez provido o recurso extraordinário ou o recurso especial em juízo de cassação, o STF ou STJ julga a causa com *liberdade*, "reexaminando provas e corrigindo injustiças, agindo como tribunais de apelação".[351] Nessa hipótese, os tribunais superiores não funcionam como tribunais destinados a fixar teses, mas "solucionar a *lide subjetiva*".[352] Logo, neste caso específico, se a função dos tribunais superiores é análoga àquela desenvolvida pelos tribunais de apelação para revisão do conjunto fático-probatório, é possível afirmar que, provido o recurso extraordinário ou o recurso especial em juízo de cassação, e reconhecida a necessidade de produzir prova, o STF ou o STJ converterão o julgamento em diligência, cuja produção de prova se realizará no próprio tribunal ou em outro órgão jurisdicional hierarquicamente inferior, decidindo-se o recurso após a conclusão do ato instrutório.

> **Art. 939.** Se a preliminar for rejeitada ou se a apreciação do mérito for com ela compatível, seguir-se-ão a discussão e o julgamento da matéria principal, sobre a qual deverão se pronunciar os juízes vencidos na preliminar.

COMENTÁRIO

62. Efeitos do pronunciamento da questão preliminar

O julgamento da preliminar poderá ser realizado pelo relator ou pelo órgão colegiado.

No órgão colegiado, a questão preliminar será deliberada de forma específica.[353] Se diversas forem as preliminares, elas deverão ser apreciadas separadamente de maneira a evitar desordem no processo e deturpação do resultado. O presidente da sessão deverá ordenar os votos de todos os magistrados que participam da turma julgadora. Se a preliminar for rejeitada e houver voto vencido, cumpre ao magistrado que decidiu pelo acolhimento da questão

---

351 NERY-NERY, *Código de Processo Civil comentado*, n. 5, p. 2447. No mesmo sentido: DIERLE NUNES, ALEXANDRE BAHIA e FLÁVIO QUINAUD PEDRON, Coment. ao art. 1.034, *in Comentários ao Código de Processo Civil*, p. 1420.

352 NERY-NERY, *Código de Processo Civil comentado*, n. 5, p. 2447.

353 Enunciado 652 do FPPC: "Cada questão preliminar suscitada será objeto de votação específica no julgamento".

prévia apreciar a questão principal conjuntamente com os demais julgadores.[354] A omissão do magistrado vencido em votar na questão principal desafia embargos de declaração (art. 1.022, II) e erro de julgamento, passível de ser anulado por meio do recurso especial por violação ao art. 939.[355] Vale a dizer: "a vontade do órgão se sobrepõe à do julgador isolado".[356] Destaque-se que o voto vencido será necessariamente declarado e considerado parte integrante do acórdão (art. 941, § 3º).

O pronunciamento acerca da questão preliminar poderá se desdobrar nas seguintes situações:

(*i*) se acolhida a preliminar que obsta a apreciação do mérito, o julgamento está encerrado. Ou seja, o tribunal não poderá avançar para – em *juízo de conjectura*, caso não fosse acolhida a preliminar – o julgamento do mérito e indicar que sentido seria decidido. Caso o tribunal acolha a preliminar que obste o julgamento do mérito e avance no julgamento deste, a decisão é nula, "salvo se for possível decidir o mérito a favor de quem o acolhimento da questão preliminar aproveitaria (arts. 488 e 938)";[357]

(*ii*) se a preliminar acolhida aborda vício que possa ser suprido, o julgamento será convertido em diligência para realização ou renovação do ato, eliminando o defeito apontado;

(*iii*) se a preliminar for rejeitada, o órgão julgador passará ao exame da questão seguinte.

É preciso compreender que as *questões posteriores* poderão ser apreciadas, ainda que a preliminar seja acolhida, desde que esta não seja incompatível com a matéria principal, privilegiando-se, assim, o julgamento do mérito.[358]

> **Art. 940.** O relator ou outro juiz que não se considerar habilitado a proferir imediatamente seu voto poderá solicitar vista pelo prazo máximo de 10 (dez) dias, após o qual o recurso será reincluído em pauta para julgamento na sessão seguinte à data da devolução.
>
> **§ 1º** Se os autos não forem devolvidos tempestivamente ou se não for solicitada pelo juiz prorrogação de prazo de no máximo mais 10 (dez) dias, o presidente do órgão fracionário os requisitará para julgamento do recurso na sessão ordinária subsequente, com publicação da pauta em que for incluído.

---

354 ARAKEN DE ASSIS, *Manual dos recursos*, n. 33.7.3.5, p. 412.
355 MARINONI-MITIDIERO, *Comentários ao Código de Processo Civil*, vol. XV, n. 2, p. 235.
356 SERGIO BERMUDES, *Comentários ao Código de Processo Civil*, vol. VII, n. 309, p. 405.
357 MARINONI-MITIDIERO, *Comentários ao Código de Processo Civil*, vol. XV, n. 1, p. 235.
358 ZULMAR DUARTE DE OLIVEIRA JR., Coment. ao art. 939, *in Execução e recursos* - comentários ao CPC de 2015, n. 2, p. 669.

COMENTÁRIOS AO CÓDIGO DE PROCESSO CIVIL v. XIX

§ 2º Quando requisitar os autos na forma do § 1º, se aquele que fez o pedido de vista ainda não se sentir habilitado a votar, o presidente convocará substituto para proferir voto, na forma estabelecida no regimento interno do tribunal.

COMENTÁRIOS

63. Vista dos autos

A solicitação ou pedido de vista é a possibilidade que o magistrado do órgão colegiado julgador dispõe para melhor estudar o tema que será julgado e se tornar apto a votar.

Se, por um lado, a providência de solicitar vista dos autos prolongar o desfecho do julgamento,[359] de outro, poderá qualificar a decisão do tribunal, porque depois de prévio contraditório em sessão de julgamento, com eventual sustentação oral e debate entre os integrantes do colegiado, a questão a ser julgada poderá ser mais bem estudada, evitando-se julgamentos afoitos e injustos.

Poderá solicitar vista qualquer integrante da turma julgadora, inclusive o relator.[360]

Há duas espécies de pedido de vista: (*i*) vista em *mesa*, realizada na própria sessão de julgamento, com sua breve suspensão; e (*ii*) vista em *gabinete*, ocasião em que a sessão é suspensa por 10 (dez) dias, prorrogáveis por igual prazo.[361] O pedido de vista poderá ser sucessivo entre dois ou mais julgadores.

O pedido de vista não tem por objeto apenas o recurso. O magistrado que se sentir inabilitado a julgar poderá, além do recurso, solicitar vista de incidente (*v.g.*, incidente de resolução de demandas repetitivas, incidente de arguição de inconstitucionalidade) ou processo de competência originária (*v.g.*, ação rescisória).

O pedido de vista não pode ser obstaculizado por qualquer integrante do colegiado votante, nem pelo presidente do órgão julgador.[362]

---

359 Não se pode perder de vista a constatação de Luís Roberto Barros, para quem "o volume de processos e a pouca antecedência da pauta comprometem a qualidade da atuação do Tribunal e motivam os controvertidos pedidos de vista" (*Contramajoritário, representativo e iluminista*: o Supremo, seus papéis e seus críticos, p. 568).

360 O § 1º do art. 875 do CPC/1939 obstava a que o relator solicitasse vista do processo ("*Salvo ao relator, é facultado o pedido de vista pelo prazo de cinco dias, ao juiz que não estiver habilitado a preferir imediatamente seu voto*"). O CPC/1973, ao cuidar da assunção de competência (art. 555), concedia a faculdade a "qualquer juiz", inclusive ao relator ou revisor (cf. BARBOSA MOREIRA, *Comentários ao Código de Processo Civil*, vol. V, n. 361, p. 673).

361 DIDIER JR.-CUNHA, *Curso de direito processual civil*, vol. 2, n. 10.5, p. 84.

362 BARBOSA MOREIRA, *Comentários ao Código de Processo Civil*, vol. V, n. 361, p. 674.

Independentemente da solicitação de vista, qualquer magistrado que compõe o órgão julgador – e sinta-se habilitado – poderá votar (art. 121 da LC n. 35/1979).

O termo final para solicitar vista dos autos é até a proclamação do resultado final (art. 941, *caput*).[363] Assim, *v.g.*, mesmo que já haja votado, o magistrado poderá requerer vista dos autos depois de ouvir o voto de outro integrante do órgão julgador.

Embora indesejável, nada obsta que o mesmo magistrado possa solicitar vista dos autos por mais de uma vez (*v.g.*, solicita-se vista por ocasião do julgamento da preliminar; superada a questão, nova vista para a questão principal).

64. Prazo para devolução dos autos

O Código confere um *direito* ao magistrado para solicitar vista dos autos. Todavia, é dever do magistrado não exceder injustificadamente a solicitação de vista. Por esse motivo, alinhado à norma fundamental do art. 4º, a qual decorre do inciso LXXI do art. 5º da CF, segundo a qual as partes têm o direito a obter em prazo razoável a solução do litígio, o relator, ou outro juiz que haja solicitado vista do processo, tem o dever restituir os autos no prazo máximo de 10 (dez) dias, contados do protocolo de entrega em gabinete, se físico for o processo, ou, se eletrônico, do dia seguinte ao pedido de vista. O juiz que solicitou a vista poderá requerer prorrogação de prazo para análise dos autos, por, no máximo, 10 (dez) dias. Em tese, o requerimento de prorrogação não necessita ser fundamentado, porque pressupõe que o magistrado ainda não tenha condições de votar.

O objetivo de estabelecer prazo para restituição dos autos é evitar o mau uso do expediente, que muitas vezes provoca graves prejuízos, não só aos litigantes, mas, também, para a sociedade, como ocorre nos casos da não devolução injustificada de ação direta de inconstitucionalidade.[364] Some-se que o descumprimento do prazo prejudica a qualidade do contraditório do colegiado, porque, não raras vezes, se perdem da memória as sustentações orais realizadas na tribuna, os votos dos outros julgadores e a discussão entre os demais membros do órgão julgador. Além disso, com frequência, observa-se que a lentidão em devolver o processo origina mudança do órgão colegiado pela aposentadoria de magistrado[365] ou falecimento de magistrado.[366]

---

363 Araken de Assis, *Manual dos recursos*, n. 34.5.2, p. 451.

364 Em muitos casos, o "pedido de vista" transforma-se em "perdido de vista" (https://oglobo.globo.com/brasil/pedidos-de-vista-paralisam-216-processos-no-supremo-15784597).

365 Didier Jr.- Cunha, *Curso de direito processual civil*, vol. 2, n. 10.5, p. 85.

366 Araken de Assis, *Manual dos recursos*, n. 34.5.3, p. 453.

Se os autos não forem restituídos no prazo estabelecido pelo *caput* e § 1º do art. 940, o presidente do órgão fracionário os requisitará para julgamento do recurso, do processo de competência originária ou do incidente processual. Tal providência confirma a afirmação de que o prazo de que trata o dispositivo legal não é impróprio.[367]

O presidente do órgão fracionário que não exercitar o dever de ofício de requisitar o processo para colocá-lo em julgamento poderá responder por perdas e danos (art. 49, II, da LC n. 35/1979).

Nada obstante seja dever do presidente, as partes ou terceiros interessados poderão peticionar para postular a devolução dos autos.[368] O requerimento será dirigido ao relator, que deverá oficiar o presidente noticiando o fato. Se o solicitante do pedido de vista for o relator, o requerimento da parte ou do interessado será dirigido ao próprio presidente do órgão julgador, que avocará o processo para adotar as providências necessárias.

O magistrado que não devolveu o processo tempestivamente poderá votar normalmente. No entanto, se o magistrado solicitante ainda não se sentir habilitado a votar, o presidente convocará substituto para proferir o voto. A norma regimental permitirá o prévio conhecimento do magistrado substituto, de modo a preservar o juiz natural.

Em tese, a solução empregada pelo § 2º do art. 940 poderá ser inócua para tribunais com número reduzido de magistrados. Basta imaginar que a causa é de competência do Plenário do STF, o ministro que solicitou vista dos autos não se considera habilitado para votar.

Devolvidos os autos, seja voluntariamente ou por requisição do presidente, deverá ser publicada a pauta de julgamento, com intimação das partes e de eventuais interessados, salvo se da solicitação de vista constar que o processo será julgado na sessão subsequente.[369]

> **Art. 941.** Proferidos os votos, o presidente anunciará o resultado do julgamento, designando para redigir o acórdão o relator ou, se vencido este, o autor do primeiro voto vencedor.

---

367 Daniel Amorim Assumpção Neves, *Novo Código de Processo Civil comentado* – artigo por artigo, n. 1, p. 1566.

368 Marinoni-Mitidiero, *Comentários ao Código de Processo Civil*, vol. XV, n. 1, p. 236; Zulmar Duarte de Oliveira Jr. Coment. ao art. 940, *in Execução e recursos* – comentários ao CPC de 2015, n. 1, p. 671.

369 Zulmar Duarte de Oliveira Jr. Coment. ao art. 940, *in Execução e recursos* – comentários ao CPC de 2015, n. 1, p. 671-672. O CPC/1973, no § 2º do art. 555, ao cuidar da assunção de competência, dispensava nova publicação em pauta quando houvesse solicitação de vista do referido expediente processual. O CPC/2015 não repetiu tal dispositivo.

CPC/2015, ART. 941

§ 1º O voto poderá ser alterado até o momento da proclamação do resultado pelo presidente, salvo aquele já proferido por juiz afastado ou substituído.

§ 2º No julgamento de apelação ou de agravo de instrumento, a decisão será tomada, no órgão colegiado, pelo voto de 3 (três) juízes.

§ 3º O voto vencido será necessariamente declarado e considerado parte integrante do acórdão para todos os fins legais, inclusive de pré-questionamento.

COMENTÁRIOS

65. Proclamação do resultado

Após a leitura do relatório, das eventuais sustentações orais e dos votos de cada um dos integrantes da turma julgadora, o presidente anunciará e proclamará o resultado, a partir do qual não será possível a alteração dos fundamentos e das conclusões dos votos proferidos em sessão de julgamento.

Fácil compreender que a proclamação do resultado ocorre de acordo com os dispositivos dos votos prolatados. Porém, havendo dúvida, é lícito ao presidente do órgão julgador solicitar esclarecimentos de cada magistrado votante para conhecer o exato sentido do pronunciamento.[370] A dúvida pode ocorrer porque muitas vezes os julgamentos são complexos, com a prolação de muitos votos, em sessões diversas etc.[371]

A proclamação equivocada do resultado do julgamento poderá ser corrigida na própria sessão de julgamento, de ofício, por solicitação dos magistrados – membros da turma julgadora –, pelas partes ou interessados mediante intervenção "pela ordem".[372] Caso a sessão de julgamento tenha sido encerrada, qualquer julgador poderá apontar o vício. As partes também poderão fazê-lo por meio de embargos de declaração.[373]

66. Alteração do voto

A doutrina brasileira sempre admitiu a mudança de voto durante a sessão de julgamento. Porém, nunca admitiu a modificação de voto após a proclamação do resultado, por ferir uma série de normas.[374]

---

370 SERGIO SAHIONE FADEL, *O processo nos tribunais*, n. 219, p. 307.

371 DIDIER JR.-CUNHA, *Curso de direito processual civil*, vol. 3, n. 10.9, p. 103.

372 Art. 7º, X, do Estatuto da Advocacia estabelece que é direito do advogado "usar da palavra, pela ordem, em qualquer juízo ou tribunal, mediante intervenção sumária, para esclarecer equívoco ou dúvida surgida em relação a fatos, documentos ou afirmações que influam no julgamento".

373 NERY-NERY, *Código de Processo Civil comentado*, n. 5, p. 941.

374 BARBOSA MOREIRA, *Julgamento colegiado* – modificação de voto após a proclamação do resultado?, p. 107-110.

De acordo com o § 1º do art. 941, será permitida a alteração do voto até a proclamação do resultado do julgamento pelo presidente. Após, não será lícita a mudança.

A proclamação do resultado do julgamento torna pública a decisão do tribunal,[375] dando por encerrada a atividade jurisdicional colegiada. Aqui, *mutatis mutandis*, aplica-se o teor do art. 494: proclamado o resultado do julgamento, o juiz só poderá alterar seu voto por meio de embargos de declaração ou para corrigir erro material ou de cálculo.[376]

O julgamento colegiado é manifestação do contraditório, o que viabiliza a troca de ideias e a mudança de entendimento. "É da essência da discussão colegiada a possibilidade de revisão de entendimento de quaisquer de seus membros enquanto pendente o julgamento: a decisão colegiada não é uma soma de decisões individuais, mas o resultado de um debate o mais aberto possível da causa".[377]

A modificação do voto do juiz que proferiu inicialmente seu voto no sentido "A" e, posteriormente, antes da proclamação do resultado, reverte seu entendimento para "-A" não é causa de suspeição ou impedimento e tampouco compromete sua imparcialidade.

O voto proferido por juiz afastado ou substituído não pode ser alterado pelo novo julgador.

67. Redator do acórdão

O acórdão é o documento que expressa o ato de julgamento tomado pelo órgão colegiado do tribunal.[378] A documentação do acórdão se faz pelo registro expresso do relatório, dos fundamentos (convergentes e divergentes) empregados por todos os julgadores que serviram de base à conclusão do julgamento e pela parte dispositiva.[379]

A ausência de inclusão de todos os fundamentos divergentes, ainda que tendentes para o mesmo resultado, autoriza o manejo dos embargos de declaração.[380]

---

375 Barbosa Moreira, *Julgamento colegiado* – modificação de voto após a proclamação do resultado?, p. 107.

376 Didier Jr.-Cunha, *Curso de direito processual civil*, vol. 3, n. 10.10, p. 104.

377 Marinoni-Mitidiero, *Comentários ao Código de Processo Civil*, vol. XV, n. 3, p. 240. No mesmo sentido: Zulmar Duarte de Oliveira Jr., Coment. ao art. 941, *in Execução e recursos* – comentários ao CPC de 2015, n. 2, p. 673.

378 Art. 205: "(...) os acórdãos serão redigidos, datados e assinados pelos juízes".

379 Enunciado 597 do FPPC: "Ainda que o resultado do julgamento seja unânime, é obrigatória a inclusão no acórdão dos fundamentos empregados por todos os julgadores para dar base à decisão".

380 Enunciado 598 do FPPC: "Cabem embargos de declaração para suprir a omissão do acórdão que, embora convergente na conclusão, deixe de declarar os fundamentos divergentes".

De acordo com o disposto no *caput* do art. 941, o presidente do órgão colegiado julgador designará o relator para redigir o acórdão. Caso o relator torne-se vencido, o redator do acórdão será o primeiro julgador que proferir o voto vencedor. Se a divergência for entre todos os membros da turma julgadora, o acórdão será redigido pelo condutor do *voto médio*, que, em regra, corresponderá a uma "unanimidade parcial".[381]

Após a redação, o acórdão será publicado no órgão oficial no prazo de 10 (dez) dias (art. 943, § 2º).

68. Quórum para julgamento de apelação ou de agravo de instrumento

O § 2º do art. 941 estabelece quórum para o julgamento de dois recursos. Com efeito, no julgamento de apelação ou de agravo de instrumento, a decisão será tomada, no órgão colegiado, pelo voto de 3 (três) juízes.

No Código, não há regra que define o quórum para o julgamento dos demais recursos enumerados pelo art. 994 (agravo interno, embargos de declaração, recurso ordinário, recurso especial, recurso extraordinário, agravo em recurso especial ou extraordinário e embargos de divergência). A omissão atrai as regras do regimento interno dos tribunais, que definirão o órgão competente e o quórum para julgamento de tais recursos.

Cabe aqui apenas uma nota sobre os embargos de declaração: o órgão competente para julgá-los é o mesmo que deu origem à decisão embargada. Em regra, o quórum será o mesmo do julgamento anterior.

Além disso, será tarefa do regimento interno dos tribunais definir os órgãos e o quórum para julgamento de processos de competência originária (*v.g.*, ação rescisória) e incidentes de competência originária (*v.g.*, incidente de resolução de demandas repetitivas).

69. Declaração do voto vencido

A lei determina que o voto vencido seja expressamente declarado. Essa imposição tem relação direta com a regra da fundamentação, decorrente do texto constitucional (art. 93, IX, da CF) e do Código (arts. 11 e 489, § 1º). É dever do magistrado que ficou vencido redigir seu voto.[382]

A estrutura do voto vencido deve ser idêntica à do voto vencedor, i.e., com todos os fundamentos e conterá dispositivo próprio.[383]

---

381 SERGIO SAHIONE FADEL, *O processo nos tribunais*, n. 220, p. 307.
382 No sistema anterior, o dever ficava circunscrito aos julgamentos da apelação e da ação rescisória, pois constituía pressuposto dos extintos embargos infringentes (cf. SÉRGIO BERMUDES, *Comentários ao Código de Processo Civil*, n. 175, p. 188-189).
383 ARAKEN DE ASSIS, *Manual dos recursos*, n. 32.3, p. 373.

Observe-se que a regra do § 3º do art. 941 aplica-se aos casos em que o julgador ficar vencido na preliminar.

O voto vencido integra o acórdão, inclusive para efeitos de prequestionamento (art. 941, § 3º). Por esse motivo, está revogada a Súmula 320 do STJ ("A questão federal somente ventilada no voto vencido não atende ao requisito do prequestionamento").[384] A doutrina enxerga com bons olhos a medida, pois o voto vencido poderá esmiuçar melhor o quadro fático do acórdão, ou mesmo a própria questão de direito, de sorte a propiciar o preenchimento dos requisitos para interposição dos recursos extraordinário e especial.[385] Além disso, o voto vencido poderá servir de elemento no contraditório perante as cortes superiores, de modo a aperfeiçoar o julgamento.[386] A declaração do voto vencido pode evitar o manejo dos embargos de declaração.[387]

A declaração do voto vencido deve se dar em qualquer hipótese de julgamento colegiado,[388] ainda que contra a decisão não caiba, em tese, recurso (*v.g.*, declaração de voto vencido do julgamento de embargos de declaração do plenário do STF).

No modelo do Código, o voto vencido é importante por variados motivos.

O voto vencido poderá despertar a necessidade de maior debate pelo tribunal, inclusive com a ampliação do julgamento, como ocorre na hipótese do art. 942.[389]

De acordo com o regime de precedentes, o voto vencido é fundamental para se saber qual foi a extensão dos debates acerca dos argumentos contrários à tese jurídica e aos fundamentos determinantes.[390] Note-se que no julgamento do incidente de resolução de demandas repetitivas, o órgão colegiado deverá

---

384 Nesse sentido, o Enunciado 200 do FPPC: "Fica superado o Enunciado 320 da súmula do STJ ('A questão federal somente ventilada no voto vencido não atende ao requisito do prequestionamento')".

385 ALVIM-DANTAS, *Recurso especial, recurso extraordinário e a nova função dos tribunais superiores*, n. 19.1, p. 441. Na jurisprudência: "[o] delineamento da situação fática, ainda que no bojo das considerações feitas no voto vencido, é suficiente para afastar a aplicação da Súmula 7 do STJ" (Resp 1.107.249/RS, rel. Min. JORGE MUSSI, *DJe* 13-10-2009).

386 O argumento não é novo. Já o havia feito JOSÉ ALBERTO DOS REIS, *Código de Processo Civil anotado*, vol. V, n. 1, p. 482.

387 Idem.

388 Na jurisprudência, colhe-se o entendimento de que deve haver declaração de voto vencido em julgamento estendido, de acordo com o procedimento do art. 942 (TARTUCE-ROQUE-GAJARDONI-DELLORE-DUARTE, *CPC na jurisprudência*, p. 1049).

389 MARINONI-ARENHART-MITIDIERO, *Novo curso de processo civil*, vol. II, p. 564.

390 Sobre voto dissidente e precedente, *v.* LUIZ GUILHERME MARINONI, *Julgamento nas cortes supremas*, n. 2.3, p. 39-40.

considerar todos os argumentos favoráveis e contrários à fixação da tese jurídica (art. 984, § 2º). Tais argumentos, inclusive, poderão direcionar eventual e futura revisão, revogação, superação do precedente.[391] Todavia, é importante deixar claro que a existência de voto dissidente não retira a força do precedente.

Ao proclamar o resultado, o presidente da sessão deverá anunciar o desfecho não unânime, significando que há voto vencido.

Caso não seja declarado o voto vencido, permite-se ao interessado o manejo dos embargos de declaração. Permanecendo omisso o tribunal, o acórdão padecerá de nulidade.[392] Registre-se que o voto dissidente, mesmo declarado, poderá ser objeto de embargos de declaração (v.g., o julgador não apreciou todos os argumentos relativos à formação da tese jurídica fixada em incidente de resolução de demandas repetitivas).

> **Art. 942.** Quando o resultado da apelação for não unânime, o julgamento terá prosseguimento em sessão a ser designada com a presença de outros julgadores, que serão convocados nos termos previamente definidos no regimento interno, em número suficiente para garantir a possibilidade de inversão do resultado in cial, assegurado às partes e a eventuais terceiros o direito de sustentar oralmente suas razões perante os novos julgadores.
>
> **§ 1º** Sendo possível, o prosseguimento do julgamento dar-se-á na mesma sessão, colhendo-se os votos de outros julgadores que porventura componham o órgão colegiado.
>
> **§ 2º** Os julgadores que já tiverem votado poderão rever seus votos por ocasião do prosseguimento do julgamento.
>
> **§ 3º** A técnica de julgamento prevista neste artigo aplica-se, igualmente, ao julgamento não unânime proferido em:
>
> **I -** ação rescisória, quando o resultado for a rescisão da sentença, devendo, nesse caso, seu prosseguimento ocorrer em órgão de maior composição previsto no regimento interno;
>
> **II -** agravo de instrumento, quando houver reforma da decisão que julgar parcialmente o mérito.
>
> **§ 4º** Não se aplica o disposto neste artigo ao julgamento:
>
> **I -** do incidente de assunção de competência e ao de resolução de demandas repetitivas;
>
> **II -** da remessa necessária;
>
> **III -** não unânime proferido, nos tribunais, pelo plenário ou pela corte especial.

---

391 DIDIER JR.-CUNHA, *Curso de direito processual civil*, vol. 3, n. 5.2, p. 47.
392 OSMAR MENDES PAIXÃO CORTÊS, *Breves comentários ao novo Código de Processo Civil*, n. 4, p. 2338.

COMENTÁRIO

70. Generalidades

No modelo do CPC/1973, alguns julgamentos não unânimes desafiavam a interposição do recurso de origem luso-brasileiro, denominado embargos infringentes. Desde a vigência do CPC/1939, muito se discutiu sobre as (des) vantagens que justificariam a manutenção desse recurso no sistema processual.[393]

Orginalmente, o Anteprojeto e o Projeto do Senado não previram a figura dos embargos infringentes. A exclusão do recurso desagradou alguns, sob o argumento de que os embargos infringentes prestigiam "a justiça da decisão, com a possibilidade de reversão do julgamento, em razão da divergência".[394] A solução encontrada foi transformar o *recurso* em *técnica de julgamento*, fruto da contribuição do Instituto Brasileiro de Direito Processual (IBDP).[395] Segundo a justificativa do Parecer do Relator-Geral da Câmara dos Deputados, a transformação legislativa propicia, em determinados julgamentos não unânimes, a integração do colegiado com a convocação de um número de magistrados que permita inversão do resultado inicial. Com isso, o procedimento seria mais simplificado, pois não há interposição de recurso e, por consequência, inexistem contrarrazões, muito menos discussões "sobre o cabimento do recurso de embargos infringentes". Por meio da *técnica do julgamento* alcança-se o mesmo propósito buscado com os embargos infringentes, sem a necessidade da interposição do recurso.

A *técnica do julgamento estendido*, que não é propriamente novidade no sistema processual brasileiro,[396] consiste na ampliação do julgamento colegiado

---

393 A evolução dos embargos infringentes, com ampla referência doutrinária, é bem delineada por BARBOSA MOREIRA, *Comentários ao Código de Processo Civil*, vol. V, n. 282, p. 516-519.

394 Conforme Parecer do Relator-Geral, Dep. PAULO TEIXEIRA, na Câmara dos Deputados.

395 CASSIO SCARPINELLA BUENO, *Novo Código de Processo Civil anotado*, p. 759.

396 Cf. JOSÉ ROGÉRIO CRUZ E TUCCI: "Essa técnica não constitui propriamente uma novidade no âmbito do Direito Processual brasileiro, visto que remonta à tradição do velho Direito lusitano. Por meio de um assento da Casa da Suplicação de Lisboa, do século XVIII (20-12-1783), ficou estabelecido que, para confirmar a sentença de primeiro grau, bastavam dois votos concordantes; já para prover o recurso, revogando a decisão, impunham-se 'três conformes'. Encontra-se nesse precedente da jurisprudência reinol a gênese histórica mais próxima da reforma introduzida no nosso novel diploma processual" (Limites da devolução da matéria objeto da divergência no julgamento estendido, http://www.conjur.com.br/2017-jan-31/paradoxo-corte-limites-devolucao-materia-divergente-julgamento-estendido?imprimir=1).

ocorrido nas hipóteses enumeradas no *caput* e no § 3º do art. 942, com a convocação de novos magistrados, nos termos previamente definidos no regimento interno do tribunal. A ampliação do órgão julgador deve garantir a possibilidade de reversão do resultado inicial.

O objetivo da *técnica do julgamento estendido* não é a prevalência da posição minoritária, mas, sim, ampliar o contraditório sobre a matéria que é objeto de cognição do órgão colegiado, propiciando maior discussão acerca do *thema decidendum*.[397] Afirma-se que a ampliação do colegiado filia-se ao modelo constitucional do processo civil, pois propicia que o julgamento ocorra com maior celeridade, cooperação, eficiência e efetividade.[398]

Dado o disposto no art. 994, que identifica a taxatividade dos recursos, a ausência de voluntariedade e sucumbência, a natureza jurídica da *técnica do julgamento estendido* não é recursal.[399] Trata-se de único julgamento com duas etapas bem definidas.[400] Na primeira etapa, identifica-se a divergência a partir dos votos dos integrantes do órgão que estejam participando do julgamento. A segunda etapa é marcada pela ampliação do órgão colegiado. O órgão quantitativamente mais amplo tem competência funcional para prosseguir o julgamento na própria sessão ou em outra a ser designada, completando a atividade jurisdicional com a consequente proclamação do resultado.[401] Em outras palavras, este órgão mais amplo detém competência para julgar o recurso ou a ação rescisória, apreciando todas as matérias pertinentes a esse julgamento.

Destaque-se que a equivocada proclamação do resultado (por maioria), declarando encerrado o julgamento, viola o disposto no art. 942 e configura nulidade.[402] O vício poderá ser alegado em recurso subsequente. O interessado poderá manejar embargos de declaração ou recurso especial. Após o trânsito em julgado, em tese, é possível ajuizar a ação rescisória.

---

397 Cf. Cassio Scarpinella Bueno, *Manual de direito processual civil*, p. 614.
398 José Maria Câmara Jr. *Técnica da colegialidade do art. 942 do CPC*, n. 1, p. 279.
399 Cf. Luis Guilherme Aidar Bondioli, *Comentários ao Código de Processo Civil*, vol. XX, n. 8, p. 30. Pondere-se, porém, o entendimento de Eduardo José da Fonseca Costa para quem "os embargos infringentes não deixam de existir. Em verdade, deixam de ser *voluntários* para que se tornem *necessários* ou *obrigatórios*. Tornam-se 'embargos infringentes *ex officio*'" (*Pequena história dos embargos infringentes no Brasil*: uma viagem redonda, n. 8, p. 399).
400 Contrariamente, Humberto Dalla Bernadina de Pinho sustenta que a técnica do art. 942 cuida de novo julgamento (*Direito processual civil contemporâneo*, vol. 2, n. 1.3, p. 770).
401 Didier-Jr.-Cunha, *Curso de direito processual civil*, vol. 3, n. 10.7.2, p. 91.
402 Bruno Dantas, *Comentários ao Código de Processo Civil*, vol. 4, n. 2, p. 86.

COMENTÁRIOS AO CÓDIGO DE PROCESSO CIVIL V. XIX

71. Julgamento não unânime como pressuposto da técnica do julgamento estendido

Para a sistemática do art. 942, interessa saber que, ressalvadas as hipóteses de julgamento unipessoal (art. 932), na apelação ou no agravo de instrumento, a decisão será tomada, no órgão colegiado, pelo julgamento de 3 (três) magistrados (art. 941, § 2°). No que toca à ação rescisória, na generalidade dos casos, o julgamento também se realiza por órgão colegiado, o qual será definido pelo regimento interno do tribunal.

Diante do julgamento colegiado, é possível ocorrer votação não unânime, o que suscita a aplicação do art. 942.

O dissenso apura-se pela conclusão do julgamento e não pelas razões que motivem o seu resultado. É o que se extrai do texto legal: "Quando o resultado (...) for não unânime". Assim, se dois julgadores proviam a apelação com base no fundamento X e o terceiro com base no fundamento Y, embora exista divergência quanto aos motivos, o resultado do recurso é uníssono.[403]

72. Competência

Em matéria de competência, o Código delega ao regimento interno do tribunal a forma pela qual os novos magistrados serão convocados para integrar órgão colegiado. A delegação é salutar, sobretudo pela diversidade dos diversos tribunais que compõem a Federação.

Naturalmente, o regimento interno somente disporá sobre a identificação dos julgadores que deverão integrar a turma julgadora nessa segunda etapa de julgamento. A Constituição delimitou de forma precisa o campo de regulamentação dos regimentos internos dos tribunais, cabendo-lhes respeitar a reserva legal imposta pelo art. 942 para edição de normas sobre a competência e o funcionamento dos órgãos jurisdicionais na aplicação da técnica do julgamento estendido (art. 96, I, "a", da CF).[404]

A convocação de novos magistrados nos termos previamente definidos pelo regimento interno dos tribunais não viola a garantia constitucional do "juiz natural".[405]

---

403 Nesse ponto, a técnica de julgamento se assemelha aos extintos embargos infringentes, e as lições doutrinárias do CPC/1973 são proveitosas aqui. Com proveito, *v.* BARBOSA MOREIRA, *Comentários ao Código de Processo Civil*, vol. V, n. 285, p. 527; SÉRGIO BERMUDES, *Comentários ao Código de Processo Civil*, vol. VII, n. 175, p. 202.

404 Vale a observação de GUILHERME JALES SOKAL: "cada Tribunal é que pode validamente instituir regras sobre composição da turma julgadora de seus órgãos fracionários, sob pena de relegar à inefetividade a atribuição para dispor sobre as respectivas competências" (*O julgamento colegiado nos tribunais*, n. 3.6.1, p. 279).

405 Cf. HERMES ZANETTI JR., Coment. ao art. 942, *in Comentários ao novo Código de Processo Civil*, n. 5, p. 1372-1373. Suscita o problema no caso de necessidade de

73. Dinâmica do julgamento estendido

Segundo dispõe o *caput* do art. 942, "o julgamento terá prosseguimento em sessão a ser designada com a presença de outros julgadores". Todavia, nada obsta a que o julgamento prossiga de imediato, na mesma sessão, se, é claro, ali estiverem os demais julgadores para, em conjunto com a turma julgadora originária, formar o colegiado completo, de modo a garantir a possibilidade de inversão do resultado provisório. Nessa hipótese, os *novos* magistrados devem estar habilitados a proferir imediatamente seu voto, pois, caso contrário, haverá de ser designada nova data para a continuidade do julgamento. Aqui, observe-se que a designação de dia para retomada do julgamento, agora com a turma julgadora amplificada pelos *novos* julgadores, impõe ao presidente a publicação da pauta no órgão oficial. A continuidade do julgamento é precedida do sumário dos votos proferidos na sessão anterior.

Apesar de a técnica de julgamento ampliado propiciar maior discussão para atribuir melhor qualidade à decisão do tribunal, em equilíbrio com o direito fundamental da duração razoável do processo, recomenda-se que a suspensão do julgamento não ultrapasse o intervalo da próxima sessão.[406]

Ressalte-se que a divergência do colegiado determina a suspensão do julgamento, cujo resultado provisório não produz qualquer efeito, salvo, por óbvio, o da integração dos novos magistrados à turma julgadora.[407]

Embora a lei não expresse a quantidade de magistrados que devam integrar o colegiado, a sessão de julgamento somente terá continuidade se estiver presente o número de magistrados suficiente para possibilitar a reversão do resultado inicial. Por esse motivo, é vedado dar continuidade ao julgamento "apenas com o acréscimo de mais um magistrado",[408] ainda que este acompanhe a maioria. Note-se que o propósito da lei não é apenas evitar o empate, mas propiciar o amplo debate sobre o tema, que possibilite, inclusive, alteração de voto proferido na primeira etapa do julgamento.[409]

---

convocar desembargadores de outras turmas para compor o julgamento: Wambier--Conceição-Ribeiro-Mello, *Primeiros comentários ao novo Código de Processo Civil – artigo por artigo*, p. 1342.

406 Nery-Nery, *Comentários ao Código de Processo Civil*, p. 1870-1871.

407 Marcelo Abelha Rodrigues, *Manual de direito processual civil*, n. 5.7, p. 1303.

408 Alexandre Freitas Câmara, *O novo processo civil brasileiro*, n. 23.2, p. 453.

409 Por esse mesmo motivo, viola o princípio do juiz natural o disposto no art. 238 do RITJSP, segundo o qual "Acolhida a ação rescisória por maioria de votos, aplica-se a técnica de julgamento prevista no art. 942 do CPC, elevando-se, no Grupo, a composição do órgão julgador para nove juízes". Segundo o art. 40, IV, "a", do RITJSP, a ação rescisória de competência do grupo é julgada por sete desembargadores, de modo que elevar a composição do órgão julgador para apenas nove magistrados não cumpre o requisito exigido pelo *caput* do art. 942 ("número suficiente para garantir a possibilidade de inversão do resultado inicial"). Por exemplo, no

COMENTÁRIOS AO CÓDIGO DE PROCESSO CIVIL V. XIX

Um dos objetivos da técnica do julgamento estendido é a ampliação do debate em um colegiado maior, diante do qual se espera um contraditório mais qualificado. Porém, para que isso ocorra, é necessário que os novos integrantes do colegiado tenham prévio contato com o processo e com o que se debateu no julgamento inicial, prontos para enfrentar todos os elementos argumentativos que permeiam o objeto da discussão.[410]

O Código assegura às partes e a eventuais terceiros o direito de sustentar oralmente suas razões perante os novos julgadores em sessão a ser designada na presença de outros julgadores, inclusive por meio de videoconferência ou outro recurso tecnológico de transmissão de sons e imagens em tempo real. O ato oral deve ser assegurado aos interessados, ainda que não tenha sido realizado perante o colegiado originário. [411]No entanto, pondere-se que se a sustentação oral já foi acompanhada pelos *novos* integrantes, em tese, não haveria necessidade para renovar o ato.[412] Há, pois, que ter muito cuidado e alguma sensibilidade no posicionamento da questão, dado que a sustentação oral integra o contraditório que auxilia na qualificação do julgamento. Evidente que não haverá sustentação oral no julgamento estendido de agravo de instrumento interposto contra decisão que julgar parcialmente o mérito, salvo disposição contrária do regimento interno do tribunal. Por terceiros, entendem-se todos aqueles que de alguma forma são alcançados pelos efeitos da decisão provisória, bem como o *amicus curiae*.

Os magistrados que iniciaram o julgamento podem rever seus votos, motivo pelo qual admite-se que a divergência possa ser dissipada durante a sessão do colegiado estendido, com o consequente resultado unânime. Destaque-se que a mudança de voto alcança toda a matéria debatida no colegiado estendido, inclusive questões acessórias, *v.g.*, honorários advocatícios, custas, despesas do processo, correção monetária, juros etc.[413]

---

julgamento da ação rescisória com resultado por maioria de votos (5x2) pela rescisão do julgado, o acréscimo de mais dois desembargadores não compõe número suficiente para garantir a possibilidade de inversão do resultado inicial.

410 Nesse ponto, para uma crítica do julgamento estendido, *v.* GISELLE SANTOS COUY, *Da extirpação dos embargos infringentes no novo Código de Processo Civil* – um retrocesso ou avanço?, p. 32.

411 Nesse sentido, confira-se o Enunciado 682 do FPPC: "É assegurado o direito à sustentação oral para o colegiado ampliado pela aplicação da técnica do art. 942, ainda que não tenha sido realizada perante o órgão originário".

412 Assim, *v.g.*, dispõe o § 6º do art. 240 do Regimento Interno do Tribunal de Justiça do Estado do Paraná: "Após a composição do quórum em Câmara Integral, prosseguindo o julgamento com o quórum ampliado, serão renovados o Relatório e a sustentação oral perante os novos julgadores, salvo se já tenham assistido aos debates e se sintam habilitados a proferir seus votos".

413 MARINONI-MITIDIERO, *Comentários ao Código de Processo Civil*, vol. XV, n. 2, p. 242.

Proferidos os votos dos novos julgadores e eventual alteração dos votos daqueles que já se pronunciaram na primeira etapa do julgamento, o presidente da sessão anunciará o resultado, designando para redigir o acórdão o relator ou, se vencido este, o autor do primeiro voto vencedor (art. 941, *caput*). É importante dizer que o voto vencido será necessariamente declarado e considerado parte integrante do julgamento, inclusive para fins de prequestionamento (art. 941, § 3º).

Questão delicada – e muito na ordem do dia – é a de saber se o colegiado estendido está limitado à matéria que foi objeto da divergência. A discussão ganha relevo se adentrarmos na teoria dos capítulos da decisão judicial. Dada sua natureza não recursal, na técnica prevista no art. 942 é impróprio falar em "efeito devolutivo",[414] para imprimir a ideia de que seria transferido ao órgão colegiado estendido apenas a matéria julgada em divergência. Observe-se que em decorrência do resultado não unânime, "o julgamento terá prosseguimento". O sentido dessa expressão é o seguinte: atribui-se competência funcional ao órgão judicial integrado pelos *novos* magistrados nos termos previamente definidos pelo regimento interno do tribunal para seguir o julgamento. Não há proclamação do resultado. Logo, não há que se falar em *estabilidade* da parcela do julgamento cujo resultado foi unânime. Por isso, o órgão colegiado estendido também poderá apreciar a matéria que eventualmente haja alcançado o resultado da unanimidade ou não haja sido apreciada pelo fato da prejudicialidade entre os capítulos. Desse modo, a decisão *final*, proferida por órgão colegiado mais amplo, ganha maior coerência, integridade e qualidade.[415]

74. Julgamento estendido na apelação

No caso da apelação, para aplicação da técnica prevista no art.942, é suficiente a divergência em torno do resultado, independentemente do conteúdo do julgamento (admissibilidade ou mérito do recurso) e da espécie de sentença impugnada (sem a resolução do mérito ou com a resolução do mérito).[416] Tenha-se claro que a divergência em torno de capítulos acessórios

---

414　Nesse sentido: Marinoni-Mitidiero, *Comentários ao Código de Processo Civil*, vol. XV, n. 1, p. 242.

415　De acordo: Didier Jr.-Cunha, *Curso de direito processual civil*, vol. 3, n. 10.7.2, p. 93; Hermes Zanetti Jr., Coment. ao art. 942, *in Comentários ao novo Código de Processo Civil*, n. 4, p. 1371. Porém, registre-se o posicionamento contrário: José Rogério Cruz e Tucci, Limites da devolução da matéria objeto da divergência no julgamento estendido, http://www.conjur.com.br/2017-jan-31/paradoxo-corte-limites--devolucao-materia-divergente-julgamento-estendido?imprimir=1; Teresa Arruda Alvim, *Ampliação da colegialidade*: o polêmico art. 942 do CPC de 2015, p. 48.

416　Cf. Cassio Scarpinella Bueno, *Manual de processo civil*, n. 3.5, p. 648; Guilherme Rizzo Amaral, *Comentários às alterações do novo CPC*, p. 966; Augusto Tavares

(*v.g.*, honorários advocatícios) também poderá ocasionar a ampliação do órgão colegiado para continuidade do julgamento.

Não parece ser adequado recorrer ao disposto no inciso II do § 3º do art. 942 para restringir a ampliação do colegiado no julgamento da apelação somente nas hipóteses em que houver "reforma da decisão que julgar o mérito".[417] O Código é aberto quanto à ampliação do colegiado nos casos de divergência no julgamento da apelação ("Quando o resultado da apelação for não unânime, o julgamento terá prosseguimento"). A restrição vale apenas para os casos delineados pela lei, porquanto "restrições interpretam-se literalmente".[418]

Algumas questões atualmente debatidas em torno da aplicação do art. 942, na realidade, se examinadas de perto, têm sua origem no revogado Código de 1973. De acordo com o atual sistema processual, as questões revolvidas na fase de conhecimento, a cujo respeito não comportar agravo de instrumento, podem ser suscitadas em preliminar de apelação, eventualmente interposta contra a decisão final, ou nas contrarrazões. Nesse contexto, é possível que alguma decisão interlocutória haja sido objeto de contrarrazões de apelação (*v.g.*, condenação em litigância de má-fé) e o julgamento a respeito dela haja sido por maioria de votos. A situação impõe ampliação do colegiado. Perceba-se que o "julgamento da apelação" incorpora as contrarrazões de apelação. Fala-se que o "objeto da apelação é simplesmente ampliado pelas contrarrazões".[419]

Às apelações a serem interpostas nos procedimentos especiais regulados pela legislação extravagante aplica-se a técnica do julgamento estendido, inclusive à apelação interposta contra sentença proferida em mandado de segurança[420] e aos procedimentos afetos à Justiça da Infância e Juventude, regulados pelo Estatuto da Criança e da Adolescência.[421]

Rosa Marcacini, Coment. ao art. 942, *in Código de Processo Civil anotado*, p. 1290; Didier Jr.-Cunha, *Curso de direito processual civil*, vol. 3, n. 10.7.4, p. 94. Em sentido contrário: Daniel Amorim Assumpção Neves, *Manual de direito processual civil*, n. 57.3, p. 1431; José Miguel Garcia Medina, *Novo Código de Processo Civil comentado*, p. 1274.

417 Como sustentado por Nery-Nery, *Comentários ao Código de Processo Civil*, p. 1870.

418 Araken de Assis, *Manual dos recursos*, n. 34.7.2, p. 454.

419 Rodrigo Barioni, *Preclusão diferida, o fim do agravo retido e a ampliação do objeto da apelação no novo Código de Processo Civil*, n. 3, p. 276.

420 Nesse ponto, dada a extinção dos embargos infringentes, o art. 25, primeira parte, da Lei n. 12.016/2009 encontra-se revogado. Em sentido próximo, Luiz Henrique Sormani Barbugiani, *Uma análise comparativa entre os embargos infringentes do CPC de 1973 e a técnica de julgamento do artigo 942 do CPC de 2015*: uma alteração de paradigma, p. 17-18.

421 STJ, AgReg no REsp 1.673.215/RJ, Rel. Min. Reynaldo Soares da Fonseca, j. 17-5-2018, *RePro* 284/586.

CPC/2015, ART. 942

Ao observar o disposto no § 2º do art. 941, o órgão colegiado competente para dar continuidade ao julgamento de apelação deverá ser composto por no mínimo cinco julgadores.[422]

75. Julgamento estendido na ação rescisória

A técnica do julgamento estendido será aplicada no caso de julgamento não unânime proferido em ação rescisória, quando o resultado for a rescisão do pronunciamento judicial.

Pelo sentido do texto legal, exposto no inciso I do § 3º do art. 942, conclui-se que o julgamento não unânime acerca da inadmissibilidade (*v.g.*, indeferimento da petição inicial) ou da improcedência da ação rescisória (*v.g.*, rejeição do pedido rescindente, decidir sobre a ocorrência de decadência) determinará a imediata proclamação do resultado, sem a necessidade de estender o julgamento.

Parece não haver dúvida que a palavra "sentença", exposta no inciso I do § 3º do art. 942, está no sentido gênero, para expressar "decisão" rescindenda (acórdão, decisão unipessoal de membro do tribunal ou decisão interlocutória), em harmonia com o disposto no *caput* do art. 966.[423]

Em algumas hipóteses, porém, mesmo que suceda a rescisão do julgado em decisão por maioria de votos, o julgamento estendido não será admissível. Tal inadmissibilidade ocorre nos casos em que o julgamento da ação rescisória é realizado por órgão *máximo* do tribunal, hipótese em que será impossível, do ponto de vista matemático, ampliar o colegiado (*v.g.*, ação rescisória de julgado do STF que compete ao Plenário, cf. art. I, "c", do RISTF).

Percebe-se que, de acordo com o inciso I do § 3º do art. 942, no caso de ação rescisória, o "prosseguimento" ocorrerá "em órgão de maior composição previsto no regimento interno". O teor da lei é inusitado: "prosseguimento em órgão de maior composição previsto no regimento interno". Inicialmente, cabem duas interpretações: "órgão de maior composição" é o plenário ou órgão especial; outra interpretação possível é compreender que é o órgão numericamente superior ao órgão que deu origem ao julgamento não unânime da ação rescisória. Além disso, considerando o texto da lei, é possível compreender também a transferência do julgamento para outro órgão (de maior composição) e não simplesmente a convocação de novos julgadores para "pros-

---

422 Enunciado 683 do FPPC: "A continuidade do julgamento de recurso de apelação ou de agravo de instrumento pela aplicação do art. 942 exige o quórum mínimo de cinco julgadores".

423 Suscita o problema GUILHERME FREIRE DE BARROS TEIXEIRA, *Art. 942 do CPC 2015 e suas dificuldades operacionais*: aspectos práticos, p. 42.

seguimento". Nesse caso, é possível haver "novo" julgamento sem a integração daqueles que já votaram.[424]

De acordo com o disposto no art. 968, o autor deverá deduzir necessariamente o pedido de rescisão do julgado (pedido rescindente) e, se for o caso, o pedido de novo julgamento do processo em que foi proferida a decisão rescindente (pedido rescisório). O *ius rescindens* é prévio e prejudicial ao *ius rescissorium*. É induvidoso que a técnica do julgamento estendido vale para o pedido rescindente ("quando o resultado for a rescisão da sentença"). Entretanto, é possível também ampliar o colegiado quando não houver unanimidade na deliberação do pedido rescisório, pois o rejulgamento do processo somente ocorrerá se houver a rescisão do julgado, pressuposto necessário para aplicação da técnica do julgamento estendido.

76. Julgamento estendido no agravo de instrumento

O inciso II do § 3º do art. 942 estabelece que a técnica de ampliação do colegiado aplica-se ao julgamento não unânime proferido em agravo de instrumento, quando houver reforma da decisão que julgar parcialmente o mérito.

O dispositivo impõe o diálogo com os arts. 354, parágrafo único, 356, § 5º, e 1.015, II, os quais indicam que a decisão interlocutória de mérito é impugnável por meio do agravo de instrumento. Semelhante situação poderá ocorrer na legislação extravagante, *v.g.*, art. 100 a Lei n. 11.101/2005, pois da decisão que decreta a falência cabe agravo, e da sentença que julga improcedente do pedido cabe apelação.[425]

A palavra "mérito", indicada no inciso II do § 3º do art. 942, poderá suscitar discussão em alguns procedimentos. Discutiu-se que a regra da ampliação do colegiado não seria aplicada em "impugnação ao crédito", medida processual própria do processo de recuperação judicial, porque cuida de mero incidente.[426] No entanto, "a impugnação de crédito constitui autêntico processo incidente, de caráter jurisdicional e contencioso, em que o impugnante assume a posição de autor",[427] cujo ato há de respeitar os requisitos do art. 319.

Porém, aqui, diferentemente do que ocorre com a apelação, para ampliar o colegiado, importa o conteúdo do julgamento, i.e., é indispensável que o

---

424 Por exemplo, assim disciplina o art. 3º, I, "h", do RITJRJ ("*as revisões criminais em benefício dos réus que condenar, assim como as ações rescisórias de suas próprias decisões e das decisões proferidas pelas Seções Cíveis, e ainda a complementação do julgamento das ações rescisórias da competência originária das Seções Cíveis, na forma do artigo 942, § 3º, I, do Código de Processo Civil, quando houver a rescisão da decisão impugnada de forma não unânime*").

425 O tema é lembrado por ARAKEN DE ASSIS, *Manual dos recursos*, n. 34.7.2, p. 455.

426 TJSP, EDecl 2169838-48.2016.8.26.0000, rel. Des. MAURÍCIO PESSOA, j. 21-5-2018.

427 BARBOSA MOREIRA, *Comentários à nova lei de falência e recuperação de empresas*, p. 139.

resultado do agravo de instrumento conclua pela reforma da decisão interlocutória de mérito.

Para que a reforma ocorra, é evidente que o tribunal haja conhecido o agravo de instrumento e, por maioria, dê provimento ao recurso.

Embora exista fundada crítica quanto à limitação imposta pelo legislador,[428] o critério eleito pela lei ("dupla conformidade")[429] não é novo e de certa forma já se encontrava exposto em legislações anteriores. A ampliação do colegiado não ocorrerá se a decisão do tribunal, ainda que por maioria, estiver em conformidade com a decisão agravada ("dupla conformidade").

As circunstâncias indicadas pelo Código para aplicação da técnica prevista no art. 942 ao agravo de instrumento suscitarão algumas divergências, as quais eram próprias dos extintos embargos infringentes.[430] Por exemplo, no caso de o agravo de instrumento ser provido por maioria de votos para concluir pela não resolução do mérito (art. 485) ou pela anulação da decisão interlocutória por *error in procedendo*, poder-se-ia questionar se haveria necessidade de prosseguimento do julgamento com a presença de outros julgadores.[431] O mesmo ocorre na hipótese de divergência no julgamento do agravo de instrumento exclusivamente quanto ao capítulo que trata dos honorários de sucumbência.[432]

Na aplicação do julgamento estendido para as hipóteses de agravo de instrumento, de acordo com o disposto no § 2º do art. 941, exige-se o quórum mínimo de cinco julgadores.[433]

77. Julgamento estendido no agravo interno

No modelo do vigente Código, o agravo interno é o recurso próprio para impugnar qualquer decisão proferida pelo relator (art. 1.021) e algumas decisões do presidente ou vice-presidente do tribunal (arts. 1.030, § 2º; art. 1.035, § 7º; art. 1.036, § 3º).

---

428 Augusto Tavares Rosa Marcacini, Coment. ao art. 942, *in Código de Processo Civil anotado*, p. 1291.

429 Fabiano Carvalho, *O princípio da dupla conformidade*, p. 1185-1192.

430 A mesma preocupação é compartilhada por Teresa Arruda Alvim, *Ampliação da colegialidade*: o polêmico art. 942 do CPC de 2015, p. 47.

431 A jurisprudência do STJ consolidou-se no sentido de não admitir embargos infringentes na hipótese de anulação da sentença de mérito por *error in procedendo* (AgInt no REsp 1.325.655/MG, rel. Min. Ricardo Villas Bôas Cueva, *DJe* 19-12-2016; AgRg no AgRg no AREsp 612.959/SP, rel. Min. Herman Benjamin, *DJe* 5-8-2015).

432 A esse propósito, *v.* STJ, REsp 1.113175/DF, rel. Min. Castro Meira, *DJe* 7-8-2012.

433 Enunciado 683 do FPPC: "A continuidade do julgamento de recurso de apelação ou de agravo de instrumento pela aplicação do art. 942 exige o quórum mínimo de cinco julgadores".

O procedimento do agravo interno é bastante simples: o recurso será dirigido ao relator, que intimará o agravado para oferecer resposta no prazo de 15 (quinze) dias, ao final do qual, é lícito o juízo de retratação, que, se negativo, levará à inclusão do agravo interno em pauta para julgamento em órgão colegiado (art. 1.021, § 2°).

Admite-se que, no julgamento, órgão colegiado competente não conheça do agravo interno ou, dele conhecendo, lhe dê ou lhe negue provimento. Contra o acórdão, em tese, será possível a interposição dos seguintes recursos: embargos de declaração, recurso ordinário, recurso especial e recurso extraordinário. Se o resultado do agravo interno não for unânime, em algumas hipóteses, poderá ter lugar a ampliação do colegiado para concluir o julgamento.

Isso ocorrerá nos casos em que o órgão colegiado admitir o agravo interno interposto contra decisão unipessoal proferida em apelação ou que haja dado provimento ao agravo de instrumento interposto de decisão que julgou parcialmente o mérito (art. 932, III, IV e V). Se o julgamento do agravo interno permear a solução da causa, seja em apelação ou em agravo de instrumento, caberá aplicar a técnica do julgamento estendido.[434]

Porém, nas hipóteses em que o agravo interno for declarado inadmissível ou provido para cassar a decisão unipessoal (v.g., falta de fundamentação), ainda que por maioria de votos, não será possível ampliar o quórum do colegiado.

O argumento não se aplica à ação rescisória porque, em tese, não é lícito ao relator, sem a participação do órgão colegiado, julgar procedente o pedido de rescisão.

78. Julgamento estendido nos embargos de declaração

De acordo com o atual modelo processual, o acolhimento dos embargos de declaração pode ensejar modificação da decisão embargada (art. 1.024, § 2°).

Se a modificação ocorrer no âmbito do julgamento não unânime de apelação, agravo de instrumento interposto contra decisão parcial de mérito, e houver reforma, ou inversão do julgamento de improcedência para procedência de ação rescisória, o julgamento colegiado deverá ser ampliado na forma do art. 942.[435]

---

434 No mesmo sentido: ARAKEN DE ASSIS, *Manual dos recursos*, n. 57, p. 689; ODILON ROMANO NETO, *A nova técnica de julgamento do artigo 942 do CPC/2015*, n. 5, p. 826.

435 Cabe salientar que o STJ entendeu "por inaplicável o art. 942 do Novo CPC (técnica de complementação de julgamento), tendo em vista que, para que essa técnica seja adotada, é necessário que o acórdão não unânime seja proferido no julgamento da Apelação, Agravo de Instrumento ou Ação Rescisória, o que não é a hipótese dos autos, que trata de recurso de Embargos de Declaração julgados, por maioria, por esta Corte Superior" (STJ, EDcl nos EDcl no AgRg no AREsp 705844 / SP,

Todavia, eventual julgamento não unânime acerca da admissibilidade dos embargos de declaração ou para sanar omissão, obscuridade ou contradição, sem alteração do resultado, não desafia a ampliação do órgão colegiado.[436]

79. Inaplicabilidade da técnica do julgamento colegiado estendido

Na linha do § 4º do art. 942, é inaplicável a ampliação do colegiado nas hipóteses de julgamento não unânime do incidente de assunção de competência, do incidente de resolução de demandas repetitivas, da remessa necessária e nos casos de julgamentos proferidos, nos tribunais, pelo plenário ou pela corte especial.

Diante do órgão julgador representativo dos órgãos fracionários para *julgar* os incidentes de assunção de competência e resolução de demandas repetitivas, a restrição quanto à aplicação da técnica do julgamento estendido é justificável.

De outro lado, critica-se a vedação imposta pela lei quanto à remessa necessária, dada a similitude desse instituto com a apelação. A mesma questão jurídica poderá chegar ao órgão recursal por qualquer dessas duas vias. No entanto, se houver julgamento não unânime na apelação, haverá ampliação do quórum para que o julgamento prossiga em colegiado mais qualificado, podendo ocorrer a inversão do resultado; porém, se a divergência da mesma questão ocorrer no julgamento da remessa necessária, não haverá convocação de outros julgadores, o que poderá gerar dispersão jurisprudencial. Aqui, preservou-se o entendimento compendiado na Súmula 390/STJ.[437]

O julgamento "não unânime proferido, nos tribunais, pelo plenário ou pela corte especial" obsta a incidência da técnica prevista no *caput* do art. 942. O plenário e o órgão especial são órgãos jurisdicionais de cúpula altamente qualificados, daí por que não há espaço para ampliar o colegiado. Além do mais, em alguns tribunais, há impossibilidade numérica em se ampliar o plenário ou órgão especial.

Finalmente, entende-se que não haverá complementação do julgamento colegiado em sede de juizados especiais.[438]

---

rel. Min. Herman Benjamin, *DJe* 19-10-2016). Observe-se, porém, que esse entendimento foi esposado em julgamento de agravo em recurso especial, fato que *per si* é o suficiente para negar a aplicação da técnica prevista no art. 942. Todavia, se os embargos de declaração foram opostos de julgamentos de apelação, agravo de instrumento de decisão parcial de mérito ou de decisão de procedência da ação rescisória não se pode afastar a ampliação do colegiado.

436 Cf. Didier-Jr.-Cunha, *Curso de direito processual civil*, vol. 3, n. 10.7.6, p. 96.

437 Leonardo Greco, *Instituições de direito processual civil*, vol. III, n. 6.5.3.4, p. 137.

438 Sob a justificativa da preservação dos princípios da economia processual, simplicidade e taxatividade, a Turma Recursal do Juizado Especial Federal da 3ª Reg., Proc.

COMENTÁRIOS AO CÓDIGO DE PROCESSO CIVIL V. XIX

Art. 943. Os votos, os acórdãos e os demais atos processuais podem ser registrados em documento eletrônico inviolável e assinados eletronicamente, na forma da lei, devendo ser impressos para juntada aos autos do processo quando este não for eletrônico.

§ 1º Todo acórdão conterá ementa.

§ 2º Lavrado o acórdão, sua ementa será publicada no órgão oficial no prazo de 10 (dez) dias.

COMENTÁRIO

80. Registro dos pronunciamentos judiciais

Tradicionalmente, os registros dos pronunciamentos judiciais são materializados por escrito em papel, datados e assinados. No modelo anterior, a Lei n. 11.419/2006 introduziu o parágrafo único no art. 556 do CPC/1973, que permitia que "os votos, acórdãos e demais atos processuais" fossem registrados em arquivo eletrônico inviolável, cujos atos pudessem ser assinados eletronicamente.[439] Tal inovação levou a doutrina a afirmar que a forma escrita não seria única, de modo que os registros poderiam consistir em outras formas (*v.g.*, gravações de som ou som e imagem).[440]

A assinatura eletrônica deve permitir a identificação inequívoca do signatário. As formas de identificação são definidas pelas alíneas *a* e *b* do inciso III do art. 1º da Lei n. 11.419/2006.

81. Ementa

De origem latina (*ementum*), ementa significa apontamento, registro escrito, apontamento, nota.

Na linguagem processual, a ementa consiste no resumo ou sumário do pronunciamento colegiado do tribunal (acórdão). A ementa deve ser sintética com a menção da matéria que compõe o acórdão.[441] Trata-se de instrumento de "*pesquisa*, não de interpretação".[442]

---

n. 0003551-84.2010.4.03.6315, Juiz Federal Kyu Soon Lee, inadmitiu a técnica prevista no art. 942.

439 Sobre assinatura de documentos eletrônicos, *v.* Augusto Marcacini, *Processo e tecnologia*, n. 4.2 (livro eletrônico).

440 Barbosa Moreira, *Comentários ao Código de Processo Civil*, vol. V, n. 365, p. 679. Sobre os registros eletrônicos e automação das tarefas, *v.* Augusto Marcacini, *Processo e tecnologia*, n. 3.1 (livro eletrônico).

441 Sobre a técnica da redação de ementa, *v.* Hildebrando Campestrini, *Como redigir ementas*, *passim*.

442 Alvim-Schmitz, *Ementa*: função indexadora. (ab)uso mecanizado. Problema hermenêutico, n. 3, p. 660.

Nos procedimentos destinados a formar "tese jurídica" (*v.g.*, julgamento de casos repetitivos, arts. 978, parágrafo único, 984, § 2º, 985, *caput*, 986, 987, § 2º, 1.038, § 3º), a menção à tese se faz útil na ementa, pois facilita a consulta do tema.[443] De acordo com o modelo do Código, Luis Roberto Barroso sugere que os tribunais evidenciem a tese jurídica de maneira mais nítida, e esse seria o papel da ementa.[444]

Porém, a afirmação acima necessita ser compreendida com cuidado. Os atos praticados por sujeitos dos processos costumam citar apenas ementa julgada de modo a fortalecer a argumentação exposta em atos postulatórios ou decisões judiciais. No modelo processual contemporâneo, sobretudo pela técnica dos precedentes, tal prática, no entanto, revela manifesto equívoco.[445] Por exemplo, a simples transcrição de ementas sem identificar as circunstâncias fáticas que aproximariam os casos não é suficiente para aplicar o precedente.[446-447]

Além disso, é preciso registrar que a ementa não serve para demonstrar a divergência jurisprudencial a ensejar o recurso especial fundado pela alínea *c* do inciso III do art. 105 da CF.[448]

Dada a exigência do § 3º do art. 941, é interessante que a ementa registre a existência de voto vencido.

Compete ao redator do acórdão redigir a ementa.

A ementa não tem o mesmo valor dos elementos da estrutura da *sentença* (relatório, fundamentação e dispositivo), cuja falta, mesmo que de um elemento, pode gerar a nulidade do pronunciamento judicial. A ausência da ementa não torna nulo o acórdão.[449]

---

443 A afirmação compreende o conceito de ementa de Barbosa Moreira, para quem "consiste a ementa no enunciado sintético da tese jurídica (ou das várias teses jurídicas) esposada(s) no julgamento" (*Comentários ao Código de Processo Civil*, vol. V, n. 380, p. 709).

444 Declaração de voto no julgamento da Rcl 4.335, relatada pelo Min. Gilmar Mendes, j. 21-3-2014.

445 Não tem lugar a afirmação: "O dispositivo da ementa deve ser uma proposição inteligível por si só, sem necessidade de leitura do acórdão na íntegra, ou sequer do cabeçalho" (José A. Chaves Guimarães, *Elaboração de ementas jurisprudenciais*, p. 85).

446 Profundamente, *Crítica à aplicação dos precedentes no direito brasileiro, v.* Maurício Ramires, n. 1.3, p. 46-54.

447 Em semelhante perspectiva, o Superior Tribunal de Justiça não conhece o recurso especial fundado na alínea *c* do inciso III do art. 105 da CF com mera transcrição de ementas (STJ, REsp 1.033.844-SC, rel. Min. Luiz Fux, j. 28-4-2009).

448 Há muitas decisões que confirmam o texto. Apenas para exemplificar, *v.* STJ, AgInt no AREsp 1.391.489/SP, rel. Min. Raul Araújo, *DJe* 26-9-2019.

449 Historicamente, o Superior Tribunal de Justiça sempre se posicionou nesse sentido: REsp 132.256-MG, rel. Min. Garcia Vieira, *DJ* 18-12-97. Lê-se do voto: "Diz o artigo 563 do Código de Processo Civil [CPC/1973] que todo o acórdão conterá

COMENTÁRIOS AO CÓDIGO DE PROCESSO CIVIL v. XIX

Aceitam-se embargos de declaração para corrigir ementa que não esteja em sintonia com os fundamentos do voto.[450]

Lavrado o acórdão, sua ementa será publicada no órgão oficial no prazo de 10 (dez) dias. A doutrina afirma ser prazo impróprio e, por tal motivo, não haveria qualquer sanção processual caso não cumprido. Todavia, a não observância do § 3° do art. 943 atrairia consequências administrativas.

> **Art. 944.** Não publicado o acórdão no prazo de 30 (trinta) dias, contado da data da sessão de julgamento, as notas taquigráficas o substituirão, para todos os fins legais, independentemente de revisão.
>
> **Parágrafo único.** No caso do caput, o presidente do tribunal lavrará, de imediato, as conclusões e a ementa e mandará publicar o acórdão.

COMENTÁRIOS

82. Publicação do acórdão e das notas taquigráficas

Redigido e subscrito, o acórdão deverá ser publicado.

A publicação ocorre no momento em que o relator – ou o redator, este designado para os casos que o relator fica vencido no julgamento – entrega o acórdão na secretaria ou cartório ou quando o acórdão é juntado ao processo.

O ato de publicar atribui a qualidade da existência ao acórdão e não se confunde com intimação, que é a comunicação do ato processual.[451]

Frise-se que o ato da publicação não dá origem à fluência de prazo recursal. O termo inicial para interposição de qualquer recurso é a data em que os advogados, a sociedade de advogados, a Advocacia Pública, a Defensoria Pública ou o Ministério Público são intimados da decisão (art. 1.003, *caput*). Todavia, não é correto considerar inadmissível o recurso interposto contra acórdão publicado, embora o recorrente dele não houvesse sido intimado.[452]

---

ementa, mas não comina nenhuma sanção e, muito menos, de nulidade. A ementa é apenas o resumo dos votos que integram o acórdão e, se houver divergência entre ela e as notas taquigráficas, prevalecem estas. Sua ausência não impede nem mesmo dificulta a interposição do recurso, mesmo porque a demonstração analítica da divergência se faz confrontando os votos e não as ementas dos acórdãos apontados como divergentes".

450 A jurisprudência sobre o tema pode ser consultada em NEGRÃO-GOUVÊA-BONDIOLI-FONSECA, *Código de Processo Civil e legislação processual em vigor*, notas 5 e 6 ao art. 943, p. 851. Na doutrina: LUIS GUILHERME A. BONDIOLI, *Comentários ao Código de Processo Civil*, vol. XX, p. 165.

451 Por todos, *v.* HEITOR VITOR MENDONÇA SICA, *Comentários ao Código de Processo Civil*, vol. V, n. 87, p. 194.

452 BARBOSA MOREIRA, *Comentários ao Código de Processo Civil*, vol. V, n, 381, p. 710.

O § 4º do art. 218 confirma que será considerado tempestivo o ato praticado antes do termo inicial do prazo.

Publicado o acórdão, conforme a regra da "inalterabilidade da decisão",[453] o tribunal não poderá alterá-lo, salvo nas situações autorizadas pelo Código (arts. 331, 332, § 3º, e 494).

Com justificativa na duração razoável do processo[454] e inspirado no art. 17 da Lei n. 12.016/2009 (Lei do Mandado de Segurança), o Código prevê que a falta de publicação do acórdão no prazo de 30 (trinta) dias, contado da data da sessão de julgamento, impõe a substituição do pronunciamento do colegiado por notas taquigráficas, independentemente de revisão dos julgadores.

O sistema de taquigrafia ou estenografia é o método de registrar por meio de escrita especial a oralidade desenvolvida na sessão de julgamento.[455] As notas taquigráficas documentam a leitura do voto, os debates, apartes e até as intervenções orais dos representantes das partes e dos interessados. Pode-se dizer que a taquigrafia concretiza o contraditório ocorrido no julgamento.

Advirta-se que nem todos os tribunais possuem sistema de taquigrafias. Por esse motivo, com base em fundamentos constitucional (art. 93, IX, da CF) e legal (art. 367, § 6º), sustenta-se que outros meios de registro da sessão de julgamento podem ser utilizados para lavratura da ementa e do acórdão.[456]

Segundo o parágrafo único do art. 944, no caso de substituição do acórdão pelas notas taquigráficas, competirá ao presidente do tribunal lavrar de imediato as conclusões do julgado e a ementa. Critica-se a redação, pois o presidente não lavrará unicamente as conclusões, mas o próprio acórdão.[457] Seja como for, em seguida, a presidência determinará a publicação do acórdão, para, em seguida, ocorrer a intimação dos interessados, quando, então, iniciar-se-á o prazo recursal.[458]

---

453 Nery-Nery, *Código de Processo Civil comentado*, n. 2, p. 1193.

454 Cf. Daniel Amorim Assumpção Neves, *Novo Código de Processo Civil comentado*, n. 1, p. 1572.

455 De acordo com os artigos 100 e art. 103, § 1º, do RISTJ: "As conclusões da Corte Especial, da Seção e da Turma, em suas decisões, constarão de acórdão no qual o relator se reportará às notas taquigráficas do julgamento, que dele farão parte integrante" e "Em cada julgamento, as notas taquigráficas registrarão o relatório, a discussão, os votos fundamentados, bem como as perguntas feitas aos advogados e suas respostas, e serão juntadas aos autos, com o acórdão, depois de revistas e rubricadas". Interessante o § 1º do art. 103, que estabelece: "Prevalecerão as notas taquigráficas, se o seu teor não coincidir com o do acórdão".

456 Cassio Scarpinella Bueno, *Novo Código de Processo Civil anotado*, p. 849.

457 Araken de Assis, *Manual dos recursos*, n. 35.4, p. 490.

458 Guilherme Rizzo Amaral, *Alterações do novo CPC*, n. 2, p. 968.

COMENTÁRIOS AO CÓDIGO DE PROCESSO CIVIL v. XIX

Art. 945. A critério do órgão julgador, o julgamento dos recursos e dos processos de competência originária que não admitem sustentação oral poderá realizar-se por meio eletrônico. (Revogado pela Lei n. 13.256, de 2016.)

§ 1° O relator cientificará as partes, pelo Diário da Justiça, de que o julgamento se fará por meio eletrônico. (Revogado pela Lei n. 13.256, de 2016.)

§ 2° Qualquer das partes poderá, no prazo de 5 (cinco) dias, apresentar memoriais ou discordância do .julgamento por meio eletrônico. (Revogado pela Lei n 13.256, de 2016.)

§ 3° A discordância não necessita de motivação, sendo apta a determinar o julgamento em sessão presencial. (Revogado pela Lei n. 13.256, de 2016.)

§ 4° Caso surja alguma divergência entre os integrantes do órgão julgador durante o julgamento eletrônico, este ficará imediatamente suspenso, devendo a causa ser apreciada em sessão presencial. (Revogado pela Lei n. 13.256, de 2016.)

COMENTÁRIO

83. Revogação do dispositivo

Durante o período de *vacatio legis*, o art. 945 foi expressamente revogado pela Lei n. 13.256/2016.

Art. 946. O agravo de instrumento será julgado antes da apelação interposta no mesmo processo.

Parágrafo único. Se ambos os recursos de que trata o caput houverem de ser julgados na mesma sessão, terá precedência o agravo de instrumento.

COMENTÁRIO

84. Ordem de julgamento do agravo de instrumento e da apelação

O dispositivo em comento tem por objetivo estabelecer a ordem de julgamento quando agravo de instrumento e apelação – interpostos no mesmo processo – tramitam concomitantemente no mesmo órgão julgador. A precedência do julgamento poderá se dar em sessões distintas ou na mesma sessão. Seja como for, o agravo de instrumento será julgado antes da apelação.

Textualmente, a regra prevista no art. 946 é bastante semelhante ao revogado art. 559 do CPC/1973 ("*A apelação não será incluída em pauta antes do agravo de instrumento interposto no mesmo processo. Se ambos os recursos houverem de ser julgados na mesma sessão, terá precedência o agravo.*"). Porém, apesar da semelhança, a interpretação entre os dispositivos é inteiramente distinta. Modernamente, o artigo vigente deve ser compreendido da seguinte maneira: se

152

houver relação de subordinação entre a decisão interlocutória (precede e subordina) e a sentença (sucede e é subordinada), o agravo de instrumento deverá ser julgado antes da apelação. Logo, com base nessa compreensão, pode-se afirmar que o art. 946 é inaplicável para o caso de agravo de instrumento interposto contra decisão que decidiu parcialmente o mérito (art. 356).

Entretanto, a relação de subordinação pode ocorrer entre duas decisões interlocutórias, de modo a atrair a regra de "preferência de julgamento" entre dois agravos de instrumento (*v.g.*, um, interposto contra decisão interlocutória que deliberou sobre competência; outro, interposto contra decisão parcial de mérito (art. 356)). Nesse caso, o primeiro agravo de instrumento deverá ser julgado antes do segundo, dado o vínculo de subordinação entre os dois pronunciamentos judiciais agravados.

Nos processos em que forem partes, de um lado, Estado estrangeiro ou organismo internacional e, de outro, Município ou pessoa residente ou domiciliada no País, o agravo de instrumento interposto contra as decisões interlocutórias, nos termos do art. 1.015, será julgado precedentemente ao recurso ordinário de competência do Superior Tribunal de Justiça.

A ordem de julgamento estabelecida pelo art. 946 comunica-se com o disposto no art. 1.009, que imprime o regime da recorribilidade diferida das interlocutórias não impugnáveis por agravo de instrumento. Assim, na fase de conhecimento, a questão por meio de decisão interlocutória não sujeita a agravo de instrumento e suscitada em apelação ou nas contrarrazões de apelação deverá ser julgada antes da matéria que compõe o objeto da sentença.

A existência de mais de um agravo de instrumento obsta a que a apelação seja julgada antes que o sejam todos os agravos de instrumento,[459] respeitada, é claro, a relação de subordinação.

O descumprimento da regra da preferência do julgamento não atrai necessariamente o vício da nulidade. Colhe-se da jurisprudência o fundamento de que a superveniência da sentença, em regra, acarreta a perda superveniente do interesse no agravo de instrumento anteriormente interposto.[460] Porém, há situações em que persiste o interesse no julgamento do agravo de instrumento. Nesses casos, o tribunal deverá julgar a apelação apenas depois de concluído o julgamento do agravo.[461]

---

459 Barbosa Moreira, *Comentários ao Código de Processo Civil*, vol. V, n. 372, p. 695.

460 "A superveniência da sentença proferida no feito principal enseja a perda de objeto de recursos anteriores que versem sobre questões resolvidas por decisão interlocutória combatida via agravo de instrumento" (STJ, AgRg no REsp 1.413.651/RJ, rel. Min. Mauro Campbell Marques, *DJe* 18-12-2015).

461 STJ, REsp 1.673.626/SP, rel. Min. Ricardo Villas Bôas Cueva, *DJe* 15-2-2018.

CAPÍTULO III
DO INCIDENTE DE ASSUNÇÃO DE COMPETÊNCIA

Art. 947. É admissível a assunção de competência quando o julgamento de recurso, de remessa necessária ou de processo de competência originária envolver relevante questão de direito, com grande repercussão social, sem repetição em múltiplos processos.

§ 1º Ocorrendo a hipótese de assunção de competência, o relator proporá, de ofício ou a requerimento da parte, do Ministério Público ou da Defensoria Pública, que seja o recurso, a remessa necessária ou o processo de competência originária julgado pelo órgão colegiado que o regimento indicar.

§ 2º O órgão colegiado julgará o recurso, a remessa necessária ou o processo de competência originária se reconhecer interesse público na assunção de competência.

§ 3º O acórdão proferido em assunção de competência vinculará todos os juízes e órgãos fracionários, exceto se houver revisão de tese.

§ 4º Aplica-se o disposto neste artigo quando ocorrer relevante questão de direito a respeito da qual seja conveniente a prevenção ou a composição de divergência entre câmaras ou turmas do tribunal.

85. Generalidades

Breve investigação histórica do processo civil brasileiro anuncia que – há muito – o legislador preocupou-se em definir técnicas para uniformizar a jurisprudência, tanto para prevenir como para corrigir o desacordo entre teses jurídicas.[462]

---

462 BARBOSA MOREIRA anotou que, tradicionalmente, "[d]ois tipos básicos de expedientes, tecnicamente bem distintos, podem e costumam usar as leis para uniformizar, no sentido exposto, a jurisprudência: um destinado a prevenir, outro a corrigir a desarmonia entre teses jurídicas. Com o primeiro tipo busca-se a fixação previa da tese, em ordem a preexcluir o risco de que, no julgamento que se vai seguir, venha a configurar-se o dissídio jurisprudencial. Com o segundo, ante a verificação do dissídio já configurado, abre-se uma via para a revisão do julgamento, na perspectiva que interessa aqui, a saber, a da solução da *quaestio iuris.* Já não será de técnica, mas de *política* legislativa, o problema da conveniência de adotarem-se, em determinado sistema jurídico, ambos os tipos de expedientes, ou só o primeiro, ou só o segundo. O direito brasileiro tem-se valido, simultaneamente, de um e de outro. No processo civil, ao intuito de *prevenir* divergências jurisprudenciais, correspondeu em parte – aliás, com resultados práticos bem pouco significativos – o instituto do prejulgado, de que trataram o Dec. n. 16.273, de 20-12-1923 (pelo qual se reorganizou a Justiça do então Distrito Federal), no art. 103; o Código de Processo Civil e Comercial do Estado de São Paulo (Lei n. 2.421, de 14-1-1930), no art. 1.126; a Lei Federal n. 319, de 25-11-1936, no art. 2º; e o Código de Processo Civil de 1939, no art. 861. Ao

Sabe-se que no início do século XX, foi editado o Dec. n. 16.273, de 20-12-1923 (reorganização da Justiça do Distrito Federal), que, em seu art. 103, disciplinava o instituto do *prejulgado*.[463] Suprimido, com o recurso de revista, pela Lei n. 5.053/1926, o instituto foi restabelecido pelo Dec. n.

---

intuito exclusivo de *corrigir* divergências já manifestadas correspondeu o recurso de revista, criado pela mesma lei de organização judiciária de 1923, no art. 108, n. III, e acolhido pelo Código de Processo Civil do antigo Distrito Federal (Dec. n. 16.752, de 31-12-1924), arts. 1.182 e 1.183, pelo Código paulista, arts. 1.119 a 1.125, pela Lei Federal n. 319, art. 1°, e pelo Código de 1939, arts. 853 a 860. Assim também o recurso extraordinário, numa de suas tradicionais hipóteses de cabimento (Constituição de 1891, reformada em 1926, art. 60, § 1°, letra *c*; de 1934, art. 76, n. 2, inciso III, letra *d*; de 1937 e de 1946, art. 101, n. III, letra *d*; de 1967, art. 114, n. III, letra *d*; Emenda Constitucional n. 1, de 1969, art. 119, no III, letra *d*); e, atualmente, o recurso especial (Constituição de 1988, art. 105, n. III, letra *c*)" (*Comentários ao Código de Processo Civil*, vol. V, n. 3, p. 5-6).

463 "Art. 103. Quando a lei receber interpretação diversa nas Camaras de Appellação civel ou criminal, ou quando resultar da manifestação dos votos de uma Camara em um caso sub-judice que se terá de declarar uma interpretação diversa, deverá a Camara divergente representar, por seu Presidente, ao Presidente da Côrte, para que este, incontinenti, faça a convocação para a reunião das duas Camaras, conforme a materia, fôr civel ou criminal.

§ 1° Reunidas as Camaras e submettida a questão á sua deliberação, o vencido, por maioria, constitue decisão obrigatoria para o caso em apreço e norma aconselhavel para os casos futuros, salvo relevantes motivos de direito, que justifiquem renovar--se identico procedimento de installação das Camaras Reunidas.

§ 2° O accordam será subscripto por todos os membros das Camaras Reunidas e, na sessão que se seguir, a Camara que tenha, provocado o procedimento uniformisador, applicando o vencido aos factos em debate, decidirá a causa, resalvada aos membros das Camaras que se tenham mantido em divergencia a faculdade de fazer referencia não motivada, aos seus votos, exarados no referido accordam.

§ 3° Para os fins previstos neste artigo, cada Camara terá um livro especial, sob a denominação de 'livro dos prejulgados', onde serão inscriptas as ementas dos accordams das Camaras Reunidas, inscripção que será ordenada pelos respectivos presidentes.

§ 4° Em caso de empate na votação, o presidente da sessão de Camaras Reunidas, que será o da Camara que provocou a decisão, submetterá o caso ao Presidente da Côrte, para que este, com precedencia sobre qualquer outro julgamento, submetta a materia á deliberação da mesma Côrte.

§ 5° Serão, sempre, relatores dous desembargadores, um de cada Camara, designado pelo respectivo presidente.

§ 6° Na primeira semana de cada trimestre, o secretario da Côrte providenciará para que seja feita, sob sua directa e pessoal inspecção, a permuta de inscripções entre os livros de prejulgados das Camaras de identica jurisdicção por materia.

§ 7° As normas para confecção desses livros serão estabelecidas pelo Presidente da Côrte de Appellação, que exercerá sobre elles a necessaria inspecção e mandará que sejam franqueados ao publico."

COMENTÁRIOS AO CÓDIGO DE PROCESSO CIVIL V. XIX

19.408/1930[464] e mantido pela Lei n. 319/1936, que no art. 2º conferia a qualquer juiz da turma julgadora provocar o pronunciamento prévio da "Corte Plena" relativamente a determinada questão de direito sobre a qual impera, ou poderia imperar, divergência.[465] O prejulgado foi conservado pelo CPC/1939 (art. 861).[466]

Destinava-se o prejulgado ao deslocamento do debate sobre a questão de direito para um órgão "superior" para que previamente decidisse sobre a matéria.[467] Segundo a doutrina da época, o prejulgado não se caracterizava como recurso, mas como "incidente do julgamento de recurso já interposto".[468] O prejulgado impunha a modificação da competência para deliberar com maior amplitude cognitiva a questão objeto do recurso.[469] O acórdão proferido no procedimento do prejulgado encerrava caráter "vinculativo", limitado à *quaestio iuris*, porque o órgão que o suscitava não se demitia do julgamento do recurso, a que lhe incumbia aplicar a norma jurídica, "não mais segundo a sua própria interpretação, mas consoante a inteligência que lhe foi dada pelo plenário".[470]

---

464   Com maiores detalhes, *v.* ODILON DE ANDRADE, *Comentários ao Código de Processo Civil*, vol. IX, n. 327, p. 336-337.

465   "Art. 2º A requerimento de qualquer de seus juízes, a (palavra inlegível) nara, ou turma julgadora, poderá promover, o pronunciamento prévio da Côrte Plena sobre materia, de que de- (palavra inlegível) a decisão de algum feito, ou envolvida nessa decisão, desde que reconheça que sobre ella occorre, ou póde ocorrer, divergencia de decisões, ou de jurisprudencia, entre camaras ou turmas."

466   Acreditava-se que o instituto do prejulgado poderia ser um importante instrumento para o Direito. JOSÉ OLYMPIO DE CASTRO FILHO chegou a afirmar que "efetivamente, sem que se compenetrem os juízes, aos quais compete suscitá-lo e julgá-lo cumpridamente, da sua importância, debalde subsistirá o prejulgado preconizado na lei como estabilizador da jurisprudência e, portanto, como elemento valioso para a formação e o aperfeiçoamento do Direito" (Prejulgado, n. 21, p. 171).

467   *v.* PONTES DE MIRANDA, *Embargos, prejulgado e revista no direito processual brasileiro*, n. 1-2, p. 163-166. Nessa obra, o jurista demonstra a legitimidade para suscitar o prejulgado que existia entre art. 103 do Dec. n. 16.273/1923 e o art. 1.126 do Código de Processo Civil e Comercial do Estado de S. Paulo. Naquele, a legitimidade era do órgão; neste, a legitimidade era apenas do relator, o que fomentou severas críticas.

468   M. SEABRA FAGUNDES, *Dos recursos ordinários em matéria civil*, nota de rodapé 6, p. 10. Na explicação do autor, é interessante anotar a seguinte passagem, que demonstra certa afinidade com a assunção de competência: "[o] prejulgado, portanto, importa dividir o julgamento de um só recurso entre o plenário cível (interpretação do direito em tese) e as câmaras ou turmas (questões conexas de direito e de fato), não constituindo meio de corrigir o pronunciamento destas. Antecipa-se a este e o prejudica quanto a determinada questão".

469   PONTES DE MIRANDA afirmou que o *prejulgado* era uma "mera deslocação de julgamento" (*Embargos, prejulgado e revista no direito processual brasileiro*, n. 2, p. 164).

470   PEDRO BATISTA MARTINS, *Recursos e processos da competência originária dos tribunais*, n. 302, p. 356. Já na oportunidade se preocupava com o contraditório das partes na

Além do prejulgado, o recurso de revista, previsto inicialmente na Lei n. 319/1936 e posteriormente repetido nos arts. 853 a 860 do CPC/1939,[471] destinava-se a promover a uniformidade de interpretação do direito em tese por meio de pronunciamentos finais de órgãos do mesmo tribunal (câmara,

---

formação e na aplicação da tese. Mário Guimarães escreveu: "[n]ão é justo que se profira uma decisão obrigatória para as partes, sem que elas tenham tido oportunidade, no regime do processo oral, de defender as teses que afirmaram" (*Recurso de revista*, p. 116).

[471] "Art. 853. Conceder-se-á recursos de revista nos casos em que divergirem, em suas decisões finais, duas ou mais câmaras, turmas ou grupos de câmaras, entre si, quanto ao modo de interpretar o direito em tese. Nos mesmos casos, será o recurso extensivo à decisão final de qualquer das câmaras, turmas ou grupos de câmaras, que contrariar outro julgado, também final, das câmaras cíveis reunidas.

§ 1º Não será lícito alegar que uma interpretação diverge de outra, quando, depois desta, a mesma câmara, turma ou grupo de câmaras, que a adotou, ou as câmaras cíveis reunidas, hajam firmado jurisprudência uniforme no sentido da interpretação contra a qual se pretende reclamar.

§ 2º A competência para o julgamento de recurso, em cada caso, será regulada pela Lei.

§ 3º Do acórdão que julgar o recurso de revista não é admissível interpor nova revista.

Art. 854. O recurso de revista será interposto perante o presidente do Tribunal, nos dez (10) dias seguintes ao da publicação do acórdão (art. 881), em petição fundamentada e instruída com certidão da decisão divergente ou com a indicação do número e página do repertório de jurisprudência que a houver publicado.

O recorrente indicará logo as peças do processo que considerar necessárias, afim de serem trasladadas no prazo de quinze (15) dias.

Art. 855. O recorrido será intimado para ciência do deferimento do recurso e do inteiro teor da petição, podendo examinar na Secretaria os documentos que a instruírem.

Art. 856. No prazo de três (3) dias, contados da intimação, o recorrido poderá indicar as peças dos autos que devam ser trasladadas.

Parágrafo único. Será de dez (10) dias o prazo para trasladação.

Art. 857. Concluído o traslado e junto aos autos do recurso, o recorrente e o recorrido terão, cada um, o prazo de cinco (5) dias para razões, findos os quais, e independentemente de novas intimações, os autos serão preparados, dentro em três (3) dias, e apresentados ao presidente do Tribunal para distribuição.

Art. 858. O recurso, que não terá efeito suspensivo, julgar-se-á de acordo com a forma estabelecida para o julgamento dos embargos de nulidade ou infringentes do julgado, ouvido o Procurador-Geral.

Art. 859. No julgamento da revista, o Tribunal examinará, preliminarmente, se a divergência se manifestou, de fato, quanto à interpretação do direito em tese, fixando, no caso afirmativo, a interpretação que se deverá observar na espécie e decidindo-a definitivamente.

Art. 860. Da decisão do presidente, que não admitir o recurso de revista, caberá agravo para as Câmaras reunidas (art. 836)."

COMENTÁRIOS AO CÓDIGO DE PROCESSO CIVIL V. XIX

turmas, câmaras reunidas, plenário).[472] No entanto, diferentemente do prejulgado, o recurso de revista não "vinculava juízes ou turmas", que poderiam livremente dela divergir.[473] O recurso de revista restringia-se a resolver questão unicamente de direito.[474]

O CPC/1973, por sua vez, deu origem ao procedimento de "uniformização de jurisprudência" (arts. 476-479).[475] O referido instituto processual estabelecia a competência para qualquer juiz integrante do órgão colegiado, ao

---

472 Cf. M. SEABRA FAGUNDES, *Dos recursos ordinários em matéria civil*, n. 433, p. 424-425. O mesmo autor afirmou que o "uso do prejulgado tira a oportunidade ao recurso de revista. Se o objetivo dele é o mesmo desta (uniformizar decisões divergente), e se, num dado feito, as câmaras reunidas, provocadas pela câmara ou turma respectiva, ditam a norma a seguir, será reabrir a questão já encerrada e tornar inócuo o prejulgado, permitir que, após ele, se reavive a mesma controvérsia. Atente-se, demais disso, em que a fixação da exegese, através do prejulgado, se faz tendo em vista exclusivamente o interesse público da unicidade jurisprudencial, e a este interesse superpor-se-ia o privado, se às partes se facultasse reabrir a discussão, apesar do prévio pronunciamento das turmas ou câmaras conjuntas" (ob. cit., n. 461, p. 450-451). Vercingetorix de Castro Garms assentou que "a divergência de julgados sobre a interpretação de norma jurídica aplicada aos tribunais traz como consequência inevitável o desprestígio dos seus membros, o desprezo da lei, a ruína do império do direito, a desconfiança geral no poder da justiça humana" (*Recurso de revista*, n. 1, p. 3).

473 PEDRO BATISTA MARTINS, *Recursos e processos da competência originária dos tribunais*, n. 270, p. 327-328.

474 Cf. PINTO-BILAC, *Recurso de revista*, n. 39, p. 84.

475 "Art. 476. Compete a qualquer juiz, ao dar o voto na turma, câmara, ou grupo de câmaras, solicitar o pronunciamento prévio do tribunal acerca da interpretação do direito quando:

I - verificar que, a seu respeito, ocorre divergência;

II - no julgamento recorrido a interpretação for diversa da que lhe haja dado outra turma, câmara, grupo de câmaras ou câmaras cíveis reunidas.

Parágrafo único. A parte poderá, ao arrazoar o recurso ou em petição avulsa, requerer, fundamentadamente, que o julgamento obedeça ao disposto neste artigo.

Art. 477. Reconhecida a divergência, será lavrado o acórdão, indo os autos ao presidente do tribunal para designar a sessão de julgamento. A secretaria distribuirá a todos os juízes cópia do acórdão.

Art. 478. O tribunal, reconhecendo a divergência, dará a interpretação a ser observada, cabendo a cada juiz emitir o seu voto em exposição fundamentada.

Parágrafo único. Em qualquer caso, será ouvido o chefe do Ministério Público que funciona perante o tribunal.

Art. 479. O julgamento, tomado pelo voto da maioria absoluta dos membros que integram o tribunal, será objeto de súmula e constituirá precedente na uniformização da jurisprudência.

Parágrafo único. Os regimentos internos disporão sobre a publicação no órgão oficial das súmulas de jurisprudência predominante."

dar o voto, "solicitar o pronunciamento prévio do tribunal acerca da interpretação do direito". O procedimento poderia ser instituído no momento do julgamento, se verificasse que a respeito do direito ocorria a divergência ou caso a interpretação fosse diversa da que lhe havia dado outro órgão do tribunal.[476] Em manifestação fundamentada, a parte poderia requerer a instauração do incidente. Caso fosse reconhecida a divergência, o Código revogado previa a lavratura de acórdão e os autos eram encaminhados ao presidente do tribunal, a quem competia designar a sessão de julgamento. Previamente, a secretaria distribuía cópia do acórdão a todos os membros do colegiado competente para apreciar o incidente de uniformização de jurisprudência. O tribunal, ao identificar a divergência, deveria dar a interpretação a ser observada, cabendo a todo magistrado participante do julgamento emitir seu voto em exposição fundamentada. O Ministério Público deveria integrar a relação processual do incidente. O julgamento era tomado pelo voto da maioria absoluta dos membros que integravam o tribunal, cujo resultado haveria de ser compendiado em súmula para constituir "precedente de uniformização de jurisprudência".[477] Segundo a dicção da lei revogada, cabia ao regimento interno dispor sobre publicação das súmulas no órgão oficial.

Embora o CPC/2015 não tenha repetido o procedimento de uniformização de jurisprudência, de acordo com a melhor interpretação, os incidentes pendentes na vigência do atual Código devem seguir o modelo procedimental do incidente de assunção de competência ou do incidente de resolução de demandas repetitivas, de acordo com as especificações do caso, sobretudo em relação ao requisito da repetitividade da questão de direito.[478]

Ainda no modelo anterior, por força da Lei n. 10.353/2001, foi acrescido o § 1º ao art. 555 do CPC/1973, dando origem à assunção de competência. Basicamente, os aspectos que diferenciavam o incidente de uniformização de jurisprudência da assunção de competência eram os seguintes:

---

476 Nada obstante, a jurisprudência assentou que o incidente de uniformização de jurisprudência possuía caráter preventivo e não corretivo (STJ, EDcl no MS 17.583/DF, rel. Min. MAURO CAMPBELL, *DJe* 5-6-2013).

477 Segundo JOSÉ DE ALBUQUERQUE ROCHA, "a 'tese jurídica' é uma norma vinculante para o órgão julgador do caso concreto e no qual foi suscitado o incidente de uniformização. Ao mesmo tempo, deve ser observada pelo órgão uniformizador nos casos idênticos que se suscitarem, salvo o seu poder de a revogar pelo mesmo procedimento de sua criação" (*O procedimento da uniformização da jurisprudência*, p. 141).

478 Enunciado 655 do FPPC: "Desde que presentes os requisitos de cabimento, os incidentes de uniformização de jurisprudência pendentes de julgamento na vigência do CPC/2015 deverão ser processados conforme as regras do incidente de resolução de demandas repetitivas ou do incidente de assunção de competência, especialmente as atinentes ao contraditório".

COMENTÁRIOS AO CÓDIGO DE PROCESSO CIVIL V. XIX

(i) na uniformização de jurisprudência ocorria um "prejulgamento", o qual vinculava o "julgamento ulterior da unidade fracionária"; na assunção de competência, dava-se "o julgamento do caso propriamente dito – não apenas a definição da intepretação a ser observada"; [479]

(ii) a competência para processar e julgar os incidentes é distinta; e

(iii) o § 1º do art. 555 do CPC/1973, ao empregar os verbos "prevenir" e "compor", "evidencia que o instituto da assunção de competência é mais amplo" relativamente ao incidente de uniformização de jurisprudência.[480]

Por sua vez, o CPC/2015, de um lado, abandonou o incidente de uniformização de jurisprudência e, de outro, ampliou a assunção de competência.

Com efeito, o art. 947 aprimora o instituto da assunção de competência. O órgão colegiado competente – de maior representatividade, cuja indicação é atribuída ao regimento interno do tribunal – encarrega-se de dupla função: julgar o recurso, a remessa necessária ou o processo de competência originária, e fixar a tese jurídica. A fixação da tese tem caráter obrigatório (art. 927, III), assunto controvertido pela doutrina quanto ao julgamento do incidente de uniformização de jurisprudência durante a vigência do Código revogado.[481]

Acredita-se que o instituto da assunção de competência, por ser mecanismo de formação de tese jurídica e precedente obrigatório, esteja remodelado, pronto para desempenhar um papel essencial para a sociedade. Seu aproveitamento "pode transformá-lo no mais importante instrumento de formação de precedentes".[482]

Destaque-se que a assunção de competência guarda semelhança com o incidente de resolução de demandas repetitivas (IRDR), pois ambos os institutos processuais formam precedentes obrigatórios a partir de relevante questão de direito. Todavia, a assunção de competência pressupõe a inexistência de múltiplos processos.[483]

---

479 SIDNEI AGOSTINHO BENETI, Assunção de competência e *fast-track* recursal, *RePro* 171, n. 7, p. 17-18.

480 SIDNEI AGOSTINHO BENETI, Assunção de competência e *fast-track* recursal, *RePro* 171, n. 7, p. 19-20.

481 DANIEL AMORIM ASSUMPÇÃO NEVES, *Novo Código de Processo Civil comentado* – artigo por artigo, n. 1, p. 1574; ALVIM-DANTAS, *Recurso especial, recurso extraordinário e a nova função dos tribunais brasileiros*, n. 24.3, p. 578.

482 RODRIGO BARIONI, As *unpublished opinions* do direito norte-americano: contribuição para a assunção de competência, *RePro* 261, n.1, p. 392.

483 ARRUDA ALVIM fala que a assunção de competência serve quando não é cabível o incidente de resolução de demandas repetitivas, "diante da falta de 'efetiva repetição' de demandas" (*Manual de direito processual civil*, n. 38.4.1, p. 1516). Anote-se, porém,

Na mesma linha, a assunção de competência afina-se com o procedimento da arguição de inconstitucionalidade, na medida em que o julgamento da matéria é submetido a órgão de maior representatividade no tribunal, cuja decisão vincula todos os órgãos subordinados à competência do tribunal.

No entanto, os mecanismos processuais se distinguem pelo objeto da matéria. "Enquanto na arguição de inconstitucionalidade o órgão colegiado analisará somente a tese que fundamenta a controvérsia, sem imiscuir-se nas especificidades do caso concreto, na assunção de competência o objeto do julgamento será a própria lide levada a conhecimento ao Poder Judiciário. Mas é justamente a relevância e a repercussão social da questão de direito envolvida, bem como a potencialidade de gerar (ou a já existente) divergência entre as câmaras ou turmas do tribunal, que justificam e até mesmo impõem a sua análise por um colegiado maior".[484]

86. Conceito e finalidade

A assunção de competência é instrumento processual destinado à formação de tese jurídica e precedente obrigatório, cuja *ratio decidendi* haverá de ser observada por todos os órgãos jurisdicionais subordinados ao tribunal competente para julgar a relevante questão de direito objeto do incidente (art. 927, III). O instituto também visa prevenir ou compor a divergência entre os órgãos internos do tribunal sob a perspectiva de relevante questão de direito que reverbera socialmente.

De modo a alcançar eficientemente seu objetivo, a assunção de competência força o deslocamento interno de competência de determinado expediente processual (recurso, remessa necessária ou processo de competência originária) para um órgão de maior representação institucional no tribunal, previamente definido pelo regimento interno. A modificação da competência assegura maior qualidade no contraditório a respeito do objeto do incidente, a qual importa de maneira geral à sociedade.

Com efeito, a assunção de competência altera o procedimento regular do recurso, remessa necessária ou processo de competência originária para que a matéria seja discutida em procedimento que amplia a atividade cognitiva, com a participação de *amicus curiae*, audiências públicas, reforço no dever de motivar, maior publicidade.[485]

---

o Enunciado 141 do CJF: "É possível conversão de Incidente de Assunção de Competência em Incidente de Resolução de Demandas Repetitivas, se demonstrada a efetiva repetição de processo em que se discute a mesma questão de direito".

484 Humberto Theodoro Jr., *Curso de direito processual civil*, vol. III, n. 620, p. 841.

485 Cf. Didier Jr.-Cunha, *Curso de direito processual civil*, vol. 3, n. 5.3, p. 806.

Em virtude do art. 15 do Código e por ser importante instrumento de segurança jurídica, a assunção de competência tem aplicação em outros processos jurisdicionais, *v.g.*, trabalhista e eleitoral.[486-487] Do mesmo modo, a referida norma permite estender o instituto a processos administrativos. Finalmente, com assento no art. 3º do CPP,[488] compreende-se que o instituto processual também possa ser aplicado no campo do processo penal.[489]

O inciso III do art. 927 estabelece que todos os juízes e tribunais observarão os acórdãos em incidente de assunção de competência ou de resolução de demandas repetitivas e em julgamento de recursos repetitivos. Conquanto a inexistência de repetição da questão em múltiplos processos seja requisito negativo para instituição da assunção de competência, não se nega que o incidente esteja compreendido no "microssistema de formação concentrada de precedentes obrigatórios".[490] Daí por que os dispositivos que regulam os procedimentos de casos repetitivos (incidente de resolução de demandas repetitivas e recursos especial e extraordinário repetitivos – art. 928) integram-se de forma harmoniosa com o procedimento da assunção de competência. Assim, *v.g.*, dado o silêncio normativo, na assunção de competência aplica-se o disposto nos arts. 983 e 984.[491]

Ao menos em algumas situações, a assunção de competência parece ostentar caráter preventivo, tendo como objetivo evitar a repetição de disputas

---

486 Enunciado 167 do FPPC: "Os tribunais regionais do trabalho estão vinculados aos enunciados de suas próprias súmulas e aos seus precedentes em incidente de assunção de competência ou de resolução de demandas repetitivas".

487 Enunciado 335 do FPPC: "O incidente de assunção de competência aplica-se ao processo do trabalho".

488 Art. 3º A lei processual penal admitirá interpretação extensiva e aplicação analógica, bem como o suplemento dos princípios gerais de direito.

489 A jurisprudência do STF registra que "de acordo com o previsto em seu art. 15, o CPC pode ser aplicado subsidiariamente ao processo eleitoral, trabalhista ou administrativo. Isso não significa, porém, que as normas do processo civil não possam ser subsidiariamente aplicadas ao processo penal. Contudo, essa aplicação não decorre do suposto caráter geral do CPC. (...) o CPC não dispõe da condição de codificação processual geral. Sua incidência supletiva, em verdade, decorre da forma de integração prevista pelas normas processuais penais. Desse modo, sua incidência restringe-se às hipóteses afetas ao direito processual civil ou àquelas em que o direito processual penal não contenha disposição a respeito da matéria" (Rcl 23045 ED-AgR, rel. Min. EDSON FACHIN, j. 8-6-2017, *Informativo* 868). Na doutrina: HERMES ZANETTI JR. Aplicação supletiva, subsidiária e residual do CPC ao CPP. Precedentes normativos formalmente vinculantes no processo penal e sua dupla função, *in Pro futuro in malam partem* (matéria penal) e *tempus regit actum* (matéria processual penal), p. 453-467.

490 DIDIER JR.-CUNHA, *Curso de direito processual civil*, vol. 3, n. 5.1, p. 805.

491 Enunciado 201 do FPPC: "Aplicam-se ao incidente de assunção de competência as regras previstas nos arts. 983 e 984".

a partir da mesma questão de direito. A assertiva está apoiada em dois argumentos. Em primeiro lugar, o julgamento do veículo processual que motivou a assunção de competência origina tese de aplicação obrigatória para todos os juízes e tribunais (art. 927, III), observados os limites da vinculação entre o órgão e o tribunal que solucionou a relevante questão de direito. Observa-se que o legislador previu a possibilidade de que a questão de direito, objeto do incidente, pudesse se repetir em processos futuros. Em segundo lugar, o instituto pode ser aplicado quando ocorrer relevante questão de direito a respeito da qual seja conveniente a *prevenção* ou a composição da divergência entre câmaras ou turmas do tribunal (art. 947, § 4°).[492]

Destaque-se, finalmente, que a assunção de competência tem a responsabilidade de "diminuir o *conteúdo inesperado* do direito relativamente àquela questão, impedindo uma situação futura de insegurança jurídica".[493]

87. Pressupostos

De acordo com o *caput* do art. 947, a instauração da assunção de competência reclama os seguintes pressupostos:

(*i*) pendência de processo no tribunal;

(*ii*) relevante questão de direito de grande repercussão social;

(*iii*) inexistência de múltiplos processos que envolvam a questão objeto da assunção de competência; e

(*iv*) inexistência de outro procedimento para resolver a questão de direito.

O § 4° do art. 947 estabelece uma situação específica para o cabimento da assunção de competência. O instituto também é admissível para prevenir ou compor a divergência entre câmaras ou turmas do tribunal a respeito da relevante questão de direito. Nesse caso, para suscitar o incidente, a parte haverá de demonstrar que a questão de direito poderá se repetir e dar origem à divergência jurisprudencial, ou, de outro lado, comprovar que o desacordo já existe e é necessária a composição.

A seguir, serão examinados, com maiores detalhes, os pressupostos que deverão ser demonstrados com o ofício ou o requerimento do incidente de assunção de competência.

---

492 CASSIO SCARPINELLA BUENO diz que "é irrecusável que a instauração desse incidente pressupõe a possibilidade de existirem decisões diferentes sobre uma mesma tese jurídica. A sua feição *preventiva* (para evitar a dispersão jurisdicional, sendo indiferente que ela exista ou seja presumível multiplicidade de processos), nesse sentido, é inegável" (*Curso sistematizado de direito processual civil*, vol. 2, p. 422). No mesmo sentido: HUMBERTO THEODORO JR., *Curso de direito processual civil*, vol. III, n. 620, p. 842.

493 ARRUDA ALVIM, *Manual de direito processual civil*, n. 38.4.2, p. 1516.

88. Pendência de processo

Segundo o *caput* do art. 947, a relevante questão de direito com grande repercussão deve ter origem em "julgamento de recurso, de remessa necessária ou de processo de competência originária".[494]

A palavra "recurso" abarca todas as impugnações indicadas no rol do art. 994. Logo, a questão de direito pode originar, *v.g.*, do julgamento de apelação, agravo de instrumento, recurso extraordinário etc.

Sustenta-se que, no tocante aos embargos de declaração, o princípio do *venire contra facum proprium* obstaria suscitar nesse recurso a assunção de competência "relativamente à questão de direito preexistente ao julgamento do recurso ou da causa, cujo acolhimento, nesses termos, implicaria desconstituição do julgado".[495] O argumento parece ser equivocado por dois motivos. Primeiro, porque a instauração da assunção de competência a partir do julgamento dos embargos de declaração não imporá necessariamente a desconstituição do julgado. O acórdão proferido em eventual assunção de competência poderá até mesmo ratificar os termos da decisão embargada. Além disso, o entendimento esposado por esta doutrina contrapõe-se ao disposto § 2º do art. 1.023, que permite modificar a decisão embargada. Logo, caso os embargos de declaração veiculem questão relevante com grande repercussão social, nada obsta o deslocamento da competência para firmar precedente obrigatório. A importância está menos no veículo processual em que surge a questão socialmente relevante, e mais na solução que o incidente propiciará: segurança jurídica e, muitas vezes, evitar repetição de múltiplos processos. Ainda sobre os embargos de declaração, a questão socialmente relevante poderá decorrer do conhecimento dos próprios embargos de declaração.[496] Por exemplo: discussão sobre cabimento de embargos de declaração para suscitar a modulação dos efeitos da alteração da jurisprudência.[497]

---

494 Cassio Scarpinella Bueno salienta que "no texto aprovado pelo Senado Federal em dezembro de 2014, o *caput* e os parágrafos do então art. 957 referiam-se ao julgamento de '*causa* de competência originária'. Após a revisão ao que o texto foi submetido antes de seu envio à sanção presidencial, a palavra foi substituída por '*processo* de competência originária', que é o que se lê do *caput* do art. 947. Para afastar qualquer alegação de inconstitucionalidade formal, por violação ao (devido) processo legislativo, é imperativo entender, ao menos nesse caso (porque, em variadas outras situações, idêntica alteração foi promovida), que *causa* e *processo* sejam considerados sinônimos. Na exata proporção em que se pretender indicar diferença entre um e outro vocábulo, o reconhecimento da inconstitucionalidade é de rigor" (*Curso sistematizado de direito processual civil*, vol. 2, nota de rodapé 2, p. 421-422). Camilo Zufelato assenta que a "alteração de expressão não implica alteração de sentido ou conteúdo" (*Comentários ao Código de Processo Civil*, vol. 4, n. 2, p. 93).

495 Araken de Assis, *Manual dos recursos*, n. 34.1.1.1, p. 418.

496 Cf. Araken de Assis, *Manual dos recursos*, n. 34.1.1.1, p. 418.

497 O STF já permitiu que a matéria relativa à modulação dos efeitos de inconstitucionalidade fosse objeto de embargos de declaração (RE 572.052, rel. Min. Ricardo

CPC/2015, ART. 947

A remessa necessária – também designada de reexame obrigatório, remessa obrigatória, duplo grau de jurisdição obrigatório ou recurso *ex officio* – é figura prevista no art. 496, que impõe a revisão de algumas decisões proferidas contra o Poder Público, e é caracterizada pela doutrina dominante como sucedâneo recursal. Há outros expedientes processuais que são designados de "sucedâneos recursos" que, embora não figurem no *caput* do art. 947, no momento do seu julgamento, podem estimular a instauração da assunção de competência, *v.g.*, pedido de reconsideração, correição parcial, suspensão de liminar (art. 12, § 1°, da Lei n. 7.347/85), suspensão de segurança (art. 15 da Lei n. 12.016/2009).[498]

"Processo de competência originária" diz respeito a processos que se iniciam nos tribunais por força da lei (*v.g.*, ação rescisória, reclamação, ação direta de constitucionalidade, arguição de descumprimento de preceito fundamental, entre outros). É possível conceber, dentro do termo "processos de competência originária", também incidentes processuais cuja origem é o tribunal (*v.g.*, incidente de impedimento de juiz (art. 144), incidente de suspeição de juiz (art. 145), quando remetido para o tribunal, na forma do § 1° do art. 146). A partir dos referidos veículos processuais, é possível que desponte a relevante questão de direito, de modo a suscitar a assunção de competência.

A competência do órgão especial ou do plenário do tribunal para julgamento de recurso, remessa necessária ou processo de competência originária torna inviável provocar a assunção de competência. A afirmação resulta do disposto no inciso V do art. 927, que confere às decisões do plenário ou do órgão especial a condição de precedente obrigatório.

89. Relevante questão de direito de grande repercussão social

A assunção de competência é admissível quando o processo no tribunal envolver "relevante questão de direito, com grande repercussão social". A doutrina expressa dificuldade em definir, com exatidão, o alcance do pressuposto exigido para suscitar o incidente processual. Inegavelmente, trata-se de conceito aberto, vago e impreciso.

Poder-se-ia conceber que o pressuposto da "relevante questão de direito, com grande repercussão social" se aproximaria do tema "repercussão geral" (art. 102, § 3°, da CF) de questões relevantes do ponto de vista econômico, político,

---

LEWANDOWSKI, *DJe* 26-5-2011; RE 500.171, rel. Min. RICARDO LEWANDOWSKI, *DJe* 3-6-2011).

498 Segundo ARAKEN DE ASSIS, tais expedientes processuais configuram sucedâneos recursais (*Manual dos recursos*, Cap. 15). No mesmo sentido: CASSIO SCARPINELLA BUENO, *Curso sistematizado de direito processual civil*, vol. 2, Cap. 10.

social ou jurídico que ultrapassam os interesses subjetivos do processo, requisito de admissibilidade específico do recurso extraordinário (art. 1.035, § 1º).[499] Em grande medida, a analogia fica superada por alguns motivos. A "repercussão geral" diz respeito a requisito de admissibilidade do recurso extraordinário, exigido pela lei por delegação constitucional, estritamente a questões constitucionais. O pressuposto exigido para propor a assunção de competência é mais amplo: vale para toda e qualquer questão de direito, seja qual for a natureza jurídica (federal, estadual, municipal, distrital, administrativa etc.).

O termo "questão de direito" não é de fácil compreensão.[500] Para ficar circunscrito ao direito processual, o tema apresenta suas dificuldades no campo das provas, dos recursos, do incidente de resolução de demandas repetitivas.

Para este trabalho, especificamente na assunção de competência, "questão de direito" é representada pela controvérsia na aplicação ou interpretação da norma a partir de determinado suporte fático. Tal questão é jurídica e não pode exigir dilação probatória.[501]

Porém, para movimentar a assunção de competência, é insuficiente apenas identificar a "questão de direito". Tal questão não se enquadra como questão comum ou habitual.[502] É preciso que ela seja "relevante", expressiva no conteúdo jurídico. A compreensão da expressão "questão de direito relevante" leva em consideração outras dicções expostas na lei, especialmente "repercussão social" (art. 947, *caput*) e "interesse público" (art. 947, § 2º).[503]

A partir da experiência estrangeira, parcela da doutrina oferece alguns critérios que podem ser úteis para interpretar o pressuposto exigido pelo *caput* do art. 947. De um lado, apontam-se semelhanças em relação aos critérios para determinar a escolha do caso a ser julgado pela Corte Suprema dos Estados Unidos.[504]

---

499   CAMILO ZUFELATO, *Comentários ao Código de Processo Civil*, vol. 4, n. 5.2, p. 100.

500   Sobre o tema, *v.* a clássica obra de CASTANHEIRA NEVES, *Questão de facto – questão de direito*, *passim*.

501   ABBOUD-FERNANDES, Requisitos legais para instauração do incidente de assunção de competência, *RePro* 279, p. 344.

502   OSMAR MENDES PAIXÃO CORTÊS, Coment. ao art. 947, *in Breves comentários ao novo Código de Processo Civil*, n. 3, p. 2350. No mesmo sentido: ZULMAR DUARTE DE OLIVEIRA JR., *Execução e recursos* – comentários ao CPC de 2015, n. 3, p. 667.

503   MARINONI-ARENHART-MITIDIERO, *Novo curso de processo civil*, vol. 2, n. 12.3.1, p. 581.

504   Parece ser essa a posição de BIANCA MENDES PEREIRA RICHTER. A autora invoca a lição de MICHELE TARUFFO, que, por sua vez, indica os possíveis critérios adotados pela Corte Suprema estadunidense ("a) la corte considera necesario establecer cuál es la solución correcta de una cuestión de derecho novedosa (como por ejemplo la interpretación de una norma recién entrada en vigor), para evitar incertidumbres y

De outro lado, em denso artigo, RODRIGO BARIONI oferece importante contribuição a partir da técnica das *unpublished opinions*, que é utilizada para selecionar as decisões aptas à formação de precedentes obrigatórios no sistema jurídico estadunidense.[505]

Nada obstante o importante contributo da doutrina, para realizar o exame da relevante questão de direito com grande repercussão social, dois critérios devem ser observados: (*i*) critério qualitativo e (*ii*) critério quantitativo. Sob a perspectiva (*i*), deve-se esquadrinhar o conteúdo da "relevante questão de direito", de modo a observar qual será seu impacto diante do ordenamento jurídico a partir da sua solução tomada no procedimento da assunção de competência. Sob a perspectiva (*ii*), a análise da "relevante questão de direito" deve ultrapassar os interesses subjetivos do recurso, da remessa necessária ou do processo de competência originária, para alcançar os interesses da sociedade.[506]

A questão direito a ser debatido pode envolver diversos setores da sociedade. A "repercussão social" pode englobar aspectos econômicos, religiosos, afetivos, jurídicos, políticos, ambientais, raciais, culturais, gênero, entre muitos outros.[507] O importante é que a questão jurídica a ser resolvida impacte a *vida social*. São questões que podem modificar o modo de *ser* da sociedade (*v.g.*, mudança no regime tarifário de serviços públicos essenciais; autorização para

---

opiniones divergentes; b) la corte considera necesario resolver un conflicto de jurisprudencia surgido en las cortes inferiores; c) la corte pretende superar y dejar de lado un viejo precedente, aún establecido por el mismo tribunal, que por varias razones aparece inadecuado y viene por tanto overruled, brindando una nueva solución a la misma cuestión de derecho"). (O incidente de assunção de competência como precedente no novo Código de Processo Civil: análise do instituto no Superior Tribunal de Justiça, *RePro* 280, p. 318-319).

505 RODRIGO BARIONI, As *unpublished opinions* do direito norte-americano: contribuição para a assunção de competência, *RePro* 261, n. 4, p. 406-412.

506 MARINONI-MITIDIERO, *Comentários ao Código de Processo Civil*, vol. XV, n. 2, p. 249.

507 Enunciado 469 do FPPC: "A 'grande repercussão social', pressuposto para a instauração do incidente de assunção de competência, abrange, dentro outras, repercussão jurídica, econômica ou política". Alguns exemplos da jurisprudência que justificam a expressão "dentre outras" exposta no enunciado: patente de invenção (STJ, ProAfR no REsp 1.610.728-RS, rel. Min. NANCY ANDRIGHI, *DJe* 16-4-2018); Prazo anual de prescrição em todas as pretensões que envolvam interesses de segurado e segurador em contrato de seguro (STJ, IAC no REsp 1.303.374-ES, rel. Min. LUIS FELIPE SALOMÃO, *DJe* 1-8-2017); cabimento de prescrição intercorrente e eventual imprescindibilidade de intimação prévia do credor e necessidade de oportunidade para o autor dar andamento ao processo paralisado por prazo superior àquele previsto para a prescrição da pretensão veiculada na demanda (STJ, IAC no REsp 1.604.412-SC, Rel. Min. MARCO AURÉLIO BELLIZZE, *DJe* 13-2-2017); possibilidade de transfusão de sangue em paciente adulto e capaz que manifestou explicitamente discordância, por motivo de crença religiosa (TJES, IAC 0020701-43.2017.8.08.0048, rel. Des. SAMUEL MEIRA BRASIL JR., j. 26-4-2018).

fornecimento de medicamentos; liberdade e manifestação do pensamento; legitimidade de cotas em favor de negros em universidades; interpretação de norma processual que pode atribuir maior efetividade ao processo etc.).[508]

A doutrina anota que "um caso particular em que se há de presumir a relevância da questão e que, portanto, sempre pode autorizar a instauração do incidente em estudo é a presença de divergência, *potencial* ou *efetiva*, sobre a interpretação da questão de direito (art. 947, § 4º). De fato, se o objetivo da medida é gerar segurança jurídica, tornando cognoscível o entendimento da Corte a respeito de certa matéria de direito, sempre que puder ocorrer dúvida séria, demonstrada pela provável ou concreta disparidade na interpretação de certa questão de direito, deve-se admitir o incidente de assunção de competência".[509]

A "grande" repercussão da relevante questão de direito pode ter alcance territorial limitado a certa região ou grupo de pessoas. Por exemplo, questões de direito que interessam a determinado Município podem se enquadrar no conceito de repercussão social.[510]

Nessa ordem de ideias, dada a generalidade do termo, a "questão de direito" pode abranger direito material ou direito processual, pois essas matérias podem repercutir socialmente.[511] Não importa a origem da questão (lei, decreto, ato normativo, regimento interno etc.).

---

508 Luiz Guilherme Marinoni afirma que "numa questão jurídica que tem relevante impacto sobre uma ou mais das várias facetas da vida em sociedade. Porém, não basta que a questão de direito apenas diga respeito à política, à religião, à cultura ou à economia de uma região" (*Sobre o incidente de assunção de competência*, p. 282). Osmar Mendes Paixão Cortês fala em questão "que, uma vez definida, pode importar em mudanças de rumo em políticas públicas, aumento de preços, que pode afetar grupos de pessoas, consumidores, empresas, etc." (Coment. ao art. 947, *in* Breves comentários ao novo Código de Processo Civil, n. 3, p. 2350).

509 Marinoni-Arenhart-Mitidiero, *Novo curso de processo civil*, vol. 2, n. 12.3.1, p. 581-582. José Miguel Garcia Medina afirma que "[n]ão seria inapropriado dizer que, por ter repercussão social, a questão só não é repetitiva neste momento, mas é potencialmente repetitiva" (Entre julgar teses e casos: transformações recentes dos papéis desempenhados pelos tribunais no direito brasileiro, n. 7 (versão eletrônica)).

510 O TJMJ afetou o seguinte tema: Direito dos servidores municipais de Capelinha/MG, em converterem as férias-prêmio adquiridas antes da edição da Lei n. 2.033/16, em dinheiro (CNJ, NUT 8.13.3.000004).

511 Zulmar Duarte de Oliveira Jr., *Execução e recursos* – comentários ao CPC de 2015, n. 3, p. 668. No mesmo sentido: Enunciado 600 do FPPC: "O incidente de assunção de competência pode ter por objeto a solução de relevante questão de direito material ou processual". O Superior Tribunal de Justiça já decidiu ser possível suscitar a assunção de competência em matéria processual. Na hipótese, a matéria controvertida consistia em saber se seria cabível a impetração do mandado de segurança para impugnar decisão judicial que extingue a execução fiscal com base no art. 34 da Lei n. 6.830/80 (IAC no Recurso em Mando de Segurança 53.720/SO, rel. Min. Sérgio Kukina, *DJe* 20-10-2017).

A vagueza do pressuposto impõe, de um lado, o reforço argumentativo do requerente da assunção de competência, e, de outro, o dever de fundamentar, de forma coerente e completa, a fim de que sejam explicitados todos os fundamentos pelos quais direcionaram o órgão colegiado competente a declarar a existência de "relevante questão de direito, com grande repercussão social".[512] Lê-se do inciso II do parágrafo único do art. 489 que não se considera fundamentada qualquer decisão judicial – aqui está incluído o acórdão que examina o pressuposto específico da assunção de competência – "que empregar conceitos jurídicos indeterminados, sem explicar o motivo concreto de sua incidência no caso".

90. Inexistência de múltiplos processos que envolvam a questão

A parte final do *caput* do art. 947 estabelece que o cabimento da assunção de competência está condicionado à inexistência de múltiplos processos que envolvam a mesma relevante questão de direito, ainda que haja grande repercussão social.

De acordo com o modelo do Código, a efetiva repetição de processos que contenham controvérsia sobre a mesma questão unicamente de direito é motivo para suscitar o incidente de resolução de demandas repetitivas e não a assunção de competência.[513]

A existência de outros processos que contenham a mesma discussão acerca da questão de direito, *per si*, é insuficiente para afastar a assunção de competência. O que obsta a multiplicidade de processos.

Para comprovação do pressuposto negativo, basta o interessado demonstrar a inexistência de múltiplos processos que envolvam a mesma questão de direito no âmbito da competência do tribunal que julgará a assunção de competência. A repetição da questão de direito socialmente relevante repetida em processos que tramitam em outros estados ou regiões não obsta a que o legitimado provoque a instauração do incidente.

91. Inexistência de outro procedimento para resolver a questão de direito

O cabimento da assunção de competência também está condicionado à inexistência de outro mecanismo processual instaurado em órgão de hierarquia

---

512 ABBOUD-FERNANDES, Requisitos legais para instauração do incidente de assunção de competência, *RePro* 279, n. 2.2, p. 345. No referido trabalho, os autores analisam algumas decisões (deficientes, sob o prisma da fundamentação) do Superior Tribunal de Justiça que admitiram a assunção de competência.

513 Enunciado 334 do FPPC: "Por força da expressão 'sem repetição em múltiplos processos', não cabe o incidente de assunção de competência quando couber julgamento de casos repetitivos".

superior destinado a firmar tese a respeito da relevante questão de direito que repercute socialmente.

Assim, *v.g.*, se já houver a assunção de competência em curso perante o Superior Tribunal de Justiça sobre a fixação da relevante questão de direito X, a qual possui grande repercussão na sociedade, não será possível instituir outra assunção de competência em tribunais dos estados ou em tribunais regionais federais.[514]

92. Demonstração da necessidade de prevenir ou compor a divergência jurisprudencial

Na linha do § 4º do art. 947, a assunção de competência também poderá ser suscitada "quando ocorrer relevante questão de direito a respeito da qual seja conveniente a prevenção ou a composição de divergência entre câmaras ou turmas do tribunal".

Nessa hipótese, o legitimado deverá ajustar o ofício ou o requerimento, conforme o caso, para indicar na fundamentação a necessidade de prevenir eventual desacordo de jurisprudência ou compor a divergência existente.

A palavra "divergência" é demasiadamente ampla, o que atrai dificuldades na sua interpretação. O Código não indica um caminho a respeito da forma pela qual se apura a eventual futura divergência, nem a divergência já existente.[515]

Demonstrar a prevenção da divergência, como pressuposto para o cabimento da assunção de competência, impõe ao suscitante e ao órgão julgador no momento da admissibilidade do incidente um esforço argumentativo para certificar a provável futura divergência acerca da relevante questão de direito. O tema não é simples. Será necessário levar em consideração se a *questão* está suficientemente amadurecida para ser objeto do contraditório em assunção de competência de modo a formar um precedente que será aplicado a outros casos semelhantes.

---

514 O Tribunal de Justiça do Estado de São Paulo julgou prejudicado o exame de assunção de competência que tinha por objeto relevante questão de direito a qual, posteriormente ao requerimento do incidente, veio a ser resolvida em ação direta de inconstitucionalidade pelo Supremo Tribunal Federal (Incidente de Assunção de Competência n. 0008935-61.2011, rel. Des. Torres de Carvalho, j. 13-9-2018).

515 Sidney Sanches, no sistema anterior, anotou que o CPC/1973 não dava subsídios para apurar a divergência de modo a suscitar o incidente de uniformização de jurisprudência. Isso levou o ex-Ministro do Supremo Tribunal Federal a concluir: "Isso nem o código nem os regimentos conhecidos têm cogitado, ficando, então, a questão submetida ao prudente critério do juiz, ou melhor, do órgão julgador" (*Uniformização de jurisprudência*, n. 4, p. 25). Evidentemente que a proposta oferecida não tem aplicação no modelo atual.

De outro lado, comprovar a divergência existente é igualmente tarefa complexa. Há dificuldades na identificação das semelhanças fáticas das questões dos casos e em saber se a mesma solução seria aplicável para todos os casos.[516] Seja como for, o interessado deverá realizar o cotejo entre o caso que poderá ser eventual condutor da assunção de competência com outros processos já decididos por órgãos do tribunal, para buscar as semelhanças entre as relevantes questões de direito.[517]

O dissídio relevante deve ter origem no mesmo tribunal. A assunção de competência não tem por objetivo uniformizar a jurisprudência entre os diversos tribunais que compõem a federação. Trata-se de uniformizar a jurisprudência *intra muros*. O caminho adequado para solucionar a divergência entre tribunais é outro mecanismo, *v.g.*, recurso especial fundado na letra *c* do inciso III do art. 105 da Constituição. Anote-se, porém, que a divergência sobre a relevante questão de direito possa ocorrer entre órgãos do mesmo tribunal com distinta competência em razão da matéria. A situação é comum. Basta imaginar que a Primeira Turma do Superior Tribunal de Justiça (especializada em direito público) esteja em desacordo com a Terceira Turma (especializada em direito privado) acerca de determinada questão de direito associada ao direito processual (*v.g.*, cabimento de recurso).

93. Competência

Em sintonia com a alínea *a* do inciso I do art. 96 da CF, a parte final do § 1º do art. 947 estabelece que a assunção de competência para julgar o recurso, a remessa necessária ou o processo de competência originária será do órgão colegiado indicado pelo regimento interno.

---

516 EDUARDO DE ALBUQUERQUE PARENTE, sob a perspectiva do incidente de uniformização de jurisprudência, percebeu as dificuldades de demonstrar a divergência jurisprudencial: "é muito comum duas ou mais demandas *gravitarem* em torno da mesma tese principal mas, ainda assim, possuírem contingências e sutilezas fáticas e/ou jurídicas que as diferenciem (...) devem-se aferir os limites entre as questões centrais e as periféricas. Se iguais (ou muito semelhantes) as primeiras, há que ser aplicado o precedente uniformizador. E a eventual dificuldade em identificá-la não é intransponível. Ainda que não se consiga determinar exatamente quais são as questões cruciais entre o caso paradigma e o que será julgado, na dúvida, a opção deve considerar a segurança jurídica, mantendo o entendimento-padrão" (*Jurisprudência: da divergência à uniformização*, n. 2.2, p. 36).

517 SÉRGIO GILBERTO PORTO, ao comentar o instituto da uniformização de jurisprudência, afirma que a prova da divergência deve levar em conta o "exame analítico entre os casos, com a demonstração crítica da alegada divergência" (*Comentários ao Código de Processo Civil*, vol. 6, n. 2, p. 248).

COMENTÁRIOS AO CÓDIGO DE PROCESSO CIVIL v. XIX

A tarefa do regimento interno será instituir órgão colegiado com representatividade para gerar precedente obrigatório, com atribuição de uniformizar a jurisprudência do tribunal.[518]

Em tribunais numerosos (*v.g.*, Tribunal de Justiça do Estado de São Paulo), é interessante que o órgão colegiado que processará o incidente e resolverá a relevante questão de direito socialmente impactante, aplicando a solução ao caso concreto, seja formado por magistrados que possuam afinidade com o tema objeto do incidente.[519]

A assunção de competência aplica-se em qualquer tribunal[520] de segundo grau de jurisdição (Tribunais de Justiça e Tribunais Regionais Federais)[521] e nos tribunais de superposição (STF e STJ).[522]

94. Legitimidade

O § 1º do art. 947 estabelece os legitimados e a forma para provocar a assunção de competência.

O relator proporá de ofício. Não há necessidade de aprovação dos demais integrantes da turma julgadora originariamente competente para processar e julgar o recurso, a remessa necessária ou o processo de competência originária.[523] Todavia, nada obsta que, na ocasião do julgamento do recurso, da re-

---

518 CASSIO SCARPINELLA BUENO, *Curso sistematizado de direito processual civil*, vol. 2, n. 3, p. 423. No mesmo sentido é o Enunciado 202 do FPPC: "O órgão colegiado a que se refere o § 1º do art. 947 deve atender aos mesmos requisitos previstos pelo art. 978".

519 CAMILO ZUFELATO afirma que "é sempre salutar que o próprio Tribunal encontre, na sua estrutura, um órgão colegiado que seja mais expressivo e representativo que as câmaras ou turmas, mas que ao mesmo tempo tenha *alguma especialidade quanto à matéria a* ser decidida. Não haveria razão alguma, pelo contrário, em se tratando de busca por certa especialidade do órgão que assumirá essa competência, que o Tribunal defina se competente o pleno ou órgão especial, simplesmente porque é o órgão de cúpula da corte, quando houver colegiado representativo com alguma especialidade sobre a matéria" (*Comentários ao Código de Processo Civil*, vol. 4, n. 6.3, p. 108).

520 Enunciado 468 do FPPC: "O incidente de assunção de competência aplica-se em qualquer tribunal".

521 Além dos tribunais de segundo grau no âmbito da Justiça do Trabalho (Tribunais Regionais do Trabalho) e da Justiça Eleitoral (Tribunais Regionais Eleitorais). Por força do art. 15, especialmente em relação ao termo "processos administrativos", é possível admitir o incidente de assunção de competência no âmbito dos Tribunais de Contas dos Estados e dos Municípios, onde houver.

522 Acrescentem-se, ainda, os Tribunais de Superposição em matéria trabalhista e eleitoral (Tribunal Superior do Trabalho e Tribunal Superior Eleitoral). Por força do art. 15, especialmente em relação ao termo "processos administrativos", é possível admitir o incidente de assunção de competência no âmbito do Tribunal de Contas da União.

523 Todavia, LUIZ GUILHERME MARINONI parece discordar do texto: "Isso não quer dizer que, uma vez requerido o deslocamento de competência, esse não tenha que ser

CPC/2015, art. 947

messa necessária ou do processo de competência originária, o órgão colegiado conjuntamente, ou por um de seus integrantes, identifique a questão de direito socialmente relevante e, nesse momento, proponha a instauração do incidente.[524] Concebe-se que o presidente do tribunal, nas suas atribuições jurisdicionais, também proponha a assunção de competência.[525]

Por requerimento, a assunção de competência poderá ser provocada pelas partes, Ministério Público e Defensoria Pública.

Por "partes" entendem-se os sujeitos parciais do processo em que se discute a relevante questão de direito, com grande repercussão social, sem repetição em outros processos.

Na hipótese de pluralidade de partes (litisconsórcio), qualquer litisconsorte, ativo ou passivo, independentemente da natureza e do momento em que se formou, tem legitimidade para requerer o incidente. Semelhante iniciativa estende-se ao terceiro (Título III do Livro III da Parte Geral) que haja integrado o processo (*v.g.*, denunciado, chamado etc.), bem ainda assistente simples ou litisconsorcial.

Registre-se que o conceito de parte compreende os "interessados", termo empregado no processo de jurisdição voluntária.

No processo civil, o Ministério Público poderá funcionar como parte ou fiscal do ordenamento jurídico. Seja qual for sua atuação no processo, o Ministério Público terá legitimidade para suscitar a assunção de competência. Não sendo parte na assunção de competência, o Ministério Público funcionará

---

aprovado pelo colegiado originariamente competente para o caso. O relator não está vinculado ao requerimento das partes, do Ministério Público e da Defensoria Pública nem pode decidi-lo sozinho. Só o colegiado originariamente competente – o 'juiz natural' – tem legitimidade para aprovar pedido de deslocamento de competência. Por isso, o relator, quando age de ofício, apenas submete a ideia de deslocamento de competência para os demais membros do colegiado. Jamais poderá decidir para imediatamente encaminhar os autos ao outro órgão colegiado" (*Sobre o incidente de assunção de competência*, n. 4, p. 284-285). Nada obstante o pensamento do renomado processualista, é preciso considerar que o § 2º do art. 947 atribui competência funcional para o órgão colegiado indicado pelo regimento interno – "juiz natural" – para o exercício do juízo de admissibilidade da assunção de competência.

524 ALEXANDRE FREITAS CÂMARA, *O novo processo civil brasileiro*, n.23.3, p. 446.

525 O art. 271-B do RISTJ estabelece: O relator ou o *Presidente* proporá, de ofício ou a requerimento da parte, do Ministério Público ou da Defensoria Pública, na forma preconizada pelo Capítulo II-B do Título IX da Parte I do Regimento Interno, mediante decisão irrecorrível, a assunção de competência de julgamento de recurso, de remessa necessária ou de processo de competência originária que envolver relevante questão de direito, com grande repercussão social, sem repetição em múltiplos processos.

173

COMENTÁRIOS AO CÓDIGO DE PROCESSO CIVIL V. XIX

como fiscal do ordenamento jurídico. Nesse caso, sua intimação é obrigatória.[526] Questão de maior indagação é saber se o Ministério Público, quando não está no processo – como parte ou fiscal da ordem jurídica –, poderia intervir apenas para provocar a assunção de competência. De acordo com a atribuição institucional desenhada pela Constituição, indispensável ao desempenho da função jurisdicional (art. 127, *caput*, da CF; arts. 176 e 178, I, do CPC), ao identificar a relevante questão de direito, que repercute na sociedade, o Ministério Público intervirá e promoverá a assunção de competência, ainda que não esteja formalmente integrado no processo. Se o Ministério Público não for o requerente, deverá assumir a titularidade da assunção de competência no caso de desistência ou abandono, em analogia ao § 2º do art. 976.

Legitima-se à assunção de competência, finalmente, a Defensoria Pública. Note-se que sua legitimidade está condicionada ao exercício de sua função institucional para a concretização dos direitos e das liberdades de que são titulares as pessoas carentes e necessitadas, conforme disposto no art. 134 da CF. É por essa razão que deve haver pertinência temática entre a relevante questão de direito socialmente impactante e os titulares do referido direito.

95. Juízo de admissibilidade

O objeto do juízo de admissibilidade da assunção de competência são os pressupostos necessários para que se possa legitimamente apreciar a relevante questão de direito com grande repercussão social.

De acordo com o § 2º do art. 947 o "órgão colegiado julgará o recurso, a remessa necessária ou o processo de competência originária se reconhecer interesse público na assunção de competência". Significa dizer que o tribunal somente apreciará a assunção de competência se reconhecer os pressupostos de admissibilidade ordenados no *caput* e apanhados pela expressão "interesse público".

A falta de rigor da lei para determinar com precisão o órgão competente para o exercício do juízo de admissibilidade da assunção de competência moveu parcela da doutrina a sugerir um "duplo exame": primeiro, pelo órgão colegiado competente para, originariamente, julgar o recurso, a remessa necessária ou o processo de competência originária; e segundo, pelo órgão co-

---

526 DIDIER JR.-CUNHA, *Intervenção do Ministério Público no incidente de assunção de competência e na reclamação*: interpretando um silêncio e um exagero verborrágico do novo CPC, p. 256. No mesmo sentido é o Enunciado 467 do FPPC: "O Ministério Público deve ser obrigatoriamente intimado no incidente de assunção de competência".

legiado indicado pelo regimento interno do tribunal para julgar a questão de direito objeto da assunção de competência.[527]

Embora respeitável, a proposta sucumbe diante do § 2° do art. 947. O referido dispositivo legal é claro ao estabelecer que o órgão colegiado – indicado pelo regimento interno – somente solucionará a questão de direito, julgando o caso, se reconhecer os pressupostos de admissibilidade que estão absorvidos pelo termo "interesse social".[528] Trata-se de competência funcional.

Importa acentuar que não tem aplicação o entendimento segundo o qual a assunção de competência seria *faculdade judicial* e não direito da parte à sua admissão.[529] O juízo de admissibilidade da assunção de competência tem por objeto bem definido o exame motivado dos pressupostos exigidos pelo art. 947. Não se trata de *vontade* da parte ou do órgão julgador.

Suscitada a assunção de competência, a regra é que os autos sejam distribuídos ao relator – que compõe o órgão colegiado designado previamente pelo regimento interno[530] –, que fará a exposição da argumentação exposta no ofício ou na petição, conforme o requerente da medida processual. Em sessão específica para deliberação da admissibilidade do incidente, o órgão colegiado examinará se estão presentes os pressupostos exigidos pelo art. 947.

Caso o órgão colegiado delibere pela inadmissibilidade da assunção de competência, o recurso, a remessa necessária ou o processo de competência

---

527 Vinicius Silva Lemos, *O incidente de assunção de competência*: o aumento da importância e sua modernização no novo Código de Processo Civil, p. 111; *O incidente de assunção de competência*, n. 4.1.2.1.2, p. 111; Arruda Alvim, *Manual de direito processual civil*, n. 38.4.2, p. 1517.

528 No mesmo sentido: Gresieli Taise Ficanha, Decisões vinculantes, sua aplicação e garantia do contraditório: uma possível solução através da representação argumentativa, n. 2.4, *RePro* 275 (versão eletrônica).

529 Especialmente ao incidente de uniformização de jurisprudência, Gabriela Oliveira Freitas faz referência jurisprudencial nesse sentido (*A uniformização de jurisprudência no estado democrático de direito*, p. 56-57).

530 Todavia, concebe-se que os autos permaneçam com o próprio relator do recurso, da remessa necessária ou do processo de competência originária. Didier Jr.-Cunha compartilham o entendimento de que a assunção de competência permaneça com o relator da causa que originou a discussão da relevante questão de direito: "[a]fetado o julgamento ao órgão indicado pelo regimento, não se altera o relator. Ainda que ele não componha o órgão indicado pelo regimento, deve participar do julgamento, mantendo a função de relator. E, se houver outro caso a ser afetado ao órgão indicado pelo regimento, o relator mantém-se prevento, aplicando-se, no particular, o disposto no § 3.° do art. 1.037 do CPC" (Coment. ao art. 947, *Comentários ao Código de Processo Civil*, n. 8, p. 1388). Seja como for, a matéria deve ser regulada no regimento interno.

COMENTÁRIOS AO CÓDIGO DE PROCESSO CIVIL V. XIX

originária retornará à turma julgadora originária, que levará adiante o julgamento, de acordo com as regras pertinentes.[531]

Admitida a assunção de competência, será adotado, no couber, o procedimento delineado pelas normas do incidente de resolução de demandas repetitivas, juntamente com as normas do regimento interno do tribunal perante o qual tramita o incidente.

Note-se que o juízo de admissibilidade compete exclusivamente ao órgão colegiado nomeado pelo regimento interno para processar e julgar a assunção de competência. O relator sorteado para conduzir o processo não tem competência funcional para, isoladamente, exercer o juízo de admissibilidade do incidente. É inaplicável o disposto no inciso III do art. 932.

A decisão que delibera a admissibilidade da assunção de competência é irrecorrível, por não trazer prejuízo às partes.[532]

96. Procedimento

Diferentemente dos outros instrumentos de formação de precedentes obrigatórios, especialmente os recursos repetitivos e o incidente de resolução de demandas repetitivas, a lei é lacônica ao estabelecer o procedimento da assunção de competência. O instituto em comento é regulamentado apenas por um dispositivo. Em termos de procedimento, o art. 947 atribui ao regimento interno indicar – apenas – o órgão colegiado competente para processar a assunção de competência e julgar a questão de direito, aplicando a solução ao recurso, à remessa necessária ou ao processo de competência originária ("*julgado pelo órgão colegiado que o regimento indicar*"). Nada mais.[533]

A ausência de normas procedimentais para regular o processamento e o julgamento da assunção de competência gera diversos problemas práticos.[534]

Além das normas gerais expostas no Capítulo II do Título I do Livro III da Parte Especial do Código ("Da Ordem dos Processos no Tribunal"), o presente trabalho adotará a premissa de que a assunção de competência integra o microssistema de formação de precedentes obrigatórios. Logo, o procedi-

---

531 ALEXANDRE FREITAS CÂMARA, *O novo processo civil brasileiro*, n. 23.3, p. 447.

532 CAMILO ZUFELATO assenta que a "alteração de expressão não implica alteração de sentido ou conteúdo" (*Comentários ao Código de Processo Civil*, vol. 4, n. 6.2, p. 106).

533 Nada obstante, os arts. 271-B a 271-G do RISTJ disciplinam, ainda que de forma incompleta, o procedimento da assunção de competência.

534 VINICIUS SILVA LEMOS adverte para o problema e analisa se a matéria haveria de ser regulada em regimento interno, legislação federal ou legislação estadual (*O incidente de assunção de competência*, Cap. 3, p. 89-104).

mento da assunção de competência deve seguir praticamente o mesmo rito do incidente de resolução de demandas repetitivas (arts. 976-987).[535]

A assunção de competência, materializada em ofício, caso proposta pelo relator, será endereçada ao órgão que o regimento interno indicar, ou em petição, se oferecida pela parte, pelo Ministério Público ou pela Defensoria Pública, a qual será endereçada ao relator do recurso, da remessa necessária ou do processo de competência originária, a quem incumbe apenas receber o requerimento para encaminhar ao órgão colegiado que absorveu a competência.

O ofício ou a petição serão instruídos com os documentos necessários à demonstração do preenchimento dos pressupostos para instaurar a assunção de competência. Em seguida, distribuída a assunção, os autos serão imediatamente conclusos ao relator. Contudo, nada obsta a que o regimento interno indique como relator o próprio magistrado que lidera, no órgão de origem, o recurso, a remessa necessária ou o processo de competência originária.

À assunção de competência aplica-se a regra da publicidade prevista no *caput* do art. 979, de modo a suceder a mais ampla e específica divulgação e publicidade, por meio de registro eletrônico no Conselho Nacional de Justiça (CNJ).[536]

Embora a inexistência de repetição seja pressuposto negativo para o cabimento da assunção de competência, nada obsta que existam outros poucos processos que possam ter por objeto a mesma questão de direito socialmente relevante que atraia o interesse público. Nesses casos, em tese, ao admitir a assunção de competência, o relator, em decisão fundamentada, poderá determinar a suspensão dos *processos* pendentes, individuais ou coletivos.

Os pressupostos de cabimento da assunção de competência motivam o contraditório mais qualificado que se materializa com o ingresso de *amicus curiae*,[537] intervenção do Ministério Público, realização de audiências públicas (art. 983).

---

535 ALEXANDRE FREITAS CÂMARA, *O novo processo civil brasileiro*, n. 23.3, p. 447; CASSIO SCARPINELLA BUENO, *Curso sistematizado de direito processual civil*, vol. 2, n. 5, p. 424; DIDIER JR.-CUNHA, *Curso de direito processual civil*, vol. 3, n. 5, p. 804-810; MARCELO ABELHA, *Manual de direito processual civil*, n. 3, p. 1313.

536 O art. 11 da Resolução n. 235/2016 do CNJ estabelece: O STJ, o TST, o TSE, o STM, os Tribunais Regionais Federais, os Tribunais Regionais do Trabalho e os Tribunais de Justiça dos Estados e do Distrito Federal manterão, na sua página na internet, banco de dados pesquisável com os registros eletrônicos dos temas, para consulta pública, com informações padronizadas de todas as fases percorridas dos incidentes de assunção de competência ajuizados no respectivo tribunal.

537 A participação de *amicus curiae* já foi aceita em assunção de competência, cf. Manifestação do instituto brasileiro de direito processual (IBDP) como *amicus curiae* no incidente de assunção de competência 0004672-46.2017.8.05.0000: aplicação das regras do CPC/2015 sobre os honorários advocatícios aos casos pendentes, publicado na *RePro*, vol. 287, p. 383-405.

COMENTÁRIOS AO CÓDIGO DE PROCESSO CIVIL V. XIX

Sustenta-se que a desistência ou o abandono do recurso, da remessa necessária ou do processo de conhecimento impediria a fixação da tese acerca da relevante questão de direito que repercute socialmente. Isso porque na assunção de competência não há multiplicidade de processos. O "caso escolhido é único ou raro ou muito específico e será a partir dele que o precedente será construído. Caso haja desistência ou abandono, permitir que o tribunal prossiga para fixar a tese à semelhança do que ocorre no julgamento de casos repetitivos, abriria a possibilidade de o órgão julgador proferir uma decisão totalmente abstrata, sem aderência a caso algum, em atividade semelhante à legislativa. Aí, sim, seria possível falar em inconstitucionalidade na atuação do tribunal, pois a jurisdição se caracteriza exatamente pela circunstância de ter de examinar casos, decidindo sempre à luz de um problema concreto".[538]

Embora o argumento seja convincente, é possível tolerar, em raras hipóteses, que a desistência ou o abandono não seja óbice para a formação da tese em assunção de competência. Linhas acima, demonstrou-se que a existência de alguns outros processos que contenham a mesma discussão acerca da questão de direito, por si mesmo, é insuficiente para afastar a assunção de competência. O que obsta a multiplicidade de processos. Logo é possível a existência de repetição mínima, que não dá lugar ao incidente de resolução de demandas repetitivas. Esses poucos processos, como visto acima, ficam sobrestados até o julgamento da assunção de competência. Nesses raros casos, é possível que a desistência ou o abandono do processo transportado para o órgão colegiado mais representativo não seja obstáculo para a formação da tese jurídica acerca da relevante questão de direito. O que mudará será o veículo processual que será encaminhado ao colegiado competente.[539]

Dada a relevância social da questão de direito envolvida, a assunção de competência deverá ser julgada no prazo de 1 (um) ano e terá prioridade sobre os demais processos, ressalvados os que envolvam réu preso e os pedidos de *habeas corpus* (art. 980).

---

538 DIDIER JR.-CUNHA, *Curso de direito processual civil*, vol. 3, n. 11, p. 818. Em sentido contrário dispõe o Enunciado 65 da I Jornada de Direito Processual Civil do CJF: "A desistência do recurso pela parte não impede a análise da questão objeto do incidente de assunção de competência". *V.*, ainda, HUMBERTO DALLA BERNADINA PINHO, *Direito processual civil contemporâneo*, vol. 2, n. 2.2.1, p. 849.

539 Para CAMILO ZUFELATO, o importante é definir a tese, independentemente da existência de outro veículo processual. Nas suas palavras, "o mais coerente é que haja aplicação, por analogia, da regra do art. 998, parágrafo único, do CPC de 2015, permitindo-se que o tribunal aprecie a questão jurídica, fixando sua interpretação para unificar casos futuros" (*Comentários ao Código de Processo Civil*, vol. 4, n. 6.4, p. 109).

Encerradas as providências para ampliação do contraditório, o relator solicitará dia para o julgamento da assunção de competência.

Na sessão de julgamento, o relator fará a exposição detalhada do objeto da assunção de competência. Em seguida será concedida a palavra aos interessados para realizarem sustentação oral,[540] na forma preconizada pelas alíneas *a* e *b* do inciso II e § 1º do art. 984.

A fundamentação deverá ser reforçada para abranger o exame de todos os argumentos suscitados na assunção de competência – favoráveis e contrários – relativamente à tese jurídica.

O julgamento não unânime em assunção de competência não propicia a técnica do julgamento estendido (art. 942, § 4º, I). A razão legal é relativamente simples: dada a relevância da questão de direito com grande repercussão social, o julgamento do incidente é realizado por colegiado hierarquicamente superior ao órgão jurisdicional originário.

Dado o papel institucional da assunção de competência, não deve ser exigido o pagamento de custas processuais, tão pouco ensejar o pagamento de honorários advocatícios além daqueles que devem ser fixados por ocasião do julgamento do recurso ou do processo de competência originária.

O julgamento da assunção de competência possui duas fases: a primeira, destinada ao exame da relevante questão de direito que repercute socialmente; a segunda, para aplicar a tese ao julgamento do recurso, remessa necessária ou processo de competência originária.[541]

De acordo com o § 3º do art. 947, a tese jurídica fixada na assunção de competência *vinculará* todos os juízes e órgãos fracionários do tribunal que julgou a assunção de competência. Na perspectiva dos precedentes, o sentido da palavra *vinculante* deve ser aquele empregado pelo *caput* e inciso III do art. 927, segundo o qual todos os juízes e tribunais *observarão* o acórdão proferido em julgamento de assunção de competência.

97. Julgamento e fixação da tese

Ao julgamento da assunção de competência, aplicam-se todas as normas relativas ao incidente de resolução de demandas repetitivas. Vale dizer, serão observadas as seguintes etapas: (*i*) o relator fará a exposição do objeto da as-

---

540 Enunciado 651 do FPPC: "É admissível sustentação oral na sessão de julgamento designada para o juízo de admissibilidade do incidente de resolução de demandas repetitivas ou do incidente de assunção de competência, sendo legitimados os mesmos sujeitos indicados nos arts. 984 e 947, § 1º".

541 Zulmar Duarte de Oliveira Jr., *Execução e recursos* – comentários ao CPC de 2015, n. 3, p. 667.

sunção de competência; (ii) os interessados poderão sustentar oralmente suas razões na forma e no tempo declinados pelo inciso II do art. 984.

Cumprida as providências, será feita a leitura do voto, que deverá abranger a análise de todos os argumentos deduzidos pelos interessados concernentes à relevante questão de direito, independente do posicionamento acerca da tese. Em seguida, o órgão colegiado passa a deliberar sobre a matéria submetida à sua cognição.

O § 3º do art. 947 estabelece que "o acórdão proferido na assunção de competência vinculará todos os juízes e órgãos fracionários, exceto se houver revisão da tese". A primeira conclusão que se pode extrair do dispositivo legal é a estrita relação estabelecida com o *caput* do art. 927. Além disso, conclui-se que o órgão colegiado também fixará "tese", como ocorre no incidente de resolução de demandas repetitivas (art. 985) e nos recursos repetitivos (art. 1.039).

A palavra "vinculação" – extraída da lei – não tem o sentido de impor aos demais órgãos julgadores a perda de sua "capacidade interpretativa". No caso de afastar a tese, o órgão julgador haverá de fundamentar sua decisão "com técnicas argumentativas específicas".[542] A ineficiência judicial de não argumentar pressupõe decisão omissa, contra a qual o interessado poderá opor embargos de declaração (art. 1.022, parágrafo único, I).[543]

Em consequência, de acordo com previsão expressa do Código, a decisão proferida em assunção de competência poderá ser utilizada para: (i) julgar liminarmente improcedente o pedido (art. 332, III); (ii) não aplicar o regime da remessa necessária (496, § 4º, III); e autorizar o relator a dar ou negar provimento a recurso (art. 932, IV, *c*, e V, *c*) ou julgar conflito de competência (art. 955, II). Há outras situações, muito embora não previstas expressamente na lei, diante do modelo adotado pelo Código, em que é possível extrair outros efeitos do precedente firmado em assunção de competência. Assim, *v.g.*, concessão de tutela de evidência fundada em tese firmada em assunção de competência.[544]

---

542 Arruda Alvim, *Manual de direito processual civil*, n. 38.4.2, p. 1517.

543 "Esse dispositivo coloca em relevo a força de precedentes qualificados e paradigmáticos (arts. 928, 947, 976 e segs. e 1.036 e segs. do CPC), que não podem ser ignorados quando causa similar à que nele foi tratada é ulteriormente examinada pelo Poder Judiciário. No julgamento dessa causa ulterior, o juiz deve observar referidos precedentes (art. 927, III, do CPC) ou explicar com suficiência as razões pelas quais eles estão ou devam ser superados (art. 927, § 4º, do CPC) ou não se aplicam ao caso concreto (*distinguishing*). Na falta de tal observância ou de tais explicações, caracteriza-se omissão passível de embargos de declaração, independentemente de os mencionados precedentes terem sido previamente invocados por qualquer das partes no processo" (Luis Guilherme A. Bondioli, *Comentários ao Código de Processo Civil*, vol. XX, n. 142, p. 170).

544 Enunciado 135 do CJF: "É admissível a concessão de tutela da evidência fundada em tese firmada em incidente de assunção de competência".

CPC/2015, ART. 947

A fixação da tese não é revestida pela autoridade da coisa julgada, podendo ser revista a qualquer tempo.[545] A revisão da tese será feita pelo mesmo órgão que julgou a assunção de competência e poderá ser proposta de ofício ou por requerimento pelos legitimados arrolados no § 1º do art. 947. A alteração da tese jurídica adotada em julgamento de assunção de competência *poderá* ser precedida de audiências públicas e da participação de pessoas, órgãos ou entidades que possam contribuir para a rediscussão da relevante questão de direito que repercute socialmente.[546]

De modo a garantir a autoridade do acórdão proferido em julgamento de assunção de competência, poderá ser utilizada a reclamação (art. 988, IV).[547]

98. Meios de impugnação

O estudo dos meios de impugnação deve ser realizado a partir das seguintes perspectivas: (*i*) admissibilidade da assunção de competência; e (*ii*) julgamento da assunção de competência.

Naturalmente, os embargos de declaração são cabíveis contra toda e qualquer decisão, em todas as perspectivas acima apontadas.

A decisão que delibera a admissibilidade da assunção de competência não comporta recurso por não gerar prejuízo às partes. Referida decisão transita em julgado, mas não é revestida pela autoridade da coisa julgada, não podendo ser objeto de ação rescisória. De outro lado, caso exista tese firmada em assunção de competência junto ao Superior Tribunal de Justiça ou ao Supremo Tribunal Federal, e for suscitada nova assunção agora em tribunal do local ou regional a respeito da mesma questão de direito já enfrentada pelos tribunais superiores, será possível o manejo da reclamação.

Caso a assunção de competência haja tramitado em tribunal de segundo grau de jurisdição (TJ ou TRF), o acórdão que julgar o recurso, a remessa necessária ou o processo de competência, em tese, comporta recurso especial e/ou recurso extraordinário, conforme o caso. Na hipótese de incidente de competência do Superior Tribunal de Justiça, admite-se a interposição do recurso extraordinário.

O art. 987, que cuida dos recursos extraordinário e especial do julgamento de mérito do incidente de resolução de demandas repetitivas, não tem

---

545 O julgamento do veículo processual que deu lugar à assunção de competência poderá produzir decisão com possibilidade de ser coberta pela coisa julgada. Nesse caso a coisa jugada é *inter partes*.

546 Enunciado 461 do FPPC: "O disposto no § 2º do art. 927 aplica-se ao incidente de assunção de competência".

547 Enunciado 558 do FPPC: "Caberá reclamação contra decisão que contrarie acórdão proferido no julgamento dos incidentes de resolução de demandas repetitivas ou de assunção de competência para o tribunal cujo precedente foi desrespeitado, ainda que este não possua competência para julgar o recurso contra a decisão impugnada".

aplicação automática na assunção de competência.[548] A regra de efeito suspensivo depende exclusivamente da lei. Não há diretriz legal que autorize a suspensão dos efeitos do acórdão proferido em assunção de competência porque interposto recurso extraordinário ou recurso especial. No entanto, na forma do § 5º do art. 1.029, concebe-se que o órgão competente para apreciar a admissibilidade daqueles recursos possa determinar a suspensão da eficácia do pronunciamento do incidente (*ope iudicis*).

Não é possível presumir a repercussão geral de questão constitucional eventualmente discutida em assunção de competência. Pode acontecer de o incidente discutir relevante questão de direito com repercussão distinta daquela exigida pelo § 1º do art. 1.035 (existência de "questões relevantes do ponto de vista econômico, político, social ou jurídico"), *v.g.*, repercussão sob a perspectiva religiosa. O Supremo Tribunal Federal avaliará, caso a caso, a presença ou não do requisito específico da repercussão geral no recurso extraordinário interposto em assunção de competência.

Segundo já ficou dito, é pressuposto negativo para o cabimento da assunção de competência a inexistência de outro procedimento para resolver a questão de direito, destinado à formação de precedente obrigatório, em tribunal de hierarquia superior. O desrespeito ao pressuposto negativo poderá dar lugar ao cabimento da reclamação (art. 988).

Finalmente, a decisão que julga o recurso, a remessa necessária ou o processo de competência originária, se alinhada ao art. 966, poderá ser objeto de ação rescisória.

CAPÍTULO IV
DO INCIDENTE DE ARGUIÇÃO DE INCONSTITUCIONALIDADE

COMENTÁRIO

99. Objeto do Capítulo

O Capítulo IV do Título I do Livro III da Parte Geral do Código, entre os arts. 948 a 950, regula o procedimento incidente de arguição de inconstitucionalidade.

---

548 DIDIER JR.-CUNHA escrevem que "[o] recurso especial ou extraordinário, na assunção de competência, não tem efeito suspensivo automático, por ser regra peculiar ao microssistema de gestão e julgamento de casos repetitivos, não se aplicando ao julgamento do incidente de assunção de competência. As demais regras previstas no art. 987 do CPC ajustam-se ao microssistema de formação concentrada de precedentes obrigatórios. Estas, aí sim, incidem no caso de assunção de competência" (Coment. ao art. 947, *Comentários ao Código de Processo Civil*, n. 10, p. 1389).

Destina-se o incidente ao controle difuso de constitucionalidade, segundo o qual qualquer juízo ou tribunal tem competência para reconhecer a inconstitucionalidade de norma.[549] No âmbito do tribunal, todavia, o reconhecimento da inconstitucionalidade somente é possível por órgão representativo e com quórum qualificado.

Trata-se da "regra de plenário" ou da regra do *full bench*.[550]

Referida regra tem assento constitucional e está prevista no art. 97 da CF, segundo o qual "[s]omente pelo voto da maioria absoluta de seus membros ou dos membros do respectivo órgão especial poderão os tribunais declarar a inconstitucionalidade de lei ou ato normativo do Poder Público".[551]

Por meio do incidente, provoca-se o deslocamento da competência da questão prejudicial relacionada à inconstitucionalidade da lei ou ato normativo do Poder Público. Com a instauração do incidente, a questão da inconstitucionalidade é examinada por órgão do tribunal com quórum qualificado (órgão especial ou plenário). Tal órgão recebe competência funcional para decidir a questão de inconstitucionalidade.[552] Logo, o órgão fracionário perante o qual originou a questão é absolutamente incompetente para declarar a inconstitucionalidade.

Qualquer procedimento pendente no tribunal (*v.g.*, recurso, remessa necessária, incidente ou processo de competência originária) poderá dar lugar ao procedimento da arguição de inconstitucionalidade.

Dado o grau da competência e a qualificação do contraditório exercido no procedimento, inclusive com a participação de órgãos e entidades, todos os

---

549   Sobre o tema, *v.* Luis Roberto Barroso, *O controle de constitucionalidade no direito brasileiro*, n. 3.1., p. 69.

550   "A regra do *full bench*, isto é, a declaração de inconstitucionalidade pela maioria absoluta (no mínimo) da totalidade dos membros do tribunal julgador, firmada na jurisprudência norte-americana do século XIX e adotada pelo direito positivo constitucional brasileiro em 1934, ocupa importante posição no controle de constitucionalidade das normas" (José Levi Mello do Amaral Júnior, *Incidente de arguição de inconstitucionalidade*, p.17).

551   Sob a perspectiva constitucional e evolução histórica da arguição de inconstitucionalidade, *v.* José Levi Mello do Amaral Júnior, *Incidente de arguição de inconstitucionalidade*, p. 25-38.

552   "A aplicação do direito pressupõe a definição do seu sentido e alcance. Essa é a atividade cotidiana dos Tribunais e de seus órgãos fracionários. O que não se admite é o afastamento do ato, por força de norma constitucional, sem observância da reserva de plenário. A diferença entre as duas hipóteses nem sempre será clara, mas há uma zona de certeza positiva quanto à incidência do art. 97 da Constituição: se o Tribunal de origem esvaziar a lei ou o ato normativo, i.e., se não restar qualquer espaço para a aplicação do diploma, não haverá dúvida de que o que ocorreu foi um afastamento, não uma simples interpretação" (Rcl 31.928, rel. Min. Roberto Barroso, dec. monocrática, *DJe* 21-9-2018).

COMENTÁRIOS AO CÓDIGO DE PROCESSO CIVIL V. XIX

órgãos do Poder Judiciário vinculados hierarquicamente ao tribunal devem observar o acórdão proferido no julgamento do incidente de arguição de inconstitucionalidade. A conclusão decorre do próprio inciso V do art. 927 ("*Os juízes e os tribunais observarão: a orientação do plenário ou do órgão especial aos quais estiverem vinculados*").[553]

Por esse motivo, entende-se que "é possível determinar a realização de audiências públicas (arts. 983, § 1º, 1.038, II, CPC, por analogia), impor um sistema diferenciado de publicidade do processo (art. 979, §§, CPC, por analogia) e exigir que, no acórdão do incidente, todos os argumentos contrários e favoráveis à tese discutida sejam enfrentados e listados na decisão (arts. 984, § 2º, 1.038, § 3º, CPC, por analogia)".[554]

Destaque-se que a regra da reserva de plenário não se aplica aos casos de decisões liminares. Tais decisões são caracterizadas pela provisoriedade.[555]

> **Art. 948.** Arguida, em controle difuso, a inconstitucionalidade de lei ou de ato normativo do poder público, o relator, após ouvir o Ministério Público e as partes, submeterá a questão à turma ou à câmara à qual competir o conhecimento do processo.

COMENTÁRIO

100. Objeto do incidente

O incidente de arguição de inconstitucionalidade tem por objeto "lei" ou "ato normativo do poder público". A palavra lei alcança normas no sentido material, editada pelos Poderes Executivo, Legislativo e Judiciário. Compreendem-se leis ordinárias e complementares, emendas constitucionais, resoluções, decretos, portarias, medidas provisórias, normas de regimentos internos dos tribunais e de casas legislativas, entre outras.[556]

É essencial que a norma classificada como incompatível com a Constituição seja proveniente do poder público.[557] Logo, "atos normativos" resultantes

---

553   No mesmo sentido: FÁBIO MONNERAT, *Súmulas e precedentes qualificados*, n. 3.4.2, p. 380.
554   DIDIER JR.-CUNHA, *Curso de direito processual civil*, vol. 3, n. 3, p. 827.
555   DIDIER JR.-CUNHA, *Curso de direito processual civil*, vol. 3, n. 8, p. 830.
556   PONTES DE MIRANDA, *Comentários ao Código de Processo Civil*, vol. VI, n. 4, p. 62.
557   "Atos normativos têm como características essenciais a abstração, a generalidade e a impessoalidade dos comandos neles contidos. São, portanto, expedidos sem destinatários determinados e com finalidade normativa, alcançando todos os sujeitos que se encontram na mesma situação de fato abrangida por seus preceitos. O decreto legislativo que estabelece a suspensão do andamento de uma certa ação penal movida contra determinado deputado estadual não possui qualquer predicado de

da autonomia da vontade das partes privadas (*v.g.*, cláusulas de contrato de sociedade) não estão compreendidas pelo art. 97 da Constituição, tão pouco pelo art. 948 do Código.

No incidente, pode ser alegado vício de inconstitucionalidade formal, i.e., do ato normativo como tal (*v.g.*, não observância do processo legal legislativo – vício de iniciativa), ou, ainda, vício de inconstitucionalidade material, i.e., relativamente ao conteúdo do ato normativo (o teor da norma infraconstitucional é incompatível materialmente com a Constituição).[558]

O termo "inconstitucionalidade de lei ou ato normativo do poder público" impede a instauração do incidente sob o argumento de não recepção de norma pela Constituição, pois, nesse caso, trata de revogação e não de inconstitucionalidade. Igualmente, tratando-se de "controle de legalidade" entre normas, é inviável provocar a arguição de inconstitucionalidade. Nas duas situações, competirá ao órgão fracionário do tribunal – e não ao órgão especial ou ao plenário – decidir a questão.[559]

A alegação de inconstitucionalidade constitui questão prejudicial. Prejudicial porque a solução dessa questão interferirá no teor ou no conteúdo da solução de outras questões.

A declaração de inconstitucionalidade pelo órgão fracionário, ainda que não declare expressamente a incompatibilidade do texto normativo com a Constituição, desrespeitando a regra da reserva de plenário, viola o disposto na Súmula Vinculante 10, editada pelo Supremo Tribunal Federal,[560] o que atrai o manejo da reclamação pela parte interessada.

Porém, cabe observar que a jurisprudência descarta o manejo do incidente de arguição de inconstitucionalidade caso a declaração de inconstituciona-

---

ato normativo. O que se tem é ato individual e concreto, com todas as características de ato administrativo de efeitos subjetivos limitados a um destinatário determinado. Atos dessa natureza não se submetem, em princípio, à norma do art. 97 da CF/1988, nem estão, portanto, subordinados à orientação da Súmula Vinculante 10" (STF, Rcl 18.165, rel. Min. Teori Zavascki, *DJe* 10-5-2017).

558 "A simples ausência de aplicação de uma dada norma jurídica ao caso sob exame não caracteriza, apenas por isso, violação da orientação firmada pelo STF. Para caracterização da contrariedade à Súmula Vinculante 10, do STF, é necessário que a decisão fundamente-se na incompatibilidade entre a norma legal tomada como base dos argumentos expostos na ação e a Constituição" (STF, Rcl 6.944, rel. Min. Cármen Lúcia, *DJe* 13-8-2010).

559 Rodrigo Barioni, *Incidente de declaração de inconstitucionalidade nos tribunais*: a regra da "reserva de plenário", n. 3.2, p. 925-926.

560 "Viola a cláusula de reserva de plenário (CF, art. 97) a decisão de órgão fracionário de tribunal que, embora não declare expressamente a inconstitucionalidade de lei ou ato normativo do poder público, afasta sua incidência, no todo ou em parte."

lidade esteja fundada em precedente obrigatório proveniente do Supremo Tribunal Federal.[561]

101. Legitimidade

Legitima-se ao incidente qualquer das partes do processo que está em curso perante o órgão fracionário do tribunal.

Entende-se por "partes" os sujeitos parciais do processo que tramita perante o órgão fracionário em que foi alegada a inconstitucionalidade do ato normativo. Ocorrendo a hipótese de pluralidade de partes, qualquer litisconsorte, ativo ou passivo, independentemente da natureza e do momento em que se formou, tem legitimidade para requerer o incidente de arguição de inconstitucionalidade. Idêntico direito deve ser estendido a qualquer terceiro (Título III do Livro III da Parte Geral) que haja integrado o processo (*v.g.*, denunciado, chamado etc.), bem ainda assistente simples ou litisconsorcial.[562] Destaque-se que os "interessados" – termo utilizado no processo de jurisdição voluntária – também poderão suscitar o incidente.

Legitimam-se a suscitar o incidente de arguição de inconstitucionalidade o Ministério Público e a Defensoria Pública.

Em regra, dada a condição institucional, a legitimidade do Ministério Público e da Defensoria Pública não está limitada à participação dessas instituições, na qualidade de parte, do processo que sobressai a questão de direito, ou de qualquer outro processo em que a questão se repita.[563]

O incidente de arguição de inconstitucionalidade também poderá ser provocado de ofício, pelo relator, ou por qualquer outro integrante da turma julgadora no momento da sessão. Afirma-se que "em questão de direito, a iniciativa oficial é sempre admissível".[564] A princípio, a afirmação é válida. Porém, a *decisão* de submeter a questão da inconstitucionalidade ao órgão fracionário do tribunal, a que toca o conhecimento do processo, precede o contraditório das partes (art. 10).

Com relação às partes e ao Ministério Público, cabe salientar que é permitida a arguição de inconstitucionalidade em sustentação oral ou por intervenção "pela ordem", enquanto não pronunciado o resultado pelo presidente do órgão julgador.[565] Nesse caso, porém, caso o incidente ocorra durante a sessão de julgamento, essa deverá ser suspensa imediatamente para que todos os interessados possam se manifestar especificamente (art. 933, § 1º).

---

561 ARE 914.045/RG, rel. Min. EDSON FACHIN, *DJe* 19-11-2015.
562 BARBOSA MOREIRA, *Comentários ao Código de Processo Civil*, vol. V, n. 27, p. 37.
563 DIDIER JR.-CUNHA, *Curso de direito processual civil*, vol. 3, n. 7.9, p. 770.
564 BARBOSA MOREIRA, *Comentários ao Código de Processo Civil*, vol. V, n. 27, p. 37.
565 PONTES DE MIRANDA, *Comentários ao Código de Processo Civil*, t. VI, n. 4, p. 62.

102. Momento da arguição de inconstitucionalidade

As partes podem suscitar o incidente de arguição de inconstitucionalidade em qualquer momento, por qualquer ato processual (recurso, petição), inclusive em sustentação oral.

Idêntico direito toca ao membro do Ministério Público. Oficiando no tribunal, vislumbram-se ao menos duas possibilidades para o *parquet* arguir a incompatibilidade da norma com a constituição: por meio do parecer ou nos debates orais.[566]

Finalmente, o relator e qualquer integrante poderá suscitar a questão, inclusive durante a sessão de julgamento.[567]

Diz-se que "não há preclusão em se tratando de *quaestio iuris*".[568]

Porém, a arguição poderá ser feita, por qualquer legitimado, até a proclamação do resultado pelo presidente da sessão de julgamento[569]. Ressalve-se a hipótese de embargos de declaração, cujo veículo processual poderia abrir a discussão da inconstitucionalidade da norma.

103. Oitiva do Ministério Público

Arguida a inconstitucionalidade da lei ou ato normativo do poder público, toca ao relator determinar a intimação do Ministério Público para atuar como fiscal da ordem jurídica quando não for parte no processo em que originou o incidente.

O que direciona a oitiva do Ministério Público no incidente de arguição de inconstitucionalidade é "presunção de interesse público", configurada pela possível declaração de incompatibilidade da norma com a Constituição.

No incidente, sua intervenção é *livre*, i.e., o Ministério Público não está comprometido com os interesses das partes ou do requerente da medida.

Na generalidade dos casos, a intimação do Ministério Público, sempre que possível, será realizada por meio eletrônico, na forma da lei (art. 270, parágrafo único). A lei não estipula prazo para sua manifestação. Logo, o prazo poderá ser judicial; no silêncio do relator, em simetria com as normas do controle concentrado de constitucionalidade (*v.g.*, art. 8º da Lei n. 9.868/1999), o prazo será de 15 (quinze) dias, contados em dias úteis,[570] dada sua natureza

---

566 ARAKEN DE ASSIS, *Manual dos recursos*, n. 34.2.3, p. 432-433.

567 FERNANDA MEDINA PANTOJA, Coment. ao art. 948, *in Breves comentários ao novo Código de Processo Civil*, n. 5, p. 2355.

568 BARBOSA MOREIRA, *Comentários ao Código de Processo Civil*, vol. V, n. 28, p. 37-38.

569 ARAKEN DE ASSIS, *Manual dos recursos*, n. 34.2.3, p. 433.

570 DANIEL AMORIM ASSUMPÇÃO NEVES também acusa a falta de previsão expressa no dispositivo em comento para manifestação do Ministério Público e sugere que o relator fixe o prazo, e, na omissão judicial, aplicar-se-ia o prazo geral de 5 (cinco)

COMENTÁRIOS AO CÓDIGO DE PROCESSO CIVIL V. XIX

processual (art. 219). Cuida-se de prazo *próprio*, de modo que, vencido o prazo, com ou sem manifestação do órgão ministerial, o relator submeterá a questão à turma ou à câmara à qual competir o conhecimento do processo.

Nos casos em que sua participação é obrigatória, a falta de intimação do Ministério Público gera invalidade do procedimento, que, porém, apenas poderá ser declarada depois de o órgão ser intimado, que se manifestará sobre a existência ou inexistência de prejuízo (art. 279, § 2º).

104. Submissão da matéria ao órgão fracionário

Segundo a cláusula constitucional da "reserva de plenário" "[s]omente pelo voto da maioria absoluta de seus membros ou dos membros do respectivo *órgão especial*[571] poderão os tribunais declarar a inconstitucionalidade de lei ou ato normativo do Poder Público" (art. 97 da CF). Logo, nenhum órgão fracionário, ressalvado aquele indicado pelo texto da Constituição, pode declarar a inconstitucionalidade de norma vinda do poder público.

Atente-se que a matéria chega ao órgão especial depois de arguida a inconstitucionalidade junto ao órgão fracionário competente para conhecer do processo (recurso, remessa necessária, processo de competência originária ou incidente processual). Embora a parte final do art. 948 indique que a questão será submetida "à turma ou à câmara", nada obsta que a matéria possa surgir em outro órgão fracionário (*v.g.*, seção especializada,[572] turma especial[573]).[574]

Arguida a inconstitucionalidade da lei ou ato normativo do poder público pelas partes, pelo Ministério Público, pelo relator ou por qualquer integrante da turma julgadora, em sessão de julgamento, o órgão colegiado deverá suspender o julgamento para deliberar acerca da arguição.

> **Art. 949.** Se a arguição for:
>
> **I -** rejeitada, prosseguirá o julgamento;
>
> **II -** acolhida, a questão será submetida ao plenário do tribunal ou ao seu órgão especial, onde houver.
>
> **Parágrafo único.** Os órgãos fracionários dos tribunais não submeterão ao plenário ou ao órgão especial a arguição de inconstitucionalidade quando já houver pronunciamento destes ou do plenário do Supremo Tribunal Federal sobre a questão.

---

dias, conforme o disposto no § 3º do art. 218 (*Novo Código de Processo Civil comentado*, n. 3, p. 1578).

571 O texto constitucional também abrange o termo "plenário" do tribunal, conforme sugere o parágrafo único do art. 949 ("Os órgãos fracionários dos tribunais não submeterão ao *plenário* ou ao órgão especial a arguição de inconstitucionalidade...").

572 Art. 2º, §§ 3º e 4º, do RISTJ.

573 Art. 31 do RITJSP.

574 BARBOSA MOREIRA, *Comentários ao Código de Processo Civil*, vol. V, n. 30, p. 39.

COMENTÁRIO

105. Decisão do órgão fracionário

Arguida a inconstitucionalidade da norma no órgão fracionário, toca ao presidente da sessão colher os votos dos integrantes da turma julgadora. De acordo com o Código, dois resultados são possíveis: rejeitar ou acolher a arguição de inconstitucionalidade.

O inciso I do art. 949 prevê: rejeitada a arguição, prosseguirá o julgamento. O sentido da palavra "rejeitada" compreende as hipóteses de *inadmissibilidade* ou *improcedência* do incidente. *Inadmissível* será o incidente que não cumpre os pressupostos de cabimento (*v.g.*, o ato tachado de inconstitucional não provém do poder público). Sustenta-se a inadmissibilidade do incidente no caso de impertinência da norma indicada por inconstitucional para resolver o litígio. Tem-se, nesse caso, que a arguição é "impertinente".[575] De outro lado, a arguição será *improcedente* quando o órgão fracionário, por unanimidade ou por maioria, reconhecer que inexiste incompatibilidade entre a norma e a Constituição.

Em ambos os casos (*inadmissibilidade* ou *improcedência* do incidente), o julgamento do processo que deu origem à alegação de inconstitucionalidade terá regular seguimento.

De outro lado, segundo o disposto no inciso II do art. 949, acolhida a arguição, o órgão colegiado deverá lavrar o acórdão reconhecendo, em juízo prévio, a inconstitucionalidade da lei ou ato normativo do poder público e remeterá a questão ao órgão especial ou ao plenário, conforme a estrutura de competência do tribunal.

A doutrina manifesta que a deliberação será sempre colegiada. Por esse motivo, a princípio, o relator não tem competência para acolher ou rejeitar o incidente de arguição de inconstitucionalidade sem a participação do colegiado.[576] Todavia, poder-se-ia conceber, em análise extensiva ao inciso IV do art. 932, o indeferimento monocrático de incidente quando já houver pronunciamento pelo órgão especial ou pelo plenário do tribunal ou do Supremo Tribunal Federal, súmula ou súmula vinculante, ou decisões do Supremo Tribunal Federal em controle concentrado de constitucionalidade.[577]

Nos casos de julgamento por maioria de votos, não será o caso de aplicar a regra do julgamento estendido (art. 942).

---

575 BARBOSA MOREIRA, *Comentários ao Código de Processo Civil*, vol. V, n. 31, p. 41.

576 ZULMAR DUARTE DE OLIVEIRA JR. *Execução e recursos* – comentários ao CPC de 2015, n.1, p. 706.

577 O acolhimento do incidente deverá sempre ser colegiado.

COMENTÁRIOS AO CÓDIGO DE PROCESSO CIVIL V. XIX

O pronunciamento do órgão fracionário que rejeita ou acolhe o incidente de arguição de inconstitucionalidade é irrecorrível, salvo por embargos de declaração. No caso de rejeição do incidente por decisão do relator deve ser admitido o agravo interno (art. 1.021).

106. Exceções à regra da reserva de plenário (*full bench*)

Segundo o parágrafo único do art. 949, os órgãos fracionários dos tribunais não submeterão ao plenário ou ao órgão especial a arguição de inconstitucionalidade quando já houver pronunciamento destes ou do plenário do Supremo Tribunal Federal sobre a questão.

A primeira hipótese de exclusão da aplicação da regra do plenário diz respeito à preexistência de pronunciamento do órgão especial ou do plenário sobre a questão constitucional. A lei tem seu paralelo no inciso V do art. 927, segundo o qual todos os juízes e todos os tribunais observarão as orientações do órgão especial ou do plenário aos quais estiverem vinculados.

Com relação ao pronunciamento do "plenário do Supremo Tribunal Federal sobre a questão constitucional", parcela da doutrina imprime interpretação mais restritiva, para atribuir eficácia vinculativa apenas às decisões em controle concentrado de constitucionalidade. Logo, decisão em controle difuso, mesmo proveniente do plenário da Corte Constitucional, não teria a eficácia de impedir que o órgão fracionário submetesse a arguição de inconstitucionalidade ao órgão especial ou ao plenário, conforme a estrutura do tribunal.[578-579]

Entretanto, tal entendimento parece não se coadunar com o modelo atual. Nada obstante o inciso I do art. 927 estabeleça que os órgãos do Poder Judiciário observarão "as decisões do Supremo Tribunal Federal em controle concentrado de constitucionalidade", o inciso V do mesmo dispositivo prevê obediência às orientações do órgão especial e do plenário, independentemente do modelo de controle de constitucionalidade.

Há pelo menos outras situações em que o incidente é dispensável:

a) não se desloca a competência para o órgão especial ou para o plenário quando o órgão fracionário decidir pela constitucionalidade da lei ou ato normativo; atente-se que a constitucionalidade é sempre presumida;

b) quando o processo for de competência do órgão especial ou do plenário;

---

578 Nesse sentido, com arrimo na doutrina do CPC/1973, FERNANDA MEDINA PANTOJA, Coment. ao art. 949, *in Breves comentários ao Código de Processo Civil*, n. 4, p. 2357.

579 Entendimento que não é comungado por MARINONI-MITIDIERO, *Comentários ao Código de Processo Civil*, vol. XV, n. 2, p. 282.

CPC/2015, art. 950

c) é inviável cogitar reserva de plenário quando a questão encontra-se sumulada.[580]

Art. 950. Remetida cópia do acórdão a todos os juízes, o presidente do tribunal designará a sessão de julgamento.

§ 1º As pessoas jurídicas de direito público responsáveis pela edição do ato questionado poderão manifestar-se no incidente de inconstitucionalidade se assim o requererem, observados os prazos e as condições previstos no regimento interno do tribunal.

§ 2º A parte legitimada à propositura das ações previstas no art. 103 da Constituição Federal poderá manifestar-se, por escrito, sobre a questão constitucional objeto de apreciação, no prazo previsto pelo regimento interno, sendo-lhe assegurado o direito de apresentar memoriais ou de requerer a juntada de documentos.

§ 3º Considerando a relevância da matéria e a representatividade dos postulantes, o relator poderá admitir, por despacho irrecorrível, a manifestação de outros órgãos ou entidades.

COMENTÁRIO

107. Competência

O incidente de arguição de inconstitucionalidade é procedimento de competência originária dos tribunais. Vale dizer: a competência se estende a todos os tribunais de justiça, tribunais regionais federais, tribunais regionais eleitorais, tribunais regionais do trabalho, tribunais regionais militares e todos os tribunais superiores, inclusive na órbita do Supremo Tribunal Federal.[531]

Far-se-á a distribuição do incidente de acordo com as normas do regimento interno do tribunal que procederá ao exame da questão constitucional. O relator poderá ser um dos membros que compõem o órgão especial ou

---

580 STF, AI 555.254, rel. Min. Marco Aurélio, *DJe* 2-5-2008; AI 413.118, rel. Min. Joaquim Barbosa, *DJe* 7-5-2010.

581 Entende-se que é inaplicável a regra da reserva do plenário no âmbito dos juizados especiais. Na hipótese de declaração de inconstitucionalidade por turma recursal, será cabível recurso extraordinário, com fundamento na letra *b* do inciso III do art. 103 da CF. Observe-se: "o art. 97 da Constituição, ao subordinar o reconhecimento da inconstitucionalidade de preceito normativo a decisão nesse sentido da 'maioria absoluta de seus membros ou dos membros dos respectivos órgãos especiais', está se dirigindo aos tribunais indicados no art. 92 e aos respectivos órgãos especiais de que trata o art. 93, XI. A referência, portanto, não atinge juizados de pequenas causas (art. 24, X) e juizados especiais (art. 98, I), os quais, pela configuração atribuída pelo legislador, não funcionam, na esfera recursal, sob regime de plenário ou de órgão especial" (ARE 792.562 AgR, rel. Min. Teori Zavascki, j. 18-3-2014).

COMENTÁRIOS AO CÓDIGO DE PROCESSO CIVIL V. XIX

plenário. No entanto, há regimentos que permitem a designação do próprio relator do processo em que surgiu a questão de inconstitucionalidade, ainda que este magistrado não integre o órgão que julgará o incidente.[582]

108. Procedimento

Instaurado o incidente de arguição de inconstitucionalidade perante o plenário ou o órgão especial, o *caput* do art. 950 determina que sejam remetidas aos integrantes do órgão cópias do acórdão proferido pelo órgão fracionário. A distribuição prévia do acórdão que determinou a instauração do incidente facilita o diálogo entre o colegiado acerca da questão constitucional que será objeto de exame pelo órgão de maior representatividade do tribunal. Outra conclusão que é possível extrair é a de que, para julgamento do incidente, não é necessária a remessa do processo perante o qual foi arguida a inconstitucionalidade. Porém, permite-se a qualquer julgador solicitar os autos para que seja esclarecido determinado ponto fático ou jurídico.

Em seguida, prescreve a seguida parte do *caput* do art. 950, que o presidente do tribunal designará sessão de julgamento, com publicação da pauta no órgão oficial.

Poderão apresentar manifestação por escrito pessoas de direito público responsáveis pela edição do ato impugnado. Sua manifestação é voluntária ("As pessoas jurídicas de direito público responsáveis pela edição do ato questionado *poderão* manifestar-se no incidente de inconstitucionalidade se *assim o requererem*").

O § 2º do art. 950 prevê que a parte legitimada à propositura da ação direita de inconstitucionalidade e da ação direta de constitucionalidade (art. 103 da CF) poderá manifestar-se, por escrito, sobre a questão constitucional objeto de apreciação, no prazo previsto pelo regimento interno, sendo-lhe assegurado o direito de apresentar memoriais ou de requerer a juntada de documentos. Na mesma trilha, considerando a relevância do tema, o § 3º estabelece que o relator poderá admitir a intervenção de *amicus curiae*. Ambos os dispositivos contribuem para o contraditório qualificado.

A lei reputa como irrecorrível a decisão que admite a intervenção de órgãos e entidades a integrar o contraditório do incidente de arguição de inconstitucionalidade. Todavia, o dispositivo em comento não alcança os embargos de declaração.[583]

---

582 O § 3º do art. 200 do RISTJ prevê: "O relator, ainda que não integre a Corte Especial, dela participará no julgamento do incidente, excluindo-se o Ministro mais moderno".

583 Luís GILHERME AIDAR BONDIOLI explica: "O caráter 'irrecorrível' (art. 138, *caput*, do CPC) da decisão que abre ou fecha as portas do processo para o *amicus curiae* é

Na sessão de julgamento do incidente de arguição de inconstitucionalidade será admissível sustentação oral. É irrelevante saber se o processo que originou o incidente admitiria sustentação oral.[584]

109. Decisão do órgão especial ou do plenário

No julgamento do incidente de arguição de inconstitucionalidade, o órgão especial ou plenário limitará sua atividade cognitiva àquilo que lhe foi reputado inconstitucional perante o órgão fracionário. A afirmação é relevante, principalmente quando se tratar de processo objetivamente complexo, no qual sobressaem diversas questões.

Nos limites do objeto do incidente, atribui-se ampla competência ao órgão especial ou plenário para examinar a questão de inconstitucionalidade. Isso significa dizer que o tribunal poderá declarar a inconstitucionalidade da lei ou ato normativo do poder público por fundamento diverso daquele empregado pelo órgão fracionário. Barbosa Moreira escreve: "a arguição pode ter-se fundado na alegada incompatibilidade entre a lei ou ato e a regra *x*, e o tribunal declarar inconstitucional uma ou outro por incompatível com a regra *y*. Não há que cogitar de vinculação do tribunal a uma suposta *causa petendi*, até porque a arguição não constitui 'pedido' em sentido técnico, e as questões de direito são livremente suscitáveis, *ex officio*, pelos órgãos judiciais, na área

---

uma constante na disciplina do assunto. Nesse mesmo sentido, a irrecorribilidade se faz presente no § 3° do art. 950 do Código de Processo Civil, que cuida do incidente de arguição de inconstitucionalidade, no art. 256-J do Regimento Interno do Superior Tribunal de Justiça, que trata dos recursos especiais repetitivos, no § 3° do art. 323 do Regimento Interno do Supremo Tribunal Federal, que regula a questão da repercussão geral, no § 2° do art. 7° da Lei 9.868/1999, referente à ação direta de inconstitucionalidade, e no § 2° do art. 3° da Lei 11.417/2006, que disciplina a edição, a revisão e o cancelamento de enunciado de súmula vinculante. A irrecorribilidade do pronunciamento que delibera sobre a integração do *amicus curiae* no processo se faz presente em toda e qualquer instância. Assim, as especiais disposições reproduzidas acima prevalecem sobre as genéricas regras da recorribilidade da decisão interlocutória que versa sobre "admissão ou inadmissão de intervenção de terceiros" (art. 1.015, IX, do CPC) e da recorribilidade dos pronunciamentos do relator (art. 1.021, *caput*, do CPC) (*lex specialis derogat lege generali*). Em outras palavras, não cabe agravo de instrumento nem agravo interno contra a decisão que solicita, admite ou rejeita a intervenção do *amicus curiae* na relação jurídica processual. Malgrado seja irrecorrível a decisão acerca da inserção ou não do *amicus curiae* no processo, autoriza-se a oferta de embargos de declaração contra ela, à luz da ideia de que mesmo pronunciamentos não recorríveis se expõem a embargos" (*Recorribilidade das decisões em matéria de intervenção de terceiros*, n. 6, versão eletrônica).

584 Rodrigo Barioni, *Incidente de declaração de inconstitucionalidade nos tribunais*: a regra da "reserva de plenário", n. 3.4, p. 929.

em que lhes toque exercer atividade cognitiva".[585] Por esse motivo, mesmo a forma de inconstitucionalidade apontada pelo órgão fracionário não vincula o órgão especial ou o plenário (*v.g.*, declaração de inconstitucionalidade *formal*, inicialmente reconhecida pelo órgão fracionário, descaracterizada pelo órgão especial ou plenário para inconstitucionalidade *material*).

O acórdão proveniente do julgamento do incidente será tomado pela maioria absoluta dos membros do órgão especial ou do plenário. O cômputo dos votos dos julgadores em relação à inconstitucionalidade deve ocorrer de maneira quantitativa, tomando-se em consideração o mesmo fundamento que acolheu o incidente de inconstitucionalidade. Por esse motivo, "[s]e alguns dos votantes se pronunciam no sentido da inconstitucionalidade só pelo fundamento *x*, e outros só pelo fundamento *y*, não se podem somar os votos dos dois grupos para dar como atingida a maioria necessária à declaração".[586]

Proferidos os votos, o presidente anunciará o resultado do julgamento do incidente de arguição de inconstitucionalidade, designando para redigir o acórdão o relator ou, se vencido este, o autor do primeiro voto vencedor (art. 941).

Caso a declaração de inconstitucionalidade provenha do plenário do Supremo Tribunal Federal, por maioria, o Senado Federal será comunicado para suspender a execução, no todo ou em parte, de lei ou ato normativo (art. 52, X, da CF).

Depois de publicado o acórdão, o órgão fracionário perante o qual foi arguido o incidente será comunicado da decisão do órgão especial ou do plenário, conforme a estrutura do tribunal, que passa a integrar o julgamento do processo como solução da questão prejudicial.

Em seguida, o órgão fracionário retomará o julgamento do processo, incumbindo-lhe observar o resultado do acórdão proferido no incidente de arguição de inconstitucionalidade. Destaque-se que a aplicação do pronunciamento do órgão especial ou do plenário ao julgamento do caso que originou o incidente configura questão prejudicial, mas não é revestida da autoridade da coisa julgada (art. 503, §§ 1º e 2º).

O resultado por maioria de votos, seja qual for o sentido, não atrai a regra da ampliação do colegiado, pois o art. 942 é inaplicável em julgamento não unânime proferido, nos tribunais, pelo plenário ou pela corte especial (art. 942, § 4º, III).

Cabe dizer, finalmente, que o acórdão proferido no julgamento do incidente – seja qual for seu resultado, declaração de inconstitucionalidade ou

---

585 *Comentários ao Código de Processo Civil*, vol. V, p. 47.
586 Barbosa Moreira, *Comentários ao Código de Processo Civil*, vol. V, p. 47.

constitucionalidade da lei ou ato normativo –, mas desde que seja por maioria absoluta, constitui precedente obrigatório a ser observado por todos os órgãos jurisdicionais vinculados ao tribunal.

110. Meios de impugnação

A antiga jurisprudência do Supremo Tribunal Federal considerava recorrível a decisão da questão constitucional proferida pelo Plenário, sob pena de preclusão.[587] O entendimento foi superado, cuja sedimentação deu-se pela edição da Súmula 513: "A decisão que enseja a interposição de recurso extraordinário não é a do plenário, que resolve o incidente de inconstitucionalidade, mas a do órgão (Câmara, Grupos, ou Turmas) que completa o julgamento do feito".

O verbete tem prevalecido para reafirmar que o acórdão proferido no julgamento do incidente de arguição de inconstitucionalidade é irrecorrível, salvo embargos de declaração. Porém, cabe registrar que parcela da doutrina, com base na transformação do conceito de jurisdição e "causas decididas" (art. 102, III, da CF), bem como a decisão do incidente configurar precedente obrigatório, propõe a revisão da Súmula 513 do Supremo Tribunal Federal para admitir o cabimento de recurso extraordinário contra a decisão do plenário ou do órgão especial que declara inconstitucional a lei ou o ato normativo do poder público.[588]

Seja como for, é indiscutível que a decisão proferida no processo que deu origem ao incidente de arguição de inconstitucionalidade pode ser objeto de recurso. Se a decisão for monocrática, caberá agravo interno. De outro modo, colegiado o pronunciamento, em tese, será possível interpor recurso especial e/ou recurso extraordinário. Para as duas situações antes mencionadas, os embargos de declaração são cabíveis.

A decisão do órgão fracionário que declara a inconstitucionalidade sem submeter a questão ao plenário pode ser rescindida. No entanto, para o manejo da ação rescisória, é preciso preencher os seguintes pressupostos: a) tratar-se de decisão de mérito transitada em julgado; b) invocação dos fundamentos indicados em um dos incisos do art. 966; e c) propositura no prazo estabelecido pelo art. 975.[589]

---

587   Os precedentes podem ser encontrados em artigo publicado por MONIZ DE ARAGÃO, *Competência para rescindir o julgamento previsto no art. 97 da Constituição Federal*, p. 91.

588   DIDIER JR.-CUNHA, *Curso de direito processual civil*, vol. 3, n. 5, p. 828. A posição é criticada por RAVI PEIXOTO, *O incidente de inconstitucionalidade e o CPC/2015*, n. 3.4.1, p. 33-34.

589   A jurisprudência aceita a ação rescisória nesses casos de violação à regra da "reserva de plenário" (STJ, AR 3.638/PR, rel. Min. NAPOLEÃO NUNES MAIA FILHO (rel. p/ acórdão Min. MAURO CAMPBELL MARQUES, *DJe* 1-8-2017). Na doutrina: RODRIGO

COMENTÁRIOS AO CÓDIGO DE PROCESSO CIVIL V. XIX

Pondere-se que a decisão do órgão fracionário que aplica o acórdão proferido pelo órgão especial ou pelo plenário também é igualmente rescindível, caso sejam preenchidos os pressupostos acima. Interessante é analisar a competência para a ação rescisória. Se a causa de pedir estiver fundada na questão constitucional, a competência inegavelmente será do órgão especial ou do plenário que examinou o tema.[590]

Finalmente, não é possível destacar o cabimento da reclamação para os seguintes casos: a) usurpação da competência, quando o órgão fracionário insiste no julgamento da questão para declarar a inconstitucionalidade (art. 988, I); b) garantir a observância da Súmula Vinculante 10; e c) garantir a autoridade do acórdão proferido pelo plenário ou órgão especial do tribunal.

CAPÍTULO V
DO CONFLITO DE COMPETÊNCIA

Art. 951. O conflito de competência pode ser suscitado por qualquer das partes, pelo Ministério Público ou pelo juiz.

Parágrafo único. O Ministério Público somente será ouvido nos conflitos de competência relativos aos processos previstos no art. 178, mas terá qualidade de parte nos conflitos que suscitar.

COMENTÁRIO

111. Objeto

A sociedade moderna, numerosa e conflitante, proporciona uma diversidade de demandas complexas, impossíveis de serem resolvidas pelo Poder Judiciário sem a adoção de métodos. Esses métodos resumem-se à distribuição dos trabalhos perante os diversos órgãos que dispõem de competência, atribuída por norma jurídica, para exercitar a jurisdição.

De acordo com o art. 42, "as causas cíveis serão processadas e decidas pelo juiz nos limites de sua competência". Nesse contexto, a competência decorre do princípio do juiz natural. Por esse motivo, viola-se o direito ao juiz natural se o processo não for conduzido e julgado pelo órgão jurisdicional previamente estabelecido pelas normas de competência. Nessa perspectiva, "juiz natural é o juízo competente".[591]

BARIONI, *Incidente de declaração de inconstitucionalidade nos tribunais*: a regra da "reserva de plenário", n. 5, p. 933.

590 RAVI PEIXOTO, *O incidente de arguição de inconstitucionalidade e o CPC/2015*, n. 3.4.3, p. 35.

591 ANTONIO DO PASSO CABRAL, *Juiz natural e eficiência processual*: flexibilização, delegação e coordenação de competências no processo civil, n. 2.1, p. 146.

No exercício da função jurisdicional, quer se trate de competência relativa ou competência absoluta, poderão ocorrer conflitos entre órgãos do Poder Judiciário, sejam individualizados ou colegiados, que se afirmem competentes ou incompetentes para processar e julgar a causa ou para praticar atos no mesmo processo.

De acordo com o art. 66, há três situações que podem gerar o conflito de competência. São eles:

a) 2 (dois) ou mais juízes se declaram competentes;

b) 2 (dois) ou mais juízes se consideram incompetentes, atribuindo um ao outro a competência; e

c) entre 2 (dois) ou mais juízes surge controvérsia acerca da reunião ou separação de processos.[592]

O conflito surge porque cada órgão judiciário é legitimado para controlar sua própria competência.[593] Quando o juiz declara sua competência ele nega a competência de outros juízos.

O procedimento adequado para solucionar o desacordo é o "conflito de competência", cuja natureza é de incidente processual.[594]

A doutrina aponta diversas finalidades de o sistema impor um método para solucionar o impasse acerca da competência entre órgãos jurisdicionais. Ei-los: a) garantir a eficácia das normas constitucionais e infraconstitucionais que disciplinam a matéria relativa à competência; b) garantir a eficiência na atividade jurisdicional, evitando duplicidade de trabalho entre dois órgãos jurisdicionais; e c) evitar atividade jurisdicional conflitante.[595] Além disso, nota-se que a resolução do conflito de competência evita vício dos atos decisórios que podem gerar inclusive a rescisão do julgado (art. 966, II, segunda parte).

Admite-se o incidente em qualquer tipo de processo e procedimento, seja qual for a fase processual (*v.g.*, conhecimento, execução, procedimentos especiais, grau recursal, processos de competência originária, incidentes, remessa necessária).

Importante ressaltar que é pressuposto para instauração do incidente a litispendência. Embora possa ser utilizado durante todo o processo, inclusive

---

592 O legislador deu continuidade à redundância do revogado inciso III do art. 115, pois a situação poderá ensejar um conflito positivo ou um conflito negativo, como anotado pela doutrina (por todos, *v.* FLÁVIO LUIZ YARSHELL, *Curso de direito processual civil*, vol. I, n. 160, p. 215).

593 LUIZ FUX, *Teoria geral do processo civil*, n. 3.6, p. 130-131.

594 ATHOS GUSMÃO CARNEIRO, *Jurisdição e competência*, n. 135, p. 332.

595 Por todos, *v.* FLÁVIO GALDINO, Coment. ao art. 951, *in Comentários ao novo Código de Processo Civil*, p. 1393.

nos tribunais, se já houve decisão com trânsito em julgado, é inviável o conflito de competência.[596]

Diferentemente do CPC de 1939, não é possível haver divergência sobre a competência entre órgão do Poder Judiciário e órgão da Administração Pública.[597]

Discute-se a possibilidade de haver conflito de competência entre órgão jurisdicional e câmara arbitral. A princípio, pela regra da competência-competência, não haveria tal conflito e o mais adequado seria aguardar a posição do árbitro (art. 8°, parágrafo único, da Lei n. 9.307/1996).[598] O controle jurisdicional da decisão do tribunal arbitral acerca da existência, validade e eficácia da convenção de arbitragem é *a posteriori*, por meio de ação anulatória (arts. 32 e 33 da Lei n. 9.307/1996). Porém, a jurisprudência afirma: na hipótese dessa divergência, o conflito deve ser processado e julgado pelo Superior Tribunal de Justiça.[599] Da mesma forma, em razão de interpretação de cláusula compromissória, pode acontecer de haver conflito entre câmaras arbitrais. Porém, nesses casos, a jurisprudência reconhece a incompetência do Superior Tribunal de Justiça, conforme a interpretação do art. 105, I, "d", da CF/1988, para julgar conflito entre câmaras arbitrais.[600]

Sistematicamente, o Código avançou, deslocando a matéria para a tábua "Dos Processos nos Tribunais", cujo procedimento está regulado no Capítulo V do Título I do Livro III da Parte Especial do Código, entre os arts. 951 a 959.[601] Compreende-se que assim seja, pois o conflito de competência é incidente processual de competência originária do tribunal. De outro lado, o procedimento do conflito de competência é pouco inovador.

112. Legitimidade

Segundo o *caput* do art. 951, as partes podem suscitar o conflito de competência. O termo "partes" é controverso na doutrina. Para estes *Comentários*, partes são os sujeitos parciais que integram o contraditório do processo. Aqui

---

596 Nesse sentido, correta a Súmula 59 do STJ: "Não há conflito de competência se já existe sentença com trânsito em julgado, proferida por um dos juízos conflitantes".

597 No CPC de 1939, o conflito de competência era designado "conflito de jurisdição". Interessante notar que o conflito poderia ocorrer entre autoridades judiciárias ou entre estas e as administrativas (art. 802). O art. 114 do Código de Processo Penal mantém a nomenclatura "conflito de jurisdição".

598 Nery-Nery, *Código de Processo Civil comentado*, n. 6, p. 272.

599 STJ, CC 150.830/PA, rel. Min. Marco Aurélio Belizze, *DJe* 16-10-2018.

600 STJ, CC 113.260/SP, rel. originária Min. Nancy Andrighi, rel. para acórdão Min. João Otávio de Noronha, julgado em 8-9-2010.

601 No Código revogado, o conflito de competência era tratado na Seção V do Capítulo III do Título IV do Livro I, sob a rubrica "Da Declaração de Incompetência".

estão compreendidos autor, réu, litisconsórcio, denunciado, nomeado, assistente simples e litisconsorcial. As partes suscitarão o conflito de competência por meio de seus advogados, que dispensa procuração com poderes específicos. Alegações sobre incompetência absoluta (art. 337, II, primeira parte) e conexão (art. 337, VIII) não obstam a que a parte suscite o incidente.[602] É vedado a quem não integra o contraditório suscitar o conflito de competência.[603]

Sustenta-se que o *amicus curiae* também teria legitimidade para provocar o incidente, "porque a definição do juiz natural da causa é um tema que em regra transcende o interesse exclusivo das partes do conflito".[604]

Além das partes, o Ministério Público, na qualidade de parte ou de fiscal do ordenamento jurídico, também poderá suscitar o conflito para denunciar a incompetência absoluta ou relativa (art. 65, parágrafo único).

O conflito de competência pode ser iniciado sem provocação da parte, o que excepciona a regra geral prevista no *caput* do art. 2º, pois dispositivo em comento permite ao "juiz" suscitá-lo. A palavra "juiz" deve ser compreendida como qualquer magistrado (juiz, desembargador, ministro), seja qual for o grau de jurisdição que atua. Advirta-se, contudo, que a legitimidade é circunscrita ao magistrado que se envolve na disputa pela competência.[605] Reconhece-se que o magistrado possa propor o conflito por incompetência absoluta ou por incompetência relativa. No caso de incompetência relativa, para que o órgão judicial suscite o conflito, a matéria deverá ser alegada pela parte interessada em preliminar de contestação (arts. 64, 65 e 337, § 5º).[606]

113. Oitiva do Ministério Público

A participação do Ministério Público na qualidade de fiscal do ordenamento jurídico, no conflito de competência, depende da natureza do objeto do processo que originou o incidente. Sua intervenção somente é obrigatória nos casos previstos em lei ou na Constituição Federal e nos processos que envolvam: a) interesse público ou social; b) interesse de incapaz; e c) litígios coletivos pela posse de terra rural ou urbana. Lembre-se que a Fazenda Pública, na qualidade de parte, *per si*, não configura hipótese de intervenção do Ministério Público (art. 178).

No caso de intervenção obrigatória, o Ministério Público será intimado para ser ouvido no prazo de 30 (trinta) dias.

---

602 Araken de Assis, *Processo civil brasileiro*, vol. I, n. 472, p. 1201.
603 STJ, AgRg no CC 104.772/MT, rel. Min. Aldir Passarinho Junior, j. 27-5-2009.
604 Camilo Zufelato, *Comentários ao Código de Processo Civil*, vol. 4, p. 132.
605 Hélio Tornaghi, *Comentários ao Código de Processo Civil*, vol. I, p. 369.
606 Cândido R. Dinamarco, *Instituições de direito processual civil*, vol. I, n. 272, p. 632; Marinoni-Mitidiero, *Comentários ao Código de Processo Civil*, vol. XV, n. 2, p 288.

Comentários ao Código de Processo Civil v. XIX

Ressalte-se que, em regra, é nulo o processo quando o membro do Ministério Público não for intimado a acompanhar o conflito de competência em que deva intervir. Caso o incidente tramite sem a ciência do membro do Ministério Púbico, o tribunal tornará inválidos os atos praticados a partir do momento em que ele deveria ter sido intimado. Porém, destaque-se que a invalidação apenas poderá ser decretada depois de intimado o representante do Ministério Público, que tem o dever de se manifestar sobre a existência ou a inexistência de prejuízo (art. 279).

Por fim, considerando a relevância do conflito de competência, não é possível descartar a possibilidade de manifestação da Defensoria Pública, quando se tratar de interesses indicados pelo art. 134 da CF.[607]

> **Art. 952.** Não pode suscitar conflito a parte que, no processo, arguiu incompetência relativa.
>
> **Parágrafo único.** O conflito de competência não obsta, porém, a que a parte que não o arguiu suscite a incompetência.

COMENTÁRIO

114. Arguição de incompetência relativa

A arguição de incompetência relativa é instrumento processual de controle da competência. No modelo atual, compete ao réu, em preliminar de contestação, alegar a incompetência relativa do juízo (art. 337, II).

Por esse motivo, a parte que alega incompetência relativa do juízo não tem interesse em suscitar o conflito de competência, pois já exerceu o meio de controle por intermédio de outro mecanismo processual. Trata-se de preclusão lógica.[608] Todavia, se houver desistência da discussão da incompetência relativa, é possível que a parte desistente suscite o incidente.

Advirta-se que a regra não deve ser aplicada quando o objeto da competência for distinto entre os dois meios de controle da competência (arguição de incompetência relativa e conflito de competência). Assim, *v.g.*, a anterior alegação de incompetência relativa na contestação sob a perspectiva de qual o juízo competente, com fundamento na cláusula de eleição de foro, não obsta o réu de oferecer conflito de competência para discutir a controvérsia entre 2 (dois) ou mais juízos acerca da reunião ou separação de processos.[609]

607　Daniel Amorim Assumpção Neves, *Novo Código de Processo Civil comentado artigo por artigo*, p. 1548.

608　Daniel Amorim Assumpção Neves, *Competência no processo civil*, n. 16.2, p. 239.

609　Nesse sentido, Luiz Dellore, embora diga que a situação é uma forma de "flexibilizar" o art. 952. O autor seleciona importante julgado que ratifica a conclusão

Porém, caso seja instaurado o conflito de competência, nada obsta a que a parte que não o suscitou argua a incompetência relativa do juízo.

Note-se que a alegação de incompetência relativa por um dos sujeitos parciais não impede outros interessados em provocar o conflito de competência.

De outro lado, dada a literalidade do art. 952, afirma-se que a alegação de incompetência por uma das partes não a impediria de provocar o conflito de competência.[610] No entanto, seu comportamento deverá ser avaliado à luz da boa-fé processual, o que poderá atrair a pena de litigante de má-fé.

> **Art. 953.** O conflito será suscitado ao tribunal:
>
> **I -** pelo juiz, por ofício;
>
> **II -** pela parte e pelo Ministério Público, por petição.
>
> **Parágrafo único.** O ofício e a petição serão instruídos com os documentos necessários à prova do conflito.

COMENTÁRIO

115. Competência

O julgamento do incidente pertence a um terceiro órgão jurisdicional, hierarquicamente superior aos dois conflitantes. O conflito de competência é sempre de competência originária do tribunal. Não há procedimento em primeiro grau de jurisdição.

A competência para processar e julgar o conflito define-se pela Constituição Federal (art. 102, I, *o*; art. 105, I, *d*; art. 108, I, *e*; art. 114, V), pelas constituições dos estados (*v.g.*, art. 106, I, *i*, da Constituição do Estado de Minas Gerais), pelos regimentos internos dos tribunais (*v.g.*, art. 13, I, *e*, do Regimento Interno do Tribunal de Justiça do Estado de São Paulo).

Na generalidade dos casos, compete ao órgão colegiado decidir o conflito, de acordo com as normas do regimento interno do tribunal. Entretanto, em situações específicas, o relator tem competência funcional para resolver o conflito, na forma do art. 955.

Destaque-se que não haverá conflito de competência entre órgãos jurisdicionais dentro da mesma hierarquia.[611] Assim, não há conflito entre órgão de primeiro grau do Estado de São Paulo com o Tribunal de Justiça do Estado de

---

do texto (STJ, CC 111.230/DF, rel. Min. NANCY ANDRIGHI, j. 8-5-2013, *Informativo 0522*) (*Execução e recursos* – comentários ao CPC de 2015, n. 1., p. 718-719).

610 CÂNDIDO R. DINAMARCO, *Instituições de direito processual civil*, vol. I, n. 272, p. 633.

611 MILTON PAULO DE CARVALHO, *Manual da competência civil*, n. 12, p. 103.

COMENTÁRIOS AO CÓDIGO DE PROCESSO CIVIL V. XIX

São Paulo. Caso o juízo de primeiro grau resolva processar e julgar processo que é da competência originária do Tribunal de Justiça do Estado de São Paulo, o meio adequado para o controle da competência será a reclamação (art. 988, I).

116. Forma

A instrumentalização do conflito de competência depende de quem o suscitou. Pelo juiz, por ofício; pela parte ou pelo Ministério Público, por petição.

Seja qual for a forma de suscitar o conflito, o ato será fundamentado, com remissão às decisões conflitantes[612] e dirigido ao presidente do tribunal competente para processar e julgar o incidente.

É ônus do suscitante instruir a peça com documentos necessários à prova do conflito. Na falta de elementos probatórios, é dever do relator oficiar ou intimar o suscitante para que complemente a documentação necessária a determinar o processamento do incidente. A prova é exclusivamente documental.[613]

A comprovação do conflito é bastante simples. As próprias manifestações dos juízos conflitantes configuram prova à sua demonstração.[614]

Não será necessária a remessa ao tribunal do processo que teve origem a divergência sobre a competência.[615]

> **Art. 954.** Após a distribuição, o relator determinará a oitiva dos juízes em conflito ou, se um deles for suscitante, apenas do suscitado.
> **Parágrafo único.** No prazo designado pelo relator, incumbirá ao juiz ou aos juízes prestar as informações.

COMENTÁRIO

117. Oitiva dos órgãos em conflito

Os autos do conflito serão registrados no protocolo do tribunal no dia de sua entrada, com imediata distribuição, que respeitará os preceitos da alternatividade, sorteio eletrônico e publicidade.

A distribuição será feita de acordo com o regimento interno do tribunal.

Distribuído, o conflito de competência será concluso ao relator que, inicialmente, fará o juízo de admissibilidade.

---

612 ARAKEN DE ASSIS, *Processo civil brasileiro*, vol. I, n. 474, p. 1205.
613 ANTÔNIO DALL'AGNOL, *Comentários ao Código de Processo Civil*, vol. 2, n. 2, p. 81.
614 STJ
615 CELSO AGRÍCOLA BARBI, *Comentários ao Código de Processo Civil*, vol. I, n. 633, p. 376.

Caso seja constado algum defeito ou irregularidade que possa comprometer o julgamento do conflito de competência, o relator deverá intimar (partes ou Ministério Público) ou oficiar (juiz) o suscitante para que seja sanado o vício ou complementada a documentação necessária à prova do conflito.

Admitido o conflito, o relator determinará a oitiva dos juízes em conflito, caso o suscitante seja a parte ou o Ministério Público. Se o suscitante for o juiz, será ouvido apenas o suscitado. Dado o silêncio do disposto no art. 954, o prazo será de 5 (cinco) dias (art. 218, § 3°) úteis (art. 219), caso não seja concedido prazo superior.[616]

A ausência de manifestação dos órgãos jurisdicionais em conflito não é óbice ao julgamento do incidente, segundo a letra do art. 956 ("*Decorrido o prazo designado pelo relator (...) o conflito irá a julgamento*").

Parcela da doutrina admite a dispensa da oitiva na hipótese de o conflito estar bem instruído.[617] No entanto, tal interpretação parece não estar de acordo com o modelo de contraditório empregado pelo Código, pois as "decisões proferidas talvez não se mostrem completas ou suficientes ao esclarecimento da questão de fato e da questão de direito".[618]

Censura-se o dispositivo por nada dizer "sobre a possibilidade de as *partes ou eventuais terceiros* manifestarem-se no conflito".[619] A crítica é pertinente à luz do modelo do contraditório participativo empregado pelo Código, pois a falta de intimação dos sujeitos parciais do processo, quando não integrados no conflito, poderá gerar decisão-surpresa, o que é absolutamente vedado.

> **Art. 955.** O relator poderá, de ofício ou a requerimento de qualquer das partes, determinar, quando o conflito for positivo, o sobrestamento do processo e, nesse caso, bem como no de conflito negativo, designará um dos juízes para resolver em caráter provisório, as medidas urgentes.
>
> **Parágrafo único.** O relator poderá julgar de plano o conflito de competência quando sua decisão se fundar em:
>
> **I -** súmula do Supremo Tribunal Federal, do Superior Tribunal de Justiça ou do próprio tribunal;

---

616 O art. 197 do RISTJ prevê o prazo de 10 (dez) dias. O mesmo prazo dispõe o art. 167 do RISTF.

617 Marinoni-Mitidero, *Comentários ao Código de Processo Civil*, vol. XV, n. 1, p. 290. O entendimento é corroborado pela jurisprudência mais antiga do CPC/1973, conforme se vê de Negrão-Gouvêa-Bondioli-Fonseca, *Código de Processo Civil e legislação processual em vigor*, nota 1, p. 856.

618 Araken de Assis, *Processo civil brasileiro*, vol. I, n. 478, p. 1207.

619 Cassio Scarpinella Bueno, *Curso sistematizado de direito processual civil*, vol. 2, n. 4, p. 443.

II - tese firmada em julgamento de casos repetitivos ou em incidente de assunção de competência.

COMENTÁRIO

118. Medidas de urgência

O conflito de competência poderá ser positivo (dois ou mais órgãos jurisdicionais declaram-se competentes para processar e julgar a mesma causa)[620] ou, de outro lado, negativo (dois ou mais órgãos jurisdicionais declaram-se incompetentes para processar e julgar a mesma causa).

No caso de conflito negativo, a recusa dos órgãos jurisdicionais em processar e decidir a causa automaticamente gera o sobrestamento do processo. Durante a suspensão do processo, é vedado praticar qualquer ato processual.

Sob outra perspectiva, tratando-se de conflito positivo, em que dois ou mais órgãos jurisdicionais assumem a competência, o relator de ofício ou a requerimento das partes determinará a suspensão do processo até a conclusão do incidente. A finalidade é evitar o desperdício da atividade jurisdicional.

A segunda parte do *caput* do art. 955 confere competência funcional ao relator para designar um dos órgãos conflitados para decidir, em caráter provisório, as medidas de urgência. Cabe registrar que a competência *provisória* se estende para os órgãos hierarquicamente superiores, que são igualmente competentes para eventual recurso. Assim, *v.g.*, no conflito de competência envolvendo o juízo da 1ª Vara Cível da Comarca de Campinas, no Estado de São Paulo, e o Juízo da 2ª Vara Cível de Florianópolis, Estado de Santa Catarina, designado o primeiro para as providências de urgência, no caso de agravo de instrumento, caberá ao Tribunal de Justiça de São Paulo processar e decidir o recurso. Em outra análise, o relator do incidente não tem competência para "cassar liminares concedidas nos processos das ações a que se refere o conflito".[621]

O termo "medidas" foi empregado corretamente pelo Código e quer significar providências cautelares ou satisfativas (tutela antecipada).[622]

Importa acentuar que o Código não define quais seriam os critérios que levariam o relator definir qual o órgão seria designado. Circunstâncias concretas podem auxiliar a escolha do juízo para medidas urgentes durante o trâmite do conflito de competência.

---

620 Não é necessária a existência de decisões em ambos os processos para caracterizar o conflito positivo (cf. BARBOSA MOREIRA, *Conflito positivo e litispendência*, p. 45).

621 NERY-NERY, *Código de Processo Civil comentado*, n. 4, p. 2111.

622 ARAKEN DE ASSIS, *Processo civil brasileiro*, vol. I, n. 480, p. 1209.

As decisões proferidas pelo órgão "designado" serão válidas e eficazes até o julgamento definitivo do conflito. Caso o tribunal venha a declarar a competência de órgão diverso daquele designado para a prática de medidas de urgência, competirá ao *novo* órgão – definitivamente competente – ratificar, rever, modificar ou revogar a providência, observado o disposto no § 4º do art. 64.

119. Julgamento pelo relator

O parágrafo único do art. 955 confere competência funcional para o relator, unipessoalmente, dentro de certos limites, julgar o conflito de competência. O dispositivo tem seu paralelo nos incisos IV e V do art. 932.

Concebe-se, ainda, que o rol indicado pelo parágrafo único do art. 955 poderia ser ampliado para admitir todos os padrões decisórios indicados nos incisos do art. 927. Porém, é preciso advertir que o relator não tem competência para julgar unipessoalmente o conflito com base no termo "jurisprudência dominante", empregado pelo extinto parágrafo único do art. 120 do CPC/1973.

Da decisão proferida pelo relator, unipessoalmente, além dos embargos de declaração (prazo de 5 (cinco) dias), cabe agravo interno (art. 1.021), no prazo de 15 (quinze) dias úteis.[623]

> **Art. 956.** Decorrido o prazo designado pelo relator, será ouvido o Ministério Público, no prazo de 5 (cinco) dias, ainda que as informações não tenham sido prestadas, e, em seguida, o conflito irá a julgamento.

COMENTÁRIO

120. Oitiva do Ministério Público

O dispositivo em comento complementa o disposto no parágrafo único do art. 951, ao estabelecer prazo de 5 (cinco)[624] dias úteis para manifestação do Ministério Público e o momento em que o órgão ministerial será ouvido (*"decorrido o prazo designado para o relator para ouvir os órgãos jurisdicionais conflitantes"*).

Caso o Ministério Público seja o suscitante do conflito, sua intimação para funcionar como fiscal da ordem jurídica é desnecessária.

Destaque-se que o Ministério Público será ouvido nos casos em que o processo que originou o conflito envolva sua participação obrigatória, na forma do art. 178.[625]

---

623 CAMILO ZUFELATO, *Comentários ao Código de Processo Civil*, vol. 4, p. 144-145.

624 O art. 198 do RISTJ prevê o prazo de 15 (quinze) dias.

625 O revogado parágrafo único do art. 116 do CPC/1973 previa que o Ministério Público participaria de todos os conflitos de competência, independentemente da natureza do processo que havia originado o incidente.

Regularmente intimado, com ou sem a manifestação do *parquet*, o conflito de competência será julgado. A ausência de parecer não acarreta nulidade; porém, é possível haver responsabilidade administrativa ao membro do Ministério Público desidioso.

Art. 957. Ao decidir o conflito, o tribunal declarará qual o juízo competente, pronunciando-se também sobre a validade dos atos do juízo incompetente.

Parágrafo único. Os autos do processo em que se manifestou o conflito serão remetidos ao juiz declarado competente.

COMENTÁRIO

121. Julgamento

Encerrada as etapas de manifestação, os autos do conflito serão conclusos ao relator que deverá elaborar relatório e voto. Em seguida, será publicada a pauta no órgão oficial e designada sessão de julgamento (arts. 934 e 935).

O julgamento terá duas etapas: a) eliminar o conflito e declarar o órgão jurisdicional competente, que poderá ser um dos conflitantes ou um terceiro;[626] e b) pronunciar sobre a validade dos atos praticados pelo juízo incompetente.

Note-se que a cognição do incidente é limitada a resolver a divergência sobre a competência. Por esse motivo, não é dado ao tribunal apreciar qualquer aspecto (processual ou material) do processo que originou o conflito.[627] Entendimento contrário seria violar o princípio do juiz natural.

A segunda parte do *caput* do art. 957 deve ser lida conjuntamente com o § 4º do art. 64, segundo o qual "salvo decisão judicial em sentido contrário, conservar-se-ão os efeitos de decisão proferida pelo juízo incompetente até que outra seja proferida, se for o caso, pelo juízo competente" (*"máximo aproveitamento dos atos processuais"*). Isso tudo porque a decisão tomada por órgão jurisdicional incompetente não gera inexistência ou nulidade do ato. A princípio, as decisões proferidas pelo órgão posteriormente declarado incompetente devem ser preservadas (sistema da *translatio iudicii*).[628] Entendimento contrário seria negar a existência do *princípio da unidade da jurisdição*.[629]

O resultado não unânime do conflito de competência não atrai a ampliação do julgamento (art. 942).

---

626 Luiz Dellore, *Execução e recursos* – comentários ao CPC de 2015, vol. 3, n. 1, p. 728.

627 Camilo Zufelato, *Comentários ao Código de Processo Civil*, vol. 4, p. 146.

628 Leonardo Greco, Translatio iudicii *e reassunção do processo*, p. 9-26.

629 Enunciado 238 do FPPC: O aproveitamento dos efeitos de decisão proferida por juízo incompetente aplica-se tanto à competência absoluta quanto à relativa.

Publicado o acórdão, para maior eficiência e celeridade, o tribunal poderá se valer dos dispositivos da "Cooperação Nacional" (arts. 67 a 69) para comunicar ao órgão jurisdicional declarado competente para dar andamento ao processo.

122. Recursos

Toda decisão que julga o conflito de competência comporta embargos de declaração.

Contra a decisão que julga unipessoalmente o conflito de competência, cabe agravo interno (art. 955, parágrafo único).

De outro lado, se o conflito for resolvido por acórdão de tribunal estadual ou tribunal regional federal podem ser admissíveis recurso especial e recurso extraordinário. Caso a decisão colegiada seja do Superior Tribunal de Justiça, o recurso extraordinário é o veículo de impugnação adequado. Finalmente, se o acórdão for proferido pelo Supremo Tribunal Federal, são admissíveis apenas embargos de declaração.[630] Há quem sustente o cabimento de embargos de divergência.[631]

O ponto comum entre os meios de impugnação é a ausência de efeito suspensivo.

123. Não cabimento de ação rescisória

A decisão proferida no conflito de competência, seja do relator, unipessoalmente, seja do órgão colegiado, não se acomoda no texto exposto pelo *caput* do art. 966 ("*A decisão de mérito, transitada em julgado*"), nem nos incisos I e II do § 2º do art. 966 ("*a decisão transitada em julgado que, embora não seja de mérito, impeça: nova propositura da demanda; ou admissibilidade do recurso correspondente. pode ser objeto de ação rescisória*").

Por esse motivo, é inviável ação rescisória.[632]

> **Art. 958.** No conflito que envolva órgãos fracionários dos tribunais, desembargadores e juízes em exercício no tribunal, observar-se-á o que dispuser o regimento interno do tribunal.

---

630 O § 2º do art. 168 do RISTF estabelece que não cabe recurso da decisão que resolve o conflito de competência.

631 Cassio Scarpinella Bueno, *Curso sistematizado de direito processual civil*, vol. 2, r. 6, p. 444.

632 STJ, AR 3.231/PR, rel. Min. Nancy Andrighi, j. 14-2-2007.

COMENTÁRIO

124. Conflito entre órgãos fracionários do tribunal

A divergência sobre a competência poderá se dar no âmbito do tribunal, entre os seus diversos órgãos unipessoais (relator, presidente) e colegiados (câmara, turmas, grupos, órgão especial, plenário etc.).

Nessas hipóteses o regimento interno do tribunal regulará o procedimento. A razão do dispositivo parece ser bastante evidente: há diferenças consideráveis entre os tribunais da federação.[633]

Evidentemente que o regimento interno evidenciará as particularidades do procedimento perante o tribunal e deverá obedecer aos critérios estabelecidos pelo Código e pela Constituição.[634] Seu conteúdo não é livre, pois há normas que são obrigatórias, *v.g.*, legitimidade para instaurar o incidente.[635]

> **Art. 959.** O regimento interno do tribunal regulará o processo e o julgamento do conflito de atribuições entre autoridade judiciária e autoridade administrativa.

COMENTÁRIO

125. Conflito de atribuições

O conflito de competência é incidente processual caracterizado pela divergência entre órgãos jurisdicionais. Já o conflito de atribuições é o desacordo entre órgãos do Poder Judiciário com órgãos da administração pública (direta e indireta) em matéria administrativa. Por esse motivo, não se cogita de conflito de atribuições quando o ato impugnado no processo for proferido por órgão do Poder Judiciário no exercício da função jurisdicional.[636]

Pela regra expressa no art. 959, o regimento interno do tribunal regulará o procedimento e o julgamento do conflito de atribuições, podendo ser aplicadas as normas do conflito de competência supletiva e subsidiariamente.

A competência para dirimir o conflito de atribuições é estabelecida pela lei ou pela Constituição (*v.g.*, art. 105, I, *g*, da CF).

---

633 Antônio Dall'Agnol, *Comentários ao Código de Processo Civil*, vol. 2, n. 1, p. 100.

634 Camilo Zufelato, *Comentários ao Código de Processo Civil*, vol. 4, p. 149.

635 Marinoni-Mitidiero, *Comentários ao Código de Processo Civil*, vol XV, n. 2, p. 293. A doutrina se pronunciava da mesma forma no sistema anterior (cf. Celso Agrícola Barbi, *Comentários ao Código de Processo Civil*, vol. I, n. 671, p. 381).

636 A jurisprudência é uníssona nesse sentido. Remete-se o leitor às notas do art. 959 de Negrão-Gouvêa-Bondioli-Fonseca, *Código de Processo Civil e legislação processual em vigor*, p. 858.

CAPÍTULO VI
DA HOMOLOGAÇÃO DE DECISÃO ESTRANGEIRA E DA CONCESSÃO DO *EXEQUATUR* À CARTA ROGATÓRIA

COMENTÁRIO

126. Generalidades

De modo geral, em matéria de decisão estrangeira, a moderna doutrina distingue os termos "reconhecimento", "execução" e "homologação".[637]

O reconhecimento ocorre por ato *menos* formal, fundado na aceitação do pronunciamento judicial estrangeiro sem a necessidade de sua homologação. Normalmente, reconhece-se a decisão estrangeira para fins de prova.

A execução autoriza a atuação jurisdicional na prática de atos executivo e expropriatórios destinados à satisfação do crédito reconhecido na decisão estrangeira devidamente homologada.

Quanto ao terceiro termo, em sentido técnico, homologação é ato formal reservado a conferir eficácia, no território nacional, ao pronunciamento judicial ou equivalente[638], proferido em processo estrangeiro, cujo resultado decorre de um procedimento especial e necessário.[639]

A decisão judicial é manifestação de poder estatal e como tal um ato de soberania. Em respeito ao poder político supremo do Estado e para propiciar a coexistência harmoniosa entre os Estados é preciso reconhecer a eficácia da decisão estrangeira.[640] A decisão judicial estrangeira é ato existente, embora ineficaz no território nacional.[641] Sua eficácia sujeita-se à homologação pelo Superior Tribunal de Justiça (art. 105, I, *i*, da CF).

Seguindo a tradição constitucional que nos acompanha desde 1934, a princípio, a decisão estrangeira não tem eficácia no território nacional sem prévia homologação, salvo disposição contrária prevista em tratado.

No ordenamento jurídico vigente, há dois instrumentos processuais destinados a homologar pronunciamentos judiciais estrangeiros ou equivalentes

---

637 Com profundidade, *v.* Hermes Marcelo Huck, *Sentença estrangeira e* lex mercatoria, p. 17-18.

638 Há pronunciamentos estrangeiros que não são proferidos por autoridades jurisdicionais, mas, no sistema brasileiro, tais pronunciamentos são reconhecidos como "decisões judiciais".

639 Cf. será visto com mais detalhes a seguir.

640 Nadia de Araújo, *Direito internacional privado*, n. 13.2, p. 325-326.

641 José Ignacio Botelho de Mesquita, *Teses, estudos e pareceres de processo civil*, vol. 2, p. 201.

que pela lei brasileira teriam natureza jurisdicional, a saber: (*i*) ação de homologação de decisão estrangeira; e (*ii*) *exequatur* à carta rogatória, destinado à execução de decisão estrangeira concessiva de medida de urgência.

Pode-se dizer que o processo de homologação está inserido no âmbito do "direito processual internacional" ou "contencioso internacional privado", na medida em que há a presença de elementos de "estraneidade" e "internacionalidade". Nessa área, o operador do direito necessita ter noções de direito internacional privado, constitucional e processo civil.[642]

A doutrina do Direito Internacional Privado afirma que a homologação e a execução da decisão estrangeira é uma forma de aplicação indireta do direito estrangeiro por intermédio da jurisdição nacional.[643]

No Código revogado, a matéria era tratada no Capítulo III do Título IX do Livro sob a rubrica "Da homologação de sentença estrangeira", que compreendia apenas dois dispositivos (arts. 483 e 484). O primeiro deles estabelecia que a "sentença" proferida por tribunal estrangeiro não teria eficácia no Brasil senão depois de homologada, cujo procedimento haveria de observar o Regimento Interno do Supremo Tribunal Federal.[644] O segundo, por sua vez, dizia que, uma vez homologada a sentença estrangeira, sua execução far-se-ia por carta extraída dos autos da homologação e obedeceria às regras estabelecidas para a execução fundada em título executivo judicial.

O Código vigente disciplina o assunto entre os arts. 960 a 965, que estão compreendidos no Capítulo VI do Título do Livro III da Parte Especial, com a seguinte nomenclatura: "Da homologação de decisão estrangeira e da concessão do *exequatur* à carta rogatória". Além disso, o legislador trata também da "concessão do *exequatur* à carta rogatória".

Acrescente-se que Regimento Interno do Superior Tribunal de Justiça, no Título VII-A ("Dos Processos Oriundos de Estados Estrangeiros"), Capítulos I ("Da Homologação de Decisão Estrangeira") e II ("Da Concessão de *Exequatur* a Cartas Rogatórias"), arts. 216-A ao 216-X, também regulamenta a matéria.

No sistema processual civil vigente, além do "auxílio direito" (arts. 28 a 34), a execução de decisão estrangeira por carta rogatória e a ação de homo-

---

642 FABRÍCIO BERTINI PASQUOT POLIDO, *Direito processual internacional e o contencioso internacional privado*, n. 1, p. 24-25.

643 HERMES MARCELO HUCK, *Sentença arbitral estrangeira e os limites da ordem pública*, p. 844.

644 Posteriormente à Emenda Constitucional 45, a competência passou para o Superior Tribunal de Justiça.

logação estrangeira são instrumentos da cooperação jurídica internacional. Na órbita penal, além da "extradição",[645] é possível conceber a homologação para que a decisão produza efeitos civis, como, por exemplo, obrigar o condenado a reparar os danos,.[646] Nesse caso, será exigido o trânsito em julgado da decisão estrangeira, em simetria ao inciso VI do art. 515.

Note-se que a decisão estrangeira não é passível de execução antes de homologada pelo Superior Tribunal de Justiça. De outro lado, é desnecessária a homologação de títulos executivos extrajudiciais (*v.g.*, nota promissória, debênture, documento particular assinado pelo devedor e por duas testemunhas, entre outros) oriundos de país estrangeiro, desde que, por óbvio, satisfaçam os requisitos de formação exigidos pela lei do lugar de sua celebração e quando o Brasil for indicado como o lugar de cumprimento da obrigação (art. 784, §§ 2º e 3º).

Sobre questões de direito intertemporal, a jurisprudência do Superior Tribunal de Justiça considera que "com a entrada em vigor do CPC/2015, os requisitos indispensáveis à homologação da sentença estrangeira passaram a contar com disciplina legal, de modo que o Regimento Interno desta Corte deverá ser aplicado em caráter supletivo e naquilo que for compatível com a disciplina contida na legislação federal. (...) Aplica-se o CPC/2015, especialmente no que tange aos requisitos materiais de homologação da sentença estrangeira, às ações ainda pendentes ao tempo de sua entrada em vigor, mesmo que tenham sido elas ajuizadas na vigência da legislação revogada".[647]

Art. 960. A homologação de decisão estrangeira será requerida por ação de homologação de decisão estrangeira, salvo disposição especial em sentido contrário prevista em tratado.

§ 1º A decisão interlocutória estrangeira poderá ser executada no Brasil por meio de carta rogatória.

§ 2º A homologação obedecerá ao que dispuserem os tratados em vigor no Brasil e o Regimento Interno do Superior Tribunal de Justiça.

§ 3º A homologação de decisão arbitral estrangeira obedecerá ao disposto em tratado e em lei, aplicando-se, subsidiariamente, as disposições deste Capítulo.

COMENTÁRIO

---

645 ANDRE VASCONCELOS ROQUE, *Execução e recursos* – comentários ao CPC de 2015, n. 2, p. 736.
646 OSCAR TENÓRIO, *Direito internacional privado*, n. 1256, p. 393.
647 STJ, SEC 14.812/EX, rel. Min. NANCY ANDRIGHI, *DJe* 23-5-2018.

COMENTÁRIOS AO CÓDIGO DE PROCESSO CIVIL V. XIX

127. Ação de homologação

O objetivo da "ação de homologação" é provocar a tutela jurisdicional do Estado brasileiro para reconhecer oficialmente a decisão estrangeira no território nacional. A *ação* é autônoma e origina um processo de feição tipicamente contenciosa.[648] Trata-se de uma "ação constitutiva necessária", porque a decisão estrangeira apenas produzirá efeitos no território nacional depois de homologada pelo Poder Judiciário brasileiro.[649] A natureza do processo é de conhecimento e o procedimento é especial, regulado pelo Capítulo VI do Título I do Livro III da Parte Especial do Código e por dispositivos do Regimento Interno do Superior Tribunal de Justiça ("A homologação obedecerá ao que dispuserem os tratados em vigor no Brasil e o Regimento Interno do Superior Tribunal de Justiça"), aplicando-se, naquilo que couber, os dispositivos do procedimento comum (Título I do Livro I da Parte Especial).

A cognição exercida é restrita aos requisitos exigidos pelo art. 963 (ser proferida por autoridade competente, ser precedida de citação regular, ainda que verificada a revelia, ser eficaz no país em que foi proferida, não ofender a coisa julgada brasileira, estar acompanhada de tradução oficial, salvo disposição que a dispense prevista em tratado, não conter manifesta ofensa à ordem pública).[650]

É correta a afirmação de que a ação de homologação provoca atividade jurisdicional tipicamente contenciosa.[651]

São legitimados para postular a homologação da decisão estrangeira todos que possam ser alcançados por seus efeitos no território nacional. A legitimidade, portanto, não está restrita às partes para as quais a decisão estrangeira é dada. Terceiros juridicamente interessados também podem provocar o Superior Tribunal de Justiça para homologar a decisão estrangeira.[652] É o caso, *v.g.*, de herdeiros e sucessores.

---

648 Cf. BARBOSA MOREIRA, *Comentários ao Código de Processo Civil*, vol. V, n. 56, p. 83; SÉRGIO GILBERTO PORTO, *Comentários ao Código de Processo Civil*, vol. 6, n. 1, p. 282-283; PAULO CÉZAR ARAGÃO, *Comentários ao Código de Processo Civil*, vol. V, n. 11, p. 152-153.

649 DANIEL AMORIM ASSUMPÇÃO NEVES, *Novo Código de Processo Civil comentado* – artigo por artigo, n. 2, p. 1589-1590.

650 ANDRÉ VASCONCELOS ROQUE, *Execução e recursos* – comentários ao CPC de 2015, n. 5, p. 737.

651 CARLOS ALBERTO CARMONA, Coment. ao art. 960, *in Breves comentários ao Código de Processo Civil*, n. 2, p. 2374-2375.

652 SIDNEI A. BENETI, *Homologação de decisão estrangeira por delibação no processo civil brasileiro*, n. 5, p. 306-307; CARLOS ALBERTO CARMONA, Coment. ao art. 960, *in Breves comentários ao Código de Processo Civil*, n. 2, p. 2375. Na jurisprudência: STJ, SEC 6570/EX, rel. Min. ARI PARGENDLER, *DJe* 12-8-2013; SEC 8308/EX, rel. Min. ELIANA CALMON, *DJe* 28-2-2013.

Registre-se ademais a legitimidade do Ministério Público Federal – Instituição Intermediária (art. 26 da Lei n. 5.478/68 – Lei de Alimentos) – para requerer a homologação de decisão estrangeira que verse sobre "prestação de alimentos no estrangeiro".[653]

Além disso, o advogado que funcionou no processo em que tramitou fora do território nacional possui legitimidade para postular a homologação da decisão estrangeira que condenou a parte ao pagamento de honorários advocatícios.[654] Neste caso, observe-se que a homologação deve ser parcial.

De outro lado, a legitimidade passiva na ação de homologação é de quem deva ser alcançado pelos efeitos da decisão estrangeira.

Em matéria de legitimidade em ação de homologação é preciso observar o regime do litisconsórcio formado no processo em que foi proferida a decisão estrangeira. Logo, não é exigível a participação necessária de todos os litisconsortes que integraram o processo em que foi proferida a decisão estrangeira. Assim, *v.g.*, no caso de condenação solidária de vários codevedores é possível que a ação de homologação seja proposta *apenas* contra um deles.[655]

Defende-se, ainda, a legitimidade do "terceiro interessado", assim entendido aquele sujeito alcançado pelos efeitos da decisão estrangeira.[656]

A ação de homologação pressupõe interesse de agir. Caso a decisão estrangeira não possa surtir efeitos práticos no território nacional, o processo de homologação torna-se inútil e desnecessário. Por exemplo: a princípio, seria completamente desnecessário e sem utilidade homologar decisão condenatória de obrigação de pagar quantia caso o devedor não possua sede, filial, agência ou sucursal aberta ou instalada no Brasil ou ainda bens no território nacional.[657]

O processo de homologação de decisão estrangeira tem início com o protocolo da petição inicial. E, como tal, a partir desse ato consideram-se produzidos todos os efeitos materiais e processuais da propositura da demanda (art. 312, primeira parte).

---

653 Na jurisprudência: STJ, SEC 11.438/EX, rel. Min. Mauro Campbell Marques, *DJe* 25-5-2015.

654 STJ, SEC 2.267/EX, rel. Min. Humberto Martins, *DJe* 17-11-2014; SEC 4.460/EX, rel. Min. Humberto Martins, *DJe* 25-10-2013.

655 Carnelutti, *Intorno al litisconsorzio necessario nel giudizio di deliberazione*, p. 134-154.

656 Rodrigo Frantz Becker, *Aspectos relevantes da homologação de decisão estrangeira*, n. 2, p. 410.

657 Assim decidiu o STJ na SEC 8.542/EX, rel. Min. Luis Felipe Salomão, *DJe* 15-3-2018. O STJ, por falta de interesse de agir, deixou de homologar decisão proferida em processo de inventário processado e julgado no estrangeiro no qual não houve disposição acerca de bens e direitos situados no território nacional (SEC 14.059/EX, rel. Min. Raul Araújo, *DJe* 16-8-2019).

A petição inicial deverá atender todos os requisitos estruturais exigidos para qualquer petição inicial, bem ainda os requisitos específicos delineados pelo art. 963 e pelos arts. 216-C e 216-D do Regimento Interno do Superior Tribunal de Justiça, e, certamente, pela procuração.

Naturalmente, o pedido a ser feito terá por objeto a homologação da decisão estrangeira para que ela produza seus efeitos em toda a extensão do território nacional.

A causa de pedir será composta pela exposição do fato, ou seja, a existência de decisão judicial transitada em julgado, proferida por autoridade competente, em processo com citação regular, ainda que verificada a revelia, e, finalmente, que o provimento estrangeiro não ofende a soberania nacional, a dignidade da pessoa humana e/ou a ordem pública. Considerando a inviabilidade de o processo de homologação de decisão abranger elementos que não se achem formalmente incorporados ao texto do ato homologado, é vedado ao requerente inserir matéria "nova" na causa de pedir.[658]

Note-se que o valor da causa será o resultado econômico que se pode aferir com a decisão homologanda. Assim, *v.g.*, o valor da causa, em homologação de sentença estrangeira condenatória, é o da condenação por esta imposta.[659]

O requerente deve instruir a petição inicial com o original ou cópia autenticada da decisão homologanda e de outros documentos indispensáveis, devidamente traduzidos por tradutor oficial ou juramentado no Brasil e chancelados pela autoridade consular brasileira competente, quando for o caso (art. 216-C do RISTJ).

O Presidente do Superior Tribunal de Justiça ou o relator sorteado, ao verificar que a petição inicial não atende aos requisitos expostos pelo ordenamento jurídico ou que apresenta defeitos e irregularidades capazes de dificultar o julgamento de mérito, determinará que o requerente, no prazo de 15 (quinze) dias, a emende ou a complete, indicando com precisão o que deve ser corrigido ou completado. Caso o requerente não cumpra a diligência, o órgão judicial indeferirá a petição inicial para extinguir o processo sem a resolução do mérito.

Indistintamente, a jurisprudência registra ser desnecessária a prestação de caução em processo de homologação de decisão estrangeira.[660] Porém, é pre-

---

658 SEC 3.281/EX, rel. Min. Maria Thereza de Assis Moura, *DJe* 19-12-2011; SEC 968/CH; SEC 57/DF, rel. Min. Laurita Vaz, *DJ* 1º-8-2006. O STF já manifestava o mesmo entendimento: SE 5405, rel. Min. Sepúlveda Pertence, *DJ* 29-4-1997; STF, SE 5590, rel. Min. Celso de Mello, *DJ* 26-5-98.

659 STJ, SEC 15.750/EX, rel. Min. Nancy Andrighi, *DJe* 27-11-2018.

660 Cf. Negrão-Gouvêa-Bondioli-Fonseca, *Novo Código de Processo Civil e legislação processual em vigor*, nota 5, p. 852.

ciso observar que se o autor, brasileiro ou estrangeiro, residir fora do Brasil ou deixar de residir no país ao longo da tramitação de processo prestará caução suficiente ao pagamento das custas e dos honorários de advogado da parte contrária nas ações que propuser, se não tiver no Brasil, bens imóveis que lhes assegurem o pagamento (art. 83). A princípio, a ação de homologação de decisão estrangeira não está nas exceções previstas nos incisos do § 1º do art. 83 que dispensam a caução.

O Presidente ou o relator, conforme o caso, poderá conceder tutela provisória.[661]

128. Competência

Até o ano 2004, a competência para homologar decisão estrangeira era do Supremo Tribunal. Com a edição da Emenda Constituição n. 45, foi acrescentada a alínea *i* ao inciso I do art. 105, para deslocar a competência para o Superior Tribunal de Justiça.[662] Entretanto, a execução compete à justiça federal, em primeiro grau de jurisdição (art. 109, X, da CF). Registre-se que decisões estrangeiras que prescindem de homologação podem ser executadas diretamente.

O desrespeito à norma constitucional implica usurpação da competência do Superior Tribunal de Justiça, o que atrai o cabimento da reclamação (art. 988, I).

Internamente, a competência para homologar a decisão estrangeira é unipessoal do Presidente do Superior Tribunal de Justiça, se não contestado o pedido. De outro lado, se houver contestação, o processo será distribuído para julgamento pela Corte Especial, cabendo ao relator os demais atos relativos ao andamento e eventuais atos de instrução do processo (art. 216-K do RISTJ).

Sob o fundamento de homenagear os princípios da cooperação e da celeridade processual, a jurisprudência do Supremo Tribunal Federal considera ser possível a concessão de *exequatur* de carta rogatória, para fins de cumprimento de ato sem caráter executivo (*v.g.*, citação), por meio de decisão monocrática de relator no Superior Tribunal de Justiça.[663]

129. Citação e defesa

Admitida a petição inicial, o requerido será citado por qualquer dos meios permitidos para o procedimento comum e terá o ônus de contestar a deman-

---

661 FLÁVIA PEREIRA HILL, *A cooperação jurídica internacional no Código de Processo Civil de 2015*, n. 6, p. 155.

662 Em outros países, a competência para homologar a decisão estrangeira é de órgão de primeiro grau, *v.g.*, na Alemanha (§722 (2) da ZPO).

663 STF, RE 634.595, rel. Min. DIAS TOFFOLI, j. 3-4-2018.

COMENTÁRIOS AO CÓDIGO DE PROCESSO CIVIL V. XIX

da, no prazo de 15 (quinze) dias. Na contagem do prazo de defesa, computar-se-ão apenas os dias úteis.

Dada a causa de pedir *fechada*, a defesa somente poderá versar sobre questões formais da decisão alienígena e a observância dos requisitos indicados nos arts. 216-C, 216-D e 216-F do Regimento Interno do Superior Tribunal de Justiça. Evidentemente que o requerido poderá ofertar defesas processuais (*indiretas*), *v.g.*, impugnação ao valor da causa.

Ainda quanto à limitação das alegações de defesa, algumas questões suscitam certa controvérsia, *v.g.*, prescrição e decadência. A jurisprudência do Superior Tribunal de Justiça considera que a matéria não pode ser apreciada no processo homologatório, porque refugiria ao âmbito do juízo delibatório exercido pelo órgão judicial nas homologações de sentença estrangeira. O fundamento é no mínimo espantoso pelo próprio objetivo do processo homologatório, de conferir eficácia à decisão estrangeira. Ora, se, *v.g.*, a pretensão executiva decorrente da eventual homologação de decisão condenatória estrangeira encontra-se prescrita, não seria sem sentido concluir pela falta de interesse de agir ao requerente do processo homologatório.

Mesmo que o réu não apresente defesa e seja considerado revel, não lhe serão aplicados os efeitos da revelia, porquanto dar-se-lhe-á curador especial, que será pessoalmente notificado.[664]

Apresentada defesa, serão admitidas réplica e tréplica em 5 (cinco) dias.

O oferecimento de defesa produz relevante efeito processual: desloca a competência do Presidente para Corte Especial do Superior Tribunal de Justiça, cabendo ao relator os demais atos relativos ao andamento e à instrução do processo.

130. Intervenção do Ministério Público

Encerrada a fase de debates entre os sujeitos parciais do processo de homologação, o Ministério Público terá vista dos autos pelo prazo de 15 (quinze) dias, podendo impugnar o pedido.

O Ministério Público poderá produzir provas, requerer as medidas processuais pertinentes e recorrer (art. 179, II).

O processo de homologação será nulo quando o membro do Ministério Público não for intimado a acompanhar o feito, devendo o órgão judicial invalidar os atos praticados a partir do momento em que o *parquet* deveria ter

---

664 "O curador especial que atua no processo de homologação de sentença estrangeira somente faz jus aos honorários acaso sucumbente o autor via oposição oferecido pelo exercente de *munus* público" (STJ, SEC 820, rel. Min. LUIZ FUX, *DJ* 28-2-2008).

216

sido intimado. Ressalte-se, porém, que a invalidade só pode ser decretada depois da intimação do Ministério Público, que se manifestará sobre a ocorrência ou não de prejuízo (art. 279).

131. Carta rogatória e decisão interlocutória

Ressalvado tratado internacional em sentido contrário, nenhum ato processual proferido por autoridade estrangeira, seja qual for sua natureza, tem eficácia no território nacional e, portanto, não pode ser implementado senão depois ultrapassada a cognição positiva realizada pelo Superior Tribunal de Justiça.[665]

Não estão fora desse domínio as decisões interlocutórias estrangeiras, pois, caso contrário, significaria invasão da soberania estatal.[666] Por esse motivo, o § 1º do art. 960 estabelece que a decisão interlocutória estrangeira poderá ser executada no Brasil por meio de carta rogatória. Depois da concessão do *exequatur* pelo Superior Tribunal de Justiça, a decisão interlocutória estrangeira passa a constituir título executivo judicial (art. 515, IX) e pode ser efetivada.

A carta rogatória é instrumento de cooperação jurídica internacional destinada ao cumprimento de decisão interlocutória estrangeira (art. 40). As decisões interlocutórias estrangeiras que podem ser cumpridas por carta rogatória são aquelas que impulsionam o processo (citações, intimações, produção de provas) ou medidas urgentes.[667]

Decisão interlocutória estrangeira corresponde a todo pronunciamento proferido por autoridade estrangeira sem caráter de definitividade, no sentido de resolução do litígio ou da controvérsia, ainda que parcial. Por isso, não se incluem no § 1º do art. 960 as decisões interlocutórias de mérito ("julgamento antecipado parcial do mérito") – correspondentes aos pronunciamentos alinhavados no art. 356 – proferidas em processo estrangeiro (art. 356).[568] Nessa ordem de ideias, observe-se que o § 1º do art. 960 estabelece que "a decisão interlocutória estrangeira *poderá* ser executada no Brasil por meio de carta rogatória". A palavra "poderá" sinaliza que decisões interlocutórias que solucionam parcialmente o mérito somente produzirão efeito e serão passíveis

---

665 O sistema brasileiro é "centralizado", i.e., concentrado no Superior Tribunal de Justiça. Há o sistema "descentralizado", "no qual vários órgãos têm competência para analisar tais pedidos, como ocorre nos EUA" (cf. TIBURCIO-BARROSO, *Direito constitucional internacional*, p. 529.

666 PONTES DE MIRANDA, *Tratado das ações,* t. III, § 136, p. 613.

667 CÂNDIDO R. DINAMARCO, *Instituições de direito processual civil*, vol. I, n. 201, p. 524.

668 ANDRE VASCONCELOS ROQUE, *Execução e recursos* – comentários ao CPC de 2015, n. 10, p. 740; DANIEL AMORIM ASSUMPÇÃO NEVES, *Novo Código de Processo Civil comentado* – artigo por artigo, n. 4 p. 1590.

de execução depois de submetidas ao processo de homologação a que se refere o *caput* do art. 960.

O procedimento da carta rogatória perante o Superior Tribunal de Justiça é de jurisdição contenciosa e deve assegurar às partes as garantias do devido processo legal (art. 36). A cognição é restrita ao exame da possibilidade do ato rogado pela autoridade estrangeira e ao atendimento dos requisitos para que o pronunciamento judicial estrangeiro produza efeitos no Brasil. Não se examina o objeto litigioso do processo que corre no exterior. Para a concessão do *exequatur* não interessa qual seria o resultado do processo estrangeiro, tão pouco saber se a pretensão seria permitida ou não pela jurisdição brasileira.[669]

Compete ao Presidente do Superior Tribunal de Justiça conceder *exequatur* a cartas rogatórias (art. 216-O do RISTJ), salvo se houve impugnação ao pedido, hipótese em que será determinada a distribuição dos autos do processo para julgamento pela Corte Especial (art. 216-T do RISTJ).

O procedimento é regulado pelos arts. 216-O a 216-X do Regimento Interno do Superior Tribunal de Justiça e relativamente simples: a parte requerida será "intimada" (*rectius*: citada) para, no prazo de 15 dias, impugnar o pedido de concessão de *exequatur*. É possível conceder medida provisória para o imediato cumprimento do ato rogado sem ouvir a parte requerida, sempre que sua audiência prévia puder trazer a consequência de ineficácia da cooperação internacional. A revelia ou a incapacidade da parte requerida atrai a nomeação de curador especial. Não sendo parte, o Ministério Publico participará do procedimento na qualidade de fiscal do ordenamento jurídico.

Há algumas questões relacionadas à recorribilidade. Naturalmente, qualquer decisão proferida pelos órgãos competentes para processar e julgar a carta rogatória desafia embargos de declaração (art. 1.022, "*Cabem embargos de declaração contra qualquer decisão judicial*"). Das decisões do Presidente ou do relator na concessão de *exequatur* caberá agravo (art. 216-U do RISTJ). O agravo a que se refere o Regimento Interno do Superior Tribunal de Justiça é o mesmo de que trata o art. 1.021 do CPC ("agravo interno").[670] As decisões colegiadas do Superior Tribunal de Justiça, em tese, são impugnáveis por recurso extraordinário (art. 102, III, da CF).[671]

---

669 O STJ decidiu que "não ofende a soberania do Brasil ou a ordem pública conceder *exequatur* para citar alguém a se defender contra cobrança de dívida de jogo contraída e exigida em Estado estrangeiro, onde tais pretensões são lícitas" (AgRg na CR 3.198/US, rel. Min. Humberto Gomes de Barros, *DJe* 11-9-2008.

670 A jurisprudência do STJ faz menção expressa a "agravo interno" (AgInt na CR 11.037/EX, rel. Min. Laurita Vaz, *DJe* 3-5-2017).

671 Bernardo Pimentel Souza, *Carta rogatória*: breves observações, n. 6, p. 838.

Depois da concessão do *exequatur* à carta rogatória, compete à Justiça Federal a prática efetiva do ato (art. 109, X, da CF). As decisões proferidas pelo Juízo Federal competente para cumprir a carta rogatória desafiarão "embargos", no prazo de 10 dias. A parte interessada e o Ministério Público Federal têm legitimidade para opor os referidos "embargos". A competência para julgar, no entanto, é do Presidente do Superior Tribunal de Justiça, cuja decisão pode ser impugnada por agravo. Nos "embargos", é lícito ao embargante alegar qualquer matéria referente ao cumprimento da carta rogatória, vedado, porém, discutir "a própria concessão da medida ou o seu mérito" (art. 216-V, § 2º, parte final, do RISTJ).

Nos casos em que o ato tenha se efetivado no próprio procedimento do *exequatur* à carta rogatória, torna-se dispensável sua remessa à Justiça Federal. Por exemplo, se o objetivo da carta rogatória é a citação, torna-se desnecessária a remessa da carta rogatória à Justiça Federal após a concessão do *exequatur*, quando a parte interessada é considerada citada em razão do comparecimento aos autos para apresentar impugnação.[672]

Finalmente, cumprida ou verificada a impossibilidade de seu cumprimento, a carta rogatória será devolvida ao Presidente do Superior Tribunal de Justiça, no prazo de dez dias, e ele a remeterá, em igual prazo, por meio do Ministério da Justiça ou do Ministério das Relações Exteriores, à autoridade estrangeira de origem (art. 216-X do RISTJ).

132. Fontes normativas da homologação de decisão de sentença estrangeira

O § 2º do art. 960 estabelece que a homologação de decisão estrangeira obedecerá ao que dispuserem os tratados em vigor no Brasil e o Regimento Interno do Superior Tribunal de Justiça. No entanto, o Código é incompleto.[673]

O processo deverá obedecer ainda a normas constitucionais (arts. 105, I, "i"; 109, X, CF) e infraconstitucionais, especialmente o CPC, a Lei de Introdução às Normas do Direito Brasileiro (arts. 7º, § 6º, 12, § 2º, e 15) e a Lei de Arbitragem. Além disso, é preciso observar os precedentes na matéria.

133. Efeitos da decisão estrangeira independentemente de homologação

Há situações em que a decisão estrangeira produz efeitos no território nacional independentemente de homologação pelo Superior Tribunal de Justiça.

---

672 STJ, AgRg na CR 10.053/EX, rel. Min. Francisco Falcão, *DJe* 20-5-2016.

673 No ponto, André Vasconcelos Roque, *Execução e recursos* – comentários ao CPC de 2015, n. 7, p. 739.

COMENTÁRIOS AO CÓDIGO DE PROCESSO CIVIL V. XIX

Prescinde de homologação a decisão estrangeira que gerar efeito normativo geral e abstrato. O órgão judicial brasileiro, para resolução de um conflito que determine a aplicação de norma estrangeira, poderá deixar de aplicá-la se, *v.g.*, no exterior, a norma foi eliminada do ordenamento jurídico porque declarada inconstitucional pelo Tribunal do país em que editada. A doutrina registra que o juiz brasileiro há de aplicar, no julgamento de uma causa, o direito estrangeiro "*tal qual é*, e, portanto, não poderá desprezar o fato de que já não existe nele a norma fulminada pela decisão, sendo absurdo imaginar aqui que a eficácia desta ficasse condicionada à homologação por órgão brasileiro".[674]

É também desnecessária a homologação de decisão estrangeira quando invocada como meio de prova em processo judicial em curso no território nacional.[675] Convém registrar que, neste ponto, a decisão estrangeira não tem caráter vinculativo, porque não goza de imperatividade e executividade. Caberá ao órgão julgador apreciar o documento e indicar as razões do seu convencimento acerca do efeito probatório da decisão estrangeira.

Independentemente de sua homologação, a decisão estrangeira poderá impedir ainda o registro de autorização de residência ao imigrante, a residente fronteiriço ou ao visitante. Ressalvadas situações específicas, o § 1º do art. 30 da Lei n. 13.445/2017 ("Lei de Migração") estabelece que "não se concederá a autorização de residência a pessoa condenada criminalmente no Brasil ou no exterior por sentença transitada em julgado, desde que a conduta esteja tipificada na legislação penal brasileira".

134. Homologação de decisão arbitral estrangeira

A decisão proferida em processo arbitral internacional necessita ser homologada pelo Superior Tribunal de Justiça para que surta efeitos no território nacional e possa ser objeto de cumprimento de sentença.[676]

O processo de homologação observará fundamentalmente o que dispuserem os tratados internacionais e a Lei n. 9.307/1996 e, subsidiariamente, o que dispuser o Capítulo VI do Título I do Livro III da Parte Especial do Código.

---

674 BARBOSA MOREIRA, Problemas relativos a litígios internacionais, n. 2, p. 153. No mesmo sentido: MARCELA HARUMI TAKAHASHI PEREIRA, *Dos casos em que é desnecessário homologar uma sentença estrangeira*, n. 4, p. 49.

675 Cf. BARBOSA MOREIRA, *Problemas relativos a litígios internacionais*, n. 2, p. 153-154; MAURO CAPPELLETTI, *Il valore della sentenza straniere in Italia*, n. 1 e 2, p. 193-194. Modernamente, MARIA JOSÉ CAPELO, *A sentença entre a autoridade e a prova*, especialmente n. 2.1.1, p. 133-150. Em sentido expresso, *v.* art. 978º, 2, do CPC português.

676 Sobre o tema, com profundidade, ANDRE DE ALBUQUERQUE CAVALCANTI ABBOUD, *Homologação de sentenças arbitrais estrangeiras*, passim.

De acordo com o critério adotado pelo ordenamento brasileiro (critério geográfico), considera-se decisão arbitral estrangeira a que tenha sido proferida fora do território nacional (art. 34, parágrafo único, da Lei n. 9.307/1996). Logo, se o processo arbitral for considerado "internacional", mas a decisão foi proferida no Brasil, não haverá necessidade de homologá-la.

O art. 38 da Lei n. 9.307/1996 estabelece as hipóteses em que o Superior Tribunal de Justiça poderá negar a homologação de decisão arbitral estrangeria. São elas: a) as partes na convenção de arbitragem eram incapazes; b) a convenção de arbitragem não era válida segundo a lei à qual as partes a submeteram, ou, na falta de indicação, em virtude da lei do país onde a sentença arbitral foi proferida; c) não foi notificado da designação do árbitro ou do procedimento de arbitragem, ou tenha sido violado o princípio do contraditório, impossibilitando a ampla defesa; d) a sentença arbitral foi proferida fora dos limites da convenção de arbitragem, e não foi possível separar a parte excedente daquela submetida à arbitragem; e) a instituição da arbitragem não está de acordo com o compromisso arbitral ou cláusula compromissória; f) a sentença arbitral não se tenha, ainda, tornado obrigatória para as partes, tenha sido anulada, ou, ainda, tenha sido suspensa por órgão judicial do país onde a sentença arbitral for prolatada. Além dessas, o art. 39 acrescenta outras duas: a) segundo a lei brasileira, o objeto do litígio não é suscetível de ser resolvido por arbitragem; b) a decisão ofende a ordem pública nacional.

Em doutrina, discute-se a interferência do processo de anulação da decisão estrangeira e sua eventual homologabilidade no território nacional. Segundo a visão tradicional, a decisão arbitral estrangeira anulada não deveria ser objeto de procedimento de homologação por dois motivos: a) inexistência de objeto para ser homologado; e b) não há como atribuir eficácia à decisão invalidada. Porém, a doutrina mais moderna prega outra resposta. "A chave, em síntese, será sempre o reconhecimento *incidental*, no processo de homologação de sentença arbitral estrangeira, de que a sentença anulatória proferida na sede é *anerkennungsungähig* (i.e., insuscetível de homologação ela própria), o que faz com que, aos olhos do ordenamento jurídico brasileiro, não exista a causa jurídica (a anulação na sede) que serviria de fundamento para a recusa da homologação da sentença arbitral. A homologabilidade da sentença anulatória torna-se assim uma questão prejudicial para o julgamento da homologação da sentença arbitral. A decisão na sede que *confirma* a validade da sentença arbitral, ademais, não poderá ser autonomamente reconhecida, nem a maneira com que ela resolver as questões relevantes para apuração da validade deverá vincular os juízes brasileiros em processos futuros".[677]

_____

[677] RENATO RESENDE BENEDUZI, *O direito alemão e a homologação de sentenças arbitrais anuladas ou confirmadas na sede*, n. 6, p. 666-667. Para uma perspectiva mais abran-

Devem ser submetidas à homologação decisão parcial ou decisão final proferida em processo de arbitragem internacional.

Por meio do Decreto Legislativo n. 4.311/2002, o Brasil aderiu à Convenção de Nova York sobre o Reconhecimento e Execução das Decisões Arbitrais Estrangeiras.[678]Trata-se da legislação mais importante para efeitos de homologação de decisão estrangeira proferida em processo arbitral.[679]

> **Art. 961.** A decisão estrangeira somente terá eficácia no Brasil após a homologação de sentença estrangeira ou a concessão do exequatur às cartas rogatórias, salvo disposição em sentido contrário de lei ou tratado.
>
> **§ 1º** É passível de homologação a decisão judicial definitiva, bem como a decisão não judicial que, pela lei brasileira, teria natureza jurisdicional.
>
> **§ 2º** A decisão estrangeira poderá ser homologada parcialmente.
>
> **§ 3º** A autoridade judiciária brasileira poderá deferir pedidos de urgência e realizar atos de execução provisória no processo de homologação de decisão estrangeira.
>
> **§ 4º** Haverá homologação de decisão estrangeira para fins de execução fiscal quando prevista em tratado ou em promessa de reciprocidade apresentada à autoridade brasileira.
>
> **§ 5º** A sentença estrangeira de divórcio consensual produz efeitos no Brasil, independentemente de homologação pelo Superior Tribunal de Justiça.
>
> **§ 6º** Na hipótese do § 5º, competirá a qualquer juiz examinar a validade da decisão, em caráter principal ou incidental, quando essa questão for suscitada em processo de sua competência.

COMENTÁRIO

135. Objeto da homologação

O Código expressa "homologação de decisão estrangeira". Dois termos precisam ser explicitados: "homologação" e "decisão estrangeira".

No sentido do nosso ordenamento, *homologar*[680] é confirmar juridicamente a decisão estrangeira em território nacional. Se deferida a homologação,

---

gente, considerando a Convenção de Nova York, *v.* ANDRE DE ALBUQUERQUE CAVALCANTI ABBUD, *Homologação de sentenças arbitrais estrangeiras*, n. 8.6.2, p. 178-189.

678 Sobre o nascimento e objetivos da Convenção de Nova York, *v.* ANTÓNIO SAMPAIO CARAMELO, *O reconhecimento e execução de sentenças arbitrais estrangeiras*, p. 7-11.

679 Enunciado 85 do FPPC: "Deve prevalecer a regra de direito mais favorável na homologação de sentença arbitral estrangeira em razão do princípio da máxima eficácia (art. 7º da Convenção de Nova York – Decreto n. 4.311/2002)".

680 Critica-se o termo *homologação*. Segundo a doutrina, o melhor termo seria *reconhecimento* e *delibação* (SIDNEI A. BENETI, *Homologação de decisão estrangeira por delibação no processo civil brasileiro*, n. 1, nota 6, p. 29).

reconhece-se oficialmente a decisão estrangeira que passa a produzir seus regulares efeitos tal como se houvesse sido proferida pela jurisdição brasileira. "Homologação" é o processo de confirmação da decisão estrangeira pelo órgão jurisdicional competente para que ela possa ter aptidão de gerar todos os efeitos no território brasileiro ("importação de eficácia").[681]

O processo de homologação não tem por finalidade adicionar eficácia à decisão estrangeira. O juízo de delibação é limitado a liberar a eficácia nela contida, internalizando seus efeitos no território nacional. Em suma, o ato de homologação confere eficácia à decisão estrangeira no território nacional.

A homologação não modifica ou acrescenta ao conteúdo fixado pela decisão estrangeira.[682] Logo, não é possível análise do mérito da decisão objeto do pedido de homologação.[683] Por esse motivo, cuida-se de juízo de delibação, destinado unicamente ao exame dos requisitos exigidos pelas normas internas, especialmente em observância ao art. 15 da LINDB e ao art. 216-F do RISTJ.[684]

Por tudo isso, pode-se dizer que o processo homologatório não se presta "a retirar vícios ou dar interpretação diversa à decisão de Estado estrangeiro",[685] como se fosse sucedâneo de ação rescisória.

Ressalte-se que o legislador substituiu a palavra "sentença" – utilizada pelo Código revogado – por "decisão". Embora a Constituição faça referência ao termo "sentença(s) estrangeira(s)", conforme expõe nos arts. 109, X, e 105, I, *i*, a substituição parece alinhar-se ao sentido dos arts. 203 e 204. Assim, *qualquer* decisão judicial, seja qual for sua natureza, para produzir efeitos no território nacional – ressalvadas as hipóteses legais – pode ser objeto de processo de homologação.[686]

A *decisão* que pode ser alvo de processo de homologação é o pronunciamento proferido por autoridade judicial estrangeira ou pronunciamento proferido por autoridade não judicial, mas equivalente no direito brasileiro.[687] Daí

---

681 BARBOSA MOREIRA, *Comentários ao Código de Processo Civil*, vol. V, n. 45, p. 63.
682 MARINONI-MITIDIERO, *Comentários ao Código de Processo Civil*, vol. XV, n. 2, p. 296.
683 STJ, AgInt na SEC 12.772/EX, rel. Min. JORGE MUSSI, *DJe* 2-9-2019; SEC 14.930/EX, rel. Min. OG FERNANDES, *DJe* 27-6-2019.
684 Especificamente sobre o respeito ao princípio da dignidade da pessoa humana, *v.* com proveito ANDRÉ DE CARVALHO RAMOS, *Dignidade humana como obstáculo à homologação de sentença estrangeira*, p. 37-52.
685 STJ, SEC 5782, rel. Min. JORGE MUSSI, *DJe* 16-12-2015.
686 Notou a diferença ANDRE VASCONCELOS ROQUE, *Execução e recursos* – comentários ao CPC de 2015, n. 4, p. 737.
687 Art. 216-A, § 1º, do RISTJ: Serão homologados os provimentos não judiciais que, pela lei brasileira, tiverem natureza de sentença.

por que a decisão proferida em processo arbitral estrangeiro necessita ser homologada (art. 35 da Lei n. 9.307/1996). Interessante notar que o Superior Tribunal de Justiça afirmou ser possível a homologação de sentença eclesiástica de anulação de matrimônio, confirmada pelo órgão de controle superior da Santa Sé. "Nesse contexto, as decisões eclesiásticas confirmadas pelo órgão superior de controle da Santa Sé são consideradas sentenças estrangeiras para efeitos de homologação. Isso porque o § 1º do art. 12 do Decreto federal n. 7.107/2010 (que homologou o acordo firmado entre o Brasil e a Santa Sé, relativo ao Estatuto Jurídico da Igreja Católica no Brasil, aprovado pelo Decreto Legislativo n. 698/2009) determina que a 'homologação das sentenças eclesiásticas em matéria matrimonial, confirmadas pelo órgão de controle superior da Santa Sé, será efetuada nos termos da legislação brasileira sobre homologação de sentenças estrangeiras'. Aliás, não há como sustentar a inconstitucionalidade deste dispositivo legal, tendo em vista que ele apenas institui, em matéria matrimonial, que a homologação de sentenças eclesiásticas, confirmadas pelo órgão de controle superior da Santa Sé - que detém personalidade jurídica de direito internacional público -, será realizada de acordo com a legislação brasileira. Além disso, o caráter laico do Estado brasileiro não impede a homologação de sentenças eclesiásticas, tanto que o Brasil, nos termos do art. 3º de referido Decreto federal n. 7.107/2010, reconhece a personalidade jurídica das instituições eclesiásticas. Além do mais, vale salientar, quanto ao procedimento, que o Código de Direito Canônico assegura plenamente o direito de defesa e os princípios da igualdade e do contraditório, sendo que, nas causas que tratem da nulidade ou dissolução do casamento, sempre atuará o defensor do vínculo, que, por ofício está obrigado a apresentar e expor tudo o que razoavelmente se puder aduzir contra a nulidade ou dissolução (Cân. 1432) e, mais, a sentença favorável à nulidade do matrimônio será submetida a reexame necessário pelo tribunal de segundo grau (Cân. 1682)".[688]

Algumas decisões estrangeiras, apesar do contorno jurisdicional, não se prestam à homologação. É o caso de homologação de decisão estrangeira declaratória da falência, dada a exclusividade da jurisdição brasileira nessa matéria.[689] Porém, a doutrina registra que "podem vir a ser objeto de homologação de sentenças estrangeiras e de concessão de *exequatur* a cartas rogatórias, relativamente a provimentos jurisdicionais estrangeiros, tirados no âmbito do largo espectro das demandas falimentares ou recuperacionais, que não infrinjam, contudo, o princípio da universalidade do processo falimentar ou recu-

---

688 STJ, SEC 11.962-EX, rel. Min. Felix Fischer, *DJe* 25-11-2015.
689 STJ, SEC 11.277/EX, rel. Min. Maria Thereza de Assis Moura, *DJe* 1-7-2016; SEC 1.735/EX, rel. Min. Arnaldo Esteves Lima, *DJe* 3-6-2011; SEC 1.734/PT, rel. Min. Felix Fischer, *DJe* 16-2-2011.

peracional, que teria de ser ajuizado no Brasil, devido a competência brasileira exclusiva".[690]

Para efeitos de homologação, pouco importa o resultado da decisão estrangeira: procedência ou improcedência. Poder-se-ia questionar que a decisão que julga improcedente a demanda estrangeira não seria objeto de homologação por falta de interesse processual. Todavia, é preciso conceber que a decisão que rejeita o pedido formulado no estrangeiro produz efeitos que podem ser desejados no território nacional. Basta pensar na hipótese de homologação da decisão estrangeira de improcedência para obstar a resolução do mérito de processo, com idêntico objeto, instaurado no Brasil. Além disso, decisão estrangeira que não aprecia o mérito pode ser homologada. Basta pensar em pronunciamento judicial que impõe multa pecuniária por ilícito processual.[691]

Além disso, a natureza do provimento jurisdicional também é irrelevante. Provimentos de natureza declaratória, constitutiva e condenatória são homologáveis.

A decisão interlocutória proferida em processo no exterior produzirá efeitos depois da concessão de *exequatur* em carta rogatória (art. 960, § 1º).

Concebe-se, ainda, a homologação de autocomposição extrajudicial de qualquer natureza firmada no estrangeiro.

A doutrina mais antiga negava o caráter jurisdicional das decisões proferidas em procedimentos de jurisdição voluntária e, por consequência, não admitia que fossem objeto de processo de homologação de decisão estrangeira. Esse entendimento está superado e atualmente reconhece-se que a jurisdição voluntária envolve atividade jurisdicional.[692]

136. Homologação parcial

O Código é expresso em admitir a homologação parcial de decisão estrangeira.

A matéria tem origem na teoria dos *capítulos de sentença*.[693] Na generalidade dos casos, a decisão é composta por partes ligadas, mas distintas entre si. A decisão estrangeira poderá ser composta por capítulos distintos e cada qual deve ser considerado no momento da homologação.

---

690 SIDNEI A. BENETI, *Homologação de decisão estrangeira por delibação no processo civil brasileiro*, n. 13, p. 223.
691 O exemplo é de BARBOSA MOREIRA, *Comentários ao Código de Processo Civil*, vol. V, n. 46, p. 67.
692 ROBSON RENAULT GODINHO, *Comentários ao Código de Processo Civil*, vol. XIV, n. 3, p. 35 e s.
693 Sobre o tema, abrangentemente e com abundante referência bibliográfica, *v.* CÂNDIDO R. DINAMARCO, *Capítulos de sentença*, *passim*.

COMENTÁRIOS AO CÓDIGO DE PROCESSO CIVIL V. XIX

A homologação parcial poderá decorrer de alguns fatores: a) pedido expresso da parte; b) Superior Tribunal de Justiça entender que apenas parcela da decisão estrangeira pode ser homologada porque o restante não se enquadra nos requisitos exigidos para homologação; c) desnecessidade de homologação (*v.g.*, um dos capítulos independe de homologação – divórcio consensual).[694]

A afirmação aproveita os capítulos acessórios (*v.g.*, custas, despesas processuais e honorários de advogado).[695]

137. Decisões estrangeiras que independem de homologação

Por força da lei, há decisões estrangeiras que prescindem de homologação pelo Superior Tribunal de Justiça para que produzam efeitos no território brasileiro. É o caso da "sentença estrangeira de divórcio consensual" (art. 961, § 5°). Porém, cabe frisar que, no caso de decisão estrangeira de divórcio consensual, qualquer órgão do Poder Judiciário brasileiro poderá examinar, em caráter principal ou incidental, a validade do pronunciamento estrangeiro. Afirma-se que, nesse caso, a decisão estrangeira não foi submetida à cognição do Superior Tribunal de Justiça, daí por que "é facultado à parte interessada arguir a invalidade da sentença estrangeira, o que será decidido pelo magistrado competente".[696]

A decisão de divórcio litigioso, de outro lado, está sujeita ao processo de homologação.[697]

Registre-se que os Cartórios de Registros Civis de Pessoas Naturais estão autorizados a promover a averbação de Carta de Sentença de Divórcio ou Separação Judicial, oriunda de homologação de sentença estrangeira pelo Superior Tribunal de Justiça, independentemente de seu cumprimento ou execução em Juízo Federal.[698]

---

694 ANDRE VASCONCELOS ROQUE, *Execução e recursos* – comentários ao CPC de 2015, vol. 3, n. 5, p. 746-747.

695 BARBOSA MOREIRA, *Comentários ao Código de Processo Civil*, vol. V, n. 47, p. 68.

696 FLÁVIA PEREIRA HILL, *A cooperação jurídica internacional no Código de Processo Civil de 2015*, n. 6, p. 157.

697 "A regra inserta no art. 961, § 5°, do CPC/2015, de que '[a] sentença estrangeira de divórcio consensual produz efeitos no Brasil, independentemente de homologação pelo Superior Tribunal de Justiça', aplica-se apenas aos casos de divórcio consensual puro ou simples e não ao divórcio consensual qualificado, que dispõe sobre a guarda, alimentos e/ou partilha de bens, nos termos dos artigos 1° e 2° do Provimento n. 56/2016 do Conselho Nacional de Justiça. Na hipótese, trata-se de pedido de homologação de sentença estrangeira de divórcio consensual qualificado, sendo perfeitamente cabível o pedido de homologação realizado nesta Corte" (STJ, SEC 14.525/EX, rel. Min. BENEDITO GONÇALVES, D*Je* 14-6-2017).

698 Cf. art. 1° do Provimento 51, de 22 de setembro de 2015, da Corregedoria Nacional de Justiça.

Interessante notar que o art. 13 da Convenção Interamericana sobre Obrigação Alimentar, de 1989, ratificada pelo Brasil, por meio do Decreto n. 2.428/1997, prevê: "A verificação dos requisitos acima indicados caberá diretamente ao juiz a quem corresponda conhecer da execução, o qual atuará de forma sumária, com audiência da parte obrigada, mediante citação pessoal e com vista do Ministério Público, sem examinar o fundo da questão. Quando a decisão for apelável, o recurso não suspenderá as medidas cautelares, nem a cobrança e execução que estiverem em vigor".

Observa-se que a acima noticiada Convenção dispensa o processo de homologação a decisão que condena em alimentos, podendo ser encaminhada ao juízo de primeiro grau para execução imediata.[699]

Por fim, cabe lembrar que decisões da Corte Interamericana de Direitos Humanos não se submetem ao juízo de homologação.[700]

138. Decisões estrangeiras não sujeitas à homologação

Primitivamente, a alínea *h* do inciso I do art. 102 da CF estipulava a competência do Supremo Tribunal Federal para, originariamente, processar e julgar "a homologação *das* sentenças estrangeiras". A Emenda Constitucional n. 45 revogou aquele dispositivo e incluiu a alínea *i* no inciso I do art. 105 da CF, atribuindo competência ao Superior Tribunal de Justiça para "a homologação *de* sentenças estrangeiras".[701] A doutrina afirma que a supressão do artigo definido "a" não é simples questão de estilo, mas traz importante consequência: no texto original, a Constituição determinaria que *todas* as decisões estrangeiras deveriam ser homologadas para produzir efeitos no território nacional; depois da reforma constitucional, seria possível entender que nem toda decisão estrangeira necessita ser objeto de processo de homologação.[702]

Ressalvadas as exceções estatuídas pela lei (*"salvo disposição especial em sentido contrário prevista em tratado"*), toda decisão estrangeira que tenha conteúdo de julgamento (provisório ou definitivo) está sujeita ao regime jurídico da homologação, seja qual for sua natureza (declaratória, constitutiva, condenatória ou outra que eventualmente a doutrina admita) ou processo ou pro-

---

699 TIBURCIO-BARROSO, *Direito constitucional internacional*, p. 549.

700 ANDRÉ DE CARVALHO RAMOS, *Processo internacional de direitos humanos*, n. 2, p. 383-384.

701 As Constituições de 1946 e 1967 previam a competência do STF para a homologação *das* sentenças estrangeiras. De outro lado, as Constituições de 1934 e 1937 determinavam também a competência do STF para a homologação *de* sentenças estrangeiras.

702 DOLINGER-TIBURCIO, *Direito internacional privado*, p. 646; CARLOS ALBERTO CARMONA, Coment. ao art. 960, *in Breves comentários ao Código de Processo Civil*, n. 1, p. 2374.

COMENTÁRIOS AO CÓDIGO DE PROCESSO CIVIL V. XIX

cedimento em que venha a ser proferida (processo penal, processo civil, juris-dição voluntária, etc.).[703]

A jurisprudência registra casos interessantes de homologação de documentos provenientes de autoridade pública não judicial estrangeira que pela lei brasileira teriam natureza jurisdicional (*v.g.*, provimento extrajudicial sobre guarda de menor homologado por órgão administrativo).[704]

139. Recursos

As decisões proferidas no curso do processo de homologação podem ser impugnadas por recurso.

Todas as decisões comportam embargos de declaração.

Segundo o art. 216-M do Regimento Interno do Superior Tribunal de Justiça, das decisões do Presidente ou do relator caberá agravo. Dada o silêncio regimental e por se tratar de recurso contra decisão unipessoal, em harmonia com o art. 1.021 do Código, o prazo será de 15 (quinze) dias úteis.

A decisão da Corte Especial que não admite o processo de homologação ou que julga procedente ou improcedente a homologação desafia recurso extraordinário. Porém, a jurisprudência do Supremo Tribunal Federal expõe que a Emenda Constitucional n. 45/2004, que transferiu do Supremo Tribunal Federal para o Superior Tribunal de Justiça a competência para homologar decisões estrangeiras, objetivou "promover a celeridade processual, seria um contrassenso imaginar que ela teria transformado esta Corte em uma nova instância nessa matéria, tornando ainda mais longo e complexo o processo. Por isso, embora possível em tese, a interposição de recurso extraordinário contra esses acórdãos do STJ deve ser examinada com rigor e cautela. Somente se pode admitir o recurso quando demonstrada, clara e fundamentadamente, a existência de afronta à CF".[705]

No âmbito do processo de homologação de decisão estrangeira não é cabível a técnica do julgamento ampliado (art. 942).

> **Art. 962.** É passível de execução a decisão estrangeira concessiva de medida de urgência.
>
> **§ 1º** A execução no Brasil de decisão interlocutória estrangeira concessiva de medida de urgência dar-se-á por carta rogatória.

---

703 Barbosa Moreira, *Problemas relativos a litígios internacionais*, n. 2, p. 153.

704 STJ, SEC 5635/DF, rel. Min. Laurita Vaz, *DJe* 9-5-2012; SEC 8581/EX, rel. Min. Gilson Dipp, *DJe* 29-9-2014; SE 7312/EX, rel. Min. Humberto Martins, *DJe* 18-9-2012.

705 RE 598.770, rel. Min. Marco Aurélio, *DJe* 12-6-2014.

§ 2º A medida de urgência concedida sem audiência do réu poderá ser executada, desde que garantido o contraditório em momento posterior.

§ 3º O juízo sobre a urgência da medida compete exclusivamente à autoridade jurisdicional prolatora da decisão estrangeira.

§ 4º Quando dispensada a homologação para que a sentença estrangeira produza efeitos no Brasil, a decisão concessiva de medida de urgência dependerá, para produzir efeitos, de ter sua validade expressamente reconhecida pelo juiz competente para dar-lhe cumprimento, dispensada a homologação pelo Superior Tribunal de Justiça.

140. Execução de decisão estrangeira que conceder tutela de urgência

Na Sessão Plenária de 1-6-1964, o Supremo Tribunal Federal aprovou a Súmula 420, segundo a qual "não se homologa sentença proferida no estrangeiro sem prova do trânsito em julgado".

Todavia, no Código, a exigência do trânsito em julgado tornou-se dispensável para homologar decisão proferida no estrangeiro. Basta que ela seja eficaz no país em que foi proferida (art. 963, III). Além disso, o art. 962 permite execução de decisão estrangeira que concede medida de urgência. Logo, a primeira conclusão que se extrai é a seguinte: a Súmula 420 está superada.

A medida de urgência concedida pela autoridade estrangeira liminarmente só poderá ser homologada depois de garantido à parte contrária o direito do contraditório no processo em que foi proferida. Sem essa garantia, não se admite o *exequatur*.

A execução da decisão estrangeira que defere a medida de urgência deverá ser efetivada por intermédio de carta rogatória, cujo procedimento está delineado no *comentário* ao art. 960.

O juízo sobre a medida de urgência compete exclusivamente à autoridade estrangeira, de modo que é vedada ao Superior Tribunal de Justiça qualquer interferência no mérito do provimento. Diz-se que o § 3º do art. 962 indica "complementariedade entre jurisdições e de cooperação e coordenação entre autoridades judiciárias de diferentes países".[706]

141. Dispensa do *exequatur*

Há situações que a decisão estrangeira não necessita ser homologada pelo Superior Tribunal de Justiça para que produza efeitos no território nacional. As hipóteses podem advir da lei (*v.g.*, decretação de divórcio consensual por

---

706 Flávia Pereira Hill, *A cooperação jurídica internacional no Código de Processo Civil de 2015*, n. 6, p. 155.

COMENTÁRIOS AO CÓDIGO DE PROCESSO CIVIL V. XIX

decisão estrangeira, conforme art. 961, § 5º), de tratado internacional ou acordos bilaterais/multilaterais.

Em simetria, o § 4º do art. 962, igualmente, dispensa a concessão de *exequatur* para que a decisão concessiva de tutela de urgência possa ser executada. Assim, *v.g.*, o art. 19 do Dec. n. 2.626/1996 estabelece que "a carta rogatória relativa ao cumprimento de uma medida cautelar será transmitida pela via diplomática ou consular, por intermédio da respectiva Autoridade Central ou das partes interessadas. Quando a transmissão for efetuada pela via diplomática ou consular, ou por intermédio das autoridades centrais, não se exigirá o requisito da legalização. Quando a carta rogatória for encaminhada por intermédio da parte interessada, deverá ser legalizada perante os agentes diplomáticos ou consulares do Estado requerido, salvo se, entre os Estados requerente e requerido, haja sido suprimido o requisito da legalização ou substituído por outra formalidade. Os Juízes ou Tribunais das zonas fronteiriças dos Estados Partes poderão transmitir-se, de forma direta, os *exhortos* ou cartas rogatórias previstos neste Protocolo, sem necessidade de legalização. Não será aplicado no cumprimento das medidas cautelares o procedimento homologatório das sentenças estrangeiras".

Nesses casos, cabe ao órgão judicial brasileiro competente reconhecer a validade da decisão estrangeira que concedeu a medida de urgência para que ela produza seus regulares efeitos e possa ser executada no território nacional.

> **Art. 963.** Constituem requisitos indispensáveis à homologação da decisão:
>
> **I -** ser proferida por autoridade competente;
>
> **II -** ser precedida de citação regular, ainda que verificada a revelia;
>
> **III -** ser eficaz no país em que foi proferida;
>
> **IV -** não ofender a coisa julgada brasileira;
>
> **V -** estar acompanhada de tradução oficial, salvo disposição que a dispense prevista em tratado;
>
> **VI -** não conter manifesta ofensa à ordem pública.
>
> **Parágrafo único.** Para a concessão do exequatur às cartas rogatórias, observar-se-ão os pressupostos previstos no caput deste artigo e no art. 962, § 2º.

COMENTÁRIO

142. Requisitos indispensáveis à homologação da decisão

A decisão estrangeira somente será homologada para surtir efeitos em todo o território nacional caso cumpra os indispensáveis requisitos indicados pelo ordenamento jurídico. Parte deles, prevista no art. 963, enumera alguns requisitos para homologação da decisão estrangeira: a) ser proferida por autoridade competente; b) ser precedida de citação regular, ainda que verificada a revelia; c) ser eficaz no país em que foi proferida; d) não ofender a coisa julgada brasileira; e) estar acompanhada de tradução oficial, salvo disposição que a dispense prevista em tratado; f) não conter manifesta ofensa pública. Ainda o art. 964 adiciona outro requisito ao estabelecer que não seja homologável decisão estrangeira na hipótese de competência exclusiva da autoridade judiciária brasileira. Os casos de jurisdição exclusiva estão expostos nos incisos do art. 23.[707]

Finalmente, embora seja de duvidosa constitucionalidade,[708] o Regimento Interno do Superior Tribunal de Justiça fixa requisitos complementares à lei federal. Assim, pela norma interna do Tribunal, não será homologada decisão estrangeira que ofender a soberania nacional ou a dignidade da pessoa humana. A princípio, dada a elasticidade do conceito de "ordem pública", que poderia incorporar os termos "soberania nacional" e "dignidade da pessoa humana", o dispositivo regimental seria desnecessário.

Todos os requisitos devem ser examinados pelo Superior Tribunal de Justiça em juízo de delibação. Impende lembrar que o objeto da delibação se distingue do objeto do processo em que foi proferida a decisão estrangeira.[709]

Qualquer matéria que componha os requisitos indispensáveis à homologação da decisão estrangeira pode ser alegada pela parte interessada, pelo Ministério Público, pelo órgão julgador (Presidente, relator ou órgão colegiado) de ofício.

143. Autoridade competente

O inciso I do art. 963 diz que a decisão estrangeira deve ser proferida por "autoridade competente".

Note-se que o termo "autoridade competente" está relacionado com "jurisdição". O que importa para exame do requisito é saber se o órgão prolator da decisão homologanda possui jurisdição.

Logo, o Superior Tribunal de Justiça não deve fazer qualquer exame cognitivo acerca da legislação que disciplina a competência interna do Estado estrangeiro.[710] A análise visa saber se o órgão estrangeiro prolator da decisão

---

707 Saliente-se que a "exclusividade" não obsta a celebração de tratados ou acordos internacionais. Sobre o tema, v. FABIANO CARVALHO, *Comentários ao Código de Processo Civil*, vol. 1, p. 317-319.

708 A dúvida decorre da letra do art. 22, I, da CF, que prevê regra específica sobre competência para legislar.

709 LIEBMAN, *L'azione per la delibazione dele sentenze straniere*, n. 6, p. 293-294.

710 STJ, AgRg na SE 2.714/GB, rel. Min. CESAR ASFOR ROCHA, *DJe* 30-8-2010.

COMENTÁRIOS AO CÓDIGO DE PROCESSO CIVIL V. XIX

tinha *poder* de julgar. No processo de homologação, em juízo de delibação, aferirá se o provimento estrangeiro decorre de tribunal de exceção, e, neste caso, não será homologado.[711]

A concorrência de jurisdições, i.e., quando for possível o exercício da atividade jurisdicional por órgão judiciário brasileiro sem exclusão de igual atividade por órgão de outro Estado – até mesmo simultaneamente –,[712] não é óbice para a homologação de decisão estrangeira. De outro lado, a exclusividade da jurisdição brasileira, nos moldes delineados pelo ordenamento jurídico, afasta por completo a admissibilidade do processo homologatório (art. 964).[713]

Afirma-se que não se deve homologar decisão estrangeira quando a causa houver sido julgada em "manifesto exercício de competência internacional exorbitante", i.e, "quando fundada em elementos insuficientes para justificar o exercício da jurisdição pelos tribunais de um Estado, seja porque a causa não guarda proximidade mínima com o foro, seja porque seria injusto, dada as circunstâncias, impor ao réu que a ele se submetesse".[714]

Não é requisito indispensável seja o órgão prolator da decisão homologanda integrante formal do poder judiciário do Estado estrangeiro. É suficiente que o órgão seja dotado de *poder* para proferir julgamentos que, pelo ordenamento jurídico brasileiro, tenham semelhante efeito aos provimentos jurisdicionais brasileiros. Daí por que serão homologados os provimentos não jurisdicionais que, pela lei brasileira, teriam natureza jurisdicional (art. 961, § 1º; art. 216-A, § 1º, do RISTJ).[715]

A eleição de foro no território nacional não obsta a homologação da decisão estrangeira. A doutrina lembra que "é possível que no local em que a decisão foi proferida a [cláusula de] eleição de foro estrangeiro seja ineficaz (ou seja, abusiva), de modo que a autoridade local afaste a escolha, mantendo sua própria competência".[716]

---

711 CARLOS A. CARMONA, Coment. ao art. 968, *in Breves comentários ao novo Código de Processo Civil*, n. 1, p. 2384.

712 FABIANO CARVALHO, *Comentários ao Código de Processo Civil*, vol. 1, p. 308.

713 ANDRE VASCONCELOS ROQUE, *Execução e recursos* – comentários ao CPC de 2015, n. 2, p. 752.

714 DANIEL GRUENBAUM, *Reconhecimento de sentença estrangeira*: análise do requisito da competência da autoridade estrangeira, n. 4.3.1, p. 275.

715 MARCELA MELO PEREZ, Coment. ao art. 963, *in Comentários ao novo Código de Processo Civil*, n. 1, p. 1412.

716 CARLOS ALBERTO CARMONA, Coment. ao art. 963, *in Breves comentários ao Código de Processo Civil*, n. 1, p. 2384.

144. Citação regular, ainda que verificada a revelia

A citação é ato que determina a integração do contraditório. Por esse motivo, é requisito indispensável a citação regular no processo estrangeiro para que a decisão seja homologada pelo Superior Tribunal de Justiça.

Não se exige a participação do citando no processo estrangeiro. É indispensável a citação para que possa ser exercitado o regular contraditório. Por esse motivo, o inciso II do art. 963 estabelece ser necessária a citação regular, "ainda que verificada a revelia".

Em juízo de delibação, para ser considerada válida a citação, observam-se as regras da legislação interna do Estado estrangeiro. É inadmissível impor as normas brasileiras relativas à citação em processo estrangeiro.[717] Portanto, citação regular é aquela que respeita a ordem jurídica interna do país perante o qual tramita o processo em que foi proferida a decisão estrangeira.

Registre-se que a citação de brasileiro residente no Brasil deve ocorrer por carta rogatória, sendo inválida a citação por edital ocorrida no estrangeiro.[718] Caso não seja encontrado, será procedida a citação por edital no território brasileiro.[719] É inaceitável, ainda, a citação de pessoa localizada no Brasil por *affdavit* (declaração juramentada na qual o advogado confirma haver citado o réu, o que é aceito nos Estados Unidos), por carta postal, por diligência do consulado estrangeiro no País.[720] Porém, a jurisprudência considera que o comparecimento espontâneo supre a invalidade do ato citatório.[721]

A orientação que se acaba de reproduzir vale apenas para processos judiciais. Em processos arbitrais, a citação não precisa ocorrer por carta rogatória, pois as cortes arbitrais são órgãos eminentemente privados.[722] A propósito, o parágrafo único do art. 39 da Lei n. 9.307/1996 evidencia que "[n]ão será considerada ofensa à ordem pública nacional a efetivação da citação da parte residente ou domiciliada no Brasil, nos moldes da convenção de arbitragem ou da lei processual do país onde se realizou a arbitragem, admitindo-se, in-

---

717   STJ, SEC 7.171/EX, rel. Min. Nancy Andrighi, *DJe* 2-12-2013; SEC 7.758/EX, rel. Min. Felix Fischer, *DJe* 2-2-2015; SEC 9.570/EX, rel. Min. Benedito Gonçalves, *DJe* 17-11-2014; SEC 10.228/EX, rel. Min. João Otávio de Noronha, *DJe* 3-11-2014; SEC 3.555/EX, rel. Min. Napoleão Nunes Maia Filho, *DJe* 19-10-2015.

718   STJ, SEC 14.849/EX, rel. Min. Nancy Andrighi, *DJe* 23-3-2018; STJ, HDE 355/EX, rel. Min. Francisco Falcão, *DJe* 12-12-2018.

719   Carlos Alberto Carmona, Coment. ao art. 963, *in Breves comentários ao Código de Processo Civil*, n. 2, p. 2385.

720   Marcela Harumi Takahashi Pereira, *Homologação de sentenças estrangeiras*: aspectos gerais e o problema da falta de fundamentação no exterior, n. 5.3, p. 85.

721   STJ, SEC 10.458/EX, rel. Min. Og Fernandes, *DJe* 17-6-2014.

722   STJ, SEC 6.760/EX, rel. Min. Sidnei Beneti, *DJe* 22-5-2013.

clusive, a citação postal com prova inequívoca de recebimento, desde que assegure à parte brasileira tempo hábil para o exercício do direito de defesa".

Sustenta-se que o requisito exigido pelo inciso II do art. 963 possa ser, em tese, dispensado quando o próprio réu ("citando") requerer a homologação da decisão estrangeira.[723]

145. Decisão eficaz no país em que foi proferida

O inciso III do art. 963 estabelece um requisito que de certo modo anula a norma prevista na letra *c* do art. 15 da Lei de Introdução às Normas do Direito Brasileiro, repetida pelo inciso III do art. 216-D do Regimento Interno do Superior Tribunal de Justiça, segundo a qual a decisão estrangeira seria *executada* desde que tenha transitado em julgado e esteja revestida das formalidades necessárias para a execução no lugar em que foi proferida.

De acordo com o dispositivo em comento, para que a decisão estrangeira seja passível de homologação basta que ela tenha aptidão de produzir desde logo efeitos no país em que foi proferida, i.e., seja eficaz. Vale dizer, não é necessário ter transitado em julgado.[724] Com isso, como já dito, fica superada a Súmula 420 do STF ("Não se homologa sentença proferida no estrangeiro sem prova do trânsito em julgado").

Alguns criticam o termo "eficaz", estipulado pelo Código, sob o argumento de que a "melhor expressão teria sido 'ser exequível': o sufixo indica possibilidade de que seja executada, no sentido amplo: sentença que reúna condições de concretizar no mundo empírico o teor nela contido".[725]

Seja como for, a impugnação da decisão no processo estrangeiro por recurso desprovido de efeito suspensivo não obsta o processo de homologação. Da mesma forma, a decisão estrangeira transitada em julgado impugnada por mecanismo processual semelhante à ação rescisória não impede sua homologação pelo Superior Tribunal de Justiça, salvo concessão de tutela de urgência hábil a retirar a eficácia do provimento.[726]

---

723 O motivo é simples: o réu "reconhece a validade da sentença proferida no exterrior", ainda que ela não tenha ocorrido de acordo com ordenamento jurídico estrangeiro (RODRIGO FRANTZ BECKER, *Aspectos relevantes da homologação de decisão estrangeira*, n. 4, p. 418-419).

724 Sobre a diferença de eficácia e trânsito em julgado, especificamente para o comentário do inciso III do art. 963, *v.* NERY-NERY, *Código de Processo Civil comentado*, n. 7, p. 2008; CASSIO SCARPINELLA BUENO, *Curso sistematizado de direito processual civil*, vol. 2, n. 4, p. 448-449.

725 STJ, SEC 14.812/EX, rel. Min. NANCY ANDRIGHI, *DJe* 23-5-2018.

726 ANDRE VASCONCELOS ROQUE, *Execução e recursos* – comentários ao CPC de 2015, n. 4, p. 754.

Ao requerente do processo de homologação cabe o ônus de provar que a decisão homologanda é eficaz no país de origem.

Naturalmente, a suspensão da eficácia da decisão no país estrangeiro prejudica o processo de homologação instaurado no Superior Tribunal de Justiça.[727]

146. Respeito à coisa julgada brasileira

A coisa julgada que reveste a decisão proferida por qualquer autoridade judiciária brasileira é fato impeditivo que obsta a procedência do pedido de homologação.

Por se tratar de fato impeditivo, em regra, compete ao requerido o ônus de provar a existência de coisa julgada que acoberta decisão brasileira (art. 373, II).[728]

Um registro final: diversamente da coisa julgada, a pendência de idêntico processo no Brasil (litispendência) não constitui óbice à homologação de decisão estrangeira, salvo a convenção de tratados internacionais.[729] A afirmação decorre do disposto no parágrafo único do art. 24. É interessante notar que, nada obstante a diversidade de objetos entre a *ação de homologação* e a *ação proposta* no Brasil relativamente ao mesmo litígio, uma vez homologada e sucessivamente transitada em julgado, a decisão estrangeira ganha o selo da autoridade da *coisa julgada brasileira*, de modo a gerar os mesmos efeitos de uma decisão proferida pelo Poder Judiciário brasileiro.[730] Tal circunstância, por óbvio, pode gerar interferências recíprocas.[731] Tudo dependerá do trânsito em julgado. Assim, se a decisão proferida pelo órgão judiciário brasileiro transitar antes, não será possível homologar a decisão estrangeira. Inversamente, a anterior homologação da decisão estrangeira obsta a que o órgão jurisdicional brasileiro resolva o litígio, fato que impõe a extinção do processo em curso na jurisdição nacional sem a resolução do mérito (art. 485, V). O que de fato conta é a ocorrência da coisa julgada em primeiro lugar. O desrespeito à coisa

---

727 "É eficaz em seu país de origem a decisão que nele possa ser executada, ainda que provisoriamente, de modo que havendo pronunciamento judicial suspendendo a produção de efeitos da sentença que se pretende homologar no Brasil, mesmo que em caráter liminar, a homologação não pode ser realizada" (STJ, SEC 14.812/EX, rel. Min. Nancy Andrighi, *DJe* 23-5-2018).

728 STJ, HDE 818/EX, rel. Min. Benedito Gonçalves, *DJe* 10-9-2019.

729 Por exemplo, art. 394 do Código de Bustamante; art. 22 do Protocolo de Las Leñas. Sobre o tema, *v.* Fabrício Bertini Pasquot Polido, Coment. ao art. 24, *in Comentário ao Código de Processo Civil*, n. 1, p. 78-80.

730 STJ, AgRg no REsp 1.316.522/RJ, rel. Min. Maria Isabel Gallotti, *DJe* 30-5-2016.

731 Barbosa Moreira, *Comentários ao Código de Processo Civil*, vol. V, n. 62, p. 95-96; André Pagani de Souza, *Teoria geral do processo contemporâneo*, n. 10.1, p. 149-150. Na jurisprudência: STJ, SEC 12.897/EX, rel. Min. Raul Araújo, *DJe* 2-2-2016.

COMENTÁRIOS AO CÓDIGO DE PROCESSO CIVIL V. XIX

julgada, tanto numa quanto noutra situação, poderá dar ensejo ao ajuizamento da ação rescisória com amparo no inciso IV do art. 966.[732]

147. Tradução oficial

"A língua portuguesa é o idioma oficial da República Federativa do Brasil" (art. 13, *caput*, da CF). O art. 224 estabelece que "[o]s documentos redigidos em língua estrangeira serão traduzidos para o português para ter efeitos legais no País". De acordo com o *caput* do art. 192, "[e]m todos os atos e termos do processo é obrigatório o uso da língua portuguesa".

As normas referidas acima devem ser analisadas em conjunto com o inciso V do art. 963, devem ser compreendidas para bem entender o requisito da "tradução oficial".

Ressalvadas as hipóteses de decisão proferida em país cuja língua oficial é o português,[733] a petição inicial deverá vir acompanhada de tradução oficial da decisão estrangeira e de outros documentos que eventualmente venham a instruir o processo de homologação.

Por "tradução oficial" entende-se a transposição da língua estrangeira expressa na decisão homologanda para a língua portuguesa, tramitada pela via diplomática ou pela autoridade central, ou firmada por tradutor juramentado (art. 192, parágrafo único).

O tradutor deve ser contratado pela parte interessada na homologação para confeccionar a versão em português dos documentos redigidos em língua estrangeira.

A atividade do tradutor é de suma importância, porque a má transposição da língua expressa na decisão homologanda para o português, sem conservar as semelhanças semânticas, com a utilização imprópria do vernáculo, poderá impossibilitar a compreensão do próprio conteúdo do ato decisório estrangeiro, e, eventualmente, obstar sua homologação, ou até mesmo quando não levar o Superior Tribunal de Justiça a atribuir eficácia perante o território nacional de algo que na realidade é inexistente.

---

732 FABIANO CARVALHO, *Comentários ao Código de Processo Civil*, vol. 1, p. 321.

733 STJ, HDE 465/EX, rel. Min. FRANCISCO FALCÃO, *DJe* 12-12-2018. Porém, a doutrina noticia que "[j]á se decidiu que, tratando-se de documento redigido em língua estrangeira (espanhol), cuja validade não se contesta e cuja tradução não se revele indispensável para a sua compreensão, não se afigura razoável negar-lhe eficácia de prova tão somente pelo fato de ele ter sido juntado aos autos sem se fazer acompanhar de tradução juramentada, máxime quando não resulte referida falta em prejuízo para quaisquer das partes, bem como para a escorreita instrução do feito" (FERNANDO DA FONSECA GAJARDONI, *Teoria geral do processo* – comentários ao CPC de 2015, n. 5, p. 639).

Destaque-se que a tradução poderá ser dispensada no caso do art. 41, que cuida de cooperação jurídica internacional ("presunção de autenticidade dos documentos"). Segundo o referido dispositivo, "considera-se autêntico o documento que instruir pedido de cooperação jurídica internacional, inclusive tradução para a língua portuguesa, quando encaminhado ao Estado brasileiro por meio de autoridade central ou por via diplomática, dispensando-se a juramentação, autenticação ou qualquer procedimento de legalização". A norma pode ser mitigada por questão de "reciprocidade" de tratamento (art. 41, parágrafo único).[734]

Com a nova sistemática adotada pelo Código, a autenticação da autoridade consular, requisito exigido pelo art. 216-C do Regimento Interno do Superior Tribunal de Justiça, passa a ser dispensada quando a decisão homologanda for encaminhada ao Estado brasileiro por meio de autoridade central ou por via diplomática.[735]

148. Respeito à ordem pública

Para efeitos de homologação de decisão estrangeira, o requisito que mais suscita discussão é o respeito à ordem pública.[736] Não é difícil afirmar a razão: dada sua vagueza, trata-se de termo de difícil conceituação.[737]

A definição de ordem pública é relativa e instável, sofrendo mudanças no tempo e no espaço. "assim como a noção de ordem pública não é idêntica de um país para outro, de uma região para outra, também não é estável, alterando-se ao sabor da evolução dos fenômenos sociais dentro de cada região".[738] Há ainda o elemento da contemporaneidade: "a instabilidade do que possa ofender a ordem pública obriga o aplicador da lei a atentar para o

---

734 Sobre o tema, FABRÍCIO BERTINI PASQUOT POLIDO, Coment. ao art. 41, *in Comentário ao Código de Processo Civil*, n. 2, p. 104.

735 NERY-NERY, *Código de Processo Civil comentado*, n. 2, p. 198.

736 O art. 17 da Lei de Introdução às normas do Direito Brasileiro estabelece: "As leis, atos e sentenças de outro país, bem como quaisquer declarações de vontade, não terão eficácia no Brasil, quando ofenderem a soberania nacional, a ordem pública e os bons costumes".

737 A doutrina conceitua ordem pública com outros conceitos igualmente vagos. Por exemplo, RICARDO DE CARVALHO APRIGLIANO: a ordem pública pode ser considerada um conjunto de regras que traduzem interesse público marcante e são caracterizadas por cogência absoluta, imperatividade e indisponibilidade (*Ordem pública e processo*: tratamento das questões de ordem pública no direito processual civil, p. 239 e s.). A dificuldade não é nova, conforme demonstrou, RICCARDO MONACO, *Il giudizio di delibazione secondo il nuovo códice di procedura civile*, n. 10, p. 100-101.

738 DOLINGER-TIBURCIO, *Direito internacional privado*, p. 443.

COMENTÁRIOS AO CÓDIGO DE PROCESSO CIVIL V. XIX

estado da situação à época em que vai julgar a questão, sem considerar a mentalidade prevalente à época da ocorrência do fato ou ato jurídico. Assim, só se negará aplicação de uma lei estrangeira se esta for ofensiva à ordem pública do foro à época em que se vai decidir a questão, sem indagar qual teria sido a reação da ordem pública do foro à época em que se deu o ato jurídico ou a ocorrência *sub judice*. Na medida em que a ordem pública tenha se alterado no sentido de maior liberalidade, todos os atos pretéritos realizados sob a égide de lei estrangeira diferente, quando o sistema jurídico do foro não a admitia, terão sua eficácia reconhecida, ante a modificação ocorrida na noção territorial da ordem pública".[739]

Registra-se que é possível a "renovação de pedido de homologação de sentença estrangeira para quando desaparecesse a diversidade intrínseca entre a *lex fori* e a lei estrangeira, seja pela progressiva evolução da jurisprudência, seja através de uma reforma legislativa".[740] Finalmente, há ainda o *fator exógeno*, segundo o qual a norma estrangeira não deveria ser aplicada se a norma de direito interno fosse uma lei de ordem pública, assim caracterizada pela noção obrigatória (ou coativas, cogentes, mandamentais, proibitivas).[741]

Logo, entendeu-se que "as leis não são de ordem pública, isto é, a ordem pública não é um fator imanente à norma jurídica. Esta pode ser imperativa, proibitiva, ter caráter obrigatório, *ius cogens*, mas a característica da ordem pública é exógena".[742] Em outras palavras, "a ordem pública no DIP significa deixar de aplicar lei estrangeira quando esta for chocante, e não simplesmente quando a lei estrangeira for diferente da lei local. Como já se viu, o DIP envolve como regra a aplicação de lei estrangeira, que geralmente será diferente da lei local. Essa diferença entre as legislações é consequência da diversidade de jurisdições e não pode levar necessariamente à aplicação do óbice da ordem pública".[743]

De tudo isso, o requisito da ordem pública será construído a cada caso, analisando as características do instituto.[744]

---

739 DOLINGER-TIBURCIO, *Direito internacional privado*, p. 443-444.

740 DOLINGER-TIBURCIO, *Direito internacional privado*, p. 445.

741 DOLINGER-TIBURCIO, *Direito internacional privado*, p. 447.

742 Texto retirado de DOLINGER-TIBURCIO, *Direito Internacional privado*, p. 447, mas que originariamente foi mencionado por JACOB DOLINGER, *A evolução da ordem úbplica no direito internacional privado*, p. 15-16.

743 DOLINGER-TIBURCIO, *Direito internacional privado*, p. 448.

744 Para inúmeros exemplos de julgados que apreciaram o requisito da ordem pública, confira-se NEGRÃO-GOUVÊA-BONDIOLI-FONSECA, *Código de Processo Civil e legislação processual em vigor*, notas 8 e 9, p. 975-876; ANDRE VASCONCELOS ROQUE, *Execução e*

CPC/2015, ARTS. 964 E 965

149. Concessão do *exequatur* às cartas rogatórias

Para a concessão de *exequatur* às cartas rogatórias, o interessado observará os requisitos exigidos nos incisos do art. 963 e no § 2º do art. 962 ("A medida de urgência concedida sem audiência do réu poderá ser executada, desde que garantido o contraditório em momento posterior").

O contraditório diferido a que se refere o último dispositivo acima citado deverá ser exercido pelo processo estrangeiro, i.e., a autoridade judiciária brasileira não tem jurisdição para efetuá-lo.

> **Art. 964.** Não será homologada a decisão estrangeira na hipótese de competência exclusiva da autoridade judiciária brasileira.
>
> **Parágrafo único.** O dispositivo também se aplica à concessão do exequatur à carta rogatória.

COMENTÁRIO

150. Jurisdição nacional exclusiva

O art. 964 tem seu paralelo no art. 23, o que estabelece a exclusividade da jurisdição nacional.

Trata-se de requisito negativo de admissibilidade do processo de homologação de decisão estrangeira. Logo, não será homologado o provimento jurisdicional estrangeiro que versar sobre: a) ações relativas a imóveis situados no Brasil; b) em matéria de sucessão hereditária, proceder à confirmação de testamento particular e ao inventário e à partilha de bens situados no Brasil, ainda que o autor da herança seja de nacionalidade estrangeira ou tenha domicílio fora do território nacional; e c) em divórcio, separação ou dissolução de união estável, proceder à partilha de bens situados no Brasil, ainda que o titular seja de nacionalidade estrangeira ou tenha domicílio fora do território nacional.

Cabe destacar que a jurisprudência do Superior Tribunal de Justiça registra que é homologável decisão estrangeira a qual dispõe sobre partilha de bens situados no território nacional quando as partes convencionam sobre a divisão, desde que não viole normas de direito interno.[745]

> **Art. 965.** O cumprimento de decisão estrangeira far-se-á perante o juízo federal competente, a requerimento da parte, conforme as normas estabelecidas para o cumprimento de decisão nacional.
>
> **Parágrafo único.** O pedido de execução deverá ser instruído com cópia autenticada da decisão homologatória ou do exequatur, conforme o caso.

---

recursos – comentários ao CPC de 2015, "Jurisprudência Selecionada", p. 759-763.
745 SEC 11.795/EX, rel. Min. RAUL ARAÚJO, *DJe* 16-8-2019.

COMENTÁRIO

151. Cumprimento de sentença da decisão estrangeira homologada

De início, é necessário precisar que são inconfundíveis os objetos da homologação da decisão estrangeira com o cumprimento da sentença estrangeira.[746]

A procedência da homologação poderá conferir eficácia executiva à decisão estrangeira.[747] O pronunciamento servirá de título executivo judicial hábil a ensejar o procedimento do cumprimento de sentença (Título II do Livro I da Parte Especial).

O cumprimento de sentença se desenvolverá de acordo com a natureza executiva estampada no título estrangeiro. A atividade jurisdicional executiva em desacordo com a decisão estrangeira homologada poderá, além dos recursos próprios, dar ensejo à propositura de reclamação junto ao Superior Tribunal de Justiça.

A competência para processar o cumprimento será da Justiça Federal, em primeiro grau de jurisdição (art. 109, X, da CF; art. 516, III, do CPC). Destaque-se que a competência independe da natureza do objeto da decisão homologada. Assim, *v.g.*, caso a decisão estrangeira decorra de processo oriundo da relação de trabalho, competirá à justiça federal processar o cumprimento de sentença da respectiva decisão.

É lícito ao exequente promover o cumprimento de sentença na seção judiciária do domicílio do executado, na seção judiciária do local onde se encontrem os bens sujeitos à execução ou na seção judiciária do local onde deva ser executada a obrigação de fazer ou de não fazer (art. 516, parágrafo único).

O pedido de cumprimento de sentença deverá ser instruído com cópia da decisão homologatória.[748] A falta desse documento não leva à extinção do procedimento. O juiz federal deverá oportunizar ao exequente complementar o requerimento.

Abre-se ao executado a possiblidade de impugnar o cumprimento da decisão estrangeira homologada. Advirta-se, com a melhor doutrina, que as matérias indicadas nos incisos do § 1º do art. 525 devem ser interpretadas com alguma reserva. A alegação de "falta ou nulidade da citação se, na fase de conhecimento, o processo correu à revelia" só tem sentido no processo de ho-

---

746 A afimação é de STEFAN KRÖLL, com base no § 1.060 da ZPO (*Recognition and enforcement of awards*, p. 423).

747 LIEBMAN, *L'azione per la delibazione dele sentenze straniere*, n. 2, p. 285.

748 Não será necessária a extração de "carta de sentença", como era no modelo anterior. No mesmo sentido: BARROS-CHISTÉ, *Código de Processo Civil anotado*, p. 1327.

mologação, considerando que a citação regular é um requisito para homologação da decisão estrangeira, que está sob a cognição do Superior Tribunal de Justiça.[749] Ao reexaminar a matéria, o órgão de primeiro grau da Justiça Federal, a um só tempo, usurpa a competência e viola a decisão de homologação, fato que pode ensejar a reclamação (art. 988, I e II).

152. Cumprimento de sentença da carta rogatória ulteriormente ao *exequatur*

Posteriormente ao deferimento do *exequatur*, independentemente de requerimento do interessado, a carta rogatória será remetida ao órgão da Justiça Federal competente para processamento e cumprimento (art. 216-V, *caput*, do RISTJ).

No cumprimento da carta rogatória, o controle das decisões proferidas pelo órgão da Justiça Federal será por meio de "embargos", cuja legitimidade será da parte interessada ou do Ministério Público Federal. Referido mecanismo processual será oposto no prazo de 10 (dez) dias úteis (art. 216-V, § 1º, do RISTJ).

A cognição dos "embargos" é ampla. O legitimado poderá alegar qualquer matéria referente ao cumprimento da carta rogatória, exceto sobre a própria concessão da medida ou seu mérito (art. 216-V, § 2º, do RISTJ).

A competência para processar e julgar os "embargos" é do Presidente do Superior Tribunal de Justiça (art. 216-V, § 1º, parte final, do RISTJ). Da decisão unipessoal do Presidente cabe "agravo" (art. 216-W, *caput*, do RISTJ), que será distribuído a ministro integrante da Corte Especial.

Incumbe ao Presidente (no caso de "embargos") ou ao relator do agravo apreciar o pedido de tutela provisória (art. 216-W, parágrafo único, do RISTJ).

Cumprida a carta rogatória ou verificada sua impossibilidade de cumprimento, os autos serão devolvidos ao Presidente do Superior Tribunal de Justiça, no prazo de 10 (dez) dias, e ele a remeterá, em igual prazo, por meio do Ministério da Justiça ou do Ministério das Relações Exteriores, à autoridade estrangeira de origem (art. 216-X do RISTJ).

CAPÍTULO VII
AÇÃO RESCISÓRIA

153. Generalidades

Tradicionalmente, em linhas gerais, o sistema processual estabelece dois grandes meios de impugnação das decisões judiciais: (*a*) as "ações autônomas

---

749 Barbosa Moreira, *Comentários ao Código de Processo Civil*, vol. V, n. 63, p. 97.

COMENTÁRIOS AO CÓDIGO DE PROCESSO CIVIL v. XIX

de impugnação" e (b) os recursos.[750] As "ações autônomas de impugnação" não se esgotam nos dispositivos legais que compõem o Livro III da Parte Especial do Código de Processo Civil ("Dos Processos nos Tribunais e dos Meios de Impugnação das Decisões Judiciais"). Há outras que estão disciplinadas em lugares diversos no Código (v.g., embargos de terceiro, art. 674 do CPC) ou fora dele (v.g., mandado de segurança, art. 5º, II e III, da Lei n. 12.016/2009). De outro lado, o Título II do Livro III da Parte Especial prevê, taxativamente, os recursos dentro do Código (art. 994 do CPC), concebendo que a lei extravagante oferte outros recursos (v.g., "recurso inominado", art. 41 da Lei n. 9.099/95).

A ação rescisória tem natureza de "ação autônoma de impugnação", cujo objetivo é desconstituir determinadas decisões judiciais transitadas em julgado e, eventualmente, provocar novo julgamento. A rescisão do julgado pode ocorrer por motivo de invalidade (v.g., art. 966, II, do CPC) ou injustiça[751] (v.g., art. 966, VII, do CPC).[752] Embora exista correspondência entre processos, a ação rescisória institui uma nova relação jurídica processual, inconfundível com aquela que deu origem ao processo em que foi proferida a decisão rescindenda. Diz-se que na "ação rescisória há julgamento de julgamento. É, pois, processo sobre outro processo".[753] Por esse motivo, há muito fala-se que ação rescisória não se confunde com recurso.[754] Trata-se de uma "ação necessária",

---

750 BARBOSA MOREIRA, Comentários ao Código de Processo Civil, vol. V, n. 65, p. 99. NELSON NERY JR. afirma que "existe grande semelhança entre o recurso e as ações autônomas de impugnação, sem que isso, contudo, queira significar paridade irrestrita de conceituação, natureza jurídica e tratamento entre os institutos" (Teoria geral dos recursos, n. 3.2.3, p. 216). No mesmo sentido, JOSÉ IGNÁCIO BOTELHO DE MESQUITA, Da ação rescisória, n. 1, p. 243-246. LOPES DA COSTA chegou a afirmar que a ação rescisória é "um recurso vestido de ação" (Direito processual civil brasileiro, vol. III, n. 467, p. 450).

751 A palavra "injustiça" é polissêmica. No contexto da ação rescisória, historicamente, a injustiça da decisão não autoriza o exercício dessa demanda. O art. 800 do CPC/1939 dispunha que a "injustiça da sentença e a má apreciação da prova ou errônea interpretação do contrato não autorizam o exercício da ação rescisória". A referida norma não foi repetida no CPC/1973. No entanto, a jurisprudência e a doutrina mantiveram o escopo da norma revogada (v. FABIANO CARVALHO, Ação rescisória – decisões rescindíveis, p. 50-53). No vigente CPC, a questão merece ser revista, sobretudo diante dos incisos VI e VII do art. 966. Se, no processo civil, injustiça é expressão que está ligada ao resultado do exame do conjunto "fático-probatório" do processo, é inegável que o ajuizamento da ação rescisória por "prova falsa" ou "prova nova" permite a reapreciação dos fatos em um novo contexto de provas e, portanto, rever a própria justiça da decisão rescindenda.

752 DIDIER JR.-CUNHA, Curso de direito processual civil, vol. 3, n. 1, p. 422.

753 PONTES DE MIRANDA, Comentários ao Código de Processo Civil, t. X, p. 103.

754 A questão está amplamente superada pela remansosa doutrina: JORGE AMERICANO, Da acção rescisória, n. 8, p. 11; BARBOSA MOREIRA, Comentários ao Código de Processo Civil,

isto é, a rescisão do pronunciamento judicial somente pode ser alcançada com o manejo da ação rescisória.[755]

Argumenta-se que a ação rescisória seria a "última via de correção" do sistema judicial, sujeita a pressupostos específicos, em verdadeiro diálogo entre justiça e segurança jurídica. Com a rescisão do julgado busca-se: (*i*) decisões proferidas por juízes honestos e imparciais (incisos I e II); (*ii*) processo eticamente dialético, fundado na cooperação e boa-fé processual (inciso III); (*iii*) respeito ao valor da segurança jurídica (inciso IV); (*iv*) respeito ao ordenamento jurídico (inciso V); processo fundado no *real* contexto fático-probatório (incisos VI, VII e VIII).[756]

154. Breve comparação entre os sistemas do CPC/1973 e CPC/2015

No sistema anterior (CPC/1973), afirmou-se que a ação rescisória seria o único meio típico[757] hábil a desconstituir a autoridade da coisa julgada decorrente da expressão "sentença de mérito transitada em julgado". A leitura do *caput* do art. 966 do vigente CPC corrige a terminologia para estabelecer que não apenas a sentença, mas todo o pronunciamento judicial de mérito pode ser rescindido ("A decisão de mérito, transitada em julgado, pode ser rescindida"). Além disso, pelo sistema vigente, que acolheu proposta doutrinária,[758] há decisões transitadas em julgado que, embora não sejam de mérito, e, portanto, não estão revestidas pela coisa julgada material, desafiam a ação rescisória (art. 966, § 4º, do CPC). Ainda no campo do objeto rescindente, outra relevante definição legislativa foi a inclusão expressa para autorizar o ajuizamento de ação rescisória contra ao menos 1 (um) capítulo da decisão (art. 966, § 3º, do CPC).

Semelhantemente ao sistema anterior, a petição inicial da ação rescisória deve indicar ao menos um dos fundamentos rescisórios delineados pelo orde-

---

vol. V, n. 65, p. 100; Luis Eulálio de Bueno Vidigal, *Comentários ao Código de Processo Civil*, n. 12 e 13, p. 21-22; Alexandre Freitas Câmara, *Ação rescisória*, p. 40.

755 Sobre "ação necessária", *v.* Andrea Proto Pisani, La tutela C.D. constitutiva, *in Le tutele giurisdizionali dei diritti*, p. 218.

756 Semelhante perspectiva, embora à luz do CPC/1973, é encontrada no STF, especialmente no voto do Min. Gilmar Mendes, no julgamento do AgReg 460.439-9/DF, *DJ* 9-3-2007.

757 Fala-se em tipicidade da ação rescisória dado que somente é possível rescindir a decisão como base nos fundamentos indicados pela lei processual (cf. Cândido R. Dinamarco, Das ações típicas, *in Fundamentos do processo civil moderno*, vol. I, n. 239, p. 491-492). Acrescente-se ainda a utilidade prática e metodológica anotada por Flávio Luiz Yarshell desta qualificação de ser a ação rescisória uma "ação típica" (*Tutela jurisdicional*, n. 4.8, p. 76-78).

758 Resumidamente nas notas conclusivas, *v.* Fabiano Carvalho, *Ação rescisória – decisões rescindíveis*, p. 307-308.

namento jurídico. Manteve-se a diretriz do sistema anterior, pois o art. 966 do CPC reproduz os incisos do art. 485 do CPC/1973, com algumas correções terminológicas, supressões e acréscimos. As grandes diferenças são as seguintes: (*i*) Além do dolo, é rescindível a decisão que resultar de coação da parte vencedora em detrimento da parte vencida, ou proferida diante de simulação (art. 966, III, do CPC); (*ii*) a expressão "violar disposição literal de lei" deu lugar a outra, de maior alcance e compatível com o sistema processual em vigor, "violar manifestamente norma jurídica"; (*iii*) "documento novo" foi substituído por "prova nova"; e (*iv*) supressão do inciso VIII do art. 485 do Código de 1973 ("houver fundamento para invalidar confissão, desistência ou transação, em que se baseou a sentença"), que despertou grande discussão doutrinária e jurisprudencial à luz do que enunciava o art. 486 do CPC/1973.[759] É preciso lembrar que, dentro do Código, há outras hipóteses de rescisão do julgado que não estão contempladas no art. 966 do CPC, como se observa dos arts. 525, § 15, 535, § 8º, e 658 do CPC.

Outras novidades absorvidas pelo Código: confere-se legitimidade àquele que não foi ouvido em processo cuja intervenção era obrigatória (art. 967, IV, do CPC); o depósito de cinco por cento (5%) sobre o valor da causa está limitado a 1.000 (mil) salários mínimos (art. 968, § 2º, do CPC) e não alcança os beneficiários da assistência judiciária gratuita (art. 968, § 1º, do CPC); permissão para o relator julgar liminarmente improcedente o pedido nas hipóteses do art. 332 do CPC; contagem de prazo bienal diferenciado para os fundamentos rescisórios de prova nova, simulação e colusão das partes (art. 975, §§ 2º e 3º, do CPC), bem ainda para as hipóteses de rescindibilidade de decisões fundadas em lei ou ato normativo considerado inconstitucional pelo STF, ou fundadas em aplicação ou interpretação de lei ou do ato normativo tido pelo STF como incompatível com a Constituição, em controle de constitucionalidade concentrado ou difuso (arts. 525, § 15, e 535, § 8º, do CPC).

155. Dispositivos legais externos ao Capítulo VII

O Capítulo VII do Título I do Livro III da Parte Especial regula, em linhas gerais, a ação rescisória.

Há outros dispositivos espalhados pelo Código que fazem menção à ação rescisória e que aqui se conectam.

O § 1º do art. 425 se relaciona com o prazo para o ajuizamento da ação rescisória ao estabelecer que os originais dos documentos digitalizados (as

---

759 Com referências doutrinária e jurisprudencial, o debate foi demonstrado em Fabiano Carvalho, *Ação rescisória* – decisões rescindíveis, n. 4.4, p. 72 e s.

reproduções digitalizadas de qualquer documento público ou particular, quando juntadas aos autos pelos órgãos da justiça e seus auxiliares, pelo Ministério Público e seus auxiliares, pela Defensoria Pública e seus auxiliares, pelas procuradorias, pelas repartições públicas em geral e por advogados, ressalvada a alegação motivada e fundamentada de adulteração) deverão ser preservados pelo seu detentor até o final do prazo para propositura de ação rescisória. Ainda sobre o prazo, o art. 525, § 15, e o art. 535, § 8º, dispositivos de duvidosa constitucionalidade, estabelecem o termo inicial do trânsito em julgado de processo diverso daquele em que foi proferida a decisão rescindenda. No que se refere a este prazo, há dispositivo específico de direito intertemporal. Segundo o art. 1.057, o disposto no art. 525, § 15, e no art. 535, § 8º, aplica-se às decisões transitadas em julgado após a entrada em vigor deste Código, isto é, depois do dia 18 de março de 2016, e, às decisões transitadas em julgado anteriormente, aplica-se o disposto no art. 475-L, § 1º, e no art. 741, parágrafo único, do CPC/1973.

Com relação ao efeito da propositura da ação rescisória, dispõe o § 3º do art. 517: o executado que tiver proposto ação rescisória para impugnar a decisão exequenda pode requerer, a suas expensas e sob sua responsabilidade, a anotação da propositura da ação à margem do título protestado.

No campo dos "procedimentos especiais" há dois dispositivos que se relacionam com o objeto da ação rescisória. O art. 658 estabelece as hipóteses de rescisão de partilha judicial. De outro lado, o § 3º do art. 701 torna rescindível a decisão que considera evidente o direito do autor da ação monitória e determina a expedição do mandado de pagamento, de entrega de coisa ou para execução de obrigação de fazer ou de não fazer, concedendo ao réu prazo de 15 (quinze) dias para o cumprimento e o pagamento de honorários advocatícios de 5% (cinco por cento) do valor atribuído à causa.

No Capítulo relacionado à "Ordem do Processo nos Tribunais", o inciso VI do art. 937 prevê a sustentação oral na ação rescisória. O inciso I do § 3º do art. 942 preceitua a técnica do julgamento estendido quando proferido acórdão não unânime em ação rescisória, quando o resultado for a rescisão do julgado, devendo, nesse caso, seu prosseguimento ocorrer em órgão de maior composição previsto no regimento interno.

156. Direito intertemporal

O Livro Complementar do Código cuida das Disposições Finais e Transitórias e expõe uma série de regras que tratam de direito intertemporal. Ao entrar em vigor, segundo a regra do art. 1.046, as normas do direito processual serão aplicadas desde logo aos processos iniciados na vigência do CPC/1973.

O Código estabelece novas normas relativas aos fundamentos rescisórios, decisões rescindíveis e prazos.

Nuclearmente, o direito de rescindir rege-se pela data do trânsito em julgado, pois "é nessa data que nasce o direito à rescisão".[760] O trânsito em julgado é o marco temporal que determina se a decisão transitada em julgado se afina ou não com o sistema normativo vigente.

Assim, de acordo com as regras de direito intertemporal, se a decisão transitou em julgado na vigência do CPC/1973, não é possível pedir a rescisão do julgado com fundamento em *nova perícia* (art. 966, VII). Da mesma forma, é juridicamente impossível rescindir decisão que não resolve o mérito, transitada em julgado quando ainda vigorava o CPC/1973, sob o fundamento de ausência de pressupostos de constituição e de desenvolvimento válido e regular do processo (art. 966, § 2º, II).

Sustenta-se que as regras dos §§ 5º e 6º do art. 966 apenas têm incidência para as decisões transitadas em julgado depois da entrada em vigor do Código (18-3-2016).[761]

De acordo com o art. 503, § 1º, e respeitados os pressupostos indicados nos incisos, a questão prejudicial decidida expressa e incidentalmente no processo pode ser tocada pela autoridade da coisa julgada, o que, em tese, poderia desafiar o ajuizamento da ação rescisória. No entanto, o referido dispositivo somente se aplica aos processos iniciados após a vigência do Código, aplicando-se aos anteriores o disposto nos arts. 5º, 325 e 470 do CPC/1973. Logo, é irrescindível decisão que resolve questão prejudicial proferida em processo iniciado sob a égide do CPC/1973, mesmo que ocorra o trânsito em julgado na vigência da lei nova.[762]

O Código alterou o prazo para o ajuizamento da ação rescisória fundada em prova nova, simulação ou colusão entre as partes. O regime de prazo nessas situações só é aplicável para as decisões transitadas em julgado após 18-3-2016, data em que o Código entrou em vigor.

---

760 BARBOSA MOREIRA, *Comentários ao Código de Processo Civil*, vol. V, n. 90, p. 154; LEONARDO CARNEIRO DA CUNHA, *Direito intertemporal e o novo Código de Processo Civil*, n. 9.4, p. 159. FLÁVIO LUIZ YARSHELL, porém, preconiza entendimento diverso. Segundo este renomado autor, "correto é considerar a lei vigente no momento do suposto vício, sendo irrelevantes modificações posteriores" (*Direito intertemporal em tema de ação rescisória*, n. 4, p. 314). Todavia, o trânsito em julgado é pressuposto para rescisão; no momento do vício, o que existe é mera "expectativa" de ação rescisória.
761 CLAYTON MARANHÃO, *Comentários ao Código de Processo Civil*, vol. XVII, n. 15, p. 66.
762 FLÁVIO LUIZ YARSHELL, *Direito intertemporal em tema de ação rescisória*, n. 3, p. 310-312.

CPC/2015, art. 966

Art. 966. A decisão de mérito, transitada em julgado, pode ser rescindida quando:

I - se verificar que foi proferida por força de prevaricação, concussão ou corrupção do juiz;

II - for proferida por juiz impedido ou por juízo absolutamente incompetente;

III - resultar de dolo ou coação da parte vencedora em detrimento da parte vencida ou, ainda, de simulação ou colusão entre as partes, a fim de fraudar a lei;

IV - ofender a coisa julgada;

V - violar manifestamente norma jurídica;

VI - for fundada em prova cuja falsidade tenha sido apurada em processo criminal ou venha a ser demonstrada na própria ação rescisória;

VII - obtiver o autor, posteriormente ao trânsito em julgado, prova nova cuja existência ignorava ou de que não pôde fazer uso, capaz, por si só, de lhe assegurar pronunciamento favorável;

VIII - for fundada em erro de fato verificável do exame dos autos.

§ 1º Há erro de fato quando a decisão rescindenda admitir fato inexistente ou quando considerar inexistente fato efetivamente ocorrido, sendo indispensável, em ambos os casos, que o fato não represente ponto controvertido sobre o qual o juiz deveria ter se pronunciado.

§ 2º Nas hipóteses previstas nos incisos do caput, será rescindível a decisão transitada em julgado que, embora não seja de mérito, impeça:

I - nova propositura da demanda; ou

II - admissibilidade do recurso correspondente.

§ 3º A ação rescisória pode ter por objeto apenas 1 (um) capítulo da decisão.

§ 4º Os atos de disposição de direitos, praticados pelas partes ou por outros participantes do processo e homologados pelo juízo, bem como os atos homologatórios praticados no curso da execução, estão sujeitos à anulação, nos termos da lei.

§ 5º Cabe ação rescisória, com fundamento no inciso V do caput deste artigo, contra decisão baseada em enunciado de súmula ou acórdão proferido em julgamento de casos repetitivos que não tenha considerado a existência de distinção entre a questão discutida no processo e o padrão decisório que lhe deu fundamento.

§ 6º Quando a ação rescisória fundar-se na hipótese do § 5º deste artigo, caberá ao autor, sob pena de inépcia, demonstrar, fundamentadamente, tratar-se de situação particularizada por hipótese fática distinta ou de questão jurídica não examinada, a impor outra solução jurídica.

COMENTÁRIO

157. Decisões rescindíveis

A palavra "rescindir" não tem significado unívoco. Os dicionários trazem o sentido de quebrar, dissolver, invalidar, anular, romper, desfazer, resilir.

Juridicamente, o termo rescindir é bastante utilizado no campo do direito civil e quer significar uma hipótese anormal de extinção do negócio jurídico decorrente de um vício objetivo anterior à sua constituição.[763] No direito processual, *rescindir* tem um significado diferente.

No Código, nas vezes em que o vocábulo aparece, está sempre conectado ao pronunciamento judicial viciado. É o que se observa no art. 658 (*É rescindível a partilha julgada por sentença*) e no art. 966 (*A decisão de mérito, transitada em julgado, pode ser rescindida*).[764] Logo, rescindível é sempre a decisão indicada pela lei, que, transitada em julgado, pode ser objeto de pedido desconstitutivo por intermédio da ação rescisória.

O *caput* do art. 966 do CPC prevê que a decisão de mérito, transitada em julgado, pode ser rescindida. A palavra "decisão" é gênero que incorpora diversas espécies de pronunciamentos judiciais: sentença, decisão interlocutória, acórdão e decisão unipessoal de membro do tribunal.

Os conceitos de sentença e decisão interlocutória estão definidos pela lei por meio do seu conteúdo e por um critério topológico.

Ressalvadas as disposições expressas dos procedimentos especiais,[765] sentença é o pronunciamento por meio do qual o juiz, com fundamento nos arts. 485 e 487, põe fim à fase cognitiva do procedimento comum, bem como extingue a execução (art. 203, § 1º, do CPC). Chama-se decisão interlocutória todo pronunciamento judicial de natureza decisória que não se enquadre no conceito de sentença (art. 203, § 2º, do CPC). Por sua vez, as decisões dos tribunais são conceituadas a partir de um critério subjetivo, ou seja, dos órgãos que os compõem. Assim, acórdão é o pronunciamento do órgão colegiado que

---

763 CHAVES DE FARIAS-ROSENVALD, *Curso de direito civil*, vol. 4, n. 4.4, p. 527. Além de rescisão, os civilistas trabalham com outros dois conceitos na extinção do contrato: resilição, resolução, revogação, distrato, denúncia, arrependimento e redibição (cf. RUY ROSADO DE AGUIAR JÚNIOR, *Extinção dos contratos por incumprimento do devedor*, n. 27-33, p. 68-74). O sistema processual compreendeu a abrangência dessas modalidades contratuais, conforme se vê do disposto no art. 292 do CPC.

764 Ao tratar da ação rescisória, o art. 485 do CPC/1973 dizia que "a sentença de mérito, transitada em julgado, pode ser *rescindida*". Ao cuidar da ação anulatória, o art. 486 do CPC prescrevia que os "atos judiciais, que não dependem de sentença, ou em que esta for meramente homologatória, podem ser *rescindidos*, como os atos jurídicos em geral, nos termos da lei civil". Por sua vez, o art. 1.030 do CPC também se utiliza da expressão, indicando que é "rescindível a partilha julgada por sentença". Finalmente, o art. 352 do CPC instituía a palavra "revogada" para indicar o cabimento de ação anulatória ou ação rescisória para impugnar confissão emanada de erro, dolo ou coação.

765 Por exemplo, na ação de exigir contas, regulada pelos arts. 550 a 553 do CPC, é possível haver duas sentenças, cada qual encerrando uma etapa cognitiva.

compõe o tribunal e decisão unipessoal é o pronunciamento de membro individualizado do tribunal (relator, presidente, vice-presidente etc.). Observe-se que a lei não indica o conteúdo das decisões dos tribunais, o que atrai a aplicação analógica dos §§ 1° e 2° do art. 203 do CPC.

Todavia, não é qualquer pronunciamento judicial que comporta ação rescisória. A lei estabelece quais são as decisões que podem ser impugnadas por meio da ação rescisória. Com efeito, o art. 966, *caput*, do CPC estabelece que a "decisão de mérito" pode ser rescindida. Definir o que seja mérito não é tarefa simples, mas um bom atalho é atrair o disposto no art. 487, I a III, do CPC, o qual estabelece que haverá resolução de mérito quando o órgão judicial acolher ou rejeitar o pedido formulado na *ação* ou na reconvenção; decidir, de ofício ou a requerimento, sobre a ocorrência de decadência ou prescrição; ou homologar o reconhecimento da procedência do pedido formulado na *ação* ou na reconvenção, transação ou a renúncia à pretensão formulada na ação ou na reconvenção. O conceito de mérito, portanto, resolve-se pelo conteúdo do pronunciamento judicial. Para efeitos do *caput* do art. 966, importa o conteúdo da decisão.

Especialmente em relação à decisão interlocutória, destaca-se o art. 356, que, em algumas situações, estabelece a possibilidade de julgamento parcial do mérito.[766] Basta que compreenda uma das hipóteses do art. 487 para ser um possível objeto rescindente, independentemente do *nome* do pronunciamento judicial. Observa-se, ainda, que o art. 502, que cuida do conceito de coisa julgada, menciona a palavra genérica "decisão" para compreender todos os pronunciamentos de mérito transitados em julgado.[767] Assim, sentença, decisão interlocutória, acórdão ou decisão unipessoal de magistrado que integra o tribunal podem ser rescindidos, desde que seu conteúdo seja de mérito.

158. Decisão que obsta a repropositura da demanda

O art. 268 do CPC/1973 estabelecia que a decisão sem mérito não obstava a parte ajuizar de novo a ação, salvo nos casos do art. 267, V, do CPC/1973 (perempção, litispendência ou coisa julgada). O referido dispositivo combinado com o *caput* do art. 485 do CPC/1973 levou parte da doutrina a afirmar que, mesmo naquelas situações em que a demanda não poderia ser reproposta, seria inviável o ajuizamento da ação rescisória.[768]

766　Enunciado 336 do FPPC: Cabe ação rescisória contra decisão interlocutória de mérito.

767　ANTONIO DO PASSO CABRAL, Coment. ao art. 503, *in Breves comentários ao novo Código de Processo Civil*, n. 4, p. 1284.

768　Nesse sentido: SÉRGIO RIZZI, embora tenha sugerido a modificação *de lege ferenda* (*Ação rescisória*, n. 9, p. 30-31). Em sentido diverso, FABIANO CARVALHO, *Ação rescisória* – decisões rescindíveis, n. 7, p. 105-111.

Inova o inciso I do § 2º do art. 966 autorizando a ação rescisória contra "decisão transitada em julgado que, embora não seja de mérito, impeça nova propositura da demanda", quebrando de vez o estigma de que a ação rescisória só seria cabível contra decisão revestida pela autoridade da coisa julgada *material*.

Com efeito, o art. 485 define os fundamentos da decisão que não resolve o mérito – chamada de decisão *processual* ou *terminativa*.[769] Como consequência, a decisão *processual* não obsta a que a parte proponha novamente a ação (art. 486, *caput*). Entretanto, no caso de extinção reconhecendo litispendência, indeferimento da petição inicial (art. 330), ausência de pressupostos de constituição e de desenvolvimento válido e regular do processo, legitimidade ou interesse processual, ou alegação de existência de convenção de arbitragem ou quando o juízo arbitral reconhecer sua competência, a propositura da *nova* ação depende da correção do vício que levou à sentença sem a resolução mérito.

Se não há o que ser "corrigido", a decisão de extinção do processo que impediu o exame do mérito ganha a qualidade de "estável". Nada obstante essa decisão não esteja revestida pela autoridade da coisa julgada *material*,[770] sua estabilidade impede que seja renovada a *ação*, e, como resultado, a própria tutela jurisdicional. Por esse motivo, pode-se dizer que essa decisão processual gera o efeito negativo da coisa julgada.[771] A ação rescisória serve para superar essa estabilidade.

Destaque-se ainda que, pelos mesmos motivos acima delineados, a decisão que reconhece – equivocamente – a perempção e a coisa julgada também está sujeita à rescindibilidade.

Interessante notar que no processo no qual foi proferida a decisão rescindenda não houve julgamento do mérito. Por esse motivo, na ação rescisória fundada no inciso I do § 2º do art. 966 somente é viável o juízo rescindente, inexistindo, portanto, juízo rescisório.

---

769 Sobre o tema, admitindo a propositura de ação rescisória contra esse tipo de decisão, José Rogério Cruz e Tucci, *Comentários ao Código de Processo Civil*, vol. VIII, n. 4, p. 73.

770 Antonio do Passo Cabral, Coment. ao art. 503, *in Breves comentários ao novo Código de Processo Civil*, n. 5, p. 1285-1287; Wambier-Conceição-Ribeiro-Mello, *Primeiros comentários ao novo Código de Processo Civil*, p. 1384. Didier-Cunha dizem "que há, aqui, coisa julgada quanto à questão de admissibilidade" (*Curso de direito processual civil*, vol. 3, n. 2.2.2, p. 426).

771 Sobre a função negativa da coisa julgada, *v.* com proveito: Antonio do Passo Cabral, *Coisa julgada e preclusões dinâmicas*, n. 1.8.1.1., p. 101-102; Marinoni-Arenhart-Mitidiero, *Novo curso de processo civil*, vol. 2, n. 14.5.1, p. 634; Nelson Nery Jr., *Teoria geral dos recursos*, n. 3.8.5., 477; Nery-Nery, *Comentários ao Código de Processo Civil*, n.14 e 18, p. 1196 e 1197.

159. Decisão que inadmite recurso

O art. 966, § 2º, II, do CPC estabelece o cabimento de ação rescisória contra "decisão transitada em julgada em julgamento que, embora não seja de mérito, impeça admissibilidade do recurso correspondente". A redação é defeituosa,[772] mas deve ser compreendida como autorização para rescindir decisão que não admita o recurso.[773]

A decisão de inadmissibilidade de recurso poderá assumir a feição de acórdão, decisão unipessoal de membro do tribunal (*v.g.*, relator, presidente, vice-presidente) ou decisão interlocutória proferida em primeiro grau de jurisdição. Exclui-se a sentença, porque este pronunciamento judicial não decide questões ligadas ao juízo de admissibilidade do recurso.

Sustenta-se que a decisão, objeto do recurso inadmitido, teria importância para o cabimento da ação rescisória. Assim, só seria rescindível pronunciamento de inadmissão de recurso contra decisão de mérito ou que impede a repropositura da demanda.[774] No entanto, a lei não restringe o cabimento da ação rescisória para essas hipóteses.

Na hipótese do inciso II do § 2º do art. 966, não é o pedido de rescisão do pronunciamento judicial que foi objeto do recurso inadmitido, mas, sim, a própria decisão de inadmissibilidade do recurso (*v.g.*, decisão do relator que declarou erradamente a intempestividade do recurso; ausência de preparo), para dele conhecer, propiciando o julgamento do mérito recursal. Admite-se a cumulação imprópria de pedidos na ação rescisória: inicialmente, para pleitear a rescisão do pronunciamento judicial que não conheceu do recurso, ou, na eventualidade da improcedência, para que seja examinada a rescindibilidade da decisão que foi objeto do recurso inadmitido. A questão ganha complexidade sob a ótica do prazo decadencial para o ajuizamento da ação rescisória se a causa de inadmissão do recurso foi a intempestividade.

A virtude de conferir rescindibilidade à decisão que não conhece de recurso está em admitir que este pronunciamento pode impedir a solução do conflito levado ao Poder Judiciário.

---

772 Daniel Amorim Assunção Neves corretamente diz que a decisão expressa no texto da lei não existe, porque a admissibilidade recursal é sempre analisada, seja para admitir ou não admitir o recurso (*Novo CPC* – inovações, alterações e supressões comentadas, n. 55.1, p. 510).

773 Alexandre Freitas Câmara, *O novo processo civil brasileiro*, n. 23.7, p. 463.

774 Rodrigo Barioni. Coment. ao art. 966, *in Breves comentários ao novo Código de Processo Civil*, n.1, p. 2149; Ronaldo Cramer, Comentário ao art. 966, *in Comentários ao novo Código de Processo Civil*, n. 2, p. 1399.

COMENTÁRIOS AO CÓDIGO DE PROCESSO CIVIL V. XIX

Por fim, aponta-se a inconstitucionalidade do dispositivo, que não se encontrava no Projeto da Câmara, nem no texto aprovado pelo Senado Federal, mas foi *incluído* na revisão final do texto do Código de Processo Civil (Lei n. 13.105/2015).[775] Seja como for, ainda que se considere inconstitucional o texto inserto no inciso II do § 2° do art. 966, à luz dos argumentos que foram defendidos na vigência do CPC/1973,[776] deve ser admitido o ajuizamento de ação rescisória contra decisão que não conhece do recurso.

160. Rescindibilidade total ou parcial

A decisão de mérito transitada em julgado pode ser rescinda no todo ou em parte. O pedido de rescisão será *total* quando compreender todos os capítulos da decisão rescindenda. Por motivo de competência, a impugnação *total* poderá ser decomposta em duas ou mais *ações* – a depender do número de capítulos e o *local* do trânsito em julgado. É o caso, *v.g.*, de ação rescisória *total*, de dois capítulos autônomos (dano moral e dano material), julgados por órgãos distintos (TJ e STJ).

A lei autoriza (art. 966, § 3°) a ação rescisória *parcial* se a decisão rescindenda se apresentar autônoma e destacável. A ação rescisória *parcial* decorre da estrutura objetivamente complexa da decisão proferida no processo originário,[777] composta de capítulos (*dependentes* ou *independentes*), cada qual contendo sua respectiva solução, bem como da suscetibilidade de serem atacados por esse meio de impugnação autônoma. O autor poderá liminar expressamente o pedido de rescisão, declarando, *v.g.*, que aceita parte da decisão ou um capítulo dela, ou, ainda restringir tacitamente o objeto rescindente, omitindo na petição inicial a ocorrência de qualquer vício que autorize a rescindibilidade de parcela do julgado e a consequente ausência de pedido de rescisão nessa parte.

As decisões que admitem a rescindibilidade podem ser proferidas em momentos distintos, e, caso não sejam impugnadas por recurso, podem dar ensejo ao ajuizamento da ação rescisória *parcial*, sem que tenha o trânsito em julgado da última decisão no processo.[778]

---

775 CASSIO SCARPINELLA BUENO, *Novo Código de Processo Civil anotado*, p. 605.

776 Sobre a questão, *v.* FABIANO CARVALHO, *Ação rescisória* – decisões rescindíveis, Cap. III, n. 5, p. 163-166. Contrariamente, PONTES DE MIRANDA afirmou não haver ação rescisória de decisão que não conheceu de recurso. "Mesmo que errada tal solução a que se ateve o acórdão, não importa: o que transitou em julgado foi a sentença de que se recorrera, sem que se chegasse ao julgamento do recurso (a dar-se, ou não, provimento) (*Tratado da ação rescisória das sentenças e de outras decisões*, p. 357).

777 BARBOSA MOREIRA, Ação rescisória: objeto do pedido de rescisão, *in Temas de direito processual (terceira série)*, p. 138.

778 RODRIGO BARIONI, Comentário ao art. 966, *in Breves comentários ao novo Código de Processo Civil*, n.1, p. 2149. Neste ponto está superada a Súmula 401 do STJ.

A rescindibilidade parcial pode marcar a legitimidade e o interesse na ação rescisória.[779] Alguns exemplos podem ilustrar a assertiva: Ministério Público, que não participou no processo originário, ter o interesse em ajuizar a ação rescisória porque somente parte da decisão rescindenda é o efeito de simulação ou de colusão das partes, a fim de fraudar a lei; pedido rescindente voltado exclusivamente contra o capítulo dos honorários advocatícios, o que atrai a legitimidade do advogado ou sociedade de advogados (art. 85, §§ 14 e 15).

A formulação do pedido de rescisão parcial delimita o juízo rescindente, nos limites dos arts. 141 e 492, sendo vedado ao órgão judicial competente rescindir qualquer capítulo que não tenha sido pedido expresso de rescisão.

161. Efeito substitutivo e rescindibilidade

O pronunciamento do tribunal, seja ele colegiado ou unipessoal, poderá revestir-se do conteúdo processual ou de mérito, se nele estiver contida uma das matérias previstas nos arts. 485 ou 487 do CPC, respectivamente. Nos processos de competência originária, não se encontra dificuldade em tal ocorrência e, de acordo com o julgamento, será possível verificar se o acórdão ou a decisão unipessoal do relator poderá ou não ser objeto de ação rescisória. No campo dos recursos, o enfoque deve ser diferente, por força do efeito substitutivo, de que cuida o art. 1.008 do CPC.

O julgamento de mérito do recurso substitui a decisão recorrida, naquilo que tiver sido objeto do recurso. O instituto é aplicável a todos os recursos enumerados pelo art. 994 do CPC e outros eventualmente estão expostos na legislação extravagante (v.g., art. 34 da Lei n. 6.830/80).

A substituição da decisão poderá ser total ou parcial, de acordo com os seguintes critérios: a) extensão da impugnação (art. 1.002), b) dimensão do conhecimento do recurso[780] ou c) competência do órgão judicial para o recurso.[781]

Na ação rescisória o efeito substitutivo tem dupla relevância. Em primeiro lugar, define o objeto rescindente. Se o recurso não é conhecido, permanece hígida a decisão recorrida e esta será o possível pronunciamento rescindível. De outro lado, se o recurso for conhecido, independentemente do seu resultado – provido ou não –, ocorrerá o efeito substitutivo, de modo que a decisão

---

779 CÂNDIDO R. DINAMARCO, *Capítulos de sentença*, n. 58, p. 126.

780 MARCO AURÉLIO Moreira Bortowski, *Apelação cível*, n. 4.6, p. 144.

781 É o que ocorre, por exemplo, quando o acórdão do tribunal local ou regional assenta duplo fundamento. O STJ, por meio da Min. ELIANA CALMON, assentou que "conhecido o especial e julgado o mérito do recurso, a decisão substitui o acórdão recorrido na parte impugnada, restando para o STF a análise da lide no âmbito constitucional" (EDecl no Resp 396.796/RS, *DJ* 17-5-2004).

COMENTÁRIOS AO CÓDIGO DE PROCESSO CIVIL v. XIX

recorrida dará lugar a um novo pronunciamento, gerado no julgamento do recurso, o qual, se presentes os demais pressupostos (fundamento rescisório e trânsito em julgado), poderá ser impugnado por intermédio da ação rescisória. Em segundo lugar, o efeito substitutivo determina a competência do órgão judicial para processar e julgar a ação rescisória.

162. Trânsito em julgado

Meios de impugnação às decisões judiciais e trânsito em julgado não são conceitos inconciliáveis.[782] Como pressuposto genérico[783], a lei exige ainda o trânsito em julgado da decisão que se pretende rescindir. Com efeito, se não houve trânsito em julgado, não há ação rescisória,[784] pois faltaria interesse de agir, especialmente pelo ângulo da necessidade.[785] É o que se depreende da expressão legal "decisão de mérito, *transitada em julgado*, pode ser rescindida". Pressupõe ao trânsito em julgado a regular intimação ou ciência inequívoca da parte a respeito da decisão que se pretende rescindir.

O art. 1.006 do CPC impõe a menção expressa da data da ocorrência do trânsito em julgado. Todavia, isso não significa que o fenômeno processual só ocorra com a certificação.[786] Trata-se de um ato de documentação de um *fato*.

O trânsito em julgado pode alcançar todos os pronunciamentos judiciais, sentença, decisão interlocutória, acórdão ou decisão unipessoal de membro do tribunal, independentemente do seu conteúdo (de mérito ou processual).

Esse fenômeno revela-se como um marco temporal dentro do processo. O trânsito em julgado é um efeito processual que determina a mudança de *estado* da decisão judicial de instável para estável, de mutável para imutável. A locução permite saber o momento da formação da coisa julgada (material ou formal).[787]

---

782 RENZO PROVINCIALI, corretamente, afirma que meios de impugnação e *res iudicata* não são conceitos inconciliáveis (*Delle impugnazioni in generale*, n. 2, p. 17).

783 BARBOSA MOREIRA, *Comentários ao Código de Processo Civil*, vol. V, n. 70, p. 116.

784 Cf. PONTES DE MIRANDA, *Comentários ao Código de Processo Civil*, t. X, p. 103. CÂNDIDO R. DINAMARCO admite o trânsito em julgado superveniente à decisão, o que parece estar de acordo com as normas da maximização do procedimento (Ação rescisória e trânsito em julgado superveniente à sua propositura, *in Fundamento do processo civil moderno*, vol. II, p. 1289-1303).

785 FLÁVIO LUIZ YARSHELL, *Ação rescisória* – juízos rescindente e rescisório, n. 41, p. 132.

786 GUILHERME RIZZO AMARAL, *Comentários às alterações do novo CPC*, p. 1017; SANDRO GILBERT MARTINS, Coment. ao art. 1.006, *in Código de Processo Civil comentado*, p. 1373 ; FLÁVIO CHEIM JORGE, coment. ao art. 1.006, *in Breves comentários ao novo Código de Processo Civil*, p. 2332.

787 BARBOSA MOREIRA, Ainda e sempre a coisa julgada, *in Direito processual civil*, n. 9, p. 145; CARNELUTTI, *Lezioni di diritto processuale civile*, vol. IV, n. 394, p. 487.

No sistema processual, o trânsito em julgado ocorre nas seguintes situações: (*i*) inexistência de recurso (art. 502 do CPC), porque todos foram utilizados, de acordo com o tempo e a forma estabelecidos pela lei, ou deixou de ser manejado no prazo, embora fosse cabível; (*ii*) remessa necessária (art. 496 do CPC); ou (*iii*) embargos à ação monitória (art. 701, § 2º, c/c art. 702 do CPC).

São absolutamente inconfundíveis os fenômenos processuais do trânsito em julgado e da coisa julgada. O primeiro diz respeito ao esgotamento temporal da atividade cognitiva e do contraditório a respeito de determinada decisão no processo; o segundo diz respeito à autoridade que torna imutável e indiscutível a decisão judicial, independentemente do conteúdo (processual ou material). Há, portanto, relação de consequência[788].

O trânsito em julgado é relevante para definir o termo inicial para a propositura da ação rescisória. E ao fixar o marco inicial, o trânsito em julgado delimita o termo final para o ajuizamento desta excepcional demanda, cujo prazo decadencial é, em regra, 2 (dois) anos (art. 975, *caput*, do CPC), observadas as prorrogações legais (art. 975, § 1º, do CPC). É preciso lembrar que os vícios, documento novo, simulação ou colusão entre as partes impõem prazos diferenciados (art. 975, §§ 2º e 3º, do CPC), mas nem por isso o trânsito em julgado deixa de ter sua importância, pois, nada obstante o termo inicial seja a data da descoberta do vício, deve-se observar um "prazo máximo", que é estabelecido pelo trânsito em julgado. Destaquem-se, ainda, as hipóteses dos arts. 525, § 15, e 535, § 8º, do CPC, os quais, excepcionando o *caput* do art. 966, determinam que a contagem do prazo para a ação rescisória ocorre do trânsito em julgado de processo estranho ao que foi proferida a decisão rescindenda.

Para o ajuizamento da ação rescisória é desnecessário o manejo ou esgotamento de todos os recursos disponíveis pelo sistema processual. É suficiente o trânsito em julgado.[789]

Problema difícil é examinar a possibilidade de ação rescisória quando intempestivo o recurso. Há entendimento de que recurso interposto fora do prazo não obsta o curso do prazo da ação rescisória, sob a justificativa de ampliar indefinidamente o exercício do direito de rescindir a decisão.[790] Afirma-se que eventual decisão posterior, que reconheça intempestividade do recurso,

---

788 *Revisão da coisa julgada*, p. 32.
789 Permanece eficaz a Súmula 514 do STF.
790 A questão não é nova, como se vê de decisão da década de 1950 do STF, RE 16.476/SP, rel. Min. Nelson Hungria, *DJ* 13-9-1954. Modernamente: STJ, REsp 84.530/RS, rel. Min. Eduardo Ribeiro, *DJ* 29-10-1996; AR 1.252/SP, rel. Min. Fernando Gonçalves, *DJ* 23-10-2000; AgRg no AREsp 675009 / RS, rel. Min. Herman Benjamin, *DJe* 4-8-2015.

apenas confirma o trânsito em julgado anteriormente ocorrido. Consigne-se, entretanto, que, em situações excepcionais, o STJ tem decidido de forma diversa. Por exemplo: quando há fundada dúvida sobre a tempestividade do recurso ou quando não se imputa à parte autora o fato de a declaração de intempestividade ter ocorrido após a fluência do prazo da ação rescisória, admite-se a contagem do prazo decadencial da ação rescisória.[791] Essa corrente merece ser prestigiada sob o prisma da boa-fé processual (art. 5º do CPC).

Ressalte-se que, em regra, a interposição de recurso "protelatório" obsta a ocorrência do trânsito em julgado. A sanção a ser aplicada não é impedir a parte de ajuizar a ação rescisória, mas, sim, aplicar a pena correspondente (arts. 80, VII, 139, III, 1.026, §§ 2º e 3º). No entanto, há uma situação que merece maior cuidado. O art. 1.026, § 4º, do CPC reza que "não serão admitidos novos embargos de declaração se os 2 (dois) anteriores houverem sido considerados protelatórios". Isso significa dizer que o trânsito em julgado ocorre com a intimação da decisão que declarou protelatório os segundos embargos.

A jurisprudência afirma que a propositura da reclamação (arts. 988 a 993) não retarda o trânsito em julgado para efeitos do ajuizamento da ação rescisória.[792] A afirmação é curiosa. Segundo o inciso I do § 5º do art. 988, é inadmissível a reclamação proposta após o trânsito em julgado da decisão reclamada. O argumento que justifica a lei é o seguinte: a reclamação não pode ser utilizada como sucedâneo de ação rescisória.[793] No entanto, caso seja ajuizada antes, mas seu julgamento ocorra após o trânsito em julgado, a eventual procedência da reclamação terá efeito rescindente.

A contagem do trânsito em julgado considera o momento do ato processual praticado ou a ser praticado. Assim, *v.g.*, se a parte desiste do recurso (art. 998 do CPC), o trânsito em julgado se dá na data da manifestação da desistência; de outro lado, proferida sentença de primeiro grau e não interposta apelação, o trânsito em julgado ocorre 15 dias depois da data em que a parte é intimada da decisão, respeitadas as regras do prazo diferenciado (arts. 180, *caput*, 183, *caput*, 186, *caput*, 229, *caput*) e da contagem em dias úteis (art. 212, primeira parte).

163. Decisão inexistente

Importa verificar que decisão *inexistente* não se enquadra no conceito de decisão rescindível. À primeira vista, a expressão "decisão inexistente" parece

---

791 STJ, REsp 2.447/RS, rel. Min. ATHOS CARNEIRO, *DJ* 9-12-1991; REsp 2.447/RS, rel. Min. NILSON NAVES, *DJ* 16-11-1992; REsp 441.252/CE, rel. Min. RUY ROSADO DE AGUIAR, *DJ* 17-2-2003; REsp 511.998/SP, rel. Min. NANCY ANDRIGH, *DJ* 1-2-2005.

792 STJ, AgInt na AR 6351/DF, rel. Min. SÉRGIO KUKINA, *DJe* 26-4-2019.

793 STJ, Rcl 1.463-SP, rel. Min. LAURITA VAZ, j. 23-9-2009.

contradizer-se em seus próprios termos. Decisão concebe a ideia de um ato processual, resultante de uma atividade cognitiva desenvolvida pelo órgão jurisdicional sobre o pedido e as mais diversas questões que despontam no curso do procedimento. Decisão é algo que existe. Prender o termo "decisão" à inexistência encerraria verdadeira contradição.

Por fundamento lógico, seria difícil admitir a categoria "decisão inexistente" na teoria das nulidades processuais, já que os vícios somente alcançariam decisões existentes. Essa divisão lógica motivou alguns doutrinadores a negar a categoria de ato processual inexistente.[794]

Modernamente, contudo, a doutrina admite, com certa tranquilidade, a existência dessa classe, dentre elas a decisão inexistente.[795] O que se quer manifestar com a locução decisão inexistente é um pronunciamento judicial que não tem substância jurídica e que não se formou para o Direito.

A justificativa desta classe liga-se ao interesse teórico e, sobretudo, ao proveito prático.[796] A decisão inexistente caracteriza-se pela ausência de qualquer elemento essencial à sua constituição e existência no plano jurídico. É "não ser" do ato processual.[797]

Pode-se afirmar que a decisão inexistente é, no plano formal, um *não ato* ou um *não provimento*.[798] No entanto, saindo do campo formal, o não ato pode aparentar um ato processual, de modo que, no plano fático, o ato *inexistente* pode produzir efeitos. Cabe registrar, entretanto, que o resultado ou produto originado do ato *inexistente* não tem capacidade de transformá-lo em um ato

---

794   CARNELUTTI, *Inesistenza dell'atto giuridico?*, p. 209. Em outra obra CARNELUTTI sustentou posicionamento diverso (cf. *Sistema del diritto processuale civile*, vol. II, p. 489).

795   TERESA ARRUDA ALVIM WAMBIER, *Nulidades do processo e da sentença*, p. 284 e s.; CALMON DE PASSOS, *Esboço de uma teoria das nulidades aplicada às nulidades processuais*, p. 89 e s; ROQUE KOMATSU, *Da invalidade no processo civil*, p. 157 e s.; AROLDO PLÍNIO GONÇALVES, *Nulidades no processo*, p. 70 e s.; EDUARDO TALAMINI, *Revisão da coisa julgada*, p. 284 e s. No direito estrangeiro: CHIARA BESSO, *La sentenza civile inesistente*, especialmente p. 158 e s.; COMOGLIO-FERRI-TARUFFO, *Lezioni sul processo civile*, p. 356/359; MARCELO LOPEZ MESA, *Ineficacia y nulidade de los actos juridicos e procesales*, p. 285 e s.

796   CHIOVENDA, *Instituições de direito processual civil*, vol. II, n. 525, p. 324; CALMON DE PASSOS, *Esboço de uma teoria das nulidades aplicada às nulidades processuais*, n. 76, p. 91; ROQUE KOMATSU, *Da invalidade no processo civil*, p. 159. AROLDO PLÍNIO GONÇALVES escreveu que "no processo, o ato inexistente adquire relevância pelas consequências jurídicas que podem advir de sua ocorrência, na cadeia do procedimento" (*Nulidades no processo*, n. 15, p. 71).

797   COUTURE, *Fundamentos del derecho procesal civil*, n. 234, p. 377.

798   CALMON DE PASSOS, *Esboço de uma teoria das nulidades aplicada às nulidades processuais*, n. 85, p. 103. Na doutrina estrangeira: COMOGLIO-FERRI-TARUFFO, *Lezioni sul processo civile*, p. 357.

existente e eficaz no plano jurídico. As hipóteses de decisão inexistente são raras. Lembre-se da sentença proferida por quem não exerce função jurisdicional (*v.g.*, juiz aposentado). A decisão sem seus elementos estruturais é existente materialmente, no plano físico, mas é inexistente juridicamente, no plano lógico-jurídico. Por conta disso, a decisão inexistente é insuscetível de convalidação e, via de consequência, não necessita ser *invalidada* ou *rescindida* pela jurisdição. Ela não transita em julgado; logo, não é alcançada pela preclusão, nem revestida pela autoridade da coisa julgada. Isso significa dizer que a decisão inexistente prescinde de qualquer pronunciamento judicial.[799] Em conclusão: só é rescindível decisão *existente;* a decisão *inexistente*, por ser tanto, não pode ser objeto de ação rescisória.[800-801]

164. Decisão ineficaz

É de se reconhecer, ainda, a possibilidade de existir decisão transitada em julgado *ineficaz*.

Esse provimento jurisdicional é inconfundível com a decisão *inexistente*. *Ineficaz* é a decisão existente, mas, que, diante de uma incompatibilidade física, lógica ou jurídica, no plano subjetivo ou objetivo, não tem aptidão para produzir efeito fático ou jurídico. A decisão inexistente, por sua vez, poderá produzir efeitos no plano dos fatos.

A decisão ineficaz pressupõe um plano anterior de existência. Trata-se de uma manifestação do Poder Judiciário com todas as características de uma decisão, que, no entanto, é inoperante. O pronunciamento judicial ineficaz não permite extrair uma interpretação, muito menos concluir o alcance do dispositivo, de modo que ela se torna inexequível ou não efetiva.

Além disso, a decisão ineficaz não contém carga declarativa, constitutiva ou condenatória. A ineficácia da decisão é reconhecida no art. 115, II, do CPC (*A sentença de mérito, quando proferida sem a integração do contraditório, será ineficaz, nos outros casos, apenas para os que não foram citados*). O dispositivo cuida da in-

---

799 ANTONIO DO PASSO CABRAL, *Nulidades no processo moderno*, p. 30.

800 À luz do CPC/1973, LUIS EULÁLIO DE BUENO VIDIGAL, depois de sustentar que as decisões inexistentes não produzem efeito jurídico, indica que esses "atos" poderão ser impugnados na execução ou por meio da ação rescisória, ou, passado o prazo bienal, a parte poderá pleitear a repetição do que houver pago ou a reposição das coisas no estado anterior ao efeito fático do ato inexistente (*Comentários ao Código de Processo Civil*, vol. VI, n. 27, p 37). ROQUE KOMATSU, por seu turno, admite a ação declaratória, "não esquecido o cabimento da ação rescisória" (*Da invalidade no processo civil*, cap. 8, n. 2.3, p. 163).

801 PONTES DE MIRANDA, *Comentários ao Código de Processo Civil*, t. X, p. 103; BARBOSA MOREIRA, *Comentários ao Código de Processo Civil*, vol. V, n. 68, p. 105-107.

eficácia do pronunciamento judicial para o litisconsórcio necessário-simples[802], que, diante da falta ou nulidade da citação, não integrou a relação processual. Trata-se de ineficácia relativa, porque a decisão não tem aptidão para produzir efeitos para quem não integrou o contraditório. Aqui, surgem algumas questões interessantes para ação rescisória, principalmente sob o prisma do interesse processual.

(*i*) O terceiro que deveria figurar como litisconsórcio necessário e simples não tem interesse em rescindir a decisão que o beneficia, nada obstante tenha sido proferida em processo do qual não tenha participado. Trata-se de pronunciamento judicial existente[803] e eficaz. O mesmo não se pode dizer em relação ao autor, que, diante da sua vinculação ao pronunciamento judicial, pode ajuizar a ação rescisória, desde que presentes os pressupostos exigidos pelo ordenamento jurídico.

(*ii*) De outro lado, se a decisão desfavorece aquele que deveria integrar o contraditório na qualidade de litisconsórcio necessário e simples, tem-se que o pronunciamento judicial será existente, porém ineficaz em relação a ele. A ideia de ineficácia, nessa hipótese, está ligada à inoponibilidade.[804] Para esse caso, a solução não será o ajuizamento da ação rescisória. O terceiro poderá valer-se da impugnação ao cumprimento de sentença (arts. 525, § 1º, I, e 535, I, do CPC), embargos à execução (art. 803, II e parágrafo único, do CPC) ou ação declaratória para se voltar contra os eventuais efeitos práticos que a decisão venha produzir.

Ademais, decisão obscura ou contraditória pode ser ineficaz.[805] Os embargos de declaração são meio processual adequado para acomodar esse pronunciamento (art. 1.022, I). Depois de transitada em julgado, sustenta-se o manejo da técnica de interpretação da decisão judicial,[806] reforçada pelo

---

802 Luciano Vianna Araújo, Comentário ao art. 115, *in Comentários ao novo Código de Processo Civil*, p. 187.

803 Leonardo Greco afirma que a sentença é existente, embora proferida em processo no qual não tenha havido citação (*Instituições de processo civil*, vol. I, n. 16.2.1., p. 377).

804 A expressão é utilizada por Wambier-Conceição-Ribeiro-Mello nos comentários ao inciso II do art. 115 do CPC (*Primeiros comentários ao novo Código de Processo Civil* – artigo por artigo, p. 210).

805 Com base no CPC/1973, Luís Eulálio de Bueno Vidigal afirmou que "a sentença incompreensível, porque os critérios de compreensão variam segundo as pessoas; o ser, ou não, compreensível a sentença não importa. Se a sentença contém a parte dispositiva, ela deve considerar-se existente. O mesmo se deve dizer da sentença indeterminável e da invencivelmente contraditória. A matéria a ser interpretada ou determinada é da alçada do juiz da execução ou daquela que vier a conhecer da exceção de coisa julgada" (*Comentários ao Código de Processo Civil*, vol. VI, n. 28, p. 37).

806 Estêvão Mallet, *Ensaio sobre a interpretação das decisões judiciais*, especialmente item 8.4., p. 64-65.

COMENTÁRIOS AO CÓDIGO DE PROCESSO CIVIL V. XIX

princípio da cooperação (art. 6º do CPC). Caso não seja possível compreender o comando do pronunciamento judicial, a ação rescisória poderá ser ajuizada.

165. Erro material

Publicada a decisão, o órgão judicial somente poderá alterá-la em duas situações: a) para corrigir-lhe, de ofício ou a requerimento da parte, inexatidões materiais ou erros de cálculo; b) por meio de embargos de declaração. Para o presente tópico, interessa a hipótese do erro material. O que é erro material? Há de se entender que o erro material é aquele perceptível *primo ictu oculi* e sem maior exame, a traduzir desacordo entre a vontade do juiz e a expressa na decisão.[807] Resultado da desatenção do órgão julgador e perceptível à primeira vista.

Um erro datilográfico, de digitação, aritmético etc. É importante que a supressão do equívoco não importe de maneira alguma alteração substancial na decisão em que se verificou a inexatidão material ou o erro de cálculo. O erro material não se enquadra nas categorias da inexistência, nulidade, anulabilidade, rescindibilidade, ineficácia ou inconstitucionalidade. Esse equívoco judicial não põe em risco a segurança do provimento jurisdicional. O erro material é aquele que permite ser corrigido, mas não altera o resultado da decisão.[808-809]

De outro lado, na concepção da doutrina que estudou com profundidade o tema, "[h]á uma clara razão pela qual é legítima a pura e simples correção do erro material, sem que se possa falar em ofensa à segurança jurídica nem de 'surpresa' ou frustração da 'confiança' em face da parte (aparentemente) 'prejudicada' pela retificação: o erro é de tal modo evidente que todos sempre puderam constatá-lo; qualquer pessoa poderia e deveria verificar a existência do erro; ninguém de boa-fé poderia supor que o erro não existe – ou, se o supusesse, isso derivaria de sua extrema negligência".[810]

Tendo em vista que a correção da inexatidão material ou do cálculo não viola os princípios da segurança jurídica e da certeza do direito, permite-se que o erro material possa ser corrigido em qualquer momento.[811-812-813] Isso

---

807   MOACYR AMARAL SANTOS, *Comentários ao Código de Processo Civil*, vol. IV, n. 335, p. 418-419.

808   ANTONIO CARLOS DE ARAÚJO CINTRA, *Comentários ao Código de Processo Civil*, n. 254, p. 302.

809   STF, EmbDecl no AgReg 554.670/RJ, rel. Min. GILMAR MENDES, *DJ* 23-11-2007.

810   EDUARDO TALAMINI, *O erro material no processo civil*, n. 5, p. 50.

811   No direito processual civil alemão: ZPO § 319 (1) Schreibfehler, Rechnungsfehler und ähnliche offenbare Unrichtigkeiten, die in dem Urteil vorkommen, sind jederzeit von dem Gericht auch von Amts wegen zu berichtigen. No vernáculo: "Erros

significa dizer que, mesmo depois do trânsito em julgado da decisão de mérito, a qual é revestida pela autoridade da coisa julgada, é lícito ao órgão judicial, de ofício ou a requerimento da parte ou interessado, corrigir o erro material apontado, sem que daí resulte ofensa à coisa julgada. [812-813]

Note-se que erro material não se confunde com erro de fato (art. 966, VIII). No erro material, o fundamento é textual, isto é, emerge diretamente do texto da decisão; ao passo que no erro de fato o fundamento não emerge da decisão, mas, sim, do exame dos autos, o qual não pode ser corrigido de ofício pelo órgão judicial.[814]

Portanto, a ação rescisória é imprestável a corrigir erro material, pois o trânsito em julgado da sentença de mérito não obsta, em face do erro material, que seja corrigida a inexatidão ou retifique erros de cálculo.[815]

166. Rescindibilidade do julgamento de questão prejudicial (art. 503, § 1º)

Segundo lição de Barbosa Moreira, qualificam-se "prejudiciais as questões de cuja solução dependa *o teor* ou o *conteúdo* da solução de outras".[816]

---

de escritura, de cálculo e manifestações incorretas que apareçam na decisão será corrigida também de ofício pelo tribunal em *qualquer momento*".

812 O art. 833 da CLT parece limitar o tempo para a correção do erro material: "Existindo na decisão evidentes erros ou enganos de escrita, de datilografia ou de cálculo, poderão os mesmos, *antes da execução*, ser corrigidos, *ex officio*, ou a requerimento dos interessados ou da Procuradoria da Justiça do Trabalho" (destacou-se a expressão "antes da execução").

813 Moacyr Amaral Santos, *Comentários ao Código de Processo Civil*, vol. IV, n. 335, p. 419. Na vigência do CPC/1973, cujo entendimento pode ser ainda aplicado, afirmou-se: "essa *correção* admitida pela lei não significa e não pode significar rejulgamento da causa, proferimento de *nova* decisão ou, de qualquer forma, um novo repensar ou refletir acerca da controvérsia apresentada para discussão" (Cassio Scarpinella Bueno, *Código de Processo Civil interpretado*, p. 1427).

814 STF, QO no RE 190.117-9/DF, rel. Min. Moreira Alves, *DJ* 19-3-1999, *in* Negrão-Gouvêa-Bondioli, *Código de Processo Civil e legislação processual em vigor*, nota 7a ao art. 463, p. 568. Mais recentemente, o STJ pronunciou-se da mesma maneira: AR 3458/SE, rel. Min. Eliana Calmon, *DJ* 3-3-2008.

815 Na doutrina: Fabiano Carvalho, *Ação rescisória* – decisões rescindíveis, p. 53-56; Estefânia Viveiros, *Os limites do juiz para correção do erro material*, p. 225. Na jurisprudência, expressamente não admitindo a ação rescisória: STF, AgReg na AR 1583/RJ, rel. Min. Carlos Britto, *DJ* 14-10-2005. Destaque-se a seguinte passagem no voto do emérito Ministro: "é remédio forte demais para doença tão sem gravidade". No mesmo sentido: STJ, Resp 250.886/SC, rel. Min. Eliana Calmon, *DJ* 1º-7-2002; *Bol. AASP* 1.657/226; *RT* 727/156.

816 Barbosa Moreira, Questões prejudiciais e coisa julgada, *Revista de Direito da Procuradoria-Geral do Estado da Guanabara*, vol. 16, n. 19, p. 175.

COMENTÁRIOS AO CÓDIGO DE PROCESSO CIVIL V. XIX

Diversamente do sistema anterior, o vigente Código, independentemente do ajuizamento de ação declaratória incidental, estende a coisa julgada para a questão prejudicial decidida expressa e incidentemente no processo, se dessa resolução depender o julgamento do mérito; a seu respeito tenha havido contraditório prévio e efetivo, não se aplicando no caso de revelia; o juízo tiver competência em razão da matéria e da pessoa para resolvê-la como questão principal (art. 503, § 1º). Além disso, atente-se que não haverá formação da coisa julgada em processo que houver restrições probatórias ou limitações à cognição que impeçam o aprofundamento do exame da questão prejudicial.

Embora se admitam questões prejudiciais de natureza processual, para o tema da ação rescisória interessam as questões prejudiciais de natureza material. A decisão que resolve questão prejudicial de mérito enquadra-se na locução prevista do *caput* do art. 966 (*"A decisão de mérito"*) e, se transitada em julgado, pode ser rescindida.[817]

Concebe-se que o órgão julgador resolva questão prejudicial em desfavor de quem foi *vencedor* na questão principal. Figure-se o seguinte exemplo: *A*, com base no contrato, pede a condenação de *R* a cumprir determinada prestação. *R* contesta para alegar invalidade do contrato e pagamento. O juiz decide que o contrato não é inválido, mas acolhe a alegação de pagamento. Observe que a decisão de inexistência de invalidade do contrato é questão prejudicial e, se presentes os pressupostos dos incisos I a III do § 1º do art. 503, haverá coisa julgada. A questão que se coloca é saber se, neste caso, haveria interesse de *R*, *vencedor* na questão principal, ajuizar ação rescisória contra a decisão que resolveu a questão prejudicial. A resposta deve ser positiva.[818] O julgamento expresso de questão prejudicial fica acobertado pela autoridade da coisa julgada e obsta a que a parte, futuramente, torne a discutir a matéria. A ação rescisória é útil e necessária para desconstituir a coisa julgada que envolve a questão prejudicial. Assim, de acordo com o exemplo acima, *R* não poderia deduzir pretensão ou defesa de invalidade do contrato em demandas futuras. A indiscutibilidade e a imutabilidade acerca da invalidade do contrato podem ser rompidas por intermédio da ação rescisória.

167. Decisão proferida em tutela provisória

A decisão proferida em tutela provisória não pode ser objeto de ação rescisória porque ela é marcada pela provisoriedade. Questão mais polêmica diz respeito à estabilidade da decisão de tutela antecipada concedida em "caráter

---

817 DIDIER JR.-CUNHA, *Curso de direito processual civil*, vol. 3, n. 2.10, p. 435.
818 Nesse sentido: FLÁVIO LUIZ YARSHELL, *Breves notas sobre a disciplina da ação rescisória no CPC 2015*, p. 159-160.

antecedente" (art. 303), sobretudo se superado o prazo de 2 anos, que prevê o direito de rever, reformar ou invalidar o provimento antecipatório (art. 304, § 5º). A decisão que concede a tutela não é alcançada pela autoridade da coisa julgada e também não se enquadra nas hipóteses do § 2º do art. 966, motivo pelo qual não é rescindível. Entendimento contrário, além de alargar indevidamente as hipóteses de rescisão, seria forma inadequada de majorar o prazo para o ajuizamento da ação rescisória.[819]

168. Decisão que fixa honorários advocatícios

A movimentação do processo impõe sacrifícios financeiros com os quais o vencido, por força de lei, tem de arcar.[820]

Denominam-se *custos do processo* os recursos financeiros despendidos no curso do processo, os quais englobam as custas e as despesas processuais e os honorários advocatícios.[821]

No que toca aos honorários advocatícios, o *caput* do art. 85 estabelece que a "sentença condenará o vencido a pagar honorários ao advogado do vencedor". Os honorários aos quais se refere o Código são os *sucumbenciais*, i.e., aqueles devidos ao advogado pela parte adversária do cliente, que deu *causa* ao processo.[822]

Os honorários advocatícios independem de pedido expresso da parte para serem incorporados à decisão. Trata-se de imposição legal ("A sentença *condenará ...*").

De acordo com o § 18 do art. 85, "[c]aso a decisão transitada em julgado seja omissa quanto ao direito aos honorários ou ao seu valor, é cabível ação autônoma para sua definição e cobrança". O dispositivo legal revoga integralmente a Súmula 453/STJ ("Os honorários sucumbenciais, quando omitidos em decisão transitada em julgado, não podem ser cobrados em execução ou em ação própria").[823] A omissão quanto aos honorários enseja demanda autônoma e própria definida em lei para fixá-los. Logo, nesse caso, é inadmissível a propositura de ação rescisória.[824]

---

819 Eduardo José da Fonseca Costa, Coment. ao art. 304, *in Comentários ao Código de Processo Civil*, n. 2.9, p. 304.

820 Rosenberg-Schwab-Gottwald, *Zivilprozessrecht*, § 86, p. 461.

821 Cândido R. Dinamarco, *Instituições de direito processual civil*, vol. II, n. 739, p. 533.

822 Dinamarco-Lopes, *Teoria geral do novo processo civil*, n. 139, p. 199.

823 Na mesma direção é o Enunciado 8 do FPPC: (arts. 85, § 18, 1.026, § 3º, III) Fica superado o Enunciado 453 da súmula do STJ após a entrada em vigor do CPC ("Os honorários sucumbenciais, quando omitidos em decisão transitada em julgado, não podem ser cobrados em execução ou em ação própria").

824 Nesse sentido, Luiz Henrique Volpe Camargo, Coment. ao art. 85, *in Breves comentários ao novo Código de Processo Civil*, p. 370-371. O CPC/1973 era omisso

COMENTÁRIOS AO CÓDIGO DE PROCESSO CIVIL V. XIX

No entanto, se a decisão condenar a parte a pagar honorários advocatícios de maneira incompatível com o ordenamento jurídico, não será hipótese de demanda autônoma, mas de rescindibilidade. Assim, *v.g.*, se a sentença fixar a verba honorária em patamar menor (menos de 10%) ou maior (mais de 20%) daquele estabelecido pelo § 2º do art. 85, será cabível ação rescisória por violação manifesta à norma jurídica (art. 966, V). Nesse caso, considerando a titularidade dos honorários, conforme estabelece a primeira parte do § 14 do art. 85 ("[o]s honorários constituem direito do advogado"), o advogado tem legitimidade *ad causam* para figurar na ação rescisória.

169. Decisão que fixa juros e correção monetária

O § 1º do art. 322 estabelece que estão compreendidos no pedido principal os juros e a correção monetária. São chamados de pedidos implícitos.[825] Estas verbas fazem parte de capítulo dependente, posto existir um nexo de subordinação em relação ao pedido, chamado pela lei, de principal. Isso significa dizer que esses acessórios não podem constituir pedido autônomo.

A doutrina interpreta a palavra "juros" restritivamente para compreender apenas os "juros legais". "Juros de outra natureza, como os remuneratórios e os sobre capital próprio dependem de pedido da parte para sua inclusão na sentença".[826] No entanto, é preciso lembrar que a interpretação do pedido considerará o conjunto da postulação e observará o principio da boa-fé (art. 322, § 2º), de maneira que o termo "juros" poderá ser interpretado de forma ampla.

Nesse particular, dois pontos merecem ser investigados: a) decisão que é omissa com relação aos juros e à correção monetária e b) decisão que fixa juros e correção monetária.

A questão da omissão desses critérios de remuneração e de recomposição na decisão judicial foi alvo de profunda discussão doutrinária.

Houve quem afirmasse que a decisão seria *citra petita*. Depois de transitada em julgado, a inclusão da correção monetária e dos juros seria possível somente por meio da ação rescisória.[827] De outro lado, para a hipótese, sustentou-se que seria impossível a ação rescisória, pois inexistiria decisão a respeito de tais

---

quanto à "ação autônoma" para postular honorários não fixados em sentença. Por esse motivo, a doutrina afirmava ser cabível ação rescisória, por violação literal ao art. 20 do Código revogado (cf. FABIANO CARVALHO, *Ação rescisória — decisões rescindíveis*, n. 13, p. 131-140).

825 JOSÉ ROGÉRIO CRUZ E TUCCI, *Comentários ao Código de Processo Civil*, vol. VII, n. 32, p. 87.

826 LUIS GUILHERME AIDAR BONDIOLI, Coment. ao art. 322, *in Breves comentários ao novo Código de Processo Civil*, n. 2, p. 915.

827 ARRUDA ALVIM, *Sentença "citra petita"* — necessidade de ação rescisória, p. 235-262.

critérios para recomposição e remuneração dos valores que compuseram o capítulo principal, até então único.[828]

Porém, o que prevaleceu foi a antiga orientação do STF, firmada na Súmula 254.[829]

Com efeito, tem-se admitido a inclusão de juros e correção monetária depois do trânsito em julgado da decisão que não compreendeu essas verbas.[830] A introdução dos juros e da correção monetária não representaria ofensa à coisa julgada, ainda que essas questões não tenham sido enfrentadas no procedimento que culminou com a decisão condenatória.[831]

Os juros legais e a correção monetária são institutos que sempre se consideram incluídos no pedido para condenação em quantia. E, nesse caso, mesmo que a decisão a eles não se refira, serão devidos, pois o preceito é de direito material. Os juros legais são disciplinados pelo art. 406 do CC/2002 e a correção monetária de débitos judiciais, pela Lei n. 6.899/81.[832-833]

Nada obstante o art. 491, que impõe ao órgão julgador o dever de definir desde logo o índice de correção monetária, a taxa de juros, o termo inicial de ambos, entende-se que a omissão dessas verbas na decisão não impede a parte de incluí-las na fase executiva.

No entanto, eventual debate sobre essa matéria na execução pode gerar um pronunciamento sujeito à ação rescisória.

Finalmente, a decisão que fixa juros e/ou correção monetária em desacordo com o ordenamento jurídico desavia a ação rescisória (*v.g.*, violação da coisa julgada ou afrontar manifestamente norma jurídica).

Cabe ainda observar que, ajuizada a ação rescisória para desconstituir o capítulo principal da decisão, o capítulo dependente, relativo aos juros e à

---

828 Barbosa Moreira, *Item do pedido sobre o qual não houve decisão. Possibilidade de reiteração noutro processo*, p. 241-252.

829 "Incluem-se os juros moratórios na liquidação, embora omisso o pedido inicial ou a condenação."

830 STJ, REsp 819.698/PB, rel. Min. Teori Albino Zavascki, *DJ* 17-4-2006.

831 STJ, AgInt no AREsp 856.426/RJ, rel. Min. Moura Ribeiro, *DJe* 2-9-2016.

832 Especialmente sobre os juros: STJ, REsp 202.826/RJ, rel. Min. Sálvio de Figueiredo Teixeira, *DJ* 24-5-1999.

833 Particularmente sobre a correção monetária, o art. 1º da Lei n. 6.899/81 determina que "a correção monetária incide sobre qualquer débito resultante de decisão judicial, inclusive sobre custas e honorários advocatícios". Milton Paulo de Carvalho examina a Lei n. 6.899/81 e conclui que "a correção monetária não pode constituir pedido autônomo, por isso que ela realiza apenas a atualização de um dado valor, depreciado pela inflação. Não sendo um *plus* que se acrescente ao pedido, mas este mesmo na sua expressão atual, não há como considerá-la pedido implícito, mesmo porque nem de formulação expressa necessita para que incida" (*Do pedido no processo civil*, n. 8.1.4, p. 103).

COMENTÁRIOS AO CÓDIGO DE PROCESSO CIVIL v. XIX

correção monetária, é automaticamente levado para a cognição no âmbito do processo rescisório. Diversa será a hipótese se o pedido rescindente for unicamente o capítulo relativo ao acessório (correção monetária e juros). Aqui, o capítulo principal não será afetado pelo julgamento da ação rescisória.

170. Decisão que fixa sanção processual

Em diversos dispositivos, a legislação processual confere poderes ao órgão julgador para aplicar multa processual à parte ou ao terceiro que participa do processo (*v.g.*, entre muitos outros, arts. 77, § 2°, e 81).

O emprego da sanção ocorre por intermédio de decisão judicial *condenatória*, que cria uma relação obrigacional.

A decisão é de mérito e transitada em julgado desafia ação rescisória (art. 966, *caput*).

Advirta-se que, na ação rescisória, por ser meio processual restrito para rever decisão transitada em julgado, não será permitido discutir as questões de fato que levaram o órgão julgador a aplicar a sanção processual.

171. Decisão em liquidação de sentença

Proferida decisão que reconheça a exigibilidade de obrigação de pagar quantia, de fazer, de não fazer ou de entrega de coisa, e ocorrido o trânsito em julgado, na generalidade dos casos, o título judicial reúne todos os elementos aptos a assegurar a realização da tutela jurisdicional executiva, para tornar concreto o comando abstrato do julgado.

Há decisões, contudo, que não indicam o atributo indispensável e necessário da liquidez da obrigação, embora esses pronunciamentos jurisdicionais apontem o direito assegurado ao *vencedor*. Trata-se de pronunciamento judicial ilíquido ou genérico. No momento em que foi proferida a decisão, o valor da obrigação ou individuar o objeto da obrigação não foi fixado.[834]

À falta da liquidez, no título judicial, o titular do crédito judicial se vê na imposição de promover um mecanismo processual hábil a fixar precisamente a expressão pecuniária ou discriminar o objeto devido, qual seja, a liquidação de sentença. Não lhe é facultado dispensar a liquidação de sentença e promover de imediato a execução.

O ordenamento processual civil admite liquidação por arbitramento e liquidação pelo procedimento comum (art. 509, I e II).

---

834 LUIZ RODRIGUES WAMBIER, Coment. ao art. 509, *in Breves comentários ao novo Código de Processo Civil*, n. 2, p. 1457.

A liquidação de sentença se inicia por requerimento do credor ou do devedor e tem por objeto uma litigiosidade equiparada àquela exposta no processo em que se proferiu a decisão ilíquida. No entanto, na liquidação de sentença, o litígio gira em torno da apuração do *quantum debeatur*.

Por iniciar uma nova demanda, a decisão proferida em liquidação de sentença, que define o atributo da liquidez da obrigação, se transitada em julgado, é revestida pela autoridade da coisa julgada, assumindo a qualidade de imutável e indiscutível (art. 502), e, portanto, só pode ser desconstituída mediante ação rescisória, desde que presentes os fundamentos enumerados nos incisos do art. 966.[835]

Afirma-se que a decisão que apura o crédito em liquidação de sentença não pode ser revista na fase do cumprimento de sentença. Aliás, como anota a doutrina, se o fizer, será hipótese de ação rescisória por violação à coisa julgada (art. 966, IV).[836]

172. Decisão que extingue a execução

Diante da estrutura diferenciada, com regras nem sempre precisas, discute-se a possibilidade de a execução ensejar uma decisão que, transitada em julgado, possa ser desconstituída por intermédio da ação rescisória.

Sustenta-se que no processo executivo não seria possível a formação da coisa julgada e, portanto, não seria cabível ação rescisória.

A primeira observação que se impõe é a de que os entendimentos contrários à possibilidade de formação de coisa julgada na execução parecem restringir as hipóteses de decisão no processo executivo, concentrando-se, apenas, nas situações de satisfação da obrigação, quando houvesse transação ou remissão total da dívida ou quando o credor renunciasse ao direito do crédito. Os argumentos dessa tese indicam que haveria interpretação restritiva ao texto do art. 924. E, nessas hipóteses, o provimento jurisdicional de extinção do processo executivo não seria alcançado pela autoridade da coisa julgada.

Entretanto, exame mais detido sobre o art. 924 revela que esse dispositivo não esgota os casos em que a execução possa ser extinta.

Anota-se que outras decisões podem ocorrer, como as enunciadas pelo art. 485, aplicáveis ao processo de execução por força do art. 771, parágrafo único.

---

835 No modelo do CPC/1973, com farta indicação doutrinária e jurisprudencial, ainda aproveitáveis, *mutatis mutandis*, ao vigente sistema processual, *v.* FABIANO CARVALHO, *Ação rescisória* – decisões rescindíveis, Cap. IV.

836 DIDIER JR.-CUNHA, *Curso de direito processual civil*, vol. 3, n. 2.6, p. 432.

Diz-se que a enumeração do art. 924 é meramente enunciativa.

Interessante notar que a regra do art. 924 é complementada pelo art. 925, o qual preceitua: "A extinção só produz efeito quando declarada por sentença". Isso quer dizer que não é suficiente o provimento contendo as causas de extinção do processo executivo. É necessária a declaração judicial da extinção do processo executivo, fato que sobrevém mediante sentença.

A palavra "sentença", empregada no art. 925, remete o intérprete às regras estatuídas nos arts. 203, § 1º, 485 e 487.

Nesse contexto, a decisão que extingue o processo executivo será inegavelmente uma sentença, cujo conteúdo será uma das hipóteses do art. 485 ou do art. 487.[837] É inegável que, se decisão for proferida com base no art. 485, ela não será revestida pela autoridade da coisa julgada e não será viável o ajuizamento da ação rescisória, ressalvado o disposto no art. 966, § 2º, inciso I.[838]

A extinção do processo de execução com base no inciso II do art. 924 – quando o devedor satisfaz a obrigação – também poderá corresponder ao inciso III, "a" do art. 487, caso o devedor cumpra espontaneamente a obrigação, como reconhecimento jurídico da pretensão executiva. Nesse ponto, fica difícil negar a existência de coisa julgada. No processo de conhecimento cujo objeto, *v.g.*, é o pagamento de soma em dinheiro, se o réu reconhece a procedência do pedido com depósito do valor reclamado em juízo, toca ao órgão judicial proferir sentença para resolver o mérito com base no art. 487, III, "a". Se essa decisão não for recorrida, transitará em julgado e será revestida pela autoridade da coisa julgada. Se verificado um dos motivos rescisórios, poderá ser rescindida. No entanto, se esses mesmos fatos ocorrerem no âmbito da execução, tudo isso é negado por parcela da doutrina. Não se vê razão para o tratamento diferenciado dessas duas situações, que, a bem ver, são idênticas. Em ambos os casos, a jurisdição cumpriu seu papel de resolução do conflito; a cognição exercida para a prolação do pronunciamento final foi rigorosamente a mesma.

Os mesmos argumentos são proveitosos para a hipótese de extinção do processo executivo com fundamento na transação ou "por qualquer outro meio" (art. 924, III). O provimento jurisdicional que compreende a transação, como base para a solução do conflito, é caracterizado por ser uma decisão de mérito. É um ato de jurisdição, e a influência que exerce no direito substancial resulta diretamente da declaração jurisdicional operada pela decisão.

---

837 Cf. Nelson Nery Jr., *Teoria geral dos recursos*, n. 2.5, p. 138.

838 Nesse sentido: Heitor Vitor Mendonça Sica, *Cognição e execução no sistema de tutela jurisdicional civil brasileiro* – identificação e tratamento do objeto litigioso em sede executiva, n. 4.9, p. 317.

CPC/2015, ART. 966

Igualmente, não se pode colocar em suspeita a hipótese de renúncia ao crédito (art. 924, IV), que assume a mesma dimensão da renúncia à pretensão formulada na ação ou na reconvenção (art. 487, III, "c"). Esse ato de disposição – privativo do credor – o impede de repropor a demanda executiva para pleitear a obrigação sobre o crédito renunciado. Nele, o credor manifesta sua vontade de desistir (= renunciar) da pretensão do direito ao crédito afirmado. Admitir que a decisão fundada na renúncia ao crédito não seja alcançada pela autoridade da coisa julgada é submeter as relações jurídicas a constantes incertezas e permanente instabilidade. Concebe-se, ainda, que a execução pode ser extinta com resolução do mérito com base na prescrição ou na decadência (art. 487, II). Ademais, é razão de extinção pelo mesmo fundamento legal quando o órgão decreta a prescrição intercorrente, hipótese, inclusive, que veio a ser positivada pelo art. 924, V.[839]

Nesse ponto, todas as colocações que foram feitas a respeito da decisão no processo de conhecimento fundada na prescrição ou na decadência são válidas para a decisão na execução forçada. Logo, a recusa em aceitar que as decisões extintivas do processo executivo fundadas na prescrição ou na decadência seriam revestidas pela autoridade da coisa julgada material não tem sentido lógico-jurídico, pois as situações são rigorosamente as mesmas.

A jurisprudência consolidou-se no sentido de que a extinção da demanda executiva impede o ajuizamento de nova execução.[840]

O art. 924 consagra a extinção normal ou extinção própria. Todavia, o processo executivo também pode ser extinto em razão da improcedência do direito ao crédito.

Na execução forçada, o pedido de satisfação é delineado pela afirmação do direito de crédito.

Por motivos de política legislativa, concede-se ao credor uma "pré-declaração" desse direito ao crédito, situação que evidencia o princípio da abstração. No entanto, a efetiva declaração somente virá com a decisão favorável ao credor, isto é, quando extinta a execução com base na satisfação (arts. 924 e 925). Se a execução for extinta devido à procedência dos embargos ou por qualquer incidente manifestado na própria execução, *v.g.*, exceção de pré-executividade, compete ao órgão judicial "declarar" que o credor não tem direito ao crédito afirmado e materializado no título que embasou a execução. Nesse ponto, a decisão é de mérito e o seu fundamento encontra-se no art. 487, I.

---

839   HEITOR VITOR MENDONÇA SICA admite haver coisa julgada em relação às decisões proferidas com fundamento nos incisos IV e V do art. 924 (*Cognição e execução no sistema de tutela jurisdicional civil brasileiro* – identificação e tratamento do objeto litigioso em sede executiva, n. 4.11, p. 323).

840   STJ, REsp 1.143.471/PR, rel. LUIZ FUX, *DJe* 22-2-2010.

Observa-se que a cognição a respeito da atividade executiva ou quanto à própria relação obrigacional que embasou o título será realizada, na generalidade dos casos, por meio dos embargos à execução. Basicamente, isso se deve à estrutura legislativa do processo executivo e também à "pré-declaração" do direito do crédito do credor.

Consigne-se que os embargos à execução poderão levar ao conhecimento do órgão judicial duas discussões: a) questões processuais e b) questões do direito material.

Com relação às questões processuais, os embargos poderão impugnar os atos executivos realizados no processo executivo (penhora, avaliação errônea, legitimidade etc.). A procedência dos embargos, por esses fundamentos, poderá ou não extinguir a execução. Se a decisão dos embargos estiver fundada, *v.g.*, na penhora incorreta, a execução não será extinta, mas o ato constritivo será repetido. De outro lado, se a procedência dos embargos estiver fundada na falta de legitimidade, a execução poderá ser extinta. No entanto, neste caso, embora a decisão não seja de mérito, se transitada em julgado, poderá ensejar o cabimento da ação rescisória com base no art. 966, § 2º.

Será possível que os embargos à execução estejam fundados em matéria concernente à relação jurídica obrigacional estampada no título que embasou o processo de execução, ou seja, discuta o mérito do processo de execução. Aqui, compete ao órgão judicial verificar se a afirmação do direito ao crédito procede ou não. A procedência dos embargos à execução levará à extinção do processo executivo, com base no art. 487, I (rejeição da afirmação do direito ao crédito). Nesse caso, a decisão da execução é de mérito e, se identificado algum vício dos incisos do art. 966, será viável a propositura da ação rescisória.

173. Decisão proferida em partilha judicial

Segundo a tradicional doutrina civilista "é a partilha que faz cessar a comunhão sobre a universalidade dos bens da herança, e a ela se procede com observância das cautelas e normas legais. A *partilha* é o ponto culminante da liquidação da herança. Põe termo ao estado de indivisão. Discrimina e especifica os quinhões hereditários. Fixa o momento em que o acervo deixa de ser uma *res communis* dos herdeiros, operando a mutação em coisa particular de cada um".[841]

O direito brasileiro reconhece duas formas de partilhas: extrajudicial ou judicial.

---

841 Caio Mário da Silva Pereira, *Instituições de direito civil*, vol. VI, n. 487, p. 376.

A partilha extrajudicial, realizada mediante escritura pública, pressupõe consensualidade e capacidade de todos os herdeiros (art. 610). A partilha extrajudicial, dada a ausência de interferência de atividade jurisdicional, não propicia a formação da coisa julgada e, portanto, não há falar em ação rescisória.

Por outro lado, a partilha judicial determina a participação do órgão judicial, que profere uma decisão de aprovação e perpetuidade da partilha do acervo patrimonial.

O CC impõe duas formas de partilhas judiciais: amigável e obrigatória. Se os herdeiros forem capazes, poderão fazer partilha amigável, por escritura pública, termo nos autos do inventário, ou escrito particular, homologado pelo órgão judicial (art. 2.015 do CC). Há casos em que a partilha judicial é obrigatória. Será desse modo quando os herdeiros divergirem ou se algum deles for incapaz (art. 2.016 do CC).

Diferentemente do que ocorre na partilha amigável, a partilha judicial (obrigatória) se resolve por decisão estatal.[842] Assim, nos casos de partilha judicial, qualquer que seja o motivo, a participação do órgão judicial é ativa, "pois o mesmo tem que verificar a regularidade dos atos processuais praticados, e, acima de tudo, decidir sobre a partilha".[843]

Com efeito, o art. 658 estabelece que é rescindível a partilha julgada por sentença em três hipóteses.[844]

A primeira, nos casos mencionados no art. 657. As hipóteses indicadas no mencionado dispositivo permitem a rescisória depois de transitada em julgado. Antes do trânsito, é cabível ação anulatória (arts. 657, *caput*, e 966, § 4°).[845]

---

842   Humberto Theodoro Jr. *Curso de direito processual civil*, vol. II, n. 182, p. 289.

843   Clito Fornaciari Jr., *Partilha judicial* – via adequada à desconstituição, p. 56.

844   "Reserva-se a ação rescisória aos casos próprios de ataque à sentença de mérito, com impugnação ao seu conteúdo decisório, em situações como a partilha contenciosa, direcionamento de quinhões em disputa, exclusão de herdeiros que tenham se habilitado, inclusão indevida de herdeiros etc. Para casos dessa espécie, cabível se mostra a ação rescisória, perante o grau de jurisdição superior, e dentro do prazo de dois anos previsto na lei processual" (Euclides de Oliveira, *Código Civil comentado*, n. 51, p. 254).

845   Enunciado 137 do FPPC: "Contra sentença transitada em julgado que resolve partilha, ainda que homologatória, cabe ação rescisória". Segundo Fernando da Fonseca Gajardoni, "este enunciado também está errado ou incompleto, considerando que sendo a sentença judicial mero ato homologatório do acordo de vontade das partes (viciado ou com indevida participação de incapaz), não cabe rescisória (art. 658 do CPC/2015), mas sim ação anulatória (art. 657 do CPC/2015)" (*Processo de conhecimento e cumprimento de sentença* – comentários ao CPC de 2015, p. 115). Enunciado 138 do FPPC: "A partilha amigável extrajudicial e a partilha amigável judicial homologada por decisão ainda não transitada em julgado são impugnáveis por ação anulatória".

O segundo caso de rescisão será o de decisão proferida e transitada em julgado com preterição de formalidades legais.[846] Aqui, incide a regra do art. 966, V.[847] Admite-se a inclusão da hipótese de partilha desigual (art. 2.017 do CC).[848-849]

A terceira e última hipótese refere-se à decisão que preteriu herdeiro ou incluiu quem não o seja. O disposto no art. 658, III, incide apenas sobre quem foi parte no processo perante o qual foi proferida a decisão sobre a partilha (art. 506).[850] Nesse ponto, observa-se grande confusão entre a ação rescisória com a ação de petição de herança. A ação rescisória visa a rescindir a decisão que julgou a partilha, e, assim, a própria partilha será dissolvida. Por sua vez, a ação de petição de herança tem por objetivo reconhecer o direito do herdeiro à herança, e, ao mesmo tempo, condenar o injusto possuidor da herança a restituí-la, no todo ou em parte, para que sobre ela possa o autor da petição de herança exercitar seus direitos legítimos,[851] não havendo qualquer interesse de

---

846 "Tratando-se de partilha judicial, face à existência no inventário de interesse de menor, o meio impugnativo cabível da sentença proferida é o da ação rescisória e não o da ação de anulação" (*RT* 830/169).

847 No CPC/1973, *v.* PONTES DE MIRANDA, *Comentários ao Código de Processo Civil*, t. XIV, p. 219.

848 Art. 2.017 do CC: "No partilhar dos bens, observar-se-á, quanto ao seu valor, natureza e qualidade, a maior igualdade possível".

849 PAULO CEZAR PINHEIRO CARNEIRO, *Comentários ao Código de Processo Civil*, vol. IX, t. I, n. 98, p. 216.

850 Assim, no CPC/1973, HAMILTON DE MORAES E BARROS, *Comentários ao Código de Processo Civil*, vol. IX, n. 172, p. 331.

851 Nas palavras de HUMBERTO THEODORO JR., "o vencido é condenado a restituir o todo ou uma cota da herança, daí resultando, na ordem prática, restituição de bens objeto de direito real e de direitos pessoais, corpóreos e incorpóreos, *et omnia iura et actiones* (direitos, pretensões, ações e exceções)" (*Aspectos processuais da ação de petição de herança*, n. 16, p. 133). O processualista mineiro esclarece que duas hipóteses podem ocorrer: "Se os bens da herança reivindicada já foram submetidos ao processo de inventário e foram partilhados e adjudicados, em detrimento do autor da *petitio hereditatis*, a execução de sentença dessa ação terá que levar em conta a possibilidade das seguintes situações: a) o herdeiro demandado, que recebeu a herança, é único, e o acervo transmitido também se compunha de um único bem; b) os herdeiros contemplados na partilha são vários, ou são vários os bens que compõem a herança partilhada. Na hipótese 'a', não há necessidade de reabrir o inventário. Se são apenas autor e réu os únicos interessados no único bem inventariado, a sentença da petição de herança adjudica simplesmente ao vencedor a metade ideal do questionado bem. A execução de sentença poderá ser feita mediante carta de sentença, para transcrição no Registro Imobiliário, se o objeto da herança for coisa imóvel. Não se trata, propriamente, de invalidar o título oriundo do inventário, mas de sobrepor-lhe o novo título judicial representado pela sentença que deu guarida à petição de herança, relativa a uma cota-parte do bem anteriormente adjudicado ao demandado. Na hipótese 'b' supra, sendo o direito do autor pertinente a uma cota

ação destinada à rescindibilidade da decisão de partilha.[852]

Finalmente, o art. 658 funciona como dispositivo complementar dos motivos rescisórios enumerados no art. 966.[853]–[854] Deste modo, é possível invocar também os fundamentos indicados neste último dispositivo, que podem *per si* motivar o pedido de rescisão.

174. Processo arbitral

A decisão arbitral produz os mesmos efeitos da decisão proferida pelos órgãos do Poder Judiciário (art. 31 da Lei n. 9.307/96). A parte interessada poderá invocar a tutela jurisdicional do Estado para requerer a declaração de nulidade da decisão arbitral nos termos estabelecidos pelos arts. 32 e 33 da Lei n. 9.307/96. Nada obstante esse caráter jurisdicional que a Lei tenta imprimir, é praticamente unânime o entendimento de que a decisão proferida em processo arbitral não desafiaria o manejo da ação rescisória.[855] No entanto,

---

ideal de uma universalidade, sobre a qual concorrem outras cotas de co-herdeiros, não é possível a execução direta da sentença, como se se tratasse de execução para entrega de coisa certa. A sentença da *petitio hereditatis*, então, terá de ser cumprida mediante reabertura do processo sucessório, para que toda a universalidade seja devolvida ao monte que, por sua vez, se submeterá novamente a toda a tramitação do inventário e partilha, já agora com a presença e participação do herdeiro vitorioso na ação de vindicação da cota ideal da herança comum. Para a renovação do procedimento sucessório, não há necessidade de ajuizar-se uma ação especial para anular a sentença que homologou a partilha anterior, já que, proferida sem a presença do herdeiro real, jamais produziu contra ele a *res iudicata*. A par disso, o caso é de sentença eivada de nulidade pleno *iure*, cujo reconhecimento não reclama nem ação rescisória, nem mesmo ação anulatória, posto que pode ser proclamada tal nulidade a qualquer tempo e, em qualquer incidente processual. Com efeito, o herdeiro real deveria ocupar a posição de litisconsorte necessário no procedimento de inventário e partilha" (*Aspectos processuais da ação de petição de herança*, n. 19, p. 134-135). Na jurisprudência: *RePro* 82/349.

852 Paulo Cezar Pinheiro Carneiro, *Comentários ao Código de Processo Civil*, vol. IX, t. I, n. 98, p. 217.

853 Assim, Gerson Fischmann, embora à luz do CPC/1973 (*Comentários ao Código de Processo Civil*, p. 177).

854 Barbosa Moreira, *Comentários ao Código de Processo Civil*, vol. V, n. 89, p. 153-154. Pontes de Miranda afirmou que "a sentença de partilha, se se trata de partilha judicial, está sujeita à ação rescisória conforme art. 485 [art. 966 do vigente Código]. Por isso, temos de considerar os casos do art. 1.030 [art. 658 do vigente Código] como acréscimo aos daquele" (*Comentários ao Código de Processo Civil*, t. XIV, p. 218).

855 Na doutrina: Flávio Yarshell, *Ação rescisória*: juízo rescindente e rescisório, p. 205-207; Carlos Alberto Carmona, *Arbitragem e processo*, n. 23, p. 27; Donaldo Armelin; Lucas Britto Mejias, *Controle da atividade do árbitro*, p. 205-208. Enunciado 203 do FPPC: "Não cabe ação rescisória de sentença arbitral". César Rossi Machado sugere que a expressão "decisão de mérito", que ocupou o lugar de

COMENTÁRIOS AO CÓDIGO DE PROCESSO CIVIL V. XIX

floresce na doutrina uma proposta para uma leitura sistemática entre os meios de controle das decisões judiciais e arbitrais para autorizar a invocação dos fundamentos rescisórios na ação anulatória de decisão arbitral, ainda que essas hipóteses não estejam expressamente enunciadas no art. 32 da Lei n. 9.307/96.[856]

Esclareça-se que é cabível ação rescisória contra pronunciamento judicial proveniente de *ação anulatória* de decisão arbitral, desde que, é claro, presentes os pressupostos mínimos (objeto rescindente, fundamento rescisório e prazo decadencial).[857]

175. Decisões rescindíveis e juizados especiais

Repetindo o teor do art. 54 da Lei n. 7.244/84 (revogada), o art. 59 da Lei n. 9.099/95 estabelece que "não se admitirá ação rescisória nas causas sujeitas ao procedimento instituído por esta lei".

Sob o argumento de imperar o informalismo que envolve as atividades de todos os sujeitos do processo, circunstância que propiciaria decisões mais próximas da justiça e reduziria os riscos de injustiça, afirma-se que, no processo dos juizados especiais, seria desaconselhável a rescindibilidade das decisões de mérito ali proferidas. "Autorizar a ação rescisória poderia trazer o risco de burocratizar um sistema concebido para ser antiburocrático por excelência".[858]

Critica-se a opção do legislador porque não haveria razões plausíveis para a exclusão da ação rescisória do elenco dos meios de impugnação contra as decisões proferidas nesses Juizados, porquanto não seria razoável admitir que os juízes ou os Colégios Recursais não incidirão jamais em um dos motivos rescisórios.[859] *De lege ferenda*, propõe-se a revogação do disposto no art. 59 da

---

"sentença de mérito" (CPC/1973), teria reaberta a discussão do cabimento de ação rescisória contra decisão arbitral (Novo CPC reabre discussão sobre rescisória de sentença arbitral, http://www.conjur.com.br/2015-abr-07/cesar-machado-cpc-deixa-flanco-rescisoria-sentenca-arbitral#author, acesso em 13-2-2016).

856 PAULO HENRIQUE DOS SANTOS LUCON, RODRIGO BARIONI e ELIAS MARQUES DE MEDEIROS NETO, A causa de pedir nas ações anulatórias de sentença arbitral, *RArb* 46, p. 265-276.

857 CÂNDIDO R. DINAMARCO, *A arbitragem na teoria geral do processo*, n. 103, p. 258.

858 CÂNDIDO R. DINAMARCO, *Manual dos juizados cíveis*, n. 133, p. 221. No mesmo sentido, JOSÉ ALBERTO QUADROS DE CARVALHO SILVA, acrescentado que "não adianta discutir, pois o art. 13, § 3º, determina a inutilização das fitas magnéticas ou equivalente após o trânsito em julgado" (*Lei dos juizados especiais cíveis anotada*, p. 221). Esse argumento deve ser afastado, porquanto é possível que haja a decisão transitada em julgado seja objeto de cumprimento de sentença, as partes disponham de cópias reprográficas etc.

859 JOEL DIAS FIGUEIRA JR., *Juizados especiais federais cíveis e criminais*, n. 16.4, p. 310.

Lei n. 9.099/95.[860] Colhe-se da doutrina, ainda, um posicionamento sujeitan-do-se ao texto da lei, mas assegura o mandado de segurança como remédio análogo à ação rescisória.[861] Há quem afirme que o art. 59 da Lei n. 9.099/95 seria inconstitucional. Segundo essa visão, a Constituição não permitiria que determinado vício fosse considerado relevante para validade de decisões resul-tantes de determinados procedimentos, a ponto de autorizar o ajuizamento da ação rescisória, e ser o *mesmo vício* "ignorado" em decisão de litígio diverso, cujo pronunciamento não poderia ser rescindido.[862]

De fato, a Constituição faz menção ao instituto da ação rescisória (arts. 102, I, *j*, 105, I, *e*, 108, I, *b*, da CF, art. 27, § 10, dos ADCT) como um me-canismo processual para rever decisões transitadas em julgado. No entanto, o texto constitucional não estabelece que a ação rescisória seja uma garantia necessária, com contornos fixados pelo ordenamento infraconstitucional.[863]

A opção legislativa de excluir o cabimento da ação rescisória das decisões de mérito proferidas nos juizados especiais estaduais cíveis pode ser question-ada e criticada sob a ótica da sua repercussão para o sistema jurídico. O que não parece ser correto é censurar a escolha do legislador, imprimindo a marca de inconstitucionalidade ao art. 59 da Lei n. 9.099/95. Consigne-se que a lei concede ao jurisdicionado a "opção" de adotar o procedimento previsto na Lei n. 9.099/95, isto é, não se trata de uma imposição, podendo a parte se valer da Justiça Comum para pleitear a tutela jurisdicional. É o que se depreende do disposto no art. 3º, § 3º, da Lei n 9.099/95: "a *opção* pelo procedimento pre-visto nesta lei (...)".[864] Ao *optar* pelo procedimento no juizado especial cível, a parte tem conhecimento das vantagens e desvantagens na escolha do rito es-

---

860   Nery-Nery, *Código de Processo Civil anotado*, p. 1245; Joel Dias Figueira Jr., *Juiza-dos especiais federais cíveis e criminais*, n. 16.4, p. 310; *Juizados especiais estaduais cíveis e criminais*, p. 365.

861   Nesse sentido: Demócrito Ramos Reinaldo Filho, que também concebe ser pouco provável que a jurisprudência aceite o mandado de segurança como meio hábil a impugnar a coisa julgada (*Juizados especiais cíveis*, p. 93). A jurisprudência do STJ já aceitou o mandado de segurança contra decisão transitada em julgado no âmbito dos Juizados Especiais, especialmente para controle da competência, analog-amente ao disposto no art. 966, II, do CPC (MC 15.465/SC, rel. Min. Nancy Andrighi, j. 28-4-2009; AgReg no RMS 28.262/RJ, rel. Min. Antonio Carlos Ferreira, *DJe* 19-6-2013).

862   Joaquim Felipe Spadoni, *O direito constitucional de rescisão dos julgados*, n. 3, p. 1073-1074.

863   Eduardo Talamini, *Coisa julgada e sua revisão*, n. 3.2, p. 139. A jurisprudência do STF já reconheceu a inadmissibilidade da ação rescisória e a validade do art. 59 da Lei n. 9.099/95 (ARE 760.142/RS, rel. Min. Celso de Mello, *DJe* 6-12-2013).

864   Neste sentido, com referência histórica ao disposto no art. 3º, § 3º da Lei n. 9.099/95, e com ampla referência bibliográfica e jurisprudencial, Gilson Delgado Miranda, *Procedimento sumário*, n. 9.2.2, p. 230-234.

pecial. Sabe que o procedimento é informado pelos princípios da oralidade, informalidade, simplicidade, economia processual, concentração dos atos e celeridade, mas também tem ciência de que eventualmente está sujeito à decisão *inválida* ou *injusta*, que, se transitada em julgado, sabe que não poderá impugná-la por intermédio da ação rescisória.[865]

Poder-se-ia conceber a ação rescisória no caso de recurso extraordinário interposto contra a decisão do colégio recursal, futuramente conhecido pelo STF, operando, assim, o efeito substitutivo de que trata o art. 1.008 do CPC. No entanto, o art. 59 da Lei n. 9.099/95 não cede para o arts. 102, I, *j*, da CF. O dispositivo constitucional trata apenas da competência para o processamento e julgamento da ação rescisória. A hipótese de cabimento é reservada para a legislação infraconstitucional.

É digna de análise, ainda, a Lei n. 10.259/2001, que instituiu o Juizado Especial Federal. A referida lei não reproduz a norma do art. 59 da Lei n. 9.099/95, silenciando quanto ao cabimento da ação rescisória.[866] A discussão ganha relevo com o art. 1º da Lei n. 10.259/ 2001, segundo o qual "São instituídos os Juizados Especiais Cíveis e Criminais da Justiça Federal, aos quais se aplica, no que não conflitar com esta Lei, o disposto na Lei n. 9.099/95".

Alguns autores acabam por concluir que, em virtude da imposição do art. 1º da Lei n. 10.259/2001, seria o caso de aplicação subsidiária ao sistema do juizado estadual para não admitir a ação rescisória.[867] Outros preferem adotar a lição hermenêutica *Odiosa restringenda, favorabilia amplianda* (Restrinja-se o odioso; amplie-se o favorável), para admitir o cabimento da ação rescisória.[868]

A lei que instituiu os juizados especiais federais não reproduziu a norma do art. 59 da Lei n. 9.099/95. Reconhece-se que o art. 108, I, *b*, da CF, o qual dispõe sobre a competência dos TRFs para processar e julgar, originariamente, as ações rescisórias de julgados seus ou dos juízes federais da região, não tem

---

865 Cf. JOEL DIAS FIGUEIRA JR., *Juizados especiais estaduais cíveis e criminais*, p. 91-97. Este autor afirma que "essa inadmissibilidade de ajuizamento de ação rescisória se agrava no Brasil pela ausência de um sistema mais rigoroso de regramento da responsabilidade civil do Estado-Juiz, decorrente de erro judiciário *stricto* e *lato sensu*" (nota 22 da p. 93).

866 O Enunciado 44, aprovado no 2º Fórum Nacional dos Juizados Especiais - FONAJEF, organizado pela Associação dos Juízes Federais do Brasil - AJUFE, em 2005, estabelece que "Não cabe ação rescisória no JEF. O artigo 59 da Lei n. 9.099/95 está em consonância com os princípios do sistema processual dos Juizados Especiais, aplicando-se também aos Juizados Especiais Federais".

867 FREIRE-GUDES, *Juizados especiais cíveis federais*, n. 7.4, p. 618. JOEL DIAS FIGUEIRA, embora considere a opção legislativa reprovável, acaba por concluir pelo não cabimento da ação rescisória (*Juizados especiais federais cíveis e criminais*, n. 16.4, p. 310).

868 EDUARDO FERNANDES DE OLIVEIRA, *Ação rescisória nos juizados especiais federais*.

aplicação pelos mesmos motivos acima indicados. A norma cuida de competência e não de cabimento da ação rescisória.

Observa-se que a norma do art. 59 da Lei n. 9.099/95 deve ser interpretada restritivamente porque limita o direito constitucional de ação.

Admite-se a premissa de que o direito de ação não é absoluto, sobretudo quando se está diante de outras garantias constitucionais, como, no caso, a coisa julgada. No entanto, a omissão legislativa não permite que esse direito, por também constituir garantia constitucional, seja interpretado de modo restritivo. Como a Lei dos Juizados Especiais Federais ficou aquém das garantias e dos princípios constantes do texto constitucional, a Constituição continuará a ser o eixo para definir o alcance do art. 1º desta Lei, que manda aplicar o disposto na Lei n. 9.099/95.

Assim, ação rescisória é cabível no âmbito dos Juizados Especiais Federais, cujo órgão competente para processar e julgar essa demanda será o TRF, nos exatos termos do art. 108, I, *b*, da CF, porquanto a decisão rescindida foi proferida por um ou mais juízes federais.

Tudo que se expôs a respeito dos Juizados Especiais Federais vale para os juizados Especiais da Fazenda Pública no âmbito dos Estados, do Distrito Federal, dos Territórios e dos Municípios, especialmente pelo disposto no art. 1º, parágrafo único, da Lei n. 12.153/2009 ("O sistema dos Juizados Especiais dos Estados e do Distrito Federal é formado pelos Juizados Especiais Cíveis, Juizados Especiais Criminais e Juizados Especiais da Fazenda Pública").

176. Decisões nos procedimentos de jurisdição voluntária

O Código destina o Capítulo XV do Título III do Livro I aos procedimentos de jurisdição voluntária.

À luz do CPC revogado, sustentou-se que, tradicionalmente, a doutrina distingue a jurisdição voluntária da jurisdição contenciosa pelas seguintes características: a) ser uma atividade do Poder Judiciário administrativa; b) inexistir conflito de interesses; c) não haver partes, mas interessados na tutela de um mesmo interesse; d) não haver propriamente um "pedido", antes um requerimento; e) haver critério de decisão pautada na equidade; e f) inexistência de coisa julgada.[869] Pelo último traço distintivo, não seria admissível a ação rescisória contra decisão proferida em procedimento de jurisdição voluntária, ainda que transitada em julgado.[870]

---

869 Com ampla referência bibliográfica, *v.* FABIANO CARVALHO, *Ação rescisória* – decisões rescindíveis, p. 302-306.

870 STJ, REsp 1.26.9544/MG, rel. Min. JOÃO OTÁVIO DE NORONHA, *DJe* 29-5-2015.

Modernamente, jurisdição voluntária é definida como atividade jurisdicional estatal "em que, em regra, inexistem partes com interesses antagônicos, mas há potencialidade de litígio, que deve ser exercida em procedimento em contraditório e julgada por terceiro imparcial, com aptidão, em determinadas circunstâncias, para a formação de coisa julgada material, de acordo com os balizamentos postos pelo direito positivo".[871]

De acordo com o sistema atual, não é pressuposto necessário haver decisão revestida pela autoridade da coisa julgada para ser admissível o ajuizamento da ação rescisória. O que se exige, como visto acima, é um grau de estabilidade elevado do pronunciamento judicial que obste a rediscussão do objeto do procedimento de jurisdição voluntária.

177. Ação rescisória contra decisão proferida em ação rescisória

Diversamente do CPC/1939, e a exemplo do CPC/1973, o vigente Código de Processo Civil não contém dispositivo legal que limite o cabimento de ação rescisória contra decisão transitada em julgado, proferida em outra ação rescisória ("rescisória de rescisória").[872]

O *caput* do art. 966 é bastante genérico ao estabelecer que "a decisão de mérito, transitada em julgado, pode ser rescindida". Da mesma forma, os incisos do § 2º têm alcance amplo. Natural que assim seja, pois, como escreveu, "nunca se encontrou argumento sério para justificar a limitação imposta pelo codificador de 1939".

Não se admite – e com razão – o ajuizamento de ação rescisória contra decisão proferida em ação rescisória como forma disfarçada de impugnar pronunciamento judicial, objeto da primeira demanda rescisória.

A esse propósito, "só é possível discutir, em nova rescisória, vícios atinentes ao *decisum* proferido na rescisória antecedente".[873]

Assim, *v.g.*, é rescindível a decisão de procedência proferida em ação rescisória fundada em "prova nova", que, posteriormente ao trânsito em julgado, é apurada como falsa segunda ação rescisória.

---

871 Robson Renault Godinho, *Comentários ao Código de Processo Civil*, vol. XIX, n. 3, p. 43-45.

872 Diversamente, dispõe o art. 403 do CPC italiano.

873 Bernardo de Souza Pimentel, Ação rescisória de decisão proferida em ação rescisória, *Revista de Informação Legislativa*, vol. 139, p. 138. No mesmo sentido é a Súmula 400 do TST: Em se tratando de rescisória de rescisória, o vício apontado deve nascer na decisão rescindenda, não se admitindo a rediscussão do acerto do julgamento da rescisória anterior. Assim, não procede rescisória calcada no inciso V do art. 966 do CPC de 2015 (art. 485, V, do CPC de 1973) para discussão, por má aplicação da mesma norma jurídica, tida por violada na rescisória anterior, bem como para arguição de questões inerentes à ação rescisória primitiva.

178. Ação anulatória (art. 966, § 4º)

O CPC/2015 inseriu, dentre os dispositivos que versam sobre ação rescisória, a previsão da ação anulatória. Infelizmente, perdeu o novel legislador uma excelente oportunidade de retificar equívoco existente no CPC/1973, que disciplinava, entre os dispositivos da ação rescisória, a ação anulatória. Trata-se de uma localização topográfica que não apresenta qualquer razoabilidade, uma vez que os objetos da rescisória e da anulatória, em regra, não se confundem.[874]

Não é, no entanto, apenas a localização topográfica do instituto que está gerando grandes questionamentos da comunidade jurídica.

Em linhas gerais, o dispositivo em comento preceitua que estão sujeitos à anulação os atos de disposição de direitos, praticados pelas partes bem como por outros sujeitos do processo e homologados pelo juízo, e, ainda, aqueles atos homologatórios praticados no curso da execução. Trata-se de dispositivo de teor similar ao art. 486, CPC/1973[875].

O ponto fulcral da discussão reside em se definir qual seria o exato objeto da ação anulatória. Isso porque o CPC/2015 não repetiu a previsão existente no art. 485, inciso VIII, do CPC/1973, no sentido do cabimento de ação rescisória quando houvesse fundamento para invalidar confissão, desistência ou transação em que a sentença se baseou.

A supressão do inciso VIII do art. 485 do CPC/1973 aliada à previsão do § 4º no art. 966 do CPC/2015, acima noticiadas, foi suficiente para que a doutrina alardeasse o encerramento da discussão existente à luz do antigo diploma processual acerca do cabimento de ação rescisória para a hipótese de sentença homologatória de transação de direitos.

Ratificando este posicionamento, Cassio Scarpinella Bueno defende que a supressão da hipótese de rescisória para invalidar a transação não alterou o entendimento já existente sob a égide do CPC/1973, uma vez que sempre

---

874 Sobre essa localização topográfica desarrazoada, Cassio Scarpinella Bueno enfrenta o questionamento acerca do motivo de ter constado o tratamento da ação anulatória no capítulo da ação rescisória: "A resposta oficial é que sua alocação nesta sede tem o condão de discernir o que é objeto de rescisão do que não é, porque sua extirpação do ordenamento dá-se 'nos termos da lei'. A oficiosa é que faltou coragem ao Senado Federal de preservar no local em que o Projeto da Câmara o colocara dentre a disciplina relativa aos atos processuais (art. 284 daquele Projeto), devolvendo-a, a exemplo do CPC de 1973, para o lado da rescisória" (*Manual de direito processual civil*. n. 8.1.1, p. 629).

875 "Art. 486. Os atos judiciais, que não dependem de sentença, ou em que esta for meramente homologatória, podem ser rescindidos, como os atos jurídicos em geral, nos termos da lei civil".

se tratou de hipótese de ação anulatória[876]. E, mais adiante, conclui aduzindo que o objeto pretendido pela ação anulatória, neste caso, não é a invalidação da coisa julgada, mas, sim, a impugnação do próprio ato praticado pelas partes em juízo, mesmo que carente de homologação judicial.[877]

Em sentido similar, discorrendo sobre a supressão do inciso VIII do art. 485 do CPC/1973, Ronaldo Cramer entende que a ação anulatória é a medida judicial cabível para impugnar qualquer ato de disposição de direito homologado pelo juízo, ainda que a respectiva decisão tenha transitado em julgado.[878]

No entanto, tais alterações legislativas não eliminam, por si só, a viva discussão existente à luz do CPC/1973, conforme restará demonstrado no raciocínio desenvolvido a seguir.

Pode-se afirmar que toda decisão de mérito transitada em julgado pode ser objeto de ação rescisória quando a hipótese concreta incidir em uma das previsões dos incisos do art. 966 do CPC/2015. Dessa sorte, em se tratando de decisão de mérito, na hipótese de incidência em um dos vícios capitulados no mencionado dispositivo, poderá ser referida decisão objeto de rescisória.

Dentro deste contexto, é bem de se ver que a decisão homologatória de transação de direitos trata-se de decisão de mérito.

A doutrina clássica conceitua a transação como "negócio jurídico bilateral mediante o qual as partes previnem ou extinguem relações jurídicas duvidosas ou litigiosas, por meio de concessões recíprocas, ou, ainda, em troca de determinadas vantagens pecuniárias".[879]

A transação caracteriza-se pelas concessões mútuas, quando ambas as partes tenham vantagens, maiores ou menores, pois, caso contrário, se apenas uma das partes obtiver proveito do negócio jurídico, o ato não poderá ser qualificado como transação, mas, sim, como reconhecimento jurídico do pedido ou renúncia ao direito sobre o qual se funda a demanda, de acordo com quem recebeu a totalidade do benefício.[880] Esse é o sentido do art. 840 do

---

876 *Manual de direito processual civil.* n. 8.1, p. 628.
877 *Manual de direito processual civil.* n. 8.1.1, p. 629.
878 *Comentários ao novo Código de Processo Civil,* coord. Cabral-Cramer, p. 1417.
879 Silvio Rodrigues, *Transação (direito civil),* p. 277. A doutrina moderna adota o mesmo conceito, com o adendo de que a natureza jurídica da transação é contrato, o que já era reconhecido pelos antigos. Nesse sentido: Cláudio Luiz Bueno de Godoy, *Código Civil comentado,* p. 710; José Augusto Delgado, *Comentários ao Código Civil,* vol. XI, t. II, n. 90, p. 295-297.
880 O Conselheiro Ribas salientou que "para que haja transação, é preciso que ambas as partes tirem vantagens dela, maiores ou menores. Porque, se uma das partes ceder gratuitamente todo o seu direito, não haverá transação, e sim doação" (*Consolidação das leis do processo civil,* p. 425).

CC/2002: "é lícito aos interessados prevenirem ou terminarem o litígio mediante concessões mútuas".

A lei prevê duas formas para a transação: a) transação extrajudicial ou preventiva; e b) transação judicial, terminativa, contenciosa ou definitiva.

O art. 842 do CC/2002 estabelece a forma pela qual a transação deve ser constituída para que gere seus regulares efeitos. Se a transação for extrajudicial, será realizada mediante escritura pública ou por instrumento particular, de acordo com os direitos envolvidos. Por outro lado, se recair sobre direitos contestados em juízo, a transação será judicial, constituída por escritura pública levada ao processo, ou por termo nos autos, assinado pelos transigentes e homologado pelo órgão judicial competente.

Antes de iniciado o processo, a transação dá-se unicamente no plano material. Por meio dela, os transatores previnem a formação da relação jurídica processual no que se refere ao objeto transacionado.[881] Constituída a relação jurídica processual, a transação será caracterizada como ato jurídico subjetivamente complexo, porquanto sua formalização fica sujeita à manifestação da vontade das partes e à chancela do órgão judicial.

A forma pela qual a transação será realizada tem contornos práticos relevantes.

Formalizada por instrumento particular ou por escritura pública fora dos autos, o documento poderá servir de título executivo extrajudicial e fundar ação de execução (art. 784, II, III e IV, do CPC/2015), a qual seguirá o trâmite previsto no Livro II da Parte Especial do CPC/2015.

No caso de transação judicial, o ato será feito por escritura pública ou por termo nos autos. Para ambas as hipóteses, a participação do órgão judicial é obrigatória, de modo que a transação judicial terá força de título executivo judicial, a ensejar o cumprimento de sentença processado pelos arts. 513 e seguintes do CPC/2015, cujo procedimento é mais célere e informal.[882] Destaque-se que o art. 515, § 2°, do CPC/2015 autoriza a ampliação do objeto litigioso para o fim de a decisão de transação compreender, também, matéria não deduzida em juízo, possibilitando, ainda, a inclusão de sujeito estranho ao processo.

Examine-se com maior cuidado a decisão fundada na transação, porque, nesse ponto, reside grande controvérsia a respeito da sua natureza jurídica. A opção pelo entendimento motivará a resposta sobre o meio hábil a impugnar

---

881 Moniz de Aragão, *Comentários ao Código de Processo Civil*, vol. II, n. 554, p. 426.
882 Nery-Nery, *Código de Processo Civil comentado*, p. 654.

COMENTÁRIOS AO CÓDIGO DE PROCESSO CIVIL V. XIX

esse pronunciamento judicial depois do trânsito em julgado, núcleo da discussão nesse tópico. Justificará, ainda, a opção pelo entendimento segundo o qual remanesce viva ou não a discussão acerca do cabimento da rescisória para esta hipótese, independentemente da supressão do inciso VIII do art. 485 do CPC/1973 e da previsão constante do § 4º no art. 966 do CPC/2015.

Sob a égide do CPC/1973, doutrina e jurisprudência divergiam não só sobre a natureza jurídica da decisão de transação, como também sobre o meio hábil para impugnar esse ato jurisdicional.[883]

No diploma processual anterior, o argumento para concluir que a decisão fundada na transação não seria de mérito e, portanto, não poderia ser impugnada pela via excepcional da ação rescisória, encontrava-se no embate interpretativo de duas normas. O art. 485, VIII, do CPC/1973 preceituava que a decisão de mérito, transitada em julgado, é rescindível quando houver fundamento para invalidar a transação em que se baseou a decisão. Por sua vez, o art. 486 do CPC/1973 estabelecia que os atos judiciais que não dependiam de sentença, ou em que esta fosse meramente homologatória, poderiam ser rescindidos, como os atos jurídicos em geral, nos termos da lei civil.

GALENO LACERDA, um dos mais ferrenhos defensores da tese do não cabimento de ação rescisória contra a decisão do art. 269, III, do CPC/1973, considera que a transação pode ser objeto de sentença homologatória sem lide e também objeto de sentença "jurisdicional litigiosa" nela baseada. Apenas nesta última hipótese seria o caso de aplicação do art. 485, VIII, do CPC/1973. Segundo esse renomado processualista, em dois casos poderia ocorrer sentença jurisdicional de transação: "[e]m primeiro lugar, a transação, como é sabido, constitui fato *extintivo* do pedido, assim considerada pelo direito civil, que a equipara a outros atos extintivos de direitos e obrigações, como a novação, etc. Como tal, pode a transação ser oposta em defesa pelo réu (art. 326 do CPC), como ato anterior – judicial ou extrajudicial, pouco importa – à ação onde pretende o autor reiterar a lide sobre matéria já transigida (...). Ora, se isto acontecer, e se a sentença acolher a exceção, estaremos em presença de um dos casos de decisão jurisdicional baseada em transação, rescindível pelo inc. VIII, se esta puder ser invalidada. (...) Isto significa que, em matéria de transação, a ação rescisória só será empregada quando houver sentença jurisdicional que resolva lide *reiterada*, e o faça por acolher o fato extintivo da *transação anterior*,

---

883 No direito processual do trabalho também existe a discussão. VALENTIN CARRION relaciona a divergência doutrinária (*Comentários à Consolidação das Leis do Trabalho*, p. 642). Todavia, nada obstante a dissonância de opiniões, a matéria encontra-se sumulada, verbete 259, perante o TST: "Só por ação rescisória é atacável o termo de conciliação previsto no parágrafo único do art. 831 da Consolidação das Leis do Trabalho".

celebrada fora do processo (extrajudicial), em outro processo ou no mesmo processo, transação que possa ser invalidada na rescisória."[884]

Sustenta-se que "quando ocorre transação, a eliminação da lide não se dá por ato do juiz, mas mediante acordo das partes, através de contrato onde se manifesta a autonomia de vontades".[885]

A homologação seria ato administrativo do órgão judicial, e sua finalidade consistiria em formalizar o acordo para pôr fim à relação processual, já que a relação jurídica material encerrou-se com a transação, que teria dispensado o julgamento de mérito.[886]

Houve quem procurasse resolver o problema encaixando a decisão de transação no âmbito da jurisdição voluntária, sob o argumento de que se trata de ato jurisdicional de deliberação, circunscrito ao exame da validade formal do negócio jurídico firmado pelas partes.[887] Daí a conclusão de que seria impossível o ajuizamento da ação rescisória e sendo viável a ação anulatória.[888]

---

884 *Ação rescisória e homologação da transação*, p. 111. No mesmo sentido, BERENICE SOUBHIE NOGUEIRA MAGRI, *Ação anulatória*, n. 9.7, p. 232-233. MOACYR LOBO DA COSTA também faz pesadas críticas ao legislador, mas não propõe interpretação tão aberta como fazem os autores citados, aceitando os termos da lei: "não se questiona o direito do legislador federal, ao editar um diploma processual de âmbito nacional, de estabelecer que a transação realizada em juízo será julgada por uma sentença de mérito, o que importou em revogação do sistema da sentença meramente homologatória prescrita na lei civil. A questão reside em saber se a substituição de um tipo de sentença por outro, com as correspondentes implicações e naturais consequências, foi proveitosa para o progresso do direito e encontra fundamento nos princípios jurídicos. Parece que não. Como este não é o momento indicado para o desenvolvimento do tema, merece ser lembrada, apenas, uma coisa consequência digna da meditação dos especialistas: e rescisão da sentença que julgou a transação. Com a sentença de mérito, e rescisão deverá ser pleiteada pelo interessado mediante propositura de ação rescisória, com fundamento no disposto no item VIII do art. 485. Caso a sentença fosse simplesmente homologatória, como era da tradição do direito brasileiro, ela poderia ser rescindida como os atos jurídicos em geral, nos termos da lei civil, consoante a regra do art. 486. Parece ser este último o sistema mais condizente com a verdadeira natureza da sentença, que o juiz deve proferir para encerrar o processo quando as partes transigirem, porque ao juiz não incube decidir a lide, que já está decidida por acordo das partes, mas tão somente, com a chancela de sua autoridade, homologar, ou não, a transação realizada, sem apreciar o mérito da ação. A sentença, em havendo transação, é das que põem termo ao processo sem julgamento do mérito. Todavia, enquanto se aguarda a necessária reforma do Código, e mesmo dele divergindo, tem o intérprete de aceitar a solução estabelecida na lei. Pode não ser juridicamente a melhor, mas é da lei vigente" (*Confissão e reconhecimento do pedido*, p. 83-84).

885 GALENO LACERDA, *Ação rescisória e homologação da transação*, p. 103.

886 GALENO LACERDA, *Ação rescisória e homologação da transação*, p. 108.

887 ERNANE FIDÉLIS DOS SANTOS, *Comentários ao Código de Processo Civil*, vol. III, t. I, n. 251, p. 211; *Manual de direito processual civil*, vol. 1, n. 804, p. 590.

888 O STJ, no REsp 536.762/RS, relatado pela Min. ELIANA CALMON, *DJ* 15-8-2005, decidiu que a sentença de homologação proferida em desapropriação não produz coisa julgada material e poderia ser anulada por ação popular. No mesmo sentido, mais recentemente, *RF* 392/404.

Ainda diante do CPC/1973, argumentava-se que, no caso da ação rescisória, a pretensão desconstitutiva volta-se à própria decisão jurisdicional, ao passo que a ação anulatória é dirigida contra o ato das partes.[889]

Reconhece-se a complexidade do tema e a sabedoria dessa insigne doutrina, cujos argumentos foram acima demonstrados. No entanto, por vários motivos, hesita-se em aceitar esse posicionamento. A solução que parece amoldar-se tanto ao sistema processual do CPC/1973 quanto àquele atualmente vigente está na outra direção, em concordância com o raciocínio a seguir desenvolvido.

Antes de tudo, é preciso identificar os pressupostos para que ocorra a transação judicial, que estão assim alinhados: a) relação jurídica material conflituosa; b) relação jurídica processual completa;[890] c) manifestação de vontade expressa das partes; e d) intervenção do órgão judicial.

Como ato de composição, a transação exige uma relação jurídica material conflituosa, que poderá ocorrer de duas formas: extrajudicial e judicial.

Para a realização da transação extrajudicial basta o conflito no plano da relação jurídica material e manifestação expressa dos transatores, a fim de que a composição possa ocorrer. De outro lado, se a relação jurídica material conflituosa for posta em juízo ("direitos contestados em juízo"), mencionada relação jurídica acaba por transmudar-se em lide, e como tal, ultrapassado o juízo de admissibilidade do processo, será resolvida pelo órgão julgador, a quem compete o exercício da função jurisdicional.[891]

O mérito sempre predetermina uma decisão jurisdicional como forma de solução do conflito.[892] Em razão disso tudo, tem-se que o mérito é o objeto litigioso e nele se exprimem as aspirações em conflito de ambos os litigantes.[893]

---

889 SÉRGIO GILBERTO PORTO, *Comentários ao Código de Processo Civil*, vol. 6, p. 333-335 e 345; CASSIO SCARPINELLA BUENO, *Código de Processo Civil interpretado*, p. 1480; MÁRCIA DINAMARCO. *Ação rescisória*, 11.10.3, p.171; *Transação* – cabimento de ação rescisória ou anulatória, p. 301.

890 JOSÉ AUGUSTO DELGADO assevera que deve existir "relação jurídica formal devidamente constituída com citação da parte contrária" (*Comentários ao Código Civil*, vol. XI, t. II, n. 92, p. 314). Pode haver a formalização da transação judicial sem a citação, *v.g.*, autor e réu (este antes de ser citado) apresentam minuta de acordo para deliberação judicial. A mesma ressalva se faz com a ponderação de AUGUSTO MORELLO, *La eficacia del proceso*, § 148, p. 403.

891 CARNELUTTI ensinou que "todas as vezes que se possa litigar, se deve poder transigir; o campo da lide coincide com o da transação. No original: "Si puó transigere, perchè si può transigire sempre quando si può litigare. Il campo della transazione e il campo della lite coincidono" (*Sulla causa della transazione*, p. 579).

892 SEABRA FAGUNDES assinalou que o exercício da jurisdição somente tem lugar quando existe conflito a respeito da aplicação das normas de direito e tem por objetivo específico removê-lo e alcança sua finalidade pela fixação definitiva da exegese (*O controle dos atos administrativos pelo poder judiciário*, n. 7, p. 11).

893 CARNELUTTI, *Sistema del diritto processuale civile*, n. 14, p. 40.

O art. 5º, XXXV, da CF estabelece que todos têm acesso à justiça para postular a tutela jurisdicional, cuja finalidade, em última análise, é o direito à tutela do direito material. A efetiva proteção do direito apenas sobrevém mediante uma decisão de mérito.[894] Nesse contexto, a decisão de mérito é o ato de maior valor alcançado pela atividade jurisdicional, uma vez que nela "se expressa a norma jurídica concreta que há de disciplinar a situação submetida ao órgão jurisdicional".[895]

A forma, a estrutura e a espécie de decisão jurisdicional nas quais se manifesta a norma concreta são elementos estabelecidos pela lei e o órgão judicial deve aplicá-la sem restrições.

Efetivamente, para a hipótese de transação, o art. 487, III, "b", do CPC/2015 prevê a atuação do órgão judicial. A decisão que homologa a transação é o meio tipificado pela lei para a prestação da tutela jurisdicional. Por meio de um ato conjunto, no qual é manifestada a vontade de compor-se a relação jurídica material conflituosa posta em juízo, as partes provocam o órgão judicial para que homologue a transação e, se concretizada a homologação, resolvida estará a lide. A contrapartida do pedido de homologação da transação é a *obrigatoriedade da resposta* que a autoridade jurisdicional deve dar ao pedido [896] Isso é prestação da tutela jurisdicional *adequada*.

Perceba-se que, por força da Constituição e do CPC, a participação do órgão judicial é indispensável para que a transação gere seus regulares efeitos.[897] A tutela do direito material será efetivada mediante a decisão homologatória da transação. Nesse contexto, a intervenção do órgão judicial é elemento essencial do ato e não mera formalidade extrínseca.[898] Diz-se que a transação judicial é um negócio jurídico processual ou contrato processual.[899]

A decisão de transação é formalidade útil e necessária à obtenção de efeitos jurídicos posteriores, porquanto determina o encerramento da fase cognitiva e constitui título judicial. O ato judicial que aprecia a manifestação de vontade das partes (transação) tem efeitos material e processual.[900]

---

894 Nunca é demais lembrar que a questão do acesso à justiça não importa somente ao autor, mas ao réu também.

895 BARBOSA MOREIRA, *O novo processo civil brasileiro*, p. 3.

896 De acordo, embora em contexto diferente, NERY-NERY, *Constituição federal comentada*, p. 130.

897 TEPEDINO-BARBOSA-MORAES, *Código Civil interpretado conforme a Constituição da República*, p. 661.

898 AUGUSTO MORELLO, *La eficacia del proceso*, § 148, p. 403.

899 NERY-NERY, *Código de Processo Civil comentado*, p. 370.

900 COQUEIJO COSTA, *Ação rescisória*, n. 80, p. 71.

A transação visa à composição da lide, o que é o mesmo fim, nem mais nem menos, visado pela decisão de mérito.[901] Transação e decisão apresentam, assim, esse dado fundamental comum, qual seja, agir simultânea e imediatamente sobre o mérito e sobre o processo.[902]

A decisão que homologa a transação não tem apenas consequências processuais. Por ser ato complexo e envolver manifestação das partes e do poder jurisdicional, regulamenta *ex novo* o direito substancial havido por controvertido. Quer isso dizer que a decisão baseada na transação projeta-se para fora do processo, e tal efeito é próprio das decisões de mérito revestidas pela autoridade da coisa julgada.

Conforme têm assinalado os estudiosos do assunto, a homologação depende da cognição do órgão judicial ao objeto do processo.[903] O órgão judicial poderá recusar a resolver o mérito com base no art. 487, III, "b", do CPC/2015, a pretexto de que a manifestação de vontade das partes viola norma de ordem pública ou a transação "traga em si o germe de novas lides, pois o instituto visa ao término peremptório de um dissídio e não à formação de novas controvérsias".[904]

Inclui-se nesses argumentos a necessidade de o órgão judicial verificar a licitude do objeto, já que só se permite a transação quanto a direitos patrimoniais de caráter privado (art. 841 do CC).[905]

---

901 "In realtà, s'è visto, la conciliazione presuppone la lite, di cui, al momento ella conciliazione, il giudice risulta investito nelle forme solenni: ed il primo momento dell'*iter* conciliativo sostanzia una funzione del giudice diretta a provocare una certa compozione della lite, ch'è il fine, nè più, nè meno, cui risponde la sentenza di merito" (Carlo Nicoletti, *La conciliazione nel processo civile*, p. 134).

902 "Ciò tenuto fermo, è però vero che conciliazione e sentenza (sul merito) presentano questo fondamentale lato comune, che esse agiscono *simultaneamente ed immediatamente sulla lite e sul processo*" (Carlo Nicoletti, *La conciliazione nel processo civile*, p. 157).

903 Podetti explicitou que somente depois de cumpridos os requisitos substanciais e processuais pode o órgão judicial homologar a transação e isso exige cognição (*Tratado de los actos procesales*, n. 114, p. 404).

904 Athos Gusmão Carneiro, *Conciliação*, p. 127.

905 Algumas exceções legais. O parágrafo único do art. 10 da Lei n. 10.259/2001, que dispõe sobre a instituição dos Juizados Especiais Cíveis e Criminais no âmbito da Justiça Federal, estabelece que "Os representantes judiciais da União, autarquias, fundações e empresas públicas federais, bem como os indicados na forma do *caput*, ficam autorizados a conciliar, transigir ou desistir, nos processos da competência dos Juizados Especiais Federais". Já os arts. 1º e 2º da Lei n. 9.469/97 dispõem: Art. 1º O Advogado-Geral da União e os dirigentes máximos das autarquias, das fundações e das empresas públicas federais poderão autorizar a realização de acordos ou transações, em juízo, para terminar o litígio, nas causas de valor até R$ 50.000,00 (cinquenta mil reais), a não propositura de ações e a não interposição de recursos, assim como requerimento de extinção das ações em curso ou de desistência dos respectivos recursos judiciais, para cobrança de créditos, atualizados, de valor igual ou inferior a R$ 1.000,00

No campo dessa discussão, ainda de acordo com o CPC/1973, costuma-se dizer que havia duas classes de decisões: homologatória e meramente homologatória. A decisão homologatória depois de transitada em julgado seria

(mil reais), em que interessadas essas entidades na qualidade de autoras, rés, assistentes ou opoentes, nas condições aqui estabelecidas. § 1º Quando a causa envolver valores superiores ao limite fixado no *caput*, o acordo ou a transação, sob pena de nulidade, dependerá de prévia e expressa autorização do Ministro de Estado ou do titular da Secretaria da Presidência da República a cuja área de competência estiver afeto o assunto, no caso da União, ou da autoridade máxima da autarquia, da fundação ou da empresa pública. § 2º Não se aplica o disposto neste artigo às causas relativas ao patrimônio imobiliário da União. Art. 2º O Advogado-Geral da União e os dirigentes máximos das autarquias, fundações ou empresas públicas federais poderão autorizar a realização de acordos, homologáveis pelo Juízo, nos autos dos processos ajuizados por essas entidades, para o pagamento de débitos de valores não superiores a R$ 50.000,00 (cinquenta mil reais), em parcelas mensais e sucessivas até o máximo de trinta. § 1º O saldo devedor da divida será atualizado pelo índice de variação da Unidade Fiscal de Referência (UFIR), e sobre o valor da prestação mensal incidirão os juros, à taxa de doze por cento ao ano. § 2º Inadimplida qualquer parcela, pelo prazo de trinta dias, instaurar-se-á o processo de execução ou nele prosseguir-se-á, pelo saldo. No mesmo sentido: arts. 7º e 9º do Dec. 2.246/97: Art. 7º O Advogado-Geral da União e os dirigentes máximos das autarquias, das fundações e das empresas públicas federais poderão autorizar a realização de acordos ou transações, em juízo, para terminar o litígio, nas causas de valor até R$ 50.000,00 (cinquenta mil reais), a não propositura de ações e a não interposição de recursos, assim como requerimento de extinção das ações em curso ou de desistência dos respectivos recursos judiciais, para a cobrança de créditos, atualizados, de valor igual ou inferior a R$ 1.000,00 (mil reais), em que interessadas essas entidades na qualidade de autoras, rés, assistentes ou opoentes, nas condições aqui estabelecidas. § 1º Quando a causa envolver valores superiores ao limite fixado no *caput*, o acordo ou a transação, sob pena de nulidade, dependerá de prévia e expressa autorização do Ministro de Estado ou do titular de Secretaria da Presidência da República a cuja área de competência estiver afeto o assunto no caso da União, ou da autoridade máxima da autarquia, da fundação ou da empresa pública. § 2º Não se aplica o disposto neste artigo às causas relativas ao patrimônio imobiliário da União e às de natureza fiscal. Art. 8º O Advogado-Geral da União e os dirigentes máximos das autarquias, fundações ou empresas públicas federais poderão autorizar a realização de acordos, homologáveis pelo Juízo, nos autos dos processos ajuizados por essas entidades, para o recebimento de débitos de valores não superiores a R$ 50.000,00 (cinquenta mil reais), em parcelas mensais e sucessivas até o máximo de trinta, observado o disposto no § 2º do artigo anterior. § 1º O saldo devedor será atualizado pelo índice de variação da Unidade Fiscal de Referência (UFIR), e sobre o valor da prestação mensal incidirão juros à taxa de doze por cento ao ano. § 2º Deixada de cumprir qualquer parcela, pelo prazo de trinta dias, instaurar-se-á o processo de execução ou nele se prosseguirá, pelo saldo. Art. 9º As autoridades indicadas no *caput* do artigo anterior poderão concordar com pedido de desistência da ação, nas causas de quaisquer valores, desde que o autor renuncie expressamente ao direito sobre que se funda a ação, ressalvadas as de natureza fiscal, em que a competência será da Procuradoria-Geral da Fazenda Nacional.

impugnada mediante ação rescisória (art. 485, VIII, do CPC/1973), enquanto a decisão meramente homologatória, alcançada pela preclusão, seria objeto de ação anulatória (art. 486 do CPC/1973). É de se indagar tanto à luz do CPC/1973 quanto no CPC/2015: há diferença entre as duas formas de homologação?[906]

Segundo os dicionaristas, homologação é derivada do verbo latino *homologare*, provindo do grego *omologein* (reconhecer ou estar de acordo).[907] Já a palavra *meramente* não consta nos dicionários. Encontra-se *mero* de origem latina, "*mèrus,a,um*' puro, sem mistura; verdadeiro, autêntico", que significa "sem complexidade, sem importância; banal, trivial".

De fato, o mais ligeiro exame da etimologia nessa matéria logo mostra que não é possível identificar diferenças entre "decisão homologatória" e "decisão meramente homologatória".[908] A inserção do advérbio "meramente" não tem o condão de estabelecer duas classes de decisões, uma vez que possuem a mesma natureza, aparência, estrutura e, dentro do sistema jurídico, o mesmo valor.[909]

Nessa ordem de ideias, não pode ser aceita a tentativa de instituir uma ordem de correlação entre a ação anulatória ao ato meramente homologatório e a ação rescisória e o ato homologatório.

A superação do problema dicotômico não é suficiente para resolver a questão relacionada ao meio impugnativo da decisão homologatória. É preciso ir além para examinar o objeto da ação anulatória.

O art. 486 do CPC/1973 indicava dois pressupostos para o cabimento da ação anulatória: a) ato judicial que não depende de sentença ou b) sentença homologatória. Por sua vez, o art. 966, § 4º, do CPC/2015 exige a ocorrência de: a) atos de disposição de direitos, praticados pelas partes ou por outros participantes do processo e homologados pelo juízo ou b) atos homologatórios praticados no curso da execução.

---

906 Registre-se que ALCIDES MENDONÇA LIMA classificou como "absurda" a expressão "sentença homologatória", pois conflitante com o ato de julgar (*Comentários ao Código de Processo Civil*, vol. VI, t. I, n. 684, p. 305).

907 DE PLÁCIDO E SILVA, *Vocabulário jurídico*, vol. II, p. 389; COUTURE, *Vocabulario jurídico*, p. 386.

908 Com propriedade, BARBOSA MOREIRA ensina que é infrutífera qualquer pesquisa no sentido de buscar a diferenciação entre as expressões (*Comentários ao Código de Processo Civil*, vol. V, n. 92, p. 160). No mesmo sentido: ALEXANDRE FREITAS CÂMARA, *Ação rescisória*, n. 9, p. 109-110. JOSÉ RUBENS COSTA procura identificar semelhança ao asseverar que decisão meramente homologatória não está sujeita à coisa julgada, enquanto que a decisão homologatória é alcançada pela *res iudicata* (*Ação desconstitutiva de ato processual*, p. 195).

909 Em sentido contrário: FRANCISCO ANTONIO DE OLIVEIRA, *Comentários às súmulas do TST*, p. 489.

Como sempre se entendeu, podem ser objeto de ação anulatória atos judiciais dos mais diversos, desde que, é claro, possam ser anulados, como os atos jurídicos em geral, nos termos da lei civil. Exemplos de atos judiciais anuláveis são os que homologam a arrematação e a adjudicação.[910]

De toda sorte, note-se que o novel legislador menciona, em ambas as hipóteses, a "homologação" dos atos pelo juízo.

Neste contexto, a decisão homologatória da transação ajusta-se com precisão ao modelo do art. 203, § 1º, do CPC/2015, porque sentença é definida tanto pela sua finalidade quanto por seu conteúdo, de modo que transação judicial é constituída por esse ato judicial. A decisão homologatória de transação é proferida em processo de jurisdição contenciosa e isso significa dizer que a atividade jurisdicional exercida aqui é capaz de produzir *eficácia vinculativa plena*.[911]

Linhas acima, afirmou-se ser a decisão de homologação ato indispensável para que a transação surta seus regulares efeitos. Essa afirmação de maneira alguma contradiz a dicção do art. 200, *caput*, do CPC/2015, segundo o qual os atos das partes consistentes em declarações unilaterais ou bilaterais de vontade produzem imediatamente a constituição, a modificação ou a extinção de direitos processuais.[912] Isso porque a transação, antes de homologada pelo órgão judicial, deve ser encarada como negócio jurídico típico, como se fosse transação extrajudicial.

No entanto, a eficácia completa da transação judicial somente ocorre depois de chancelada pelo órgão judicial competente por meio da decisão a que alude o art. 487, III, "b", do CPC/2015.[913] A decisão de transação é ato

---

910 Teresa Arruda Alvim Wambier, *Nulidades do processo e da sentença*, p. 441; Humberto Theodoro Jr., *Ação rescisória*, n. 5, p. 172. Todavia, se forem opostos embargos de segunda fase (arrematação ou adjudicação) será necessária a ação rescisória (Luis Eulálio de Bueno Vidigal, *Comentários ao Código de Processo Civil*, vol. VI, p. 162).

911 Cf. Athos Gusmão Carneiro, *Jurisdição e competência*, n. 7, p. 16. Araken de Assis bate na literalidade da lei para outorgar eficácia de coisa julgada à decisão homologatória de transação (*Comentários ao Código de Processo Civil*, vol. VI, n. 78.3, p. 150; *Manual da execução*, n. 27.3, p. 163). Na mesma linha, alterando sua posição, Thereza Alvim, *Notas sobre alguns aspectos controvertidos da ação rescisória*, p. 14-15; Ferrari-Martins, *Ação rescisória na justiça do trabalho*, p. 54.

912 Na lição de Arruda Alvim, ao comentar o art. 158 do CPC/1973, equivalente ao atual art. 200, em comento, a palavra *imediatamente* "há de ser interpretada como significando que os atos produzem imediatamente efeitos processuais, desde que trazidos ao processo, e não a partir da manifestação unilateral, ou mesmo bilateral (negócios processuais), mas antes de levadas, uma e outros, ao juiz" (*Manual de direito processual civil*, vol. 1, n. 142, p. 460).

913 Couture define homologação como "ação ou efeito de referendar, aprovar e conferir vigor a um ato jurídico que até esse momento tinha eficácia somente relativa" (*Vocabulario jurídico*, p. 386).

jurisdicional[914] dotado de dupla eficácia, já que, a um só tempo, extingue a fase conhecimento e, com o trânsito em julgado, outorga ao ato negocial das partes a qualidade de ato de império, com aptidão de ser revestido pela autoridade da coisa julgada,[915] o que não sucede, evidentemente, com a transação levada ao processo sem a homologação do órgão judicial.

A doutrina ligada ao direito material mostra-se segura em afirmar que "a homologação é ato processual que empresta à transação o efeito da coisa julgada, resolvendo o processo de conhecimento com julgamento de mérito".[916]

Outro argumento que parece corroborar a tese de que a decisão de transação é alcançada pela autoridade da coisa julgada é a impossibilidade de discutir, em processo posterior, a respeito do objeto transacionado. "Outra postura, aliás, importaria outorgar à transação móvel de suspensão da instância, o que evidentemente é contrário ao sistema."[917] Por isso mesmo, melhor do que qualificar a transação realizada em juízo de terminativa, como o fez ORLANDO GOMES,[918] é classificá-la como transação definitiva.

O pensamento que considera inadmissível coisa julgada em decisão de transação parece não distinguir transação extrajudicial da transação judicial, talvez até por força do revogado art. 1.030 do CC/1916, que dispunha: "a transação produz entre as partes o efeito de coisa julgada, e só se rescinde por dolo, violência, ou erro essencial quanto à pessoa ou coisa controversa". No entanto, a redação foi criticada pela doutrina, porquanto a coisa julgada é um efeito da vontade estatal, que a simples vontade das partes de nenhum modo pode gerar.[919]

Diante dessa argumentação, o resultado final a que se chega é que, antes do trânsito em julgado da decisão que homologa a transação, o ato negocial é suscetível de impugnação por meio da ação anulatória prevista pelo art. 966, § 4°, do CPC/2015.[920-921] Depois de homologada a transação, restam dois caminhos: recurso ou ação rescisória, acaso a decisão homologatória tenha transitado em julgado.

---

914 Cf. MOACYR AMARAL SANTOS, *Comentários ao Código de Processo Civil*, n. 298, p. 374.

915 HUMBERTO THEODORO JR. *Curso de direito processual civil*, vol. I, n. 330-a, p. 295.

916 CLÁUDIO LUIZ BUENO DE GODOY, *Código Civil comentado*, p. 712. Nesse sentido: CARLOS ALBERTO DABUS MALUF, *A transação no direito civil e no processo civil*, p. 112.

917 DANIEL MITIDIERO, *Comentários ao Código de Processo Civil*, vol. III, n. 373, p. 558.

918 Expressão de ORLANDO GOMES, *Contratos*, n. 376, p. 442.

919 SERGIO BERMUDES, *Transação e exceção de coisa julgada*, p. 160.

920 BARBOSA MOREIRA, *Comentários ao Código de Processo Civil*, vol. V, n. 92, p. 161-162; SÉRGIO RIZZI, *Ação rescisória*, n. 55, p. 90; ARAÚJO CINTRA, *Comentários ao Código de Processo Civil*, vol. IV, n. 235, p. 262; ADRIANE DONADEL, *A ação rescisória no direito processual civil brasileiro*, p. 179.

921 BERENICE SOUBHIE NOGUEIRA MAGRI, além de sustentar que a sentença da transação possa ser anulada, propõe, ainda, ação anulatória na pendência do processo perante o qual se realizou a transação, ainda não homologada, fato que determina a suspensão deste procedimento com base no art. 265, IV, *a*, do CPC (*Ação anulatória*, n. 9.7, p. 233).

Com idêntico entendimento, mesmo com a supressão da hipótese prevista no art, 485, VIII, do CPC/1973 e a previsão do art. 966, § 4º, do CPC/2015, Fredie Didier Jr. e Leonardo Carneiro da Cunha doutrinam que a decisão que homologa a autocomposição, desde que transitada em julgado, também será rescindível. Por ser espécie de decisão de mérito, subsome-se à hipótese do *caput* do art. 966 do CPC/2015. Assim, se qualquer decisão de mérito é rescindível, não há razão para que seja diferente nesse caso.[922]

Referidos doutrinadores entendem, ainda, que o dispositivo em comento aplica-se somente aos atos processuais não jurisdicionais. Se o objetivo do interessado for invalidar decisão judicial, ainda que homologatória e mesmo que proferida "no curso da execução", é caso de ação rescisória ou de recurso.[923]

Para justificar a conclusão acima, além dos argumentos tecidos até aqui, podem ser citadas outras duas considerações. Sérgio Rizzi, ainda à luz do CPC/1973, mas inteiramente aplicáveis à presente sistemática, afirma: a) "se fosse admitida a anulatória, após o trânsito em julgado, com o cabimento da rescisória, haveria uma duplicidade de meios para se alcançar o mesmo resultado no plano prático, pois, caindo, com a anulatória, o ato-base, a sentença *ipso facto* se esvazia, pois *ex nihilo nihlil*"; e b) ambas as ações estão vinculadas a prazos diversos e as formas de contagem desses prazos são distintas.[924]

Trata-se, portanto, de questão extremamente controvertida diante do CPC/1973, mas que continua viva sob a luz do CPC/2015. Observou-se, pois, que a doutrina e a jurisprudência são manifestamente divergentes quanto ao tema em questão.[925] Por conta disso, configura-se flagrante equívoco determinar a extinção do processo (rescisória ou anulatória) por divergência no cabimento da ação rescisória ou da ação anulatória.[926] A situação exige a aplicação moderna do princípio da fungibilidade de meios.

---

922 *Curso de direito processual civil*. v. 3, n. 2.4, p. 429.

923 *Curso de direito processual civil*. v. 3, n. 2.19.2.3, p. 446.

924 Sergio Rizzi, *Ação rescisória*, n. 55 e 99.2, p. 90 e 167. Manuel Antonio Teixeira Filho critica a solução preconizada por Sérgio Rizzi, sob o argumento de que as peculiaridades não se aplicam ao processo do trabalho. No entanto, conclui que o meio cabível para impugnar a decisão de transação é mesmo a ação rescisória (*Ação rescisória no processo do trabalho*, p. 289).

925 Basta ler a expressão empregada por Alexandre Freitas Câmara: "havendo sempre muita dúvida quanto a se saber usar um ou outro dos remédios processuais" (*Ação rescisória*, n. 9, p. 105).

926 Neste sentido, a jurisprudência do TJSP: Ação rescisória. Sentença meramente homologatória de transação realizada em audiência de justificação, nos autos de ação possessória. Ação rescisória. Inadequação. Art. 485, CPC. Aplicação apenas às sentenças de mérito. Cabimento de ação anulatória dos atos processuais em geral. Art. 486, CPC. Falta de interesse processual evidenciada. Processo extinto sem julgamento do mérito. Inicial indeferida (TJSP, rel. Des. Cauduro Padin, j. 22-8-2007).

Na mesma linha do que se sustentou acima, tendo em vista o caráter reduzido do princípio da fungibilidade, o mesmo não deve ser aplicado às hipóteses em que a demanda (rescisória ou anulatória, conforme o caso) já tenha sido julgada, ou quando não, sua transformação importasse prejuízo às partes ou à jurisdição.

Todavia, se a desconformidade procedimental foi conhecida *ab initio*, especialmente antes da estabilização da demanda, não será a hipótese de aplicar-se o princípio da fungibilidade. O caso reclama o emprego do princípio da instrumentalidade das formas para adequar o procedimento, a fim de que o órgão judicial competente receba a ação rescisória no lugar da ação anulatória ou vice-versa, de acordo com os elementos e requisitos de cada ação.

Não parece válida a justificativa de que não seria aplicável o princípio da fungibilidade, em razão de ser a competência diversa para o processamento e julgamento das ações rescisória e anulatória.[927] Isso porque considera-se que, ajuizada ação rescisória no lugar de ação anulatória (ou oposto), o órgão judicial, por uma causa maior – efetividade do processo –, abstraindo-se do seu entendimento, deverá aceitar a demanda proposta, para, então, julgar a ação rescisória.[928]

Por tudo o que foi aqui tratado, mantém-se o entendimento já esposado na vigência do CPC/1973, no sentido de que, em se tratando de decisão homologatória de transação de direitos de decisão de mérito, deverá ela ser objeto de ação rescisória. Para tanto, basta que a hipótese concreta incida em uma das previsões dos incisos do art. 966 do CPC/2015.

De toda sorte, é importante ressaltar que o entendimento ora defendido trata de posicionamento minoritário. Em regra, tem-se entendido que, na hipótese da existência de vício a invalidar o ato jurídico de renúncia ao direito, reconhecimento jurídico do pedido e transação, será cabível ação anulatória, restando encerrado o debate doutrinário sobre o tema.[929-930]

---

927   Como pareceu para o TJRS, rel. Des. André Luiz Planella Villarinho, A. Anulatória n. 70020904108, *DJ* 24-8-2007.

928   Em idêntico sentido, entendendo pela aplicação da fungibilidade nesta hipótese, Mônica Bonetti Couto defende que "não se pode descartar a aplicação da fungibilidade entre as ações em comento, entendimento este que tem amplo lastro nos postulados da eficiência, efetividade, economia processual e instrumentalidade das formas. De fato, há uma 'zona cinzenta', ou seja, situações limítrofes nas quais a parte comete erro absolutamente compreensível ao optar por um ou outro meio de impugnação" (Ação anulatória, ação rescisória e transação: uma chance para a fungibilidade? In: AURELLI, Arlete Inês *et al.* (coords.). *O direito de estar em juízo e a coisa julgada* – estudos em homenagem a Thereza Alvim. São Paulo: Revista dos Tribunais, 2014, p. 931).

929   Rodrigo Barioni, *in Breves comentários ao novo Código de Processo Civil*. Coord. Teresa Arruda Alvim Wambier [*et al.*], São Paulo: Revista dos Tribunais, 2016, p. 2248.

CPC/2015, ART. 966

Os tribunais pátrios, igualmente, têm mantido o entendimento majoritário existente durante o CPC/1973[931-932], no sentido de ser inadequada a ação rescisória para impugnar decisões homologatórias de transação[933], tudo a fazer crer que será este o posicionamento adotado pela jurisprudência nacional à luz do CPC/2015.[930 931-932 933]

179. Fundamentos rescisórios – causa de pedir

Os incisos do art. 966 compõem a causa de pedir da ação rescisória. Não é necessária a invocação cumulada dos motivos rescisórios. É suficiente um fundamento para motivar o pedido de rescisão do julgado.

---

930 No mesmo sentido, doutrina HUMBERTO THEODORO JÚNIOR que "já à época do Código anterior, a jurisprudência inclinou-se majoritariamente para tese que admitia o cabimento da ação comum de anulação de negócio jurídico para a hipótese de transação homologada em juízo. Esse o entendimento que veio a ser abarcado pelo novo Código, uma vez que não mais elenca a decisão fundamentada em confissão, desistência ou transação no rol dos *decisuns* rescindíveis, como fazia o CPC/1973, no art. 485, VIII. Assim, os atos de transação realizados entre as partes, mesmo após sua homologação pelo juiz, devem ser objeto de ação anulatória, e não de rescisória, pois o que se busca invalidar, *in casu*, é o próprio negócio jurídico e, não, o *decisum*" (*Curso de direito processual civil*. v. III, n. 670, p. 865.).

931 "Ação rescisória de sentença meramente homologatória de acordo, proveniente de pedido do próprio autor – Não cabimento – Ato passível de ação anulatória – Inadequação – Falta de interesse processual – Indeferimento da inicial – Processo extinto" (TJSP, Ação Rescisória n. 2251435-73.2015.8.26.0000, Rel. Des. SILVIA ROCHA, j. 3-82-2016).

932 É importante frisar, no entanto, que havia julgados no sentido do posicionamento ora defendido, admitindo-se o cabimento de ação rescisória para hipóteses em que se impugnasse sentença homologatória de acordo com trânsito em julgado: "AÇÃO RESCISÓRIA. INVESTIGAÇÃO DE PATERNIDADE. AUSÊNCIA DE CITAÇÃO DE LITISCONSORTE NECESSÁRIO. NECESSIDADE DE PARTICIPAÇÃO DO HERDEIRO DO SUPOSTO PAI NO POLO PASSIVO DA INVESTIGATÓRIA (ART. 363 DO CC/16). NULIDADE RECONHECIDA. 1. A ação de reconhecimento de paternidade *post mortem* deve necessariamente ser proposta contra todos os herdeiros do falecido. 2. É cabível a ação rescisória para desconstituição de sentença homologatória de acordo com trânsito em julgado. 3. Recurso especial parcialmente provido" (STJ, REsp 1.028.503-MG, Rel. Min. NANCY ANDRIGHI, j. 26-10-2010).

933 "AÇÃO RESCISÓRIA – Pretensão de desconstituição de sentença homologatória de acordo celebrado em ação de despejo – Inadequação da via eleita – Os atos de disposição de direitos praticados pelas partes ou por outros participantes do processo e homologados pelo juízo estão sujeitos à anulação, nos termos da lei – Inteligência do § 4º, do art. 966, do NCPC – Processo extinto sem resolução de mérito, nos termos do art. 485, I e VI, do NCPC" (TJSP, Ação Rescisória n. 2128632-61.2016.8.26.0000, Rel. Des. AZUMA NISHI, j. 11-8-2016).

Considere-se, no entanto, que o sistema processual autoriza o autor a cumular fundamentos rescisórios (cumulação de causas de pedir), em verdadeira argumentação eventual. Para a procedência do pedido de rescisão, basta o acolhimento de um deles. Advirta-se que fundamento não invocado na petição inicial de modo algum permite o juízo rescindente;[934] porém, tal fundamento poderá motivar novo pedido de rescisão, desde que, é claro, respeite o prazo previsto no art. 975.

A ação rescisória é um meio de impugnação às decisões judiciais que encontra limites *argumentativos*, porque ela é admissível somente por um número restrito de hipóteses enumeradas taxativamente pela lei.[935] Destaque-se que a taxatividade decorre do ordenamento jurídico. Assim, é preciso observar que podem existir outros fundamentos rescisórios que não estão enumerados do art. 966. Os três incisos do art. 657 enumeram possíveis motivos para rescindir decisão que julga partilha. Porém, não é possível que as partes celebrem acordos processuais (art. 190) para introduzir novos fundamentos rescisórios.[936]

Com base na tese da *excepcionalidade* da ação rescisória, argumenta-se que é inviável qualquer recurso à analogia para ampliar o rol dos fundamentos rescisórios.[937] Entretanto, aceita-se a interpretação extensiva para revelar o verdadeiro alcance dos dispositivos que disciplinam os fundamentos rescisórios.[938]

Por força da regra *iura novit curia*, aceita-se que a petição inicial deixe de indicar o dispositivo legal que fundamente o pedido de rescisão. Entretanto, ao autor cabe o ônus de expor com precisão o fato e o fundamento jurídico que autorizem o ajuizamento da ação rescisória.[939] É insuficiente indicar sem argumentos um dos incisos do art. 966.[940]

---

934 Barbosa Moreira, *Comentários ao Código de Processo Civil*, vol. V, n. 89, p. 153.
935 Calamandrei, Revocazione, in *Opere giuridiche*, vol. VIII p. 485; Liebman, *Manuale di diritto processuale civile*, vol. III, n. 368, p. 113; Cândido R. Dinamarco, *Instituições de direito processual civil*, n. 1.240, p. 723.
936 Nesse sentido, *v.* Enunciado 36 da ENFAM: "A regra do art. 190 do CPC/2015 não autoriza às partes a celebração de negócios jurídicos processuais atípicos que (...) introduzam novas hipóteses de recorribilidade, de rescisória (...)".
937 Humberto Theodoro Jr., *Curso de direito processual civil*, vol. III, n. 652, p. 847. Com base no CPC/1973, *v.* Cassio Scarpinella Bueno, *Curso sistematizado de direito processual civil*, vol. 5, n. 6, p. 326-327.
938 Barbosa Moreira, *Comentários ao Código de Processo Civil*, vol. V, n. 89, p. 153.
939 "É inepta a petição inicial da ação rescisória fundada no art. 966, V e VIII, do Código de Processo Civil de 2015, que não indica nenhum dispositivo legal que teria sido literalmente violado pela decisão rescindenda, tampouco o erro de fato no qual a referida decisão estaria fundada" (STJ, AgInt na AR 5.943/CE, rel. Min. Ricardo Villas Bôas Cueva, j. 1-10-2019).
940 José Rogério Cruz e Tucci, *A causa petendi no processo civil*, n. 4.26, p. 281.

Finalmente, não é possível invocar os fundamentos que tornam rescindível a decisão em veículos processuais diversos à ação rescisória. Desse modo, é inviável, *v.g.*, em impugnação ao cumprimento de sentença (art. 525), alegar "prova falsa", ainda que a decisão (título executivo) esteja nela fundada.

180. Prevaricação, concussão ou corrupção do juiz

Ao cuidar da rescindibilidade[941] da decisão proferida por força de prevaricação, concussão ou corrupção do juiz, o inciso I do art. 966 repetiu o modelo do sistema anterior, de rara aplicação na prática.[942] Esses motivos rescisórios configuram crimes graves, que são tipificados pelo Código Penal, e se conectam ao juiz que o afastam da imparcialidade, comprometendo a função jurisdicional. A decisão é viciada por imperativo moral.[943] Chama-se prevaricação o ato de "retardar ou deixar de praticar, indevidamente, ato de ofício, ou praticá-lo contra disposição expressa de lei, para satisfazer interesse ou sentimento pessoal" (art. 319 do CP). A concussão é o delito consistente em "exigir, para si ou para outrem, direta ou indiretamente, ainda que fora da função ou antes de assumi-la, mas em razão dela, vantagem indevida" (art. 316 do CP). Por fim, a corrupção – só pode ser passiva – é definida como "solicitar ou receber, para si ou para outrem, direta ou indiretamente, ainda que fora da função ou antes de assumi-la, mas em razão dela, vantagem indevida, ou aceitar promessa de tal vantagem" (art. 317).

Os conceitos das condutas tipificadas como crime são claramente delineados pelo ordenamento jurídico, recomendando interpretação restritiva no cabimento da ação rescisória.[944] Outros desvios de ordem penal praticados pelo

---

941 Parte da doutrina considera *inexistente* a decisão proferida com base nos crimes delineados no art. 966, I, do CPC (JOSÉ MIGUEL GARCIA MEDINA, *Novo Código de Processo Civil comentado*, p. 1298). Por mais repugnante que seja a coligação dos tipos penais à pessoa do juiz a hipótese não é de inexistência. Por opção legislativa, trata-se de situação passível de ser resolvida por intermédio da ação rescisória. FLÁVIO YARSHELL não descarta a possibilidade de pedido indenizatório em face do magistrado, pelos prejuízos causados, caso ultrapassado o prazo decadencial (*Ação rescisória*: juízos rescindente e rescisório, n. 96, nota de rodapé 6, p. 295). Segundo JOSÉ RICARDO ALVAREZ VIANNA, "a indenização do erro judiciário (...) só incidirá quando, mesmo corrigido ou suprimido o erro judiciário, não se puder afastar os danos produzidos durante o período em que a decisão equivocada produziu efeitos" (*Erro judiciário e sua responsabilização civil*, n. 7.4.7, p. 418).

942 Cf. SÉRGIO RIZZI, *Ação rescisória*, n. 22, p. 48.

943 PONTES DE MIRANDA, *Comentários ao Código de Processo Civil* (1973), t. VI, n. 3, p. 204.

944 Nesse Sentido: BARBOSA MOREIRA, *Comentários ao Código de Processo Civil*, vol. V, n. 73, p. 120. Contra: PONTES DE MIRANDA, *Tratado da ação rescisória – da decisão rescindível e de outras decisões*, § 19; TERESA ARRUDA ALVIM WAMBIER, *Recurso especial, recurso extraordinário e ação rescisória*, n. 17.1, p. 562; EDUARDO TALAMINI,

magistrado, que eventualmente comprometam a regular atividade jurisdicional, podem ser enquadrados no inciso V do art. 966.

A palavra "juiz" alcança qualquer magistrado que profere decisão unipessoal (pronunciamento de juiz de primeiro grau ou membro do tribunal, *v.g.*, relator, presidente, vice-presidente) ou que participa de julgamento colegiado. Relativamente ao julgamento colegiado, algumas situações poderão surgir. Caso o magistrado que tenha praticado a conduta criminosa votar vencido, não será cabível a ação rescisória, porque é inexistente o nexo de causalidade entre o crime e o resultado do julgamento. De outro lado, tendo em vista a dinâmica na formação do acórdão – manifestações (votos) singulares que se congregam –, se o voto do magistrado integrar os votos vencedores, independentemente do número de votos (critério aritmético ou matemático), será admissível a ação rescisória.[945]

O ajuizamento da ação rescisória não está condicionado à existência de decisão transitada em julgado proferida em processo criminal. A rescindibilidade independe de apuração prévia dos tipos penais.[946] Por esse motivo, os atos criminosos praticados pelo magistrado podem ser demonstrados e provados, com exclusividade,[947] na própria ação rescisória.

É preciso examinar a relação entre as decisões na ação rescisória e no processo penal. Interessam duas hipóteses. A decisão penal condenatória transitada em julgado vincula o julgamento de procedência do pedido rescindente. A decisão absolutória não prejudica a ação rescisória, salvo quando tiver sido "categoricamente" reconhecida a inexistência material da prevaricação, concussão ou corrupção do magistrado (art. 66 do CPP). Por exemplo, a decisão fundamentada na falta de provas a determinar a condenação criminal não restringe a atividade cognitiva da ação rescisória, podendo ensejar o acolhimento do pedido rescindente. Da mesma forma, não são obstáculos à propositura nem ao julgamento da ação rescisória o despacho de arquivamento do inquérito ou das peças de informação, nem a decisão que julgar extinta a punibilidade (art. 67, I e II, do CPP). Assim, é possível que ocorra a absolvição

---

Coisa julgada e sua revisão, n. 3.4.1, p. 143. O direito alemão emprega conceito mais aberto para permitir a rescisão de pronunciamento proferido por juiz que tenha violado seus deveres profissionais (ZPO, § 580, n. 5). A doutrina alemã estabelece como exemplos a prevaricação e o "suborno" como violação dos deveres na função jurisdicional (Hess-Jarernig, *Manual de derecho procesal civil*, p. 449). Na mesma linha do ZPO, o art. 696º do CPC Português estabelece que é rescindível a decisão proferida resultante de "crime praticado pelo juiz no exercício das suas funções".

945 Cassio Scarpinella Bueno, *Curso sistematizado de processo civil*, vol. 5, n. 6.1., p. 330.

946 Rodrigo Barioni, *Ação rescisória e recursos para os tribunais superiores*, n. 2.2.1., p. 65.

947 Sérgio Rizzi, *Ação rescisória*, n. 28, p. 54.

no juízo criminal e procedência da ação rescisória, em condição *lógica*.[948] Registre-se que a rescisão do julgado não gera efeitos penais imediatos, devendo o tribunal extrair peças do processo rescisório, encaminhando-as ao Ministério Público para que tome as medidas necessárias (art. 40 do CPP).[949]

A simultaneidade dos processos atrai a aplicação do art. 315 do CPC, e o órgão julgador poderá – não é automático[950] – determinar a suspensão da ação rescisória até pronunciamento da justiça criminal. O processo rescisório ficará suspenso pelo prazo máximo de 1 (um) ano (art. 315, § 2°).

Finalmente, ainda sobre o tema da relação entre os processos rescisório e criminal, cabe frisar que o recebimento da denúncia não obsta a ocorrência do prazo decadencial aludido pelo art. 975.

Interessante notar que não será rescindível a decisão proferida por prevaricação, concussão ou corrupção caso ela tenha sido impugnada por meio de recurso e operado o efeito substitutivo (art. 1.008 do CPC).

A procedência do pedido rescindente propicia o rejulgamento da causa, agora sem o grave vício da imparcialidade por crime. No juízo rescisório, será possível que o tribunal adote os mesmos fundamentos da decisão rescindenda. Todavia, diante da gravidade dos fatos "será prudente que a reedição dos fundamentos utilizados para julgamento da causa anterior seja feita com especial cuidado", porque, além dos interesses das partes, encontra-se a confiança que a sociedade deposita no Poder Judiciário.[951]

Saliente-se que, ressalvadas as hipóteses indicadas no art. 189 do CPC, a ação rescisória não correrá em segredo de justiça.[952]

---

948 BARBOSA MOREIRA, *Comentários ao Código de Processo Civil*, n. 73, p. 120. JOSÉ ROBERTO DOS SANTOS BEDAQUE afirma que "não se trata de um poder discricionário, mas da necessidade de ponderação entre os valores envolvidos (segurança *x* celeridade) e escolha da solução mais adequada expressa sempre de modo fundamentado" (Comentário ao art. 315, *in Comentários ao novo Código de Processo Civil*, p. 500). A jurisprudência do STJ já decidiu que "Somente nos casos em que possa ser comprovad, na esfera criminal, a inexistência de materialidade ou da autoria do crime, será obrigatória a paralisação da ação civil" (AgRg no Ag 1.402.602/SC, rel. Min. LUIS FELIPE SALOMÃO, *DJe* 22-8-2011).

949 ALEXANDRE FREITAS CÂMARA, *O novo processo civil brasileiro*, n. 23.7, p. 465.

950 Com fundamentação no CPC/1973, mas aproveitável para o sistema atual: BARBOSA MOREIRA, *Comentários ao Código de Processo Civil*, n. 73, p. 121. Não parece ser faculdade do juiz, como escrevem MARINONI-ARENHART-MITIDIERO, *Novo Código de Processo Civil comentado*, p. 901.

951 FLÁVIO LUIZ YARSHELL, *Ação rescisória*: juízos rescindente e rescisório, n. 139, p. 402-403.

952 Embora a afirmação tenha sido feita com base no sistema anterior, não parece correto afirmar que o "tribunal, a seu critério", com base no interesse público, possa restringir a publicidade dos atos processuais (SÉRGIO RIZZI, *Ação rescisória*, n. 31, p. 57).

181. Juiz impedido

Os impedimentos são casos em que ao juiz é proibido de exercer suas funções no processo. A palavra "juiz" é empregada para compreender todas as designações atribuídas aos magistrados (juiz, desembargador, ministro), que, diante do impedimento, fica-lhes vedado desempenhar suas funções no processo. Os impedimentos, na forma da lei processual, podem ser reconhecidos de ofício, casos em que os magistrados para absterem-se de atuar no processo, ordenarão a remessa dos autos imediatamente aos seus substitutos legais, de acordo com as normas de organização judiciária ou do regimento interno do tribunal.

Os impedimentos também poderão ser alegados pelas partes em petição "específica".

Além disso, os casos de impedimentos poderão ser reconhecidos ou alegados a qualquer tempo e grau de jurisdição, inclusive no Supremo Tribunal Federal ou Superior Tribunal de Justiça. A imparcialidade é requisito de validade do processo. Assim, o exercício da função jurisdicional por juiz impedido provoca a invalidade do processo. De outro lado, se houver decisão de mérito transitada em julgado ou decisão que, embora não seja de mérito, impeça nova propositura da demanda, ou inadmita recurso, proferida por juiz impedido, será possível o ajuizamento da ação rescisória (art. 966, inciso II, primeira parte, e § 2º). Os incisos do art. 144 arrolam os motivos que determinam o impedimento para o juiz exercer suas funções no processo, levando em conta sua relação com um ou mais sujeitos da relação processual ou com o próprio objeto do litígio.

Todos os fundamentos arrolados pela lei são objetivos e indicam presunção absoluta (*juris et de jure*). Por essa razão, gestos exteriores não tipificados na lei, embora reprováveis sob a perspectiva da imparcialidade, não são motivos para autorizar a rescisão do julgado com fundamento na primeira parte do inciso II do art. 966.[953]

O vício comporta ação rescisória e não tem caráter transrescisório.[954]

À luz do sistema anterior, a doutrina considerava irrelevante a arguição do impedimento ou que esse vício tivesse sido rejeitado no curso do processo em que foi proferida a decisão rescindenda,[955] uma vez que o exame da alegação

---

953 Paulo Henrique dos Santos Lucon, *Ação rescisória no Código de Processo Civil de 2015*, n. 3, p. 805.

954 STJ, AgRg no REsp 1.243.311/SP, rel. Min. Paulo de Tarso Sanseverino, *DJe* 5-2-2015.

955 Rodrigo Barioni, *Ação rescisória e recursos para os tribunais superiores*, 2.2.2, p. 71. Nessa perspectiva, Flávio Yarshell afirmou que o CPC/1973 não impunha à parte alegar o impedimento durante a tramitação do processo originário. Portanto,

em sede de ação rescisória seria realizado de forma autônoma ao processo anterior.[956] No entanto, sob a perspectiva do comportamento cooperativo e de acordo com a boa-fé (arts. 5º e 6º), a questão merece nova reflexão. Importa saber se a parte conhecia – ou possuía elementos razoáveis para conhecer – a situação impeditiva da atuação jurisdicional do magistrado durante o processo originário. A análise do comportamento omissivo da parte e sua interferência na decisão que se pretende rescindir serão decisivas para o sucesso da ação rescisória pelo motivo do impedimento. De outro lado, o processo moderno propõe nova significação para o contraditório, que reflete na segurança das relações jurídicas. Se a parte alegou o vício do impedimento, em torno do qual se implementou contraditório pleno, a ação rescisória não pode superar a estabilidade da decisão transitada em julgada para propiciar um reexame do impedimento, desconsiderando a prévia atividade jurisdicional.[957]

Outro ponto digno de novo debate é a afirmação segundo a qual apenas seria rescindível a decisão proferida pelo juiz impedido e "não apenas ter tido eventuais participações durante o processo".[958] A questão deve ser reavaliada a partir do nexo de causalidade existente entre a atividade jurisdicional desenvolvida pelo magistrado impedido e a decisão rescindenda. Afirma-se que o impedimento é vício grave que compromete o procedimento.[959] Assim, *v.g.*, a condução da prova por magistrado impedido pode contaminar a fundamentação[960] e, por consequência, o resultado da sentença proferida por outro magistrado (imparcial).

No julgamento colegiado, se o magistrado impedido proferiu voto minoritário, é inadmissível o ajuizamento da ação rescisória. A exigência legal para que seja declarado o voto vencido para fazer parte integrante do acórdão (art. 941, § 3º) é irrelevante, porquanto o que interessa é o resultado. Porém, se o voto do magistrado compuser a maioria, independentemente da função que ocupe no órgão colegiado (relator ou não), o acórdão será um possível objeto rescindente. O critério matemático não tem aplicação.[961] Vale a possível influência do magistrado na tomada da decisão colegiada.

---

      seria incabível interpretação restritiva (*Ação rescisória*: juízos rescindente e rescisório, n. 97, p. 297).

956 SÉRGIO RIZZI, *Ação rescisória*, n. 37, p. 61.

957 THEODORO JR.-NUNES-BAHIA-PEDRON falam em "contraditório como garantia de aproveitamento da atividade processual" (*Novo CPC* – fundamentos e sistematização, n. 2.2.4, p. 114-116).

958 ZAIDEN GERAIGE NETO, *Ação rescisória*, n. 2.2., p. 47; SERGIO GILBERTO PORTO, *Ação rescisória atípica*, n. 6.2, p. 113.

959 FREDIE DIDIER JR., *Curso de direito processual civil*, vol. 2, p. 672.

960 Destaque-se a importância constitucional da fundamentação no Código (*ex vi* dos arts. 1º, 11 e 489 do CPC).

961 EDUARDO TALAMINI, *Coisa julgada e sua revisão*, n. 3.4.2, p. 146.

Ao procedimento da ação rescisória fundada no impedimento, aplica-se, *mutatis mutandis*, o disposto no art. 146 do CPC. A petição inicial deverá indicar o magistrado e capitular a hipótese de impedimento (art. 144). A convocação do magistrado "impedido" para integrar o processo rescisório é obrigatória, o qual poderá exercer o contraditório oferecendo manifestação por escrito, acompanhada de documentos e rol de testemunhas, se houver, no prazo de 15 dias, caso outro não lhe seja assinalado pelo relator. Evidentemente que o magistrado mencionado como impedido não participa do julgamento da ação rescisória. Caso o pedido de rescisão seja julgado procedente, é lícito ao tribunal condenar o magistrado "impedido" nas custas, que, por sua vez, poderá recorrer.

De acordo com o art. 146, § 5º, do CPC, que regula o procedimento da "petição específica" do impedimento, acolhida a alegação do vício, "o tribunal remeterá os autos ao seu substituto legal". A princípio, a expressão não tem interferência no juízo rescisório. Isso significa dizer que, rescindida a decisão, passa-se, desde logo, ao rejulgamento da causa.[962]

No julgamento da ação rescisória, forte na premissa da relação jurídica processual autônoma, é sumulado o entendimento segundo o qual não há impedimento do magistrado que participou do julgamento da decisão rescindenda (Súmula 252/STF).[963]

Não se cogita que a ação rescisória fundada no impedimento tramite em segredo de justiça.

Autonomamente à rescisória, vislumbrando o nexo de causalidade entre o impedimento e o prejuízo da parte, deve ser admitida eventual demanda por responsabilidade civil em face do Estado ou mesmo do magistrado que funcionou de modo viciado no processo,[964] podendo sua atuação ser caracterizada como fraude (art. 143, I, do CPC).[965]

---

962 Contra, com base no CPC/1973, *v.* FLÁVIO LUIZ YARSHELL, *Ação rescisória*: juízos rescindente e rescisório, n. 987, p. 300-301.

963 No sistema anterior, LIMA-DYRLUD sustentaram que a Súmula 252/STF só teria incidência para julgamentos colegiados, o que afastaria sua aplicação no caso de ação rescisória de decisão unipessoal do relator (*Ação rescisória*, p. 20-21). O art. 112, § 2º, do RITJSP estabelece que na "ação rescisória, não estão impedidos os desembargadores que tenham participado do julgamento rescindendo, salvo para a função de relator".

964 FLÁVIO LUIZ YARSHELL também sustenta o cabimento de medida indenizatória, mas parece admiti-la depois de "passado o prazo para ação rescisória" (*Ação rescisória*: juízos rescindente e rescisório, nota de rodapé 11, n. 97, p. 297).

965 Sobre o comportamento fraudulento do juiz para beneficiar uma das partes, *v.* ORESTE NESTOR DE SOUZA LASPRO, *A responsabilidade civil do juiz*, n.10.2.1, p. 237.

Embora a suspeição (art. 145 do CPC) também seja uma situação que comprometa a imparcialidade do juiz para o regular exercício da atividade jurisdicional e, por esse motivo, também provoque seu afastamento de qualquer processo ou incidente que nele funcione, o vício da suspeição não pode ser alegado a qualquer tempo. A matéria é preclusiva e não é motivo para o ajuizamento da ação rescisória.[966]

182. Juízo absolutamente incompetente

O legislador repetiu o motivo rescisório estampado no CPC/1973, apenas corrigindo a linguagem técnica "juiz" para "juízo".[967] Observe-se a amplitude da expressão "juízo", que compreende qualquer órgão jurisdicional, individual ou coletivo.

É interessante notar a subsistência da incompetência absoluta para desconstituir a decisão transitada em julgado, especialmente porque o Código[968] prevê a conservação dos efeitos da decisão proferida pelo juízo incompetente até que outra seja prolatada, se for o caso, pelo juízo competente (art. 64, § 4º).[969]

A permanência do dispositivo é também criticável pela teoria da *translatio iudicii* e reassunção do processo, que prestigia os efeitos dos atos do juízo incompetente e aproveitamento do processo de acordo com o contraditório, comportamento cooperativo e boa-fé processual.[970]

Sustenta-se que a competência absoluta se justifica pelo interesse público na entrega da prestação jurisdicional (legitimidade, qualidade, especialidade e

---

966 Por todos, *v.* Cândido R. Dinamarco, *Instituições de direito processual civil*, vol. I, n. 242, p. 585. Com referência no CPC/1973, com ampla pesquisa doutrinária e jurisprudencial: Adriane Donadel, *A ação rescisória no direito processual civil brasileiro*, n. 6.3.2., p. 113-114. Interessante o posicionamento de Ernani Fidélis dos Santos para quem "a suspeição, por si só, não é causa de rescisória, mas, em razão dela, pode caracterizar-se prevaricação, que poderá dar motivo à rescisão" (*Manual de direito processual civil*, vol. 1, n. 930, p. 742).

967 A doutrina já chamava atenção para o equívoco, cf. Sérgio Rizzi, *Ação rescisória*, n. 40, p. 63.

968 Diversamente do sistema anterior que declarava nulos os atos decisórios (art. 113, § 2º, do CPC/1973).

969 O ponto foi notado por Cassio Scarpinella Bueno: "Não deixa de ser curioso (...) a par de ter abolido a regra relativa à invalidade dos atos decisórios proferidos pelo juízo absolutamente incompetente ao longo do processo, preservou esta hipótese de rescindibilidade" (*Manual de direito processual civil*, n. 8.1, p. 569).

970 Nesse contexto, a posição de Leonardo Greco haveria de ser levada em consideração para efeitos de ação rescisória (*Translatio iudicii* e reassunção do processo, *RePro* 166, p. 9-26). Pelos mesmos critérios, Antonio do Passo Cabral afirma que a "incompetência absoluta poderia ser relevada em certos casos" (*Nulidades do processo moderno*, n. 7.3.6.1.3, p. 331-335).

funcionalidade do órgão judicial). Logo, modernamente e pelo critério da eficiência, para o cabimento da ação rescisória, é preciso que a parte argumente e exponha o grau de comprometimento da decisão rescindenda com os elementos que fundamentam a competência absoluta.

Seja como for, o art. 966, II, parte final, estabelece como motivo rescisório a incompetência absoluta do órgão judicial. Excluída a hipótese de rescisão por incompetência relativa.[971]

Por intermédio de critério determinativo, o art. 62 do CPC enumera as hipóteses de competência absoluta (matéria, pessoa e função). No entanto, há outras formas de competência cuja natureza é absoluta. Particularmente, ações fundadas em direito real sobre imóveis e ações possessórias imobiliárias serão propostas no foro de situação da coisa, atraindo a natureza de competência territorial-absoluta (art. 47, *caput* e § 2º, do CPC).[972]

A procedência do pedido rescindente, fundado na incompetência absoluta, pode ou não propiciar o juízo rescisório. De um lado, haverá o rejulgamento da causa se o órgão judicial competente para o julgamento da ação rescisória também o é para a demanda originária. Assim ocorre quando o tribunal, no julgamento do recurso, ação de competência originária ou incidente, absorve a divisão de competência estabelecida para os juízos de primeiro grau (varas da família, cível, fazenda pública etc.). Porém, nessa hipótese, cabe registrar que a admissibilidade da ação rescisória está condicionada à correlação entre órgão prolator e decisão transitada em julgado. Assim, se o juízo cível decidiu sobre questão de família, cuja matéria não está no campo da sua competência, e aí transitou em julgado, será cabível a ação rescisória, hipótese em que, caso seja procedente o pedido rescindente, haverá o rejulgamento da

---

971 MAZZEI-GONÇALVES, *Primeiras linhas sobre a disciplina da ação rescisória no CPC/2015*, p. 186; SÉRGIO GILBERTO PORTO, *Ação rescisória atípica*, n. 6.2, p. 113; ADRIANE DONADEL, *A ação rescisória no direito processual civil brasileiro*, n. 6.3.2., p. 118. Com larga argumentação histórica, *v.* LUIS EULÁLIO DE BUENO VIDIGAL, *Comentários ao Código de Processo Civil*, vol. VI, p. 70-78. LEONARDO GRECO tem posição interessante ao defender que "se a parte arguiu oportunamente a incompetência relativa e, uma vez rejeitada, interpôs todos os recursos cabíveis para vê-la reconhecida, ainda que sem sucesso ao final, ela também poderá ajuizar ação rescisória, mas nesse caso com suporte no art. 966, inciso V, do Código de 2015" (*Instituições de direito processual civil*, vol. III, n. 16.2.2., p. 339).

972 A doutrina aponta defeitos no critério determinativo adotado pela lei. FLÁVIO GALDINO, com acerto, escreve que "o caráter relativo ou absoluto da competência não depende do critério determinativo utilizado em si mesmo (embora este possa ser um forte indicativo), mas sim da razão do interesse público ou privado que conduziu à adoção do critério (Comentário ao art. 62, *in Comentários ao novo Código de Processo Civil*, p. 110).

causa. Inversamente, se a decisão do juízo absolutamente incompetente foi objeto de recurso, e no seu julgamento ocorreu o efeito substitutivo (art. 1.008), deixou de existir o vício da incompetência, e, portanto, torna-se inviável a propositura da ação rescisória.

De outro lado, será inviável o *iudicium rescissorium* quando o órgão julgador da ação rescisória não dispuser de competência para o julgamento da causa originária.[973] Por exemplo, se o objeto da ação rescisória é decisão proferida pelo juízo cível, enquanto, na realidade, a competência é do juízo trabalhista. No entanto, ainda nesse caso, é possível que o tribunal, no julgamento da ação rescisória, conserve os efeitos da decisão rescindida até que outra seja proferida pelo juízo competente, no caso, o juízo trabalhista (art. 64, § 4°).[974]

No caso de juízo exclusivamente rescindente, é conveniente que o Tribunal, ao decidir pela incompetência do juízo em que se proferiu a decisão rescindenda, indique quais atos são nulos, e, simultaneamente, remeta os autos para o juízo competente, dada a impossibilidade de rejulgar a causa naquele exato caso.

183. Dolo ou coação da parte vencedora em detrimento da parte vencida

A permanência do dolo da parte vencedora em detrimento da parte vencida e a inclusão da coação demonstram a preocupação do Código com a ética do processo. Em decorrência do princípio da boa-fé, reconhecido como norma fundamental do processo civil (art. 5°), a parte não pode assumir comportamento doloso ou abusar dos seus poderes processuais para conquistar tutela jurisdicional a seu favor. Daí por que, nestas circunstâncias, impõe-se a rescisão total ou parcial de decisões transitadas em julgado.[975]

O dolo rescisório tem natureza processual. Decorre do comportamento da parte vencedora, contrário aos deveres de lealdade, cooperação e boa-fé,[976] e afasta o julgador do resultado que normalmente alcançaria se o vício não existisse. Afirma-se que o dolo objetiva criar uma transformação da falsidade inventada em falsidade jurisdicional.[977]

O agir doloso da parte vencedora, mediante o emprego de maquinações, ardis e outros expedientes artificiosos e desleais, tem grande potencial de im-

---

973 BERNARDO DE SOUZA PIMENTEL, *Introdução aos recursos cíveis e à ação rescisória*, n. 4.3, p. 838.

974 Esse posicionamento já havia sido sustentado à luz do CPC/1973. Nesse sentido, *v.* PRISCILA KEI SATO, Traslatio iudicii *no direito processual civil brasileiro*, n. 2.5., p. 49.

975 Em levantamento histórico sobre a boa-fé, ANTÓNIO MENEZES CORDEIRO afirma que, "no Direito Público, o primeiro sector atingido pela boa-fé foi o do Processo civil" (*Da boa-fé no direito civil*, n. 41, p. 375).

976 MARINONI-ARENHART-MITIDIERO, *Novo curso de processo civil*, vol. 2, n. 12.4.2, p. 589.

977 STEFANO COSTA, *Il dolo processuale in tema civile e penale,* p. 50.

pedir ou limitar o contraditório, influindo efetivamente na atividade e do processo.[978]

É possível aproximar o dolo rescisório das situações tipificadas como má-fé (art. 80) ou, *a contrario sensu*, da falta dos deveres das partes (art. 77).[979] A correlação estabelecida é útil porque oferece critérios mais ou menos seguros para avaliar o comportamento da parte que agiu dolosamente.[980] No entanto, essa base comparativa não encerra um rol exaustivo que enseja a rescisão do julgado com fundamento no dolo.[981] A malícia processual encontra variados meios de atuar no processo. Logo, a consideração do dolo está condicionada à verificação, em concreto, do comportamento da parte vencedora, no exame dos atos que praticou, verificando se obstou total ou parcialmente o contraditório da parte vencida e se comprometeu, como consequência, o resultado da decisão rescindenda.

Alguns exemplos podem ser úteis: subtrair documento do processo; provocar a revelia;[982] empregar meios para forçar a preclusão; fornecer elementos falsos; exigir a prestação de fato, coisa ou quantia diversa da exposta no título executivo ou documento escrito; evitar que a parte tome conhecimento da demanda proposta.[983]

978　Sobre a nova dinâmica do contraditório, *v.* com proveito THEODORO JR.-NUNES-BAHIA-PEDRON, *Novo CPC*, Cap. 2, especialmente item 2.2.

979　No direito processual civil brasileiro, alterar a verdade dos fatos é conduta dolosa (arts. 77, I, e 80, II). Na Itália, porém, a doutrina reluta em aceitar um dever de verdade no processo (CLAUDIO CONSOLO, *Spiegazioni di diritto prossuale civile*, vol. III, 416). No sistema italiano, de acordo com a doutrina, o dolo é uma violação ao dever de lealdade e probidade que se sobressai no art. 88 do CPC italiano – dever de veracidade (ANDREA PROTO PISANI, *Lezioni di diritto processuale civile*, n. 4, p. 547). Diante disso, não seria cabível a *revocazione* por dolo da parte que não expõe a verdade no processo. No direito processual civil português, vale a consulta da obra de Paula Costa e Silva, *A litigância de má-fé*, especialmente o item 2.6, p. 346-360.

980　No sistema anterior, SÉRGIO RIZZI, compilando doutrina e jurisprudência, destinou um tópico específico para demonstrar a aplicação prática do conceito de dolo rescisório (*Ação rescisória*, n. 51, p. 83-84).

981　EDUARDO TALAMINI, *Coisa julgada e sua revisão*, n. 3.4.3, p. 146-147. HELENA NAJJAR ABDO explicita fórmula mais genérica e conclui que o "abuso do processo" autoriza o ajuizamento da ação rescisória (*O abuso do processo*, n. 34.5, p. 241).

982　Além de autorizar a ação rescisória, a alegação dolosa das situações que autorizam realizar a citação por edital impõe à parte ardilosa a condenação em multa (art. 258).

983　Os exemplos são repetidos pela doutrina. Confira-se: LUIS EULÁLIO DE BUENO VIDIGAL, *Comentários ao Código de Processo Civil*, vol. 6, n. 4, p. 81-82; BARBOSA MOREIRA, *Comentários ao Código de Processo Civil*, vol. V, n. 75, p. 122-123; RODRIGO BARIONI, *Ação rescisória e recursos para os tribunais superiores*, n. 2.2.4, p. 76-77. A doutrina espanhola revela que, frequentemente, as hipóteses de dolo são a falsidade na indicação do endereço da parte, provocando sua inatividade no processo, e ocultação de dado relevante para a solução do conflito (JORDI NIEVA FENOLL, *Derecho procesal*, vol. II, p. 205; Juan Montero Aroca, *El proceso civil*, p. 2130-2131).

O dolo processual poderá ser positivo (comissivo) ou negativo (omissivo). O comportamento doloso comissivo se verifica a partir de atos processuais realizados pela parte cujo objetivo é evitar o contraditório da parte contrária. De outro lado, embora mais raro, o dolo omissivo é caracterizado pelo silêncio intencional da parte, normalmente identificado pelo dever de informar. Por exemplo, a parte deixa de informar que mantém relação de amizade íntima com o perito (arts. 145, I, e 148, II), e, posteriormente, é beneficiada com decisão judicial motivada no laudo pericial.

É habitual a cumulação do dolo com outros motivos rescisórios, *v.g.*, a obstrução maliciosa da parte na produção de determinado documento, descoberto posteriormente ao trânsito em julgado. Aqui, é possível a ação rescisória por duplo fundamento: dolo rescisório e prova nova.

O termo "dolo da parte" relaciona-se com ato da parte e não com o pronunciamento do juiz.[984] Alcança os sujeitos do contraditório parcial e também seus representantes e procuradores,[985] incluídos os advogados, privados e públicos (art. 184), e defensores públicos (art. 187). O comportamento doloso do assistente simples ou litisconsorcial igualmente pode prejudicar o adversário do assistido, de modo a atrair o cabimento da ação rescisória com fundamento no inciso III do art. 966. Aqui, cabe a consideração de que o dolo cometido por um litisconsorte não pode ser invocado contra os outros,[986] no exato contorno da primeira parte do art. 117 ("*Os litisconsortes serão considerados, em suas relações com a parte adversa, como litigantes distintos*"). O dolo também pode ser praticado pelo membro do Ministério Púbico, na qualidade de parte ou fiscal da lei,[987] caso em que se admite a ação rescisória, sem prejuízo da ação de responsabilidade civil (art. 181). Finalmente, em função do seu "interesse institucional"[988], que influencia o contraditório, a conduta dolosa do *amicus curiae* (art. 138),[989] em prejuízo da parte vencida, pode tornar rescindível a decisão transitada em julgado.

---

984 Didier Jr.-Cunha, *Curso de direito processual civil*, vol. 3, n. 6.3.4, p. 479.

985 Sérgio Rizzi, *Ação rescisória*, n. 49, p. 80.

986 Cf. Luis Eulálio de Bueno Vidigal, *Comentários ao Código de Processo Civil*, vol. VI, p. 83.

987 Sérgio Rizzi parece admitir apenas quando o órgão do Ministério Público como parte (*Ação rescisória*, n. 49, p. 81). Porém, o Ministério Público, na qualidade de fiscal da lei, poderá prejudicar a parte e interferir no resultado do processo quando sua conduta for desleal.

988 A expressão é de Cassio Scarpinella Bueno (Amicus curiae *no processo civil brasileiro* – um terceiro enigmático, p. 162; *Manual de direito processual civil*, n. 4.5, p. 161).

989 Cassio Scarpinella Bueno, sob a ótica do CPC/1973, cuja lição ainda pode ser aproveitada na íntegra, afirma que o *amicus curiae* submete-se ao dever de boa-fé processual (Amicus curiae *no processo civil brasileiro* – um terceiro enigmático, p. 501-503).

O eventual comportamento doloso do magistrado não autoriza a ação rescisória com fundamento no inciso III do art. 966, mas pode ser motivo de ação de responsabilidade civil (art. 143, I).[990]

No caso de litisconsórcio, a atuação dolosa de um dos litisconsortes vencedores faz rescindível a decisão transitada em julgado, ressalvada a hipótese de capítulos autônomos, ficando limitada a rescindibilidade ao capítulo viciado.[991]

O dolo rescisório não é bilateral, ou seja, entre os sujeitos que ocupam antagonicamente os polos do processo. Cuida-se de dolo unilateral de uma das partes em detrimento da outra.[992] A admissibilidade da ação rescisória por dolo exige duas posições que antagonizam no processo: parte "vencedora" e parte "vencida".

Entende-se que o dolo deve ser em detrimento da parte vencida, correspondente ao sujeito parcial do contraditório e prejudicado pela decisão contaminada pelo comportamento malicioso.

Questão interessante diz respeito ao assistente como sujeito passivo do dolo. A regra é que, se transitada em julgado, a decisão no processo em que interveio o assistente, este não poderá discutir a *justiça* da decisão, salvo se alegar e provar que desconhecia a existência de alegações ou de provas das quais o assistido, por dolo, não se valeu – "exceção de má gestão processual" (art. 123, II). O desvio da regra confirma a proposição segundo a qual o assistente não tem interesse no ajuizamento da ação rescisória com fundamento em dolo do assistido.[993] De outro lado, caso o dolo tenha sido praticado pelo adversário do assistido, dada a impossibilidade de se discutir a *justiça* da decisão nos termos do inciso III do art. 123, é franqueado ao assistente ajuizar a ação rescisória.

Há distinção entre dolo civil (substancial ou material) e dolo rescisório (adjetivo ou processual). No dolo civil, o emprego do artifício malicioso visa a induzir alguém a celebrar um negócio que, em condições normais, não celebraria.[994] O dolo vicia a vontade. O dolo rescisório tem disciplina própria, cujo conceito é mais amplo.[995] No processo, o dolo é indiferente para que a decisão seja proferida. "A influência do dolo revela-se, por conseguinte, no conteúdo da decisão, nada tendo a ver com sua emissão".[996] A conduta dolosa

---

990 Cf. FABIANO CARVALHO, comentário ao art. 143, *in Código de Processo Civil anotado*, versão eletrônica, disponível em www.aasp.org.br/novo_cpc.
991 BARBOSA MOREIRA, *Comentários ao Código de Processo Civil*, vol. V, n. 75, p. 124.
992 ANDREA PROTO PISANI, *Lezioni di diritto processuale civile*, n. 4, p. 537.
993 FLÁVIO YARSHELL, *Ação rescisória*: juízos rescindente e rescisório, n. 105, p. 314.
994 FARIAS-ROSENVALD, *Curso de direito civil*, vol. 1, n. 10.10.3, p. 637.
995 ALEXANDRE FREITAS CÂMARA, *O novo processo civil brasileiro*, n. 23.7, p. 465.
996 SÉRGIO RIZZI, *Ação rescisória*, n. 47, p. 76-77.

dificulta o contraditório da parte contrária e interfere negativamente na atividade jurisdicional.[997]

A distinção entre os planos material e processual é importante porque o dolo que contamina a decisão rescindenda não é qualquer comportamento ardiloso que viciaria negócio substancial. É preciso que haja nexo de causalidade entre o dolo da parte vencedora em detrimento da parte vencida e o resultado do processo. A parte vencedora poderia ter empregado ato contrário à boa-fé processual, mas este comportamento não foi decisivo para o resultado do processo. Fala-se em *dolo irrelevante* ou *dolo não causal*.[998] Todavia, essas situações não desafiam ação rescisória, porque a conduta dolosa da parte deve constituir premissa necessária à decisão rescindenda.[999]

Em processo que tenha havido cumulação de demandas, o nexo de causalidade pode ficar restrito a capítulo específico do julgado.[1000]

O autor da ação rescisória tem o ônus de provar que a conduta dolosa interferiu no julgamento, ou seja, demonstrar que sem o dolo a decisão *provavelmente* seria diferente. No exame de admissibilidade da ação rescisória, não se exige a *certeza* de que o "vencido" seria, na realidade, "vencedor", mas a *probabilidade* desse resultado.

Por conseguinte, em algumas situações, é possível que o dolo da parte não contamine diretamente a decisão, mas impeça que ela seja objeto de revisão, afastando a perspectiva favorável de um resultado *diferente* daquele alcançado até momento da prolação do pronunciamento judicial, e nem por isso deixe de ser cabível a ação rescisória. Figure-se a seguinte situação: durante o prazo da apelação, o vencido receba – e aceite – uma proposta de acordo encaminhada pelo vencedor. Transcorrido o prazo recursal, frustrando a legítima confiança, o vencido é surpreendido com nova comunicação do vencedor informando a desistência do negócio para provocar a preclusão do prazo recursal. Observe-se que a conduta dolosa praticada pelo vencedor, embora não

---

997 EDUARDO TALAMINI explica que "a formulação civilista de dolo, no sentido de 'indução em erro', não é perfeitamente aproveitável. Por um lado, é *dispensável* que o expediente doloso tenha impedido ou dificultado a atuação processual do adversário. Pode incidir direta e exclusivamente sobre a percepção do juiz. Por outro, não é toda conduta lesiva ao adversário que ensejará a rescisão: apenas aquelas que afetem a possibilidade ou qualidade das atividades instrutórias da parte de modo a também prejudicar a qualidade da sentença" (*Coisa julgada e sua revisão*, n. 3.4.3, p. 147-148). Parte da doutrina, à luz do Código revogado, no entanto, não fazia a distinção, aplicando *mutatis mutandis* o conceito material (RODRIGO KLIPPEL, *Ação rescisória – teoria e prática*, p. 94-95).

998 SÉRGIO RIZZI, *Ação rescisória*, n. 48, p. 78.

999 LEONARDO GRECO, *Instituições de direito processual civil*, v. III, n. 16.2.3, p. 340.

1000 RODRIGO BARIONI, *Ação rescisória e recursos para os tribunais superiores*, n. 2.2.4, p 80.

COMENTÁRIOS AO CÓDIGO DE PROCESSO CIVIL V. XIX

tenha interferido diretamente no resultado da sentença, obstou a utilização do recurso com pedido de reforma pelo vencido – situação de *probabilidade*.

A prova da conduta dolosa pode ser realizada no bojo da ação rescisória[1001] ou em produção antecipada de provas (art. 381).[1002] A vantagem desta última medida processual está no fato de atribuir maior segurança ao eventual autor da ação rescisória, porquanto este procedimento leva o prévio conhecimento dos fatos que podem justificar ou evitar o pedido de rescisão.

Dentro da exata acepção do julgamento da ação rescisória pelo motivo dolo, a considerar o critério da *probabilidade*, são absolutamente distintos os juízos rescindente e rescisório. Significa dizer que inexiste relação necessária entre o resultado da rescisão e o rejulgamento da causa. Naturalmente, o tribunal pode entender que está configurado o dolo e determinar a rescisão do julgado, e, em seguida, passar ao reexame da causa originária chegar ao mesmo resultado da decisão rescindenda.[1003] Nesses casos, embora coincida o resultado do processo originário com o resultado do juízo rescisório, a procedência do pedido rescindente pode trazer consequências processuais, *v.g.*, aplicação de multa para a parte que se utilizou de comportamento doloso (art. 81).

Além do dolo, a coação também enseja a propositura da ação rescisória. É a primeira vez que – textualmente – o sistema processual incorpora esse fundamento.[1004-1005-1006]

1001 Sustenta-se que poderá ou não ser necessária a prova dos requisitos do nexo de causalidade entre o dolo e o resultado do processo e do dolo ter sido praticado em detrimento da parte vencida. A dispensa ou a necessidade da prova se dá com o exame da documentação do processo no qual se proferiu a decisão rescindenda (RODRIGO BARIONI, A produção de provas em ação rescisória, *in Os poderes do juiz e o controle das decisões judiciais* – estudos em homenagem à Professora TERESA ARRUDA ALVIM WAMBIER, p. 1040).

1002 PONTES DE MIRANDA afirmou que "não se precisa provar que só após a sentença se descobriu, porque a lei não fala de descobrimento do dolo, ou de obtenção posterior de prova" (Ação rescisória (verbete), *in Digesto de processo*, vol. 1, p. 269).

1003 RODRIGO BARIONI exemplifica: "o dolo pode ser caracterizado por ato do réu que, em ação de indenização por erro médico, intercepta intimação para o comparecimento do autor à perícia médica designada e apõe assinatura falsa no aviso de recebimento. Em virtude do não comparecimento do réu, o juiz declara preclusa a prova e profere decisão julgando improcedente o pedido, por não haver o autor provado o fato constitutivo do seu direito. Reconhecida a ocorrência do dolo rescisório, que impediu a produção de provas pela parte vencida, o processo será anulado, independentemente dos fundamentos do pedido e da defesa" (*Ação rescisória e recursos para os tribunais superiores*, n. 2.2.4, p. 79–80). Nesse caso, com a realização da prova que não foi realizada no processo originário, em juízo rescisório, o tribunal poderá adotar a mesma conclusão do julgado rescindendo, ou seja, pela improcedência do pedido.

1004 A coação não constava do Projeto aprovado no Senado Federal. Este fundamento rescisório foi incluído no Projeto da Câmara, na versão apresentada pelo Deputado

CPC/2015, art. 966

Na quadra do direito civil, a doutrina tradicional, genericamente, define coação como "constrangimento injusto para a obtenção de um ato".[1007] Modernamente, coação é o emprego de força para compelir alguém a fazer ou deixar de fazer alguma coisa, fundado no temor de dano iminente e considerável à sua pessoa, à sua família, ou aos seus bens (art. 151 do CC).[1008] Os civilistas anotam a diferença entre coação física ou absoluta (*vis absoluta*), que importa inexistência do ato, por ausência da declaração de vontade, e a coação moral ou relativa (*vis compulsiva*), que constitui vício da vontade e torna anulável o ato.[1009] O Código Civil disciplina apenas a coação moral.[1010] [1005] [1006] [1007] [1008] [1009] [1010]

No campo processual, a coação tem desdobramento penal e rescisóric.

O art. 344 do CP estabelece que "[u]sar de violência ou grave ameaça, com o fim de favorecer interesse próprio ou alheio, contra autoridade, parte, ou qualquer outra pessoa que funciona ou é chamada a intervir em processo judicial, policial ou administrativo, ou em juízo arbitral" é punível com reclusão, de um a quatro anos, e multa, além da pena correspondente à violência. O bem jurídico protegido é probidade da função jurisdicional.[1011]

SÉRGIO BARRADAS CARNEIRO, sob a justificativa de que seria "preciso, ainda, acrescentar a hipótese de rescisão da decisão em razão da coação da parte vencedora sobre a parte vencida – a necessidade avulta, quando se constata que o projeto eliminou a possibilidade de rescisória por causa de invalidade de autocomposição em que se funda a sentença (inciso VIII do art. 485 do CPC/1973)".

1005 Cabe o registro histórico de que, no Código de Processo Civil e Commercial do Estado de São Paulo (Lei n. 2.421/1930), a coação tornava anulável o "acto judicial".

1006 A LEC espanhola admite expressamente a *revisión de sentencias firmes* pelo motivo da coação (art. 510.4° LEC). Sobre o tema, *v.*, com proveito jurisprudencial, JOAN PICÓ I JUNOY, *El principio de la buena fe procesal*, p. 352.

1007 OROSIMBO NONATO, *Da coação como defeito do ato jurídico*, n. 54, p. 111.

1008 Afirma-se que "a coação é o vício mais grave e profundo que pode afetar o negócio jurídico, mais até do que o dolo, pois impede a livre manifestação da vontade, enquanto este incide sobre a inteligência da vítima" (CARLOS ROBERTO GONÇALVES, *Direito civil brasileiro*, vol. 1, n. 6, p. 424).

1009 Sobre o conceito de coação no direito civil: HUMBERTO THEODORO JR., *Comentários ao Código Civil*, vol. III, t. I, n. 80, p. 165-166; PAULO NADER, *Curso de direito civil*, vol. 1, n. 136.1, p. 429-430; GAGLIANO-PAMPLONA FILHO, *Novo curso de direito civil*, vol. 1, n. 2.3, p. 409-411; ÁLVARO VILLAÇA AZEVEDO, *Código Civil comentado*, vol. II, p. 222-224. Registre-se que alguns sistemas associam o termo "violência" à coação (arts. 1.109 e 1.112 do Código Civil francês e arts. 1.427, 1.434 e 1435 do Código Civil Italiano), e outros preferem o termo "ameaça" (§123 (1) do BGB). No sistema brasileiro, entende-se que "violência" corresponde à coação física; a *grave ameaça* liga-se à coação moral.

1010 José Carlos MOREIRA ALVES, *A parte geral do projeto de Código Civil brasileiro*, n. 6, p. 117.

1011 CÉZAR ROBERTO BITENCOURT, *Código Penal comentado*, p. 1533. Na jurisprudência: STF, AgReg em RHC 124.487/ES, rel. Min. ROBERTO BARROSO, *DJe* 30-6-2015.

A palavra "coação", exposta no inciso III do art. 966, abrange a coação física e a coação moral. Assim, o fundamento rescisório da coação pode ser definido pelo emprego de violência física ou grave ameaça praticada por alguém com objetivo de favorecer interesse – próprio ou de terceiro – declarado em decisão judicial transitada em julgado. O emprego da *violência* caracteriza a coação por força física; a *grave ameaça*, evidenciada pela promessa de mal sério, injusto e intimidador, motiva a coação moral.

A coação rescisória pode ser praticada pela parte que manifeste interesse na prolação de uma decisão judicial em seu favor. Além disso, vicia a decisão judicial a coação praticada por terceiro, se dela tivesse ou devesse ter conhecimento a parte que se a aproveite do referido vício no processo. Nesta hipótese, note-se que o polo passivo da ação rescisória poderá ser composto pelo terceiro em litisconsórcio com a parte que se beneficiou da coação, sendo admitida, além dos pedidos rescindente e rescisório, pretensão indenizatória por perdas e danos, cuja responsabilidade, no caso, é solidária (art. 154 do CC).

O sujeito passivo da coação rescisória pode ser a parte vencida, o magistrado, o perito, a testemunha ou qualquer outro sujeito[1012] que integre direta ou indiretamente a relação processual. O importante é que, para o cabimento da ação rescisória, a coação prejudique o contraditório e, por consequência, contamine a decisão. É importante que a coação seja essencial para a formação de uma decisão viciada. Para fins de ação rescisória, deve existir relação de causalidade entre os elementos da coação (violência ou grave ameaça) e a decisão que se pretende rescindir.

Não é qualquer ameaça que constitui coação moral a ensejar a rescisão do julgado. É preciso que o constrangimento seja grave, injusto e que gere dano futuro e possível. Assim, o advogado que faz advertência à testemunha para que se retrate sob a promessa de que seria processada por falso testemunho não se enquadra no conceito de coação rescisória.[1013]

Cuidando-se de coação moral, o pronunciamento do órgão julgador será sempre um possível objeto rescindente. Entretanto, tratando-se de coação física, a depender do sujeito passivo, a situação poderá ser diferente, com profundos reflexos na admissibilidade da ação rescisória. Na hipótese de juiz

---

1012 Cf. Leonardo Greco, *Instituições de direito processual civil*, n. 16.2.3, p. 339. Estendendo a coação rescisória ao magistrado: Didier Jr.-Cunha, *Curso de direito processual civil*, vol. 3, n. 6.3.4, p. 479-480. Arruda Alvim, ao conceituar a coação rescisória, parece restringir o vício ao constrangimento "praticado sobre a parte vencida" (Arruda Alvim, *Novo contencioso cível no CPC/2015*, n. 11.3, p. 324).

1013 No contexto penal, v. STJ, REsp 24.544/SP, rel. Min. Assis Toledo, DJ 16-11-1992.

coagido pela força física, a decisão será inexistente, diante da ausência de *função jurisdicional* ou *impulso volitivo*.[1014] Por exemplo: a parte ou terceiro – no interesse da parte – mantém o magistrado refém e ameaça atear fogo nele, obrigando-o a proferir sentença de acordo com os interesses do sujeito ativo da coação.

Na coação física, o juiz é levado, pela força, a proferir uma decisão, distanciando-se do exercício da função jurisdicional.[1015] Neste caso, não há decisão a rescindir. De outro lado, a violência física empregada contra a parte, afastando-a do regular contraditório, não implica ausência de *função jurisdicional*. Porém, a contaminação do contraditório vicia o exercício da atividade jurisdicional e seu resultado. Perceba-se que na coação moral, houve o exercício da função jurisdicional, embora o resultado seja viciado pela grave ameaça que comprometeu a qualidade do contraditório. A hipótese é de ação rescisória.

Finalmente, para o cabimento da ação rescisória, a coação deve ocorrer antes de ser praticado o ato processual. Se a violência ou a grave ameaça é posterior, não há que se falar em rescisão do julgado.

184. Simulação ou colusão entre as partes, a fim de fraudar a lei

Caso as partes sirvam-se do processo para realizar ato simulado ou conseguir fim proibido por lei, toca ao órgão julgador proferir decisão para impedir o ilícito, aplicando, de ofício, as penalidades da litigância de má-fé (art. 142). Porém, nem sempre é possível obstar o objetivo ilícito das partes ou das pessoas que a elas se equipararam,[1016] de sorte que a decisão transitada em julgado em processo *simulado* ou *fraudulento* poderá ser objeto de ação rescisória.

1014 "Outra hipótese de ato inexistente é a referente aos atos que não emanaram minimamente do impulso volitivo daqueles que tinham legitimidade para praticá-lo. É o que ocorre no caso em que criminosos, que submeteram o juiz à coação física irresistível, amarrando-o e prendendo uma caneta em sua mão, rabiscam uma assinatura na sentença que ele não proferiu. Nesse caso, a mão do juiz foi utilizada como mero instrumento para assinar a sentença, mas a assinatura não derivou do mínimo impulso volitivo do magistrado" (LEONARDO GRECO, *Instituições de direito processual civil*, vol. I, n. 16.2.1., p. 378).

1015 Poder-se-ia falar também que a inexistência decorre de ausência de "vontade jurisdicional". Já se disse que os provimentos jurisdicionais – quanto ao seu conteúdo – têm origem na vontade dos órgãos públicos (cf. ELIO FAZZALARI, *Instituzioni di diritto processuale*, p. 356-363 e 369).

1016 Nem sempre o juiz tem meios para impedir a ocorrência do vício (HUMBERTO THEODORO JR., *Curso de direito processual civil*, vol. III, n. 656, p. 851), dado o volume de trabalho (RODRIGO BARIONI, *Ação rescisória e recursos para os tribunais superiores*, n. 2.2.5, p. 84).

A lei encerra acirrada discussão doutrinária a respeito do cabimento de ação rescisória por simulação das partes.[1017] O inciso III, parte final, do art. 966 torna rescindível o pronunciamento judicial transitado em julgado resultante de simulação ou colusão entre as partes a fim de fraudar a lei.[1018]

O termo "simulação" empregado na segunda parte do inciso III do art. 966 não se refere ao negócio jurídico simulado, exposto no art. 167 do CC, que é nulo. O interessado poderá alegar a nulidade por ação ou exceção.[1019] No campo do cabimento da ação rescisória, a simulação relaciona-se não ao processo em si, mas ao litígio entre as partes,[1020] o que torna rescindível o julgado.

Define-se a simulação como divergência entre a vontade *verdadeira* e a vontade *declarada*;[1021] a fraude à lei, em essência, objetiva transgredir o ordenamento jurídico. O ponto comum entre os dois vícios é a divergência entre a vontade manifestada no processo e a vontade real das partes. Nas duas hipóteses, a associação de vontade das partes visa a conquistar algo que, com a regular atividade jurisdicional e o resultado do processo, normalmente, não alcançariam.[1022]

No processo *simulado*, o real interesse das partes não é o resultado do processo, nem seus respectivos efeitos, salvo aqueles que possam prejudicar o terceiro (*v.g.*, ação possessória em conluio entre autor e réu, na qual inexiste defesa qualificada, com objetivo de fazer constituir prova para futura ação de usucapião).[1023] De outro lado, no processo *fraudulento*, as partes objetivam o

---

1017 Com base no art. 129 do CPC/1973, BARBOSA MOREIRA afirmou: o sistema abre caminho da rescisão "em se tratando de processo *fraudulento*; não, porém, de processo *simulado*" (*Comentários ao Código de Processo Civil*, vol. V, n. 77, p. 125). De outro lado, SÉRGIO RIZZI sustentou que a ação rescisória seria cabível "Se as partes se serviram do processo para *fraudar a lei* através da simulação, e isso não significaria emprestar interpretação ampliativa ao termo colusão, mas de revelar o seu exato alcance" (*Ação rescisória*, n. 59, p. 96). Admitindo ação rescisória por simulação no sistema do CPC/1973: TERESA ARRUDA ALVIM WAMBIER, *Recurso especial, recurso extraordinário e ação rescisória*, n. 14.4, p. 565; RODRIGO BARIONI, *Ação rescisória e recursos para os tribunais superiores*, n. 2.2.5, p. 86-87.

1018 ALEXANDRE FREITAS CÂMARA argumenta que "a rigor, a lei processual sequer precisaria valer-se, em seu texto, da cláusula 'simulação ou colusão', já que a colusão engloba a simulação" (*O novo processo civil brasileiro*, n. 23.7, p. 467).

1019 LUIS CARLOS DE ANDRADE JÚNIOR, *A simulação no direito civil*, n. 11.3, p. 241.

1020 Se o próprio processo fosse forjado seria juridicamente inexistente, não sendo hipótese de ação rescisória (EDUARDO TALAMINI, *Coisa julgada e sua revisão*, n. 3.4.4, p. 150-151).

1021 CARNELUTTI, *Sistema del diritto processuale civile*, vol, II, n. 515, p. 405.

1022 RODRIGO BARIONI, *Ação rescisória e recursos para os tribunais superiores*, n. 2.2.5, p. 85.

1023 O exemplo é de NERY-NERY, *Comentários ao Código de Processo Civil*, p. 591.

resultado correspondente a um fim vedado pelo ordenamento jurídico[1024] (*v.g.*, processo para reconhecer uma falsa declaração de paternidade de forma a garantir ao falso filho o recebimento de pensão).[1025]

Com frequência, a doutrina enuncia a hipótese de inatividade do réu como exemplo para demonstrar a colusão ou a simulação (*v.g.*, revelia ou não cumprimento do ônus da impugnação especificada – arts. 336 e 341). Na realidade, a simulação e a colusão representam um falso contraditório[1026], que contaminam a atividade jurisdicional e o seu respectivo resultado.

A colusão e a simulação são formas bilaterais de comportamentos, no que se distinguem do dolo e da coação.[1027] A ideia de bilateralidade alcança os sujeitos parciais que ocupam polos opostos no processo. A bilateralidade *antagônica* decorre do aditivo "e", exposto no art. 142, que conecta autor *e* réu. Consigne-se que a hipótese é sutilmente diversa daquela tratada pelo art. 80, III, que abrange unicamente comportamento unilateral, isto é, *aquele* que usa do processo para conseguir objetivo ilegal.[1028]

Nada obstante o pressuposto da bilateralidade, pode ocorrer que a simulação ou a colusão não seja praticada por todos os sujeitos parciais do processo. É o caso, *v.g.*, do litisconsorte que não participa da simulação ou da colusão. O processo simulado também poderá compreender a participação do membro do Ministério Público, fato que, *per si*, não retira a legitimidade do *Parquet* para ajuizar a ação rescisória (*infra*, comentário ao art. 967).

Admite-se que simulação ou colusão com o intuito de fraudar a lei possa objetivar o interesse de apenas um dos simuladores, inclusive em prejuízo de um deles,[1029] o que poderia legitimar o ajuizamento da ação rescisória pelo autor do ato simulado.[1030]

1024 Barbosa Moreira, *Comentários ao Código de Processo Civil*, vol. V, n. 77, p. 125. Francesco Ferrara critica a expressão *processo simulado*.

1025 Colhe-se o exemplo de Alexandre Freitas Câmara, *O novo processo civil brasileiro*, n. 23.7, p. 467.

1026 Antônio Pereira Braga, sob a vigência do CPC/1939, afirmou que o processo fraudulento é "o fingimento de um contraditório" (*Exegese do Código de Processo Civil*, vol. II, p. 316).

1027 No sistema do CPC/1973, limitadamente à comparação entre a colusão e o dolo, cf. Barbosa Moreira, *Comentários ao Código de Processo Civil*, vol. V, n. 77, p. 126.

1028 Aproveitável, no ponto, a lição de Celso Agrícola Barbi, que diferenciou o inciso III do art. 17 do CPC/1973 [correspondente ao art. 80, III] do art. 129 do CPC/1973 [correspondente ao art. 142] pela unilateralidade e bilateralidade da conduta (*Comentários ao Código de Processo Civil*, vol. I, n. 161, p. 126-127).

1029 Nesse sentido, mas no plano do direito material, Manuel A. Domingues de Andrade, *Teoria geral da relação jurídica*, vol. II, n. 110, p.173.

1030 Assentado no princípio geral segundo o qual ninguém pode alegar a própria torpeza em seu proveito, Eduardo Talamini sustenta que não é razoável que as próprias

COMENTÁRIOS AO CÓDIGO DE PROCESSO CIVIL V. XIX

A expressão "o juiz proferirá decisão que impeça os objetivos das partes", evidenciada no art. 142, compreende o juízo rescisório do fundamento simulação ou colusão das partes, a fim de fraudar a lei. Isso significa dizer que, julgado procedente o pedido rescindente, dada a ocorrência de simulação ou colusão entre as partes a fim de fraudar a lei, toca ao tribunal declarar a ausência de falta de interesse processual, sem prejuízo de aplicar as penalidades da litigância de má-fé.[1031]

A simulação e a colusão podem ser demonstradas no bojo da ação rescisória, em procedimento probatório anterior ("Produção Antecipada de Provas" – arts. 381-383) ou em processo criminal (art. 179 do CP).

185. Ofensa à coisa julgada

Essencialmente, a intangibilidade da coisa julgada principia o seguinte: os juízos só devem realizar-se uma vez e a coisa julgada consiste na proibição constitucional de renovar os juízos.[1032]

Há meios processuais que evitam a repetição de juízos a respeito da mesma controvérsia, de sorte a impedir que a coisa julgada seja ofendida. De um lado, caso o processo esteja em curso, o órgão judicial competente deverá conhecer – de ofício – a existência de coisa julgada (art. 337, § 5º, e art. 485, § 3º), ou, na sua omissão, poderá ser alegada pela parte.[1033] Em qualquer tem ou grau de jurisdição, o conhecimento oficioso ou a alegação da coisa julgada poderá ser feita, mas sempre antes de ocorrer o trânsito em julgado. De outro, na hipótese de processo encerrado, por meio da ação rescisória.

Destaque-se que a ação rescisória fundada no inciso IV do art. 966 não se ajusta apenas na coisa julgada formada a partir decisão que acolhe ou rejeita o pedido. Todos os provimentos jurisdicionais com o conteúdo das situações

---

partes envolvidas no conluio possam ajuizar a ação rescisória (*Coisa julgada e sua revisão*, n. 3.4.4, p. 151-152).

1031 FLÁVIO LUIZ YARSHELL, no tempo do CPC/1973, sustentou que a procedência do pedido de rescisão não levaria propriamente a um juízo rescisório, "porque o que se almeja é justamente cassar os efeitos do julgamento originário que, de alguma forma, procurou atingir objetivos ilegais" (*Ação rescisória* – juízos rescindente e rescisório, n. 106 e 143, p. 317 e 406-407). De outro lado, sem examinar o juízo rescisório, FABIO MILMAN afirma que a hipótese determina decisão de mérito pela improcedência do pedido (*Improbidade processual*: comportamento das partes e de seus procuradores no processo civil, p. 232).

1032 Nesse sentido e com ampla referência doutrinária estrangeira, JORDI NIEVA-FENOLL, *La cosa juzgada*, n. 3.1, p. 119.

1033 Nada obstante a coisa julgada esteja arrolada na ordem de alegações que podem compor a contestação (art. 337, VII), inexiste dúvida que a matéria pode ser deduzida em oportunidade distinta da defesa e também pelo autor.

314

indicadas no art. 487, quando transitadas em julgado, estão revestidos pela autoridade da coisa julgada. Adicione-se, ainda, que é possível rescindir o pronunciamento judicial que ofenda coisa julgada originada de resolução de questão prejudicial decidida expressa e incidentalmente no processo (art. 503, § 1º),[1034] observada a regra de direito transitório (art. 1.054).

De acordo com o sistema do Código, não é rescindível a decisão *estável* que antecipa os efeitos da tutela (art. 304) em caráter antecedente. Isso porque, no prazo de 2 (dois) anos, contados da data de extinção do processo, qualquer das partes poderá demandar a outra com o intuito de rever, reformar ou invalidar a tutela antecipada estabilizada. Embora o argumento não seja definitivo,[1035] pode-se argumentar que o não cabimento da ação rescisória para rescindir esse tipo de decisão também seria inviável dada sua inaptidão para alcançar a autoridade da coisa julgada (art. 304, § 6º).[1036-1037]

O termo legal "ofensa à coisa julgada" não abrange decisões que, embora transitadas em julgado, estão imunes à autoridade da *auctoritas rei iudicatae*, ainda que venham a produzir os efeitos[1038] (positivo ou negativo) da coisa julgada (*v.g.*, decisões transitadas em julgado com fundamento nos incisos I, IV, VI ou VII do art. 485).

A doutrina[1039] aproxima o motivo rescisório da ofensa à coisa julgada das situações indicadas nos §§ 1º, 2º e 4º do art. 337 (tríplice identidade).[1040] No

---

1034 Enunciado 338 do FPPC: "Cabe ação rescisória para desconstituir a coisa julgada formada sobre a resolução expressa da questão prejudicial incidental".

1035 Lembre-se de que, embora a ação rescisória tenha por pressuposto a existência de coisa julgada, concebe-se seu ajuizamento em casos em que esse pressuposto não ocorra (*v.g.* art. 966, § 2º, I e II).

1036 Heitor Vitor Mendonça Sica entende que, mesmo ultrapassado o prazo de dois anos a que se refere o § 5º do art. 304, não há formação da coisa julgada, mas "*estabilidade qualificada*" da decisão concessiva de tutela antecipada em caráter antecedente (*Doze problemas e onze soluções quanto à chamada "estabilização da tutela antecipada"*, n. 3.2, p. 353). Ainda no sentido de inexistir coisa julgada: Didier Jr.-Braga-Oliveira, *Curso de direito processual civil*, vol. 2, n. 4.5.4, p. 612; Robson Renault Godinho, Coment. ao art. 304, *in Comentários ao novo Código de Processo Civil*, n. 3, p. 480-481. Admitindo a formação da coisa julgada: Leonardo Greco, *A tutela da urgência e a tutela da evidência no Código de Processo Civil de 2015*, n. 4, p. 207; Heloisa de Almeida Vasconcellos, *A estabilização da tutela antecipada no novo Código de Processo Civil*, n. 4.7.3, p. 151-160.

1037 Enunciado 33 do FPPC: "Não cabe ação rescisória nos casos de estabilização da tutela antecipada de urgência".

1038 Também chamado de *função* negativa ou positiva da coisa julgada.

1039 Por todos, *v.* José Miguel Garcia Medina, *Novo Código de Processo Civil comentado*, p. 1299.

1040 § 1º Verifica-se (...) a coisa julgada quando se reproduz ação anteriormente ajuizada. § 2º Uma ação é idêntica a outra quando possui as mesmas partes, a mesma causa de pedir e o mesmo pedido.

COMENTÁRIOS AO CÓDIGO DE PROCESSO CIVIL V. XIX

entanto, limitar o cabimento da ação rescisória no fundamento das "ações idênticas", caracterizado pela repetição dos elementos da demanda (partes, causa de pedir e pedido), seria esvaziar o disposto no inciso IV do art. 966. Com efeito, a *auctoritas rei iudicatae* pode ser transgredida em outras situações em que não haja "ação idêntica". Assim, *v.g.*, é rescindível a decisão do tribunal que conhece recurso intempestivo interposto contra pronunciamento de mérito, porquanto a coisa julgada se formou tendo em vista a extemporaneidade para a prática do ato recursal.[1041]

Vale a pena frisar que os efeitos negativo ou positivo da coisa julgada refletem nos juízos da ação rescisória. Cuidando-se de decisão rescindenda que agrida o efeito negativo, haverá apenas a ocorrência do juízo rescindente; de outro lado, se a violação ocorrer pelo efeito positivo, além do juízo rescindente, ocorrerá também o juízo rescisório.[1042]

Ofende a coisa julgada se a nova decisão rescindenda é *conforme* ou *desconforme* ao anterior pronunciamento judicial revestido pela autoridade da coisa julgada. O objetivo da coisa julgada é impedir o novo julgamento daquilo que já está julgado, seja qual for o sentido do julgamento anterior.[1043]

O cabimento da ação rescisória com base no inciso IV do art. 966 não está condicionado exclusivamente à formação da coisa julgada em processo estatal de natureza cível.[1044] A ofensa pode decorrer da *auctoritas rei iudicatae* formada em processo criminal,[1045] trabalhista, eleitoral, militar, entre outros, ou, ainda, ser proveniente de processo arbitral.

(...)

§ 4º Há coisa julgada quando se repete ação que já foi decidida por decisão transitada em julgado.

1041 O exemplo é de ALEXANDRE FREITAS CÂMARA, que parece admitir a situação para o julgamento de qualquer recurso erradamente admitido (*O novo processo civil brasileiro*, n. 23.7, p. 468). Em semelhante perspectiva, FRANCESCO PAOLO LUISO, *Diritto processuale civile*, vol. I, n. 21.3, p. 175.

1042 DIDIER JR.-CUNHA, *Curso de direito processual civil*, vol..3, n. 6.3.6.1., p. 486. No mesmo sentido, mas sem a nomenclatura das funções negativa e positiva da coisa julgada, FLÁVIO LUIZ YARSHELL, *Ação rescisória*: juízos rescindente e rescisório, n. 144, p. 408-409. Enunciado 554 do FPPC: Na ação rescisória fundada em violação ao efeito positivo da coisa julgada, haverá o rejulgamento da causa após a desconstituição da decisão rescindenda.

1043 BARBOSA MOREIRA, *Comentários ao Código de Processo Civil*, vol. V, n. 77, p. 126; DANIEL AMORIM ASSUMPÇÃO NEVES, *Manual de direito processual civil*, n. 62.4.4., p. 1374.

1044 BARBOSA MOREIRA, *Comentários ao Código de Processo Civil*, vol. V, n. 77, p. 129.

1045 Vale o registro do entendimento de LEONARDO GRECO, para quem "a vinculação da jurisdição civil às conclusões a que chegou o juízo criminal sobre a existência do fato ou sobre sua autoria em parte inconstitucional nos casos de sentença criminal absolutória", sobretudo pela ausência de contraditório da vítima (*Instituições de direito processual civil*, vol. III, n. 16.2.5, p. 342).

Haverá ofensa à coisa julgada de "decisão estrangeira", caso a decisão proferida sob a jurisdição brasileira seja posteriormente ao trânsito em julgado do processo de homologação pelo Superior Tribunal de Justiça (art. 105, I, *i*, da CF e art. 960 do CPC). Porém, se a homologação da "decisão estrangeira" ocorrer depois do trânsito em julgado da decisão brasileira, será rescindível a decisão do Superior Tribunal de Justiça.[1046]

Considera-se irrelevante a discussão no processo em que foi proferida a decisão rescindenda acerca da existência ou não de coisa julgada anterior. Da mesma forma, a inexistência de objeção de coisa julgada não afasta o pedido de rescisão.[1047]

Problema de difícil solução que o legislador não conseguiu resolver diz respeito ao conflito de decisões revestidas pela autoridade da coisa julgada. Na vigência do CPC/1973, a matéria foi bastante debatida em sede doutrinária, com repercussão na jurisprudência.[1048] Sob o fundamento constitucional do processo,[1049] especialmente calcado no direito fundamental de que "a lei não prejudicará a coisa julgada" (art. 5º, XXVI, da CF),[1050] entende-se que deveria prevalecer a primeira coisa julgada.[1051] Defende-se, também, que haveria de persistir a primeira decisão transitada em julgado, porque ela não seria viciada, ao contrário da segunda.[1052] Há, ainda, o entendimento segundo o qual a decisão que violou coisa julgada precedente não estaria submetida ao prazo decadencial para o ajuizamento da ação rescisória.[1053] Sustenta-se

---

1046 BARBOSA MOREIRA, *Comentários ao Código de Processo Civil*, vol. V, n. 77, p. 128.

1047 Com farta referência doutrinária, EDUARDO TALAMINI, *Coisa julgada e sua revisão*, n. 3.4.5, p. 152-153.

1048 A divergência pode ser observada pelas notas ao art. 505 expostas por NEGRÃO-GOUVÊA-BONDIOLI-FONSECA, *Código de Processo Civil e legislação processual em vigor*, p. 537. Recentemente: No âmbito do STJ, afirma-se que "havendo conflito entre duas coisas julgadas, prevalecerá a que se formou por último, enquanto não desconstituída mediante ação rescisória" (REsp 1.524.123-SC, rel. Min. HERMAN BENJAMIN, *DJe* 30-6-2015, com referência a outros julgados).

1049 No CPC/1973, mas sob a égide da Constituição de 1967 (art. 153, § 3º), *v.* SÉRGIO RIZZI, *Ação rescisória*, n. 81, p. 133-139. Com fundamento da Constituição de 1988 (art. 5º, XXXVI): RODRIGO BARIONI, *Ação rescisória e recursos para os tribunais superiores*, n. 2.2.6, p. 91-93; CASSIO SCARPINELLA BUENO, *Curso sistematizado de direito processual civil*, vol. 5, n. 6.4, p. 330. No atual Sistema processual: RODRIGO BARIONI, Coment. ao art. 966, *in Breves comentários ao novo Código de Processo Civil*, n. 4.6, p. 2152-2153.

1050 A palavra "lei" compreenderia o termo "decisão jurisdicional".

1051 Há sistemas que fazem opção legislativa. Por exemplo, o CPC português expressamente consigna que prevalece a primeira coisa julgada (art. 625º).

1052 ARRUDA ALVIM, *Novo contencioso cível no CPC/2015*, p. 325.

1053 Nesse sentido, mas no CPC/1973: THEREZA ALVIM, Notas sobre alguns aspectos controvertidos da ação rescisória, *RePro* 39, p. 12. O CPC japonês indica não haver prazo para rescindir a segunda coisa julgada (art. 342, 3).

COMENTÁRIOS AO CÓDIGO DE PROCESSO CIVIL V. XIX

que o executado poderia invocar "coisa julgada contrária" para fundar impugnação ao cumprimento de sentença ou, ainda, admitir a "ação declaratória de ineficácia", caso transcorrido o prazo para o ajuizamento da ação rescisória.[1054] Debaixo da teoria da inexistência, sustenta-se que a posterior decisão não teria aptidão para transitar em julgado e, portanto, não haveria *nada* a ser desconstituído, motivo pelo qual a ação rescisória seria desnecessária,[1055] e a questão poderia ser deduzida em outros meios processuais (*v.g.*, ação declaratória de inexistência, impugnação ao cumprimento de sentença ou "exceção de pré-executividade").[1056] De outra quadra, pela prevalência da segunda coisa julgada, com argumento puramente lógico e pragmático, sustenta-se que não faria sentido preservar o primeiro julgado se o sistema prevê a ação rescisória para desconstituir a coisa julgada que reveste a posterior decisão.[1057-1058] Já se afirmou, também, que seria possível declarar sem efeito a decisão *mais injusta* ou, ainda, anular as duas decisões, provocando um novo debate sobre o tema objeto do conflito entre as "duas coisas julgadas" para dar origem a um terceiro e *definitivo* julgamento.[1059]

1054 LUIZ GUILHERME MARINONI, A questão das coisas julgadas contraditórias, *Repro* 271, n. 5, p. 306-307.

1055 Com base no CPC/1973, Wambier-Medina, *O dogma da coisa julgada*, n. 2.2, p. 36. Na vigência do atual sistema processual: com a afirmação expressa de que a segunda "decisão transitada em julgado" é inexistente, e, portanto, seria desnecessária a ação rescisória, nada obstante previsão expressa em lei, *v.* WAMBIER-CONCEIÇÃO-RIBEIRO-MELLO, *Primeiros comentários ao novo Código de Processo Civil* – artigo por artigo, p. 1373. No mesmo sentido, confira-se JOSÉ MIGUEL GARCIA MEDINA, *Novo Código de Processo Civil comentado*, p. 1299; *Direito processual civil moderno*, n. 4.2.3, p. 1292-1293.

1056 Nesse sentido, retratando determinada linha da jurisprudência do STJ, *v.* JOSÉ MIGUEL GARCIA MEDINA, *Direito processual civil moderno*, n. 4.2.3, p. 1292-1293.

1057 No regime do CPC/1973: ADA PELEGRINI GRINOVER, *Direito processual civil*, p. 85; PONTES DE MIRANDA, *Tratado da ação rescisória das sentenças e de outras decisões*, § 23, n. 4, p. 309-310; MONIZ DE ARAGÃO, *Sentença e coisa julgada*, n. 202, p. 285; FLÁVIO LUIZ YARSHELL, *Ação rescisória*: juízos rescindente e rescisório, n. 107, p. 317-318. Com análise do Projeto do CPC, *v.* BECLAUTE OLIVEIRA SILVA, Conflito entre coisa julgada e o PLS n. 166/2010, p. 10-161. No vigente sistema processual: MARINONI-ARENHART-MITIDIERO, *Novo Código de Processo Civil comentado*, p. 902; *Novo curso de processo civil*, vol. 2, n. 12.4.2, p. 589-591; DIDIER JR.-CUNHA, *Curso de direito processual civil*, vol. 3, n. 6.3.6.2., p. 486-487; RONALDO CRAMER, Coment. ao art. 966, *in Comentários ao novo Código de Processo Civil*, p. 1402. Na Itália, ANDREA PROTO PISANI, *Lezioni di diritto processuale civile*, n. 4, p. 537.

1058 Na perspectiva do CPC/1973, confira-se a divergência jurisprudencial nas anotações de NEGRÃO-GOUVÊA-BONDIOLI-FONSECA, *Código de Processo Civil e legislação processual em vigor*, nota 3 ao art. 505, p. 537.

1059 A discussão pode ser observada em JORDI NIEVA-FENOLL, *La cosa Juzgada*, Cap. IV, especialmente no item 1, p. 269-278.

Isso tudo levou a melhor doutrina a certificar que não haveria "solução inteiramente satisfatória de todos os pontos de vista".[1060]

Dado o esgotamento dos modelos acima noticiados, poder-se-ia conceber uma proposta mais pragmática e alinhada às normas fundamentais do processo civil. A prevalência da coisa julgada (*rectius*: efeitos da decisão) decorreria de judicioso exame comparativo entre as decisões conflitantes, a partir de alguns critérios: (*i*) profundidade do contraditório e da fundamentação; (*ii*) proximidade com a legalidade e constitucionalidade; (*iii*) natureza hierárquica dos órgãos julgadores que proferiram as decisões conflitantes; (*iv*) boa-fé processual; (*v*) conformidade com os precedentes; e (*vi*) respeito aos direitos fundamentais.

186. Violação manifesta de norma jurídica

Com fundamento na praxe forense, afirma-se que o inciso V do art. 966 é o motivo mais invocado para rescindir a decisão transitada em julgado.[1061] Para alguns, isso demonstra a *fragilidade* da coisa julgada no sistema processual brasileiro,[1062] o que não ocorreria em outros ordenamentos.[1063]

O inciso V do art. 485 do CPC/1973 previa a rescisão de "sentença" por "violação a literal disposição de lei". O Código vigente altera o texto de lei. A redação do inciso V do art. 966 é superior ao expressar que a decisão de mérito, transitada em julgado, pode ser rescindida quando "violar manifestamente norma jurídica". A mudança do termo "lei" por "norma jurídica" impacta significativamente o modelo processual brasileiro.[1064] Genericamente, "lei" é o resultado da atividade legislativa dos poderes do Estado (legislativo, executivo e judiciário – órgão com poder para legislar),[1065] reduzido em texto.

1060 BARBOSA MOREIRA, *Comentários ao Código de Processo Civil*, vol. V, n. 133, p. 223.

1061 SÉRGIO RIZZI, *Ação rescisória*, n. 61, p. 100; CASSIO SCARPINELLA BUENO, *Manual de direito processual civil*, n. 8.1, p. 626; idem, *Novo Código de Processo Civil anotado*, p. 777.

1062 LEONARDO GRECO, *Instituições de direito processual civil*, vol. III, n. 16.2.5, p. 342.

1063 RODRIGO BARIONI, *Ação rescisória e recursos para os tribunais superiores*, n. 2.2.7, p. 94 e nota 216.

1064 À luz do CPC/1973, SÉRGIO GILBERTO PORTO formulou interessante proposta para ampliar o leque do inciso V do art. 485 para admitir a rescisão de julgado que violasse normas não escritas, mas reconhecidas como integrantes da ordem jurídica (duplo grau de jurisdição, proporcionalidade, *ne bis in idem*). Para essas situações seria a hipótese de "ação rescisória atípica" (*Ação rescisória atípica*, especialmente Cap. 4).

1065 Perceba-se que atividade na formação da lei não é exclusiva do poder legislativo. Fala-se em "descentralização da atividade legislativa", cf. CLÈMERSON MERLIN CLÈVE, *Atividade legislativa do poder executivo*, especialmente Seção II, p. 72-90.

A lei é marcada pela generalidade, abstração, obrigatoriedade e permanência.[1066] Norma jurídica, por sua vez, não se confunde com o texto dispositivo expresso em lei. O dispositivo legal é o objeto da interpretação; a norma é o seu resultado.[1067] Concebe-se a existência de norma sem dispositivo (*v.g.*, segurança jurídica, certeza do direito) e dispositivo sem norma (*v.g.*, texto do preâmbulo da Constituição: "sob a proteção de Deus").[1068] Cláusulas gerais são textos normativos vagos que são concretizados e dão origem a normas, e, quando violadas, permitem a rescisão do julgado.[1069]

O termo "norma jurídica" compreende normas constitucionais ou infraconstitucionais; de direito material ou processual;[1070] nacionais, provenientes de qualquer órgão com poder para legislar, i.e., do Poder Executivo (*v.g.*, medida provisória, decreto, regulamento), do Poder Legislativo – federal, estadual, municipal e distrital (art. X da CF) – (*v.g.*, lei ordinária, lei complementar), ou, ainda, do Poder Judiciário (*v.g.*, regimento interno); de direito estrangeiro ou consuetudinário.

Precedente obrigatório (incisos I, III, V do art. 927) enquadra-se também no conceito de norma jurídica, de modo que, quando violado, pode ser invocado para compor causa de pedir da ação rescisória. Semelhante afirmação vale para as súmulas *vinculantes* e *persuasivas* (incisos II e IV do art. 927).[1071] A afirmação decorre do § 5º do art. 966, introduzido pela Lei n. 13.256/2016, embora tal dispositivo expresse menos do que deveria, pois a ação rescisória, além de ser cabível contra decisão baseada em enunciado de súmula ou acórdão proferido em julgamento de casos repetitivos que não tenha considerado a existência de distinção entre a questão discutida no processo e o padrão decisório que lhe deu fundamento, também será admitida quando a decisão transitada em julgado violar os próprios fundamentos jurídicos (*ratio decidendi*

1066 José Afonso da Silva, *Processo constitucional de formação das leis*, n. 6, p. 25.

1067 Riccardo Guastini, *L'interpretazione dei documenti normativi*, n. 1, p. 99.

1068 Humberto Ávila, *Teoria dos princípios*, n. 2.1.1, p. 50.

1069 Fredie Didier Jr., *Curso de direito processual civil*, vol. 1, n. 7.3, p. 52-55; Lucas Buril de Macêdo, A concretização direta da cláusula geral do devido processo legal processual no Supremo Tribunal Federal e no Superior Tribunal de Justiça, *RePro* 216, p. 394; Wambier-Dantas, *Recurso especial, recurso extraordinário e a nova função dos tribunais superiores no direito brasileiro*, n. 6.3, p. 234. Sobre cláusulas gerais, *v.* com proveito Judith Martins-Costa, *A boa-fé no direito privado*, especialmente o Capítulo segundo, p. 117-190.

1070 Exemplos de normas processuais manifestamente violadas podem ser conferidos em Negrão-Gouvêa-Bondioli, *Código de Processo Civil e legislação processual em vigor*, nota 23b ao art. 966, p. 865.

1071 Alexandre Freitas Câmara, *O novo processo civil brasileiro*, n. 23.7, p. 468.

ou *holding*) do precedente obrigatório.[1072] A interpretação extensiva do § 5°
do art. 966 compreende igualmente acórdãos firmados em incidente de
assunção de competência e do plenário ou do órgão especial ao qual os órgãos
julgadores estiverem vinculados, embora não sejam proferidos em julgamentos de casos repetitivos.

Um bom caminho para encontrar a possível violação ao precedente
obrigatório é investigar com cuidado a fundamentação do pronunciamento
judicial que se pretende rescindir. De acordo com o inciso VI do § 1° do art.
489, é nula a decisão que "deixar de seguir enunciado de súmula, jurisprudência ou precedente invocado pela parte, sem demonstrar a existência de distinção
no caso em julgamento ou a superação do entendimento".

Ainda com relação ao modelo de precedente, com base no "princípio
da inércia argumentativa", seria cabível ação rescisória na hipótese de o tribunal violar os deveres de manter a jurisprudência estável e coerente. Cita-se
como exemplo a situação de o tribunal manter sua jurisprudência no sentido
"X", e, contemporaneamente, em decisão casuística, inverter o sentido para
"-X", sem que houvesse qualquer justificativa para demonstrar a alteração do
entendimento. Isso tudo implicaria manifesta violação aos arts. 926, 927, §
4°, 489, § 1°, VI.[1073]

A norma jurídica manifestamente violada poderá ser regra ou princípio.[1074]

De outro lado, tratando-se de violação a normas jurídicas de caráter *individual* (geradas para atender especificamente um ou mais sujeitos). Assim,
não se admite ação rescisória para rescindir decisão transitada em julgado que
viole cláusula contratual.[1075] Por igual motivo, cláusulas que compõem negócio
jurídico processual, ainda que frontalmente transgredidas, não podem ser invocadas para pedir a rescisão do julgado. Porém, parcela da doutrina sustenta

---

1072 Jaldemiro Rodrigues de Ataíde Jr., Coment. ao art. 966, *in Comentários ao Código de Processo Civil*, p. 1109. O referido autor critica, corretamente, a inserção dos §§ 5° e 6°, primeiro, porque o dispositivo tem redação restritiva, o que pode dar ensejo a uma série de problemas; segundo, porque eles almejam algo que já está no próprio inciso V do art. 966.

1073 Jaldemiro Rodrigues de Ataíde Júnior, *A inércia argumentativa no processo civil brasileiro*, p. 313-314.

1074 A depender da corrente filosófica, é possível também compreender os postulados como espécie de norma jurídica (*v.g.*, igualdade, razoabilidade, proporcionalidade), como o faz Humberto Ávila (*Teoria dos princípios*, item 3, p. 158-223). Nessa linha, também seria viável ação rescisória por violação manifesta de postulado normativo.

1075 STJ, EDcl no REsp 1312763/PR, rel. Min. Luis Felipe Salomão, *DJe* 17-3-2015. Ronaldo Cramer também sustenta que não seria admissível a rescisão do julgado, mas em decorrência da impossibilidade de reexaminar fatos em ação rescisória (*Ação rescisória por violação à norma jurídica*, n. 4.7, p. 194-195).

COMENTÁRIOS AO CÓDIGO DE PROCESSO CIVIL V. XIX

que o desrespeito ao acordo processual, em tese, poderia representar violação aos arts. 190, 191 e 200 ou outra norma que regule um negócio típico (*v.g.*, art. 471), o que abriria espaço para o ajuizamento da ação rescisória.[1076]

Quem propõe a ação rescisória deve indicar na petição inicial especificamente o dispositivo legal violado (texto jurídico) e seu sentido interpretativo (norma jurídica). É insuficiente a menção genérica de violação à norma jurídica, *v.g.*, do Código Civil ou da Constituição.[1077] No caso de violação de precedente obrigatório, o autor deve mencionar o texto normativo que resultou no precedente, indicando, ainda, os dados essenciais do processo em que ele foi editado (número do processo, nome das partes, dados do órgão prolator, data do julgado e seu respectivo trânsito em julgado).[1078] Note-se que se a violação decorre de súmula, é indispensável que a petição inicial da ação rescisória faça referência ao número do verbete e também ao órgão que o editou. Acrescente-se, finalmente, que, de acordo com o § 6º do art. 966, acrescentado pela Lei n. 13.256/2016, se a ação rescisória estiver fundada contra decisão baseada em enunciado de súmula ou acórdão proferido em julgamento de casos repetitivos, caberá ao autor demonstrar tratar-se de situação particularizada por hipótese fática distinta (*distinguishing*) ou de questão jurídica não examinada, a impor outra solução jurídica.

Na falta de indicação expressa da norma jurídica tida por violada, o relator da ação rescisória determinará a intimação do autor para que, no prazo de 15 (quinze) dias, complete a petição inicial (art. 321, *caput*). Descumprida a determinação, o relator indeferirá a petição inicial (art. 968, § 3º, primeira parte c/c art. 330, § 1º, I, segunda parte e art. 321, parágrafo único). É vedado ao tribunal, *ex officio*, proceder à complementação da petição inicial, sob pena de violação ao art. 492.

Tratando-se de *error in procedendo* (vício de atividade na função jurisdicional), admite-se que o vício possa estar na própria decisão que se pretende rescindir ou, ainda, antes dela.[1079] Ainda com relação ao *error in procedendo*, sustenta-se que a ação rescisória fundada na violação manifesta de norma jurídica ensejaria *apenas* o juízo rescindente, competindo ao tribunal determi-

---

1076 DIDIER JR.-CUNHA, *Curso de direito processual civil*, vol. 3, n. 6.3.7.4, p. 494.

1077 BARBOSA MOREIRA, Considerações sobre a causa de pedir na ação rescisória, *in Temas de direito processual (quarta série)*, p. 210-211.

1078 Em semelhante perspectiva, DIDIER JR.-CUNHA, *Curso de direito processual civil*, vol. 3, n. 6.3.7.1, p. 489.

1079 FLÁVIO LUIZ YARSHELL, *Ação rescisória*: juízos rescindente e rescisório, n. 108, p. 322. Interessante hipótese de *error in procedendo* é a rescindibilidade das decisões-surpresa, aceita por CAMILO ZUFELATO, *Contraditório e vedação às decisões-surpresa no processo civil brasileiro*, n. 4.10, p. 186-189.

nar o rejulgamento da causa a partir do momento em que ocorreu o vício de atividade.[1080] No entanto, a depender da natureza do vício que gerou o *error in procedendo*, bem ainda a extensão do contraditório realizado no processo rescisório, concebe-se que, uma vez julgado procedente o pedido de rescisão, possa o tribunal avançar para examinar o pedido de rejulgamento da causa.[1081]

Para constituir a causa de pedir da ação rescisória, a norma manifestamente violada deve ser vigente ao tempo da decisão que se pretende rescindir. A superveniência de norma posterior à decisão transitada não a torna rescindível. Porém, cabe o alerta que norma revogada aplicada pelo efeito da ultratividade pode ser invocada para rescindir o julgado.[1082]

Admite-se que o autor possa cumular mais de uma norma jurídica para fundamentar a ação rescisória com base no inciso V do art. 966.

A existência de ação rescisória com base na violação manifesta da norma X não obsta – desde que respeitado o prazo estabelecido no art. 975 – a propositura de outra ação rescisória, com as mesmas partes, para desconstituir a mesma decisão transitada em julgado, desta vez com fundamento na violação da norma Y. No caso, como se vê, as causas de pedir das duas ações rescisórias são distintas, o que afasta as objeções de litispendência e coisa julgada (§§ 1º ao 4º do art. 337).[1083]

O advérbio "manifestamente", utilizado no inciso V do art. 966, pretende assumir sentido restritivo, de modo a limitar o cabimento da ação rescisória e a preservar o valor da segurança jurídica decorrente da estabilidade das decisões transitadas em julgado. Convém afirmar que "Decisão transitada em julgado que viole *manifestamente* norma jurídica" não é o mesmo que uma "decisão transitada em julgado que viole norma jurídica". O termo "manifestamente" *intensifica* a violação praticada pelo órgão judicial que proferiu a decisão rescindenda. Por outro lado, reduz o cabimento da ação rescisória.

1080 José Rogério Cruz e Tucci afirma que na ação rescisória fundada no inciso V do art. 966 a causa de pedir poderá ser *simples* ou *complexa*, a depender da natureza da norma violada. Tratando-se de *error in procedendo,* a causa de pedir será *simples*, autorizando tão só a formulação de pedido rescindente; de outro lado, se demonstrar violação manifesta à norma jurídica decorrente de *error in iudicando*, a causa de pedir será *complexa* e desafiará a cumulação de pedidos (rescindente e rescisório). (*Comentários ao Código de Processo Civil*, vol. VII, n. 12, p. 72-73).

1081 Em sentido próximo, *v.* Flávio Luiz Yarshell, *Ação rescisória*: juízos rescindente e rescisório, n. 109, p. 325.

1082 Cf. Leonardo Carneiro da Cunha, o § 1º do art. 1.046 do CPC/2015 prevê uma regra de ultratividade do CPC/1973 (*Direito intertemporal e o novo Código de Processo Civil*, n. 4.3, p. 54).

1083 Barbosa Moreira, Considerações sobre a causa de pedir na ação rescisória, *in Temas de direito processual (quarta série)*, n. 8, p. 211.

COMENTÁRIOS AO CÓDIGO DE PROCESSO CIVIL V. XIX

Nesse ponto, cabe refletir sobre a Súmula 343 (*Não cabe ação rescisória por ofensa a literal disposição de lei, quando a decisão rescindenda se tiver baseado em texto legal de interpretação controvertida nos tribunais*), editada pelo Supremo Tribunal Federal e aprovada na Sessão Plenária de 13-12-1963. A Súmula 343 foi aprovada na vigência do CPC/1939 (art. 798, I, "c") e aplicada voluntariosamente pelos tribunais no período em que vigorou o CPC/1973, exceto em matéria constitucional.[1084] O teor da Súmula revela que a divergência jurisprudencial não caracterizaria "violação a literal disposição de lei", porquanto todas as decisões proferidas pelos tribunais, ainda que antagônicas, seriam aceitáveis, configurando a tese da "interpretação razoável".[1085] Tratar-se-ia de um critério objetivo próprio para identificar o que não seria violação a literal disposição de lei.[1086]

Parcela da doutrina, no entanto, formulou severas críticas quanto à aplicação da Súmula 343 do STF pelos tribunais para obstruir o cabimento da ação rescisória com fundamento no art. 485, V, do CPC/1973.[1087]

A questão que se põe é saber se a Súmula 343 do STF é compatível com o modelo do vigente Código de Processo Civil.

Há quem afirme que, diante do modelo constitucional do direito processual civil, agasalhado pelo vigente Código, não subsistiria "fundamento de validade para a Súmula 343 do STF".[1088]

No entanto, de acordo com a estrutura do Código, parece ter sentido a incidência da Súmula 343 do STF para limitar o cabimento da ação rescisória por manifesta violação à norma jurídica. Admitir a rescisão de julgados quando a interpretação do direito é controvertida pode incentivar a litigiosidade e,

---

1084 STF, AgReg no RE 567.765/SP, rel. Min. ROSA WEBER, *DJe* 6-5-2013. A tese da inaplicabilidade da Súmula 343 do STF em matéria de direito federal também foi proposta por TEORI ALBINO ZAVASCKI, mas sem sucesso (Ação rescisória: a súmula n. 343-STF e as funções institucionais do Superior Tribunal de Justiça, *in Superior Tribunal de Justiça* – doutrina, p. 73-89).

1085 Cf. RODRIGO BARIONI, *Ação rescisória e recursos para os tribunais superiores*, n. 2.2.7, p. 97. A tese da "interpretação razoável" estaria afinada com a Súmula 400 do STF, segundo a qual "Decisão que deu razoável interpretação à lei, ainda que não seja a melhor, não autoriza recurso extraordinário (...)". A referida Súmula não é aplicada porque o STF já assentou que "temas de índole constitucional não se expõem, em função da própria natureza de que se revestem, à incidência do Enunciado 400 da Súmula do Supremo Tribunal Federal" (AgRg no AgInst 145.680/SP, rel. Min. CELSO DE MELLO, *DJ* 30-4-1993).

1086 TEORI ALBINO ZAVASCKI, *Eficácia das sentenças na jurisdição constitucional*, n. 6.2, p. 128-129.

1087 Por todos, *v.* TERESA ARRUDA ALVIM WAMBIER, Sobre a Súmula 343, *RePro* 86, p. 148-157.

1088 CASSIO SCARPINELLA BUENO, *Novo Código de Processo Civil anotado*, p. 777-778.

324

talvez, ainda mais a dispersão jurisprudencial, e, via de consequência, potencializar o permanente estado de insegurança jurídica. Pense-se, *v.g.*, em múltiplas demandas discutindo o mesmo direito (*X*) em diversos tribunais do País. A jurisprudência é divergente na solução do conflito *X*: uma parte apresenta como resultado *A* e a outra decide aplicar a solução *B*. Nesse quadro, sem a limitação imposta pela Súmula 343 do STF, seria admitir diversas ações rescisórias com fundamento *cruzado* em violação manifesta de norma jurídica. Perceba-se que, nessa situação, a ação rescisória não sequer eliminaria a dispersão jurisprudencial.

Diante do modelo de precedentes estabelecido pelo Código, algumas situações de divergência na interpretação do direito recomendam a inaplicabilidade da Súmula 343 do STF, especialmente nos casos de posterior pacificação da jurisprudência, mas ainda no prazo para o ajuizamento da ação rescisória. Assim, *v.g.*, havendo controvérsia da interpretação do direito entre tribunais, mas ao tempo do "prazo" da ação rescisória houver precedente ou súmula do STF ou STJ, a ação rescisória será cabível.

Outra questão interessante diz respeito ao cabimento da ação rescisória contra decisão prolatada em consonância com a orientação dos tribunais superiores, que, posteriormente, é alterada. Por novas circunstâncias fáticas ou jurídicas, é possível haver mudança na interpretação do direito. Porém, para preservar os valores da previsibilidade e da segurança jurídica, a mudança de entendimento deve ser realizada em conformidade com a integridade e na coerência (art. 926, *caput*). Assim, se a decisão foi proferida com base na orientação *A*, respaldada pelos tribunais, a superveniente modificação de entendimento, agora para orientar *B*, não há direito para pleitear a rescisão do julgado. O exame da violação manifesta à norma jurídica não decorre de futura interpretação de direito, mas, sim, ao tempo da decisão que se pretende rescindir. A violação *ocorreu* e não *ocorrerá*.[1089]

1089 Pela inviabilidade de ação rescisória quando há mudança de entendimento, *v.* na jurisprudência: STF, RE 590.809, rel. Min. Marco Aurélio, *DJe* 14-11-2014. É importante dizer que este julgado não modificou a orientação do STF quanto à inaplicabilidade da Súmula 343 em matéria constitucional, confira-se "Bem se percebe, portanto, que o Tribunal, nesse julgamento (RE 590.809/RS, Rel. Min. Marco Aurélio, *DJe* de 24-11-2014), não operou substancial modificação de sua tradicional e cristalizada jurisprudência no sentido de que a Súmula 343 não se aplica em ação rescisória fundada em ofensa à Constituição. O que o Tribunal decidiu foi outra questão: ante a controvérsia, enunciada no acórdão que reconheceu a repercussão geral da matéria, a respeito da possibilidade ou não da 'rescisão de julgado fundamentado em corrente jurisprudencial majoritária existente à época da formalização do acórdão rescindendo, em razão de entendimento posteriormente firmado pelo Supremo', a Corte, por maioria, respondeu negativamente. Em outras

Não se exige como pressuposto para o cabimento da ação rescisória com fundamento no inciso V do art. 966 o *prequestionamento*, i.e., que a norma apontada como violada haja sido explicitamente pronunciada na decisão rescindenda,[1090] tão pouco que a questão tenha sido expressamente decidida no corpo do julgado que se pretende rescindir,[1091] tal como se impõe aos recursos extraordinário e especial.

Afirma-se que a ação rescisória fundada na violação manifesta de norma jurídica não admite a produção de prova. Na generalidade dos casos, a afirmação deverá prosperar. No entanto, se se tratar de violação a norma municipal, es-

---

palavras: o que o Tribunal afirmou, naquela oportunidade, foi que a superveniente modificação da jurisprudência do STF não autoriza, sob esse fundamento, o ajuizamento de ação rescisória para desfazer acórdão que aplicara jurisprudência firme até então vigente no próprio STF" (AR 2370 AgR, rel. Min. Teori Zavascki, *DJe* de 12-11-2015). Na doutrina: Jaldemiro Rodrigues de Ataíde Jr., Coment. ao art. 966, *in Comentários ao Código de Processo Civil*, p. 1107; Didier Jr.-Cunha, *Curso de direito processual civil*, vol. 3, n. 6.3.7.5.2, p. 496.

1090 Rodrigo Barioni, *Ação rescisória e recursos para os tribunais superiores*, n. 2.2.7, p. 101-102. Diversamente, no processo do trabalho, a Súmula 298 do TST: AÇÃO RESCISÓRIA. VIOLAÇÃO A DISPOSIÇÃO DE LEI. PRONUNCIAMENTO EXPLÍCITO (Redação alterada pelo Tribunal Pleno na sessão realizada em 6-2-2012) - Res. 177/2012, *DEJT* divulgado em 13, 14 e 15-2-2012
I - A conclusão acerca da ocorrência de violação literal a disposição de lei pressupõe pronunciamento explícito, na sentença rescindenda, sobre a matéria veiculada.
II - O pronunciamento explícito exigido em ação rescisória diz respeito à matéria e ao enfoque específico da tese debatida na ação, e não, necessariamente, ao dispositivo legal tido por violado. Basta que o conteúdo da norma reputada violada haja sido abordado na decisão rescindenda para que se considere preenchido o pressuposto.
III - Para efeito de ação rescisória, considera-se pronunciada explicitamente a matéria tratada na sentença quando, examinando remessa de ofício, o Tribunal simplesmente a confirma.
IV - A sentença meramente homologatória, que silencia sobre os motivos de convencimento do juiz, não se mostra rescindível, por ausência de pronunciamento explícito.
V - Não é absoluta a exigência de pronunciamento explícito na ação rescisória, ainda que esta tenha por fundamento violação de dispositivo de lei. Assim, prescindível o pronunciamento explícito quando o vício nasce no próprio julgamento, como se dá com a sentença "extra, citra e ultra petita".
1091 Porém, registre-se que STJ decidiu que a "questão relacionada à prescrição, embora fosse possível, não foi tratada, de ofício, pelo juiz, tampouco foi suscitada, como seria de rigor, pela parte a que beneficiaria com o seu reconhecimento, caso fosse de seu interesse, não havendo, assim, nenhuma deliberação sobre a matéria no bojo da ação rescindenda. De todo inconcebível, assim, o manejo de ação rescisória, sob a tese de violação literal de lei, se a questão — a qual o preceito legal apontado na ação rescisória deveria supostamente regular — não foi objeto de nenhuma deliberação na ação originária" (STJ, REsp 1.749.812, rel. Min. Marco Bellizze, *DJe* 19-9-19).

tadual, estrangeira ou consuetudinária, será ônus do autor provar o teor e a vigência, caso o tribunal não os conheça (art. 376).

187. Prova falsa

A decisão fundada em "prova falsa", transitada em julgado, é existente, válida e eficaz; porém, *injusta* e, pelo Código, rescindível.[1092]

A "prova falsa" é fundamento rescisório tradicional em ordenamentos estrangeiros[1093] e no sistema processual civil brasileiro, desde o Livro III das Ordenações Filipinas,[1094] passando pelo Regulamento 737/1850,[1095] pelo Decreto n. 3.084/1898 (Consolidação das leis referentes à Justiça Federal),[1096] pelos Códigos estaduais,[1097] Código de Processo Civil de 1939[1098-1099] e Código de Processo Civil de 1973.[1100] O Código de Processo Civil de 2015 manteve a tradição e a mesma redação do Código revogado.

A justificativa do motivo rescisório da "prova falsa" decorre da existência de um processo civil *ético*, o qual, tendo por objetivo a realização do direito, cuida de um legítimo instrumento do exercício jurisdicional do Estado. Não pode ser correta a perspectiva de que a desfiguração da verdade factual (*imitatio veritatis*) pela produção de "prova falsa" permaneça incólume por uma decisão transitada em julgado. A decisão proferida com fundamento em "prova falsa" inequivocamente configura lesão ao direito fundamental à adequada prestação da tutela jurisdicional, corrigível por meio da ação rescisória.

1092 FREDIE DIDIER JR. *Sobre a teoria geral do processo, essa desconhecida*, n. 6.3, p. 96-97.

1093 Por exemplo: art. 395, n. 2, do CPC italiano; § 580, n. 1, 2 e 3, ZPO alemã; art. 696°, *b*, do CPC português; art. 338, n. 6 e 7, do CPC japonês; art. 510, n. 2 e 3, da LEC espanhola; art. 595, n. 3, do CPC francês.

1094 "É por Direito a sentença nenhuma, quando é dada (...) por falsa prova."

1095 Art. 680, § 3° A sentença é nulla, sendo fundada em instrumentos ou depoimentos julgados falsos em Juizo competente.

1096 Art. 99. A sentença é nulla: c) sendo fundada em instrumentos ou depoimentos julgados falsos em juizo competente; Art. 100. A sentença póde ser annullada: c) por meio da acção rescisoria.

1097 Art. 348, III, do Código do Processo Civil e Commercial do Estado de São Paulo; art. 1.361, 3°, do Código do Processo do Estado da Bahia; art. 302, II, do Código do Processo Civil e Commercial do Districto Federal; art. 2.276, *c*, do Código Judiciário do Estado do Rio de Janeiro; art. 1.639, 3°, do Código do Processo Civil e Commercial do Estado do Espírito Santo.

1098 Art. 798, II – Será nula a sentença quando o seu principal fundamento for prova declarada falsa em Juízo criminal, ou de falsidade inequívocamente apurada na própria ação rescisória.

1099 Breve e útil referência da "prova falsa" no CPC/1939, *v.* ODILON DE ANDRADE, *Comentários ao Código de Processo Civil*, vol. IX, n. 61, p. 83-85.

1100 Art. 485, VI – A sentença de mérito, transitada em julgado, pode ser rescindida quando se fundar em prova, cuja falsidade tenha sido apurada em processo criminal ou seja provada na própria ação rescisória.

COMENTÁRIOS AO CÓDIGO DE PROCESSO CIVIL V. XIX

"Prova falsa" tem origem na desconformidade entre o que foi registrado na prova com o fato efetivamente ocorrido; consiste na modificação, supressão ou alteração, direta ou indireta, consciente ou inconscientemente, da ordem natural dos fatos.[1101]

O inciso VI do art. 966 é amplo, abrangendo a falsidade ideológica (conteúdo da prova) ou material (adulteração física da prova).[1102] Além disso, qualquer meio de prova (típico ou atípico) pode ser contaminado pelo falso.[1103] Especificamente à prova pericial, o reconhecimento do falso alcança, além do laudo pericial, os trabalhos dos assistentes técnicos, desde que, é claro, sejam relevantes na fundamentação do julgado que se pretende rescindir.[1104] Além disso, admite-se a ação rescisória em que se alega a falsidade da prova pericial em razão da falta de correspondência entre o objeto examinado e o laudo produzido.[1105]

O falso provém de um ato humano.[1106] Assim, sob o prisma puramente subjetivo, compreende-se que as partes (*v.g.*, juntada de documentos), os terceiros (*v.g.*, testemunhas) e, também, o juiz (*v.g.*, na inspeção judicial - art. 481) podem originar a "prova falsa".

De acordo com o sistema do Código, "prova falsa" é aquela que, independentemente de sua natureza, está no processo originário[1107] e foi decisiva para o resultado da decisão rescindente. Contudo, para o cabimento da ação rescisória, não é exigível que a "prova falsa" seja o *principal* fundamento da decisão transitada em julgado.[1108] Basta haver nexo de causalidade entre a utilização da "prova falsa" e o resultado da decisão rescindenda.[1109] Para que o motivo rescisório da "falsa prova" seja acolhido, torna-se necessário investigar com precisão se o pronunciamento judicial transitado em julgado teria sido o mesmo, caso não houvesse a "prova falsa". Embora existente no processo, se a

---

1101 CARNELUTTI, *Sistema del diritto processuale civile*, vol. I, n. 302, p. 730-731.
1102 Por todos, RODRIGO BARIONI, *Ação rescisória e recursos para os tribunais superiores*, n. 2.2.8, p. 104-105; Coment. ao art. 966, *in Breves comentários ao novo Código de Processo Civil*, p. 2253.
1103 EDUARDO TALAMINI, *Coisa julgada e sua revisão*, n. 3.4.7, p 173.
1104 SÉRGIO RIZZI, *Ação rescisória*, n. 84, p. 145.
1105 STJ, AgRg na AR 3290/SP, rel. Min. CASTRO MEIRA, rel. p/ Acórdão Min. MAURO CAMPBELL MARQUES, *DJe* 10-11-2009, publicado na *RePro* 186/375.
1106 CARNELUTTI, *Teoria del falso*, n. 8, p. 16.
1107 Contra, admitindo o motivo da "prova falta" por ausência de juntada de documento de maneira dolosa, MODESTINO MARTINS NETTO, *Manual da ação rescisória*, n. 212, p. 57-58.
1108 No sentido do texto e com ampla referência doutrinária, *v.* FLÁVIO LUIZ YARSHELL, *Ação rescisória*: juízos rescindente e rescisório, n. 109, p. 325.
1109 TERESA ARRUDA ALVIM WAMBIER, *Nulidades do processo e da sentença*, n. 3.4.8, p. 437.

CPC/2015, ART. 966

"prova falsa" não serviu de fundamento para a decisão transitada em julgado, porque apoiada em outras provas, não é cabível a ação rescisória.[1110]

A declaração da falsidade da prova resulta de decisão judicial, originária de processo criminal ou cível.[1111]

Se apurada em processo criminal, para fins de ação rescisória, é desimportante o tipo penal (arts. 297, 298 e 299 do CP).[1112] A sentença penal condenatória transitada em julgado dispensa o autor da prova da falsidade[1113] e vinculará o julgamento da ação rescisória. Vale dizer que o órgão julgador da rescisória não dispõe de qualquer *liberdade* cognitiva no exame da alegação de falsidade da prova, ficando adstrito ao julgamento proferido pelo juízo criminal. A desobediência à vinculação configura ofensa à coisa julgada. Se a decisão penal condenatória não transitou em julgado porque, *v.g.*, impugnada por recurso, o autor do pedido de rescisão poderá requerer ao relator que admita a utilização da prova originada no processo criminal (art. 372), mas a ela o órgão julgador da rescisória não está vinculado. A vinculação também poderá ocorrer em determinados casos de decisão penal absolutória transitada em julgado. Observem-se os casos que fazem coisa julgada e, portanto, vinculam o juízo rescindente: a) declaração pelo juízo penal que está provada a inexistência do fato (art. 386, I, CPP); b) decisão penal transitada em julgado segundo a qual considera que o réu não foi o autor da infração penal ou, efetivamente, não concorreu para a sua prática (art. 386, IV, CPP). De outro lado, o órgão julgador da ação rescisória não está vinculado às situações em que o juízo criminal não tenha esgotado a cognição em torno de o fato existir ou não, ou, ainda, afastada a autoria. Assim, *v.g.*, ocorre: a) absolvição por não estar provada a existência do fato (art. 386, II, CPP); b) absolvição por não constituir infração penal o fato (art. 386, III, CPP); c) absolvição por não existir prova suficiente de ter o réu concorrido para a infração penal (art. 386, V, CPP); d) absolvição por insuficiência de provas (art. 386, VII, CPP); e) absolvição por excludentes de culpabilidade e algumas de ilicitude (art. 386, VI, CPP); f) decisão de arquivamento de inquérito policial ou peças de informação (art. 67, I, CPP); g) decisão de extinção da punibilidade (art. 67, II, CPP).[1114] Se o processo criminal estiver instaurado,

---

1110 BERNARDO PIMENTEL SOUZA, *Introdução aos recursos cíveis e à ação rescisória*, n. 4.7, p. 845.

1111 SALVATORE SATTA, *Direito processual civil*, vol. II, n. 302, p. 499.

1112 EVARISTO ARAGÃO F. DOS SANTOS, *A ação rescisória fundada em prova falsa e a sentença civil declaratória de falsidade*, n. 1, p. 340.

1113 SÉRGIO RIZZI, *Ação rescisória*, n. 85.1, p. 147.

1114 Na referência da doutrina penal, cf. Guilherme Souza Nucci, *Código de Processo Penal comentado*, retirado de https://integrada.minhabiblioteca.com.br/#/ books/978-85-309-6333-0/ (Biblioteca Digital da Fundação Armando Álvares

mas ainda não tenha sentença, é conveniente a aplicação da alínea *b* do inciso V do art. 313 para suspender o processo rescisório.

A apuração da falsidade da prova também poderá ocorrer na esfera cível. Por expressa disposição do inciso VI do art. 966, no processo rescisório (*"venha a ser demonstrada na própria ação rescisória"*). Para que isso ocorra, é preciso que a cognição seja ampla e que a parte possa se utilizar dos meios argumentativos e de prova.[1115] O que importa é que a falsidade seja apurada.[1116]

Além disso, a parte legitimada na rescisão do julgado poderá se valer da "produção antecipada de provas" (art. 381), especialmente nos casos de urgência na obtenção da prova ou quando se faça necessário reunir mais elementos acerca da existência da "prova falsa", de modo a justificar o ajuizamento da ação rescisória. Aqui, caso avalie a possibilidade de decadência do direito de rescindir, o autor poderá ajuizar a ação rescisória com pedido de suspensão (art. 313, V, *b*).

A prévia existência de decisão transitada em julgado para declarar a falsidade da prova (art. 19, II, parte final) é vinculante para o órgão julgador do pedido de rescisão.[1117] O interessante, no ponto, é a extensão subjetiva da coisa julgada da declaração de "prova falsa" e o seu aproveitamento para a ação rescisória. Já se afirmou, com razão, que a coisa julgada proferida em ação declaratória de falsidade tem efeito *erga omnes*.[1118] Assim, aquele que não foi parte no processo em que se declarou a falsidade da prova, poderá se beneficiar desta decisão[1119] para ajuizar a ação rescisória com apoio no inciso VI do art. 966.

Ainda na espera cível, não é descartável a hipótese de que a "prova falsa" venha a ser demonstrada em processo arbitral ou administrativo.

Acrescente-se que se a "prova falsa" foi demonstrada na própria ação rescisória, o Tribunal deverá oficiar o órgão Ministério Público para que tome as medidas criminais cabíveis.

A revelia ocorrida no processo originário não obsta o ajuizamento da ação rescisória com base no inciso VI do art. 966, sobretudo se a decisão rescind-

---

Penteado). De acordo com a doutrina processual civil, *v.* SÉRGIO RIZZI, *Ação rescisória*, n. 85.1, p. 148-150. Sob a perspectiva do vigente sistema processual, LEONARDO GRECO, *Instituições de direito processual civil*, vol. III, n. 16.2.6, p. 346.

1115 STJ, REsp 141796/BA, rel. Min. EDUARDO RIBEIRO, *DJ* 27-9-1999.

1116 JOSÉ FREDERICO MARQUES, *Manual de direito processual civil*, vol. III, n. 710, p. 305.

1117 Contra, porém, na perspectiva do CPC/1973, BARBOSA MOREIRA, *Comentários ao Código de Processo Civil*, vol. V, n. 80, p. 134.

1118 CELSO AGRÍCOLA BARBI, *Ação declaratória principal e incidente*, n. 2, p. 161-166; JOÃO BATISTA LOPES, *Ação declaratória*, n. 3.8.3, p. 79-80.

1119 O argumento também encontra respaldo no art. 506, segundo o qual "a sentença faz coisa julgada às partes entre as quais é dada, não prejudicando terceiros".

enda estiver assentada em "prova falsa", que, se desconsiderada, retiraria a presunção relativa de veracidade decorrente do efeito da revelia.[1120]

188. Obtenção de prova nova

No sistema anterior, segundo a letra do art. 485, VII, do CPC/1973, a decisão de mérito, transitada em julgado, poderia ser rescindida quando "depois da sentença, o autor obtiver documento novo, cuja existência ignorava, ou de que não pôde fazer uso, capaz, por si só, de lhe assegurar pronunciamento favorável". O legislador de 1973 incluiu entre os fundamentos rescisórios o "documento novo", dada a relevância que o processo civil empresta à prova documental, que, tradicionalmente, visa a conferir certeza aos fatos jurídicos.[1121-1122] Ainda à luz do CPC/1973, em interpretação restritiva, sustentou-se que seria inadmissível a ação rescisória por "documento novo" baseada em provas oral, pericial ou inspeção judicial, ainda que documentadas anteriormente.[1123] Em suma, o "documento" estaria exclusivamente relacionado ao *meio* de prova (documental). Documentos oriundos de outros *meios* de prova (*v.g.*, pericial, oral) não seriam apropriados para fundar ação rescisória por "documento novo".

Aproximando-se da técnica do art. 621, III, do CPP,[1124-1125] o atual sistema processual ampliou a hipótese de ação rescisória fundada em "prova", ao substituir a expressão "documento novo" por "prova nova".

1120 Na jurisprudência: STJ, REsp 723083/SP, rel. Min. Nancy Andrighi, *DJ* 27-8-2007.

1121 Michele Taruffo, *A prova*, n. 56, p. 73. O levantamento histórico à importância do primado da prova escrita, especialmente em matéria cível, pode ser contatada em John Gilissen, *Introdução histórica ao direito*, n. 8, p. 720.

1122 Caio Mario da Silva Pereira afirmou que "a mais nobre das provas é a documental. Por via do escrito perpetua-se o ato, enunciando-se a declaração de vontade de modo a não depender sua reconstituição da falibilidade de fatores precários. No escrito (*scriptum*) é vazada a própria declaração de vontade tal como as partes a conceberam. O préstimo do documento vem de longe, e é em razão de sua maior valia que se presumem verdadeiras as declarações constantes de documentos assinados" (*Instituições de direito civil*, vol. I, n. 104, p. 497).

1123 Sérgio Rizzi, *Ação rescisória*, Revista dos Tribunais, 1979, n. 95, p. 172; Flávio Luiz Yarshell, *Ação rescisória*: juízos rescindente e rescisório, Malheiros, 2005, n. 110, p. 330.

1124 Art. 621. A revisão dos processos findos será admitida:

(...)

III - quando, após a sentença, se descobrirem novas provas de inocência do condenado ou de circunstância que determine ou autorize diminuição especial da pena.

1125 Ao comentar o art. 621, III, do CPP, Florêncio de Abreu fez referência ao art. 353, n. 2, do CPP austríaco de 1873, onde constava semelhante dispositivo e lembrou a crítica doutrinária a este dispositivo por abrir demasiadamente a impugnação à coisa julgada (*Comentários ao Código de Processo Penal*, vol. V, Forense, 1945, n. 202, p. 430).

Em unidade com o art. 504, II, que prescreve a regra segundo a qual a coisa julgada não alcança "a verdade dos fatos, estabelecida como fundamento da sentença" (*res iudicata pro veritate habetur*).[1126] Com efeito, o art. 966, VII, estabelece que a decisão de mérito transitada em julgado poderá ser rescindida, quando "obtiver o autor, posteriormente ao trânsito em julgado, *prova nova* cuja existência ignorava ou de que não pôde fazer uso, capaz, por si só, de lhe assegurar pronunciamento favorável".

A alteração legislativa é justificada pela necessidade de ampliar o cabimento da ação rescisória para questões relativas à prova. O termo "prova nova" é significativamente mais amplo que "documento novo" (termo utilizado pelo revogado inciso VII do art. 485 do CPC/1973). Algumas situações práticas forçaram essa mudança. Inegavelmente, o maior exemplo é o exame de DNA realizado para determinar se dois indivíduos possuem vínculo biológico ou não, comparando as sequências do ácido desoxirribonucleico, cujo *documento* – originado de prova pericial – foi aceito com relativa tranquilidade pela jurisprudência[1127] e pela doutrina[1128] para admitir a ação rescisória.[1129]

No entanto, apesar de o Código tornar mais amplo o motivo rescisório que busca decisão mais "justa",[1130] critica-se a extensão do termo "prova nova", por ela supostamente alargar "demasiadamente o campo para o ajuizamento da ação rescisória, de maneira a permitir a desconstituição da coisa julgada com base em provas testemunhais ou laudos periciais, o que poderia propiciar nova oportunidade para o autor da ação rescisória produzir provas contrárias ao material do processo matriz".[1131] A sugestão apresentada pela qualificada doutrina é que "teria sido melhor se o texto do dispositivo se limitasse à prova documental, mas com a previsão expressa de que a prova científica (exame de

---

1126 ARAKEN DE ASSIS acrescenta que "a verdade não passa de resultado acidental e contingente da atividade probatória" (*Processo civil brasileiro*, vol. II, t. II, n. 1303, p. 64).

1127 *V.* a ampla referência jurisprudencial trazida por NEGRÃO-GOUVÊA-BONDIOLI-FONSECA na nota 33 ao art. 485 do CPC/1973, *in Código de Processo Civil e legislação processual em vigor*, p. 626.

1128 BARBOSA MOREIRA, *Considerações sobre a chamada "relativização" da coisa julgada material*, n. 9, p. 255-257.

1129 RODRIGO BARIONI, Coment. ao art. 966, *in Breves comentários ao novo Código de Processo Civil*, n. 4.10, p. 2154.

1130 A "prova nova" não é motivo de rescisão por vício do julgado, mas de "justiça", por autorizar o emprego de elementos probatórios que não estavam à disposição da esfera cognitiva do órgão julgador no momento da decisão proferida no processo anterior (cf. WAMBIER-TALAMINI, *Curso avançado de processo civil*, vol. 2, n. 41.3.7, p. 835).

1131 Idem.

DNA e outros meios decorrentes de avanços tecnológicos) pudesse se equiparar à prova documental para fins de rescindibilidade".[1132-1133]

É inegável que a expressão "prova nova" incorpora o "documento novo". Para o sistema processual vigente, documento é a incorporação de um fato, que pode decorrer de qualquer *meio* de prova, assim como a confissão (art. 389), o depoimento pessoal (art. 139, VIII), a testemunha (art. 442), a perícia (art. 464) ou a inspeção judicial (art. 481) (meios típicos), além das provas atípicas, consagrada pela cláusula geral disposta no art. 369 do CPC, que reconhece às partes o direito de empregar todos os meios de provas, ainda que não especificados no Código (meios atípicos).[1134]

Os referidos meios típicos ou atípicos estão incluídos no conceito de prova, e se "novos" forem, será um possível fundamento para o ajuizamento de ação rescisória apoiada no art. 966, VII, do CPC.

Assim, não há dificuldade em concluir que "prova nova", para fins de ação rescisória, incorpora todos os meios materiais ou processuais de provas, típicos ou atípicos, considerados legítimos pelo ordenamento jurídico para desconstituir a decisão transitada em julgado.[1135]

Todavia, esta afirmação não retira o caráter *excepcional* da ação rescisória. Significa dizer que, embora o Código haja alargado o fundamento rescisório relativo à prova, a decisão transitada em julgado não obedece ao modelo *secundum eventum probationis*.

Para se chegar a essa conclusão, a "prova nova" deve ser examinada à luz da teoria da prova documentada, isto é, quando a representação do fato deduzido no processo é demonstrada indiretamente.[1136]

1132 Ibidem.

1133 Interessantíssima é a observação feita por José Rubens de Moraes sobre o alargamento da prova na história do processo: "Detectar a relação de sincronia entre a ação dos homens e a consequente produção do direito, em uma perspectiva mais alargada, permite verificar a constante interação entre o mundo jurídico e a dinâmica social que o envolve, revelado no riquíssimo tecido da contínua experiência humana no ininterrupto enfrentamento das vicissitudes da realidade" (*Sociedade e verdade*: evolução histórica da prova, p. 358). A "prova nova" parece indicar essa vicissitude das realidades do processo em que foi proferida a decisão rescindenda e do processo rescisório.

1134 Sobre os casos mais frequentes de provas atípicas, *v.* Paulo Osternack Amaral, *Provas* – atipicidade, liberdade e instrumentalidade, n. 4, p. 85-95.

1135 A doutrina parece ter assimilado esta ideia, conforme se lê em Marinoni-Arenhart-Mitidiero, *Novo Código de Processo Civil comentado*, p. 903.

1136 Sobre prova documentada, *v.* Carnelutti, *La prueba civil*, n. 24 e 25, p. 114-121; Fabiano Carvalho, *A prova documentada e o mandado de segurança*, n. 2, p. 176-179; *Ação rescisória fundada em prova nova e prova documentada*, n. 2, p. 847-852; Marinoni-Arenhart, *Prova e convicção*, n. 5.4, p. 611.

A doutrina do CPC/1973 sustentou que o adjetivo "novo" se referia ao momento da utilização do documento e não de sua constituição. Portanto, segundo este entendimento, a ação rescisória estava condicionada à existência do documento na ocasião do processo em que foi proferida a decisão rescindenda.[1137]

É possível que, no vigente sistema processual, conceba-se a hipótese de uma "prova nova" diversa da documental exista ao tempo do processo anterior. Basta pensar, *v.g.*, na perícia realizada em processo diverso – porém, contemporâneo – daquele em que foi proferida a decisão rescindenda, a qual tenha por objeto os mesmos fatos probandos, cuja prova técnica era ignorada pela parte. Referida prova técnica poderia embasar ação rescisória fundada no art. 966, VII, do CPC. Sem dúvida, aqui, cabem dois comentários. Primeiro, nesse caso, deve-se considerar que a prova não é documental. Trata-se de prova pericial, que, no contexto, amolda-se ao conceito de prova documentada. Segundo, a perícia que serve de "prova nova" não foi realizada na ação rescisória, mas *emprestada* de um outro e prévio processo.

Valem algumas palavras sobre a prova oral, que de maneira geral tem sido admitida pela doutrina e pela jurisprudência.[1138] O cabimento da prova testemunhal para fundar a ação rescisória com base no inciso VII do art. 966 fica superado quando a lei dispuser de modo diverso (art. 442), *v.g.*, prova da fiança (art. 819 do CC); prova do estado de casado (art. 1.543 do CC); prova da existência da sociedade nas questões entre os sócios (art. 987 do CC); prova do seguro (art. 758 do CC); prova do depósito voluntário (art. 646 do CC); prova de mandato para ato em que se exige documento público (art. 657 do CC); prova do distrato de contrato escrito (art. 472 do CC).[1139] Outra questão que fica é saber se esse meio de prova é suficiente para quebrar a autoridade da coisa julgada, considerando os termos da lei (*"capaz, por si só, de lhe assegurar pronunciamento favorável"*).

1137 Entre muitos outros, mas soberanamente, Barbosa Moreira, *Comentários ao Código de Processo Civil*, vol. V, n. 81, p. 135-136.

1138 Admitido expressamente a prova oral para desconstituir a decisão transitada em julgado, Humberto Theodoro Jr., *Curso de direito processual civil*, vol. III, n. 662, p. 864. Na jurisprudência, especialmente com relação à prova testemunhal: "[o] Código de Processo Civil de 2015, com o nítido propósito de alargar o espectro de abrangência do cabimento da ação rescisória, passou a prever, no inciso VII do artigo 966, a possibilidade de desconstituição do julgado pela obtenção de 'prova nova' em substituição à expressão 'documento novo' disposta no mesmo inciso do artigo 485 do código revogado. No novo ordenamento jurídico processual, qualquer modalidade de prova, inclusive a testemunhal, é apta a amparar o pedido de desconstituição do julgado rescindendo" (STJ, REsp 1.770.123, rel. Min. Ricardo Cueva, *DJe* 2-4-2019).

1139 Os exemplos são de Nery-Nery, *Código de Processo Civil comentado*, n. 2, p. 1224.

CPC/2015, ART. 966

Acrescente-se que, diferentemente da prova documental, as *outras* provas dificilmente serão preexistentes, isto é, constituídas ao tempo do processo em que se proferiu a decisão rescindenda. Por isso, é preciso avançar e aceitar a conclusão de que a "prova nova" possa ser constituída posteriormente à coisa julgada que se pretende desconstituir.

Com base na doutrina do CPC/1973, poder-se-ia argumentar que a expressão "prova nova cuja existência ignorava ou de que não pôde fazer uso" seria prova de que existia ao tempo da decisão rescindenda.

De fato, provém do texto legal e tem sabor do óbvio a afirmação de que "prova nova cuja existência ignorava" imagina-se algo que já existia no momento do processo em que foi proferida a decisão que se busca rescindir. No entanto, semelhante raciocínio não pode ser empregado *sic et simpliciter* para a locução "de que não pôde fazer uso".

Observa-se que a mesma doutrina do CPC/1973, aliada à jurisprudência, admitia, com certa tranquilidade, ainda que em casos excepcionais, a formação do "documento" posteriormente ao trânsito em julgado, atribuindo, assim, uma nova conotação para o adjetivo "novo".[1140-1141]

Na Itália, a doutrina da *revocazione* com fundamento no "documento novo" admitiu a formação de documento público posteriormente e comprobatório de fato alegado no processo findo, exemplificando seu posicionamento com base na jurisprudência alemã (certidão de nascimento capaz de provar, ulteriormente, adultério não reconhecido no processo de divórcio).[1142]

No mesmo sentido, na Alemanha, sustenta-se que "em princípio, o documento deve existir já ao tempo do processo antigo, mas desconhecido do requerente da rescisória ou inutilizável por ele, pois senão não se pode dizer do documento que teria podido levar a uma decisão mais favorável do proces-

---

1140 Há grandes trabalhos que deram interpretação extensiva ao termo "documento novo". Confira-se: JAMES GOLDSCHMIDT, *Derecho procesal civil*, n. 2, p. 433 (explicitando a sentença penal como documento novo); ADOLF SCHONKE, *Derecho procesal civil*, § 90, p. 330-331. Na moderna literatura nacional: FLÁVIO LUIZ YARSHELL, *Ação rescisória* – juízos rescindente e rescisório, n. 110, p. 329, com referência a outros autores e precedentes judiciais.

1141 O STJ, por exemplo, com base no art. 485, VII, do CPC/1973 afirmou que "O laudo do exame de DNA, mesmo posterior ao exercício da ação de investigação de paternidade, considera-se 'documento novo' para aparelhar ação rescisória" (REsp 300.084/GO, rel. Min. HUMBERTO GOMES DE BARROS, j. 28-4-2004). Em igual sentido: RF vol. 404/387. O TJSP admitiu ação rescisória embasada em decisão absolutória proveniente de revisão criminal proferida posteriormente ao trânsito em julgado da decisão que se pretende rescindir (EInfr. 0086077-32.2011.8.26.0000/50000, rel. Des. MARIO A. SILVEIRA, j. 24-8-2015).

1142 GIUSEPPE DE STEFANO, *La revocazione*, n. 71, p. 175-177.

COMENTÁRIOS AO CÓDIGO DE PROCESSO CIVIL V. XIX

so antigo (...). O § 580 n. 7 b é aplicável para além da sua letra aos documentos criados mais tarde, que não podiam, de modo nenhum, terem sido criados coerentemente com os fatos que atestam e, por isso, provar fatos que pertencem a um passado. A extensão justifica-se porque também estes documentos, por virtude da sua força probatória evidenciam claramente a incorreção da sentença. Coloca-se, por isso, no âmbito do princípio da rescisória em que se baseia o § 580 no seu todo: o meio da rescisória abala notoriamente a exatidão dos fundamentos de fato da sentença (...). *Exemplos* oferecem a peritagem da filiação, que tem de fundamentar a ação rescisória contra o estabelecimento da paternidade; a decisão posterior sobre o estabelecimento da qualidade de gravemente inválido; a posterior sentença criminal".[1143]

Exigir que a "prova nova" tenha sido necessariamente formada contemporaneamente ao processo em que foi proferida a decisão rescindenda seria renegar a moderna tendência doutrinária e jurisprudencial e, sobretudo, esvaziar os propósitos do fundamento rescisório exposto no inciso VII do art. 966.[1144]

O essencial é que a prova seja, pela primeira vez, apresentada de modo a provocar um novo julgamento, desta vez em sentido contrário à decisão rescindenda. É prova diferente daquela que eventualmente tenha sido objeto de cognição no processo anterior. A "novidade" relaciona-se com o momento da apresentação da prova e não com sua constituição.[1145]

Esclareça-se que não será nova a prova juntada ao processo originário, ainda que ela não tenha sido apreciada.[1146] Nesse caso, a violação manifesta à norma jurídica (art. 966, V) poderia eventualmente motivar o ajuizamento da ação rescisória, e não "prova nova".

Tudo isso, no entanto, não significa dizer que a "prova nova" possa ser *constituída* durante o trâmite da ação rescisória, pois, caso contrário, seria admitir que o legislador teria dado origem a uma espécie de coisa julgada *secundum eventum probationis*.[1147] Em regra, não é lícito ao tribunal abrir espaço para pro-

---

1143 OTHMAR JAUERNIG, *Direito processual civil*, p. 396.

1144 MARINONI-ARENHART-MITIDIERO parecem admitir a constituição da "prova nova" depois do trânsito, pois, na afirmação dos autores, a prova nova é aquela que "não pôde ser usada no processo que deu origem à sentença rescindenda, *ainda que existente antes dela*" (*Curso de processo civil*, vol. 2, p. 591).

1145 Cf. WAMBIER-TALAMINI, *Curso avançado de processo civil*, vol. 2, n. 41.3.7, p. 836. Em sentido contrário: ALEXANDRE FREITAS CÂMARA, *O novo processo civil brasileiro*, n. 23.7, p. 470.

1146 Perceba-se que a omissão judicial quanto à prova não é motivo de ação rescisória pelo art. 966, VII, do CPC. Neste caso, a violação seria à norma jurídica (art. 966, V, do CPC).

1147 DANIEL AMORIM ASSUMPÇÃO NEVES escreve que "se a 'prova nova' não precisa ser pré-constituída, aparentemente o legislador teria criado uma espécie *sui generis* de

336

dução da prova durante o curso da ação rescisória.[1148] Especialmente em relação ao fundamento indicado no inciso VII do art. 966, é ônus do autor reconstruir a narrativa fática ao lado do elemento probatório novo. Por esse motivo, a "prova nova" constitui documento indispensável à propositura da ação rescisória. O inciso VII do art. 966 é bastante claro em não admitir ação rescisória sem a existência da "prova nova". É o que se depreende da expressão legal "obtiver o autor, posteriormente ao trânsito em julgado, prova nova".

Portanto, apesar de servir para proteger "a idoneidade da reconstrução dos fatos da causa", a "prova nova" deve ser pré-constituída.

A constituição prévia da "prova nova" pode ter origem *extrajudicial*[1149] ou *judicial*. Um exemplo de prova pré-constituída extrajudicialmente é a realização de negócio jurídico processual entre as partes (art. 190 do CPC) para colher o depoimento da testemunha por escrito em lugar da colheita oral.[1150] De outro lado, a constituição da prova *judicial*, por exemplo, pode se dar por meio da produção antecipada de provas (arts. 381 a 383 do CPC). Desse procedimento probatório extrai-se a *prova documentada* – pré-constituída – que servirá de "prova nova".[1151]

Ainda com relação à "prova nova" é preciso tecer algumas considerações.

A "prova nova" não pode constar dos autos do processo em que foi proferida a decisão rescindenda. Somente a prova que inova em relação ao conjunto probatório da causa originária pode ser considerada "nova" para rescindir decisão transitada em julgado. Essa exigência dá nome ao motivo rescisório e explica a razão do adjetivo "nova".

Em regra, a "prova nova" destina-se a demonstrar o fato alegado no processo que originou a decisão rescindenda. Na generalidade dos casos, se o fato não compõe o acervo do contraditório no processo anterior, seria sem sentido

---

coisa julgada *secundum eventum probationis. Sui generis* por duas razões, criando novidades se comparado com a realidade perante o CPC/1973: (i) a nova prova poderia modificar resultado de procedência ou de improcedência do pedido; (ii) essa modificação da decisão fundada em prova nova não seria realizada na ação reproposta, mas por meio de ação rescisória" (*Novo CPC*, n. 55.2, p. 492).

1148 MARINONI-ARENHART, *Prova e convicção*, n. 6.8, p. 111.

1149 FLÁVIO LUIZ YARSHELL reconhece que "é dado às pessoas, fora de um processo estatal, unilateralmente ou mediante atuação conjunta, realizar atividade de verificação, demonstração e registro de fatos", o que se pode qualificar de atividade probatória (*Antecipação da prova sem o requisito da urgência*, Malheiros, 2009, n. 1, p. 27-28)

1150 ROBSON RENAULT GODINHO, Coment. ao art. 449, *in Breves comentários ao novo Código de Processo Civil*, p. 1140-1141.

1151 Sobre a função da produção antecipada de provas, *v.* EDUARDO TALAMINI, Produção antecipada de prova no Código de Processo Civil de 2015, *RePro* 260, p. 78-83.

falar em "prova nova" de maneira a autorizar o ajuizamento da ação rescisória.[1152] Todavia, é possível conceber a hipótese de que a "prova nova" possa dar a conhecer um "fato novo".[1153] Por exemplo, se o réu desconhece o "termo de quitação" relativo a pagamento realizado por terceiro (art. 304 do CC) e, posteriormente, ao trânsito em julgado da decisão condenatória, passa a conhecê-lo, poder-se-ia indagar se a tipicidade dos motivos rescisórios seria óbice suficiente à parte promover ação rescisória, com apoio na "prova nova" (termo de quitação), alegando o "fato novo" (pagamento por terceiro).

Genericamente, no processo civil, a prova viabiliza elementos cognitivos ao órgão julgador, com os quais deverá apurar a veracidade das alegações fáticas deduzidas pelas partes. No contexto da ação rescisória, além do que se acaba de afirmar, a "prova nova" deve ser decisiva, de modo a assegurar um pronunciamento favorável ao autor da ação rescisória, por meio de uma inovação substancial.[1154] Logo, pode pedir a rescisão com fulcro no inciso VII do art. 966 do CPC a parte que teria visto acolhida sua pretensão ou defesa, total ou parcialmente, caso utilizasse a prova no processo de origem. A "prova nova" não tem o efeito de suscitar dúvida, mas de evidenciar um resultado contrário a que chegou a decisão rescindenda. Por esse motivo, de modo geral, nenhuma outra prova é possível de ser realizada na ação rescisória. Contudo, isso não significa dizer que inexistirá fase instrutória, porque é concebível, *v.g.*, que o réu da ação rescisória alegue a falsidade da "prova nova", a partir da qual eventualmente será necessária a realização de perícia.

Não é de se exigir que a "prova nova" determine a procedência ou improcedência total da demanda anterior, sendo bastante que o resultado favoreça parcialmente o autor da rescisória. Em outras palavras, a decisão do juízo rescisório, em alguma medida, deverá ser mais vantajosa ao autor da rescisória do que a decisão rescindenda.

A área lógica de análise do enquadramento da prova documentada no conceito de "prova nova" passa, necessariamente, por uma projeção do possível resultado no juízo de rejulgamento, de tal modo que se prefigure a modificação da decisão que se pretende desconstituir.

1152 Por esse motivo, Barbosa Moreira afirma que "não pode haver ampliação da *área lógica* dentro da qual se exerceu, no primeiro feito, a atividade cognitiva do órgão judicial, mas unicamente ampliação dos meios de prova ao seu dispor para resolver questão de fato já antes suscitada" (*Comentários ao Código de Processo Civil*, vol. V, n. 81, p. 139).

1153 O art. 328, 1, *a*, do CPC suíço permite a alegação de fato na *révison*.

1154 Sérgio Rizzi, *Ação rescisória*, n. 100, p. 183; Aldo Attardi, *La revocazione*, n. 18, p. 173-177.

Nessa ordem de ideias, a produção antecipada de provas, prevista nos arts. 381 a 383 do CPC, pode ser um meio processual útil e interessante, pois a prévia realização da "prova nova" pode justificar ou evitar a ação rescisória, ou, ainda, delimitar seu contorno subjetivo ou objetivo.

De outro lado, tratando-se de documento que não se encontre no poder do interessando em promover a ação rescisória, é possível ajuizar a medida antecedente de exibição de documento (art. 301 c/c art. 398).[1155] Se houver risco de decadência do direito de rescisão, a ação rescisória deverá ser proposta com a comunicação da existência da medida antecedente de exibição e com o requerimento de suspensão (art. 313, V, "b"). Registre-se que, diante da estabilidade que reveste as decisões transitadas em julgado, sobretudo aquelas revestidas pela autoridade da coisa julgada, a ausência de apresentação do documento não atrai de imediato a incidência do disposto no art. 400 para admitir como verdadeiros os fatos que, por meio do documento, a parte pretende provar.[1156]

A parte que pretenda manejar ação rescisória fundada em "prova nova" deve demonstrar que ficou impossibilitada de realizar a prova no processo originário. Essa impossibilidade pode decorrer de causas diversas, ou ligadas ao próprio procedimento, ou relativas ao extravio, furto ou outra circunstância que tenha inviabilizado o acesso da parte à prova.

Em todos os casos, exige-se que a não realização da prova no processo originário tenha sido por fator alheio à vontade da parte. Isso significa que a parte que pretenda fazer uso da "prova nova" não pode ter agido de forma relapsa, negligente ou displicente no momento da produção da prova no processo em que foi preferida a decisão rescindenda, deixando voluntariamente para produzir a prova documentada em ação rescisória.

A admitir-se que o autor da ação rescisória, mesmo nos casos em que a impossibilidade de produzir a prova no processo originário decorreu de sua própria culpa, estivesse legitimado a produzi-lo na rescisória, ter-se-ia de concluir por uma autorizada duplicidade de vias para atingir a mesma finalidade: o processo originário e a ação rescisória, o que é inconcebível.

Destaque-se, ainda, a relevância do papel da norma da unidade probatória.[1157] Isto porque, segundo esta norma, em juízo rescindente, o órgão

---

1155 A solução já havia sido preconizada por Sérgio Rizzi, cf. *Ação rescisória*, n. 104, p. 184.

1156 Nesse sentido: Arthur Ferrari Arsuffi, *O procedimento da produção antecipada de provas na ação rescisória*, p. 40-41.

1157 Sobre o princípio da unidade probatória e ação rescisória, no regime do CPC/1973, mas com grande utilidade no CPC/2015, ver, com proveito, Willian Santos Ferreira, *Princípios fundamentais da prova cível*, Revista dos Tribunais, 2014, p. 276.

COMENTÁRIOS AO CÓDIGO DE PROCESSO CIVIL v. XIX

julgador deverá realizar o exame e o cotejo do conjunto probatório constante do processo em que foi proferida a decisão com a "prova nova".

Questão interessante diz respeito à rescisão de julgado proferido em processo em que tenham ocorrido os efeitos da revelia.[1158] Poder-se-ia argumentar que a revelia traz como efeito substancial a presunção de veracidade das alegações de fato formuladas pelo autor (art. 344). Por consequência, seria desnecessária a produção de prova, o que atrairia a hipótese de julgamento antecipado do mérito (art. 355, II). Essas circunstâncias levam parcela da doutrina e da jurisprudência a afirmar que, na hipótese de revelia, não seria viável o ajuizamento da ação rescisória com base no inciso VII do art. 966.[1159] O entendimento restritivo, porém, deve ser aceito *cum grano salis*. Embora o revel não tenha alegado qualquer fato, o art. 349[1160] permite a ele produzir provas para contrapor as alegações do autor. Pode ocorrer que, no tempo oportuno, o revel, *v.g.*, desconhecesse a prova para demonstrar a inexistência do fato constitutivo do direito do autor. No caso, a descoberta do referido documento, após o trânsito em julgado, autoriza o ajuizamento da ação rescisória pelo revel.[1161]

Por fim, cumpre dizer que o Código estabelece um prazo diferenciado para o ajuizamento da ação rescisória fundada no inciso VII do art. 966, cujo termo inicial será a data de descoberta da prova nova, observado o prazo máximo de 5 (cinco) anos, contado do trânsito em julgado da última decisão proferida no processo. Caso o autor da ação rescisória se utilize da "produção antecipada de provas" (art. 381), a "data de descoberta" coincide com a data da constituição da prova (nova) nesse procedimento. Se houver risco de decair o direito de rescindir a decisão transitada em julgado, o autor deverá ajuizar a ação rescisória, noticiando a existência de medida probatória, com o requerimento de suspensão do processo rescisório (art. 313, V, *b*).[1162]

189. Erro de fato

O último motivo rescisório enumerado pelo Código cuida do erro de fato. Esse fundamento surgiu no direito brasileiro no Código de Processo

---

1158 Não se operam os efeitos da revelia nas hipóteses enumeradas pelo art. 345.

1159 DIDIER JR.-CUNHA, *Curso de direito processual civil*, vol. 2, n. 6.3.9.4, p. 505. Na jurisprudência, também em sentido contrário ao texto: TJSP, rel. Des. MARY GRUN, AR 0092269-78.2011.8.26.0000, j. 3-3-2016.

1160 No mesmo sentido do Código: Súmula 231/STF.

1161 É sempre importante lembrar CALMON DE PASSOS: o revel não pode deixar da sua condição de ausente para se tornar um delinquente (*Comentários ao Código de Processo Civil*, vol. III, n. 57.2, p. 366).

1162 Na perspectiva do "documento novo", a questão já havia sido anotada por SÉRGIO RIZZI, *Ação rescisória*, n. 104, p. 184.

Civil do Estado do Rio Grande do Sul (art. 1.054). À época, o legislador contentou-se em incluir o erro de fato dentre as causas de rescisão da "sentença", sem precisar o seu perfil e o seu alcance.

A redação do inciso VIII do art. 966 corrige um equívoco que estava expresso no inciso IX do art. 485 do CPC/1973, decorrente de errada tradução do art. 395, n. 4, do CPC italiano.[1163] O desacordo do texto legal foi bastante criticado pela doutrina[1164] porque guardava dificuldade interpretativa na aplicação do erro de fato como causa de rescisão do julgado.[1165] O vigente Código é claro em admitir ação rescisória quando a decisão "for fundada em erro de fato verificável do exame dos autos".

O erro de fato interessa ao campo da rescindibilidade quando ele estiver presente na decisão transitada em julgado que se pretende rescindir. O vício deve emergir objetiva e imediatamente da leitura da decisão rescindenda.[1166] Por esse motivo, o erro de fato é classificado como fundamento da ação rescisória referente intrinsecamente ao pronunciamento judicial.[1167] Afirma-se que a decisão proferida com "erro de fato" é *injusta*,[1168] porque "houve erro quanto à verdade fática".[1169]

De acordo com o Código, duas únicas situações autorizam a propositura da ação rescisória amparada no erro de fato: (i) quando a decisão transitada em julgado admite como inexistente um fato efetivamente ocorrido; (ii) ou existente um fato não ocorrido.

Fundamentalmente, o erro de fato que autoriza o ajuizamento da ação rescisória é um equívoco de percepção sobre o fato – falta de percepção ou falsa percepção – sempre provocado pelo órgão julgador que proferiu a decisão rescindente.[1170] Argumenta-se que o cabimento da ação rescisória pelo inciso

---

1163 Inadequação das palavras "resultantes" e "atos" correspondentes aos vocábulos "resultante" e "atti", na língua italiana.

1164 Para um completo exame da discussão doutrinária, *v.*, com proveito, ADRIANE DONADEL, *Ação rescisória no direito processual brasileiro*, n. 6.3.9, p. 180-184.

1165 RODRIGO BARIONI, Coment. ao art. 966, *in Breves comentários ao novo Código de Processo Civil*, n. 4.11, p. 2253.

1166 BRUNO SASSANI, *Lineamenti del processo civile italiano*, n. 2, p. 652.

1167 SÉRGIO RIZZI, *Ação rescisória*, n. 68, p. 116-117.

1168 DIDIER JR.-CUNHA, *Curso de direito processual civil*, vol. 3, n. 6.3.10, p. 506.

1169 LEONARDO GRECO, *Instituições de direito processual civil*, vol. III, n. 16.2.9, p. 349. No mesmo sentido: CRISANTO MANDRIOLI, *Corso di diritto processuale civile*, vol. II, n. 82, p. 336.

1170 Essa dicção pode ser constatada na balizada doutrina nacional e estrangeira: SÉRGIO RIZZI, *Ação rescisória*, n. 69, p. 117; SYDNEY SANCHES, Da ação rescisória por erro de fato, *RePro* 44, n. 15, p. 62; GIUSEPPE DE STEFANO, *La revocazione*, n. 73, p. 182; LIEBMAN, *Manuale di diritto processuale civile*, vol. III, n. 370, p. 117; FRANCESCO P. LUISO, *Diritto processuale civile*, vol. II, n. 43.6, p. 459.

COMENTÁRIOS AO CÓDIGO DE PROCESSO CIVIL V. XIX

VIII do art. 966 ocorre "quando razoável presumir" que o órgão julgador teria decidido da maneira diversa, "não fosse a percepção errônea por ele levada no exame equivocado dos dados existentes nos autos e que constituíram objetivo de inadequada apreciação judicial".[1171]

O erro que pode ser corrigido por intermédio da ação rescisória é de *percepção* do órgão julgador. O erro de direito[1172] – ou juízo – no exame das alegações das partes ou na valoração da prova é inviável para autorizar o ajuizamento da ação rescisória,[1173-1174] pois este *vício* deve compor as razões de recursos *ordinários*.[1175]

O erro de fato se aproxima do erro material, porquanto ambos são praticados pelo juiz. Porém, há diferenças que merecem registro: de um lado, no erro material, o equívoco tem origem no ato judicial, pode ser corrigido a qualquer tempo e, quando corrigido, não tem aptidão para alterar o resultado do provimento jurisdicional, sendo inadmissível a ação rescisória para corrigir tal erro; de outro, no erro de fato, o engano do órgão jurisdicional decorre da percepção dos elementos fáticos ou probatórios constantes do processo e seu reconhecimento, que só pode se dar por intermédio da ação rescisória, determina a rescisão do julgado.[1176]

O erro rescisório pode alcançar fatos substanciais ou processuais.[1177]

1171 STF, AR 1450/SP, rel. Min. CELSO DE MELLO, *DJe* 28-11-2014. A questão da "presunção" de como seria o julgamento caso não houvesse o erro rescisório não é nova no STF, conforme se vê no julgado AR 991/PB, rel. Min. CUNHA PEIXOTO, j. 5-9-1979.

1172 CALAMANDREI, REVOCAZIONE, in *Opere giuridiche*, vol. VIII p. 485; ALDO ATTARDI, *Revocazione*, n. 24, p. 191.

1173 Parece equivocado o ac. do STF que houve por bem reconhecer erro de fato na aplicação equivocada de precedente firmado em repercussão geral (RE 602.965/RN), que não guardaria qualquer pertinência com a situação julgada pela decisão rescindenda (RE 602.300/AM) (AgReg na AR 2347/AM, rel. Min. CELSO DE MELLO, j. 17-3-2016). Com efeito, a utilização de precedente errado é nítido erro de juízo.

1174 JOSÉ RICARDO ALVAREZ VIANNA analisa o erro de fato na perspectiva da responsabilidade civil. O autor admite que o erro de fato possa ocorrer na falha grosseira e inaceitável do juiz no exame da prova judicial (*Erro judiciário e sua responsabilização civil*, n. 5.4.2.3, p. 296-298).

1175 CLAUDIO CONSOLO, *Spiegazioni di diritto prossuale civile*, vol. III, n.5, p. 415.

1176 Sobre a diferença de erro material e erro de fato, *v.* RODRIGO BARIONI, Efeito infringente dos embargos de declaração, *RePro* 105, n. 5, p. 232; e ARAKEN DE ASSIS, *Processo civil brasileiro*, vol. II, t. II, n. 1.582.2, p. 926. Na doutrina italiana: Proto Pisani, *Lezioni di diritto processuale civile*, n. 4, p. 536. Na jurisprudência, a questão foi tangenciada no STJ, REsp 1.073.390/PB, rel. Min. LUIZ FUX, j. 2-3-2010.

1177 FRANCESCO P. LUISO, *Diritto processuale civile*, vol. II, n. 43.6, p. 460; BRUNO SASSANI, *Lineamenti del processo civile italiano*, n. 2, p. 653.

No campo da justiça do trabalho, é admissível a rescisória para corrigir contradição entre a parte dispositiva da decisão rescindenda e a sua fundamentação, por erro de fato na retratação do que foi decidido.[1178]

Impende registrar que deve haver um nexo de causalidade entre o fato sobre o qual recai o erro e o resultado da decisão rescindenda. O erro de fato deve ser decisivo para o resultado da decisão rescindenda.[1179] A decisividade do erro deve assumir contornos de evidência e objetividade.[1180] Em outras palavras, o resultado seria diverso se o órgão julgador não houvesse incidido em erro de fato.[1181] Daí dizer-se: não será possível invocar esse fundamento rescisório se o erro incidir sobre fato não relevante para o desfecho da causa.

Como erro de fato é aferível (*"verificável do exame dos autos"*) pelo contexto fático-probatório do processo findo, em que foi proferida a decisão rescindenda, entende-se que, em tese, não é possível a produção e prova.[1182]

No sistema do CPC/1973, o § 2º do art. 485 expressava que, para o cabimento da ação rescisória por erro de fato, seria indispensável inexistência de controvérsia e pronunciamento judicial sobre o fato.[1183] O atual Código adotou redação mais técnica: é indispensável que o fato não represente ponto controvertido sobre o qual o juiz deveria ter se pronunciado.

A inexistência de fato – ponto – controvertido pressupõe a ausência de debate entre as partes a respeito do fato. É incontroverso o fato alegado por uma das partes e não impugnado pela outra, que atrai a presunção de veracidade. Embora não haja cognição ampla sobre o fato, porque carece de controvérsia, o órgão julgador o toma como relevante para a resolução do conflito.[1184] A mínima discussão em torno do ponto, seja qual for momento processual, inviabiliza a ação rescisória. Interessante notar que o fato não alegado, incapaz de gerar controvérsia, desde que possa ser levado em consideração pelo órgão julgador *ex officio*, pode ser motivo de rescisão do julgado, se utilizado erroneamente.[1185]

O erro de percepção deve constar na decisão rescindenda. Nem poderia ser diferente, uma vez que o erro mostrou-se decisivo para o resultado da

---

1178 Orientação Jurisprudencial n. 103 da Seção de Dissídios Individuais II do Tribunal Superior do Trabalho.

1179 SYDNEY SANCHES, Da ação rescisória por erro de fato, *RePro* 44, n. 12, p. 57.

1180 COMOGLIO-FERRI-TARUFFO, *Lezioni sul processo civili*, vol. I, n. 2, p. 736.

1181 ALEXANDRE FREITAS CÂMARA, *O novo processo civil brasileiro*, n. 27.3, p. 470.

1182 DIDIER JR.-CUNHA, *Curso de direito processual civil*, vol. 3, n. 6.3.10, p. 506.

1183 O texto legal conduziu à divergência doutrinária reproduzida por RODRIGO BARIONI, *Ação rescisória e recursos para os tribunais superiores*, n. 2.2.12, p. 123-124.

1184 LEONARDO GRECO, *Instituições de direito processual civil*, vol. III, n. 16.2.9, p. 349.

1185 BARBOSA MOREIRA, *Comentários ao Código de Processo Civil*, vol. V, n. 87, p. 148.

decisão, pois, caso contrário, se não houvesse erro, o resultado seria diverso. Importa saber se o fato constante no pronunciamento judicial decorre de *decisão* de um ponto controvertido. A resolução de fato controvertido pode indicar um erro de juízo (*error procedendo*[1186] ou *error iudicando*), que não autoriza o manejo da ação rescisória com base no inciso VIII do art. 966.[1187] O erro de fato pode se transformar em erro de juízo. Assim, *v.g.*, se a parte, por meio idôneo e antes do trânsito em julgado, alega que a decisão admitiu um fato inexistente ou considerou existente um fato ocorrido, e o órgão julgador rejeita tal alegação, afirmando inexistir o equívoco, deixa de haver erro de fato, que passa a ser um possível erro de direito. Porém, a decisão não pode ser impugnada por intermédio da ação rescisória com fundamento no inciso VIII do art. 966.

> **Art. 967.** Têm legitimidade para propor a ação rescisória:
> **I -** quem foi parte no processo ou o seu sucessor a título universal ou singular;
> **II -** o terceiro juridicamente interessado;
> **III -** o Ministério Público:
> **a)** se não foi ouvido no processo em que lhe era obrigatória a intervenção;
> **b)** quando a decisão rescindenda é o efeito de simulação ou de colusão das partes, a fim de fraudar a lei;
> **c)** em outros casos em que se imponha sua atuação;
> **IV -** aquele que não foi ouvido no processo em que lhe era obrigatória a intervenção.
> **Parágrafo único.** Nas hipóteses do art. 178, o Ministério Público será intimado para intervir como fiscal da ordem jurídica quando não for parte.

COMENTÁRIO

190. Legitimidade para ajuizar ação rescisória

O dispositivo em comento não regula a hipótese de decisão proferida entre partes ilegítimas ou a falta de legitimidade de uma delas – objeto da ação rescisória.[1188]

1186 Flávio Luiz Yarshell, no CPC/1973, já havia anotado a possibilidade de erro de fato configurar o *error in procedendo* (*Ação rescisória*: juízos rescindente e rescisório, n. 112, p. 340. Especialmente com relação ao inciso II do § 2º do art. 966, parece ser incontroversa tal possibilidade.

1187 José Frederico Marques, *Manual de direito processual civil*, vol. III, n. 711, p. 306.

1188 Sobre a rescindibilidade da decisão viciada por ilegitimidade de partes, *v.* Donaldo Armelin, *Legitimidade no direito processual civil brasileiro*, n. 164, p. 160-161.

Na realidade, o art. 967 dispõe sobre a legitimidade para ajuizar a ação rescisória. Especificamente, a legitimidade ativa. Assim, é legitimado para pedir a rescisão do julgado "quem foi parte no processo ou o seu sucessor a título universal ou singular" (inciso I), "o terceiro juridicamente interessado" (inciso II), "o Ministério Público" (inciso III), a quem a lei atribui um tratamento mais específico, e, finalmente, "aquele que não foi ouvido no processo em que lhe era obrigatória a intervenção" (inciso IV).

Diante do rol exposto pela lei, a legitimidade para pleitear a rescisão é concorrente, i.e., qualquer legitimado poderá promover, isoladamente, a ação rescisória. Destaque-se, contudo, que poderá haver a formação de litisconsórcio ativo, que será sempre facultativo.[1189]

O Código, porém, é omisso quanto à legitimidade passiva para promover a ação rescisória.

191. Parte e seu sucessor

A primeira parte do inciso I do art. 967 estabelece como legitimado para a ação rescisória aquele que foi parte no processo originário.

Parte é conceito estritamente formal que se verifica a partir do exame da relação processual.[1190] É o sujeito que participa em contraditório, manifestando interesse próprio ou alheio, quando o ordenamento jurídico assim permite (art. 18, segunda parte), e assume situações jurídicas processuais, vinculando-se às decisões proferidas no processo.[1191] Assim, têm legitimidade para promover a ação rescisória: (*i*) autor e réu, ainda que revel,[1192] no processo originário; (*ii*) litisconsortes; (*iii*) terceiros (*v.g.*, chamado, denunciado), desde que, por óbvio, tenha integrado o processo no qual foi proferida a decisão que se pretende rescindir. Parte que foi excluída do processo (*v.g.*, exclusão de litisconsorte) deixa a condição de parte, abandonando a relação processual, e, portanto, não tem legitimidade para ajuizar ação rescisória, com fundamento no inciso I do art. 967.[1193]

1189 Rodrigo Barioni, Coment. ao art. 967, *in Breves comentários ao Código de Processo Civil*, n. 1, p. 2399; Daniel Amorim Assumpção Neves, *Novo Código de Processo Civil comentado* – artigo por artigo, p. 1576.

1190 Interessante a proposta feita por Alexandre Freitas Câmara diferenciando parte *da demanda* e parte *do processo*. Segundo o renomado processualista, a *todos* que participaram do *processo* no qual foi proferida a decisão rescindenda têm, em tese, legitimidade para ajuizar a rescisória (*Ação rescisória*, n. 6.1, p. 85).

1191 Sobre o conceito de parte, *v.* Fredie Didier Jr., *Curso de direito processual civil*, vol. 1, n. 4.2, p. 289-290.

1192 Calmon de Passos, *Comentários ao Código de Processo Civil*, vol. III, n. 75.2, p. 470.

1193 Barbosa Moreira, *Comentários ao Código de Processo Civil*, vol. V, n. 98, p. 166. Contra: Nery-Nery, *Comentários ao Código de Processo Civil*, p. 1938.

COMENTÁRIOS AO CÓDIGO DE PROCESSO CIVIL V. XIX

Note-se que a lei não faz distinção entre parte *vencedora* ou *vencida* para efeitos de legitimidade na ação rescisória. Há registro de que a parte *vencedora* dificilmente reuniria interesse de agir para provocar a rescisão do julgado.[1194] De fato, esta é a regra. No entanto, se for considerada a nova sistemática da coisa julgada de questão prejudicial (art. 503, § 1°), poder-se-ia conceber a conjugação do interesse de agir e da legitimidade do vencedor da questão principal para rescindir a decisão transitada em julgado relativa à questão prejudicial.[1195]

Interessante notar a situação do assistente simples (art. 121). A intervenção do assistente, em regra, atrai sua vinculação aos efeitos da decisão. Tanto assim, que "transitada em julgado a sentença no processo em que interveio o assistente, este não poderá, em processo posterior, discutir a justiça da decisão" (art. 123, *caput*). Logo, conclui-se que o assistente tem legitimidade para formular pedido de rescisão do julgado ao qual esteja vinculado.[1196] Porém, a decisão não vinculará o assistente se ele alegar e provar que "pelo estado em que recebeu o processo ou pelas declarações e pelos atos do assistido, foi impedido de produzir provas suscetíveis de influir na sentença" (art. 123, I); ou "desconhecia a existência de alegações ou de provas das quais o assistido, por dolo ou culpa, não se valeu" (art. 123, II). Nestes dois casos, não há interesse processual no ajuizamento da ação rescisória.[1197]

O advogado também pode assumir a condição de legitimado ativo para rescindir o capítulo da decisão pertinente aos honorários advocatícios.[1198]

A segunda parte do inciso I do art. 967 confere legitimidade ativa ao sucessor a título universal ou singular, porque estas pessoas estão vinculadas à decisão rescindenda. A sucessão processual pode ocorrer por *causa mortis* (art. 110) ou por ato *inter vivos* (art. 109). ARAKEN DE ASSIS observa que "aos sucessores do objeto litigioso transmissível faculta-se rescindir a sentença (art. 967, II), com fundamento no art. 966, V, porque infringido o art. 313, I. Por sinal, idêntico direito assiste ao(s) sucessor(es) no caso de intransmissibilidade do objeto litigioso. Não importa a sucessão ocorrer após o encerramento do processo ou na sua pendência, desde que, naturalmente, não haja verificado a

---

1194 ALEXANDRE FREITAS CÂMARA, *Ação rescisória*, n. 6.1, p. 85.
1195 Para melhor exame da questão, *v.* item "Rescindibilidade do julgamento de questão prejudicial (art. 503, § 1°)".
1196 Nesse sentido: HUMBERTO THEODORO JR., *Curso de direito processual civil*, vol. III, n. 671, p. 872; BARBOSA MOREIRA, *Comentários ao Código de Processo Civil*, vol. V, n. 98, p. 167. Contra: RODRIGO BARIONI, *Ação rescisória e recursos para os tribunais superiores*, n. 2.1.1.1, p. 38.
1197 FLÁVIO LUIZ YARSHELL, *Ação rescisória*: juízos rescindente e rescisório, n. 105, p. 314.
1198 Ver comentários ao art. 966 – item "Decisão que fixa honorários advocatícios".

sucessão no processo pendente, hipótese em que a legitimidade do sucessor é a de parte (art. 967, I). Nesta última hipótese, vencido o *iudicium rescindens*, o novo julgamento da causa, objeto litigioso, apenar de intransmissível em outras circunstâncias."[1199]

192. Terceiro juridicamente interessado

De acordo com o disposto no art. 506, a decisão "faz coisa julgada às partes entre as quais é dada, não prejudicando terceiros". O mencionado dispositivo cuida dos limites subjetivos da coisa julgada. Embora a norma não seja absoluta, muito pelo contrário, comporta várias exceções (*v.g.*, sucessor a título singular ou universal),[1200] concebe-se que a decisão transitada em julgado possa refletir na esfera jurídica de terceiro.

Por esse motivo, o Código atribui legitimidade ao terceiro juridicamente interessado para ajuizar ação rescisória.

Não há dúvida de que o terceiro deverá indicar pelo menos um dos fundamentos rescisórios que estão taxativamente indicados nos incisos do art. 966.[1201]

Na dicção do inciso II do art. 967, terceiro é aquele estranho à relação processual em que foi proferida a decisão que se pretende rescindir e que tem aptidão para produzir efeitos na sua esfera jurídica.

Todavia, a lei não faculta a ação rescisória a qualquer terceiro. À semelhança do que sucede nas hipóteses do recurso interposto por terceiro (art. 966),[1202] na petição inicial da ação rescisória, o terceiro deverá demonstrar que a decisão rescindenda interfere na sua esfera jurídica, i.e., "atinge direito de que se afirme titular". É o que se depreende da expressão legal "juridicamente interessado". Portanto, não basta uma interferência meramente fática.[1203]

É possível afirmar que terceiro legitimado a propor ação rescisória é aquele que poderia ter integrado a relação processual originária como substituto processual.[1204] Sustenta-se, ainda, que terceiro corresponde àquele que poderia ter participado do processo em que foi proferida a decisão rescindenda na qualidade

---

1199 Araken de Assis, *Processo civil brasileiro*, vol. III, 2.136.1, p. 1398.

1200 Na mesma linha e com outros exemplos, *v.* Barbosa Moreira, *Comentárics ao Código de Processo Civil*, vol. V, n. 99, p. 168.

1201 Cf. José Rogério Cruz e Tucci, *Limites subjetivos da sentença e da coisa julgada*, n. 10, p. 121-122.

1202 Sobre o recurso de terceiro interessado, *v.* Luis Guilherme Aidar Bondioli, *Comentários ao Código de Processo Civil*, vol. XX, n. 16, p. 38-39.

1203 Barbosa Moreira, *Comentários ao Código de Processo Civil*, vol. V, n. 99, p. 169.

1204 Bernardo Pimentel Souza, *Introdução aos recursos cíveis e à ação rescisória*, n. 9, p. 877.

de assistente.[1205] Assim, *v.g.*, legitima-se o adquirente ou o cessionário que não interveio como assistente litisconsorcial do alienante ou cedente – parte no processo originário – a ajuizar a ação rescisória. Nesta hipótese, cabe o registro de que o § 3º do art. 109 estende os efeitos da decisão proferida entre as partes originárias ao adquirente ou cessionário.

A legitimidade do terceiro juridicamente interessado, na perspectiva da parte *vencida*, é extraordinária.[1206]

193. Legitimidade do Ministério Público

Diante de sua função institucional na ordem jurídica, decorrente da norma do art. 127 da CF, o Código, em diversos dispositivos, confere legitimidade ativa ao Ministério Público para atuar em variados processos.[1207]

As alíneas do inciso III do art. 967 detalham a legitimidade ativa do Ministério Público para o ajuizamento da ação rescisória. É preciso observar que as hipóteses enumeradas no referido dispositivo não são taxativas.[1208]

Legitima-se o Ministério Público a formular o pedido de rescisão do julgado se ele "não foi ouvido no processo em que lhe era obrigatória a intervenção" (alínea *a*). Neste caso, a legitimidade do Ministério Público mostra a supervalorização do contraditório em determinados processos.[1209] Em processo que envolva interesse público ou social, interesse de incapaz ou litígios coletivos pela posse de terra rural ou urbana, diante de suas funções institucionais fixadas pela Constituição, o Ministério Público será intimado a intervir como fiscal da ordem jurídica.

1205 WAMBIER-CONCEIÇÃO-RIBEIRO-MELLO, *Primeiros comentários ao novo Código de Processo Civil*, p. 1387. Na jurisprudência: STJ, AgRg no REsp 1.183.652/AC, rel. Min. NEFI CORDEIRO, DJe 3-9-2015.
1206 LEONARDO GRECO, *Instituições de direito processual civil*, vol. III, n. 16.3, p. 350.
1207 Sobre a legitimidade ativa do Ministério Público nas múltiplas perspectivas do Código: ROBSON RENAULT GODINHO, *O Ministério Público no novo Código de Processo Civil*: alguns tópicos, n. 8, p. 83-85;
1208 Na doutrina: Emerson Garcia, Ministério Público – organização, atribuições e regime jurídico, n. 25.8, p. 248-249. Na jurisprudência: STJ, EAR 384/PR, rel. Min. JOÃO OTÁVIO DE NORONHA, DJ 6-3-2006. No âmbito da Justiça do Trabalho encontra-se a Súmula 407 do TST: "A legitimidade *ad causam* do Ministério Público para propor ação rescisória, ainda que não tenha sido parte no processo que deu origem à decisão rescindenda, não está limitada às alíneas 'a', 'b' e 'c' do inciso III do art. 967 do CPC de 2015 (art. 487, III, 'a' e 'b', do CPC de 1973), uma vez que traduzem hipóteses meramente exemplificativas". Porém, com interpretação mais restritiva, MARINONI-ARENHART-MITIDIERO, *Novo curso de processo civil*, vol. 2, n. 12.4.2, p. 594.
1209 BRUNO SASSANI, *Lineamenti del processo civile italiano*, n. 5, p. 658.

A ausência de intimação do Ministério Público não torna a decisão rescindenda *inutiliter data*,[1210] mas, em tese, invalida o processo (art. 279). Registre-se que a legitimidade do Ministério Público, para esta hipótese, autoriza a invocação de qualquer motivo rescisório, inclusive e especialmente a norma do art. 178 para indicá-la como manifestamente violada.[1211] Porém, na petição inicial da ação rescisória, na qualidade de autor, o Ministério Público deverá manifestar a existência de prejuízo diante da falta de intervenção no processo em que foi proferida a decisão rescindenda.[1212]

Interessante observar que, na hipótese de procedência do pedido de rescisão (*ius rescindens*), o tribunal deverá declarar quais foram os atos processuais atingidos pelo vício.[1213]

O Ministério Público também tem legitimidade para propor ação rescisória nos casos em que "a decisão rescindenda é o efeito de simulação ou colusão das partes, a fim de fraudar a lei". O fundamento da legitimidade do Ministério Público para essa situação decorre do uso ilícito do processo. Tal legitimidade não é exclusiva, mas concorrente com a parte que não participou do ilícito e também com terceiro juridicamente interessado.[1214]

A alínea *c* do inciso III do art. 967 estipula que o Ministério Público tem legitimidade para promover ação rescisória "em outros casos em que se imponha sua atuação". A norma é bastante genérica e tem seu paralelo no art. 177 ("O Ministério Público exercerá o direito de ação em conformidade com suas atribuições constitucionais"). Embora o dispositivo seja criticado,[1215] a lei parece assumir a posição de não excluir o Ministério Público de outras situações que, em geral, determinariam sua legitimidade para pleitear a rescisão do julgado e cumprir sua função institucional. Assim, *v.g.*, no caso de constatação em prova falsa, nos limites da sua legitimidade conferida pela Constituição, o Ministério Público poderá promover ação rescisória fundada no inciso VI do art. 966.[1216]

1210 ANDREA PROTO PISANI, *Lezioni di diritto processuale civile*, n. 4, p. 539.

1211 Em sentido semelhante: GIAN ANTONIO MICHLI, *Derecho procesal civil*, vol. II, n. 194, p. 384.

1212 A jurisprudência firmou o entendimento de que "o reconhecimento do vício, porém, é condicionado à existência de prejuízo" (STJ, REsp 1.319.275/PB, rel. Min. OG FERNANDES, *DJe* 18-11-2015).

1213 Sobre a invalidade dos atos processuais alcançados pelo vício causado pela ausência de participação do Ministério Público, cuja lição pode ser aproveitada aqui, *v.* ANTONIO DO PASSO CABRAL, Coment. ao art. 279, *in Comentários ao Código de Processo Civil*, p. 442 .

1214 Cf. BARBOSA MOREIRA, *Comentários ao Código de Processo Civil*, vol. V, n. 100, p. 172.

1215 WAMBIER-CONCEIÇÃO-RIBEIRO-MELLO, *Primeiros comentários ao novo Código de Processo Civil*, p. 1388.

1216 Sem fazer qualquer ressalva quanto à extensão da legitimidade do Ministério Público na hipótese de prova falsa, *v.* LEONARDO GRECO, *Instituições de direito processual civil*, vol. III, n. 16.2.6, p. 345.

COMENTÁRIOS AO CÓDIGO DE PROCESSO CIVIL V. XIX

Nota-se que o parágrafo único do art. 967 estabelece: "nas hipóteses do art. 178,[1217] o Ministério Público será intimado para intervir como fiscal da ordem jurídica quando não for parte". Frise-se que não é em *qualquer* ação rescisória que o Ministério Público funcionará na qualidade de *custos legis*.[1218-1219] Isso só ocorrerá se o processo rescisório envolver interesse público ou social; interesse de incapaz; litígios coletivos pela posse de terra rural ou urbana; e o Ministério Público não funcionar como parte na ação rescisória. A atuação do *Parquet*, como fiscal da ordem jurídica, é livre para apresentar parecer pelo acolhimento ou rejeição do pedido rescindente.[1220]

A falta de sua intimação, quando obrigatória (art. 178), gera invalidade no processo, que, no entanto, só pode ser declarada depois de o Ministério Público ser intimado, que se manifestará sobre a existência ou a inexistência de prejuízo (art. 279, § 2°). O momento para intimação do Ministério Público deverá ocorrer após o oferecimento das razões finais pelas partes (art. 973).[1221]

Observe-se que a intimação do Ministério Público, sempre que possível, será realizada por meio eletrônico, na forma da lei (art. 270, parágrafo único).

Convém registrar que, dado o critério constitucional da autonomia de instituições locais, os Ministérios Públicos Estaduais e do Distrito Federal reúnem ampla legitimidade – função de parte – para propor e atuar nas ações rescisórias que tramitam no Supremo Tribunal Federal e no Superior Tribunal de Justiça, sem prejuízo da atuação do Ministério Público Federal.[1222] A atuação

---

1217 Art. 178. O Ministério Público será intimado para, no prazo de 30 (trinta) dias, intervir como fiscal da ordem jurídica nas hipóteses previstas em lei ou na Constituição Federal e nos processos que envolvam:
I - interesse público ou social;
II - interesse de incapaz;
III - litígios coletivos pela posse de terra rural ou urbana.

1218 MARINONI-ARENHART-MITIDIERO sustentam que a participação do Ministério Público é obrigatória, porque o julgamento da ação rescisória ostentaria "interesse público primário" (*Novo Código de Processo Civil comentado*, p. 911). No mesmo sentido: DANIEL AMORIM ASSUMPÇÃO NEVES, *Novo Código de Processo Civil comentado* – artigo por artigo, p. 1587.

1219 O art. 600 do CPC francês estabelece que o Ministério Público necessariamente participará do *recours em révision*. Na doutrina: CADIET-JEULAND, *Droit judiciaire privé*, n. 856, p. 580.

1220 RODRIGO BARIONI, Coment. ao art. 967, *in Breves comentários ao novo Código de Processo Civil*, n. 5, p. 2401.

1221 JALDEMIRO RODRIGUES DE ATAÍDE JR. entende que "o momento adequado à oitiva do Ministério Público é o posterior à apresentação das razões finais e imediatamente anterior à conclusão dos autos para julgamento" (Coment. ao art. 973, *in Comentários ao Código de Processo Civil*, p. 1121).

1222 A esse propósito, o STF fixou a seguinte tese em repercussão geral: "Os Ministérios Públicos dos Estados e do Distrito Federal têm legitimidade para propor e atuar

deve ser compreendida no sentido mais amplo possível (*v.g.*, interposição de recursos, incidentes processuais, sustentação oral etc.).

194. Legitimidade de quem não foi ouvido no processo em que lhe era obrigatória a intervenção

Em relação ao CPC/1973, o inciso IV do art. 967 inova ao prever a legitimidade de quem não foi ouvido no processo em que lhe era obrigatória a intervenção para ajuizar ação rescisória.[1223]

Na vigência do CPC/1973, Barbosa Moreira equiparou a situação da falta de intimação do Ministério Público na qualidade de fiscal da ordem jurídica "a de outro órgão que não haja sido intimado, apesar de obrigatória sua intimação".[1224] Sugeriu alguns exemplos, que podem ser aproveitados para o vigente sistema processual: "É o caso da Comissão de Valores Mobiliários: nos termos do art. 31 da Lei n. 6.385, de 7-12-1976, com a redação dada pela Lei n. 6.616, de 16-12-1978, será ela 'sempre intimada' nos processos 'que tenham por objetivo matéria incluída na competência' respectiva. Se não for intimada, a Comissão de Valores Mobiliários terá, ao nosso ver, legitimidade para pleitear a rescisão da sentença, por aplicação analógica do art. 487, no III, letra *a* [art. 967, III, *a*]. Outro tanto se podia dizer, na vigência da Lei n. 4.726, de

---

em recursos e meios de impugnação de decisões judiciais em trâmite no STF e no STJ, oriundos de processos de sua atribuição, sem prejuízo da atuação do Ministério Público Federal" (RE 985.392/RS, rel. Min. Gilmar Mendes, *DJe* 10-11-2017).

1223 Daniel Amorim Assumpção Neves critica o disposto no inciso IV do art. 967: "Para parcela da doutrina, trata-se de entes distintos do Ministério Público que deveriam ter sido intimados a se manifestar e isso não ocorreu, como é o caso da Comissão de Valores Mobiliários, cuja intervenção é obrigatória nos processos em que se discutam matéria de sua competência (art. 31, Lei 6.385/1976), e do Conselho Administrativo de Defesa Econômica, cuja intervenção é obrigatória nos processos em que se discuta matéria de sua competência (art. 118 da Lei 12.529/2011). Tenho dificuldade de chegar à mesma conclusão diante do texto legal. Se é verdade que o inciso IV do art. 967 do Novo CPC fala em não ter sido ouvido, dando a entender que não houve oportunidade para tanto, o dispositivo legal é claro em prever a obrigatoriedade da intervenção. Os arts. 31 da Lei 6.385/1976 e 118 da Lei 12.529/2011 não preveem intervenção obrigatória da Comissão de Valores Mobiliários e do Conselho Administrativo de Defesa Econômica, respectivamente. Os dois dispositivos preveem uma obrigatória intimação, mas deixam aos referidos entes a opção de participar ou não do processo. O art. 31 da Lei 6.385/1976 é mais obscuro, porque prevê que a Comissão de Valores Imobiliários será intimada para, querendo, oferecer parecer ou prestar esclarecimentos. Já o art. 118 da Lei 12.259/2011 não deixa margem para dúvida ao prever que o CADE deverá ser intimado para, querendo, intervir no feito na qualidade de assistente" (*Novo CPC* – inovações, alterações e supressões comentadas, n. 56.3, p. 543).

1224 *Comentários ao Código de Processo Civil*, vol. V, n. 100, p. 170.

COMENTÁRIOS AO CÓDIGO DE PROCESSO CIVIL v. XIX

13-7-1965, das Procuradorias Regionais das Juntas Comerciais, a que o art. 32 conferia a atribuição de oficiar, 'em caráter obrigatório, de forma idêntica à prescrita ao Ministério Público, em atos ou efeitos (sic) de natureza jurídica, inclusive os judiciais', que envolvessem 'matéria ou assunto incidente na órbita da competência da Junta'. Aí era explícita a assimilação ao Ministério Público, de modo que se tornava induvidosa a legitimidade dos mencionados órgãos. A Lei n. 4.726, todavia, foi revogada pela Lei n. 8.934, de 18-11-1994, que não reproduziu a disposição".[1225] Os exemplos são transcritos pela doutrina atual,[1226] acrescidos da intervenção do Conselho Administrativo de Defesa Econômica (CADE), que "deverá ser intimado" (art. 118 da Lei n. 12.529/2011).[1227]

Perceba-se que o dispositivo em comento é inaplicável aos casos de ausência de citação de litisconsorte necessário. A lei estabelece a legitimidade daquele "que não foi ouvido no processo em que lhe era obrigatória a intervenção". A expressão é "intervenção necessária", que ocorre pela intimação, e não "citação necessária" (art. 114).[1228]

195. Legitimidade passiva

A exemplo dos sistemas anteriores (CPC/1939 e CPC/1973), o vigente Código não regula a legitimidade passiva. Mas a regra é a seguinte: será legitimado passivo qualquer pessoa que esteja vinculada pela decisão rescindenda, incluindo seu sucessor a título universal ou singular, além do substituto processual, e que não figure no polo ativo da ação rescisória.[1229] O Ministério Público também poderá ocupar o polo passivo no processo rescisório.[1230]

1225 Idem.

1226 RODRIGO BARIONI, Coment. ao art. 967, *in Breves comentários ao novo Código de Processo Civil*, n. 4, p. 2400; LEONARDO GRECO, *Instituições de direito processual civil*, vol. III, n.16.3, p. 350.

1227 Enunciado 337 do FPPC: O CADE e a CVM, caso não tenham sido intimados, quando obrigatório, para participar do processo (art. 118, Lei n. 12.529/2011; art. 31, Lei n. 6.385/1976), têm legitimidade para propor ação rescisória contra a decisão ali proferida, nos termos do inciso IV do art. 967.

1228 Cf. ARRUDA ALVIM, *Novo contencioso civil no CPC 2015*, n. 11.5, p. 331; DIDIER JR.-CUNHA, *Curso de direito processual civil*, vol. 3, n. 3.1, p. 449-450. Contra: FABRÍCIO CASTAGNA LUNARDI, *Curso de direito processual civil*, n. 4.1, p. 655-656.

1229 JOSÉ FREDERICO MARQUES, *Manual de direito processual civil*, vol. III, n. 708, p. 301; SÁLVIO DE FIGUEIREDO TEIXEIRA, Ação rescisória: apontamentos, *Revista dos Tribunais*, n. 647, p. 14; ALEXANDRE FREITAS CÂMARA, *O novo processo civil brasileiro*, n. 23.7, p. 471. Na jurisprudência: STJ, AR 475/DF, rel. Min. MAURO CAMPBELL MARQUES, *DJe* 15-3-2010.

1230 Sobre o Ministério Público como réu no processo, *v.* LUIS GUILHERME AIDAR BONDIOLI, Coment. ao art. 177, *in Código de Processo Civil anotado*, p. 267.

Todavia, isso não significa que todas as pessoas que participaram do processo devam, *necessariamente*, figurar na ação rescisória. Conhecer o legitimado passivo é examinar a vinculação subjetiva à decisão que se pretende rescindir. A questão merece especial atenção nas ocasiões de processo subjetivamente complexo. Figure-se o seguinte exemplo: *A* formula pedido de indenização contra dois réus (*R1* e *R2*), que formam litisconsórcio facultativo e simples (art. 113). A sentença julga improcedentes os pedidos. Não há óbice que *A* promova ação rescisória contra apenas *R1, R2* ou ambos.

Tratando-se de litisconsórcio *unitário*, formado no processo que originou a decisão rescindenda, todos deverão participar da ação rescisória. De outro lado, se no processo originário formou-se litisconsórcio *simples*, será parte na ação rescisória o sujeito que ficou vinculado pela decisão rescindenda.[1231] O litisconsorte que foi excluído do processo e desvinculado à decisão rescindenda não tem legitimidade para figurar no polo passivo do processo rescisório.

O legitimado extraordinário, participante do processo no qual foi proferida a decisão rescindenda que o favorece, mantém a condição de substituto processual na ação rescisória. A questão é importante para a rescindibilidade das decisões transitadas em julgado em processos coletivos (*ações rescisórias coletivas*).[1232]

A petição inicial da ação rescisória, ajuizada por terceiro juridicamente interessado ou pelo Ministério Público nas situações discriminadas no inciso II do art. 967, deve indicar as partes que estão abrangidas pela decisão rescindenda,[1233] expondo-se às consequências de ineficácia do pronunciamento de eventual procedência do pedido de rescisão em relação àquele que deveria *necessariamente* integrar o processo rescisório. O relator, ao constatar a falta de indicação de litisconsórcio passivo necessário, determinará a intimação do autor para que requeira a citação de todos que devam compor o polo passivo da ação rescisória, assinalando prazo para o cumprimento de tal exigência, sob pena de extinção.

No caso de pedido de rescisão dirigido exclusivamente ao capítulo dos honorários advocatícios, o polo passivo deverá ser ocupado pelo advogado ou

---

1231 RODRIGO BARIONI, *Legitimidade passiva na ação rescisória*, n. 2, p. 381.

1232 Cf. RODRIGO BARIONI, *Ação rescisória de decisão proferida em ação coletiva*, n. 6, p. 273-279. Em outro trabalho, o autor mantém seu correto posicionamento: *Legitimidade passiva na ação rescisória*, n. 2, p. 384. Destaque-se o item II da Súmula 406 do TST: "O Sindicato, substituto processual e autor da reclamação trabalhista, em cujos autos fora proferida a decisão rescindenda, possui legitimidade para figurar como réu na ação rescisória, sendo descabida a exigência de citação de todos os empregados substituídos, porquanto inexistente litisconsórcio passivo necessário".

1233 LEONARDO GRECO, *Instituições de direito processual civil*, vol. III, n. 16.3, p. 350.

COMENTÁRIOS AO CÓDIGO DE PROCESSO CIVIL V. XIX

pela sociedade de advogados, por constituir direito deste profissional (art. 85, § 14; art. 23 da Lei n. 8.906/94).[1234] No entanto, há julgado que parece admitir a formação de litisconsórcio necessário passivo (art. 114) entre cliente e advogado quando a ação rescisória busque a desconstituição de *toda* decisão, incluído aí o capítulo dos honorários advocatícios.[1235]

Cabe lembrar que o Ministério Público poderá ocupar o polo passivo da relação processual rescisória (*v.g.*, ação rescisória contra decisão proferida em ação civil pública proposta pelo Ministério Público).[1236]

> **Art. 968.** A petição inicial será elaborada com observância dos requisitos essenciais do art. 319, devendo o autor:
>
> **I** - cumular ao pedido de rescisão, se for o caso, o de novo julgamento do processo;
>
> **II** - depositar a importância de cinco por cento sobre o valor da causa, que se converterá em multa caso a ação seja, por unanimidade de votos, declarada inadmissível ou improcedente.
>
> **§ 1º** Não se aplica o disposto no inciso II à União, aos Estados, ao Distrito Federal, aos Municípios, às suas respectivas autarquias e fundações de direito público, ao Ministério Público, à Defensoria Pública e aos que tenham obtido o benefício de gratuidade da justiça.
>
> **§ 2º** O depósito previsto no inciso II do caput deste artigo não será superior a 1.000 (mil) salários mínimos.
>
> **§ 3º** Além dos casos previstos no art. 330, a petição inicial será indeferida quando não efetuado o depósito exigido pelo inciso II do caput deste artigo.
>
> **§ 4º** Aplica-se à ação rescisória o disposto no art. 332.
>
> **§ 5º** Reconhecida a incompetência do tribunal para julgar a ação rescisória, o autor será intimado para emendar a petição inicial, a fim de adequar o objeto da ação rescisória, quando a decisão apontada como rescindenda:
>
> **I** - não tiver apreciado o mérito e não se enquadrar na situação prevista no § 2º do art. 966;
>
> **II** - tiver sido substituída por decisão posterior.
>
> **§ 6º** Na hipótese do § 5º, após a emenda da petição inicial, será permitido ao réu complementar os fundamentos de defesa, e, em seguida, os autos serão remetidos ao tribunal competente.

COMENTÁRIO

1234 RODRIGO BARIONI, *Ação rescisória e recursos para os tribunais superiores*, n. 2.1.2, p. 53.
1235 STJ, REsp 1.651.057/CE, rel. Min. MOURA RIBEIRO, j. 16-5-2017.
1236 DIDIER JR.- GODINHO, *Questões atuais sobre as posições do Ministério Público no novo CPC*, n. 5, p. 27.

196. Petição inicial da ação rescisória

Na linha do art. 968, a petição inicial é o instrumento da demanda rescisória por meio da qual o autor identifica as partes legitimadas, a causa de pedir (invocação de pelo menos um dos fundamentos rescisórios), formula o pedido de rescisão do julgado e, eventualmente, o de novo julgamento da causa.

Considera-se proposta a ação rescisória com o protocolo da petição inicial (art. 312, primeira parte). Esse momento é importante porque define, *v.g.*, a tempestividade da ação rescisória.

De outro lado, o registro ou a distribuição da petição inicial – e não protocolo! – da ação rescisória torna prevento o órgão judicial do tribunal (art. 59).

O art. 319 estabelece os requisitos da petição inicial de processo que deva obedecer ao procedimento comum. A ação rescisória obedece a um procedimento específico (procedimento especial). Daí o motivo pelo qual o *caput* do art. 968 estabelece que a petição inicial da ação rescisória "será elaborada com observância dos requisitos *essenciais* do art. 319". Na verdade, o autor deverá indicar os requisitos que se compatibilizam com o procedimento da ação rescisória. Assim, *v.g.*, por inexistir audiência de conciliação ou mediação (art. 334), o autor está dispensado de indicar o inciso VII do art. 319. A especialidade da petição inicial também está nos demais requisitos indicados pelo art. 968.

Registre-se que, embora a lei não seja expressa, cumpre ao autor instruir a petição inicial com "os documentos indispensáveis à propositura da ação" (art. 320). Ressalvada a hipótese de o advogado postular em causa própria,[1237] para evitar a decadência ou para praticar ato considerado urgente (art. 104), é indispensável que a inicial esteja acompanhada de nova procuração (art. 287, *caput*), pois não é suficiente a juntada de cópia do mandato outorgado no processo originário.[1238] Além disso, é ônus do autor promover a juntada das cópias essenciais do processo em que foi proferida a decisão rescindenda e a prova do trânsito em julgado.[1239] Bem por isso determina a lei que os documentos dos

---

1237 Cabe lembrar o disposto no inciso I do art. 106, segundo o qual quando postular em causa própria, incumbe ao advogado declarar, na petição inicial ou na contestação, o endereço, seu número de inscrição na Ordem dos Advogados do Brasil e o nome da sociedade de advogados da qual participa, para o recebimento de intimações.

1238 STF, AR 2129 AgR-AgR/SC, rel. Min. LUIZ FUX, *DJe* 9-2-2015; AR 2209 AgR/SC, rel. Min. TEORI ZAVASCKI, *DJe* 12-11-2013. Ao tempo do CPC/1939, LOPES DA COSTA já havia feito o registro da necessidade de nova procuração para o ajuizamento da ação rescisória (*Direito processual civil brasileiro*, vol. III, n. 473, p. 455). Equivocada a decisão do STF que exige procuração com poderes específicos (AR 2196 AgR/SC, rel. Min. DIAS TOFFOLI, *DJe* 2-9/-2010.

1239 BERNARDO PIMENTEL SOUZA, *Introdução aos recursos cíveis e à ação rescisória*, n. 11, p. 883.

COMENTÁRIOS AO CÓDIGO DE PROCESSO CIVIL V. XIX

autos do processo no qual foi proferida a decisão rescindenda deverão ser preservados pelo seu detentor até o final do prazo para propositura de ação rescisória (art. 425, § 1°).

A depender do motivo rescisório, a petição inicial pode exigir outros documentos essenciais. Assim, *v.g.*, se a ação rescisória estiver fundada no inciso IV, documentos que demonstram ocorrência da violação a coisa julgada; pelo fundamento do inciso VII, o autor deverá juntar com a inicial a documentação da "prova nova"; pelo motivo inserto no inciso VI, primeira parte, a documentação da prova falsa apurada em prévio processo criminal. No entanto, nenhum documento será juntado com a petição inicial se a ação rescisória estiver fundada no motivo "erro de fato" (art. 966, VIII),[1240] não incidindo, por esse motivo, o disposto no *caput* do art. 434.

Destaque-se que o relator, ao verificar que a petição inicial da ação rescisória não preenche os requisitos dos arts. 319, 320 e 968, ou que apresenta defeitos e irregularidades capazes de dificultar o julgamento de mérito, determinará que o autor, no prazo de 15 (quinze) dias,[1241] emende-a ou complete-a, indicando com precisão o que deve ser corrigido ou completado (art. 321). O prazo de emenda ou complementação não é peremptório, mas dilatório.[1242] Somente depois de intimado, e se não houver cumprimento da diligência determinada, o relator indeferirá a petição inicial.

Por fim, lembre-se de que contra a decisão de indeferimento, cabe agravo interno (art. 1.021).

197. Pedido

O autor da ação rescisória deverá compor necessariamente o pedido de rescisão do julgado (pedido rescindente) e, se for o caso, o pedido de novo julgamento do processo (pedido rescisório).

Aduz-se que o pedido rescindente propicia o "juízo rescindente" (*iudicium rescindens*), ao passo que o pedido rescisório autoriza o "juízo rescisório" (*iudicium rescissorium*).

1240 BARBOSA MOREIRA, *Comentários ao Código de Processo Civil*, vol. V, n. 102, p. 176.

1241 Note-se que quando o advogado postular em causa própria e deixar de cumprir o disposto no inciso I do art. 106, o prazo para correção do vício é de 5 (cinco) dias (art. 106, § 1°). Observe-se, ainda, o Enunciado 425 do FPPC: "Ocorrendo simultaneamente as hipóteses dos art. 106, § 1°, e art. 321, *caput*, o prazo de emenda será único e de quinze dias".

1242 Cf. decidiu o STJ em sede de recurso repetitivo, embora interpretando a norma do art. 284 do CPC/1973, deve ser aplicado ao atual sistema processual: REsp 1.133.689/PE, rel. Min. MASSAMI UYEDA, *DJe* 18-5-2012.

A petição inicial haverá de ser clara acerca do pronunciamento judicial que se pretende rescindir. De acordo com a lei, apenas é rescindível decisão de mérito transitada em julgado (art. 966, *caput*). Além desta, decisão transitada em julgado que, embora não seja de mérito, impeça nova propositura da demanda, ou, ainda, decisão que não admita recurso (art. 966, I e II). O pedido deverá refletir a extensão da rescindibilidade (total ou parcial).

A doutrina admite a cumulação de pedidos rescindentes.[1243]

Para o pedido de rescisão, é relevante efeito substitutivo de que cuida o disposto no art. 1.008.[1244]

Em geral, a ação rescisória incorpora a técnica da cumulação de pedidos. De um lado, pede-se a rescisão do julgado (pedido rescindente) e, de outro, um novo julgamento (pedido rescisório). No entanto, a locução "se for o caso", estampada no inciso I do art. 968, demonstra que cumular pedidos nem sempre será possível. É a hipótese, *v.g.*, de ação rescisória fundada no impedimento do magistrado de primeiro grau de jurisdição; a procedência do pedido rescindente determina a remessa dos autos ao "substituto legal" (art. 146, § 1º).

O pedido rescisório tem seu escopo limitado pelo objeto do processo anterior, em que foi proferida a decisão rescindenda, e dentro da limitação do pedido rescindente.[1245] Não é possível modificar, ampliar ou reduzir o objeto. O *novo* julgamento (*iudicium rescissorium*) ocorre pelos elementos que estão incorporados àquele processo, de acordo com os fundamentos que motivaram a rescisão do julgado.

Na hipótese de ação rescisória com fundamento no inciso I do § 4º do art. 966, a cumulação do pedido rescisório poderá ser examinada à luz da teoria da causa madura (art. 1.013, § 3º). Assim, *v.g.*, no caso de ação rescisória contra decisão que extinguiu o processo sem o exame do mérito (ausência de legitimidade, por exemplo), se o processo – aqui considerada a reprodução na ação rescisória do processo em que foi proferida a decisão rescindenda – estiver em condições de imediato julgamento, o tribunal poderá decidir o mérito. De outro lado, se houver necessidade de instrução probatória, não será possível o exercício do juízo rescisório, hipótese em que cumprirá ao tribunal exercer apenas o juízo rescindente.[1246]

1243 Rodrigo Barioni, *Ação rescisória e recursos para os tribunais superiores*, n. 2.3.1, p. 133.

1244 *V.* item "Efeito substitutivo e rescindibilidade", constante do comentário ac art. 966.

1245 Rodrigo Barioni explica que no caso de ação rescisória parcial, "apenas parte do julgado será desconstituída e, portanto, o pedido de novo julgamento não compreenderá os capítulos da sentença não atingidos pelo juízo rescindente" (Coment. ao art. 968, *in Breves comentários ao novo Código de Processo Civil*, n. 2, p. 2404).

1246 No mesmo sentido: Leonardo Greco, *Instituições de direito processual civil*, vol. III, n. 16.4.3., p. 357.

Questão tormentosa é saber se a ausência de cumulação de pedido rescisório ao pedido rescindente permitiria o exercício do *iudicium rescissorium*. De um lado, afirma-se que é obrigatória a cumulação de pedidos rescindente e rescisório. A obrigatoriedade decorreria da expressão "*devendo* o autor cumular ao pedido de rescisão, se for o caso, o de novo julgamento do processo". Diante disso, não seria possível considerar como "implícito" o pedido rescisório. O mesmo entendimento pontua ser incabível a emenda da petição inicial depois de oferecida a contestação, fato que atrairia a extinção do processo rescisório sem exame do mérito.[1247] De outro lado, sustenta-se que cumulação não seria exigência formal absoluta;[1248] deve ser considerado implicitamente pleiteado o novo julgamento do processo desde que seja decorrência lógica da rescisão.[1249]

De acordo com o princípio da primazia do julgamento do mérito (art. 4º), a melhor resposta é possibilitar o rejulgamento do processo, ainda que o autor da rescisória não haja formulado expressamente o pedido rescisório. Saliente-se, ainda, que o Código abandonou a regra segundo a qual "os pedidos são interpretados restritivamente".[1250] No vigente Código, pautado no modelo de *efetividade*,[1251] a "interpretação do pedido considerará o conjunto da postulação e observará o princípio da boa-fé". Assim, a elucidação do pedido decorre de sua contextualização ao inteiro teor da petição inicial, de modo a extrair a pretensão integral da parte.[1252] Nessa ordem de ideias, a procedência do pedido rescindente deve logicamente provocar, quando possível, o juízo rescisório. Caso contrário, ficaria sem sentido o próprio pedido de rescisão do julgado. No entanto, tal conclusão não obsta a que o relator, ao verificar que a petição inicial não contemple o pedido de novo julgamento, determine a intimação do autor para que expressamente o evidencie (art. 321).

1247 STJ, EDcl no AgRg no REsp 1.184.763/MG, rel. Min. Ricardo Villas Bôas Cueva, *DJe* 22-5-2014; AR 2677/PI, rel. Min. Denise Arruda, *DJ* 7-2-2008. Na doutrina, *v.* Daniel Amorim Assumpção Neves, *Novo Código de Processo Civil comentado* – artigo por artigo, p. 1581.

1248 STJ, REsp 783.516/PB, rel. Min. Eliana Calmon, *DJ* 29-6-2007.

1249 Com remissão à construção jurisprudencial sobre o tema no STJ: AgRg no REsp 1.070.825/PR, rel. Min. Ricardo Villas Bôas Cueva, *DJe* 3-2-2014; AgRg no Ag 1089633/DF, rel. Min. Jorge Mussi, *DJe* 6-4-2009.

1250 Art. 293 do CPC/1973.

1251 Luis Guilherme Aidar Bondioli, Coment. ao art. 322, *in Breves comentários ao novo Código de Processo Civil*, n. 3, p. 916.

1252 Susana Henriques da Costa, Coment. ao art. 322, *in Comentários ao novo Código de Processo Civil*, n. 3, p. 509. Na jurisprudência: STJ, REsp 1.155.274/PE, rel. Min. Nancy Andrighi, *DJe* 15-5-2012.

198. Valor da causa

No vigente sistema processual, a toda causa será atribuído valor certo, ainda que não tenha conteúdo econômico imediatamente aferível (art. 291). O valor da causa tem importância tributária e processual.[1253]

No que toca à ação rescisória, além do aspecto tributário e de ser necessário para fixar verba honorária e eventuais sanções processuais, o valor da causa é relevante para a base de cálculo do depósito a que se refere o inciso II do art. 968.

Não se observa, dentro do Código, norma, nem mesmo o art. 292, estipulando qual será o valor da causa que deva constar na petição inicial (ou reconvenção) da ação rescisória.

Diante da omissão legislativa, a doutrina[1254] e a jurisprudência[1255] consideram que, inicialmente, na ação rescisória, o valor da causa deverá corresponder àquele atribuído no processo em que foi proferida a decisão que se pretende rescindir, atualizado monetariamente. Porém, se o conteúdo econômico auferível na ação rescisória é diverso (maior ou menor) daquele buscado no processo originário, este será o valor da causa.[1256] Assim, v.g., na ação rescisória parcial, o valor da causa haverá de ser aquele condizente com a extensão do pedido de rescisão.

Compete ao relator corrigir de ofício e por arbitramento o valor da causa se verificar que não corresponda ao conteúdo patrimonial discutido na rescisória. Além disso, o valor da causa poderá ser impugnado pelo réu em preliminar de contestação, ocasião em que deverá demonstrar com precisão o valor que entende correto.[1257] A inexistência de impugnação torna preclusa a matéria (art. 293).

Acolhida a impugnação ao valor da causa, o autor será intimado a complementar as custas e o depósito a que faz referência o inciso II do art. 968, sob pena de indeferimento da petição inicial. Embora a lei seja omissa, compete, a princípio, ao relator decidir a respeito da impugnação ao valor da causa.

A decisão que acolhe ou rejeita pode ser impugnada por agravo interno (art. 1.021).

1253 BARBOSA MOREIRA, *O novo processo civil brasileiro*, p. 19.

1254 EDUARDO HENRIQUE DE OLIVEIRA YOSHIKAWA, *Valor da causa*, n. 3.6.27, p. 11.

1255 STJ, AgInt na AR 4763/AL, rel. Min. NAPOLEÃO NUNES MAIA FILHO, *DJe* 8-11-2016; AR 3342/SP, rel. Min. HUMBERTO MARTINS, *DJe* 7-10-2016; AgRg no AREsp 652.954/SP, rel. Min. MARCO BUZZI, *DJe* 9-3-2016.

1256 STJ, AgRg na AR 5600/DF, rel. Min. MARCO AURÉLIO BELLIZZE, *DJe* 15-9-2015.

1257 STJ, Pet. 9.892/SP, rel. Min. LUIS FELIPE SALOMÃO, *DJe* 3-3-2015.

199. Depósito de 5% sobre o valor da causa

O inciso II do art. 968 exige que o autor do pedido de rescisão promova o depósito da importância de 5% sobre o valor da causa.

Afirma-se que o objetivo do depósito é desestimular os pedidos de rescisão do julgado de modo a preservar a estabilidade das decisões judiciais e por esse motivo a multa não se revestiria de caráter indenizatório para compensar o réu por eventuais danos suportados pelo processo rescisório.[1258]

No entanto, parece que a lei cria uma discriminação econômica impondo considerável sacrifício financeiro ao autor para provocar a atividade jurisdicional. Além disso, a norma é de duvidosa constitucionalidade, principalmente se observada pelo ângulo da isonomia.[1259] Note-se que o argumento de evitar rescisórias infundadas não convence porque não há como pressupor que o autor atuará fora dos padrões éticos exigidos por qualquer litigante.[1260] Nem mesmo a regra que estabelece limite ao depósito prévio – não superior a 1000 (mil) salários mínimos[1261] – parece afastar a inconstitucionalidade material do dispositivo.[1262]

Superado o comentário acerca da hipotética inconstitucionalidade da exigência do depósito, cabem algumas anotações.

O depósito é requisito de admissibilidade do processo rescisório.[1263] Na falta de realização do depósito de 5% sobre o valor da causa, o processo rescisório é inválido.

1258 Cf. Barbosa Moreira, *Comentários ao Código de Processo Civil*, vol. V, n. 105, p. 181. Na jurisprudência: STJ, EAR 568/SP, rel. Min. Francisco Falcão, *DJ* 18-2-2002.

1259 Leonardo Greco crítica, com razão, o depósito porque "cria um obstáculo econômico discriminatório ao acesso à justiça, e, portanto, inconstitucional por violação do princípio da isonomia, em detrimento daqueles que, mesmo tendo uma boa causa, se sentirão inibidos de propô-la, não porque sofrerão o risco de perder mais esse valor, o que seria razoável, mas por não poderem dispor sem razoável sacrifício do seu desembolso" (*Instituições de direito processual civil*, vol. III, n. 16.4.3, p. 357).

1260 Cassio Scarpinella Bueno, *Curso sistematizado de direito processual civil*, vol. 5, n. 5.2, p. 327-328. A crítica permanece em outros escritos mais atualizados, cf. *Manual de direito processual civil*, n. 8.3., p. 631-632.

1261 A doutrina sustenta que o § 2º do art. 968 procura equilibrar o argumento "desestimulo" com o acesso à justiça (cf. Ronaldo Cramer, Coment. ao art. 968, *in Comentários ao Código de Processo Civil*, n. 3, p. 1429; Rodrigo Barioni, Coment. ao art. 968, *in Breves comentários ao novo Código de Processo Civil*, n. 3, p. 2404). Flávio Luiz Yarshell, embora entenda louvável a limitação, a norma "é aleatório e sem aparente justificativa lógica ou sistemática" (*Breves notas sobre a disciplina da ação rescisória no CPC 2015*, p. 167-168).

1262 Cassio Scarpinella Bueno percebeu a tentativa do legislador em contornar a inconstitucionalidade do referido dispositivo (*Novo Código de Processo Civil anotado*, p. 785).

1263 Leonardo Greco, *Instituições de direito processual civil*, vol. III, n. 16.4.3, p. 357.

Além de ser um mecanismo que visa a desencorajar o interessado a ingressar com a ação rescisória, o depósito garante o pagamento de eventual multa – 5% sobre o valor da causa – na hipótese de julgamento colegiado que concluir unanimemente pela inadmissibilidade ou improcedência do pedido rescindente. A divergência, ainda que mínima, não gera multa, mesmo que a maioria dos magistrados julgue inadmissível ou improcedente a rescisória.

Logo, depósito é requisito de admissibilidade do processo rescisório; multa é a sanção para o caso de inadmissibilidade ou improcedência declarada por unanimidade de votos. São conceitos inconfundíveis.[1264]

O objeto do depósito é, em regra, dinheiro. Contudo, é preciso observar que o depósito constitui meio específico de garantia para a hipótese de eventual cobrança da multa originada de julgamento colegiado unânime no sentido da inadmissibilidade ou improcedência da rescisória. Assim, com amparo no parágrafo único do art. 848, nada obsta que o depósito possa ser substituído por seguro garantia judicial ou fiança bancária, pois tais meios asseguram ao réu a tutela de direito de crédito decorrente da eventual multa.

Em regra, com a petição inicial deverá estar a prova do recolhimento do depósito, cuja falta deverá ser certificada no processo – fato que impõe ao relator intimar o autor para que comprove a exigência legal, sob pena de indeferimento (art. 968, § 3º). Nos termos do princípio da primazia do julgamento do mérito (art. 4º), a intimação do autor para sanar o vício é obrigatória seja qual for o motivo (*v.g.*, ausência de recolhimento, depósito insuficiente, recolhimento em guia ou formulário impróprio).[1265]

Note-se que a base de cálculo para incidência do depósito decorre do valor da causa. Se o autor houver atribuído à causa valor abaixo do proveito econômico por ele almejado na ação rescisória, de ofício ou a requerimento, deve haver a ordem para retificar o valor da causa constante na petição inicial. Somente depois de retificado, e desde que o autor não haja providenciado o

---

1264 A distinção foi importante para Didier Jr.-Oliveira para concluir que "o autor de ação rescisória ajuizada na vigência do CPC/1973 tem direito ao levantamento imediato do depósito obrigatório, na parcela que eventualmente exceder a 1000 salários mínimos vigentes, porque não se pode exigir, sem base legal, que ele mantenha em depósito quantia maior que a considerada suficiente para atender ao atual requisito de admissibilidade do procedimento da ação rescisória, tampouco a manter garantia em valor maior que o máximo a que pode chegar eventual multa a ser cominada em caso de decisão unânime que inadmita a rescisória ou que a julgue improcedente" (*O depósito obrigatório da ação rescisória e a superveniência do novo CPC*, n. 6, p. 337).

1265 STJ, REsp 136.254-SP, rel. Min. Aldir Passarinho Junior, *DJe* 9-5-2005.

complemento do depósito com base no "novo" valor da causa, o tribunal deverá determinar a intimação do autor para que o faça.[1266]

É importante que os tribunais regulem o procedimento para realização do depósito.

A existência de litisconsórcio ativo não modifica o percentual indicado pela lei para efeitos de depósito.

De outro lado, a exigência alcança o réu, que, por meio de reconvenção, formula pretensão rescindente.

Segundo o § 1º do art. 968, estão dispensados de efetuar o depósito de 5% do valor da causa: União, Estados, Distrito Federal, Municípios, suas respectivas autarquias e fundações de direito público,[1267] Ministério Público, Defensoria Pública e os que tenham obtido o benefício de gratuidade da justiça.

No que toca à gratuidade da justiça, a concessão do benefício no processo anterior não passa automaticamente para o processo rescisório. É necessário observar se o beneficiário, no momento do ajuizamento da ação rescisória, ainda ostenta a condição de insuficiência de recursos para pagar as custas, as despesas e os honorários advocatícios, e para efetuar o depósito rescisório. Note-se, ainda, que a gratuidade poderá consistir apenas na redução do percentual de 5% do depósito rescisório, conforme permite a interpretação do § 5º do art. 98.

O valor depositado se converterá em multa, caso a ação rescisória seja julgada, por unanimidade de votos, inadmissível ou improcedente. A reversão do depósito em multa pressupõe a citação do réu para integrar a relação processual[1268] e também o julgamento colegiado.

Sobre o julgamento da ação rescisória e o destino do depósito, remete-se o leitor ao comentário exposto no art. 974.

200. Improcedência liminar do pedido rescindente (art. 332)

Ao processo rescisório, aplica-se o disposto no art. 332.

Nos casos que dispensem a fase instrutória, o relator, independentemente da citação do réu, julgará liminarmente improcedente o pedido rescindente que contrariar enunciado de súmula do STF ou do STJ, ou de tribunal de justiça sobre direito local, e precedente obrigatório oriundo de acórdão pro-

---

1266 STJ, REsp 1.246.085/RS, rel. Min. Nancy Andrighi, *DJe* 26-6-2012.
1267 Nesse ponto, a lei absorve a Súmula 175/STJ.
1268 Rodrigo Barioni, Coment. ao art. 968, *in Breves comentários ao novo Código de Processo Civil*, n. 3, p. 2404.

CPC/2015, art. **968**

ferido pelo STF ou pelo STJ em julgamento de recursos repetitivos, incidente de resolução de demandas repetitivas ou de assunção de competência. Posto que não se enquadre na enumeração do art. 332, o julgamento unipessoal é proibido. Entendimento contrário é violar manifestamente as regras de competência funcional.

O disposto no § 4º do art. 968 não constitui faculdade ao relator, mas dever em proferir liminarmente decisão de improcedência.[1269]

201. Incompetência para julgar ação rescisória

A ação rescisória está disciplinada no Capítulo VII, o qual está inserto no Título I do Livro III da Parte Especial, sob a rubrica "Da Ordem dos Processos e dos Processos de Competência Originária dos Tribunais". Não há dúvida, portanto, que a competência para processar ação rescisória é dos tribunais.

A definição da competência sujeita-se ao objeto da ação rescisória. Assim, *v.g.*, "compete ao STF processar e julgar originariamente a ação rescisória de *seus* julgados" (art. 102, I, "j", da CF); compete ao STJ processar e julgar originariamente a ação rescisória de *seus* julgados (art. 105, I, "e", da CF); compete aos TRFs processar e julgar originariamente as ações rescisórias de seus julgados ou dos julgados dos juízes federais da região (art. 108, I, "b", da CF). Normas semelhantes se observam nas Constituições dos Estados (*v.g.*, art. 74, VII, da Constituição do Estado de São Paulo).

Entretanto, na prática, observa-se que nem sempre é simples identificar o objeto da ação rescisória, tendo em vista a falta de técnica na elaboração dos julgamentos de mérito do recurso,[1270] em verdadeira confusão entre juízo de

---

1269 Cf. José Rogério Cruz e Tucci, *Comentários ao Código de Processo Civil*, n. 70, p. 158.
1270 Cf. Barbosa Moreira, *Que significa "não conhecer" de um recurso?*, especialmente item 5, p. 131-132; Nelson Nery Jr. *Teoria geral dos recursos*, n. 3.4, p. 263; José Miguel Garcia Medina, *O prequestionamento nos recursos extraordinário e especial*, n. 2.4.1, p. 150; Leonardo Ferres da Silva Ribeiro, *A conhecida, porém ignorada, distinção entre juízo de admissibilidade e juízo e mérito nos recursos especial e extraordinário*, n. 2, p. 126-127. A confusão é potencializada pelo teor da Súmula 249 do STF, também aplicável ao STJ, e persuasiva aos demais tribunais da federação: "É competente o Supremo Tribunal Federal para ação rescisória quando, embora não tendo conhecido do recurso extraordinário, ou havendo negado provimento ao agravo, tiver apreciado a questão federal controvertida". Além disso, a Súmula 515 do STF estabelece que "A competência para a ação rescisória não é do Supremo Tribunal Federal, quando a questão federal, apreciada no recurso extraordinário ou no agravo de instrumento, seja diversa da que foi suscitada no pedido rescisório". Marcelo Pacheco Machado também anota o problema pela ótica da incerteza quanto à adequação (*Incerteza e processo*, p. 100 e 190).

admissibilidade e juízo de mérito. A discussão ganha contorno de complexidade se examinada à luz do efeito substitutivo de que cuida o art. 1.008.[1271]

Com frequência, na praxe forense, em alguns julgamentos de recursos, notam-se alguns equívocos no rótulo das decisões: no lugar de "não provimento", o recurso recebeu a chancela de "não conhecimento", influenciando na formulação do pedido rescindente e levando a parte ao equívoco de ajuizar a ação rescisória em órgão judicial incompetente. No sistema do CPC/1973, habitualmente os tribunais declaravam inadmissível a ação rescisória por erro na indicação da decisão rescindente, com a consequente extinção da ação rescisória com fundamento na incompetência absoluta. Dificilmente a parte poderia ajuizar nova ação rescisória dado o escoamento do prazo decadencial. [1272]

Diante disso, o legislador, inspirado na cooperação entre todos os sujeitos que participam do processo e do compromisso com a primazia da resolução do mérito,[1273] princípio da economia processual e da garantia de efetivo acesso à tutela jurisdicional,[1274] editou o disposto no § 5º do art. 968, que, nada obstante a redação confusa, gerando certa perplexidade por parte da doutrina,[1275] busca resolver o problema: "reconhecida a incompetência do tribunal para julgar a ação rescisória, o autor será intimado para emendar a petição inicial, a fim de adequar o objeto da ação rescisória, quando a decisão apontada como

---

1271 A questão não é nova. Em trabalho primoroso de memória da jurisprudência do STF, CARLOS BASTIDE HORBACH recordou o voto vencido do Min. PEDRO LESSA, no RE 1.076, relatado pelo Min. Hermenegildo de Barros, j. 30-7-1919. Destaque-se o seguinte trecho: "a questão é somente de lógica jurídica. No recurso extraordinário só e só podemos discutir se uma lei federal deixou de ser aplicada ou foi desprezada pela justiça local. Nada mais. Ora, julgar que nenhuma lei federal, ou que numa certa lei federal não foi preterida pela justiça local na decisão de um feito, é dirimir essa única possível questão *de meritis*, e não uma simples preliminar. Por isso, conhecia o recurso e negava provimento. Mera questão técnica, ou de lógica jurídica, sem nenhuma influência na solução do pleito" (*Memória jurisprudencial*: Ministro PEDRO LESSA, p. 169).

1272 A doutrina apontava o equívoco e o grande problema que o erro gerava: FABIANO CARVALHO, *Ação rescisória* – decisões rescindíveis, n. 6, p.166-171; BARBOSA MOREIRA, *Comentários ao Código de Processo Civil*, vol. V, n. 121, p. 201-202; MARCELO PACHECO MACHADO, *Incerteza e processo*, p. 192-201. A proposta doutrinária consistia na emenda da petição inicial e a remessa dos autos do processo rescisório ao tribunal competente. Há um acórdão isolado do STJ no mesmo sentido: AR 801/SP, rel. Min. JOSÉ ARNALDO DA FONSECA, *DJ* 13-9-1999.

1273 JALDEMIRO RODRIGUES DE ATAÍDE JR., Coment. ao art. 968, *in Comentários ao Código de Processo Civil*, p. 1117.

1274 HUMBERTO THEODORO JR., *Curso de direito processual civil*, vol. III, n. 67.7, p. 879.

1275 DIDIER JR.-CUNHA, *Curso de direito processual civil*, vol. 3, n. 4.4, p. 456.

rescindenda: I - não tiver apreciado o mérito e não se enquadrar na situação prevista no § 2º do art. 966; II - tiver sido substituída por decisão posterior". Trata-se de peculiar hipótese de emenda da petição inicial.[1276]

O dispositivo tem a seguinte significação: o relator, ao verificar que o autor indicou erradamente a decisão rescindenda e, por consequência, endereçou a petição inicial para tribunal absolutamente incompetente para processar e julgar a ação rescisória, não poderá determinar a extinção do processo.[1277] Nessa hipótese, o autor deverá ser intimado para ajustar a petição inicial, fazendo constar a correta decisão rescindenda. Se o réu já houver integrado a relação processual da ação rescisória, por força dos princípios da isonomia e do contraditório, ser-lhe-á lícito "complementar os fundamentos de defesa" (art. 968, § 6º). Algumas dúvidas podem surgir no sentido de se saber qual seriam os limites da complementação da defesa do réu. Seja como for, em seguida, os autos do processo rescisório serão remetidos ao tribunal competente.[1278]

Exame em separado merece a hipótese de o "novo" tribunal reputar-se também incompetente para processar e julgar a ação rescisória. Não se admite que o tribunal indefira a petição inicial.[1279] Preconiza-se a solução de suscitar o conflito negativo de competência, salvo se o tribunal atribuir a competência a um terceiro tribunal, hipótese em que deverá renovar o procedimento para emenda.[1280] No entanto, se o "novo" tribunal for o STF e este recusar a competência para processar e julgar ação rescisória, não haverá conflito de competência. Neste caso, a competência é do órgão indicado pelo STF.

Salvo decisão judicial em sentido contrário, conservar-se-ão os efeitos de decisão proferida no curso da ação rescisória pelo tribunal incompetente até que outra seja prolatada, se for o caso, pelo tribunal competente (art. 64, § 4º).

Art. 969. A propositura da ação rescisória não impede o cumprimento da decisão rescindenda, ressalvada a concessão de tutela provisória.

COMENTÁRIO

1276 Cassio Scarpinella Bueno, *Novo Código de Processo Civil anotado*, p. 785.

1277 Cf. Rodrigo Barioni, Coment. ao art. 968, *in Breves comentários ao novo Código de Processo Civil*, n. 6, p. 2405-2406; Alexandre Freitas Câmara, *O novo processo civil brasileiro*, n. 23.7, p. 473-474.

1278 Daniel Amorim Assumpção Neves escreve que "a complementação da defesa estará limitada ao objeto das mudanças realizadas na petição inicial em respeito ao princípio da causalidade" (*Manual de direito processual civil*, n. 62.7, p. 1386.

1279 Nery-Nery, *Comentários ao Código de Processo Civil*, p. 1946.

1280 Cf. Cassio Scarpinella Bueno, *Manual de direito processual civil*, n. 8.3., p. 632.

202. Execução e ação rescisória

A decisão rescindenda conserva sua eficácia executiva, mesmo com o ajuizamento da ação rescisória.[1281] Vale dizer que o ajuizamento da ação rescisória por quem ocupa a qualidade de devedor não obsta o prosseguimento da execução fundada em título executivo judicial proveniente da decisão que se pretende rescindir. Assim, nada obstante o ajuizamento da ação rescisória, na execução, é possível praticar todos os atos executivos e expropriatórios tendentes à satisfação do crédito.

A norma em comento deve ser interpretada extensivamente, pois, de acordo com sua eficácia, são inviáveis de serem executadas, de modo que a ação rescisória não impede que a decisão rescindenda produza seus regulares efeitos.[1282]

À luz do sistema anterior, a concessão de medida para impedir a suspensão do julgado objeto de ação rescisória foi questão bastante debatida,[1283] que de certa forma se acomodou dada a redação da Lei n. 11.280/06.[1284-1285]

O vigente sistema é bastante claro em autorizar a tutela provisória para obstar o cumprimento da decisão rescindenda. Não há restrição quanto à extensão da medida. Por esse motivo, é lícito ao órgão competente, desde que preenchidos os requisitos expressos em lei, conceder tutela provisória seja qual for a natureza (urgência – tutela antecipada ou cautelar – ou evidência) ou procedimento (antecedente ou incidental).[1286]

Embora o ajuizamento da tutela provisória antecedente pressuponha valor da causa,[1287] para seu manejo como medida anterior à propositura da ação

---

1281 Renzo Provinciali, *Delle impugnazioni in generale*, Napoli, Morano, 1962. 295 p.

1282 Rodrigo Barioni, Coment. ao art. 969, *in Breves comentários ao Código de Processo Civil*, n. 1, p. 2406.

1283 Galeno Lacerda, *Comentários ao Código de Processo Civil*, vol. VIII, t. I, n. 12, p. 53.

1284 Barbosa Moreira, *Comentários ao Código de Processo Civil*, vol. V, n. 106, p. 185.

1285 Mas sempre na perspectiva de ser medida excepcional, cf. João Batista Lopes, *Tutela antecipada*, n. 3.1 e 3.5, p. 201 e 206-210.

1286 Alexandre Freitas Câmara, *O novo processo civil brasileiro*, n. 23.7, p. 475; Cassio Scarpinella Bueno, *Manual de direito processual civil*, n. 8.4, p. 633; Arruda Alvim, *Novo contencioso cível no CPC/2015*, n. 11.7, p. 334, Eduardo Arruda Alvim, *Tutela provisória*, n. 10.1, p. 437. Cabe registro o posicionamento de Jaldemiro Rodrigues de Ataíde Jr., com o qual não se concorda: "o "procedimento da tutela antecipada requerida em caráter antecedente" (arts. 303 e 304 do CPC/2015) e o "procedimento da tutela cautelar requerida em caráter antecedente" (arts. 306 e 310 do CPC/2015) afiguram-se incompatíveis com o rito da ação rescisória" (Coment. ao art. 969, *in Comentários ao Código de Processo Civil*, p. 1118).

1287 Enunciado 44 da I Jornada de Processo Civil do CJF: "É requisito da petição inicial da tutela cautelar requerida em caráter antecedente a indicação do valor da causa".

rescisória, o autor não está obrigado a depositar a importância de cinco por cento a que se refere o inciso II do art. 968.

No processo rescisório aplica-se o regime da fungibilidade da tutela provisória (art. 305, parágrafo único).

O regime da tutela provisória está exposto no Livro V da Parte Geral do Código, o qual deverá ser observado pelo órgão judicial competente para apreciar a medida.

Para a concessão da tutela provisória, é desimportante o resultado da decisão rescindenda (procedente ou improcedente). Interessa para o autor da ação rescisória o efeito prático que a medida possa emprestar.

Parcela da doutrina afirma que, de certa forma, ao lado da impugnação ao cumprimento de sentença (art. 525), a ação rescisória é um meio de oposição ao procedimento executivo. Desse modo, levando em conta que a impugnação apenas poderá impedir a prática de atos executivos se garantido o juízo com penhora, caução ou depósito suficientes, a mesma exigência haveria de ser feita para a concessão de tutela provisória na ação rescisória.[1288] Porém, nada diz o dispositivo em comento sobre exigência de qualquer garantia para a concessão da tutela provisória. Pondere-se que a ação rescisória tem regime próprio e não pode ser confundida com os meios próprios de impugnação do processo executivo. Essa ponderação, entretanto, não obsta a que o órgão competente limite extensão da tutela provisória, *v.g.*, para autorizar os atos executivos até a penhora, mas evitar os atos de expropriação.

Diante do grau de estabilização da decisão rescindenda, é inaplicável o disposto no art. 304. Em última análise, a concessão da tutela provisória *satisfativa* (tutela antecipada) não se torna estável, mesmo que a parte não interponha o agravo interno.[1289]

Sem prejuízo da concessão da tutela provisória, é permitido ao executado que houver ajuizado ação rescisória para impugnar a decisão exequenda (rescindenda) requerer, a suas expensas e sob sua responsabilidade, a anotação da propositura da ação à margem do título protestado (art. 517, § 3º).

203. Competência para apreciar a tutela provisória

O art. 969 não fixa o órgão competente para apreciar o requerimento de tutela provisória. Dado o silêncio do dispositivo em comento, tem aplicação o inciso II do art. 932: "incumbe ao relator apreciar o pedido de tutela provisória

---

1288 DIDIER JR.-CUNHA, *Curso de direito processual civil*, vol. 3, n. 7.10, p. 518.
1289 Enunciado 421 do FPPC: "Não cabe estabilização de tutela antecipada em ação rescisória".

COMENTÁRIOS AO CÓDIGO DE PROCESSO CIVIL V. XIX

nos processos de competência originária do tribunal". Todavia, o parágrafo único do art. 299 permite afirmar que a competência não é exclusiva do relator. Admite-se igualmente que o órgão colegiado competente para julgar o pedido de rescisão possa apreciar o requerimento de tutela provisória (*"na ação de competência originária de tribunal (...) a tutela provisória será requerida ao órgão jurisdicional competente para apreciar o mérito"*).[1290]

Registre-se que tanto a tutela provisória incidental quanto a antecedente é da competência do tribunal.

Ao conceder a tutela provisória, o tribunal poderá determinar todas as medidas necessárias à sua efetivação (art. 297).

> **Art. 970.** O relator ordenará a citação do réu, designando-lhe prazo nunca inferior a 15 (quinze) dias nem superior a 30 (trinta) dias para, querendo, apresentar resposta, ao fim do qual, com ou sem contestação, observar-se-á, no que couber, o procedimento comum.

COMENTÁRIO

204. Citação do réu

Para validade do processo rescisório é indispensável a citação do réu, ressalvadas as situações de indeferimento da petição inicial e improcedência liminar (art. 968, § 4°).

A exemplo do sistema anterior, não há regime diferenciado na convocação do réu ou interessado para integrar a relação processual da ação rescisória. Por esse motivo, incidem as normas gerais do Capítulo II, Título II, Livro IV, da Parte Geral.

O processo rescisório segue um procedimento especial, de modo que, diferentemente do procedimento comum, o réu não será citado para comparecer à audiência de conciliação ou mediação (art. 334). Entretanto, o relator poderá incentivar os meios para autocomposição (arts. 3°, § 3°, e 139, V).

1290 Na jurisprudência: "A competência para determinar a suspensão da execução do julgado, com fundamento no ajuizamento de ação rescisória, é exclusiva do Tribunal competente para apreciar a referida ação" (STJ, REsp 742.644/SP, rel. Min. FRANCIULLI NETTO, DJ 6-3-2006). Na doutrina, RENATO MONTANS DE SÁ afirma que compete ao relator, sem fazer referência ao órgão colegiado (*Manual de direito processual civil*, n. 4.8, p. 916, extraída de NEGRÃO-GOUVÊA-BONDIOLI-FONSECA, *Código de Processo Civil e legislação processual em vigor*, nota 3 ao art. 969, p. 876). José MIGUEL GARCIA MEDINA assevera que se tem "admitido, embora em caráter excepcional, com base no poder geral de cautela, que o próprio juízo perante o qual tramita a execução suspenda-a, em razão da tramitação, perante tribunal superior, de ação rescisória ajuizada contra a sentença rescindenda" (*Novo Código de Processo Civil comentado*, p. 1314).

368

Reconhece-se que a citação válida ocorrida na ação rescisória, ainda quando ordenada por tribunal incompetente, induz litispendência, e constitui em mora o devedor, ressalvado o disposto nos arts. 397 e 398 do CC. No entanto, não torna litigiosa a coisa, motivo pelo qual o vencedor do processo originário não está obrigado "a manter o estado de fato da causa inalterado" durante o curso da ação rescisória,[1291] ressalvada a hipótese de concessão de tutela provisória.

205. Prazo para resposta

O art. 970 estabelece um prazo judicial variável para que o réu ofereça resposta. Compete ao relator fixar o prazo para resposta, no mínimo de 15 (quinze) dias e no máximo de 30 (trinta) dias. A justificativa da flexibilidade do prazo decorre de variadas situações (*v.g.*, complexidade da causa, lugar do processo rescisório).[1292] O relator deverá avaliar criteriosamente a natureza do processo para deliberar o tempo da resposta. Não se trata propriamente de prazo discricionário.[1293]

Com efeito. O prazo para resposta é de natureza processual e deve respeitar às regras de contagem, computado somente em dias úteis (art. 219), suspensão, prorrogação, restituição, preclusão etc.[1294]

Aplica-se a prerrogativa dos prazos diferenciados para o Ministério Público (art. 180), a União, os Estados, o Distrito Federal, os Municípios e suas respectivas autarquias e fundações de direito público (art. 183), Defensoria Pública (art. 186) e litisconsortes com procuradores diferentes, de escritórios de advocacia distintos (art. 229), ressalvada a hipótese de processo eletrônico (art. 229, § 2º),[1295] de maneira que o prazo deve ser estipulado entre 30 (trinta) e 60 (sessenta) dias.[1296] Não há motivo para distinção entre prazo *legal* e prazo *judicial*.[1297]

1291 LEONARDO GRECO, *Instituições de direito processual civil*, n. 16.4.4, p. 358-359. A doutrina já se posicionava assim no CPC/1973, cf. LUÍS EULÁLIO DE BUENO VIDIGAL, *Comentários ao Código de Processo Civil*, vol. VI, n. 4, p. 210.

1292 SÉRGIO GILBERTO PORTO, *Comentários ao Código de Processo Civil*, vol. 6, n. 3, p. 377.

1293 Contra: SÉRGIO RIZZI, *Da ação rescisória*, p. 1128.

1294 Cf. BARBOSA MOREIRA, *Comentários ao Código de Processo Civil*, vol. V, n. 113, p. 191.

1295 NERY-NERY, *Comentários ao Código de Processo Civil*, p. 1953; RODRIGO BARIONI, Coment. ao art. 970, *in Breves comentários ao novo Código de Processo Civil*, n. 2, p. 208.

1296 DIDIER JR.-CUNHA, *Curso de direito processual civil*, vol. 3, n. 7.4, p. 513. Contra: MARINONI-ARENHART-MITIDIERO, *Curso de direito processual civil*, vol. 2, n. 12.4.2, p. 597.

1297 DANIEL AMORIM ASSUMPÇÃO NEVES, *Manual de direito processual civil*, n. 62.10.3, p. 1394. No sistema anterior, BARBOSA MOREIRA considerou relevante a distinção (*Comentários ao Código de Processo Civil*, vol. V, n. 113, p. 191).

COMENTÁRIOS AO CÓDIGO DE PROCESSO CIVIL V. XIX

206. Resposta do réu e revelia

Citado, o réu atrai o ônus de oferecer resposta.

A palavra resposta tem sentido amplo para compreender contestação, reconvenção, impugnação ao valor da causa, impugnação ao benefício da gratuidade da justiça etc. [1298]

O réu apresentará a resposta por petição, no prazo estipulado pelo relator, e deverá atender aos requisitos gerais dos atos processuais e especiais de cada meio de resposta (*v.g.*, contestação na forma do art. 337; reconvenção de acordo com o art. 343). Poderá ser físico ou eletrônico.

Por força da estabilidade das decisões transitadas em julgado, que se sujeitam à impugnação por meio da ação rescisória, a ausência de contestação e/ou a falta de impugnação específica não atrai os efeitos da revelia.[1299] Ainda que o autor da ação rescisória tenha deduzido matéria que não coincida com aquela discutida no processo originário (*v.g.*, simulação), é inaplicável a presunção de veracidade prevista no art. 344.

207. Reconvenção em ação rescisória

Em termos gerais, o procedimento da ação rescisória não é obstáculo para que o réu proponha reconvenção por meio da qual manifeste pretensão própria, desde que, é claro, satisfeitos os pressupostos exigidos no art. 343.[1300]

A doutrina costuma empregar o exemplo da "sucumbência recíproca",[1301] *v.g.*, a parte poderá ajuizar ação rescisória objetivando a rescisão capítulo que

---

1298 Nesse sentido: MARCELO ABELHA, *Manual de direito processual civil*, n. 23, p. 1368.

1299 Fala-se no "princípio da preservação da coisa julgada" (STJ, AgRg na AR 3867/PE, rel. Min. MARCO BUZZI, *DJe* 19-11-2014). Acrescente-se a reiterada jurisprudência reproduzida por NEGRÃO-GOUVÊA-BONDIOLI-FONSECA, *Código de Processo Civil e legislação processual em vigor*, nota 2 ao art. 970, p. 877. Na doutrina: ARRUDA ALVIM, *Novo contencioso cível no CPC/2015*, n. 11.7, p. 334-335; ARTUR CÉSAR DE SOUZA, *Contraditório e revelia*, n. 6.8.2, p. 214-215. A questão foi debatida nos primeiros anos de vigência do CPC/1973, conforme se lê em RITA GIANESINI, *Da revelia no processo civil brasileiro*, n. 4.4, p. 146-147.

1300 Pelo cabimento da reconvenção em sede de ação rescisória: PONTES DE MIRANDA, *Tratado da ação rescisória das sentenças e outras decisões*, n. 8, p. 515-518; CALMON DE PASSOS, *Comentários ao Código de Processo Civil*, n. 53.5, p. 347; JOSÉ ROGÉRIO CRUZ E TUCCI, *Da reconvenção*, n. 5.7.2, p. 68-70; LUIS GUILHERME AIDAR BONDIOLI, *Reconvenção no processo civil*, n. 44, p. 288-290. Especialmente nos termos do vigente sistema processual, *v.* ANDRE VASCONCELOS ROQUE, *Processo de conhecimento e cumprimento de sentença* – comentários ao CPC de 2015, p. 129; DIDIER JR.-CUNHA, *Curso de direito processual civil*, vol. 3, n. 7.7, p. 515. Na jurisprudência: STJ, AR 4.772/MG, rel. Min. ARNALDO ESTEVES LIMA, *DJe* 1-7-2013).

1301 BARBOSA MOREIRA, *Comentários ao Código de Processo Civil*, vol. V, n. 113, p. 192.

sucumbiu, e seu adversário reconvir para rescindir o outro capítulo que, da mesma forma, lhe foi desfavorável.

Evidente que a reconvenção, além de veicular o pedido rescindente, quando for o caso, também poderá aduzir o pedido de novo julgamento.[1302]

No entanto, note-se que, ainda que haja conexão com o pedido rescisório, na reconvenção é vedado ampliar o objeto do juízo rescisório para incorporar pretensão que não foi deduzida no processo originário por ser incompatível com a expressão legal "pedido de novo julgamento do processo" (art. 968, I). Figure-se o seguinte exemplo: com base no art. 966, V, *A* pede a rescisão de julgado que rejeitou pedido de invalidade de determinada cláusula contratual e, consequentemente, o rejulgamento da causa. Não é lícito a *R* reconvir para incorporar ao eventual juízo rescisório (*iudicium rescissorium*) a condenação de *A* a determinada prestação oriunda da referida cláusula, matéria que não compôs o processo em que foi proferida a decisão rescindenda.

Permite-se que a reconvenção invoque fundamento rescisório diverso daquele invocado na petição inicial.[1303]

Na órbita da ação rescisória, a reconvenção deve respeitar o prazo bienal contado da última decisão proferida no processo, contando com todas as particularidades estabelecidas no art. 975. Note-se que o ajuizamento da ação rescisória ("pedido originário") não suspende, interrompe ou prolonga o prazo para a propositura da reconvenção. Além disso, o reconvinte não está imune ao depósito da importância de cinco por cento sobre o valor da causa, com o limitativo de 1000 (mil) salários mínimos (art. 968, II, e § 2°).

Proposta a reconvenção, o relator, de ofício, mandará proceder à respectiva anotação pelo distribuidor (art. 286, parágrafo único). Em seguida, o autor será intimado, na pessoa do seu advogado, para apresentar resposta no prazo nunca inferior a 15 (quinze) dias nem superior a 30 (trinta) dias.[1304]

208. Procedimento da ação rescisória

O procedimento da ação rescisória é diferenciado, sobretudo na fase inicial. Entretanto, posteriormente ao encerramento do prazo para resposta, o processo rescisório seguirá, "*no que couber*, o procedimento comum" (Título I, Livro I, da Parte Especial). Por se tratar de processo de competência originário do tribunal, há algumas particularidades em que o procedimento da ação rescisória não será coincidente com o procedimento comum (*v.g.*, colheita da prova em primeiro grau de jurisdição).

1302 STF, AR 1578/PR, rel. Min. ELLEN GRACIE, *DJe* 20-8-2009.
1303 LUIS GUILHERME AIDAR BONDIOLI, *Reconvenção no processo civil*, n. 44, p. 289.
1304 Aqui não tem aplicação automática o disposto no § 1° do art. 343.

Comentários ao Código de Processo Civil v. XIX

Seja como for, ao iniciar o procedimento comum, o relator examinará a contestação. Se o réu alegar qualquer das matérias enumeradas no art. 337 e/ou fato impeditivo, modificativo ou extintivo do direito do autor, o relator determinará sua intimação para que se manifeste no prazo de 15 (quinze) dias, permitindo-lhe a produção de prova.

No mais, o regimento interno do tribunal poderá regular o procedimento da ação rescisória.

> **Art. 971.** Na ação rescisória, devolvidos os autos pelo relator, a secretaria do tribunal expedirá cópias do relatório e as distribuirá entre os juízes que compuserem o órgão competente para o julgamento.
>
> **Parágrafo único.** A escolha de relator recairá, sempre que possível, em juiz que não haja participado do julgamento rescindendo.

COMENTÁRIO

209. Procedimento prévio ao julgamento do processo rescisório

Se não for o caso de julgamento unipessoal, encerrada a fase postulatória, e eventualmente a instrutória, o relator deverá elaborar o relatório, distribuindo-o aos demais juízes que participarão do julgamento, e restituir os autos à secretaria para posterior designação de data para julgamento colegiado.[1305]

O descumprimento em circular o relatório aos demais integrante do órgão competente para o julgamento da ação rescisória, em tese, não gera nulidade,[1306] mas pode comprometer a eficiência processual. Isso porque, caso chegue o dia da sessão sem que tenha circulado o relatório, qualquer integrante da turma julgadora poderá solicitar ao presidente do órgão colegiado competente para que se retire o processo rescisório da pauta de julgamento e seja suprida a falha.[1307] Além disso, caso seja iniciado o julgamento, a falta da distribuição do relatório poderá gerar desnecessário pedido de vista.

Modernamente, se o relator estiver com o voto pronto, é conveniente que ele o distribua entre os seus pares, a fim de possibilitar maior debate, o que certamente qualificará o julgamento da ação rescisória. Ademais, o procedi-

---

1305 Sobre a importância do relatório, *v.* comentário ao art. 931.

1306 Cf. Sergio Sahione Fadel, *Código de Processo Civil comentado*, vol. III, p. 206; Sergio Bermudes, *Comentários ao Código de Processo Civil*, vol. VII, n. 284, p. 325. Mais recentemente: Rodrigo Barioni, Coment. ao art. 971, *in Breves comentários ao novo Código de Processo Civil*, n. 1, p. 2409.

1307 Cf. Barbosa Moreira, *Comentários ao Código de Processo Civil*, vol. V, n. 354, p. 662.

372

mento de circulação do voto anteriormente à sessão de julgamento evita pedido de vista, contribuindo para a celeridade processual.[1308]

De acordo com o princípio da cooperação (art. 6º), o relatório deverá descrever todos os fatos essenciais ocorridos durante o procedimento da ação rescisória, sobretudo um resumo conciso, porém, sem suprimir qualquer argumentação que seja essencial para o debate entre o colegiado, das peças que compõem a fase de postulação (petição inicial, resposta e réplica). Além disso, se houver instrução probatória, o relator deverá fazer um relato circunstanciado das provas produzidas.

210. Escolha do relator

O parágrafo único do art. 971 estabelece que a escolha de relator para conduzir o processo rescisório recairá, "sempre que possível", em magistrado que não haja participado do julgamento rescindendo.

Há hipóteses em que seria praticamente impossível a escolha de um relator que não haja participado do processo anterior, *v.g.*, ação rescisória contra acórdão proferido pelo Plenário do STF.

A interpretação extensiva permite compreender que a norma alcance qualquer magistrado que haja proferido decisão ou feito parte de julgamento colegiado. Suponha-se que o Juiz *A* haja proferido sentença, a qual foi impugnada por apelação, julgada colegiadamente pelos magistrados *B, C* e *D*, cujo órgão veio a proferir o acórdão substituindo a sentença. Preferencialmente, a ação rescisória não será distribuída aos magistrados *A, B, C* e *D*.

De outro lado, sustenta-se que se for possível selecionar magistrado que não haja participado do julgamento anterior, a inobservância do parágrafo único do art. 971 é causa de nulidade, desde que a parte demonstre prejuízo ao contraditório e o faça na primeira oportunidade, sob a consequência da preclusão.[1309] É o que se depreende do teor da Súmula 252 do STF ("*Na ação rescisória, não estão impedidos juízes que participaram do julgamento rescindendo*"), que, embora haja sido editada na vigência do CPC/1939, é aplicável ao direito vigente.[1310]

1308 A matéria já foi objeto de proposta por Luís ROBERTO BARROSO, *Reflexões sobre as competências e o funcionamento do Supremo Tribunal Federal*, p. 15.

1309 Cf. RODRIGO BARIONI, Coment. ao art. 971, *in Breves comentários ao novo Código de Processo Civil*, n. 2, p. 2410. Porém, afirmando ser peremptoriamente nulo o acórdão cuja relatoria não houver respeitado o dispositivo em comento, GUILHERME RIZZO AMARAL, *Comentários às alterações do novo CPC*, p. 990.

1310 STF, AO 1045 QO, rel. Min. AYRES BRITTO, Tribunal Pleno, *DJ* 10-9-2004.

COMENTÁRIOS AO CÓDIGO DE PROCESSO CIVIL V. XIX

Art. 972. Se os fatos alegados pelas partes dependerem de prova, o relator poderá delegar a competência ao órgão que proferiu a decisão rescindenda, fixando prazo de 1 (um) a 3 (três) meses para a devolução dos autos.

COMENTÁRIO

211. Instrução probatória no processo rescisório

Em tese, na ação rescisória é possível que ocorram quatro juízos, a saber: a) juízo de admissibilidade do processo rescisório; b) juízo rescindente; c) juízo de admissibilidade do processo em que foi proferida a decisão rescindenda; e d) juízo rescisório.[1311] Na técnica de julgamento, cada um desses juízos é preliminar ao seguinte.[1312]

Na dinâmica do processo rescisório, a instrução probatória terá importância para o exercício dos possíveis juízos. Porém, concebe-se, ainda, que a prova possa ser realizada para demonstração de fatos que não interessam diretamente ao resultado da ação rescisória (*v.g.*, prova na impugnação ao benefício da gratuidade da justiça).

Quanto ao juízo de admissibilidade do processo rescisório, basta dizer que a atividade probatória fica restrita aos fatos que possam impedir o juízo rescindente e, consequentemente, quando formulado pedido próprio, o juízo rescisório (*v.g.*, questões de legitimidade, interesse, ocorrência ou não do trânsito em julgado etc.).

De outro lado, se houver cumulação de pedidos (rescindente e rescisório), a desconstituição do julgado no *iudicium rescindens*, em juízo prévio ao *novo julgamento* (art. 974, *caput*), o tribunal examinará a admissibilidade do processo em que foi proferida a decisão rescindenda, o que poderá desencadear a produção de prova no tocante a fatos de relevo para aquele juízo.

Superadas essas questões, é preciso investigar a etapa probatória no juízo de mérito da ação rescisória, consistente no *iudicium rescindens* e no *iudicium rescissorium*.

Com relação ao juízo rescindente, a prova destina-se a demonstrar a existência ou inexistência de motivo para desconstituir a decisão transitada em

---

1311 Os juízos rescindente e rescisório correspondem ao mérito da ação rescisória. Assim, vale o alerta de DIDIER JR.-BRAGA-OLIVEIRA para quem "jamais uma mesma questão pode ser de admissibilidade e de mérito em relação a um mesmo procedimento" (*Curso de direito processual civil*, n. 8.2, p. 407).

1312 CALAMANDREI, REVOCAZIONE, *in Opere giuridiche*, vol. VIII p. 484; BARBOSA MOREIRA, Questões de técnica de julgamento nos tribunais, *in Temas de direito processual civil (nona série)*, p. 285.

julgado (art. 966, *caput*, e § 2º, I e II).[1313] Assim, *v.g.*, se o pedido de rescisão estiver fundado no inciso VI do art. 966, permite-se ao autor demonstrar a falsidade da prova no curso da ação rescisória.[1314] No entanto, a depender do fundamento rescisório invocado, não será possível qualquer dilação probatória. É o caso do erro de fato, que é sempre *verificável* do exame dos autos do processo em que foi proferida a decisão rescindenda (art. 966, VIII).[1315] Interessante questão diz respeito à dilação probatória quanto ao fundamento da violação manifesta de norma jurídica (art. 966, V). Normalmente, por força do brocardo *iura novit curia*, aceita-se que, a princípio, não será admissível a produção de prova de violação de norma jurídica. Porém, é preciso lembrar que, se a norma indicada como violada constitui direito municipal, estadual, estrangeiro ou consuetudinário, o autor atrai o ônus de provar o teor e a vigência da norma, se assim o tribunal determinar (art. 376).

A doutrina admite a possibilidade de realização de prova para o exercício do juízo rescisório. Em regra, não há *etapas* probatórias claramente definidas, de maneira que a instrução apanha todo o objeto do processo rescisório, i.e., fatos relevantes para os juízos rescindente e rescisório. Os elementos de prova são colhidos paralelamente, no mesmo *iter* processual. BARBOSA MOREIRA afirma que tal método impõe o risco "de ver-se afinal desperdiçada a atividade instrutória pertinente ao *iudicium rescissorium*, se a ele não se chegar, porque julgado improcedente o pedido no *iudicium rescindens*".[1316] Diante desse alerta e atento ao princípio da eficiência processual (art. 8º), cumpre ao tribunal avaliar os riscos e as possibilidades de concretizar a atividade probatória com-

---

1313 Nesse ponto, remete-se o leitor para os comentários de cada motivo rescisório, onde, em alguma medida, discutiu-se acerca da respectiva prova.

1314 No âmbito do STJ já se decidiu: "Evidente que, para que se prove que a perícia anterior é falsa, é imprescindível deferir a produção da prova requerida pelo autor. Entender de maneira diversa seria dar com uma mão (admitir a rescisória em caso de prova cuja falsidade se demonstra no curso do processo) e tirar com outra (impedir a dilação probatória)" (EDcl no AgRg na AR 2013/SP, rel. Min. HERMAN BENJAMIM, *DJe* 23-9-2009).

1315 Sobre a inadmissibilidade da prova na ação rescisória motivada pelo erro de fato: STJ, AR 4859/SP, rel. Min. PAULO DE TARSO SANSEVERINO, *DJe* 20-4-2016. Na doutrina: BARBOSA MOREIRA, *Comentários ao Código de Processo Civil*, vol. V, n. 116, p. 196; SYDNEY SANCHES, Da ação rescisória por erro de fato, *RePro* 44, n. 13, p. 58-60; ANTÔNIO CARLOS MATHIAS COLTRO, *O sim pode ser não* (notas sobre o art. 485, IX, do CPC), n. 2, p. 991; JALDEMIRO RODRIGUES DE ATAÍDE JR., Coment. ao art. 972, *in Comentários ao Código de Processo Civil*, p. 1120. FLÁVIO LUIZ YARSHELL é bem mais incisivo ao não admitir a reabertura de dilação probatória, "nem mesmo em nome das garantias do devido processo legal, ampla defesa e contraditório" (*Ação rescisória*: juízos rescindente e rescisório, n. 112, p. 341).

1316 BARBOSA MOREIRA, *Comentários ao Código de Processo Civil*, vol. V, n. 116, p. 196.

COMENTÁRIOS AO CÓDIGO DE PROCESSO CIVIL V. XIX

preendendo os fatos de relevo para todos os possíveis juízos no processo rescisório. Deste modo, concebe-se que o tribunal, ao desconstituir a decisão rescindenda, converta o julgamento rescisório em diligência para complementar a instrução.[1317]

No *iudicium rescissorium*, a produção da prova é limitada aos fatos deduzidos no processo originário. Considerando que o juízo rescisório constitui o rejulgamento do processo em que foi proferida a decisão rescindenda, o material probatório ali encartado haveria de ser o único para a cognição do tribunal.[1318] Sustenta-se que não é dado às partes introduzir novos elementos fáticos a fim de provocar dilação probatória para influir no julgamento do pedido rescisório, ressalvada a hipótese de fato superveniente (art. 493), que poderia demandar a produção de prova.

A permissão para realizar a prova destinada ao juízo rescisório decorre da inexistência de instrução no processo originário. Mas, para que isso ocorra, é preciso que o tribunal considere a eventual ocorrência de preclusão, porquanto o processo rescisório não é lugar para suprimir falhas na colheita da prova.[1319]

212. Competência para atividade probatória

No processo rescisório, compete ao tribunal determinar a realização de provas. Todavia, ressalvando o princípio da indelegabilidade, e no sentido da cooperação interjurisdicional, o art. 972 estabelece que o relator poderá delegar a competência a outro órgão para concretizar a instrução probatória.

A lei fala em "delegar a competência ao *órgão que proferiu a decisão rescindenda*". O texto normativo só tem sentido se a decisão rescindenda for proveniente de órgão de primeiro grau de jurisdição. Não faz sentido que o tribunal delegue competência para ele mesmo realizar a atividade probatória. Ainda, aqui, é preciso dizer que a competência não é absoluta. O relator, de acordo com o critério de eficiência processual, poderá delegar a competência para juízo distinto daquele que proferiu a decisão rescindenda (*v.g.*, delegação para

---

1317 O art. 402 do CPC italiano estabelece semelhante possibilidade ("Con la sentenza che pronuncia la revocazione il giudice decide il merito della causa e dispone l'eventuale restituzione di ciò che siasi conseguito con la sentenza revocata. Il giudice, se per la decisione del merito della causa ritiene di dover disporre nuovi mezzi istruttori, pronuncia, con sentenza, la revocazione della sentenza impugnata e rimette con ordinanza le parti davanti all'istruttore".). No mesmo sentido, dispõe o art. 601 do CPC francês: "Si le juge déclare le recours recevable, il statue par le même jugement sur le fond du litige, sauf s'il y a lieu à complément d'instruction".

1318 RODRIGO BARIONI, *A produção de provas em ação rescisória*, n. 3, p. 1048.

1319 FLÁVIO LUIZ YARSHELL, *Ação rescisória*: juízos rescindente e rescisório, n. 128, p. 382.

atividade instrutória ao juízo do local dos fatos, que é diverso daquele que proferiu a decisão rescindenda).[1320]

Não é sustentável a afirmação de que a delegação de competência é obrigatória. Na realidade, o relator, igualmente, poderá determinar que a instrução probatória se realize no próprio tribunal.

A delegação a que se refere o dispositivo em comento é exclusivamente destinada para colher provas no processo rescisório e realizada por meio de carta de ordem (Capítulo III, do Título II, do Livro IV, da Parte Geral).[1321] Trata-se de "mecanismo da cooperação nacional entre órgãos jurisdicionais",[1322] na perspectiva de maior eficiência processual.[1323] Todavia, o órgão judicial *delegado* tem competência para decidir questões incidentais relativas à instrução probatória (*v.g.*, indeferir quesitos impertinentes), mas sempre controlados pelo tribunal. Sustenta-se que, embora a matéria esteja excluída do rol exposto no art. 1.015, diante da ausência de apelação, o meio de controle da decisão do juízo delegado seria por intermédio de agravo de instrumento.[1324] Nada obstante seja possível considerar tal solução recursal, é preciso dizer que as decisões proferidas pelo juízo delegado não estão amparadas pela estabilidade decorrente da preclusão, de maneira que o relator poderá realizar o controle – de ofício ou por provocação da parte – com a devolução dos autos.

Ressalte-se, também, que o relator poderá definir algumas questões da atividade instrutória delegada ao órgão de primeiro grau (*v.g.*, nomear o perito).[1325]

A princípio, tratando-se de prova documental, a produção do documento deverá ocorrer no próprio tribunal em que tramita a ação rescisória, em regra, acompanhando os atos postulatórios das partes.[1326] Por esse motivo, não há necessidade de o relator determinar a expedição da carta de ordem para colheita deste material em juízo de primeiro grau de jurisdição.

1320 Eficiência processual como critério para definir competência e produção de prova, *v.* Fabiano Carvalho, *O princípio da eficiência no processo coletivo*, p. 271-276.

1321 Cf. Leonardo Greco, *Instituições de direito processual civil*, vol. I, n. 5.2.3, p. 118.

1322 Humberto Theodoro Jr., *Curso de direito processual civil*, vol. III, n. 682, p. 887.

1323 Vicente Greco Filho fala em delegação de "competência ao juiz de direito da comarca onde deva ser produzida, que é aquela onde mais facilmente pode ser colhida" (*Direito processual civil brasileiro*, vol. 2, n. 85.4, p. 482).

1324 Willian Santos Ferreira, *Cabimento de agravo de instrumento e a ótica prospectiva da utilidade* – o direito ao interesse na recorribilidade de decisões interlocutórias, p. 201.

1325 Marinoni-Arenhart-Mitidiero, diversamente, sustentam que a delegação transfere todo o procedimento envolvendo a produção da prova e, por esse motivo, a nomeação de perito seria de competência do juiz de primeiro grau (*Novo Código de Processo Civil comentado*, p. 910).

1326 Cf. Barbosa Moreira, *Comentários ao Código de Processo Civil*, vol. V, n. 117, p. 196.

COMENTÁRIOS AO CÓDIGO DE PROCESSO CIVIL V. XIX

213. Devolução dos autos

Na carta de ordem, destinada a atribuir competência ao juízo de primeiro grau para o desempenho de atividade instrutória, nos termos do disposto no art. 972, parte final, será fixado prazo de 1 (um) a 3 (três) meses para a devolução dos autos.

Nesse ponto, para melhor eficiência do processo rescisório, é conveniente que o relator, juntamente com o juízo para quem se delegou a prova e com as partes, estabeleça um calendário para a realização da instrução (art. 191).

Registre-se que o prazo para cumprimento da diligência probatória tem início com o recebimento da carta de ordem pelo juízo de primeiro grau.

O prazo referido pela lei pode ser dilatado a requerimento do juízo *delegado* em manifestação fundamentada. O relator poderá conceder o prazo suplementar em decisão igualmente fundamentada, ou, ainda, avocar os autos.[1327]

Esclareça-se que o descumprimento do prazo não é causa de invalidade da prova, nada obstante possa causar algum transtorno quanto à duração razoável do processo.[1328]

> **Art. 973.** Concluída a instrução, será aberta vista ao autor e ao réu para razões finais, sucessivamente, pelo prazo de 10 (dez) dias.
>
> **Parágrafo único.** Em seguida, os autos serão conclusos ao relator, procedendo-se ao julgamento pelo órgão competente.

COMENTÁRIO

214. Razões finais

Encerrada a fase de instrução, o relator intimará as partes para razões finais (ou alegações finais) pelo prazo de 10 (dez) dias. A ausência de intimação das partes para oferecer razões finais poderá comprometer a validade do julgamento do processo rescisório, por violação ao contraditório.[1329] As razões finais qualificam o contraditório, porque, no momento processual em que elas são produzidas, as partes reúnem melhores condições para discutir com maior

---

1327 Cf. RODRIGO BARIONI, *A produção de provas em ação rescisória*, n. 4, p. 1049.

1328 BARBOSA MOREIRA salienta que o atraso na colheita da prova pode "eventualmente gerar consequências de ordem diversa" (*Comentários ao Código de Processo Civil*, vol. V, n. 118, p. 197).

1329 MARIONI-ARENHART-MITIDIERO, *Novo Código de Processo Civil*, p. 911. No entanto, a pesquisa à jurisprudência revela que o vício deve ser alegado antes do julgamento da ação rescisória (STJ, REsp 23.626/RS, rel. ARI PARGENDLER, *DJ* 17-2-1997), sob pena de preclusão (STJ, REsp 589.970/CE, rel. ARI PARGENDLER, *DJ* 29-5-2006).

segurança todo o material argumentativo e probatório constante do processo rescisório.[1330]

Se o processo rescisório exigiu a instrução probatória, de acordo com a primeira parte do *caput* do art. 973 ("Concluída a instrução"), a intimação das partes para oferecimento de razões finais não será obrigatória.[1331]

O referido prazo é contado em dias úteis (art. 219) e não pode ser encurtado pelo relator (art. 222, § 1º), mas pode ser negociado por vontade das partes para diminuir ou aumentar. Às razões finais aplicam-se os prazos diferenciados expostos nos arts. 180, 183, 185 e 229. À vista do princípio da igualdade, as partes devem apresentar as razões finais ao protocolo no mesmo dia.

O conteúdo das razões finais deverá se compor de acordo com a argumentação desenvolvida na fase postulatória e ressaltar, na medida do interesse da parte, os resultados extraídos da produção das provas.[1332] Concebe-se que, nesse momento processual, a parte possa agitar "fato novo", seja qual for sua natureza (constitutivo, modificativo ou extintivo), que influa na resolução do mérito do processo rescisório, ou, ainda, questões de ordem pública que o tribunal deveria constatar de ofício (art. 933). Antes da designação da sessão de julgamento, o relator deverá dar oportunidade à parte de se manifestar acerca do "fato novo" alegado pela outra em razões finais, de modo a evitar decisão-surpresa (art. 10).

215. Procedimento prévio ao julgamento

Em seguida, os autos serão conclusos ao relator para elaboração do relatório, sequencialmente distribuído aos demais integrantes do órgão competente para julgar o processo rescisório com o encaminhamento dos autos ao presidente, que designará dia para julgamento, ordenando a publicação da pauta no órgão oficial (art. 934). Destaque-se que entre a data de publicação e a da sessão de julgamento decorrerá, pelo menos, o prazo de 5 (cinco) dias (art. 935, primeira parte).

O art. 551 do CPC/1973 previa a revisão que incumbia a um magistrado integrante do órgão colegiado competente para o julgamento do processo

---

1330 Cf. Barbosa Moreira, Razões finais, *in Repertório enciclopédico do direito brasileiro*, vol. XLIV, p. 279.

1331 Na doutrina: Alexandre Freitas Câmara, *Ação rescisória*, n. 8.3, p. 127. Na jurisprudência: STJ, EDcl na AR 729/PB, rel. Min. Eliana Calmon, *DJ* 12-11-2001. No entanto, cabe o registro histórico da doutrina de CPC/1939: "quer tenha havido diligências probatórias, quer não, é de rigor o termo para razões" (Odilon de Andrade, *Comentários ao Código de Processo Civil*, vol. IX, n. 69, p. 97).

1332 Cf. Barbosa Moreira, *Comentários ao Código de Processo Civil*, vol. V, n. 119, p. 198.

COMENTÁRIOS AO CÓDIGO DE PROCESSO CIVIL V. XIX

rescisório. O Código eliminou a figura do revisor. Porém, nada obsta a que o regimento interno do tribunal reserve a possibilidade de instituir a revisão.[1333]

216. Competência para julgamento

Sem prejuízo dos comentários feitos aos arts. 966 e 969, §§ 5º e 6º, acima, relativamente à competência para processar e julgar a ação rescisória, acrescentem-se os que se seguem abaixo.

A ação rescisória é de competência originária do tribunal (*ex vi* a primeira parte da rubrica apontada no Capítulo VII do Título I do Livro III da Parte Especial "*Dos Processos nos Tribunais...*"), mesmo para desconstituir decisões proferidas em processos que, excepcionalmente e por força da lei, tramitam apenas em primeiro grau de jurisdição e, eventualmente, no Supremo Tribunal Federal (art. 34 da Lei n. 6.830/80).[1334]

Diante do objeto e da relação jurídica discutidos no processo – pedido de rescisão do julgado –, é material a competência para processar e julgar a ação rescisória e, portanto, inderrogável por convenção das partes (art. 62).[1335]

Nada obstante, atribui-se aos regimentos internos dos tribunais definir o órgão jurisdicional colegiado interno competente para processar e julgar a ação rescisória (art. 96, I, "a", da CF). Por exemplo, o art. 6º, I, "c", do RISTF estabelece que compete ao Plenário processar e julgar originariamente a ação rescisória de julgado do Supremo Tribunal Federal.

Além disso, o Código também atribui competência ao relator para julgar unipessoalmente a ação rescisória (art. 968, § 4º, c/c art. 332). Trata-se de competência funcional, decorrente da repartição da competência em virtude da função do relator exercida dentro do processo rescisório. O julgamento unipessoal deve ser excepcional, i.e., somente em hipótese em que a lei expressamente o autoriza. A regra é o julgamento colegiado. [1336]

> **Art. 974.** Julgando procedente o pedido, o tribunal rescindirá a decisão, proferirá, se for o caso, novo julgamento e determinará a restituição do depósito a que se refere o inciso II do art. 968.

1333 ARAKEN DE ASSIS, *Manual dos recursos*, n. 32.4.1, p. 371. Note-se que o regimento dos tribunais podem conter normas supletivas para preencher espaços do Código (cf. JOSÉ FREDERICO MARQUES, *Dos regimentos internos dos tribunais*, p. 92).

1334 Cf. LEONARDO GRECO, *Instituições de direito processual civil*, vol. III, n. 14.4.2, p. 355.

1335 Cf. BARBOSA MOREIRA, A expressão "competência funcional" no art. 2º da lei da ação civil pública, *in Temas de direito processual (nona série)*, p. 363. CÂNDIDO R. DINAMARCO sustenta que a competência para ação rescisória é funcional por se tratar de demanda derivada de processo anterior (*Instituições de direito processual civil*, n. 265, p. 620).

1336 ARAKEN DE ASSIS, *Manual dos recursos*, n. 31.1.2, p. 355-356.

CPC/2015, ART. 974

Parágrafo único. Considerando, por unanimidade, inadmissível ou improcedente o pedido, o tribunal determinará a reversão, em favor do réu, da importância do depósito, sem prejuízo do disposto no § 2º do art. 82.

COMENTÁRIO

217. Forma do julgamento

Como já se afirmou, a competência para processar e julgar a ação rescisória é do tribunal. O Capítulo II do Título I do Livro III da Parte Especial ("Da Ordem dos Processos nos Tribunais") estipula normas que inegavelmente são aplicáveis ao processo rescisório, as quais incidem e dão forma ao julgamento. Além delas, supletiva e subsidiariamente, outras são aplicáveis, especialmente aquelas dispostas nos regimentos internos dos tribunais, que não podem se conflitar com as normas do Código nem com as garantias processuais das partes.[1337]

218. Juízos rescindente e rescisório

Ressalvados os possíveis juízos de admissibilidade, o processo rescisório comporta, em tese, a cumulação de dois pedidos: rescindente e, quando for o caso, rescisório. Trata-se do juízo de mérito da ação rescisória. O juízo rescindente *iudicium rescindens* é juízo preliminar ao *iudicium rescissorium*.

Positivo o juízo de admissibilidade do processo rescisório, segue-se para verificar se a decisão rescindente apoia-se em um dos motivos enumerados pelo art. 966. Se o pedido de rescisão for julgado improcedente, prejudicado está o pedido de novo julgamento, caso o autor o tenha cumulado. De outro lado, ainda no caso de cumulação de pedido rescisório, a procedência do pedido rescisão conduz ao tribunal o exame de admissibilidade do processo em que foi proferida a decisão rescindenda, e, positivo o juízo, passa-se ao juízo de rejulgamento.

No caso de votação não unânime do pedido rescindente, só será aplicada a técnica do julgamento ampliado prevista no art. 942 se o resultado for a rescisão do julgado. De outro lado, dada a omissão da lei, na hipótese de juízo de procedência por maioria quanto ao pedido rescisório, independentemente do resultado, o julgamento prosseguirá em órgão de maior composição previsto no regimento interno. O entendimento prestigia maior qualidade do pronunciamento judicial, porquanto a ampliação do colegiado proporciona o contraditório mais qualificado.

1337 BARBOSA MOREIRA, *Comentários ao Código de Processo Civil*, n. 122, p. 203.

COMENTÁRIOS AO CÓDIGO DE PROCESSO CIVIL V. XIX

Tratando-se de duplo juízo, o tribunal deverá avaliar a condenação em honorários advocatícios nas etapas do juízo rescindente e, em seguida, no juízo rescisório. No *iudicium rescindens*, por não haver condenação, o critério para fixação dos honorários será entre o mínimo de dez e o máximo de vinte por cento sobre o valor atualizado da causa. Na hipótese de *iudicium rescissorium* poderá haver condenação, o que atrai a incidência da primeira parte do § 2º do art. 85 ("Os honorários serão fixados entre o mínimo de dez e o máximo de vinte por cento sobre o valor da condenação"). Não sendo o caso de decisão condenatória, repete-se o critério estabelecido para o juízo rescindente.

O pronunciamento de mérito proferido na ação rescisória substitui a decisão rescindenda.[1338]

Tratando-se de julgamento colegiado, em caso de empate e na ausência de norma regimental que defina critério de desempate[1339], deverá subsistir a decisão rescindenda, sobretudo se ela estiver revestida pela autoridade da coisa julgada, considerada a presunção *iuris tantum* de constitucionalidade, legitimidade e segurança jurídica que qualifica os pronunciamentos emanados pelo Poder Judiciário no exercício da função jurisdicional[1340].

Acrescente-se, por fim, que é permitido ao autor desistir da ação rescisória.[1341] No caso, é irrelevante o consentimento do réu, mesmo depois de oferecida a resposta, e também o momento da desistência, porquanto a desistência não causa qualquer prejuízo tendo em vista restar preservada a decisão rescindenda, sendo inaplicável o disposto nos §§ 4º e 5º do art. 485.[1342] Nesse ponto, a ação rescisória se aproxima do recurso (art. 998, *caput*). A desistência só produz efeito depois de homologada judicialmente (art. 200, parágrafo único), caso em que o tribunal deverá condenar o autor a pagar as despesas,

---

1338 CRISANTO MANDRIOLI, *Corso di diritto processuale civile*, vol. II, n. 83, p. 338.

1339 MARINONI-MITIDIERO entendem que o desempate deve ser exercido pelo Presidente da Seção ou do Grupo (*Comentários ao Código de Processo Civil*, vol. XV, n. 4, p. 480). No entanto, a proposta não contempla a possibilidade de julgamento empatado já com a participação do Presidente.

1340 O Plenário do Supremo Tribunal Federal indeferiu liminares nos Mandados de Segurança 34.127 e 34.128, relatados pelo Min. LUIS ROBERTO BARROSO, impetrados contra ato da Presidência da Câmara dos Deputados, relativamente sobre a ordem de votação do processo de *impeachment* da Presidente da República, Dilma Rousseff. Com cinco votos pelo indeferimento das liminares e cinco pelo deferimento parcial, prevaleceu o entendimento de que, em mandado de segurança, o empate deve favorecer a presunção de legalidade e legitimidade do ato impugnado. *Mutatis mutandis*, o mesmo raciocínio vale para o caso de empate no julgamento do pedido rescindente.

1341 O ato de desistência depende de procuração com poderes específicos, conforme indica o art. 105.

1342 Cf. JOSÉ ROGÉRIO CRUZ E TUCCI, *Desistência da ação rescisória*, p. 1250.

custas processuais e honorários advocatícios (art. 90, *caput*), e, ainda, determinar a conversão do depósito em multa, tudo em favor do réu.

219. Efeitos do julgamento

Tradicionalmente, afirma-se que a decisão proferida em *iudicium rescindens* para acolher o pedido de rescisão tem natureza constitutiva.

Com base na conhecida doutrina de Tomás Pará Filho, inspirada em Chiovenda, afirma-se que a eficácia *ex nunc* pode ser apontada como regra das decisões de natureza constitutiva.[1343]

Tal posição, no entanto, comporta discussões.

O problema acerca da eficácia da decisão judicial está intimamente ligado ao direito material.[1344] A anulabilidade aproxima-se da rescindibilidade, mas dela se diferencia por razões de ordem sistemática. Pela teoria civilista da anulabilidade, tem-se afirmado ser equivocado o entendimento, tão comum, de que a sentença que decreta a anulação produz efeitos *ex nunc*, pois, pela regra do art. 182 do CC,[1345] as partes devem retornar ao estado anterior.

Como anotou Barbosa Moreira, "as soluções radicais (eficácia *ex tunc* – eficácia só *ex nunc*) seduzem pela simplicidade, mas nenhuma delas se mostra capaz de atender satisfatoriamente, em qualquer hipótese, ao jogo de interesses contrapostos. Daí as atenuações com que os escritores habitualmente se furtam a uma aplicação muito rígida de princípios. Parece impossível resolver bem *todos* os problemas concretos à luz de regras aprioristicas inflexíveis. Muitas vezes ter-se-ão de levar em conta dados do direito material, como ocorrerá em tema de propriedade imobiliária com as normas concernentes ao registro e à proteção de terceiros que porventura hajam adquirido o bem antes da rescisão".[1346]

1343 Chiovenda, *Principios de derecho procesal civil*, t. I, p. 216; Tomás Pará Filho, *Sentença constitutiva*, p. 139-140. Afirmando operar o efeito *ex nunc* da decisão da ação rescisória, Luis Eulálio de Bueno Vidigal, *Comentários ao Código de Processo Civil*, vol. VI, p. 228; *Da ação rescisória dos julgados*, n. 148, p. 114. Registre-se também o posicionamento de Corrado Ferriani ao afirmar que não há, em tese, retroatividade da decisão constitutiva (*Profili dell'accertamento costitutivo*, especialmente, Cap. Quarto, p. 161-208).

1344 A questão também é polêmica no direito processual alemão, cf. Renato Beneduzi, *Introdução ao processo civil alemão*, p. 135.

1345 Art. 182 do CC: "Anulado o negócio jurídico, restituir-se-ão as partes ao estado em que antes dele se achavam, e, não sendo possível restituí-las, serão indenizadas com o equivalente".

1346 Barbosa Moreira, *Comentários ao Código de Processo Civil*, vol. V, n. 126, p. 211. A questão também tem repercussão em sede da doutrina alemã, que além da citada por Barbosa Moreira, pode-se acrescentar a obra de Lent-Jauernig, *Direito processu-*

É possível afirmar que a solução deve decorrer da análise de cada caso concreto.[1347]

É de todo conveniente que, na medida do possível, rescindida a decisão, devem as partes retornar ao seu estado, ou seja, ao estado em que se encontravam antes de proferida a decisão rescindenda.

Reconhece-se que isso nem sempre é possível, sobretudo se não houve a suspensão da fase do cumprimento da decisão rescindenda.[1348]

Nesse caso, a impossibilidade do retorno fático ao estado anterior conduzirá à necessária indenização, que decorrerá da procedência do pedido rescindente.[1349] A eficácia condenatória dá-se por força do efeito anexo (também denominado efeito secundário ou acessório) gerado na decisão de procedência do pedido rescindente. PONTES DE MIRANDA escreveu que "o efeito anexo é *efeito* da sentença e pressuposto do direito, pretensão, ação ou poder, que se crie com ele".[1350] A doutrina moderna define o efeito anexo como o que, em virtude de expressa previsão legal, decorre do *fato* da sentença, isto é, do simples *fato* de sua prolação e que, por isso mesmo, independe de pedido da parte.[1351] Em suma: a decisão que rescinde o julgado executado gera para o autor da ação rescisória (executado) o direito de indenização pelos prejuízos experimentados no procedimento executivo da decisão rescindida.[1352]

220. Destino do depósito

Conforme expõe o parágrafo único do art. 974, o resultado de inadmissibilidade ou improcedência, por unanimidade de votos, é causa de reversão do valor depositado (5% sobre o valor da causa) com a petição inicial em favor do réu.

---

al civil, p. 397. SÉRGIO RIZZI também notou que essas soluções oferecem inconvenientes, cf. *Da ação rescisória*, p. 1130.

1347 ALEXANDRE FREITAS CÂMARA, *Ação rescisória*, n. 9.2, p. 135-136.

1348 Hermes Zanetti Jr. admite que a decisão constitutiva, em geral, apresenta eficácia para o futuro (*ex nunc*), mas, em algumas situações, ela pode produzir eficácia *ex tunc* para apagar e tornar ao estado anterior (*A eficácia constitutiva da sentença*, especialmente n. 2.2, p. 306-308).

1349 Cf. HUMBERTO THEODORO JR., *Curso de direito processual civil*, vol. III, n. 684, p. 888-891.

1350 *Comentários ao Código de Processo Civil*, t. V, n. 7, p. 51; *Tratado das ações*, t. I, § 39, p. 228.

1351 Cássio Scarpinella Bueno, *Curso sistematizado de direito processual civil*, vol. 2, t. 1, p. 378.

1352 FABIANO CARVALHO, *Ação rescisória – decisões rescindíveis*, n. 5, p. 31-33; FREDIE DIDIER JR., *Sentença constitutiva e execução forçada*, n. 7, p. 261.

CPC/2015, ART. 974

O argumento *contrario sensu* indica que, se o julgamento for no sentido da inadmissibilidade ou improcedência, por maioria de votos – aqui não importa o número de votos pela procedência, basta um! –, o depósito retorna ao autor. Evidentemente que a procedência do pedido de rescisão do julgado – e aqui é desimportante o resultado do pedido rescisório: procedente ou improcedente – também ocasiona o retorno do valor depositado ao autor.

A conversão do depósito em multa a favor do réu depende da existência de julgamento colegiado unânime. Logo, o julgamento unipessoal, praticado pelo relator, que concluir pela inadmissibilidade ou improcedência da ação rescisória não gera a reversão do depósito.[1353] É inviável o alargamento do texto legal em comento, porquanto as normas processuais que impõem aplicação de multa devem ser interpretadas restritivamente, de modo a não abranger situações legalmente previstas.[1354]

Ressalte-se, porém, que se houver julgamento colegiado por força de recurso contra a decisão do relator e o resultado for pela inadmissibilidade ou improcedência do processo rescisório, por unanimidade de votos, haverá a incidência do parágrafo único do art. 974.[1355]

Considera-se que a intepretação restritiva também alcança os termos legais "inadmissível" e "improcedente". A doutrina expõe que a perda superveniente do interesse de agir – causa de inadmissibilidade do processo rescisório –, *v.g.*, por motivo externo não atrai a reversão do depósito em multa.[1356] De outro lado, a jurisprudência, *v.g.*, assenta que renúncia à pretensão rescisória homologada pelo tribunal (resolução do mérito, art. 487, III, "c") não pode ser equiparada ao julgamento de improcedência unânime para reversão do depósito realizado com a petição inicial.[1357]

Para que haja a conversão do depósito em multa a favor é preciso que réu integre a relação processual, ainda que não ofereça resposta.

Transitado em julgado o acórdão, o levantamento da quantia depositada deve ser requerido junto ao órgão competente para processar e julgar a ação

---

1353 STJ, AgRg na AR 4082/MG, rel. Min. SIDNEI BENETI, *DJe* 1-2-2011. Contra, GUILHERME RIZZO AMARAL, sob o argumento de que o objetivo do art. 974 "é penalizar o autor da ação rescisória" (*Comentários às alterações do novo CPC*, p. 991).

1354 Cf. BARBOSA MOREIRA, *Comentários ao Código de Processo Civil*, vol. V, n. 127. p. 211-212. Na jurisprudência: "O depósito prévio só será perdido nas situações que a norma jurídica expressamente indicar como geradoras da sanção" (STJ, EDcl na AR 5064/ES, rel. Min LUIS FELIPE SALOMÃO, *DJe* 18-5-2015).

1355 STJ, AgRg na PET na AR 3756/SP, rel. Min. LUIS FELIPE SALOMÃO, *DJe* 19-8-2013.

1356 Rodrigo Barioni, Coment. ao art. 974, *in Breves comentários ao novo Código de Processo Civil*, n. 4, p. 2416.

1357 STJ, REsp 754.254/RS, rel. Min. CASTRO MEIRA, *DJe* 1-6-2009.

COMENTÁRIOS AO CÓDIGO DE PROCESSO CIVIL V. XIX

rescisória. Na pendência de recurso – independentemente do efeito suspensivo – não será possível requerer o levantamento do depósito. Aqui é inaplicável o regime do "cumprimento provisório da sentença" (Capítulo II do Título II do Livro I da Parte Especial). Conforme se afirmou no comentário ao art. 968, *supra*, o depósito é condição de validade e procedibilidade do processo rescisório e deverá permanecer nos autos até o "juízo de certeza", que somente ocorrerá com o trânsito em julgado. Entendimento contrário poderia ensejar situações de perplexidade, *v.g.*, o levantamento da quantia pelo autor na pendência de recurso interposto pelo réu e a rescisória seguiria sem a exigência legal do depósito.[1358]

A reversão do valor depositado é automática e independe de verificação de prejuízo do réu com o trâmite da ação rescisória.[1359] Naturalmente que o benefício do depósito não ilide a aplicação de multas processuais (*v.g.*, art. 81) e a condenação nas custas e despesas processuais, bem como honorários advocatícios.

A omissão quanto ao destino do depósito pode desafiar a oposição de embargos de declaração.

Nos processos rescisórios subjetiva e objetivamente complexos, a questão do destino do depósito suscita algumas particularidades. Assim, *v.g.*, cuidando-se de litisconsórcio passivo, a inadmissibilidade ou improcedência, declarada em julgamento colegiado unânime, determina o rateio entre todos os réus.[1360] De outro lado, se a decisão rescindenda contiver dois capítulos (*A* e *B*), a inadmissibilidade ou improcedência de apenas um deles (*A* ou *B*), por unanimidade de votos, a perda do depósito ocorrerá na proporção do respectivo pedido rescindente.

Ainda com relação ao depósito, ponto que prova interessante debate diz respeito ao efeito substitutivo (art. 1.008) operado por ocasião do julgamento de recurso interposto contra acórdão que conclui pela inadmissibilidade ou improcedência. Sustenta-se que "o destino do depósito se revolverá à luz da decisão *no recurso*".[1361]

1358 BARBOSA MOREIRA, ao sustentar que o depósito poderia ser levantando desde que não haja recurso dotado de efeito suspensivo, mandando aplicar por analogia o regime da "execução provisória", "exigindo-se do requerente que preste caução", parece não ter percebido a situação em que o autor faça o requerimento para levantar o depósito (*Comentários ao Código de Processo Civil*, vol. V, n. 127, p. 213).

1359 MARINONI-MITIDIERO, *Comentários ao Código de Processo Civil*, vol. XV, n. 5, p. 480.

1360 Cf. Rodrigo Barioni, Coment. ao art. 974, *in Breves comentários ao Código de Processo Civil*, n. 4, p. 2416.

1361 BARBOSA MOREIRA, *Comentários ao Código de Processo Civil*, vol. V, n. 127, p. 212.

221. Recursos

No processo rescisório são cabíveis os seguintes recursos: embargos de declaração, agravo interno, recurso especial, recurso extraordinário e agravo em recurso especial ou extraordinário. A Lei n. 13.256/2016 revogou o art. 1.043, IV, o qual previa o cabimento de embargos de divergência contra acórdão de órgão fracionário que nos processos de competência originária divergisse do julgamento de qualquer outro órgão do mesmo tribunal. Além deles, não podem ser interpostos agravo de instrumento, apelação e recurso ordinário.

Nos termos do art. 1.022, os embargos de declaração são cabíveis contra qualquer decisão judicial, no prazo de 5 (cinco) dias. No campo da ação rescisória, podem ser embargadas as decisões proferidas pelo relator e pelo órgão colegiado. Na ocasião em que os embargos de declaração forem opostos contra a decisão do relator, a competência para julgá-los é do órgão unipessoal (relator). Interessante notar que o relator conhecerá dos embargos de declaração como agravo interno se entender ser este o recurso cabível, hipótese em que deverá determinar a intimação do recorrente para complementar suas razões, ajustando-as às exigências expostas no § 1º do art. 1.021.

O agravo interno (art. 1.021) é o recurso cabível contra a decisão do relator, e será julgado pelo órgão colegiado que originariamente é competente para julgar o processo rescisório ("para o respectivo órgão colegiado"). Registre-se que todas as decisões proferidas pelo relator podem ser agravadas: (*i*) tutela provisória (art. 932, II); (*ii*) indeferimento da petição inicial (art. 968, § 3º, c/c art. 330); (*iii*) improcedência liminar do pedido (art. 968, § 4º, c/c art. 332); e (*iv*) decisão interlocutória (art. 203, § 2º). É incabível agravo interno contra acórdão.

A interposição dos recursos especial e extraordinário fica condicionada aos requisitos exigidos pela Constituição. De acordo com o art. 1.042, cabe agravo contra decisão do presidente ou do vice-presidente do tribunal recorrido que inadmitir recurso extraordinário ou recurso especial, salvo quando fundada na aplicação de entendimento firmado em regime de repercussão geral ou em julgamento de recursos repetitivos.

Os recursos cabíveis no processo rescisório não suspendem a eficácia da decisão recorrida. Todavia, o recorrente fica autorizado a requerer a concessão de tutela provisória, com apoio no parágrafo único do art. 995.

Registre-se que o julgamento não unânime pelo acolhimento do pedido de rescisão impõe a técnica do julgamento estendido (na interpretação *contrario sensu* do inciso I do § 3º do art. 942).

A decisão proferida em ação rescisória não está sujeita ao duplo grau de jurisdição obrigatório (art. 496).

COMENTÁRIOS AO CÓDIGO DE PROCESSO CIVIL V. XIX

Art. 975. O direito à rescisão se extingue em 2 (dois) anos contados do trânsito em julgado da última decisão proferida no processo.

§ 1º Prorroga-se até o primeiro dia útil imediatamente subsequente o prazo a que se refere o caput, quando expirar durante férias forenses, recesso, feriados ou em dia em que não houver expediente forense.

§ 2º Se fundada a ação no inciso VII do art. 966, o termo inicial do prazo será a data de descoberta da prova nova, observado o prazo máximo de 5 (cinco) anos, contado do trânsito em julgado da última decisão proferida no processo.

§ 3º Nas hipóteses de simulação ou de colusão das partes, o prazo começa a contar, para o terceiro prejudicado e para o Ministério Público, que não interveio no processo, a partir do momento em que têm ciência da simulação ou da colusão.

COMENTÁRIO

222. Prazo para rescisão do julgado

O art. 975 cuida do prazo para o ajuizamento da ação rescisória, contado do trânsito em julgado da última decisão proferida no processo. Trata-se de regra geral.[1362] Mas a lei estabelece termo inicial do prazo diferenciado para os motivos rescisórios da prova nova, e simulação ou colusão das partes.

1362 LEONARDO GRECO, que apresenta interessante crítica ao prazo, considera "ao mesmo tempo, excessivamente longo e excessivamente curto. No primeiro caso, porque depois de as partes percorrerem todas as instâncias, com todos os recursos, enfrentarem e superarem todas as vicissitudes processuais, numa verdadeira *via crucis*, depois do trânsito em julgado, a parte vencida ainda precisa esperar dois anos para que não haja mais nenhuma impugnação ao seu direito. Por isso, diz-se que a coisa julgada após o prazo de dois anos é definitiva, é coisa soberanamente julgada. No segundo caso, porque o fundamento da ação rescisória pode surgir após dois anos do trânsito em julgado, quando já ultrapassado esse prazo. Na verdade, como em outros mais aperfeiçoados sistemas processuais, esse prazo deveria ser bem mais curto, mas o seu termo inicial não deveria ser contado do trânsito em julgado e sim da data do conhecimento do fato, isto é, do motivo que pode ensejar a rescisão. Acredito que três meses, a contar da data da ciência ou da disponibilidade da causa de rescisão, seria um prazo razoável para a propositura da ação rescisória. Esse prazo é suficiente para a parte decidir ajuizar uma ação e procurar um advogado. A adoção dessa solução tem sofrido resistências sob o argumento de que ensejaria grande insegurança jurídica, porque não seria possível comprovar que a parte já tinha conhecimento ou disponibilidade do motivo há mais tempo, quando viesse a propor a ação rescisória. De início, cabe refutar esse argumento porque a contagem de prazos a partir do conhecimento de determinados fatos e não da sua ocorrência já existe em outras normas do direito brasileiro, como, por exemplo, no prazo prescricional dos crimes de bigamia e nos de falsificação ou alteração de assentamento do registro civil (Código Penal, art. 111, inc. IV). No campo do processo civil, o termo inicial para arguir impedimento ou suspeição do juiz é o conhecimento dos fatos de que se originam" (*Instituições de direito processual civil*, vol. III. n. 16.4.1, p. 352-353).

Porém, observe-se que o sistema processual contempla outras normas sobre prazo para o pedido de rescisão.

A Lei n. 6.739/79, a qual dispõe sobre a matrícula e o registro de imóveis rurais, estipula em seu art. 8°-C que "é de oito anos, contados do trânsito em julgado da decisão, o prazo para ajuizamento de ação rescisória relativa a processos que digam respeito a transferência de terras públicas rurais".[1363]

No Código, o art. 525, § 15, e o art. 535, § 7°, de duvidosa constitucionalidade, estabelecem prazos diferenciados. Com efeito, é rescindível a decisão fundada em lei ou ato normativo considerado inconstitucional pelo STF, ou fundada em aplicação ou interpretação da lei ou ato normativo tido pelo STF como incompatível com a Constituição, em controle de constitucionalidade concentrado ou difuso. Se a decisão da Corte Constitucional for proferida após a decisão rescindível, o prazo para ajuizar a ação rescisória será contado do trânsito em julgado da decisão proferida pelo STF. O termo inicial da ação rescisória é realizado por um critério alheio ao processo onde ocorreu o vício rescisório e sem precisão da data para desconstituir a decisão transitada em julgado.[364]

Na contagem do prazo para a propositura da ação rescisória são inaplicáveis as normas que conferem a prerrogativa dos prazos diferenciados para o Ministério Público (art. 180), a União, os Estados, o Distrito Federal, os Municípios e suas respectivas autarquias e fundações de direito público (art. 183), Defensoria Pública (art. 186) e litisconsortes com procuradores diferentes, de escritórios de advocacia distintos (art. 229).

Finalmente, o termo final do prazo para ajuizar a ação rescisória impõe o dever de preservar, pelo seu detentor, as reproduções digitalizadas de qualquer documento público ou particular, quando juntadas aos autos pelos órgãos da justiça e seus auxiliares, pelo Ministério Público e seus auxiliares, pela Defensoria Pública e seus auxiliares, pelas procuradorias, pelas repartições públicas em geral e por advogados (art. 425, § 1°).

223. Natureza do prazo: decadência

É potestativo o direito de rescindir a decisão de mérito transitada em julgado. Por esse motivo, seguindo clássica lição, o prazo bienal previsto no art. 975 é decadencial.[1365]

1363 Sobre a justificativa do prazo diferenciado, *v.* DIDIER JR.-CUNHA, *Curso de direito processual civil*, vol. 3, n. 5.3, p. 459-460.

1364 Alguns autores tentam estabelecer algum limite temporal para o ajuizamento da rescisória, cf. André Vasconcelos Roque, *Processo de conhecimento e cumprimento de sentença* – comentários ao CPC de 2015, p. 748.

1365 Agnelo Amorim Filho, *Critério científico para distinguir a prescrição da decadência e para identificar as ações imprescritíveis*, p. 131. Modernamente, *v.* José Fernando Simão, *Prescrição e decadência*, especialmente, p. 181-194.

Comentários ao Código de Processo Civil v. XIX

Diante da natureza desse prazo, como regra, são inaplicáveis as normas que impedem, suspendem ou interrompem a prescrição (art. 207 do CC), ressalvado o disposto no § 1º do art. 975. Não corre a decadência contra incapazes (art. 208 do CC). A decadência prevista no art. 975 é legal. Por esse motivo, é nula sua renúncia, as partes não podem convencionar e a decadência pode ser decretada de ofício pelo tribunal (art. 210 do CC). Advirta-se, porém, que, dada a vedação de decisão-surpresa, a decadência não será reconhecida sem que antes seja dada às partes oportunidade de manifestar-se.

A decadência é causa de julgamento liminar de improcedência do pedido, cuja competência é do relator. Contra pronunciamento do relator que decidir sobre a ocorrência da decadência cabe agravo interno (art. 1.021). No julgamento do agravo interno, se o colegiado reformar a decisão do relator, para afastar a decadência, não será possível avançar para julgar o mérito do processo rescisório. No particular, é inviável aplicar o disposto no § 4º do art. 1.013.

No entanto, caso o relator não pronuncie a decadência, é permitido ao órgão colegiado fazê-lo. A pronúncia da decadência compõe decisão de mérito (art. 487, II), que, se transitada em julgado, pode ser objeto de "nova" ação rescisória, caso presentes os demais pressupostos.

A citação válida, ainda que proferida por tribunal incompetente, retroagirá à data de propositura da ação rescisória. Cuida-se de efeito retroativo que obsta a ocorrência da decadência (art. 240, § 4º).[1366]

224. Prorrogação do prazo

O § 1º do art. 975 preceitua que o prazo será prorrogado até o primeiro dia útil imediatamente ao termo final quando expirar durante férias forenses, recesso, feriados ou em dia em que não houver expediente forense.[1367]

A norma excepciona o disposto na regra geral segundo a qual não se aplicam à decadência as normas que impedem, suspendem ou interrompem a prescrição (art. 207).

225. Forma de contagem do prazo

Historicamente, relaciona-se o trânsito em julgado à ausência de recurso, seja pelo seu esgotamento ou pela falta de sua interposição, ou à inexistência da remessa necessária (art. 496).

1366 Súmula 106 do STJ: "Proposta a ação no prazo fixado para o seu exercício, a demora na citação, por motivos inerentes ao mecanismo da justiça, não justifica o acolhimento da arguição de prescrição ou decadência".

1367 Nesse ponto, superado o Tema 522 do Recurso Especial Repetitivo, que proponha a discussão ("Prorrogação do prazo decadencial para ajuizamento da ação rescisória quando o termo final recair em fim de semana ou feriado").

O recurso sempre foi meio típico para afastar o trânsito em julgado. Sucedâneos recursais não obstam o trânsito em julgado.[1368]

A questão da contagem do prazo para o ajuizamento da ação rescisória ganha dificuldade nos casos de processos objetivamente complexos.

O vigente Código admite haver julgamento antecipado parcial do mérito (art. 356). Isso indica que pode haver no mesmo processo duas ou mais decisões que resolvem o mérito e, assim, provocar alguma discussão em torno do prazo para o ajuizamento da ação rescisória.

No sistema processual anterior, embora não houvesse norma expressa que autorizasse a cisão do julgamento do mérito, a partir da redação do art. 495 ("*O direito de propor ação rescisória se extingue em 2 (dois) anos, contados do trânsito em julgado da decisão*"), várias foram as questões suscitadas e discutidas a respeito do prazo para o ajuizamento da ação rescisória, especialmente no que tange ao campo das decisões objetivamente complexas ("capítulos da sentença"). De um lado, sustentou-se que ao longo de um mesmo processo é possível duas ou mais resoluções de mérito proferidas em momentos e órgãos judiciais distintos, de maneira que o prazo da decadência haveria de ser computado "caso a caso, a partir do trânsito em julgado de cada decisão".[1369] De outro, defendeu-se que o termo inicial do biênio para propor ação rescisória teria origem no trânsito em julgado do último pronunciamento judicial, cujo entendimento foi incorporado pela Súmula 401 do STJ: "O prazo decadencial da ação rescisória só se inicia quando não for cabível qualquer recurso do último pronunciamento judicial". Segundo esta linha, não seria admissível o ajuizamento da ação rescisória antes da última decisão proferida no processo.

Embora possa ser criticado, o atual Código parece ter solucionado o problema.

Segundo dispõe o vigente Código, no *caput* do art. 975, "o direito à rescisão se extingue em 2 (dois) anos contados do trânsito em julgado da última decisão proferida no processo", ainda que não seja a decisão rescindenda.[1370]

1368 Correto o acórdão do Superior Tribunal de Justiça, segundo o qual o "manejo de reclamação constitucional, que não tem natureza de recurso, não se constitui 'decisão proferida no processo', como requer o art. 975 do CPC, não se prestando, também por isso, para retardar o início do prazo decadencial de ajuizamento da ação rescisória" (AgInt na AR 6.351, rel. Min. Sérgio Kukina, *DJe* 26-4-2019).

1369 Barbosa Moreira, *Sentença objetivamente complexa, trânsito em julgado e rescindibilidade*, p. 177. Nesse sentido: Luciano Vianna Araújo, *Sentenças parciais?*, n. 4.1.1, p. 133/143; A jurisprudência do STF, historicamente, se acomodou nesse sentido: AR 903/SP, rel. Min. Cordeiro Guerra, j. 17-6-1982. Mais recentemente, o STF reafirmou o entendimento: AI 654.291/RO, rel. Min. Marco Aurélio, *DJe* 19-2-2016.

1370 Sérgio Rizzi já fazia expressamente tal afirmação à luz do CPC/1973, cf. *Da ação rescisória*, p. 1131.

COMENTÁRIOS AO CÓDIGO DE PROCESSO CIVIL V. XIX

A atenta leitura do dispositivo em comento indica que o legislador fixou com precisão o "termo final" para o ajuizamento da ação rescisória. Vale dizer, o prazo para rescindir encerra-se em 2 (dois) anos contados do trânsito em julgado da última decisão proferida no processo.[1371] O "termo inicial" para *contagem* do prazo do biênio decadencial é o trânsito em julgado do último pronunciamento judicial proferido no processo. Já o "termo inicial" para o *ajuizamento* da ação rescisória é do trânsito em julgado da decisão que se pretende rescindir. Para chegar a essa conclusão, é suficiente a leitura do *caput* do art. 966: "a decisão de mérito, transitada em julgado, pode ser rescindida". Logo, permite-se a propositura da ação rescisória contra decisão transitada em julgado que resolveu parcela do mérito, antes do trânsito em julgado do último pronunciamento judicial proferido no processo. Observa-se que é equivocada a afirmação segundo a qual a lei não teria definido o "termo inicial" para o ajuizamento da ação rescisória. O "termo inicial" para a *contagem* do prazo decadencial de 2 (dois) anos não se confunde com "termo inicial" para o *ajuizamento* da ação rescisória.

Ao declarar o "termo final" para desconstituir a decisão transitada em julgado, o Código põe fim à discussão em torno do não conhecimento do recurso e o momento do trânsito em julgado. O "termo inicial" para o cômputo do prazo bienal inicia-se com o trânsito em julgado do pronunciamento judicial que declarou a inadmissibilidade do recurso. Porém, exclui-se dessa

---

1371 Nesse sentido: Rodrigo Barioni, Coment. ao art. 975,in: TERESA ARRUDA ALVIM WAMBIER (coord.) et al., *Breves Comentários ao Novo Código de Processo Civil*, 3. Ed. São Paulo: Revista dos Tribunais, 2016, p. 2419; ALEXANDRE FREITAS CÂMARA, *O novo processo civil brasileiro*, n. 23.7, p. 475-476; José Alexandre M. Oliani, *Sentença no novo CPC*, n. 6.5.3, p. 120; Jaldemiro Rodrigues de Ataíde Jr., Coment. ao art. 975, in *Comentários ao Código de Processo Civil*, p. 1126; Welder Quiroz dos Santos, *Ação rescisória contra decisão interlocutória de mérito e contra capítulo não recorrido*, n. 5.2.2, p. 342-343. WAMBIER-CONCEIÇÃO-RIBEIRO-MELLO elogiam o dispositivo pontuando que a rescisória pode ser movida desde logo, sem o trânsito da última decisão proferida no processo (*Primeiros comentários ao novo Código de Processo Civil*, p. 1394). Porém, é preciso registrar que parcela da doutrina entende que a partir da expressão "última decisão proferida no processo", quer dizer "a última decisão sobre a questão que se tornou indiscutível pela coisa julgada – a decisão que substituiu por último (art. 1.008, CPC)", cf. DIDIER JR.-CUNHA, *Curso de direito processual civil*, vol. 3, n. 5.4, p. 462-463; RAVI PEIXOTO, *Ação rescisória e capítulos de sentença*: a análise de uma relação conturbada a partir do CPC/2015, p. 168-169. DANIEL AMORIM ASSUMPÇÃO NEVES é simpático ao resultado desta interpretação, mas admite que essa atividade hermenêutica contraria a previsão legal (*Manual de direito processual civil*, n. 62.8.1, p. 1388). HUMBERTO THEODORO JR. também critica o dispositivo afirmando que a letra do Código atrita com a clássica doutrina e com a jurisprudência do STF. Afirma que o *caput* do art. 975 é inconstitucional (*Curso de direito processual civil*, vol. III, n. 687 e 689, p. 893-894 e 901).

conclusão apenas quando o não conhecimento decorreu de *intempestividade manifesta*, hipótese em que o "termo inicial" para a contagem do prazo decadencial se verifica no momento em que o recurso se tornou manifestamente intempestivo.[1372]

226. Prazos decadenciais diferenciados

Os §§ 2º e 3º do art. 975 estabelecem um senso de ponderação entre a *justiça* e a segurança jurídica.[1373]

O termo inicial é da data de descoberta da "prova nova", observado o prazo máximo de 5 (cinco) anos, contado do trânsito em julgado da última decisão proferida no processo. Note-se que o dispositivo não está se referindo a um prazo de 5 (cinco) anos para o ajuizamento da ação rescisória. O prazo bienal poderá ser menor de acordo com o tempo da descoberta da "prova nova". Assim, por exemplo, se a parte obteve o documento 4 (quatro) anos após o trânsito em julgado, o prazo para propor a ação rescisória será de 1 (um) ano.

O § 3º do art. 975 estabelece que "as hipóteses de simulação ou de colusão das partes, o prazo começa a contar, para o terceiro prejudicado e para o Ministério Público, que não inteveio no processo, a partir do momento em que têm ciência da simulação ou da colusão". A lei não fixa limite temporal, de modo que o conhecimento do vício possa ocorrer muitos anos depois do trânsito em julgado da última decisão proferida no processo.[1374] Afirma-se que a regra está de acordo com o "princípio da *actio nata*".[1375]

A inexistência de prazo definido é alvo de crítica por parte da doutrina, que pugna pela aplicação analógica do § 2º do art. 975.[1376] Propõe-se, ainda, que incumba ao terceiro ou ao Ministério Público demonstrar a data em que

---

1372 Athos Gusmão Carneiro afirmou que "a intempestividade deve ser desconsiderada quando a parte recorrente tenha agido de boa-fé, ante as circunstâncias do caso concreto" (*Ação rescisória* – embargos de declaração e sua influência na contagem do biênio decadencial, p. 260). Nesse sentido: Wambier-Talamini, *Curso avançado de processo civil*, vol. 2, n. 41.8, p. 843-844.

1373 Daniel Amorim Assumpção Neves, *Manual de direito processual civil*, n. 62.8.2, p. 1389.

1374 Daniel Amorim Assumpção Neves, *Manual de direito processual civil*, n. 62.8.2, p. 1390.

1375 Wambier-Conceição-Ribeiro-Mello, *Primeiros comentários ao novo Código de Processo Civil*, p. 1395.

1376 Jaldemiro Rodrigues de Ataíde Jr., Coment. ao art. 975, *in Comentários ao Código de Processo Civil*, p. 1126. De outro lado, há quem proponha, *de lege ferenda*, a extensão do § 3º do art. 975 para as hipóteses de prevaricação, concussão ou corrupção do magistrado e prova falsa (cf. Paulo Henrique dos Santos Lucon, *Ação rescisória no Código de Processo Civil de 2015*, n. 10, p. 813).

tiveram conhecimento do vício rescisório. Na impossibilidade desta prova, seria aplicável o limite de 5 anos.[1377]

CAPÍTULO VIII
DO INCIDENTE DE RESOLUÇÃO DE DEMANDAS REPETITIVAS

227. Generalidades

Confessadamente inspirado no procedimento-modelo alemão *Musterverfahren*,[1378] chama-se *incidente de resolução de demandas repetitivas* a técnica por meio da qual se busca a fixação de tese jurídica acerca de determinada questão de direito que será aplicada a outros processos. Além disso, o instituto permite a formação de precedente obrigatório.[1379]

O objetivo do incidente de resolução de demandas repetitivas é semelhante ao dos recursos repetitivos, i.e., gerenciar a litigiosidade repetitiva.[1380] Dada a semelhança entre os institutos, em decorrência do disposto no art. 928 ("*Para os fins deste Código, considera-se julgamento de casos repetitivos a decisão proferida em: I - incidente de resolução de demandas repetitivas; II - recursos especial e extraordinário repetitivos*"), a doutrina afirma existir um "microssistema das causas

---

1377 Nesse sentido: SERGIO BERMUDES, *CPC de 2015*: inovações, vol. 1, p. 399.

1378 Sobre o tema, originariamente introduzido no Brasil, *v.* ANTONIO DO PASSO CABRAL, *O novo procedimento-modelo (*Musterverfahren*) alemão*: uma alternativa às ações coletivas, p. 123-146. A inspiração é declarada, conforme se lê na Exposição de Motivos do Anteprojeto do Novo Código de Processo Civil, p. 28. A informação é confirmada pela doutrina. Entre muitos outros, *v.*, com proveito: ALUISIO GONÇALVES DE CASTRO MENDES, *Incidente de resolução de demandas repetitivas*, Capítulos 3, 4 e 5, p. 27-54; MARCOS DE ARAÚJO CAVALCANTI, *Incidente de resolução de demandas repetitivas*, n. 1.3, p. 56-80; ANTONIO AUGUSTO PIRES BRANDÃO, *O incidente de resolução de demandas repetitivas (IRDR)*, n. 3.1, p. 95-109. A doutrina mostra outras técnicas estrangeiras semelhantes ao incidente de resolução de demandas repetitivas (*Pilot Judgment Procedure* (Corte Europeia de Direitos Humanos), *Multidistrict Litgation Order* (Estados Unidos), *Group Litigation Order* (Inglaterra e País de Gales), *Agregação de acções* (Portugal) e *Group Action* (Suécia) (LUIZ HENRIQUE VOLPE CAMARGO, *A centralização de processos como etapa necessária do incidente de resolução de demandas repetitivas*, n. 2, p. 46-103). Uma comparação sobre os institutos de procedimentos para questões repetitivas, *v.*, com proveito, JOANNE BLENNERHASSETT, *A comparative examination of multi-party actions, passim*.

1379 Sobre a diferença entre tese jurídica e precedente, *v.* tópico "fundamento determinante", no comentário ao art. 926.

1380 THEODORO JR.-NUNES-BAHIA-PEDRON, *Novo CPC* – fundamentos e sistematização, n.7.7, p. 441.

repetitivas".[1381] A propósito, o termo repetitivo é mencionado diversas vezes no Código (*v.g.*, arts. 12, § 2°, II e III, 69, § 2°, VI, 311, II, 332, II, 521, IV, 927, §§ 2°, 3° e 4°, 966, § 5°, 1.022, I). O agrupamento dessas normas tem por objetivo dar unidade lógico-jurídica ao julgamento de casos repetitivos.

O incidente de resolução de demandas repetitivas tem dupla finalidade: (*a*) gerenciar os casos repetitivos que estão em curso no âmbito da competência territorial do órgão destinado a julgar o incidente (art. 985, I); e (*b*) formação de tese jurídica e precedente obrigatório para aplicação em casos futuros na mesma extensão territorial.[1382]

Há dois possíveis procedimentos para a condução do incidente de resolução de demandas repetitivas: *causa-piloto* ou *causa-modelo* (*procedimento-modelo*). Basicamente, o protótipo da *causa-piloto* se dá pela seleção de um ou mais casos para julgar e fixar a tese jurídica. O incidente de resolução de demandas repetitivas seria apenas o veículo processual para o contraditório mais aprofundado e participativo. De outro lado, o procedimento da *causa-modelo* busca unicamente fixar a tese jurídica a ser aplicada nos casos que envolvam semelhante questão de direito, independentemente da seleção de processos.[1383]

Parece que o modelo que mais se ajusta ao Código é o da *causa-piloto*. O art. 978 prevê que "o órgão colegiado incumbido de julgar o incidente e fixar a tese jurídica julgará igualmente o recurso, a remessa necessária ou o processo de competência originária de onde se originou o incidente". Observa-se que o incidente de resolução de demandas repetitivas foi originado de um procedimento de competência do tribunal, o qual, fixada a tese, será julgado.

A seleção dos casos é tarefa delicada. Há diversos critérios que podem ser adotados. Porém, de acordo com as normas fundamentais do Código, os vetores serão quantidade, qualidade e diversidade dos argumentos deduzidos nos processos. Além disso, a escolha pode ser orientada pela pluralidade e representatividade dos sujeitos do(s) processo(s) no(s) qual(is) ocorre(m) a discussão da questão de direito.[1384]

1381 MARCOS DE ARAÚJO CAVALCANTI, *Incidente de resolução de demandas repetitivas (IRDR)*, Capítulo 6, p. 203-208; DIDIER JR.-CUNHA, *Curso de direito processual civil*, vol. 3, n. 4, p. 713-716; ANTONIO DO PASSO CABRAL, Coment. ao art. 976, *in Comentários ao Código de Processo Civil*, n. 1, p. 1434-1435. O argumento é reforçado pelo Enunciado 481 do FPPC: O disposto nos §§ 9° a 13 do art. 1.037 aplica-se, no que couber, ao incidente de resolução de demandas repetitivas.

1382 VIANA-NUNES, *Precedentes* – a mutação no ônus argumentativo, n. 3.6, p. 280.

1383 Defende a *causa-modelo*: SOFIA TEMER, *Incidente de resolução de demandas repetitivas*, n. 3.2, p. 69-78. De outro lado, afirma ser *causa-piloto*: ANTONIO DO PASSO CABRAL, Coment. ao art. 976, *in Comentários ao Código de Processo Civil*, n. 3, p. 1436-1438.

1384 Sobre o tema, com profundidade, *v.* ANTONIO DO PASSO CABRAL, *A escolha da causa-piloto nos incidentes de resolução de processos repetitivos*, n. 4, p. 47-61.

228. Aplicação em outros modelos processuais

O art. 15 estabelece que na falta de normas que regulem processos eleitorais, trabalhistas[1385] ou administrativos, as disposições do Código de Processo Civil lhes serão aplicadas supletiva e subsidiariamente.[1386] Assim, o incidente de resolução de demandas repetitivas pode ser utilizado em processos jurisdicionais que envolvam matéria de direito eleitoral e de direito do trabalho,[1387] e processo administrativo, seja qual for a competência ou seu objeto.

Há quem admita o incidente no âmbito do processo penal.[1388]

Por força do inciso I do art. 985, a tese jurídica fixada em incidente de resolução de demandas repetitivas alcança os processos que tramitam nos juizados especiais do Estado ou da Região, conforme o caso. Todavia, o dispo-

---

1385 Especialmente na justiça do trabalho, dispõe o Enunciado 66, aprovado na Primeira Jornada de Direito Material e Processual do Trabalho: Aplicação subsidiária de normas do processo comum ao processo trabalhista. Omissões ontológica e axiológica. Diante do atual estágio de desenvolvimento do processo comum e da necessidade de se conferir aplicabilidade à garantia constitucional da duração razoável do processo, os artigos 769 e 889 da CLT comportam interpretação conforme a Constituição Federal, permitindo a aplicação de normas processuais mais adequadas à efetivação do direito. Aplicação dos princípios da instrumentalidade, efetividade e não retrocesso social. Há normas administrativas no âmbito do Tribunal Superior do Trabalho que normatizam o instituto do incidente de resolução de demandas repetitivas (*v.g.*, Regimento Interno do Tribunal Superior do Trabalho). Acrescente-se, ainda, o Tribunal Superior do Trabalho editou a Súmula 330, II, a qual prevê "[t]ambém não se sujeita ao duplo grau de jurisdição a decisão fundada em: a) súmula ou orientação jurisprudencial do Tribunal Superior do Trabalho; b) acórdão proferido pelo Supremo Tribunal Federal ou pelo Tribunal Superior do Trabalho em julgamento de recursos repetitivos; c) entendimento firmado em incidente de resolução de demandas repetitivas ou de assunção de competência; d) entendimento coincidente com orientação vinculante firmada no âmbito administrativo do próprio ente público, consolidada em manifestação, parecer ou súmula administrativa". De outro lado, a Resolução 166/2019 do Conselho Superior do Ministério Público do Trabalho, além de outras providências, dispõe sobre a atuação do Ministério Público do Trabalho no incidente de resolução de demandas repetitivas. Sobre o tema, ver, ainda, CARLINA TUPINAMBÁ, *O incidente de resolução de demandas repetitivas na Justiça do Trabalho*, passim.

1386 É interessante notar que *supletivo* tem caráter complementar para suprir lacunas; por sua vez, *subsidiário* tem sentido de orientar a interpretação do direito processual de outro modelo segundo as normas do CPC. Sobre o tema, *v.* MARCELO ABELHA RODRIGUES, *Comentários ao Código de Processo Civil*, vol. 1, n. 5, p. 228-231.

1387 Enunciado 167 do FPPC: Os tribunais regionais do trabalho estão vinculados aos enunciados de suas próprias súmulas e aos seus precedentes em incidente de assunção de competência ou de resolução de demandas repetitivas.

1388 MENDES-PINHO-VARGAS-SILVA, *O incidente de resolução de demandas repetitivas (IRDR) no processo penal. Reflexões iniciais*, passim.

sitivo legal encontra severas críticas legais e constitucionais, conforme será visto no comentário abaixo. Ainda aqui cabe salientar que há normas regulamentando esse instituto no âmbito dos juizados especiais federais.[1389]

229. Normas externas ao Capítulo VIII

O Capítulo VIII do Título I do Livro III da Parte Especial desenvolve metodologicamente o cabimento e o procedimento do incidente de resolução de demandas repetitivas.

No Código, há outras normas que fazem referência ao incidente de resolução de demandas repetitivas que estabelecem conexão com o Capítulo comentado.

O inciso III do § 2º do art. 12 não submete o julgamento de casos repetitivos à ordem cronológica para proferir decisão. Aliás, o incidente de resolução de demandas repetitivas tem preferência sobre os demais processos, salvo que envolvam réu preso e pedido de *habeas corpus* (art. 980).

A participação de pessoa natural ou jurídica, órgão ou entidade especializada, com representatividade adequada, é imposta pelo art. 983. Com efeito, dispõe o § 3º do art. 138 que o *amicus curiae* tem o poder de recorrer contra a decisão que julgar o incidente de resolução de demandas repetitivas.

Admitido o incidente, o processo que contempla a questão repetitiva será suspenso, conforme anota o art. 313, IV. O referido dispositivo legal é complementado pelo inciso I do art. 982, o qual indica o órgão competente para impor a suspensão dos processos e a eficácia territorial da decisão suspensiva.

O incidente de resolução de demandas repetitivas é procedimento destinado a gerar precedente obrigatório, cuja tese autoriza o julgamento de improcedência liminar do processo (art. 332, III) e julgamento unipessoal de recurso (art. 932, IV, *c*, e V, *c*,) além de impedir a remessa necessária (art. 496, § 4º, II).

Por força da lei, o incidente de resolução de demandas repetitivas compõe o núcleo do julgamento de "casos repetitivos" (art. 928, I).

É permitida a sustentação oral (art. 937, § 1º), com as particularidades indicadas no art. 934.

[1389] A Resolução 392/2016 do Conselho da Justiça Federal (CJF), que dispõe sobre a alteração de dispositivos no Regimento Interno da Turma Nacional de Uniformização dos Juizados Especiais Federais, adequa o incidente de resolução de demandas repetitivas nos juizados especiais federais. De outro lado, a Resolução 393/2016 do CJF confere poderes ao relator para dar ou negar provimento a recurso interposto nos juizados especiais de acordo com a tese firmada em incidente de resolução de demandas repetitivas.

A reclamação é o veículo processual que pode garantir a observância do acórdão proferido em incidente de resolução de demandas repetitivas (art. 988, IV).

O § 4º do art. 1.029 – que tem seu paralelo no § 3º do art. 982 – dispõe que o presidente do Supremo Tribunal Federal ou do Superior Tribunal de Justiça, por ocasião do processamento do incidente de resolução de demandadas repetitivas em determinado tribunal, *poderá* determinar a suspensão de processos em que se discuta questão federal constitucional ou infraconstitucional, desde que considere presente os pressupostos da segurança jurídica ou de excepcional interesse social, a todo o território nacional, até ulterior decisão do recurso extraordinário ou do recurso especial a ser interposto.

230. Normas externas ao Código de Processo Civil

O art. 978 revela que o incidente de resolução de demandas repetitivas será julgado pelo órgão colegiado indicado no regimento interno. Naturalmente, haverá normas regimentais que indicarão a competência do órgão (*v.g.*, art. 190 do RITJSP; art. 5º-A do RITJRJ; arts. 368-A e s. do RITJMG).[1390] A propósito, o regimento interno do tribunal será essencial para organização do incidente de resolução de demandas repetitivas.[1391]

A Resolução n. 235/2016 do CNJ dispõe sobre a padronização de procedimentos administrativos decorrentes de julgamentos de repercussão geral, de casos repetitivos e de incidente de assunção de competência previstos no Código, no Superior Tribunal de Justiça, no Tribunal Superior Eleitoral, no Tribunal Superior do Trabalho, no Superior Tribunal Militar, nos Tribunais Regionais Federais, nos Tribunais Regionais do Trabalho e nos Tribunais de Justiça dos Estados e do Distrito Federal.

1390 Sobre a importância do papel do regimento interno dos tribunais na regulamentação do incidente de resolução de demandas repetitivas, *v.* DIDIER JR.-TEMER, A decisão de organização do incidente de resolução de demandas repetitivas: importância, conteúdo e papel do regimento interno do tribunal, *RePro* 258 (versão eletrônica).

1391 PAULO MENDES DE OLIVEIRA afirma que "[n]ão há disposição legal que defina o que fazer diante de inúmeros pedidos ou ofícios de instauração do incidente, relativos à mesma questão repetitiva, perante o mesmo tribunal. A doutrina, no particular, divide-se, deixando o jurisdicionado e os próprios tribunais sem uma diretriz segura de como proceder. Alguns sustentam a necessidade de apensamento e processamento conjuntos, por outro lado pode-se cogitar 'a escolha de alguns pedidos ou ofícios que mais bem representem a controvérsia, à semelhança do regime dos recursos repetitivos', como fez o Regimento Interno do Tribunal de Justiça do Estado da Bahia e o Tribunal de Justiça de Minas Gerais" (*O poder normativo dos tribunais* – regimentos internos como fonte de normas processuais, p. 44).

Há atos normativos que indicam os órgãos legitimados para requerer o incidente de resolução de demandas repetitivas (*v.g.*, Ato Normativo n. 1.137/2019–CPJ, de 12-2-2019, que disciplina a atuação do Ministério Público nos incidentes de assunção de competência e de resolução de demandas repetitivas e nas reclamações perante o Tribunal de Justiça do Estado de São Paulo e dá outras providências).

No campo da advocacia pública, há normas administrativas que autorizam os advogados da União a reconhecer a procedência do pedido, a abster-se de contestar e de recorrer e a desistir dos recursos já interpostos, quando a pretensão deduzida ou a decisão judicial estiver de acordo com acórdão transitado em julgado, proferido pelo Supremo Tribunal Federal em sede de recurso extraordinário em incidente de resolução de demandas repetitivas, acórdão transitado em julgado, proferido pelo Superior Tribunal de Justiça em sede de recurso especial em incidente de resolução de demandas repetitivas, ou acórdão transitado em julgado, proferido pelo Tribunal Superior do Trabalho em sede de recurso de revista em incidente de resolução de demandas repetitivas.[1392]

231. Natureza jurídica

O incidente de resolução de demandas repetitivas não é recurso ou ação.[1393] Também não é técnica de processo coletivo.[1394] Como o próprio nome revela, o incidente de resolução de demandas repetitivas tem natureza de *incidente processual*,[1395] com todas as características que lhes são próprias, quais sejam: acessoriedade, acidentalidade, incidentalidade e procedimento incidental.[1396]

O incidente regulado pelo Capítulo VIII do Título I do Livro III do Código tem origem a partir de determinada questão processual ou questão material surgida no curso do processo que esteja em trâmite no tribunal (art. 978, parágrafo único), seja qual for a natureza (procedimento comum ou es-

---

1392 Portaria n. 487/2016 da Advocacia-Geral da União (AGU).

1393 Marcos de Araújo Cavalcanti, *Incidente de resolução de demandas repetitivas*, n. 4.1.1 e 4.1.2, p. 172-175.

1394 Sofia Temer, *Incidente de resolução de demandas repetitivas*, n. 3.4, p. 93.

1395 Marcelo Abelha diz: "Considera-se incidente processual no Código de Processo Civil o fato jurídico novo, voluntário ou involuntário, que cai sobre o processo em curso formando um procedimento lateral, típico e exclusivo para a sua resolução. Conquanto este fato jurídico possa ser uma demanda, uma questão ou um ponto incidental, para o Código os incidentes processuais são apenas as questões incidentes que dependem de procedimento próprio e lateral para serem resolvidas" (*Manual de direito processual civil*, n. 4.11, p. 134).

1396 Marcos de Araújo Cavalcanti, *Incidente de resolução de demandas repetitivas (IRDR)*, n. 4.2, p. 179-180.

pecial; processo de competência originária; processo individual ou coletivo), e que se multiplica em outros processos que estão em curso.

Proposto o incidente de resolução de demandas repetitivas, transfere-se o exame da questão ao órgão colegiado indicado pelo regimento interno do tribunal, cuja competência, ultrapassado o juízo de admissibilidade, é fixar a tese jurídica.

A fixação da tese jurídica levou a doutrina a afirmar que, no incidente de resolução de demandas repetitivas, ocorre "dessubjetivação", porque a atividade jurisdicional nele desenvolvida não busca a tutela do direito subjetivo submetido pelas partes. Tal fato configura o incidente de resolução de demandas repetitivas em *incidente processual objetivo*.[1397]

Por conseguinte, dado interesse plúrimo e a "dessubjetivação", na eventual desistência ou abandono do incidente de resolução de demandas repetitivas por quem o suscitou, a lei impõe que o Ministério Público assuma a titularidade do procedimento (art. 976, § 2º).

A repetição da questão em outros casos demonstra a particularidade do incidente. Nessa ótica, o incidente de resolução de demandas repetitivas não evidencia a regra tradicional de ficar restrito aos interesses das partes. Todos aqueles que figuram em processos cuja questão semelhante será apreciada pelo tribunal por ocasião do julgamento do incidente têm potencial interesse na solução.[1398] Trata-se de interesse multitudinário, relativamente à tutela plurindividual, semelhante ao regime dos recursos extraordinário e especial repetitivos.[1399]

[1397] Sofia Temer, *Incidente de resolução de demandas repetitivas*, n. 3.2.2, p. 81. A autora toma emprestado algumas técnicas relativas aos "processos objetivos" do controle de constitucionalidade e do movimento de "dessubjetivação" da atividade jurisdicional (*v.* especialmente n. 3.3, p. 81-93).

[1398] "Entretanto, no Incidente de Resolução de Demandas Repetitivas o procedimento padrão diz respeito à questão jurídica pertinente a processos paralelos, nos quais figura sempre um número significativo de interessados. A metodologia é inerente ao procedimento estabelecido, pois haverá sempre um interesse plúrimo em relação à questão de direito a ser decidida. O modelo calcado em processos paralelos é algo relativamente novo no Direito Processual, pois tradicionalmente os processos e os respectivos incidentes são calcados no modelo da dualidade de partes. O sistema de procedimentos paralelos enseja uma série de questões jurídicas processuais relacionadas a este novo modelo, como a da competência, legitimação, comunicação dos interessados, representação, possibilidades e limites para a intervenção, relação entre o incidente e o julgamento dos processos paralelos, efeito vinculativo, recursos, coisa julgada, revisão e rescisória" (Aluísio Gonçalves de Castro Mendes, *Incidente de resolução de demandas repetitivas*, n. 9.2, p. 105).

[1399] Rodolfo de Camargo Mancuso fala em "instrumento de coalização de demandas isomórficas" (*Incidente de resolução de demandas repetitivas*, p. 200).

Art. 976. É cabível a instauração do incidente de resolução de demandas repetitivas quando houver, simultaneamente:

I - efetiva repetição de processos que contenham controvérsia sobre a mesma questão unicamente de direito;

II - risco de ofensa à isonomia e à segurança jurídica.

§ 1º A desistência ou o abandono do processo não impede o exame de mérito do incidente.

§ 2º Se não for o requerente, o Ministério Público intervirá obrigatoriamente no incidente e deverá assumir sua titularidade em caso de desistência ou de abandono.

§ 3º A inadmissão do incidente de resolução de demandas repetitivas por ausência de qualquer de seus pressupostos de admissibilidade não impede que, uma vez satisfeito o requisito, seja o incidente novamente suscitado.

§ 4º É incabível o incidente de resolução de demandas repetitivas quando um dos tribunais superiores, no âmbito de sua respectiva competência, já tiver afetado recurso para definição de tese sobre questão de direito material ou processual repetitiva.

§ 5º Não serão exigidas custas processuais no incidente de resolução de demandas repetitivas.

232. Pressupostos de cabimento

Segundo os incisos I e II do art. 976, "é cabível a instauração do incidente de resolução de demandas repetitivas quando houver, simultaneamente: efetiva repetição de processos que contenham controvérsia sobre a mesma questão unicamente de direito; e risco de ofensa à isonomia e à segurança jurídica". Extrai-se da lei, em primeiro lugar, que o *cabimento* do incidente de resolução de demandas repetitivas reclama a concorrência dos pressupostos necessários para tornar viável a formação de tese de aplicação obrigatória para gestão de processos repetitivos: (*i*) questão unicamente de direito; (*ii*) repetição da questão em outros processos; (*iii*) risco de ofensa à isonomia; e (*iv*) risco à segurança jurídica. É insatisfatória a presença de apenas um dos pressupostos. Todos os pressupostos devem concorrer e ser demonstrados no momento da instauração do incidente.

O inciso I do art. 976 evidencia textualmente: "questão unicamente de direito". A menção indicada pela lei é relevante, pois "questão de direito" e "demanda" não assumem o mesmo significado.[1400] Nada obstante o legislador

---

1400 Na literatura processual brasileira, demanda é o ato de postular a tutela jurisdicional, cujo instrumento é a petição inicial (cf. Barbosa Moreira, *O novo processo civil*

COMENTÁRIOS AO CÓDIGO DE PROCESSO CIVIL V. XIX

tenha batizado o instituto em comento "incidente de resolução de *demandas repetitivas*", a técnica processual busca resolver *questões repetitivas*.[1401]

Questão unicamente de direito é termo controvertido e pode admitir muitos significados.[1402] O problema já foi demonstrado no comentário ao art. 947, que regulamenta o incidente de assunção de competência. Tal como mencionado lá, na órbita do incidente de resolução de demandas repetitivas, o termo "questão de direito" corresponde à controvérsia na aplicação ou interpretação da norma a partir de determinado suporte fático. A questão será sempre jurídica e sobre ela não haverá produção de prova probatória.[1403-1404]

Diversamente da assunção de competência, o inciso I do art. 976 não exige que a questão unicamente de direito seja "relevante". Basta que a questão de direito seja reproduzida em grande quantidade em outros processos.

Reconhece-se a repetitividade da questão de direito de origem comum, seja qual for a natureza (processual ou material), em outros processos, ainda que o objeto litigioso seja diferente. A repetição deve ser concreta e não mera "potencialidade" de gerar processos que eventualmente possam envolver semelhante controvérsia de direito.[1405]

O Código não estipulou número mínimo para caracterizar a repetição.[1406] Seja como for, para preenchimento do pressuposto específico, o interessado

---

brasileiro, n. 1, p. 11-12; CÂNDIDO R. DINAMARCO, *Instituições de direito processual civil*, vol. II, n. 508, p. 126-128).

1401 No ponto: MARCOS DE ARAÚJO CAVALCANTI, *Incidente de resolução de demandas repetitivas (IRDR)*, n. 5.2.2, p. 197-202; SOFIA TEMER, *Incidente de resolução de demandas repetitivas*, n. 2.1.3, p. 57-64.

1402 Sobre o tema, *v.* a clássica obra de CASTANHEIRA NEVES, *Questão de facto – questão de direito, passim*.

1403 ABBOUD-FERNANDES, Requisitos legais para instauração do incidente de assunção de competência, *RePro* 279, p. 344.

1404 Excepcionalmente, poder-se-ia admitir produção de prova de vigência de direito municipal, estadual, estrangeiro ou consuetudinário, na forma do art. 376.

1405 ANTÔNIO ADONIAS BASTOS sustenta que, de um lado, "a potencialidade pode ser vista positivamente, dado seu caráter preventivo". Porém, o autor conclui que, naquela situação, o efeito vinculante do precedente seria questionável, "porque está calcado na suposição de que haverá multiplicação de casos semelhantes, sem sua efetiva constatação", somado ao argumento da pouca maturação dada a deficiente discussão sobre o tema (*A potencialidade de gerar relevante multiplicação de processos como requisito do incidente de resolução de causas repetitivas no projeto do novo CPC*, n. 4, p. 35-37).

1406 Diversamente do que ocorre no modelo alemão do *Musterverfahren*, no qual, inicialmente, foi fixado o número mínimo de 51 processos e, posteriormente, diante de mudança legislativa foi estabelecido o número superior a 20 processos, cf. anota ALUISIO GONÇALVES DE CASTRO MENDES, *Incidente de resolução de demandas repetitivas*, n. 10.1.1, p. 109-110.

deverá demonstrar que a questão que se repete em outros processos, virtualmente, poderá ofender a isonomia e a segurança jurídica.[1407]

Risco à isonomia significa que, dada a litigiosidade repetitiva, o Poder Judiciário poderá resolver semelhante questão de direito de forma distinta, expondo a perigo a própria legitimidade do ordenamento jurídico. De outro lado, a possibilidade de decisões conflitantes a respeito do mesmo tema jurídico poderá lesar o ideal normativo da segurança jurídica.

Embora a palavra "risco" indique possibilidade de um acontecimento futuro e incerto, o qual poderia levar a crer que bastaria a mera possibilidade de existirem decisões conflitantes a respeito da controvérsia repetitiva para caracterizar a transgressão à isonomia e à segurança jurídica, é preferível, para efeitos de demonstração do pressuposto indicado no inciso II do art. 976, que ocorra efetivo desacordo interpretativo sobre a questão de direito.[408] Isso garantiria maior discussão sobre a controvérsia e somente assim o acórdão proferido no incidente poderá abranger a análise de todos os fundamentos suscitados concernentes à tese jurídica discutida, sejam favoráveis ou contrários (art. 984, § 2°)[1409].

1407 Enunciado 87 do FPPC: A instauração do incidente de resolução de demandas repetitivas não pressupõe a existência de grande quantidade de processos versando sobre a mesma questão, mas preponderantemente o risco de quebra da isonomia e de ofensa à segurança jurídica.

1408 Embora no contexto do amadurecimento da discussão acerca da questão de direito, Leonardo Carneiro da Cunha sugere a necessidade de decisões conflitantes como elemento necessário à instauração do incidente de resolução de demandas repetitivas. Confira-se: "[s]eria mais adequado prever o incidente quando já houvesse algumas sentenças antagônicas a respeito do assunto. Vale dizer que, para caber o incidente, seria mais adequado haver, de um lado, sentenças admitindo determinada solução, havendo, por outro lado, sentenças rejeitando a mesma solução. Seria, enfim, salutar haver uma controvérsia já disseminada para que, então, fosse cabível o referido incidente. Dever-se-ia, na verdade, estabelecer como requisito para a instauração de tal incidente a existência de prévia controvérsia sobre o assunto. Para que se possa fixar uma tese jurídica a ser aplicada a casos futuros, é preciso que sejam examinados todos os pontos de vista, com a possibilidade de análise do maior número possível de argumentos. E isso não se concretiza se o incidente for preventivo, pois não há, ainda, amadurecimento da discussão. Definir uma tese sem que o assunto esteja amadurecido ou amplamente discutido acarreta o risco de haver novos dissensos, com a possibilidade de surgirem, posteriormente, novos argumentos que não foram debatidos ou imaginados naquele momento inicial em que, previamente, se fixou a tese jurídica a ser aplicada a casos futuros" (*Anotações sobre o incidente de resolução de demandas repetitivas previsto no projeto de novo Código de Processo Civil*, n. 3.2, p. 262).

1409 Theodoro Jr.-Nunes-Bahia-Pedron, *Novo CPC* – fundamentos e sistematização, n. 7.7, p. 442-443.

Anote-se que, de acordo com a afirmação acima, a jurisprudência pacificada sobre a questão de direito repetitiva inviabiliza suscitar o incidente de resolução de demandas repetitivas.

233. Restrições ao cabimento (pressuposto negativo)

Há simetria jurídica entre o incidente de resolução de demandas repetitivas e os recursos especial e extraordinário repetitivos. A proximidade entre esses dois institutos está expressa nos incisos I e II do art. 928, segundo os quais, para os fins e Código, considera-se julgamento de casos repetitivos a decisão proferida em: incidente de resolução de demandas repetitivas, e recursos especial e extraordinário repetitivos. Esses institutos formam o microssistema de julgamento de casos repetitivos.

Por esse motivo, é de todo indesejável o trâmite paralelo entre esses dois procedimentos para resolver, concomitantemente, a mesma questão de direito material ou processual.[1410] A lei veda litispendência entre incidente de resolução de demandas repetitivas e recursos repetitivos, considerando ao menos dois fundamentos: evitar decisões e teses conflitantes, mas, principalmente, preservar a eficiência processual (art. 8º).

Além dos pressupostos positivos, alinhados nos incisos I e II do art. 976, para que o incidente de resolução de demandas repetitivas possa ser admitido, é preciso que não haja, no âmbito dos tribunais superiores, recurso especial ou recurso extraordinário afetado pelo regimento dos "recursos repetitivos" tendo por objeto uma mesma questão de direito material ou processual repetitiva.

De fato, é manifestamente sem sentido que ao mesmo tempo seja afetado determinado recurso (especial ou extraordinário), cujo efeito é a suspensão em todo território nacional de todos os processos que envolvam a questão que será objeto de resolução pelo Superior Tribunal de Justiça ou pelo Supremo Tribunal Federal e, ao mesmo tempo, seja instaurado incidente de resolução de demandas repetitivas cujo efeito de sua admissão é *apenas* a suspensão dos processos no âmbito do Estado ou da Região, de acordo com a competência do tribunal estadual ou regional.

Essa restrição ao cabimento do incidente de resolução de demandas repetitivas surge concomitantemente ao pronunciamento de afetação do recurso pelo tribunal superior. Assim, a partir desse momento, requerimentos dos interessados são inadmissíveis. No caso de iniciativa por parte do presidente ou vice-presidente do tribunal do estado ou do tribunal regional federal, a partir da seleção de "recursos representativos da controvérsia", o requerimen-

---

1410 Rodolfo de Camargo Mancuso, *Incidente de resolução de demandas repetitivas*, p. 268.

to para instauração do incidente de resolução de demandas repetitivas poderá ser realizado. Porém, o incidente ficará sobrestado até que haja decisão do tribunal superior. Afetado o recurso, o incidente não será admitido; caso contrário, o incidente seguirá seu procedimento regular.

Finalmente, é possível que o incidente de resolução de demandas repetitivas haja sido admitido e, posteriormente, seja afetado recurso especial ou extraordinário para resolver a mesma questão de direito. Nessa hipótese, o incidente deverá ser sobrestado até o julgamento final do recurso,[1411] quando então deverá se ajustar de acordo com a tese fixada pelo tribunal superior.

234. Necessidade de processo pendente no tribunal

Controverte-se na doutrina se a pendência de processo no tribunal seria ou não pressuposto necessário para suscitar o incidente de resolução de demandas repetitivas. A dificuldade decorre de dois pontos:

(*a*) não há previsão expressa sobre a necessidade ou dispensa de processo em tribunal; e

(*b*) confronto de duas normas que aparentemente seriam incompatíveis: de um lado, o inciso I do art. 977 confere legitimidade ao juiz de primeiro grau para suscitar o incidente de resolução de demandas repetitivas, o que afastaria o argumento da necessidade de processo pendente no tribunal; de outro, o parágrafo único do art. 978 estabelece que o órgão colegiado incumbido de julgar o incidente e de fixar a tese jurídica julgará igualmente o recurso, a remessa necessária ou o processo de competência originária de onde se originou o incidente.

Há interessantes argumentos que dão amparo à desnecessidade de processo pendente no tribunal.[1412] Todavia, essa interpretação, em análise mais acu-

---

1411 Foi o que aconteceu com IRDR n. 0043940-25-2017.8.26.0000, em trâmite perante o Tribunal de Justiça do Estado de São Paulo, rel. Des. GRAVA BRAZIL, admitido em 26-10-2017 e julgado em 8-11-2018 (Questões de direito relacionadas a reajuste por mudança de faixa etária aos 59 anos, no âmbito de contratos coletivos de plano de saúde empresariais e por adesão) celebrados a partir de 1º-1-2004 ou adaptados à Resolução n. 63/03, da ANS). Posteriormente ao julgamento do referido incidente, em *Sessão Virtual* de 29-5-2019 a 4-6-2019, a Segunda Seção do Superior Tribunal de Justiça, por maioria, afetou o REsp 1.728.839/SP, rel. Min. PAULO DE TARSO SANSEVERINO, ao rito dos recursos repetitivos e suspendeu a tramitação de processos em todo território nacional, nos termos do art. 1.037, inciso II, do CPC/2015, para firmar precedente qualificado acerca dos seguintes temas: (a) validade de cláusula contratual de plano de saúde coletivo que prevê reajuste por faixa etária; (b) ônus da prova da base atuarial do reajuste.

1412 Longamente, com muitos fundamentos, SOFIA TEMER, *Incidente de resolução de demandas repetitivas*, n. 4.1.1.1, p. 108-121. Sustentam, ainda, a dispensa de processo

rada, parece ser, a um só tempo, inconstitucional, ilegal e ilógica sob a perspectiva jurídica.[1413]

A instauração do incidente de resolução de demandas repetitivas sem a necessidade de processo pendente no tribunal, inevitavelmente, equivale à admissibilidade de um expediente processual de competência originária. Nesse contexto, do ponto de vista legislativo, é preciso examinar se o Código poderia atribuir competência originária a tribunal de justiça ou a tribunal regional federal. De acordo com a primeira parte do § 1º do art. 125 da CF, a competência dos tribunais será definida na Constituição do Estado. Logo, pelo texto constitucional, a competência originária do tribunal não pode ser definida por lei ordinária, como é a natureza do Código de Processo Civil.[1414] Somente a Constituição do Estado poderia autorizar a instauração de incidente de resolução de demandas repetitivas sem processo pendente no tribunal. Em se tratando de tribunal regional federal, a competência advém do art. 109 da CF.

Além disso, entender pela dispensa de processo no tribunal perante o qual se pretender instituir o incidente de resolução de demandas repetitivas é contrário aos pressupostos exigidos pelo inciso II do art. 976. Com efeito, "[n]ão é suficiente, entretanto, o *timor ne varie dicetur*, o receio de decisões conflitantes tão conhecido no estudo da conexão de causas. A imprevisibilidade acerca do resultado final deve ser efetiva, como diz a lei, e não potencial. Vale dizer, deve ter havido decisões finais em sentidos diversos, demonstrando-se com isso uma atual e efetiva insegurança e tratamento desigual. Não basta um risco potencial".[1415]

---

no tribunal: Andre Vasconcelos Roque, *Execução e recursos*, n. 1, p. 848-849; Aluisio Gonçalves de Castro Mendes, *Incidente de resolução de demandas repetitivas*, n. 10.4.2, p. 123-124; Alexandre Freire, Coment. ao art. 976, *in Código de Processo Civil comentado*, n. 1, p. 1223.

1413 O cabimento do IRDR, condiciona-se à pendência de julgamento, no tribunal, de uma causa recursal ou originária. Se já encerrado o julgamento, não caberá mais a instauração do IRDR, senão em outra causa pendente; mas não naquela que já foi julgada, ainda que se esteja no aguardo da apreciação de embargos de declaração nesta causa (STJ, Ag em REsp 1.470.017, rel. Min. Francisco Falcão, *DJe* 18-10-19).

1414 Marcos de Araújo Cavalcanti sustenta que a "exigência de causa pendente no tribunal decorre da própria Constituição da República. Imaginar a instauração do IRDR sem a pendência de qualquer causa seria o mesmo que atribuir competência originária ao tribunal. Acontece que a fixação de *competência originária* de tribunal para processamento e julgamento de qualquer ação, recurso ou incidente processual não pode ser estabelecida exclusivamente por lei ordinária. Logo, mesmo que não houvesse no texto do NCPC a redação do parágrafo único do art. 978, a pendência de causa no tribunal continuaria a ser necessária para viabilizar a instauração do incidente (*Incidente de resolução de demandas repetitivas (IRDR)*, n. 7.3, p. 226).

1415 Antonio do Passo Cabral, Coment. ao art. 976, *in Comentários ao novo Código de Processo Civil*, n. 2, p. 1440.

CPC/2015, ART. 976

Por fim, seria manifesta ilogicidade jurídica sustentar a natureza de incidente do mecanismo disciplinado no Capítulo VIII do Título I do Livro III da Parte Especial sem processo no tribunal.[1416]

Admitir o incidente de resolução de demandas repetitivas sem a existência de processo no tribunal aproximaria esse meio processual do procedimento para editar súmula sem que houvesse jurisprudência sobre a questão.

O entendimento aqui exposto em nada interfere na legitimidade do juiz para propor o incidente de resolução de demandas repetitivas, como será visto no comentário ao inciso I do art. 977. Cabe observar que, constatada a multiplicidade de processos que envolvam a mesma questão de direito, mas sem processo no tribunal, o juiz *poderá* oficiar o Ministério Público, a Defensoria Pública e, na medida do possível, outros legitimados indicados pelo art. 5º da Lei n. 7.347/85 (Lei da Ação Civil Pública) e pelo art. 82 do CDC, para, se for o caso, promover ação coletiva (art. 139, X).

Resta saber o que significa "processo pendente no tribunal". O parágrafo único fala em "recurso, remessa necessária ou processo de competência originária". Porém deve-se compreender qualquer *procedimento* que esteja em curso no tribunal (*v.g.*, incidente de suspeição ou impedimento de magistrado, sucedâneo recursal (*v.g.*, pedido de reconsideração), questão de ordem etc.) como suficiente para preenchimento do pressuposto de admissibilidade ora tratado.

235. Participação do Ministério Público

A primeira parte do § 2º do art. 976 prevê que "[s]e não for o requerente, o Ministério Público intervirá obrigatoriamente no incidente". Na reali-

---

[1416] Nesse sentido, ainda sob a perspectiva do Projeto do Código, confira-se o texto de EDUARDO HENRIQUE DE OLIVEIRA YOSHIKAWA: "O próprio nome atribuído ao instituto revela esta dificuldade, a nosso ver insuperável: estando os processos ainda em primeira instância, sem que tenha havido a interposição de recurso ou sequer a prolação de sentença, o incidente de demandas repetitivas é incidente ao quê? A resposta é fácil: a nada! Não se tratando de causa de competência originária do tribunal e não havendo ainda recurso, a decisão a respeito da interpretação do direito não constitui uma questão prévia a ser resolvida pelo tribunal antes de proferir um julgamento, porque o julgamento propriamente dito, ainda que condicionado, não será proferido pelo órgão *ad quem*, mas pelo órgão *a quo*. Não há, em verdade, incidente, mas a avocação pelo tribunal de parcela das questões relevantes para o julgamento do mérito (e não do próprio mérito), o qual, assim, fica cindido: o órgão *ad quem* julgará a(s) questão(ões) de direito reputada(s) relevante(s) e o órgão *a quo* as questões de fato, bem como eventuais questões de direito não avocadas pelo tribunal (as não relevantes)" (O incidente de resolução de demandas repetitivas no novo Código de Processo Civil. Comentários aos arts. do PL n. 8.046/2010, n. 3, *RePro* 206, versão eletrônica).

407

dade, o Ministério Público atuará como fiscal do ordenamento jurídico quando não for parte no processo em que originou o requerimento para instaurar o incidente de resolução de demandas repetitivas.

O que justifica a participação do Ministério Público no incidente de resolução de demandas repetitivas é sua natureza de *incidente processual* plúrimo, o que configuraria "presunção de interesse público".[1417]

Saliente-se que, nesse caso, sua intervenção é *livre*, i.e., o Ministério Público não está comprometido com os interesses das partes ou do requerente da medida.

A intimação do Ministério Público, sempre que possível, será realizada por meio eletrônico, na forma da lei (art. 270, parágrafo único). Uma vez admitido o incidente, compete ao relator determinar a intimação do *parquet* para manifestação no prazo de 15 (quinze) dias (art. 982, III), contados em dias úteis, dada sua natureza processual (art. 219). Cuida-se de prazo *próprio*, de modo que, vencidos os 15 (quinze) dias, com ou sem manifestação do órgão ministerial, o relator tocará o procedimento com os preparativos para julgamento.

Há quem sustente que o Ministério Público, mesmo tendo proposto o incidente de resolução de demandas repetitivas, deve ser intimado para, na qualidade de fiscal da ordem jurídica, viabilizar "debate mais amplo da questão inclusive no âmbito daquela Instituição jurídica".[1418]

Nos casos em que sua participação é obrigatória, a falta de intimação do Ministério Público gera invalidade do procedimento, que, porém, apenas poderá ser declarada depois de o órgão ser intimado, que se manifestará sobre a existência ou inexistência de prejuízo (art. 279, § 2º).

De outro lado, na linha das normas de processos coletivos (*v.g.*, art. 5º, § 3º, da Lei n. 7.347/1985; art. 9º da Lei n. 4.717/1965), a segunda parte do § 2º do art. 976 estabelece que, se não for requerente, o Ministério Público *deverá* assumir sua titularidade em caso de desistência ou abandono do incidente de resolução de demandas repetitivas. Porém, nada obstante a obrigatoriedade imposta pela lei, há atos normativos dedicados a abrandar o dispositivo legal. Assim, *v.g.*, o art. 10 do Ato Normativo n. 1.137/2019-CPJ, de 12-2-2019, editado pelo Ministério Público do Estado de São Paulo, segundo o qual o membro do *parquet* "só assumirá a posição ativa do incidente por desistência ou abandono do requerente, nos termos do § 2º do art. 976 do Código de Processo Civil, se motivadamente convicto de sua admissibilidade e procedência".[1419]

1417 SOFIA TEMER, *Incidente de resolução de demandas repetitivas,* n. 4.2.2.2.4, p. 208.

1418 CASSIO SCARPINELLA BUENO, *Código de Processo Civil anotado,* p. 894.

1419 A palavra "procedência", exposta no transcrito Ato Normativo parece não fazer muito sentido, tendo em vista que o objetivo do incidente de resolução de demandas repetitivas é fixar a tese jurídica que servirá para ser aplicada em casos concretos.

236. Inadmissibilidade e novo IRDR

A falta do preenchimento dos requisitos impostos pelo art. 976 torna inadmissível a instauração do incidente de resolução de demandas repetitivas e, portanto, impede que o órgão colegiado indicado no regimento interno do tribunal possa legitimamente fixar a tese jurídica sobre a "questão de direito repetitiva".[1420]

A declaração de inadmissibilidade do incidente tem estabilidade mitigada. O juízo de admissibilidade negativo do incidente não obsta a propositura da nova medida para debater a mesma questão de direito.

237. Modelo de custas

O § 5º do art. 976 estabelece o regime da inexigibilidade de custas processuais no incidente de resolução de demandas repetitivas. O dispositivo aproxima-se do regime de custas dos processos coletivos (*v.g.*, art. 18 da Lei n. 7.347/85).

Parcela da doutrina coloca em dúvida a constitucionalidade da norma "já que as custas processuais relativas aos processos que tramitam na Justiça dos Estados são fixadas por *leis estaduais*".[1421]

Seja como for, o objetivo do dispositivo é incentivar a instauração do incidente de resolução de demandas repetitivas,[1422] de modo a proporcionar a fixação da tese jurídica que gerenciará os processos repetitivos, na busca de padronização decisória, privilegiando a isonomia e a segurança jurídica.[1423] Isso não significa dizer que não possa haver abuso na utilização do instrumento processual. Caso ocorra, o tribunal, de ofício ou a requerimento, condenará o litigante de má-fé a pagar multa, na forma do art. 81.[1424]

Dada a natureza do procedimento, não há falar em *causalidade* de modo a atrair a incidência de honorários advocatícios, mesmo em grau recursal.[1425]

> **Art. 977.** O pedido de instauração do incidente será dirigido ao presidente de tribunal:
> **I -** pelo juiz ou relator, por ofício;

1420 Sobre a competência e a forma do juízo de admissibilidade do incidente de reslução de demandas repetitivas, *v.* comentário ao art. 981.
1421 Cassio Scarpinella Bueno, *Código de Processo Civil anotado*, p. 883.
1422 Luiz Guilherme Marinoni, *Incidente de resolução de demandas repetitivas*, n. 4.4, p. 80.
1423 Rodolfo Camargo Mancuso, *Incidente de resolução de demandas repetitivas*, p. 269.
1424 Andre Vasconcelos Roque, *Execução e recursos* – comentários ao CPC de 2015, n. 14, p. 846.
1425 Daniel Amorim Assumpção Neves, *Novo Código de Processo Civil comentado*, n. 10, p. 1632.

COMENTÁRIOS AO CÓDIGO DE PROCESSO CIVIL V. XIX

II - pelas partes, por petição;

III - pelo Ministério Público ou pela Defensoria Pública, por petição.

Parágrafo único. O ofício ou a petição será instruído com os documentos necessários à demonstração do preenchimento dos pressupostos para a instauração do incidente.

238. Endereçamento e forma

O incidente de resolução de demandas repetitivas constitui procedimento próprio (*procedimento incidental*), cujo objetivo é a formação de tese jurídica, a qual será aplicada a casos que possam ser resolvidos com a proposição fixada pelo tribunal.

A abertura de procedimento impõe certa formalidade, que, no caso do incidente de resolução de demandas repetitivas, é o "pedido de instauração" (art. 977, *caput*) formulado pelos legitimados arrolados nos incisos do art. 977.

O ato de abertura do incidente deve ser formalizado em ofício, caso o suscitante seja o juiz ou o relator, ou em petição, na hipótese de ser requerido pelas partes, pelo Ministério Público ou pela Defensoria Pública.

Seja qual for o instrumento – ofício ou petição –, a lei impõe que o ato seja endereçado ao presidente do tribunal de justiça ou ao presidente do tribunal regional federal, conforme o caso, a quem não competente realizar qualquer juízo (admissibilidade ou mérito)

O pedido de instauração deverá ser instruído com os documentos necessários à demonstração do preenchimento dos pressupostos de cabimento do incidente de resolução de demandas repetitivas. Em primeiro lugar, o requerente da medida deverá indicar a questão de direito que será objeto de análise. Em seguida, o requerimento necessitará demonstrar a efetiva repetição de processos que contenham a mesma controvérsia sobre a questão. Finalmente, mas não menos importante, o ofício ou a petição deverão contemplar, de forma argumentativa, o risco de ofensa à isonomia e à segurança jurídica. A documentação desses pressupostos de cabimento do incidente é tarefa complexa, dada a vagueza dos termos impressos nos incisos I e II do art. 976. Embora não seja simples, a comprovação é imprescindível, pois constitui elemento fundamental para que o incidente ultrapasse a barreira do juízo de admissibilidade. Sem ela, o "pedido de instauração" será indeferido.[1426]

1426 Cassio Scarpinella Bueno afirma que a demonstração dos pressupostos do cabimento do incidente de resolução de demandas repetitivas, em certa medida, lembra o disposto no inciso III do art. 14 da Lei n. 9.868/1999, o qual impõe ao autor da ação declaratória de constitucionalidade demonstrar na petição inicial a existência de controvérsia judicial relevante sobre a aplicação da disposição objeto da referida

239. Legitimidade

Os incisos do art. 977 arrolam os legitimados para suscitar o incidente de resolução de demandas repetitivas. São eles: o juiz ou relator, as partes, o Ministério Púbico e a Defensoria Pública.

O inciso I atribui legitimidade ao juiz[1427] ou relator. Por juiz, compreende-se magistrado que exerça função jurisdicional em primeiro grau de jurisdição. Para grande parte da doutrina, a discussão da legitimidade do juiz passa pelos pressupostos da necessidade ou não de processo pendente no tribunal. Como visto acima, a admissão do incidente depende de processo em curso no tribunal envolvendo a mesma questão de direito.

Observe-se que o pressuposto de processo pendente no tribunal não esvazia o conteúdo do inciso I do art. 977, que confere legitimidade ao juiz para, de ofício, requerer a instauração do incidente de resolução de demandas repetitivas. Para suscitar o incidente, o magistrado de primeiro grau deverá demonstrar os pressupostos exigidos pela lei, especialmente que conduz um processo com questão de direito repetida em outros processos[1428] e que há processo com a mesma questão pendente no tribunal.[1429]

No caso de incidente de resolução de demandas repetitivas provocado por juiz, competirá ao tribunal *escolher* o processo pendente no tribunal.[1430]

Para efeitos do inciso I do art. 977, "relator" é o magistrado que compõe o tribunal de justiça ou o tribunal regional federal,[1431] que conduz o processo que envolva questão de direito repetida em outros processos. O dispositivo legal admite interpretação extensiva para conferir legitimidade a qualquer magistrado da turma julgadora para suscitar o incidente de resolução de demandas repetitivas. É possível admitir que o próprio órgão colegiado suscite o incidente por ocasião do julgamento do recurso, da remessa necessária, do processo de competência originária do tribunal.

---

medida processual constitucional (*Código de Processo Civil anotado*, p. 886).

1427 Ver também comentário ao art. 976.

1428 DIDIER JR.-CUNHA afirmam que a lei não confere legitimidade a *qualquer* juiz: "deve ser um juiz que tenha sob sua presidência uma causa que apresenta uma questão de direito repetitiva" (*Curso de direito processual civil*, vol. 3, n. 7.9, p. 769).

1429 Nesse ponto, apesar de aceitar o pressuposto de que deva existir processo no tribunal para suscitar o incidente, parece equivocado o pensamento de DANIEL AMORIM ASSUMPÇÃO NEVES, que limita a legitimidade do juiz "após a interposição da apelação contra sua sentença" (*Novo Código de Processo Civil comentado*, n. 2, p. 1633)

1430 Sobre os critérios para escolha do processo, *v.* ANTONIO DO PASSO CABRAL, A escolha da causa-piloto nos incidentes de resolução de processos repetitivos, p. 39-62.

1431 Tratando-se de processo trabalhista, tribunais regionais do trabalho; processo eleitoral, tribunal regional eleitoral.

Entende-se por "partes" os sujeitos parciais dos processos em que se discute a questão de direito comum repetitiva. Para a legitimação das partes, a lei não exige que elas figurem em processo pendente no tribunal competente para processar e julgar o incidente. Basta ser parte em processo que discuta a questão repetitiva, independentemente do estágio processual (*v.g.*, primeiro grau de jurisdição).[1432]

Havendo litisconsórcio, qualquer litisconsorte, ativo ou passivo, independentemente da natureza e do momento em que se formou, tem legitimidade para requerer o incidente. O mesmo direito estende-se ao terceiro (Título III do Livro III da Parte Geral) que haja integrado o processo (*v.g.*, denunciado, chamado etc.), bem ainda assistente simples ou litisconsorcial.[1433]

O conceito de parte alcança também o termo "interessados", utilizado no processo de jurisdição voluntária.[1434]

Interessante questão é a de saber se o substituído, em processo coletivo para a tutela de direitos individuais homogêneos, poderia provocar o incidente de resolução de demandas repetitivas. A resposta será positiva se ele – o substituído – intervier no processo como litisconsorte do legitimado coletivo,[1435] ocasião em que será qualificado como parte.

Legitimam-se a propor o incidente de resolução de demandas repetitivas o Ministério Público e a Defensoria Pública.

Em regra, dada a condição institucional, a legitimidade do Ministério Público e da Defensoria Pública não está limitada à participação dessas instituições, na qualidade de parte, do processo do qual sobressai a questão de direito, ou de qualquer outro processo em que a questão se repita.[1436]

Todavia, é preciso observar que o incidente de resolução de demandas repetitivas tem por objeto "situações jurídicas homogêneas", se aproximando da categoria de direito individual homogêneo (art. 81, parágrafo único, III, do CDC). Nessa ótica, a configuração da legitimidade do Ministério Público está

1432 Cf. Marcos de Araújo Cavalcanti, *Incidente de resolução de demandas repetitivas (IRDR)*, p. 237.

1433 Araken de Assis, *Manual dos recursos*, n. 34.8.4, p. 469.

1434 A justificativa para o termo "interessados" está no argumento de que "há diversas hipóteses na jurisdição voluntária em que os sujeitos principais não ocupam posições antagônicas, sendo apenas sujeitos postulantes" (Leonardo Greco, *Instituições de processo civil*, vo. I, n. 11.2 p. 244). Isso, contudo, não desnatura o conceito moderno de partes, que podem, no mesmo processo, em algum momento, ter interesses convergentes. A propósito, Robson Godinho trata "interessados" como parte na jurisdição voluntária (*Comentários ao Código de Processo Civil*, vol. XIX, n. 5, p. 51).

1435 A interpretação decorre do § 2º do art. 103 do CDC.

1436 Didier Jr.-Cunha, *Curso de direito processual civil*, vol. 3, n. 7.9, p. 770.

restrita a *questão* ligada a direito indisponível ou, disponível o direito, deve ele ser qualificado pela nota de relevância social.[1437]

Da mesma forma, a Defensoria Pública tem legitimidade para suscitar o incidente de resolução de demandas repetitivas de questão jurídica que se enquadre na sua temática constitucional, i.e., "a orientação jurídica, a promoção dos direitos humanos e a defesa, em todos os graus, judicial e extrajudicial, dos direitos individuais e coletivos, de forma integral e gratuita, aos necessitados, na forma do inciso LXXIV do art. 5º desta Constituição Federal" (art. 134 da CF).[1438]

Ainda com relação à Defensoria Pública, sua atuação no incidente de resolução de demandas repetitivas poderá se dar como *custos vulnerabilis*, i.e., sua atuação não ocorre como representante da parte em juízo, mas como protetor dos interesses dos *necessitados*.[1439]

> **Art. 978.** O julgamento do incidente caberá ao órgão indicado pelo regimento interno dentre aqueles responsáveis pela uniformização de jurisprudência do tribunal.
>
> **Parágrafo único.** O órgão colegiado incumbido de julgar o incidente e de fixar a tese jurídica julgará igualmente o recurso, a remessa necessária ou o processo de competência originária de onde se originou o incidente.

240. Competência para julgamento

O regimento interno do tribunal é fonte do direito processual ("*regra do autogoverno do Poder Judiciário*").[1440] A afirmação decorre da Constituição. Com efeito, a alínea *a* do inciso I do art. 96 da CF estabelece que os tribunais devem elaborar seus regimentos internos, com observância das normas de processo e

---

1437 Porém, registre-se o posicionamento de Sofia Temer para quem a atuação do Ministério Público é justificada por sua atribuição de preservação da ordem jurídica objetiva, dispensa-se a demonstração casuística de 'relevância social' ou outro requisito similar (*Incidente de resolução de demandas repetitivas*, n. 4.2.2.2.4, p. 207-208). O pensamento da autora é perfeito para justificar a participação do Ministério Público em todo e qualquer incidente de resolução de demandas repetitivas, mas não para, originariamente, propô-lo.

1438 No mesmo sentido: Marcos de Araújo Cavalcanti, *Incidente de resolução de demandas repetitivas (IRDR)*, n. 8.4, p. 251-253; Aluísio Gonçalves de Castro Mendes, *Incidente de resolução de demandas repetitivas*, n. 11.5.4, p. 133.

1439 O Supremo Tribunal Federal reconheceu a condição de *custos vulnerabilis* da Defensoria Pública no julgamento do HC 143.641/SP, rel. Min. Ricardo Lewandowski, *DJe* 8-10-2018. Na doutrina, defendendo sua participação nessa qualidade em incidente de resolução de demandas repetitivas, Cassio Scarpinella Bueno, *Curso sistematizado de direito processual civil*, vol. 2, n. 4, p. 500.

1440 Sobre o tema, amplamente, *v.* Paulo Mendes de Oliveira, *O poder normativo dos tribunais* – regimentos internos como fonte de normas processuais, *passim*.

das garantias processuais das partes, dispondo sobre a competência e o funcionamento dos respectivos órgãos jurisdicionais.[1441-1442]

Ao atribuir competência normativa aos tribunais, o constituinte levou em consideração as particularidades dos tribunais (localização, número de integrantes etc.).[1443]

Tal premissa foi observada pelo Código, pois o *caput* do art. 978 estabelece que o incidente de resolução de demandas repetitivas será processado e julgado pelo órgão indicado pelo *regimento interno*.

O regimento interno terá a finalidade de instituir o órgão colegiado com representatividade para gerar precedente obrigatório, com atribuição de uniformizar a jurisprudência do tribunal.[1444] Dada a finalidade do procedimento, que busca fixar tese jurídica de aplicação obrigatória para outros processos, é compreensível que a lei induza o regimento interno a atribuir competência a um órgão qualificado e representativo para processar e julgar o incidente de resolução de demandas repetitivas. A representatividade do órgão é ainda qualificada por sua composição. Por esse motivo, pugna-se que o órgão seja integrado por magistrados que tenham afinidade com a questão discutida no incidente.[1445]

A regulação da competência interna do incidente de resolução de demandas repetitivas somente será realizada por regimentos internos dos tribunais de segundo grau de jurisdição (tribunais dos estados, tribunal de justiça do distrito federal e territórios, tribunais regionais federais, tribunais regionais do trabalho, tribunais regionais eleitorais, tribunais de justiça militar).

É induvidoso que não cabe o incidente em primeiro grau de jurisdição.

1441 Os regimentos internos dos Tribunais, editados com base no art. 96, I, *a*, da Constituição Federal, consubstanciam normas primárias de idêntica categoria às leis, solucionando-se eventual antinomia não por critérios hierárquicos, mas, sim, pela substância regulada, sendo que, no que tange ao funcionamento e organização dos afazeres do Estado-Juiz, prepondera o dispositivo regimental (HC 143.333, rel. Min. EDSON FACHIN, *DJe* 21-3-2019).

1442 O art. 1.049 do CPC/1939 previa que "[a]s leis de organização judiciária e os regimentos internos dos Tribunais adaptar-se-ão às disposições deste Código, que sobre umas e outros prevalecerá". O CPC/1973 e o Código vigente não repetiram semelhante dispositivo.

1443 CASSIO SCARPINELLA BUENO, *Novo Código de Processo Civil anotado*, p. 888. Na mesma esteira, MENDES-TEMER, *Comentários ao Código de Processo Civil*, vol. 4, n. 1, p. 214.

1444 JOSÉ FREDERICO MARQUES explicou que "a matéria denominada *interna corporis*, dos diversos tribunais do país, se inclui na esfera normativa dos regimentos internos, ainda mesmo que possa ter reflexos em atos procedimentais" (Fontes normativas do direito processual comum em face da Constituição de 1946, *Doutrinas Essenciais* (versão eletrônica)).

1445 DIDIER JR.-CUNHA, *Curso de direito processual civil*, vol. 3, n. 7.8, p. 767.

CPC/2015, ART. **978**

Os tribunais superiores (Supremo Tribunal Federal, Superior Tribunal de Justiça, Tribunal Superior do Trabalho, Tribunal Superior Eleitoral e Superior Tribunal Militar), em regra, não têm competência para processar e julgar o incidente de resolução de demandas repetitivas.[1446-1447-1448] A afirmação origina-

---

1446 Enunciado 343 do FPPC: O incidente de resolução de demandas repetitivas compete a tribunal de justiça ou tribunal regional.

1447 MARCOS DE ARAÚJO CAVALCANTI, *Incidente de resolução de demandas repetitivas (IRDR)*, p. 261.

1448 O Superior Tribunal de Justiça já afirmou: "Inicialmente cumpre salientar que o incidente de uniformização de jurisprudência suscitado durante a vigência do CPC/1973, em tese, poderia ser admitido, observando-se, quanto ao seu cabimento, as regras então dispostas pela lei adjetiva civil anterior. Todavia, em juízo de ponderação quanto à conveniência em se instaurar um procedimento que não mais guarda previsão no CPC/2015, afigura-se possível aventar a adoção de outras providências, que, a um só tempo, atendam à postulação e ao direito da parte de prevenir/encerrar a divergência jurisprudencial aventada. No que tange à possibilidade de se instaurar, de ofício, o Incidente de Resolução de Demandas Repetitivas (IRDR), previsto nos artigos 976 e seguintes do CPC/2015, verifica-se que os dispositivos legais que regem o novel instituto são destinados, exclusivamente, aos Tribunais estaduais e regionais. Veja-se que o art. 982 do CPC/2015 preceitua, que admitido o incidente, 'o relator suspenderá os processos pendentes, individuais ou coletivos, que tramitam no Estado ou na Região, conforme o caso'. Naturalmente, se a intenção do legislador fosse instituir tal instituto também para os Tribunais Superiores, não haveria a delimitação espacial de tal comando. Ademais, o Regimento Interno do STJ, adaptado às alterações promovidas pelo § 3º, do art. 982, do CPC/2015, não prevê o procedimento de IRDR, mas tão somente o rito para suspender todos os processos individuais ou coletivos em curso no território nacional que versem sobre a questão objeto do incidente (art. 271-A). Nessa linha, evidencia-se que o STJ não tem competência originária para instaurar IRDR, mas sim competência recursal. Saliente-se, ainda, que, no âmbito do STJ, a via adequada para a resolução de questões repetitivas dá-se por meio do julgamento do recurso especial repetitivo, nos termos do art. 1.036 e seguintes do CPC/2015. No que tange à adoção do Incidente de Assunção de Competência (IAC), previsto no art. 947 do CPC/2015, verifica-se que esse possui procedimento próprio. Como se constata do referido artigo, o incidente de assunção de competência, para além do propósito de pacificar questão de grande repercussão social (sem repetição em múltiplos processos), também se presta a prevenir ou dissipar divergência entre turmas do Tribunal acerca de relevante questão de direito, o que atenderia ao propósito ora perseguido. Entretanto, tal providência teria que advir, necessariamente, da própria Corte Especial, afinal somente tem atribuição de assumir/avocar a competência de determinado Órgão fracionário o Órgão julgador de maior abrangência. Cabe, assim, à Seção, por iniciativa e deliberação de seus membros, instaurar o IAC quando há divergência entre as suas Turmas integrantes. Por sua vez, em se tratando de dissenso entre Turmas componentes de Seções diversas, como se dá no caso, somente a Corte Especial, por iniciativa e deliberação dos membros que ali possuem assento, poderia instaurar o Incidente de Assunção de Competência. Sobressai, nesse contexto, a necessidade de se observar a atribuição regimental conferida às

-se da interpretação conjunta dos dispositivos que compõem o Capítulo VIII, especialmente do § 4º do art. 976 ("É incabível o incidente de resolução de demandas repetitivas quando um dos tribunais superiores, no âmbito de sua respectiva competência, já tiver afetado recurso para definição de tese sobre questão de direito material ou processual repetitiva") e pelos termos "estado ou região", expostos no inciso I do art. 982 e no inciso I do art. 985.[1449] A ideia é reforçada pelo regime recursal, pois "do julgamento do mérito do incidente caberá recurso extraordinário ou especial" (art. 987, *caput*).[1450] Nada obstante a incompetência absoluta dos tribunais superiores para julgar o incidente, concebe-se que estes órgãos de superposição podem participar do "julgamento em grau recursal e proferir decisão determinando a suspensão de todos os processos em trâmite no território nacional".[1451]

Porém, de forma restritiva, a jurisprudência admite o incidente de resolução de demandas repetitivas diretamente no Superior Tribunal de Justiça. Nesse tribunal superior, o incidente poderá ser instaurado em casos de competência recursal originária (*v.g.*, agravo interno) ou procedimentos da competência originária (*v.g.*, conflito de competência, homologação de sentença estrangeira).[1452]

Seções e às Turmas de afetar os feitos de sua competência à Corte Especial 'quando convier pronunciamento desta' ou 'em razão da relevância da questão jurídica ou da necessidade de prevenir divergência entre as Seções', em estrito cumprimento ao disposto no art. 16 do RISTJ" (IUJur no CC 144.433/GO, rel. Min. Marco Aurélio Bellizze, *DJe* 22-3-2018). No mesmo sentido: AgInt no REsp 1.747.895/RS, rel. Min. Regina Helena Costa, *DJe* 16-11-2018.

1449 Aluisio Gonçalves de Castro Mendes, *Incidente de resolução de demandas repetitivas*, n. 12.1, p. 137-138. Diversamente, Didier Jr.-Cunha sustentam que, no Código, não há elementos linguísticos suficientes para denotar a exclusividade do incidente em tribunal de justiça e em tribunal regional federal (*Curso de direito processual civil*, vol. 3, n. 7.8, p. 766).

1450 Antonio do Passo Cabral, Coment. ao art. 978, *in Comentários ao Código de Processo Civil*, n. 1, p. 1446.

1451 Daniel Amorim Assumpção Neves, *Novo Código de Processo Civil comentado*, n. 1, p. 1635.

1452 STJ, AgInt na Pet. 11.838/MS, rel. Min. João Otávio Noronha, *DJe* 10-9-2019. No voto-vista, o Min. Luis Felipe Salomão destacou: "[...] conforme se extrai da exposição de motivos do novo CPC, [...] o novo instituto foi pensado para dotar os tribunais estaduais e tribunais regionais federais de um mecanismo semelhante àquele já existente nas cortes superiores, relativamente aos recursos repetitivos. A essa conclusão igualmente se pode chegar a partir de uma interpretação sistemática do sistema de precedentes normatizado na novel legislação e dos dispositivos que regulamentam o IRDR. Uma vez no exercício de competência originária [...] ou competência recursal ordinária [...], é possível que o STJ se depare com situações semelhantes àquelas que justificam, no âmbito dos tribunais de justiça e dos tribunais regionais federais, a instauração do incidente de resolução de demandas repetitivas: efetiva repetição de processos que contenham controvérsia sobre a mesma

Se a questão de direito repetitiva envolver a declaração de inconstitucionalidade, por força da "cláusula de reserva de plenário", a questão será submetida ao plenário do tribunal ou ao seu órgão especial, onde houver (art. 97 da CF; art. 949, II, do CPC).[1453-1454]

A palavra *órgão*, mencionada no *caput* do art. 978, deve ser compreendida como *órgão colegiado*, à luz do que dispõe o parágrafo único ("O *órgão colegiado* incumbido de julgar o incidente..."). A fixação da tese será sempre colegiada.[1455]

Trata-se de competência funcional e concorrente, pois o incidente de resolução de demandas repetitivas pode ser instaurado simultaneamente em mais de um tribunal da federação, versando sobre a mesma "questão de direito".[1456]

241. Avocação para julgar a causa

O parágrafo único estabelece que o órgão colegiado incumbido de julgar o incidente e de fixar a tese jurídica julgará igualmente o recurso, a remessa necessária ou o processo de competência originária de onde se originou o incidente.

"Julgar o incidente" significa dar efetividade ao disposto no art. 984, especialmente o § 2º. O julgamento abrange o exame de todos os fundamentos suscitados concernentes à tese jurídica discutida.

---

questão unicamente de direito e risco de ofensa à isonomia e à segurança jurídica. [...] o IRDR possui natureza de incidente processual, como seu próprio nome revela. Não se trata de ação originária, até porque não pode o legislador comum criar competências originárias para os tribunais, as quais estão previstas na Constituição Federal no caso dos tribunais superiores e tribunais regionais federais e, nas constituições estaduais, no caso dos tribunais de justiça. Assim, sua instauração requer a existência de demanda em curso no tribunal para que nela possa incidir. A essa conclusão se chega também por força do que dispõe o parágrafo único do art. 978 do CPC, ao atribuir ao órgão colegiado incumbido de julgar o incidente competência para julgar igualmente o recurso, a remessa necessária ou o processo de competência originária de onde se originou o incidente".

1453 RODOLFO DE CAMARGO MANCUSO, *Incidente de resolução de demandas repetitivas*, p. 281. No mesmo sentido: MENDES-TEMER, *Comentários ao Código de Processo Civil*, vol. 4, n. 1, p. 214.

1454 Súmula Vinculante 10 prevê: Viola a cláusula de reserva de plenário (CF, artigo 97) a decisão de órgão fracionário de tribunal que, embora não declare expressamente a inconstitucionalidade de lei ou ato normativo do Poder Público, afasta sua incidência, no todo ou em parte.

1455 BRUNO DANTAS, Coment. ao art. 978, *in Breves comentários ao novo Código de Processo Civil*, n. 1, p. 2430.

1456 Enunciado em 90 do FPPC: É admissível a instauração de mais de um incidente de resolução de demandas repetitivas versando sobre a mesma questão de direito perante tribunais de 2º grau diferentes.

COMENTÁRIOS AO CÓDIGO DE PROCESSO CIVIL V. XIX

O órgão colegiado competente para julgar o incidente de resolução de demandas repetitivas avoca a competência para igualmente julgar o recurso, a remessa necessária ou o processo de competência originária de onde se originou o incidente. A norma é semelhante à do incidente de assunção de competência.

> **Art. 979.** A instauração e o julgamento do incidente serão sucedidos da mais ampla e específica divulgação e publicidade, por meio de registro eletrônico no Conselho Nacional de Justiça.
>
> **§ 1º** Os tribunais manterão banco eletrônico de dados atualizados com informações específicas sobre questões de direito submetidas ao incidente, comunicando-o imediatamente ao Conselho Nacional de Justiça para inclusão no cadastro.
>
> **§ 2º** Para possibilitar a identificação dos processos abrangidos pela decisão do incidente, o registro eletrônico das teses jurídicas constantes do cadastro conterá, no mínimo, os fundamentos determinantes da decisão e os dispositivos normativos a ela relacionados.
>
> **§ 3º** Aplica-se o disposto neste artigo ao julgamento de recursos repetitivos e da repercussão geral em recurso extraordinário.

242. Publicidade

Tradicionalmente, dada a natureza pública da atividade jurisdicional, o princípio da publicidade sempre esteve atrelado aos atos processuais.[1457] O processo público assegura o controle dos órgãos judiciais e da imparcialidade dos seus julgadores.[1458]

No Código vigente, em sintonia com a Constituição, que assegura a todos o acesso à informação (art. 5º, XIV, da CF), em virtude do modelo de precedentes obrigatórios, a publicidade no processo é intensificada e manifesta seu valor no Estado Democrático de Direito. A doutrina moderna do processo civil observa que "todo processo passa a ser de interesse de várias pessoas, pois dele pode resultar um precedente aplicável a casos atuais e futuros".[1459]

Especificamente no incidente de resolução de demandas repetitivas, a ideia é refletida no art. 979, ao estabelecer que a instauração e o julgamento do incidente serão sucedidos da mais ampla e específica divulgação e publicidade. Tudo isso porque o incidente reflete em toda coletividade no debate acerca da questão de direito repetitiva. O procedimento induz a participação, espontânea

---

1457 Tradicionalmente, sobre publicidade no processo civil, *v.*, com proveito, CÂNDIDO R. DINAMARCO, *Instituições de direito processual civil*, vol. I, n. 127, p. 364–367.

1458 LEONARDO GRECO, *Instituições de processo civil*, vol. I, n. 22.5, p. 526–527.

1459 FREDIE DIDIER JR., *Curso de direito processual civil*, vol. 1, n. 2.6, p. 117–118.

ou provocada, da coletividade.[1460] Os tribunais manterão banco eletrônico de dados atualizados com informações específicas sobre questões de direito submetidas ao incidente.

A publicidade compreende todos os momentos de tramitação do incidente de resolução de demandas repetitivas, desde sua admissão, seu desenvolvimento, sua finalização, bem como na divulgação da tese jurídica fixada.[1461]

Eventual inadmissão não exclui a publicidade, pois a sociedade deve ter acesso à informação da matéria que foi reprovada para ser discutida em sede de incidente de resolução de demandas repetitivas.

O sentido da expressão "mais ampla e específica divulgação e publicidade" significa tornar público de modo que todos da sociedade possam – de forma adequada –conhecer da informação e a partir dela qualquer um possa fazer suas escolhas, direcionar comportamentos etc.[1462] A informação não pode alcançar apenas o "técnico" do direito (*v.g.*, advogado, magistrado, membros do Ministério Público ou da Defensoria Pública), mas deve se estender a todos os integrantes da sociedade.[1463]

Nesse contexto, qualquer interessado deve ter acesso ao conteúdo das informações contidas no banco de dados, sem qualquer burocracia. Portanto,

---

1460 TESHEINER-OLIVEIRA, Coment. ao art. 979, *in Comentários ao Código de Processo Civil*, p. 1132.

1461 MENDES-TEMER, Coment. ao art. 979, *in Comentários ao Código de Processo Civil*, n. 2, p. 1280.

1462 BRUNO DANTAS explica que a divulgação das informações confere segurança ao jurisdicionado, "pois serão adequadamente informados sobre o incidente e como este afeta seu processo", e segurança aos titulares do exercício da função jurisdicional no sentido da "obediência e aplicação do entendimento estabelecido sobre a questão de direito debatida" (Coment. ao art. 979, *in Breves comentários ao novo Código de Processo Civil*, n. 1, p. 2432).

1463 VIANA-NUNES afirmam, como razão, que "o precedente judicial não deve ser divulgado apenas para a comunidade de pessoas formadas em Direito (comunidade de especialistas) e que atuarão de modo técnico no processo: o precedente judicial deve ter como público-alvo as pessoas em geral, o cidadão que diariamente realiza planos para sua vida, celebra negócios, pratica atos que interferirão na vida de outras pessoas, confia nas instituições públicas e que, por tudo isso, tem o legítimo direito de tomar prévio conhecimento do que é o Direito e de como ele é interpretado pelos Tribunais, sob pena de transformá-lo em um mero jogo de argumentos restrito aos magistrados, advogados e membros do Ministério Público e da Defensoria Pública, em absoluto prejuízo das pessoas, que não podem ser reduzidas a peças naquele obscuro e complexo jogo, ficando à mercê de quem tem o melhor argumento, quando deveriam ser capazes de se colocar como verdadeiros participantes do Direito" (*Precedentes* – a mutação do ônus argumentativo, n.1.4, p. 83). Evidentemente que o que acaba de se expor vale igualmente para a transparência das informações relativamente ao incidente de resolução de demandas repetitivas.

a linguagem utilizada será importante. Além da necessária linguagem técnica, outra acessível a todos os interessados, inclusive leigos, deve ser utilizada.[1464]

A publicidade exigida pela lei, quando ainda em trâmite, possibilitará o conhecimento das informações por terceiros que poderão ingressar no incidente de modo a contribuir para a fixação da tese jurídica.

Por esse motivo, não incide a regra de restrição de publicidade prevista no art. 189.

A Resolução n. 235/2016, editada pelo Conselho Nacional de Justiça (CNJ) regulamentou o art. 979.

Com efeito, o CNJ disponibilizará as informações para toda a sociedade, separando em painéis específicos os dados relativos aos incidentes de resolução de demandas repetitivas admitidos e julgados pelos tribunais.

Os tribunais competentes para processar e julgar o incidente devem organizar, como unidade permanente, o Núcleo de Gerenciamento de Precedentes (Nugep) no âmbito de suas estruturas administrativas com as seguintes atribuições, dentre outras:

a) informar ao Nugep do CNJ e manter na página do tribunal na internet dados atualizados de seus integrantes, tais como nome, telefone e *e-mail*, com a principal finalidade de permitir a integração entre os tribunais do país, bem como enviar esses dados, observadas as competências constitucionais, ao STF, ao STJ e ao TST, sempre que houver alteração em sua composição;

b) acompanhar os processos submetidos à técnica do incidente de resolução de demandas repetitivas em todas as suas fases, alimentando o banco de dados;

c) auxiliar os órgãos julgadores na gestão do acervo sobrestado;

d) manter, disponibilizar e alimentar o banco de dados, com informações atualizadas sobre os processos sobrestados no estado ou na região, conforme o caso, bem como nas turmas e colégios recursais e nos juízos de execução fiscal, identificando o acervo a partir do tema de incidente de resolução de demandas repetitivas; e

e) informar a publicação e o trânsito em julgado dos acórdãos dos paradigmas para os fins do art. 985 do CPC.

Deve haver conteúdo mínimo acerca das informações sobre a instauração do incidente (data da propositura do incidente, partes, tema, fase atual etc.), bem como sobre seu encerramento (tese fixada, dispositivos legais que fundamentam a tese, trânsito em julgado etc.).

1464 No mesmo sentido: Nery-Nery, *Código de Processo Civil comentado*, n. 2, p. 2208.

É inequívoco que a propagação das informações relativas ao incidente de resolução de demandas repetitivas não se esgota no registro eletrônico pertencente ao Conselho Nacional de Justiça e no banco eletrônico de dados dos tribunais. As informações poderão ser difundidas "mediante a inserção em canais de divulgação do tribunal, nas redes sociais ou a reprodução das suas notícias mediante os meios de comunicação de massa. Mas o banco de dados no tribunal é o passo inicial para que se possa publicamente efetuar o lançamento, a pesquisa e o acompanhamento das questões submetidas ao incidente de resolução de demandas repetitivas, a admissibilidade do incidente, o seu julgamento e as teses eventualmente firmadas ou rejeitadas".[1465]

O § 3º do art. 979 estabelece que o regime jurídico processual da publicidade exigida na divulgação do incidente de resolução de demandas repetitivas será aplicado ao julgamento de recursos repetitivos (arts. 1.036-1041) e da repercussão geral (art. 1.035), o que reforça o raciocínio do microssistema de resolução de casos repetitivos.[1466]

> **Art. 980.** O incidente será julgado no prazo de 1 (um) ano e terá preferência sobre os demais feitos, ressalvados os que envolvam réu preso e os pedidos de habeas corpus.
>
> **Parágrafo único.** Superado o prazo previsto no caput, cessa a suspensão dos processos prevista no art. 982, salvo decisão fundamentada do relator em sentido contrário.

243. Prazo para julgamento

O *caput* do art. 980 estabelece o prazo de 1 (um) ano para julgamento do incidente de resolução de demandas repetitivas. É trivial dizer que a lei se refere a "julgamento" no sentido de juízo de mérito do incidente.

Justifica-se o prazo estabelecido em razão do interesse público no julgamento do incidente,[1467] manifestado nos incisos I e II do art. 976, conjugado com a indefinição no desfecho para fixar a tese jurídica. Por esse motivo, o prazo não pode ser considerado *impróprio*.[1468] Entendimento contrário seria

---

1465 ALUISIO GONÇALVES DE CASTRO MENDES, *Incidente de resolução de demandas repetitivas*, n. 13.2, p. 171.

1466 ANDRE VASCONCELOS ROQUE, *Execução e recursos*, n. 4, p. 856.

1467 NERY-NERY, *Código de Processo Civil comentado*, n. 2, p. 2208.

1468 Em sentido contrário, ANDRE VASCONCELOS ROQUE, para quem o prazo seria impróprio por não gerar "consequências em termos de preclusão" (*Execução e recursos* – comentários ao CPC de 2015, n. 1, p. 858). Com menos razão deve ser refutada a afirmação de CARREIRA ALVIM, no sentido de que o prazo seria "meramente recomendatório" (*Comentários ao novo Código de Processo Civil*, vol. XIV, p. 265) Na

COMENTÁRIOS AO CÓDIGO DE PROCESSO CIVIL v. XIX

contra a norma fundamento do processo civil da duração razoável do processo (art. 5°, LXXVIII, da CF; e art. 4° do CPC).

Porém, o Código silencia sobre o termo inicial para a contagem de tal prazo. Nesse ponto, pelo menos duas situações são possíveis: (*a*) o prazo teria início na data da propositura do incidente; ou (*b*) o prazo teria início na data da publicação do pronunciamento do órgão colegiado que admitiu o incidente.[1469]

Seja como for, o julgamento intempestivo não traz qualquer consequência formal para o procedimento incidental.[1470] Todavia, superado o prazo definido pela lei, o não julgamento do incidente produz o efeito de retirar a suspensão dos processos que discutem a questão de direito repetitiva. A cessação é automática,[1471] i.e., independe de requerimento ou decisão.

A parte final do parágrafo único é lacônica ao estabelecer que a decisão de permanência de sobrestamento dos processos seja fundamentada. Toda decisão deve ser fundamentada, pois, caso contrário, ela é inválida. O sentido que se deve interpretar o texto legal é o seguinte: o relator deverá justificar os motivos pelos quais deve ser conservada a suspensão dos processos, tudo a controle do órgão colegiado competente para julgar o incidente.[1472]

244. Preferência sobre os demais processos e procedimentos

Em razão da natureza do seu objeto, determinados processos têm preferência em relação a outros para serem julgados.

A preferência para o julgamento do processo decorre da lei.

De acordo com a segunda parte do *caput* do art. 980, o julgamento do incidente de resolução de demandas repetitivas terá preferência sobre os demais feitos, ressalvados os que envolvam réu preso e os pedidos de *habeas corpus*. A norma tem seu paralelo na segunda parte do inciso III do § 2° do art. 12, que indica o incidente como exceção para a ordem cronológica de conclusão para proferir acórdão.

---

realidade, de acordo com o ordenamento jurídico processual, o descumprimento do prazo gera prejuízo ao interesse público.

1469 RODOLFO DE CAMARGO MANCUSO, *Incidente de resolução de demandas repetitivas*, p. 294.

1470 GUILHERME RIZZO AMARAL pontua que "o descumprimento de tal prazo não traz prejuízo à continuidade e futuro julgamento do incidente" (*Comentários às alterações do novo CPC*, p. 997).

1471 DIDIER JR.-CUNHA, *Curso de direito processual civil*, vol. 3, n. 7.12.4, p. 776.

1472 NERY-NERY criticam o critério estabelecido pelo Código para conferir ao relator o poder de prolongar a suspensão dos processos: "Deveria o incidente ser improrrogavelmente julgado nesse prazo de um ano" (*Código de Processo Civil comentado*, n. 3, p. 2209).

O termo "feitos" há de ser compreendido como processos que se encontram em trâmite perante o tribunal,[1473] mais especificamente no órgão colegiado competente para julgar o incidente.

Note-se que exceto os processos que tenham por objeto a liberdade, o julgamento do incidente terá prioridade.[1474]

> **Art. 981.** Após a distribuição, o órgão colegiado competente para julgar o incidente procederá ao seu juízo de admissibilidade, considerando a presença dos pressupostos do art. 976.

245. Distribuição e juízo de admissibilidade

O pedido de instauração do incidente de resolução de demandas repetitivas será endereçado ao presidente do tribunal. Em seguida, será realizada sua distribuição ao integrante do órgão colegiado indicado pelo regimento interno, observando-se, sempre, os critérios de alternatividade, o sorteio eletrônico e a publicidade (art. 930).

A distribuição deverá ser imediata (art. 93, XV, da CF) e os autos serão conclusos ao relator. Aqui, dois caminhos são possíveis: (*a*) caso o relator considere que o incidente encerre defeito que possa ser suprido ou seja necessária a comprovação de algum fato que diga respeito aos requisitos de admissibilidade do incidente de resolução de demandas repetitivas, deverá determinar a intimação do requerente da medida para que, no prazo de 5 (cinco) dias, corrija o vício ou complemente a documentação exigida (aplicação dos arts. 4º, 6º, 932, parágrafo único, e §§ 1º e 2º);[1475] (*b*) de outro lado, não sendo a hipótese de intimação do requerente, compete ao relator, no prazo de 30 (trinta) dias (art. 931) – salvo outro fixado pelo regimento – elaborar o relatório e o voto *unicamente* a respeito da admissibilidade ou inadmissibilidade do incidente.

Destaque-se que o relator não tem competência para, individualmente, exercer o juízo de admissibilidade (positivo ou negativo) do incidente de resolução de demandas repetitivas. É inaplicável o disposto no inciso III do art. 932. Mesmo no caso de aplicação da norma que impõe o dever de correção

---

1473 Cassio Scarpinella Bueno, *Curso sistematizado de direito processual civil*, vol. 2, n. 8.4, p. 517.

1474 Com fundamento no modelo constitucional do processo civil, Cassio Scarpinella Bueno sustenta que o julgamento de mandado de segurança também deverá ser prioritário em relação ao incidente de resolução de demandas repetitivas (*Novo Código de Processo Civil*, p. 891).

1475 Enunciado 657 do FPPC: O relator, antes de considerar inadmissível o incidente de resolução de demandas repetitivas, oportunizará a correção de vícios ou a complementação de informações.

de defeitos processuais (art. 932, parágrafo único), ainda que desatendida a ordem para sanar o vício, o relator não poderá inadmitir o incidente por decisão unipessoal.[1476] Eventual juízo de admissibilidade, exercido isoladamente pelo relator, desafia o manejo da reclamação, sob o fundamento de usurpação de competência (art. 988, I).

A competência para juízo de admissibilidade (positivo ou negativo) é exclusivo do órgão colegiado indicado pelo regimento interno do tribunal.[1477-1478] Trata-se de competência funcional, e, portanto, absoluta.[1479] A norma prestigia a colegialidade das decisões, sobretudo nos procedimentos de formação de precedentes (ou teses) obrigatórios.[1480]

Nessa primeira etapa, designada a sessão, ao órgão colegiado compete examinar se o pedido de incidente de resolução de demandas repetitivas preenche os requisitos de admissibilidade de modo a viabilizar o juízo de mérito, que, por sua vez, é destinado a fixar a tese jurídica que será de aplicação obrigatória para casos semelhantes. Vale dizer, na ocasião serão examinados os seguintes pontos: a) questão de direito; b) multiplicidade de processos fundados na mesma questão de direito; c) risco de ofensa à isonomia; d) risco à segurança jurídica; e) inexistência de discussão da questão de direito nos tribunais superiores por meio do regime de recursos repetitivos; e f) existência de processo no tribunal. Embora parte final do art. 981 indique que o tribunal procederá ao juízo de admissibilidade "considerando a presença dos pressupostos do art. 976", é compreensível que o exame alcance outros pontos relativos ao conhecimento do incidente não indicados no referido dispositivo legal (*v.g.*, exame da legitimidade de acordo com os incisos do art. 977).

Nada obstante a vagueza de alguns requisitos (*v.g.*, repetição de processos), não há discricionariedade do órgão colegiado na apreciação da admissibilidade do incidente.[1481]

1476 Cf. Andre Vasconcelos Roque, *Execução de recursos* – comentários ao CPC de 2015, n. 2, p. 859.

1477 Enunciado 91 do FPPC: "Cabe ao órgão colegiado realizar o juízo de admissibilidade do incidente de resolução de demandas repetitivas, sendo vedada a decisão monocrática.

1478 Registre-se o posicionamento de Zufelato-Oliveira no sentido de que o relator poderia controlar a legitimidade para propositura do incidente, cuja decisão poderia ser impugnada por meio da agravo interno (*Meios de impugnação da decisão do exame de admissibilidade do incidente de resolução de demandas repetitivas*, n. 3, p. 427-428).

1479 Aloisio Gonçalves de Castro Mendes, *Incidente de resolução de demandas repetitivas*, n. 12.2, p. 138.

1480 Mendes-Temer, *Comentários ao Código de Processo Civil*, vol. 4, n. 1, p. 218.

1481 Marcos de Araújo Cavalcanti defende que seja fixado "critério objetivo" para evitar decisões discricionárias (*Incidente de resolução de demandas repetitivas*, n. 10.3, p. 270).

CPC/2015, ART. 981

Caso o juízo de admissibilidade seja negativo, o tribunal não fixará qualquer tese jurídica e os processos que envolvam a questão de direito suscitada no incidente de resolução de demandas repetitivas (inadmitido) prosseguirão regularmente. O acórdão que declarar a inadmissibilidade pela falta de qualquer requisito não impede nova propositura do incidente para discutir a mesma questão de direito (art. 976, § 3º).

Resta ver como se procede caso o órgão colegiado tenha admitido o incidente (por maioria ou unanimidade). Nessa perspectiva, o tribunal identificará com precisão o objeto do incidente de resolução de demandas repetitivas. Pelo regime do "microssistema do julgamento de casos repetitivos", subsidiariamente, aplica-se o disposto no inciso I do art. 1.037,[1482] que, no regime dos recursos repetitivos, impõe ao tribunal superior o dever de identificar com precisão a questão a ser submetida a julgamento. A clareza da definição do tema é condição essencial por variados motivos. É sobre o objeto definido pelo tribunal que será exercido todo o contraditório qualificado e toda a atividade cognitiva destinada à fixação da tese que será aplicada a outros casos semelhantes. De outro lado, a identificação precisa da questão permite definir *o que* deverá ficar suspenso até o julgamento do incidente. Por exemplo, no processo há duas questões, x e y; se o objeto do incidente de resolução de demandas repetitivas for apenas a questão x, e não houver relação de prejudicialidade entre as questões (x e y), o processo ficará sobrestado apenas em relação ao tema x. No que toca ao tema y, o processo segue seu curso.

Delimitar a questão de forma inexata pode levar o colegiado a perpetrar teses que trarão graves consequências aos processos individuais ou coletivos que discutem a questão de direito submetida ao incidente, e, por tabela, ao próprio modelo de precedente imaginado pelo Código.

Uma vez fixado o objeto pelo tribunal, a decisão se torna estável e orientará os limites da decisão de mérito do incidente de resolução de demandas repetitivas.[1483]

O acórdão que admite ou não o incidente de resolução de demandas repetitivas é irrecorrível, salvo embargos de declaração.[1484] O argumento nu-

---

1482 De certa forma, não se pode deixar de mencionar o disposto no inciso IV do art. 357, o qual reconhece o dever de o órgão julgador "delimitar as questões de direito relevantes para a decisão de mérito". *Mutatis mutandis*, é dever do órgão colegiado indicado pelo regimento interno delimitar a questão de direito para a fixação da tese.

1483 SOFIA TEMER, *Incidente de resolução de demandas repetitivas*, n. 4.1.5.1, p. 132.

1484 Sob a perspectiva constitucional, mesmo as decisões irrecorríveis pela letra do Código podem ser objeto de embargos de declaração (RODRIGO MAZZEI, Coment. ao art. 1.022, *in Breves comentários ao novo Código de Processo Civil*, n. 2, p. 2526). A afirmação já era feita por BARBOSA MOREIRA, ainda no modelo do CPC/1973

425

clear para afirmar que não cabe recurso para os Tribunais Superiores contra o pronunciamento que delibera a admissibilidade seria a inexistência "causa decidida".[1485] A afirmação sofre questionamento, a considerar a tranquila jurisprudência dos tribunais superiores acerca da recorribilidade de decisões proferidas em incidentes processuais.[1486] Seja como for, a admissibilidade do incidente poderá ser objeto de recurso por ocasião do julgamento do mérito, pois, aí haverá "causa decidida".

> **Art. 982.** Admitido o incidente, o relator:
>
> **I -** suspenderá os processos pendentes, individuais ou coletivos, que tramitam no Estado ou na região, conforme o caso;
>
> **II -** poderá requisitar informações a órgãos em cujo juízo tramita processo no qual se discute o objeto do incidente, que as prestarão no prazo de 15 (quinze) dias;
>
> **III -** intimará o Ministério Público para, querendo, manifestar-se no prazo de 15 (quinze) dias.
>
> **§ 1º** A suspensão será comunicada aos órgãos jurisdicionais competentes.
>
> **§ 2º** Durante a suspensão, o pedido de tutela de urgência deverá ser dirigido ao juízo onde tramita o processo suspenso.
>
> **§ 3º** Visando à garantia da segurança jurídica, qualquer legitimado mencionado no art. 977, incisos II e III, poderá requerer, ao tribunal competente para conhecer do recurso extraordinário ou especial, a suspensão de todos os processos individuais ou coletivos em curso no território nacional que versem sobre a questão objeto do incidente já instaurado.
>
> **§ 4º** Independentemente dos limites da competência territorial, a parte no processo em curso no qual se discuta a mesma questão objeto do incidente é legitimada para requerer a providência prevista no § 3º deste artigo.
>
> **§ 5º** Cessa a suspensão a que se refere o inciso I do caput deste artigo se não for interposto recurso especial ou recurso extraordinário contra a decisão proferida no incidente.

(*Comentários ao Código de Processo Civil*, vol. V, n. 140 e 298, p. 247 e 546-547). No mesmo sentido, confira-se o Enunciado 556 do FPPC: É irrecorrível a decisão do órgão colegiado que, em sede de juízo de admissibilidade, rejeita a instauração do incidente de resolução de demandas repetitivas, salvo o cabimento dos embargos de declaração.

1485 DIDIER JR.-CUNHA, *Curso de direito processual civil*, vol. 3, n. 7.15, p. 782.

1486 Como, *v.g.*, recurso especial contra decisão proferida em incidente de exceção de suspeição de magistrado (STJ, REsp 1.462.669/DF, rel. p/ Acórdão Min. BENEDITO GONÇALVES, *DJe* 23-10-2014).

246. Competência do relator

Os incisos do art. 982 conferem competência funcional ao relator para, depois de admitido o incidente de resolução de demandas repetitivas, determinar a suspensão dos processos pendentes, individuais ou coletivos, que tramitam no Estado ou na região; requisitar informações a órgãos em cujo juízo tramita o processo no qual se discute a questão de direito repetitiva; e intimar o Ministério Público para manifestação. De igual forma, tais providências podem ser determinadas pelo órgão colegiado destinado ao julgamento do incidente.

Há outras providências que competem ao relator, além dessas indicadas no dispositivo em comento. Note-se, *v.g.*, que incumbe ao relator dirigir e ordenar o incidente no tribunal (art. 932, I, primeira parte), bem ainda promover as diligências insertas no art. 983.

247. Suspensão dos processos pendentes que versem sobre a questão comum

A instauração do incidente de resolução de demandas repetitivas é causa para suspender os processos, individuais ou coletivos, que veiculam a semelhante questão de direito. Trata-se de suspensão legal, definida pelo Código (art. 313, IV,[1487] e art. 982, I), sem que as partes possam negociar sobre ela.[1488]

A lei se utiliza do imperativo "suspenderá", o que poderia indicar não ser possível algo diverso da paralisação dos processos que envolvam a questão de direito objeto do incidente. Porém, há fundados argumentos que tendem a censurar a imperatividade da suspensão dos processos. Razões de ordem jurídica ou prática podem conduzir o tribunal a dar interpretação mais aberta ao disposto no inciso I do art. 982.[1489] Desse modo, a suspensão poderia ser modelada de acordo com o critério da eficiência processual (art. 8°).[1490] Em algumas situações, *v.g.*, poder-se-ia conceber que os processos seriam sobrestados

---

1487 Importante registrar que a suspensão indicada no inciso IV do art. 313 não está limitada ao processo que originou o incidente de resolução de demandas repetitivas. Todos os processos que envolvam a questão de direito serão suspensos (Marinoni--Mitidiero, *Comentários ao Código de Processo Civil*, vol. IV, versão eletrônica).

1488 Não há opção porque a situação jurídica não é disponível. O sistema não permite a opção *opt out*, i.e., que a parte possa excluir-se da vinculatividade dos precedentes obrigatórios.

1489 Note-se o Enunciado 364 do FPPC: O sobrestamento da causa em primeira instância não ocorrerá caso se mostre necessária a produção de provas para efeito de distinção de precedentes.

1490 No regime dos recursos repetitivos, o Superior Tribunal de Justiça não determinou o sobrestamento dos processos (ProAfR no REsp 1.704.520/MT, rel. Min. Nancy Andrighi, j. 20-2-2018). Na doutrina, *v.* Aluisio Gonçalves de Castro Mendes, *Incidente de resolução de demandas repetitivas*, n. 15.3, p. 185.

no instante imediatamente anterior ao provimento final. A medida seria proveitosa por variados motivos. Concluído o incidente de resolução de demandas repetitivas, o processo estaria pronto para receber decisão de acordo com a tese jurídica fixada, haja vista o esgotamento de todas as fases processuais. Além disso, o material relativo ao contraditório dos processos em que se discute a questão de direito repetitiva poderia ser recolhido e levado ao incidente, de modo a ampliar o número de argumentos e, via de consequência, o debate em torno do tema. Isso tudo colaboraria para a qualidade do julgamento do incidente e para a fixação da tese jurídica.

Do ponto de vista territorial, a suspensão fica limitada aos processos que tramitam no âmbito da competência territorial dos tribunais de justiça ou dos tribunais regionais federais, em primeiro ou segundo grau de jurisdição. Há que se considerar, ainda, a peculiaridade do incidente admitido no Tribunal de Justiça do Distrito Federal e Territórios, hipótese em que a suspensão alcança os processos que tramitam na extensão do território *distrital*. Os processos que tramitam nos juizados especiais do estado ou da região também serão suspensos.[1491]

Com argumentos na sujeição do árbitro aos precedentes judiciais, parte da doutrina aceita a possibilidade de suspender o processo arbitral depois de admitido o incidente de resolução de demandas repetitivas.[1492]

Considerando a competência do Tribunal de Justiça ou do Tribunal Regional Federal e os limites territoriais e hierárquicos da *vinculatividade* do precedente e da tese jurídica fixada no incidente, seria sem sentido determinar a suspensão dos processos que se encontram pendentes de julgamento nos tribunais superiores.[1493] Tal situação, a princípio, recomendaria provocar a afetação de um dos recursos pendentes ao regime dos recursos repetitivos.

1491 Enunciado 93 do FPPC: Admitido o incidente de resolução de demandas repetitivas, também devem ficar suspensos os processos que versem sobre a mesma questão objeto do incidente e que tramitem perante os juizados especiais no mesmo estado ou região.

1492 Matheus Leite Almendra, *Incidente de resolução de demandas repetitivas*: desmistificando a sua influência e o tema da suspensão de processos em razão da sua admissibilidade, n. 3.2, p. 353-361.

1493 O Supremo Tribunal Federal não admitiu a suspensão de recursos extraordinários oriundos do Tribunal de Justiça do Estado de Santa Catarina no qual foi instaurado o incidente de resolução de demandas repetitivas (SIRDR 2 AgR/SC, rel. Min. Dias Toffoli, *DJe* 22-3-2019). No mesmo sentido, observa-se a linha do Superior Tribunal de Justiça: "A determinação de suspensão de processos decorrentes da instauração de Incidente de Resolução de Demandas Repetitivas pelo Tribunal local não prejudica a análise dos feitos já submetidos à apreciação do STJ" (AgInt no REsp 1.757.935/SP, rel. Min. Marco Buzzi, *DJe* 19-2-2019).

CPC/2015, ART. 982

A lei indica que é incumbência do relator determinar a suspensão. De fato, o que cabe ao relator é comunicar o efeito automático do juízo de admissibilidade positivo do incidente aos órgãos jurisdicionais perante os quais tramitam os processos que envolvam a questão de direito repetitiva.[1494] Não se pode afastar que a mesma providência possa ser deliberada pelo órgão colegiado competente para julgar e fixar a tese jurídica.

Como afirmado acima, a suspensão é automática. Porém, para maior organização do procedimento e evitar o tumulto processual, é conveniente que o juiz ou o relator formalize a suspensão do processo, determinando a intimação das partes. Com a intimação, a parte poderá demonstrar a distinção do caso e eventualmente participar no incidente de resolução de demandas repetitivas.[1495] Nesse ponto há um aparente problema de recorribilidade da decisão que resolve o requerimento de distinção entre a questão a ser decidida no processo e aquela a ser julgada em incidente de resolução de demandas repetitivas. O problema se resolve com a aplicação do § 13 do art. 1.037, que define o agravo de instrumento como recurso cabível, se o processo estiver em primeiro grau de jurisdição, e agravo interno, na hipótese de decisão do relator.[1496]

De acordo com o inciso I do art. 982, o relator suspenderá os "processos pendentes". Todavia, tal suspensão não ocorre de forma indiscriminada e nem sempre abrangerá todas as questões discutidas no processo. O processo será suspenso naquilo que coincidir com o objeto do incidente de resolução de demandas repetitivas. Alguns exemplos são necessários para demonstrar a afirmação:

(a) em determinado processo, o autor formula o pedido x. Para apreciar o pedido x, é indispensável ao órgão judicial resolver a questão z, que é repetida em outros processos. Admitido o incidente de resolução de demandas repetitivas para fixar a tese jurídica sobre a questão z, o processo ficará integralmente suspenso até o julgamento do incidente;

(b) suponhamos, de outro lado, que no processo o autor formula dois pedidos, x e y. Para a solução do pedido x é necessário resolver apenas a questão z, que é discutida em múltiplos processos. Uma vez instaurado o incidente de resolução de demandas repetitivas para fixar a tese jurídica acerca da questão de direito z, o processo ficará suspenso parcialmente, apenas no que toca à questão z, necessária para apreciar o pedido x.[1497] Aplica-se, aqui, a técnica do julgamento parcial de

---

1494 DIDIER JR.-CUNHA, *Curso de direito processual civil*, vol. 3, n. 7.12.1, p. 772.

1495 SOFIA TEMER, *Incidente de resolução de demandas repetitivas*, n. 4.1.5.2, p. 135.

1496 Nesse sentido, confira-se o Enunciado 557 do FPPC: O agravo de instrumento previsto no art. 1.037, § 13, I, também é cabível contra a decisão prevista no art. 982, inc. I.

1497 Nesse sentido é o Enunciado 205 do FPPC: Havendo cumulação de pedidos simples, a aplicação do art. 982, I e § 3º, poderá provocar apenas a suspensão parcial do

mérito, prevista no art. 356.[1498] Ainda nesse exemplo, se para julgar o pedido *y* também for necessário resolver a questão *z*, a suspensão alcança todo processo.

Destaque-se que a suspensão do processo não induz prazo de prescrição intercorrente.[1499] Porém, diferente é a situação da parte que não exerceu a pretensão, ao propor a demanda. Nesse caso, por inexistir processo, não há o que suspender. Logo, flui o prazo prescricional.

248. Extensão da suspensão aos processos em curso no território nacional

De acordo com o § 3º do art. 982, cuja norma é reproduzida pelo § 4º do art. 1.029, a suspensão poderá ser estendida a todo território nacional por requerimento das partes, do Ministério Público ou da Defensoria Pública e decisão do Superior Tribunal de Justiça ou Supremo Tribunal Federal, de acordo com a natureza da questão de direito repetitiva.[1500]

Nesse ponto, é preciso destacar que o requerimento para suspender os processos em todo território nacional pode ser realizado por quem não tenha processo pendente perante o tribunal incumbido de julgar o incidente de resolução de demandas repetitivas. Assim, *v.g.*, suponhamos que o incidente haja sido admitido no Tribunal de Justiça do Estado de São Paulo e, de outro lado, tramite na cidade de Belo Horizonte processo que discuta a mesma questão de direito objeto do incidente. Nesse caso, o legitimado apontado pelos incisos II e III do art. 977 poderá, por requerimento dirigido ao presidente do respectivo tribunal superior, requerer a suspensão dos processos em todo território nacional.[1501]

---

processo, não impedindo o prosseguimento em relação ao pedido não abrangido pela tese a ser firmada no incidente de resolução de demandas repetitivas.

1498 SOFIA TEMER, *Incidente de resolução de demandas repetitivas*, n. 4.1.5.2, p. 138. Na Jurisprudência: "Nos termos do Enunciado 126 da II Jornada de Direito Processual Civil/CJF, 'o juiz pode resolver parcialmente o mérito, em relação à matéria não afetada para julgamento, nos processos suspensos em razão de recursos repetitivos, repercussão geral, incidente de resolução de demandas repetitivas ou incidente de assunção de competência'. Assim, deverá o juiz deixar de proferir decisão sobre as teses afetadas, sobrestando o processo quanto aos capítulos relacionados, sem prejuízo de decisão e seguimento do feito no que diga respeito às demais questões. A homologação de acordo entre as partes excluindo a questão das matérias controvertidas também afastará o sobrestamento" (EDcl no REsp 1.328.993/CE, rel. Min. OG FERNANDES, *DJe* 27-6-2019).

1499 Enunciado 452 do FPPC: Durante a suspensão do processo prevista no art. 982 não corre o prazo de prescrição intercorrente.

1500 STJ, SIRDR 7/PR, rel. Min. PAULO DE TARSO SANSEVERINO, *DJe* 23-6-2017.

1501 Art. 21, XIII, *m*, e art. 271-A do RISTJ.

CPC/2015, ART. 982

Nas hipóteses delineadas no dispositivo em comento, a suspensão dos processos vigorará até o julgamento do incidente de resolução de demandas repetitivas no tribunal de justiça ou no tribunal regional federal.[1502] Frise-se, porém, que se houver a interposição do recurso especial ou do recurso extraordinário, o sobrestamento é prolongado até o julgamento do respectivo recurso.

A suspensão abrange os processos que tramitam perante os juizados especiais em todo o território nacional.[1503]

249. Requisição de informações

O inciso II do art. 982 prevê que, admitido o incidente, o relator poderá requisitar informações a órgãos em cujo juízo tramita processo no qual se discute o objeto do incidente, que as prestarão no prazo de 15 (quinze) dias.

Com as informações, o órgão colegiado terá maiores elementos para a admissibilidade e julgamento do incidente, bem ainda para fixar a tese jurídica que será aplicada a todos os processos que tenham por objeto a mesma questão de direito.

As informações são desdobramento do contraditório moderno, que atrai o juiz a auxiliar e participar no julgamento do incidente de resolução de demandas repetitivas, que originará a tese jurídica e um potencial precedente para ser aplicado em outros casos semelhantes.[1504]

Com ou sem as informações, o incidente segue seu procedimento regular.

250. Tutela de urgência

A regra geral dispõe que durante a suspensão é vedado praticar qualquer ato processual. A prática de atos durante o sobrestamento do processo é ineficaz.[1505]

O § 2º do art. 982 prevê que compete ao "juízo" perante o qual tramita o processo suspenso apreciar o pedido de tutela de urgência. O dispositivo merece dois importantes comentários

---

1502 Parece ser manifestamente ilegal o § 3º do art. 271-A do RISTJ ("A suspensão vigorará até o trânsito em julgado da decisão proferida no incidente de resolução de demanda repetitiva").

1503 Enunciado 471 do FPPC: Aplica-se no âmbito dos juizados especiais a suspensão prevista no art. 982, § 3º.

1504 Sobre juízes como participantes do contraditório e precedentes, ver, com proveito, THEODORO JR.-NUNES-BAHIA-PEDRON, *Novo CPC* – fundamentos e sistematização, n. 2.2.6.1, p. 156-157.

1505 Porém, registre-se a controvérsia existente na doutrina e na jurisprudência sobre a "invalidade" do ato praticado durante o período de suspensão do processo. Sobre o tema, ver DANIEL AMORIM ASSUMPÇÃO NEVES, *Novo Código de Processo Civil comentado*, n. 1, p. 551. Como se disse no texto, o ato não é inválido, mas ineficaz.

431

Em primeiro lugar, a palavra "juízo" compreende órgãos individuais – de primeiro e segundo graus (relator, presidente, vice-presidente) – e órgãos colegiados dos tribunais.

De outro lado, destaque-se que, de acordo com o art. 314, é possível a realização de atos urgentes a fim de evitar dano irreparável. Prática de "atos de urgência" não se esgota no instituto da "tutela provisória de urgência". Há medidas de urgência que não configuram tutelas de urgência. Por exemplo, imagine-se uma demanda cujo objeto coincida com aquele pendente no julgamento do incidente de resolução de demandas repetitivas e proposta pouco antes do término do prazo decadencial. A princípio, o processo ficaria suspenso e a citação do réu apenas seria efetivada depois de definida a tese jurídica o incidente de resolução de demandas repetitivas. Entretanto, como ato urgente, concebe-se a citação do réu para evitar qualquer discussão acerca da decadência (art. 240).[1506]

Trata-se de competência funcional, de maneira que o relator não poderá apreciar a medida de tutela de urgência.

Observe-se que o Código utiliza o termo "tutela de urgência". A princípio, é inadmissível a concessão de tutela de evidência.[1507]

Salvo disposição contrária no regimento interno do tribunal, o órgão colegiado incumbido de julgar o incidente de resolução de demandas repetitivas não atrai a competência para processar e julgar eventual recurso contra a decisão que delibera a tutela de urgência em processo sobrestado.

> **Art. 983.** O relator ouvirá as partes e os demais interessados, inclusive pessoas, órgãos e entidades com interesse na controvérsia, que, no prazo comum de 15 (quinze) dias, poderão requerer a juntada de documentos, bem como as diligências necessárias para a elucidação da questão de direito controvertida, e, em seguida, manifestar-se-á o Ministério Público, no mesmo prazo.
>
> **§ 1º** Para instruir o incidente, o relator poderá designar data para, em audiência pública, ouvir depoimentos de pessoas com experiência e conhecimento na matéria.
>
> **§ 2º** Concluídas as diligências, o relator solicitará dia para o julgamento do incidente.

251. Participação das partes e interessados

Admitido o incidente de resolução de demandas repetitivas e cumpridas as diligências dos incisos I a III do art. 982, o relator determinará a intimação das partes e dos demais interessados, inclusive pessoas, órgãos e entidades com interesse na controvérsia.

1506 O exemplo é adaptado do comentário ao art. 314 de ALEXANDRE FREITAS CÂMARA (*Comentários ao Código de Processo Civil*, vol. 1, n. 2, p. 982).

1507 GUILHERME RIZZO AMARAL, *Comentários às alterações do novo CPC*, n. 2.3, p. 999.

Diante das suas finalidades, o dispositivo em comento, de maneira louvável, tem nítido propósito de qualificar o contraditório do incidente.

O sentido de "partes" deve ser compreendido largamente, para compreender as partes do incidente de resolução de demandas repetitivas e as partes que ocupam os polos do processo em que se originou a medida processual. Logicamente, aqui entram litisconsortes e todas as figuras ligadas ao instituto da intervenção de terceiros.

Questão difícil é saber se as partes dos processos suspensos também devem ser intimadas a se manifestar no incidente.

Parcela da doutrina aceita que "qualquer parte *individualmente* considerada que tenha processo suspenso mercê da instauração do incidente (art. 982, I) possa se manifestar diretamente no Tribunal para expor suas razões sobre a resolução da questão de direito".[1508]

De outro lado, entende-se que "o ideal seria a participação de todos os litigantes envolvidos nos processos pendentes. Razões de ordem prática, entretanto, inviabilizam essa desejável extensão subjetiva, temendo o legislador a inviabilização do incidente conforme o número dos processos pendentes".[1509]

Finalmente, há quem ofereça proposta intermediária. Os chamados *sujeitos sobrestados*,[1510] que têm interesse no julgamento e na fixação da tese, podem atuar no incidente de resolução de demandas repetitivas. Porém sua atuação fica limitada a oferecer argumentos que ainda não foram deduzidos no procedimento.[1511] Caso não atuem dessa forma, trazendo apenas argumentos repetitivos, impertinentes ou irrelevantes, que não contribuem para o debate, desqualificando o contraditório, sua intervenção deverá ser indeferida pelo relator.

De fato, o último modelo parece ser o mais interessante, pois se alinha com a noção de contraditório. Modernamente, sabe-se que ninguém pode ser atingido na sua esfera de interesses por uma decisão judicial sem ter tido a possibilidade de influenciar diretamente no seu resultado.[1512] Trata-se de ma-

---

1508 Cassio Scarpinella Bueno, *Novo Código de Processo Civil anotado*, p. 989.

1509 Araken de Assis, *Manual dos recursos*, n. 34.8.7.1, p. 474.

1510 Partes dos processos suspensos em razão da admissibilidade do incidente de resolução de demandas repetitivas e que serão potencialmente afetados pela futura aplicação da tese (cf. Sofia Temer, *Incidente de resolução de demandas repetitivas*, n. 4.2.2.2.2, p. 181).

1511 Sofia Temer, *Incidente de resolução de demandas repetitivas*, n. 4.2.2.2.2, p. 181-197.

1512 Antonio do Passo Cabral, com propriedade, confirma o que se acaba de afirmar no texto. Atualmente, o princípio do contraditório representa o direito de influenciar, condicionar as decisões do Poder Judiciário a partir do direito de expressão aberto e pluralista. Formado pela tríade a) informação prévia, b) direito de manifestação e c) direito de ver os argumentos deduzidos na manifestação considerados pela autoridade judicial responsável pela decisão (*Il principio del contraddittorio come diritto d'influenza e dovere di dibattito*, n. 2-3, p. 451-457).

COMENTÁRIOS AO CÓDIGO DE PROCESSO CIVIL V. XIX

nifestação do princípio do contraditório, "expressão processual do princípio político da participação democrática".[1513] Entretanto, para efeitos do incidente de resolução de demandas repetitivas, não se está a falar de um contraditório qualquer, mas, sim, de um contraditório inclusivo e participativo. Por esse motivo, a mera reprodução de ideias e de argumentos que já estão colocados no procedimento do incidente de resolução de demandas repetitivas, sem qualquer contribuição argumentativa, não pode autorizar o ingresso do sujeito, ainda que ele possa ser alcançado pela tese lá fixada.

O Código acrescenta que além das "partes", o tribunal deverá ouvir "os demais interessados, inclusive pessoas, órgãos e entidades com interesse na controvérsia". Esses demais "interessados" abrangem a figura do *amicus curiae* (art. 138),[1514] que deve manifestar *interesse institucional*, inconfundível com o *interesse jurídico*.[1515] Note-se que o *amicus curiae* tem legitimidade para interpor recurso da decisão que julga o incidente (art. 138, § 3º).

O intuito do legislador foi conferir ao relator um dever de ampliar o debate buscando trazer para o incidente pessoas qualificadas do ponto de vista institucional, de modo a potencializar o contraditório. Porém, além disso, deve zelar pelo equilíbrio do contraditório.[1516]

O Ministério Público também integrará o incidente na qualidade de fiscal do ordenamento jurídico, na forma do disposto no § 2º do art. 976. Sua atuação também busca qualificar o contraditório.[1517]

A lei estipula o prazo comum de 15 (quinze) dias para manifestação dos sujeitos indicados no dispositivo legal em comento. A forma de contagem obedece a regra do *caput* do art. 219 ("somente em dias úteis"). Trata-se de prazo preclusivo.

Os poderes das partes e dos *amici curiae* são amplos e não se limitam a simplesmente oferecer argumentos jurídicos para a construção da tese. Há poderes de instruir o incidente com documentos e outras diligências que se fizerem necessárias para o julgamento.

1513 Por todos, LEONARDO GRECO, *Instituições de processo civil*, vol. I, n. 22.2., p. 513.

1514 Igualmente, MARCOS DE ARAÚJO CAVALCANTI, *Incidente de resolução de demandas repetitivas (IRDR)*, n. 8.6, p. 254-257.

1515 CASSIO SCARPINELLA BUENO, *Curso sistematizado de direito processual civil*, vol. 2, n. 7.2, p. 509. No mesmo sentido: ANTONIO DO PASSO CABRAL, Coment. ao art. 983, *in Comentários ao novo Código de Processo Civil*, p. 1460.

1516 Enunciado 659 do FPPC: O relator do julgamento de casos repetitivos e do incidente de assunção de competência tem o dever de zelar pelo equilíbrio do contraditório, por exemplo, solicitando a participação, na condição de *amicus curiae*, de pessoas, órgãos ou entidades capazes de sustentar diferentes pontos de vista.

1517 Para não ser repetitivo, remete-se o leitor ao comentário exposto no § 2º do art. 976.

252. Audiência pública

Em sintonia com a oralidade processual, dispõe o § 1º do art. 983 que, para instruir o incidente, o relator poderá designar data para realização de "audiência pública, ouvir depoimentos de pessoas com experiência e conhecimento na matéria".

No incidente de resolução de demandas repetitivas, a audiência pública será destinada a concretizar a comunicação entre setores da sociedade e o tribunal incumbido de julgar e fixar a tese jurídica. Nessa ordem de ideias, ao prever a audiência pública, a lei procura intensificar o contraditório – marcadamente pela oralidade – acerca da questão de direito repetitiva com a sociedade.[1518]

O Código não estabelece qualquer procedimento para a realização da audiência pública. Dessa forma, o regimento interno do tribunal, dentro dos seus limites normativos, deverá regular a maneira pela qual se desenvolverá a audiência pública.

Nada obstante, alguns parâmetros procedimentais expostos na Emenda Regimental n. 29/2009 – que regula o procedimento da audiência pública no Supremo Tribunal Federal – podem ser adotados para a hipótese desse ato no incidente de resolução de demandas repetitivas.

Assim, a decisão que designa a audiência pública deverá ser amplamente divulgada,[1519] fixando prazo para indicação de pessoas a serem ouvidas. Note-se que a audiência pública deverá ser concretizada com a participação de pessoas com múltiplos argumentos e opiniões sobre o tema objeto do incidente.

É dever do relator que presidir a audiência pública nominar os interessados que serão ouvidos, divulgar a lista de habilitados a expor, bem ainda organizar os trabalhos de forma eficiente, determinando ordem dos trabalhos e assinalando o prazo para cada um expor sua manifestação.

Evidentemente que o depoente deverá limitar-se ao tema objeto do incidente. Manifestações impertinentes, irrelevantes ou desnecessárias não deverão ser tomadas em consideração, tampouco trazidas aos autos.

O material coletado na audiência pública deverá ser registrado e juntado ao incidente.

Ao julgar o incidente, é indispensável ao órgão colegiado levar em conta na fundamentação os argumentos que foram expostos na audiência pública. Tal providência certamente qualificará o julgamento do incidente.

1518 VINICIUS SILVA LEMOS, *Incidente de resolução de demandas repetitivas*, n. 3.3.4.1, p. 105.
1519 ANTONIO DO PASSO CABRAL, *Os efeitos processuais da audiência pública*, n. 3, p. 46-47.

COMENTÁRIOS AO CÓDIGO DE PROCESSO CIVIL v. XIX

253. Organização para julgamento

Findas as providências exigidas pelos arts. 982 e 983, o relator deverá organizar o incidente e solicitar dia para julgamento.

Em seguida será publicada a pauta no órgão oficial, com as formalidades necessárias indicadas no art. 934.

Todos os interessados deverão ser intimados com a antecedência exigida pelo art. 935.

> **Art. 984.** No julgamento do incidente, observar-se-á a seguinte ordem:
>
> **I -** o relator fará a exposição do objeto do incidente;
>
> **II -** poderão sustentar suas razões, sucessivamente:
>
> **a)** o autor e o réu do processo originário e o Ministério Público, pelo prazo de 30 (trinta) minutos;
>
> **b)** os demais interessados, no prazo de 30 (trinta) minutos, divididos entre todos, sendo exigida inscrição com 2 (dois) dias de antecedência.
>
> **§ 1º** Considerando o número de inscritos, o prazo poderá ser ampliado.
>
> **§ 2º** O conteúdo do acórdão abrangerá a análise de todos os fundamentos suscitados concernentes à tese jurídica discutida, sejam favoráveis ou contrários.

254. Dinâmica do julgamento

O art. 984 cuida da ordem do julgamento de mérito do incidente de resolução de demandas repetitivas, que é realizado por órgão colegiado previamente indicado pelo regimento interno do tribunal.

O resultado do julgamento é exposto em pronunciamento judicial designado de acórdão (art. 204). A estrutura dessa decisão colegiada é composta pelos seguintes elementos: relatório, fundamentação e dispositivo.

O relatório é essencial no acórdão,[1520] sobretudo no modelo atual do Código, pautado por precedentes obrigatórios.[1521] Nele, o relator deverá expor de maneira minuciosa e completa todos os elementos coletados durante o procedimento do incidente de resolução de demandas repetitivas. É fundamental que o relator exponha o problema relativamente à questão de direito e todos os argumentos, seja qual for o sentido, que suportam as possíveis teses jurídicas.[1522]

1520 Remete-se o leitor ao comentário do art. 931, acima.

1521 LEONARDO CARNEIRO DA CUNHA, *Comentários ao Código de Processo Civil*, vol. III, n. 3, p.109.

1522 ANTONIO DO PASSO CABRAL, Coment. ao art. 984, n. 1, p. 1460.

Aberta a sessão de julgamento, o relator, com a palavra, fará a leitura do relatório, e, antes da votação, o presidente dará início aos debates orais.[1523]

De acordo com o Código, podem sustentar oralmente o autor e o réu do processo que originou a instauração do incidente de resolução de demandas repetitivas, e o Ministério Público, na qualidade de parte do incidente ou fiscal do ordenamento jurídico. Note-se que a ordem na sustentação oral é de acordo com a posição da parte no processo. Assim, *v.g.*, se a causa que originou o incidente tratar-se de recurso, a palavra não será necessariamente dada, em primeiro lugar, ao recorrente, salvo se ele for o autor do incidente. O Código nada fala sobre como resolver o tempo quando houver pluralidade de partes com procuradores diferentes. Nesse caso, parece razoável aplicar a regra do prazo em dobro e dividindo-se por igual o tempo entre todos os procuradores dos litisconsortes, salvo se estes ajustarem outra forma de repartir o prazo.[1524]

Os legitimados a sustentar seus argumentos poderão fazê-lo pelo prazo de 30 (trinta) minutos, que, a princípio, é improrrogável.

Além disso, a mesma faculdade é atribuída aos "demais interessados".[1525] Nesse caso, o tempo para sustentação oral é de 30 (trinta) minutos, dividido entre todos. Considerando o número de inscritos para a prática do ato oral, o relator poderá ampliar o prazo. Destaque-se que, entre os interessados, o prazo de sustentação oral poderá ser livremente acordado (*v.g.*, havendo doze interessados, poderá ser convencionado entre eles que dois falarão pelo tempo de 5 (cinco) minutos, cada um, e os outros dez pelo prazo de 2 (dois) minutos, cada).

Dos "demais interessados" a sustentar oralmente, o texto sob comentário exige a inscrição com 2 (dois) dias de antecedência à sessão de julgamento do incidente de resolução de demandas repetitivas. A norma pressupõe a possibilidade de número considerável de interessados no debate oral, o que poderia causar algum tumulto no momento da sessão. Além disso, sabendo previamente o número de inscritos para sustentação oral, o órgão julgador poderá deliberar a ampliação do prazo (art. 994, § 1º) com maior segurança. A norma merece ser criticada não pela ideia de "burocracia judiciária".[1526] Pensa-se que

---

1523 Registre-se o Enunciado 651 do FPPC: É admissível sustentação oral na sessão de julgamento designada para o juízo de admissibilidade do incidente de resolução de demandas repetitivas ou do incidente de assunção de competência, sendo legitimados os mesmos sujeitos indicados nos arts. 984 e 947, § 1º.

1524 A proposta já havia sido apresentada por Barbosa Moreira, à luz do CPC/1973 (*Comentários ao Código de Processo Civil*, vol. V, n. 357, p. 664-665).

1525 Sobre os demais interessados, ver comentário ao art. 982, acima.

1526 Como o faz Carreira Alvim, *Comentários ao novo Código de Processo Civil*, vol. XIV, p. 287.

COMENTÁRIOS AO CÓDIGO DE PROCESSO CIVIL V. XIX

o legislador poderia exigir de todos os sujeitos que pretendem sustentar seus argumentos – e não apenas dos demais interessados – a inscrição prévia de pelo menos 15 (quinze) dias de antecedência e, em seguida, o relator disponibilizaria o tempo exato de cada um, com antecedência mínima de 5 (cinco) dias à sessão de julgamento. Com isso, todos os legitimados para o debate oral teriam tempo necessário para preparar a sustentação oral de acordo com o tempo concedido pelo relator, o que, certamente, qualificaria o julgamento.

É permitido ao procurador com domicílio profissional em cidade diversa daquela onde está sediado o tribunal realizar sua sustentação oral por qualquer meio tecnológico de transmissão de sons e imagens em tempo real (art. 937, § 4º).

255. Fundamentos do acórdão

O objetivo do incidente é ficar a tese jurídica que será de aplicação obrigatória para outros casos. Por esse motivo, é um procedimento intensamente qualificado pelo contraditório.

Naturalmente, essa qualificação atrai multiplicidade de argumentos acerca da questão de direito que será o objeto da tese jurídica.

Todos os argumentos deduzidos – guardados com a pertinência do tema – deverão ser levados em consideração no momento do julgamento do incidente e refletidos nos fundamentos do acórdão.

O § 2º do art. 984 emprega o substantivo "análise" para designar a ideia de reforço argumentativo, ao indicar que o tribunal deverá considerar todos os argumentos que sustentam a tese, sejam favoráveis ou contrários.[1527] O dispositivo em comento é um desdobramento potencializado da norma fundamental disposta no § 1º do art. 489.[1528] A eficácia vinculativa da tese fixada no julgamento do incidente justifica a exigência de que a fundamentação seja "a mais completa possível".[1529]

Os argumentos não insertos no acórdão proferido no julgamento do incidente poderão subsidiar eventual pedido de revisão da tese jurídica.[1530]

[1527] BRUNO DANTAS, Coment. ao art. 984, *in Breves comentários ao novo Código de Processo Civil*, n. 2, p. 2439.

[1528] MENDES-TEMER, Coment. ao art. 984, *in Comentários ao Código de Processo Civil*, n. 3, p. 1288.

[1529] ARRUDA ALVIM, *Manual de direito processual civil*, n. 38.3.4, p. 1514.

[1530] MARINONI-ARENHART-MITIDIERO, *Novo Código de Processo Civil comentado*, n. 2, p. 1058. No mesmo sentido: ANTONIO DO PASSO CABRAL, Coment. ao art. 984, *in Comentários ao novo Código de Processo Civil*, n. 3, p. 1463.

CPC/2015, ART. 985

Art. 985. Julgado o incidente, a tese jurídica será aplicada:

I - a todos os processos individuais ou coletivos que versem sobre idêntica questão de direito e que tramitem na área de jurisdição do respectivo tribunal, inclusive àqueles que tramitem nos juizados especiais do respectivo Estado ou região;

II - aos casos futuros que versem idêntica questão de direito e que venham a tramitar no território de competência do tribunal, salvo revisão na forma do art. 986.

§ 1º Não observada a tese adotada no incidente, caberá reclamação.

§ 2º Se o incidente tiver por objeto questão relativa a prestação de serviço concedido, permitido ou autorizado, o resultado do julgamento será comunicado ao órgão, ao ente ou à agência reguladora competente para fiscalização da efetiva aplicação, por parte dos entes sujeitos a regulação, da tese adotada.

256. Força obrigatória da tese jurídica fixada

Como se viu, o inciso III do art. 927 impõe que o julgamento do incidente de resolução de mandas repetitivas seja observado por todos os juízos e tribunais. Logo, uma vez julgado o incidente, a tese jurídica será aplicada a todos os processos que se encontravam suspensos e todos os processos futuros que veicularem a questão de direito já resolvida pelo tribunal.

O precedente e a tese jurídica terão sua eficácia territorial limitada à competência do tribunal que julgou o incidente de resolução de demandas repetitivas.

257. Aplicação da tese nos juizados especiais

A parte final do inciso I do art. 985 estabelece que a tese fixada no julgamento do incidente de resolução de demandas repetitivas será aplicada aos processos que tramitam perante os juizados especiais.

O dispositivo é duramente criticado por setores da doutrina. Alguns sustentam sua inconstitucionalidade sob o argumento da violação do modelo de competências estipulado pela Constituição.[1531] Outros sustentam que dada a diferença entre os modelos da "justiça comum" e "juizados especiais", a norma do Código teria eficácia restrita.[1532] Finalmente, há quem entenda que o inci-

---

1531 MARCOS DE ARAÚJO CAVALCANTI, *Incidente de resolução de demandas repetitivas (IRDR)*, p. 365. Com base no argumento de que o Supremo Tribunal Federal haveria declarado que os magistrados integrantes dos juizados especiais não estariam vinculados aos pronunciamentos dos tribunais de justiça ou dos tribunais regionais federais, ABBOUD-CAVALCANTI intensificam a afirmação da inconstitucionalidade da parte final do inciso I do art. 985 (Inconstitucionalidades do incidente de resolução de demandas repetitivas e riscos ao sistema decisório, *RePro* 240 (versão eletrônica)).

1532 FREDERICO AUGUSTO LEOPOLDINO KOEHLER aponta diversos problemas na aplicação

439

COMENTÁRIOS AO CÓDIGO DE PROCESSO CIVIL V. XIX

dente de resolução de demandas repetitivas deva ser admitido nos juizados especiais, com a ressalva de que a tese seja fixada pelas turmas de uniformização dos juizados,[1533] o que também encontra críticas por parte da doutrina.[1534]

A solução adotada pelo Código é a "mais prática e 'lógica'".[1535] O argumento da inconstitucionalidade não parece ter respaldo no art. 98, I, da CF, segundo o qual a "União, no Distrito Federal e nos Territórios, e os Estados criarão juizados especiais, providos por juízes togados, ou togados e leigos, competentes para a conciliação, o julgamento e a execução de causas cíveis de menor complexidade e infrações penais de menor potencial ofensivo, mediante os procedimentos oral e sumaríssimo, permitidos, nas hipóteses previstas em lei, a transação e o julgamento de recursos por turmas de juízes de primeiro grau". Note-se que "o julgamento de recursos por turmas de juízes de primeiro grau" não se opõe à obrigatoriedade de os magistrados integrantes dos juizados especiais observarem as teses firmadas em incidente de resolução de demandas repetitivas, ainda mais considerando que a fixação poderá ocorrer em recurso especial ou recurso extraordinário eventualmente interposto contra o acórdão proferido pelo tribunal de justiça ou pelo tribunal regional federal. A Resolução n. 3/2016 do Superior Tribunal de Justiça é um bom exemplo de que não há incompatibilidade constitucional entre o inciso I do art. 98 da CF e a vinculação dos juizados às teses firmadas por tribunais.[1536]

258. Controle das decisões judiciais que não observam o precedente fixado

A aplicação da tese jurídica materializa-se por meio de decisão judicial.

Enquanto não transitada em julgado, fundamentalmente, há dois meios de controle da decisão que aplica a tese jurídica firmada no incidente de resolução de demandas repetitivas: recurso e reclamação.

No que toca ao recurso, se a tese for aplicada em primeiro grau de jurisdição, somados aos embargos de declaração, são cabíveis, a princípio, o agravo de instrumento e a apelação, de acordo com a natureza do pronunciamento judicial. De outro lado, se a aplicação da tese ocorrer no âmbito do tribunal,

---

do incidente de resolução de demandas repetitivas no âmbito dos juizados especiais (O incidente de resolução de demandas repetitivas e os juizados especiais, *RePro* 237 (versão eletrônica)).

1533 Enunciado 44 do ENFAM: Admite-se o IRDR nos juizados especiais, que deverá ser julgado por órgão colegiado de uniformização do próprio sistema.

1534 SOFIA TEMER, *Incidente de resolução de demandas repetitivas*, n. 4.1.4, p. 124-126.

1535 CASSIO SCARPINELLA BUENO, *Novo Código de Processo Civil anotado*, p. 902.

1536 Registre-se que a Resolução n. 3/2016 revogou a Resolução n. 12/2009, a qual havia sido declarada constitucional pelo Supremo Tribunal Federal no julgamento do RE 571.572-ED, da relatoria da Min. ELLEN GRACIE, j. 26-8-2009.

haverá uma decisão, que, além de embargos de declaração – sempre cabíveis –, poderá ser impugnada por meio de agravo interno, se se tratar de decisão unipessoal, ou, caso a decisão seja *final*, recurso especial ou recurso extraordinário, conquanto, evidentemente, estejam preenchidos os pressupostos exigidos pela Constituição, na hipótese de acórdão.

Além dos recursos, será cabível reclamação da parte interessada ou do Ministério Público para garantir a observância de acórdão proferido em julgamento de incidente de resolução de demandas repetitivas (art. 988, IV).[1537]

De outro lado, transitada em julgado a decisão que aplicou erradamente a tese jurídica fixada no incidente de resolução de demandas repetitivas, o meio adequado para impugná-la será a ação rescisória (art. 966, § 5°), respeitado o prazo decadencial de 2 (dois) anos do trânsito em julgado da última decisão proferida no processo (art. 975).

259. Papel das agências reguladoras

Textualmente, o § 2° do art. 985 prevê: "se o incidente tiver por objeto questão relativa a prestação de serviço concedido, permitido ou autorizado, o resultado do julgamento será comunicado ao órgão, ao ente ou à agência reguladora competente para fiscalização da efetiva aplicação, por parte dos entes sujeitos a regulação, da tese adotada".

Observa-se que dispositivo legal parece ampliar a tendência moderna dos diálogos institucionais entre as entidades públicas e assegurar maior efetividade na observância dos precedentes judiciais.[1538]

Cumpre aludir, por último, que o precedente é norma e como tal está ligada ao princípio da legalidade (art. 37 da CF). Logo, nesse contexto, o órgão, o ente ou a agência reguladora não têm a *opção de escolha* nem mesmo *poder discricionário* para deixar de orientar os sujeitos a regulação acerca do resultado do acórdão proferido no julgamento do incidente de resolução de demandas repetitivas. O agente regulador está, em toda sua atividade fiscalizadora, sujeito ao comando do precedente judicial. Trata-se de um dever e a prática de atos contrários ao precedente torna o ato administrativo inválido.

Seabra Fagundes afirmou que administrar é "aplicar a lei, de ofício";[1539] modernamente, administrar é também aplicar o precedente, de ofício.

1537 Ver comentário ao inciso IV do art. 988.
1538 O Governador do Estado do Rio de Janeiro questiona por meio da ADI 5492, relatada pelo Min. DIAS TOFFOLI, a constitucionalidade do dispositivo em comento. O parecer da Procuradoria-Geral opina pela improcedência do pedido. Há manifestação do Instituto Brasileiro de Direito Processual (IBDP) igualmente pelo não acolhimento da pretensão deduzida na ADI.
1539 *Controle dos atos administrativos pelo poder judiciário*, p. 4-5.

COMENTÁRIOS AO CÓDIGO DE PROCESSO CIVIL V. XIX

Art. 986. A revisão da tese jurídica firmada no incidente far-se-á pelo mesmo tribunal, de ofício ou mediante requerimento dos legitimados mencionados no art. 977, inciso III.

260. Revisão da tese jurídica: competência e legitimidade

O princípio geral do Código gira em torno do *stare decisis et non quieta movere* (respeitar as coisas decididas e não mexer no que está estabelecido). Tal premissa resulta do *caput* do art. 926, segundo o qual os tribunais devem uniformizar sua jurisprudência e mantê-la estável, íntegra e coerente.

Entretanto, isso não significa dizer que o precedente ou a tese jurídica fique sob os selos da imutabilidade e indiscutibilidade, qualidades próprias da coisa julgada.[1540]

Convém acentuar que a tese firmada em incidente de resolução de demandas repetitivas está sujeita à máxima *rebus sic stantibus*.[1541] A revisão da tese é expressamente permitida.[1542]

Na técnica da interpretação especificadora, a palavra "revisão" deve ser compreendida para abranger alteração, cancelamento,[1543] superação, modificação ou qualquer outro sentido para mudar a orientação firmada na tese jurídica inicialmente fixada. Apenas não parece ser correto compreender que há rescisão da tese.[1544]

O art. 986 cuida da competência para a revisão da tese ("far-se-á pelo mesmo tribunal") e a legitimidade para requerê-la ("de ofício ou mediante requerimento dos legitimados mencionados no art. 977, inciso III").

No que toca à competência, a revisão da tese será feita pelo "mesmo tribunal". Leia-se: pelo mesmo órgão indicado no regimento interno do tribunal competente para processar e julgar o incidente de resolução de demandas repetitivas.

Porém, ao menos em uma situação, a revisão da tese poderá ser efetivada fora do tribunal que a editou por ocasião do julgamento do incidente. Caso tenha havido recurso extraordinário ou recurso especial contra a decisão pro-

---

1540 BRUNO DANTAS, Coment. ao art. 986, *in Breves comentários ao novo Código de Processo Civil*, n. 1, p. 2441.

1541 ARTUR CÉSAR DE SOUZA, *Resolução de demandas repetitivas*, n. 2.19, p. 163.

1542 Sobre a alteração da tese em julgamento de casos repetitivos, ver comentário ao art. 927.

1543 Termo usado pelo art. 3º, § 2º, da Lei n. 11.417/2006, que regula o procedimento da súmula vinculante.

1544 Tanto é verdade que é incabível ação rescisória (cf. MARCOS DE ARAÚJO CAVALCANTI, *Incidente de resolução de demandas repetitivas (IRDR)*, n. 12.1, p. 355).

CPC/2015, art. **986**

ferida no julgamento do incidente e em razão deles ocorra o efeito substitutivo de que cuida o art. 1.008 ("O julgamento proferido pelo tribunal substituirá a decisão impugnada no que tiver sido objeto de recurso"), a competência para a revisão da tese será do Supremo Tribunal Federal ou do Superior Tribunal de Justiça, conforme o caso.

Dispõe a segunda parte do dispositivo em comento que são legitimados a requerer a revisão da tese jurídica o "mesmo tribunal, de ofício ou mediante requerimento dos legitimados mencionados no art. 977, inciso III".

Censura-se a lei pela limitação e pela exclusão das "partes". Nada impediria o requerimento de revisão por provocação da parte ou por qualquer outro interessado (*amicus curiae*).[1545] Outros sustentam que o problema decorreria da revisão do texto do Código depois de aprovado pelo Senado Federal.[1546]

Todavia, é preciso compreender o sentido da legitimidade das partes para requerer a revisão da tese. O termo "partes" deve ser entendido como sujeitos parciais de "novo processo", no qual se veicula a mesma questão jurídica que atrairia a aplicação da tese jurídica fixada no julgamento do incidente de resolução de demandas repetitivas.[1547]

Na essência, embora o Código não regule o procedimento, a revisão da tese poderá seguir o rito do julgamento de casos repetitivos, podendo ser precedida de audiências públicas e da participação de pessoas, órgãos ou entidades que possam contribuir para rediscussão da tese (art. 927, § 2°).

1545 José Miguel Garcia Medina, *Novo Código de Processo Civil comentado*, p. 1330.

1546 Aluisio Gonçalves de Castro Mendes explica: "Quanto às partes, a sua legitimidade decorre do texto efetivamente aprovado pelo Senado Federal. É de se salientar que, na redação do relatório apresentado pelo Senador Vital do Rêgo e aprovada no Senado, nas votações dos dias 16 e 17 de dezembro, o art. 977 continha, tão somente, dois incisos. No inciso II, eram arrolados, como legitimados, as partes, o Ministério Público e a Defensoria Pública. Entretanto, no texto que foi submetido à sanção presidencial, quase três meses depois, a título de modificação de redação, houve o desmembramento do antigo inciso II nos incisos II e III, como supramencionado. No inciso II, as partes, e no inciso III, o Ministério Público e a Defensoria Pública. Esta modificação, por si só, não representaria qualquer problema jurídico, se não fosse a consequência jurídica prevista no art. 986, que passou a fazer referência apenas ao inciso III, apontando os legitimados para o pedido de revisão da tese. Portanto, salvo melhor juízo, a interpretação da norma deve levar em consideração o texto efetivamente aprovado, em razão da modificação redacional posteriormente realizada ter exorbitado em relação às mudanças efetuadas nos dois dispositivos, que acabaram efetivamente alterando o alcance em termos de legitimidade para a revisão" (*Incidente de resolução de demandas repetitivas*, n. 20.4, p. 249-250).

1547 Wambier-Conceição-Ribeiro-Mello, *Primeiros comentários ao novo Código de Processo Civil – artigo por artigo*, p. 1412.

COMENTÁRIOS AO CÓDIGO DE PROCESSO CIVIL V. XIX

No caso de revisão, exige-se que a fundamentação seja dimensionada para considerar todos os elementos alinhados com a confiança, a isonomia e a segurança jurídica.[1548]

O tribunal poderá utilizar-se da técnica da modulação dos efeitos da revisão da tese no interesse social e no da segurança jurídica, "permitindo uma transição segura e confiável entre os entendimentos".[1549]

Importa saber que inexiste prazo especificado em lei para que ocorra a revisão da tese jurídica fixada no incidente de resolução de demandas repetitivas,[1550] podendo ocorrer a qualquer tempo.[1551] Entretanto, não é recomendável que seja solicitada a revisão em intervalo temporal diminuto à fixação da tese.[1552]

> **Art. 987.** Do julgamento do mérito do incidente caberá recurso extraordinário ou especial, conforme o caso.
>
> **§ 1º** O recurso tem efeito suspensivo, presumindo-se a repercussão geral de questão constitucional eventualmente discutida.
>
> **§ 2º** Apreciado o mérito do recurso, a tese jurídica adotada pelo Supremo Tribunal Federal ou pelo Superior Tribunal de Justiça será aplicada no território nacional a todos os processos individuais ou coletivos que versem sobre idêntica questão de direito.

261. Recursos

O procedimento do incidente de resolução de demandas repetitivas restringe o cabimento de recursos. Definitivamente, não são cabíveis os seguintes recursos: apelação, agravo de instrumento, recurso ordinário e embargos de divergência.

Como já se afirmou anteriormente, toda decisão, seja qual for sua natureza e mesmo que a lei repute como irrecorrível, está sujeita aos embargos de declaração. Por conseguinte, são embargáveis as decisões proferidas no incidente de resolução de demandas repetitivas.[1553]

1548 ANDRE VANCONCELOS ROQUE, *Execução e recursos* – comentários ao CPC de 2015, n. 5, p. 887.

1549 SOFIA TEMER, *Incidente de resolução de demandas repetitivas*, n. 4.4.2, p. 286.

1550 De acordo com MARCOS DE ARAÚJO CAVALCANTI, a inexistência de prazo afasta a alegação de engessamento da jurisprudência, "permitindo sempre a possibilidade de haver nova discussão acerca do posicionamento já fixado pelo tribunal" (*Incidente de resolução de demandas repetitivas (IRDR)*, n. 12.1, p. 356).

1551 NERY-NERY, *Código de Processo Civil comentado*, n. 2, p. 2217.

1552 BRUNO DANTAS, Coment. ao art. 986, *in Breves comentários ao novo Código de Processo Civil*, n. 3, p. 2442.

1553 Por todos, *v.* DIDIER JR.-CUNHA, *Curso de direito processual civil*, vol. 3, n. 7.15, p. 781.

Além disso, de acordo com o art. 1.021, eventuais decisões proferidas pelo relator podem ser controladas por agravo interno. Por exemplo, a decisão unipessoal que prolonga a suspensão dos processos, sem motivação adequada (art. 980, parágrafo único), está sujeita a controle do órgão colegiado por intermédio do agravo interno.

Consoante o *caput* do art. 987, do julgamento do mérito do incidente de resolução de demandas repetitivas, caberão, em tese, recurso extraordinário e recurso especial, conforme o caso. A inadmissão do recurso extraordinário ou do recurso especial enseja o cabimento de agravo (art. 1.042).

Lembre-se de que o órgão colegiado responsável pelo julgamento do incidente e fixação da tese jurídica julgará igualmente o recurso, a remessa necessária ou o processo de competência originária de onde se despontou o incidente. Logo, há duas decisões: (*a*) acórdão do caso concreto (art. 978, parágrafo único); e (*b*) acórdão do incidente de resolução de demandas repetitivas (art. 987, *caput*). A decisão proferida no caso concreto, não há dúvida, é passível de recurso extraordinário e recurso especial.

De outro lado, nada obstante o *caput* do art. 987 preveja o cabimento de *recursos extraordinários*, a matéria é altamente controvertida.

Sob a perspectiva constitucional, o dispositivo é severamente criticado por grande parte da doutrina. O problema todo gira em torno do sentido do texto expresso no inciso III do art. 102 e no inciso III do art. 105, ambos da Constituição, *causa decidida em única ou última instância*.

Afirma-se que "para aqueles que entenderem que o incidente é causa, surge problema de ordem diversa que, se não compromete, o cabimento dos recursos extraordinário e especial, coloca em xeque a constitucionalidade de lei federal que cria competência para Tribunais Regionais Federais e Tribunais de Justiça julgarem causa não prevista na Constituição Federal (art. 108) nem nas Constituições dos Estados (art. 125, § 1º, da CF)".[1554]

Além disso, sustenta-se que, dada a natureza do instituto – incidente processual – não haveria caso concreto a ser julgado, mas apenas procedimento destinado à formação de tese jurídica a ser aplicada em outros processos que discutam a mesma questão de direito. O acórdão proferido no incidente "fixa *tese jurídica em abstrato,* não pode ter aptidão para causar gravame porque não resolve *caso concreto*, de modo que não pode ser objeto de impugnação, *per si*, por meio de RE e REsp".[1555]

Na esteira desse entendimento, não haveria *causa*, o que afastaria o cabimento de recurso extraordinário e recurso especial no julgamento do inciden-

---

1554 Cassio Scarpinella Bueno, *Novo Código de Processo Civil anotado*, p. 905.
1555 Nery-Nery, *Código de Processo Civil comentado*, n. 2, p. 2217.

COMENTÁRIOS AO CÓDIGO DE PROCESSO CIVIL v. XIX

te de resolução de demandas repetitivas. A doutrina ampara tais argumentos na antiga Súmula 513, editada pelo Supremo Tribunal Federal, no ano de 1969, quando em vigor a Constituição de 1967 e o Código de Processo Civil de 1939.[1556-1557]

De outro lado, há quem não veja qualquer óbice constitucional.[1558] O argumento seria que *causa decidida* configuraria "esgotamento dos recursos ordinários".[1559]

Com argumentos pragmáticos, parcela da doutrina conclui que a opção legislativa revelada no art. 987 desestimularia a interposição de inúmeros recursos aos tribunais superiores. O recurso extraordinário ou o recurso especial interposto contra o acórdão que julgar o incidente possibilitaria a fixação da tese jurídica de forma definitiva, alcançando todo território nacional.[1560]

O debate não termina por aqui. Há entendimento de que dada a natureza do procedimento ("causa-piloto"), o art. 987 é constitucional. Todavia, no caso de desistência do processo que originou a instauração do incidente, não haveria "julgamento da causa (porque houve desistência desta), mas apenas resolução da questão comum nos moldes de uma jurisdição 'objetiva', não são cabíveis os recursos especial ou extraordinário".[1561]

Embora a questão seja difícil, compreende-se que não há inconstitucionalidade no dispositivo.

1556 MARCOS DE ARAÚJO CAVALCANTI, *Incidente de resolução de demandas repetitivas (IRDR)*, n. 14.5, 395-397; CASSIO SCARPINELLA BUENO, *Novo Código de Processo Civil anotado*, p. 906.

1557 O argumento com base na Súmula 513 do STF é rebatida por SOFIA TEMER. A autora parte dos precedentes que levaram à edição do referido verbete sumular, concluindo que em nenhum momento se discutiu o termo *causa decidida* para afastar o cabimento de recurso contra a decisão proferida no incidente de inconstitucionalidade (*Incidente de resolução de demandas repetitivas*, n. 4.3.3.1, p. 264-270). Na mesma linha, ALUISIO GONÇALVES DE CASTRO MENDES, *Incidente de resolução de demandas repetitivas*, n. 18.5, p. 217-224.

1558 ARTUR CÉSAR DE SOUZA, *Resolução de demandas repetitivas*, n. 2.18, p. 162.

1559 RODOLFO DE CAMARGO MANCUSO, *Incidente de resolução de demandas repetitivas*, p. 368-369. O autor se vale dos fundamentos demonstrados na obra *Recurso extraordinário e recurso especial*, p. 140-150.

1560 BRUNO DANTAS, Coment. ao art. 987, *in Breves comentários ao novo Código de Processo Civil*, n. 1, p. 2443. DANIEL AMORIM ASSUMPÇÃO NEVES afirma que "seria trágico para a realidade forense e para os objetivos traçados pelo legislador para o IRDR" a declaração de inconstitucionalidade do *caput* do art. 987, porque a decisão proferida no julgamento do incidente não se acomodaria no conceito de *causa decidida* (*Novo Código de Processo Civil comentado*, n. 6, p. 1653).

1561 ANTONIO DO PASSO CABRAL, Coment. ao art. 987, *in Comentários ao Código de Processo Civil*, n. 3 , p. 1472. Registre-se, porém, o Enunciado 604 do FPPC: É cabível recurso especial ou extraordinário ainda que tenha ocorrido a desistência ou abandono da causa que deu origem ao incidente.

A Constituição e o Código de Processo Civil vigentes não fornecem o conceito de *causa decidida*. O termo sofreu modificações conceituais ao longo do tempo. Para ficar no passado não muito distante, a jurisprudência do Superior Tribunal de Justiça vacilou durante algum tempo sobre o cabimento de recurso especial contra acórdão proferido em agravo de instrumento. Tudo porque era discutível se acórdão com natureza de decisão interlocutória (objeto de agravo de instrumento) poderia ser enquadrado no conceito de *causa decidida*, conforme dispõe o inciso III do art. 105 da CF.[1562] Posteriormente, discutiu-se o cabimento de recurso especial contra decisão de tutela antecipada, justamente na perspectiva do pressuposto *causa decidida*. Por sua vez, a esse respeito, o Supremo Tribunal Federal modificou seu entendimento para não admitir recurso extraordinário contra decisão que defere medida liminar.[1563] Esses casos mostram que o conceito de *causa decidida* é cambiante.

Note-se, a propósito, que o inciso III do art. 102 e o inciso III do art. 105, ambos da Constituição, empregam o termo no plural (*causas decididas*). Isso permite dizer que o texto constitucional aceita mais de uma situação que possa estar contida na locução *causas decididas*.

À luz do *caput* do art. 987, o conceito de *causa decidida* carece de nova significação, de modo a se ajustar ao sentido de novos institutos trazidos pelo Código, inclusive para acomodar o acórdão proferido em julgamento de incidente de resolução de demandas repetitivas.[1564]

Nessa ordem de ideias, para efeito de impugnação por meio de recurso extraordinário e recurso especial, o termo *causa decidida* também compreende o acórdão que fixa a tese jurídica proferido em incidente de resolução de demandas repetitivas.[1565] Daí por que cabível o recurso extraordinário ou o recurso especial, conforme o caso.[1566]

1562 A questão foi pacificada com a edição da Súmula 86 do STJ: "Cabe recurso especial contra acórdão proferido no julgamento de agravo de instrumento".

1563 O entendimento está compendiado na Súmula 735: Não cabe recurso extraordinário contra acórdão que defere medida liminar. Os precedentes que deram origem à súmula discutem o conceito de *causa decidida*. Leia-se: "Enquanto não apreciado o mérito da ação judicial, não há decisão de única ou última instância, que é pressuposto para interposição do recurso" (cf. STF, RE 234.144-9/PE, rel. Min. Maurício Corrêa, j. 21-8-2001).

1564 O entendimento parece ser compartilhado por Didier Jr.-Cunha, *Curso de direito processual civil*, vol. 3, n. 7.15, p. 784.

1565 Aluisio Gonçalves de Castro Mendes traz outros fundamentos que ratificam a constitucionalidade do *caput* do art. 987 (*Incidente de resolução de demandas repetitivas*, n. 18.6, p. 225-231).

1566 Vale lembrar que o Superior Tribunal de Justiça já determinou o processamento de recurso especial interposto contra acórdão proferido em julgamento de incidente

O argumento de que o acórdão proferido no julgamento do incidente de resolução de demandas repetitivas *apenas* fixaria a "tese jurídica em abstrato" não é suficiente para afastar o cabimento dos *recursos extraordinários*. Caso contrário, nenhuma decisão proveniente de *processo objetivo* poderia ser impugnada por meio desses recursos (*v.g.*, acórdão proferido em ação declaratória de inconstitucionalidade estadual).[1567]

Registre-se ainda o posicionamento crescente da jurisprudência do Supremo Tribunal Federal no sentido de que determinados procedimentos passam a ter contornos objetivos, a fim de que seja necessária a fixação de tese jurídica, "independentemente da vontade das partes".[1568] O incidente de resolução de demandas repetitivas tem feição *objetiva* no sentido de atribuir sentido normativo e coerência do ordenamento jurídico.[1569] Assim, restringir o cabimento de recursos seria deixar sem controle decisões de largo alcance na sociedade, algo incompatível como a função nomofilácica própria dos tribunais superiores.

A conclusão a que chega é a seguinte: desde que presentes os pressupostos constitucionais, os recursos extraordinário e especial são cabíveis contra o acórdão que julga o incidente de resolução de demandas repetitivas e fixa a tese jurídica.

262. Legitimidade para recorrer

É indiscutível a legitimidade das partes e do *amicus curiae* (art. 138, § 3º) para recorrer do acórdão proferido no julgamento do incidente de resolução de demandas repetitivas.[1570]

A dificuldade está no exame da legitimidade de outros interessados, especificamente daqueles sujeitos cujo processo tenha ligação com a decisão proferida no incidente, considerando o grande número de recursos que poderiam ser interpostos.

---

de resolução de demandas repetitivas (STJ, ProAfR no REsp 1.729.593/SP, rel. Min. Marco Aurélio Bellizze, j. 11-9-2018).

1567 Nesse sentido, com amparo na jurisprudência do Supremo Tribunal Federal, Alvim--Dantas, *Recurso especial, recurso extraordinário e a nova função dos tribunais superiores*, n. 25.2.1, p. 573-574.

1568 STF, RE 674.827/PR, rel. Min. Gilmar Mendes, *DJe* 1-2-2018.

1569 Sofia Temer estrutura o incidente de resolução de demandas repetitivas a partir das técnicas e fundamentos do processo objetivo de constitucionalidade e do movimento de "dessubjetivação" da atividade jurisdicional (*Incidente de resolução de demandas repetitivas*, n. 3.3, p. 82 e s.).

1570 Antônio do Passo Cabral, Coment. ao art. 987, *Comentários ao Código de Processo Civil,* n. 5, p. 1472.

CPC/2015, ART. **987**

Embora conferir legitimidade ampla a todos os possíveis atingidos pela decisão do incidente possa gerar um grande número de recursos, não parece adequado restringir o acesso aos tribunais superiores.[1571] Esse "inconveniente prático" pode ser gerenciado aplicando-se o regime dos recursos repetitivos. Vale dizer, o presidente ou vice-presidente do Tribunal de Justiça ou do Tribunal Regional Federal poderá selecionar dois ou mais recursos que representem a discussão da questão de direito definida no incidente (art. 1.036, § 1º).

Ademais, as razões expostas pelos diversos recorrentes, além de possibilitar a defesa dos interesses subjetivos, poderá contribuir com mais argumentos para a melhor tomada da decisão. No contexto do processo jurisdicional democrático, a participação de todos os atingidos pela decisão do incidente de resolução de demandas repetitivas conferirá maior autoridade ao precedente a ser formado nos tribunais superiores.

Acrescente-se ainda que entendimento contrário esbarraria na amplitude do termo "terceiro prejudicado", exposto no art. 996.

263. Efeito suspensivo *ope legis*

A primeira parte do § 1º do art. 987 estabelece que o recurso extraordinário e o recurso especial interpostos contra o acórdão proferido em julgamento de incidente de resolução de demandas repetitivas são dotados de efeito suspensivo. O texto excepciona a regra geral exposta no *caput* do art. 995.

Na prática, a norma repercute sob duas perspectivas.

Primeiro, enquanto pendente o julgamento dos *recursos extraordinários*, a tese jurídica fixada no julgamento do incidente não tem eficácia obrigatória, i.e., é inaplicável aos processos que envolvam a questão jurídica repetitiva.

Segundo, a interposição de recurso extraordinário ou recurso especial prolonga a suspensão dos processos sobrestados. Nesse caso, o sobrestamento é limitado ao prazo de 1 (um) ano, salvo decisão fundamentada do relator do recurso extraordinário ou do recurso especial em sentido contrário (art. 980, parágrafo único).

O efeito suspensivo não impede o requerimento de tutela de urgência, que deverá ser pleiteado ao juízo perante o qual tramita o processo suspenso.[1572]

Advirta-se que os embargos de declaração, eventualmente opostos contra o acórdão que julgou o incidente, nada obstante o silêncio do Código, também

---

[1571] Nesse sentido é o Enunciado 94 do FPPC: "A parte que tiver o seu processo suspenso nos termos do inciso I do art. 982 poderá interpor recurso especial ou extraordinário contra o acórdão que julgar o incidente de resolução de demandas repetitivas".

[1572] ALUISIO GONÇALVES DE CASTRO MENDES, *Incidente de resolução de demandas repetitivas*, n. 18.8, p. 232.

COMENTÁRIOS AO CÓDIGO DE PROCESSO CIVIL V. XIX

obstam a aplicação imediata da tese jurídica, não incidindo a primeira parte do *caput* do art. 1.026.

264. Presunção de repercussão geral

A repercussão geral é pressuposto específico de admissibilidade do recurso extraordinário (art. 102, § 3º, da CF; art. 1.035 do CPC). Há circunstâncias em que a legislação processual – e aqui não há qualquer problema de inconstitucionalidade, considerando o texto constitucional ("... demonstrar a repercussão geral das questões constitucionais discutidas no caso, *nos termos da lei...*") – flexibiliza a demonstração do pressuposto de admissibilidade relativo à repercussão geral.[1573]

Nesse contexto, a segunda parte do § 1º do art. 987 estabelece que é presumida a repercussão geral de questão constitucional eventualmente discutida no julgamento do incidente de resolução de demandas repetitivas.[1574]

Por violar a cláusula de reserva de plenário (art. 97 da CF), evidentemente que o julgamento do incidente não pode concluir pela declaração de inconstitucionalidade, ainda que seja apenas para afastar a incidência da lei ou ato normativo do poder público, no todo ou em parte.[1575]

A princípio, dadas as características do incidente de resolução de demandas repetitivas, é presumida a existência de questões relevantes sob o ponto de vista econômico, político, social ou jurídico. Naturalmente, tais questões ultrapassam os limites subjetivos das partes envolvidas diretamente no incidente, pois a tese jurídica aí fixada será aplicada, de forma *obrigatória*, a todos os processos que envolvam a mesma questão jurídica. O resultado do incidente impacta muitas outras relações jurídicas.[1576]

Afirma-se que o papel da repercussão geral é submeter o recurso extraordinário à demonstração do interesse público no seu julgamento, na unidade e coerência do ordenamento jurídico constitucional.[1577] A considerar a natureza objetiva do incidente e a ideia de "dessubjetivação" da atividade jurisdicional – premissa aqui adotada –, a lei dispensa o recorrente de demonstrar a

---

1573 LUIS GUILHERME A. BONDIONI, *Comentários ao Código de Processo Civil*, vol. XIX, n. 188, p. 248.

1574 Note-se que a Lei n. 13.256/2016 suprimiu o inciso II do § 3º do art. 1.035, que presumia a repercussão geral do recurso extraordinário que impugnasse acórdão proferido "em julgamento de casos repetitivos", mantendo intacto, porém, a segunda parte do § 1º do art. 987, o que não deixa de ser curioso.

1575 Súmula Vinculante 10.

1576 NERY-NERY, *Código de Processo Civil comentado*, n. 5, p. 2218.

1577 Nesse sentido, MARINONI-MITIDIERO, *Recurso extraordinário e recurso especial*: do *jus litigatoris* ao *jus constitutionis*, n. 2.2.1, p. 211-218.

repercussão geral em item específico no recurso extraordinário, tudo em conformidade com o interesse público no exame da tese jurídica pelo Supremo Tribunal Federal.[1578]

Muito embora seja *presumível* a repercussão geral da questão discutida no incidente e a competência funcional para apreciar a matéria, poder-se-ia conceber que, em decisão fundamentada com sólidos argumentos, mediante quórum qualificado, possa o Supremo Tribunal Federal recusar o exame do recurso extraordinário, dada a comprovada e momentânea ausência de repercussão geral das questões constitucionais.[1579]

265. Julgamento do recurso pelo STF ou pelo STJ

Admitido o recurso extraordinário ou o recurso especial interposto no incidente de resolução de demandas repetitivas, sobem os autos ao Supremo Tribunal Federal ou ao Superior Tribunal de Justiça, conforme a hipótese.

Considerando o disposto no art. 928 e a teoria do microssistema de julgamento de casos repetitivos, os recursos extraordinário e especial interpostos contra o julgamento do incidente deverão ser processados, no que couber, de acordo com as normas relativas ao regime procedimental dos recursos repetitivos.[1580]

O julgamento promovido pelo Supremo Tribunal Federal ou pelo Superior Tribunal de Justiça produzirá dois efeitos imediatos. Ainda que o tribunal superior confirme o acórdão proferido no julgamento do incidente de resolução de demandas repetitivas e a tese ali fixada, haverá o efeito substitutivo de que cui-

---

1578 Registre-se, porém, a crítica de Marinoni-Mitidiero, que não aceitam que a lei possa dispensar o recorrente de demonstrar a repercussão geral (*Comentários ao Código de Processo Civil*, vol. CVI, n. 4, p. 129-130).

1579 O argumento vai ao encontro com as propostas apresentadas por Luis Roberto Barroso e Frederico Montedonio Rego, lançadas no seguinte trabalho acadêmico: *Como salvar o sistema de repercussão geral*: transparência, eficiência e realismo na escolha do que o Supremo Tribunal Federal vai julgar, p. 696-713. É preciso registrar o posicionamento diverso do texto exposto por Didier Jr.-Cunha. Para eles "trata-se de presunção legal absoluta, não admitindo prova em contrário" (*Curso de direito processual civil*, vol. 3, n. 7.15, p. 785).

1580 Note-se o art. 256-H do RISTJ: "Os recursos especiais interpostos em julgamento de mérito do incidente de resolução de demandas repetitivas serão processados nos termos desta Seção [regime do recurso especial repetitivo]". O dispositivo parte da premissa de que é possível recurso especial contra acórdão proferido em incidente de resolução de demandas repetitivas. No mesmo sentido, *v.* Enunciado 660 do FPPC: O recurso especial ou extraordinário interposto contra o julgamento do mérito do incidente de resolução de demandas repetitivas, ainda que único, submete-se ao regime dos recursos repetitivos.

COMENTÁRIOS AO CÓDIGO DE PROCESSO CIVIL V. XIX

da o art. 1.008. Como consequência da substituição e dada a posição jurisdicional dos tribunais superiores no ordenamento jurídico brasileiro, o acórdão proferido pelo Supremo Tribunal ou Superior Tribunal de Justiça ganhará maior eficácia territorial para abranger todo território nacional, de modo a vincular todos os juízos e tribunais acerca da questão de direito repetitiva.[1581]

CAPÍTULO IX
DA RECLAMAÇÃO

266. Nota histórica

Com base na teoria dos poderes implícitos (*implied powers*)[1582], segundo a qual seria inútil a competência do órgão julgador se não lhe fosse possível fazer prevalecer suas próprias decisões, o Supremo Tribunal Federal construiu sólida jurisprudência para aceitar a reclamação como meio de controle da efetividade de seus pronunciamentos.[1583-1584]

No ano de 1957, o Min. Ribeiro da Costa propôs à Comissão do Regimento do Supremo Tribunal Federal a inclusão do Capítulo V-A no Tí-

---

1581 MENDES-TEMER, Coment. ao art. 987, *in Comentários ao Código de Processo Civil*, n. 3, p. 1292.

1582 McCulloch *v.* Maryland, 17 U.S. 4 Wheat. 316 316 (1819).

1583 "A competência não expressa dos tribunais federais pode ser ampliada por construção constitucional. – Vão seria o poder, outorgado ao Supremo Tribunal Federal de julgar em recurso extraordinário as causas decididas por outros tribunais, se lhe não fora possível fazer prevalecer os seus próprios pronunciamentos, acaso desatendidos pelas justiças locais. – A criação dum remédio de direito para vindicar o cumprimento fiel das suas sentenças, está na vocação do Supremo Tribunal Federal e na amplitude constitucional e natural de seus poderes. – Necessária e legitima é assim a admissão do processo de Reclamação, como o Supremo Tribunal tem feito. – É de ser julgada procedente a Reclamação quando a justiça local deixa de atender à decisão do Supremo Tribunal Federal" (STF, Rcl 141, rel. Min. ROCHA LAGOA, *DJ* 17-4-1952). Neste mesmo julgado, o Min. NELSON HUNGRIA encontrou fundamento constitucional exposto no art. 141, § 37, da Constituição de 1946 ('direito de representação'), segundo o qual era "assegurado a quem quer que seja o direito de representar, mediante petição dirigida aos Poderes Públicos, contra abusos de autoridades, e promover a responsabilidade delas".

1584 MARCELO NAVARRO RIBEIRO DANTAS, *Reclamação constitucional no direito brasileiro*, n. 2, p. 45-266; LEONARDO L. MORATO, *Reclamação e sua aplicação para o respeito da súmula vinculante*, n. 3, p. 31-36; RICARDO DE BARROS LEONEL, *Reclamação constitucional*, n. 5, p. 111-129; CARLOS EDUARDO RANGEL XAVIER, *Reclamação constitucional e precedentes judiciais*, Cap. 1, p. 19-38; MENDES-BRANCO, *Curso de direito constitucional*, n. 8.1, p. 1350-1351; EDILSON PEREIRA NOBRE JÚNIOR, *Reclamação e tribunais de justiça*, p. 111-115; FRANCISCO GLAUBER PESSOA ALVES, *Liminar em reclamação*, p. 202-206; LÚCIO DELFINO, *Aspectos históricos da reclamação*, p. 295-303.

tulo III, "Da reclamação", consolidando a remansosa jurisprudência.[1585] O art. 115, parágrafo único, "c", da Constituição de 1967, cuja redação foi mantida pela Emenda Constitucional n. 1, de 17-10-1969 (art. 120, parágrafo único, "c"), acabou por legitimar a atividade legislativa do Supremo Tribunal Federal ao fixar que seu Regimento Interno poderia estabelecer "o processo e o julgamento dos feitos de sua competência". Até aqui, a reclamação era exclusiva do Supremo Tribunal Federal e, portanto, rejeitada no âmbito dos demais tribunais.[1586]

Por meio da Constituição de 1988, a reclamação é alçada no texto constitucional para a preservação da competência do Supremo Tribunal Federal e do Superior Tribunal de Justiça, e garantia da autoridade de suas decisões (art. 102, I, "l"; art. 105, I, "f"). Em seguida, sobrevém a Lei n. 8.039/90 (arts. 13 a 18), que regulou o procedimento da reclamação, cujos dispositivos foram expressamente revogados pelo art. 1.072 do vigente Código.

Porém, ao limitar o cabimento da reclamação apenas para o Supremo Tribunal Federal e para o Superior Tribunal de Justiça, o texto constitucional mostrou-se insuficiente. Diante disso, mantendo sua tradição *construtivista* na matéria, a jurisprudência, com base no princípio da simetria (art. 125, *caput* e § 1º, da CF), reconheceu legítima a reclamação no âmbito dos Tribunais dos estados, quando prevista nas Constituições estaduais,[1587] e também com fun-

---

1585 Interessante notar a justificativa da sua inserção no Regimento Interno do STF: "A medida processual, de caráter acentuadamente disciplinar e correicional, denominada reclamação, embora não prevista, de modo expresso, no art. 101, I-IV, da CF de 1946, tem sido admitida pelo STF, em várias oportunidades, exercendo-se, nesses casos, sua função corregedora, a fim de salvaguardar a extensão e os efeitos de seus julgados, em cumprimento dos quais se avocou legítima e oportuna intervenção. A medida da reclamação compreende a faculdade cometida aos órgãos do Poder Judiciário para, em processo especial, corrigir excessos, abusos e irregularidades derivados de atos de autoridades judiciárias, ou de serventuários que lhe sejam subordinados. Visa a manter em sua inteireza e plenitude o prestígio da autoridade, a supremacia da lei, a ordem processual e a força da coisa julgada. É, sem dúvida, prossegue, a reclamação meio idôneo para obviar os efeitos de atos de autoridades, administrativas ou judiciárias, que, pelas circunstâncias excepcionais de que se revestem, exigem a pronta aplicação de corretivo enérgico, imediato e eficaz que impeça a prossecução de violência ou atentado à ordem jurídica. Assim, a proposição em apreço entende com a atribuição concedida a este Tribunal pelo art. 97, II, da Carta Magna, e vem suprir omissão contida no seu Regimento Interno".

1586 Cf. anotação da jurisprudência colhida por JOSÉ DA SILVA PACHECO, *A "reclamação" no STF e no STJ de acordo com a nova Constituição*, n. 2.3, p. 1051. Ainda sobre todas as fases da reclamação até o CPC/2015, *v.* JOSÉ DA SILVA PACHECO, *Mandado de segurança e outras ações constitucionais típicas*, n. 3-6, p. 554-561.

1587 STF, ADI 2212/CE, rel. Min. ELLEN GRACIE, *DJ* 14-11-2003. Posteriormente, o STF voltou a enfrentar o tema em perspectiva um pouco diferente. No caso, a

COMENTÁRIOS AO CÓDIGO DE PROCESSO CIVIL V. XIX

damento no princípio da efetividade das decisões judiciais, no âmbito dos Tribunais Regionais Federais.[1588]

A Emenda Constitucional n. 45/2004 introduziu o modelo da súmula vinculante e, para controle de sua aplicação, o § 3º do art. 103-A da CF prevê o cabimento de reclamação para o Supremo Tribunal Federal contra ato administrativo ou decisão judicial que contrariar a súmula aplicável ou que indevidamente a aplicar. A redação constitucional é repetida pelo art. 7º da Lei n. 11.417/2006, com o seguinte acréscimo: "Contra omissão ou ato da administração pública, o uso da reclamação só será admitido após esgotamento das vias administrativas".

O Código de 1973 nada dispôs sobre o instituto, mesmo com as sucessivas reformas que se sucederam.

Diversamente, por meio do Capítulo XI do Título I do Livro III da Parte Especial, o Código regula a reclamação de forma abrangente, inclusive para acrescentar hipóteses de cabimento. O inciso IV do art. 1.072, inserido no Livro Complementar, que recebe a denominação "Das Disposições Finais e Transitórias", revoga os arts. 13 a 18 da Lei n. 8.038/90 que disciplinava o procedimento da reclamação no âmbito do Supremo Tribunal Federal e do Superior Tribunal de Justiça.

267. Normas externas ao Capítulo IX

O Capítulo IX estabelece normas gerais sobre a reclamação. Consigne-se, porém, que há outras normas no Código, externas ao Capítulo IX, que também regulam o instituto da reclamação.

Constituição do Estado não previa expressamente a reclamação. A previsão para tal medida processual era dada pelo regimento interno do Tribunal de Justiça. Decidiu-se que "Questionada a constitucionalidade de norma regimental, é desnecessário indagar se a colocação do instrumento na seara do direito de petição dispensa, ou não, a sua previsão na Constituição estadual, dado que consta do texto da Constituição do Estado da Paraíba a existência de cláusulas de poderes implícitos atribuídos ao Tribunal de Justiça estadual para fazer valer os poderes explicitamente conferidos pela ordem legal – ainda que por instrumento com nomenclatura diversa" (ADI/PB, rel. Min. SEPÚLVEDA PERTENCE, *DJe* 15-6-2007). Porém, note-se que o STF declarou a inconstitucionalidade dos arts. 190 a 194 do Regimento Interno do Tribunal Superior do Trabalho, que dispunham sobre a reclamação. Embora não haja sido admitida a reclamação por regimento interno (RE 405.031/AL, rel. Min. MARCO AURÉLIO, *DJe* 16-4-2009). A doutrina aponta que não há registro da reclamação nos regimentos internos dos Tribunais Regionais do Trabalho (cf. ESTEVÃO MALLET, *A reclamação perante o Tribunal Superior do Trabalho*, n. 2, p. 180).

1588 STJ, REsp 863.055/GO, rel. Min. HERMAN BENJAMIN, *DJe* 18-9-2009. Na doutrina: NEY MOURA TELES, *A reclamação nos tribunais regionais federais*, p. 377-379.

O inciso VI do art. 937 prevê que a possibilidade de haver sustentação oral na sessão de julgamento da reclamação. O § 1º do art. 985, repetindo o disposto no inciso IV do art. 988, aduz que não observada a tese adotada em incidente de resolução de demandas repetitivas, caberá reclamação. No Livro Complementar, o inciso IV do art. 1.072 revoga expressamente os arts. 13 a 18 da Lei n. 8.038/90 ("Lei dos Recursos"), que estabelecia o procedimento da reclamação junto ao Supremo Tribunal Federal e o Superior Tribunal de Justiça.[1589]

268. Normas externas ao CPC

O Código contém normas gerais sobre a reclamação. Note-se, no entanto, que há outras normas que cuidam da reclamação que, nada obstante o Código, ainda estão vigentes.

No âmbito da Constituição, o art. 102, I, "l", e o art. 105, I, "f", estipulam, respectivamente, a competência do Supremo Tribunal Federal e do Superior Tribunal de Justiça para processar e julgar originariamente reclamação para preservação de sua competência e garantia da autoridade de suas decisões. O art. 103-A, § 3º, acrescentado pela Emenda Constitucional n. 45/2004, por sua vez, assegura o cabimento de reclamação contra ato administrativo ou decisão judicial que contrariar a súmula aplicável ou que indevidamente a aplicar, regulando, ainda, os efeitos da procedência do pedido reclamatório.[1590]

1589 Sobre o tema, ver, com proveito, RICARDO DE BARROS LEONEL, *Direito intertemporal e reclamação*, especialmente p. 429-432.

1590 Registre-se que o inciso III do § 4º do art. 103-B da Constituição diz que "Compete ao Conselho o controle da atuação administrativa e financeira do Poder Judiciário e do cumprimento dos deveres funcionais dos juízes, cabendo-lhe, além de outras atribuições que lhe forem conferidas pelo Estatuto da Magistratura: receber e conhecer das *reclamações* contra membros ou órgãos do Poder Judiciário, inclusive contra seus serviços auxiliares, serventias e órgãos prestadores de serviços notariais e de registro que atuem por delegação do poder público ou oficializados, sem prejuízo da competência disciplinar e correicional dos tribunais, podendo avocar processos disciplinares em curso e determinar a remoção, a disponibilidade ou a aposentadoria com subsídios ou proventos proporcionais ao tempo de serviço e aplicar outras sanções administrativas, assegurada ampla defesa". De outro lado, § 5º do art. 103-B assevera que "O Ministro do Superior Tribunal de Justiça exercerá a função de Ministro-Corregedor e ficará excluído da distribuição de processos no Tribunal, competindo-lhe, além das atribuições que lhe forem conferidas pelo Estatuto da Magistratura, as seguintes: receber as *reclamações* e denúncias, de qualquer interessado, relativas aos magistrados e aos serviços judiciários". Finalmente, o § 7º do art. 103-B reza que: "A União, inclusive no Distrito Federal e nos Territórios, criará ouvidorias de justiça, competentes para receber reclamações e denúncias de qualquer interessado contra membros ou órgãos do Poder Judiciário, ou contra seus serviços auxiliares, representando diretamente ao Conselho Nacional de Justiça". A palavra *reclamações* não tem o mesmo significado do instituto aqui estudado.

COMENTÁRIOS AO CÓDIGO DE PROCESSO CIVIL V. XIX

A Emenda Constitucional n. 92/2016 acrescentou o art. 111-A, § 3º, para conferir ao Tribunal Superior do Trabalho poderes para processar e julgar, originariamente, a reclamação para a preservação de sua competência e garantia da autoridade de suas decisões.

O art. 7º da Lei n. 11.417/2006 ("Lei da Súmula Vinculante") estabelece que da decisão judicial ou do ato administrativo que contrariar enunciado de súmula vinculante, negar-lhe vigência ou aplicá-lo indevidamente caberá reclamação ao Supremo Tribunal Federal, sem prejuízo dos recursos ou outros meios admissíveis de impugnação. Note-se que o uso da reclamação só será admitido depois de esgotada a via administrativa. O dispositivo em referência também cuida do efeito da decisão de procedência da reclamação ao estabelecer que o Supremo Tribunal Federal anulará o ato administrativo ou cassará a decisão judicial impugnada, determinando que outra seja proferida com ou sem aplicação da súmula, conforme o caso.

A Lei n. 9.784/99, que regula o processo administrativo no âmbito da Administração Pública Federal, em seu art. 64-B estabelece que, ao acolher a reclamação fundada em violação de enunciado de súmula vinculante, o Supremo Tribunal Federal cientificará a autoridade administrativa e o órgão competente para o julgamento do recurso, que deverão adequar as futuras decisões administrativas em casos semelhantes, sob pena de responsabilização pessoal nas esferas cível, administrativa e penal.

Os arts. 584 a 587 do Código de Processo Penal Militar (CPPM) tratam da reclamação perante o Superior Tribunal Militar (STM).[1591]

Há previsão de procedimento da reclamação nos regimentos internos dos tribunais, que disciplinam o procedimento e a competência dos órgãos jurisdicionais fracionários para processar e julgar (*v.g.*, arts. 156 a 162 do RISTF; arts. 187 a 192 do RISTJ; arts. 195 a 199 do RITJSP).

269. Natureza jurídica

A reclamação é medida jurisdicional e nesse ponto ela se distancia da correição parcial, cuja natureza é administrativa.[1592]

Embora atualmente não exista dúvida de que a reclamação se fixa no campo jurisdicional, a doutrina debateu, à exaustão, sua natureza jurídica,

---

1591 Sobre a reclamação no STM, *v.* EDUARDO JOSÉ DA FONSECA COSTA, *A reclamação perante o Superior Tribunal Militar*, p. 417-428.

1592 MONIZ DE ARAGÃO, *A correição parcial*, p. 91; ADALBERTO NARCISO HOMMERDING, *Reclamação e correição parcial*: critérios para distinção, n. 2.3, p. 59-60.

chegando a qualificá-la como medida de jurisdição voluntária ou *mero* procedimento, processo objetivo, recurso, recurso "impropriamente dito", sucedâneo recursal, incidente processual, exercício do direito de petição ou remédio processual.[1593]

No contexto do atual, a reclamação é inequivocamente ação,[1594-1595] cujo objetivo é formar uma relação jurídica processual autônoma, de modo a impulsionar o exercício da atividade jurisdicional do Estado apta a provocar a cassação do ato reclamado para que outro seja proferido ou, ainda, se for o caso, a determinação para a prestação de um fato (fazer ou deixar de fazer).

1593 Sobre a discussão, MARCELO NAVARRO RIBEIRO DANTAS, *Reclamação constitucional no direito brasileiro*, n. 6, p. 459-462; LEONARDO L. MORATO, *Reclamação e sua aplicação para o respeito da súmula vinculante*, n. 7, p. 81-112. A jurisprudência do STF também já enfrentou o tema: "A reclamação, qualquer que seja a qualificação que se lhe dê – Ação (PONTES DE MIRANDA, *Comentários ao Código de Processo Civil*, tomo V/384, Forense), recurso ou sucedâneo recursal (MOACYR AMARAL SANTOS, *RTJ* 56/546-548; ALCIDES DE MENDONÇA LIMA, *O Poder Judiciário e a nova Constituição*, p. 80, 1989, Aide), remédio incomum (OROZIMBO NONATO, *apud* CORDEIRO DE MELLO, *O processo no Supremo Tribunal Federal*, vol. 1/280), incidente processual (MONIZ DE ARAGÃO, *A correição parcial*, p. 110, 1969), medida de Direito Processual Constitucional (JOSÉ FREDERICO MARQUES, *Manual de Direito Processual Civil*, vol 3., 2ª parte, p. 199, item n. 653, 9. ed., 1987, Saraiva) ou medida processual de caráter excepcional (Min. DJACI FALCÃO, *RTJ* 112/518-522) – configura, modernamente, instrumento de extração constitucional, inobstante a origem pretoriana de sua criação (*RTJ* 112/504), destinado a viabilizar, na concretização de sua dupla função de ordem político-jurídica, a preservação da competência e a garantia da autoridade das decisões do Supremo Tribunal Federal (CF, art. 102, I, 'l') e do Superior Tribunal de Justiça (CF, art. 105, I, 'f')" (Rcl 336/DF, rel. Min. CELSO DE MELLO, *DJ* 15-3-1991).

1594 Cf. originariamente definiu PONTES DE MIRANDA, *Comentários ao Código de Processo Civil*, t. V, n. 7, p. 287.

1595 LEONARDO GRECO, porém, critica a posição dominante porque "quando intervém num processo judicial em andamento para cassar uma decisão nele proferida e, eventualmente, adotar alguma medida complementar, não me parece que veicule uma nova pretensão de direito material o que, a meu ver, seria essencial para caracterizá-la como ação. Se recurso não é, porque não se inclui no rol dos artigos 496 do CPC de 1973 e 994 do CPC de 2015, atua como se recurso fosse" (*Instituições de processo civil*, vol. III, n. 15.8, p. 321). Parcela da jurisprudência, embora assuma a posição de que a reclamação é ação, aplica algumas máximas que são próprias de alguns recursos. Por exemplo, o STF já afirmou que "não é cabível o manejo de reclamação para se obter o reexame do conjunto fático-probatório dos autos" (STF, EDecl na Rcl 21.162/SP, rel. Min. EDSON FACHIN, *DJe* 23-9-2015). Ainda segundo LEONARDO GRECO, "a natureza da reclamação varia de acordo com o caso em que é empregada, podendo funcionar ora como recurso, ora como uma ação ou exceção de incompetência" (idem).

COMENTÁRIOS AO CÓDIGO DE PROCESSO CIVIL V. XIX

Trata-se de ação de competência originária dos tribunais (*ex vi* a designação da segunda parte do Título I, o qual inclui o Capítulo IX: "... *dos Processos De Competência Originária dos Tribunais*"). A ação poderá ser incidental ou principal. De um lado, a reclamação será incidental se ajuizada para preservar a competência do tribunal ou para garantia da autoridade das decisões dos tribunais de acordo com o grau de hierarquia que ocupam no sistema jurídico brasileiro. De outro, a reclamação será principal se proposta contra ato administrativo.

Considerar a reclamação como ação traz algumas consequências práticas com todas as garantias do devido processo legal.[1596] Assim, *v.g.*, considerar-se-á proposta a reclamação quando a petição inicial for protocolada e sua propositura só produzirá quanto ao réu os efeitos mencionados no art. 240 depois de que ele for validamente citado. O reclamante assume o ônus de atender os requisitos da petição inicial (arts. 319 e 320). Operam-se os efeitos da litispendência. Poderá haver a formação da coisa julgada.

> **Art. 988.** Caberá reclamação da parte interessada ou do Ministério Público para:
>
> **I -** preservar a competência do tribunal;
>
> **II -** garantir a autoridade das decisões do tribunal;
>
> **III -** garantir a observância de enunciado de súmula vinculante e de decisão do Supremo Tribunal Federal em controle concentrado de constitucionalidade; (Redação dada pela Lei n. 13.256, de 2016.)
>
> **IV -** garantir a observância de acórdão proferido em julgamento de incidente de resolução de demandas repetitivas ou de incidente de assunção de competência; (Redação dada pela Lei n. 13.256, de 2016.)
>
> **§ 1º** A reclamação pode ser proposta perante qualquer tribunal, e seu julgamento compete ao órgão jurisdicional cuja competência se busca preservar ou cuja autoridade se pretenda garantir.
>
> **§ 2º** A reclamação deverá ser instruída com prova documental e dirigida ao presidente do tribunal.
>
> **§ 3º** Assim que recebida, a reclamação será autuada e distribuída ao relator do processo principal, sempre que possível.
>
> **§ 4º** As hipóteses dos incisos III e IV compreendem a aplicação indevida da tese jurídica e sua não aplicação aos casos que a ela correspondam.
>
> **§ 5º** É inadmissível a reclamação: (Redação dada pela Lei n. 13.256, de 2016.)
>
> **I -** proposta após o trânsito em julgado da decisão reclamada; (Incluído pela Lei n. 13.256, de 2016.)

1596 EDUARDO TALAMINI, *Novos aspectos da jurisdição constitucional brasileira*: repercussão geral, força vinculante, modulação dos efeitos do controle de constitucionalidade e alargamento do objeto do controle direto, n. 3.20.1, p. 173.

II - proposta para garantir a observância de acórdão de recurso extraordinário com repercussão geral reconhecida ou de acórdão proferido em julgamento de recursos extraordinário ou especial repetitivos, quando não esgotadas as instâncias ordinárias. (Incluído pela Lei n. 13.256, de 2016.)

§ 6º A inadmissibilidade ou o julgamento do recurso interposto contra a decisão proferida pelo órgão reclamado não prejudica a reclamação.

COMENTÁRIO

270. Cabimento da reclamação

No modelo processual anterior, de acordo com a interpretação restritiva adotada por parte da doutrina e da jurisprudência, o cabimento da reclamação era restrito ao âmbito dos tribunais superiores, apenas para resguardar sua competência, a autoridade de suas decisões ou contra ato administrativo[1597] ou decisão judicial que contrariasse súmula vinculante aplicável ou que indevidamente a aplicava.

Ao ampliar as hipóteses de cabimento da reclamação, o Código encerra a controvérsia acerca do cabimento no âmbito dos tribunais. É o que se depreende da primeira parte do § 1º do art. 988 ("*A reclamação pode ser proposta perante qualquer tribunal*").

Com efeito, os incisos do art. 988 estabelecem que a reclamação é cabível para: (*i*) preservar a competência do tribunal; (*ii*) garantir a autoridade das decisões do tribunal; (*iii*) garantir a observância de enunciado de súmula vinculante e de decisão do Supremo Tribunal Federal em controle concentrado de constitucionalidade; e (*iv*) garantir a observância de acórdão proferido em julgamento de incidente de resolução de demandas repetitivas ou de incidente de assunção de competência.

Afirma-se que o rol do art. 988 é exaustivo,[1598] e por isso a reclamação não pode ser utilizada como sucedâneo recursal.[1599] Porém, a afirmação não tem o condão de reduzir a interpretação do dispositivo para, sobretudo, deixar de incorporar as situações em que *os juízes e os tribunais deverão observar* (art. 927)

1597 Nem sempre foi assim. Já houve manifestação da antiga jurisprudência do Supremo Tribunal Federal pelo não conhecimento de reclamação contra ato administrativo (cf. extenso voto do Min. Amaral Santos, Rcl 831/DF, j. 11-11-1970).

1598 Na doutrina: Didier-Cunha, *Curso de direito processual civil*, vol. 3, n. 5.1, p. 540. Na jurisprudência: STF, AgReg na Rcl 7.422/RS, rel. Min. Luiz Fux, *DJe* 13-8-2015.

1599 STF, AgReg na Rcl 18.476/SP, rel. Min. Dias Toffoli, *DJe* 21-8-2015.

COMENTÁRIOS AO CÓDIGO DE PROCESSO CIVIL V. XIX

precedentes, teses e súmulas. Logo, é cabível a reclamação contra decisão que afronta: (*i*) enunciado de súmula *persuasiva*, independentemente do conteúdo e da origem do tribunal (STF, STJ, Tribunais Regionais Federais ou Tribunais de Justiça);[1600] e (*ii*) orientação do plenário ou do órgão especial ao qual o prolator da decisão reclamada esteja vinculado. Tais circunstâncias autorizam o manejo da reclamação para "garantir a autoridade das decisões do tribunal".[1601]

Parcela da doutrina observa que uma das possíveis consequências da reclamação é a possibilidade de interpretar o pronunciamento desrespeitado.[1602-1603]

1600 Deve ser considerado superado o entendimento da jurisprudência do STF, anterior à edição do Código: AgReg na Rcl 3.979/DF, rel. Min. GILMAR MENDES, *DJ* 2-6-2006.

1601 Registre-se, porém, a posição de GUSTAVO AZEVEDO: "A imposição de um sistema vinculante de precedentes (CPC, arts. 926 e 927) foi uma opção, cujo objetivo é trazer maior segurança jurídica (calculabilidade e confiabilidade) e racionalidade para a prestação da tutela jurisdicional. Não se confunde o cabimento da reclamação com a questão de o art. 927 ser exaustivo ou exemplificativo. A exaustão do art. 927, ou seja, se os precedentes obrigatórios são apenas os constantes desse dispositivo é um outro debate. Não se relaciona esse debate com o rol exauriente do art. 988. Se os precedentes vinculantes são mais do que o rol do art. 927, em nada se alteram as hipóteses de cabimento da reclamação" (*Reclamação constitucional no processo civil*, n. 3.8.2, p. 172).

1602 "A reclamação é proposta sob o argumento de que a decisão do tribunal fora violada. O tribunal, ao julgar a reclamação, terá que – antes de tudo – delimitar qual o conteúdo de sua decisão anterior, para saber se houve, ou não, a violação. Sem essa delimitação, não há como julgar corretamente a reclamação. Nesse momento, ao delimitar o conteúdo de sua própria decisão, o tribunal está interpretando autenticamente sua decisão. Cuida-se de interpretação, porque está esclarecendo qual o significado da decisão. Está concedendo sentido ao dispositivo do julgado. É autêntica, porque é realizada pelo mesmo tribunal que prolatou a decisão. E, vale ressaltar, o caráter da autenticidade é conferido ao tribunal como um todo, não precisa ser pelos mesmos desembargadores, ministros ou órgão. Não quer dizer que o objetivo da reclamação é obter a interpretação da decisão. Trata-se de uma consequência lógica da reclamação. Quando alegada violação ao julgado, mediante reclamação, o tribunal será forçado a realizar a interpretação da própria decisão. Claro que um julgado pode ser mais ou menos obscuro. Em certos casos, o dispositivo é mais claro, o que pode levar a crer que não houve interpretação, sob fundamento do brocardo 'in claris non fit interpretatio' ou 'interpretatio cessat in claris'. Isso não procede. Qualquer pronunciamento em torno do significado de uma decisão, ainda que de modo discreto ou implícito, não importa se claro ou obscuro, constitui interpretação" (GUSTAVO AZEVEDO, *Reclamação constitucional no processo civil*, n. 3.7.3, p. 168-169).

1603 Registre-se, porém, o posicionamento de JOÃO OTÁVIO TERCEIRO NETO para quem "[n]os casos de ofensa à autoridade do julgado, a reclamação pode servir como instrumento para que o tribunal interprete a sua decisão" (*Interpretação dos atos processuais*, n. 4.6.7, p. 143). O referido autor tenta demonstrar sua afirmação a partir da Rcl 9.428, relatada pelo Min. CEZAR PELUSO, j. 10-12-2009, proposta na tenta-

CPC/2015, art. 988

Registre-se, porém, o posicionamento da jurisprudência do Superior Tribunal de Justiça, a qual já sinalizou que a diversidade de interpretação do julgado do tribunal exige pronunciamento judicial na *origem* para acertamento do efeito prático da decisão, "cabendo recurso para os órgãos recursais".[1604]

Concebe-se que a lei possa delimitar o cabimento da reclamação, fixando o momento de sua admissibilidade. Assim, *v.g.*, o art. 7º, § 1º, da Lei n. 11.417/2006 estabelece que a reclamação seja aceita depois de esgotada a via administrativa. Na mesma linha, o inciso II do § 5º do art. 988 expõe que é inadmissível a reclamação proposta para garantir a observância de acórdão de recurso extraordinário com repercussão geral reconhecida ou de acórdão proferido em julgamento de recursos extraordinário ou especial repetitivos, quando não esgotadas as instâncias ordinárias. Finalmente, não é admissível reclamação proposta após o trânsito em julgado da decisão reclamada (art. 988, § 5º, I).[1605]

É passível de reclamação o ato administrativo que desrespeita enunciado de súmula vinculante, além de outras situações, *v.g.*, viole autoridade da decisão judicial.[1606]

---

tiva de preservar a autoridade do acórdão proferido no julgamento da ADPF 130, que declarou a não recepção da Lei n. 5.250/1967 (Lei de Imprensa). Nela, o reclamante teria se insurgido "contra decisão de tribunal de justiça que lhe impusera a obrigação de não publicar determinados dados obtidos em investigação criminal sob sigilo, alegou que, no julgamento da referida ADPF, a tese jurídica vencedora teria sido favorável ao direito fundamental à manifestação de pensamento e contrária à 'censura judicial'. O Plenário do STF, no entanto, interpretou a decisão proferida na ADPF 130, a partir da análise de todos os votos, reconhecendo que, embora a conclusão adotada pela maioria dos Ministros tivesse sido unânime, no sentido da revogação da Lei de Imprensa, não houve efetiva análise do conflito entre a inviolabilidade da honra e da intimidade e a liberdade de imprensa, tampouco houve proposta de interpretação uníssona do art. 220, § 1º, da Constituição. Declarou, então, que a ementa do julgado, que deixava transparecer a absoluta vedação ao controle judicial prévio à atividade jornalística, refletia apenas a posição pessoal do relator. Concluiu, portanto, que a decisão reclamada não contrastava com o real conteúdo do pronunciamento da Corte. A reclamação serviu, pois, como meio de reinterpretação da decisão do STF" (ob.cit., p. 143-144). Ainda nesse sentido, *v.* Leonardo Carneiro da Cunha, *A fazenda pública em juízo*, n. 17.5.5, p. 777).

1604 STJ, Rcl 2.861, rel. Min. Sidnei Beneti, *DJ* 4-11-2009 (Negrão-Gouvêa-Bondioli-Fonseca, *Código de Processo Civil e legislação processual em vigor*, nota 5c ao art. 988, p. 908).

1605 Nesse ponto, é interessante anotar o regime das *preclusões diferidas* expressamente consentidas pelo Código (*ex vi* do art. 1.009, § 1º).

1606 STJ, Rcl 3506/ES, rel. Min. Denise Arruda, rel. p/ Acórdão Min. Luiz Fux, *DJe* 30-6-2010. Registre-se, no entanto, posição restritiva do STJ quanto ao cabimen-

COMENTÁRIOS AO CÓDIGO DE PROCESSO CIVIL v. XIX

De outro lado, qualquer decisão judicial poderá desafiar reclamação (decisão interlocutória, sentença, acórdão, decisão unipessoal do relator, decisão do presidente ou vice-presidente do tribunal).[1607]

Não importa a natureza do processo judicial em que haja sido proferida a decisão reclamada. Para o ajuizamento da reclamação, é suficiente a aplicação supletiva ou subsidiária do Código (art. 15). Assim, as decisões proferidas nos processos eleitorais e trabalhistas que se enquadrem em um dos incisos do art. 988 podem ser objeto de reclamação.[1608]

Saliente-se que a reclamação também é cabível no âmbito do processo penal.[1609]

As hipóteses taxativas de cabimento revelam o caráter interventivo e excepcional da reclamação.[1610] A atividade cognitiva é limitada a restabelecer a competência do tribunal ou garantir a efetividade dos seus julgados, precedentes ou súmulas.

271. Preservar a competência do tribunal

Além dos recursos, de acordo com o inciso I do art. 988, caberá reclamação para preservar a competência do tribunal. A regra em comento busca dar

---

to da reclamação contra ato administrativo, que, partindo de julgado histórico no STF (cf. Rcl/DF, rel. AMARAL SANTOS, *DJ* 18-2-1971), admite a medida apenas "nos casos expressamente previstos em lei (arts. 28, parágrafo único, da Lei 9.868/99, e 10, § 3°, da Lei 9.882/99) ou na Constituição (art. 103-A, § 3°, incluído pela EC 45/2004)" (AgRg na Rcl 2918/MG, rel. Min. DENISE ARRUDA, *DJe* 28-10-2008).

1607 Cf. jurisprudência colhida em NEGRÃO-GOUVÊA-BONDIOLI-FONSECA, *Novo Código de Processo Civil e legislação processual em vigor*, nota 1b ao art. 988, p. 887.

1608 Sobre a reclamação no âmbito da Justiça do Trabalho, *v.*, com proveito, ESTEVÃO MALLET, *A reclamação perante o Tribunal Superior do Trabalho*, p. 179-199.

1609 Porém, registre-se o posicionamento da jurisprudência do Supremo Tribunal Federal, que decidiu: "na hipótese de reclamação, a forma de contagem de prazo deve observar a natureza do processo ou procedimento em que se insere o ato reclamado. Se, por um lado, a opção de aplicação indistinta do art. 219 do CPC poderia permitir a conveniente uniformização na forma de contagem de prazo em sede de reclamação, de outro, tal proceder acarretaria grave heterogenia no contexto dos procedimentos penais, pois a contagem dos demais prazos seguiria, de modo inafastável, os ditames do CPP". A divergência pontuou que a forma de contagem dos prazos prevista no art. 798 do CPP não deve ser isoladamente aplicada à reclamação ou a seus incidentes, uma vez que regulada inteiramente pelo CPC, no qual há regra expressa de contagem de prazos. Desse modo, as normas do CPC se aplicam indistintamente ao instituto da reclamação (STF, Rcl 23045 ED-AgR, rel. Min. EDSON FACHIN, j. 9-5-2019, *Informativo* 939).

1610 LEONARDO GRECO, *Instituições de processo civil*, vol. III, n. 15.8, p. 322.

efetividade a uma das facetas do *juiz natural*, qual seja: ninguém será processado nem julgado senão pelo órgão judicial competente, definido previamente pelo ordenamento jurídico (art. 5°, LIII, da CF).[1611]

A norma exclui reclamação para conservar a competência de órgão judiciário de primeiro grau de jurisdição. A competência a ser resguardada é sempre do tribunal, independentemente de sua posição no sistema jurídico.

Fixa-se a competência do tribunal pela Constituição (Federal ou Estadual), lei ou regimento interno do tribunal. Não são possíveis convenções processuais para, de acordo com a vontade das partes, definir a competência dos tribunais. A competência que a reclamação busca preservar é de natureza absoluta.

O ato de invasão de competência deve ser praticado por órgão hierarquicamente inferior ou que esteja sob o controle do órgão que teve a competência invadida. Se os órgãos estiverem sob o mesmo prisma hierárquico, não será cabível a reclamação. O instrumento processual adequado para resolver o problema, no caso de igualdade hierárquica, deve ser o conflito de competência.[1612]

Na órbita civil, do ponto de vista hierárquico, o objetivo da reclamação é preservar: (*i*) a competência dos Tribunais de Justiça dos estados e do Distrito Federal, e dos Tribunais Regionais Federais, em relação aos órgãos judiciários de primeiro grau; (*ii*) a competência do Superior Tribunal de Justiça em relação aos Tribunais dos Estados e do Distrito Federal, aos Tribunais Regionais Federais e todos os órgãos judiciários de primeiro grau de jurisdição; e (*iii*) do Supremo Tribunal Federal em relação ao Superior Tribunal de Justiça, aos Tribunais dos Estados e do Distrito Federal, aos Tribunais Regionais Federais e todos os órgãos judiciários de primeiro grau de jurisdição.

Admite-se reclamação para preservar a competência do tribunal mesmo sem processo judicial. O Superior Tribunal de Justiça identificou usurpação de sua competência e determinou a subida de inquérito civil que envolva pessoa com prerrogativa de foro.[1613]

1611 ANTONIO DO PASSO CABRAL afirma que "o núcleo essencial protegido pelo princípio do juiz natural impõe a definição de um ordenamento ou sistema de competências detalhado, um grupo de regras definidas e claras para a determinação da competência jurisdicional" (*Juiz natural e eficiência processual*: flexibilização, delegação e coordenação de competências no processo civil, n. 2.1, p. 146).
1612 GUSTAVO AZEVEDO, *Reclamação constitucional no direito processual civil*, n. 3.6.1, p. 152.
1613 STJ, Rcl 1018/SE, rel. Min. JOSÉ DELGADO, *DJ* 30-6-2003.

COMENTÁRIOS AO CÓDIGO DE PROCESSO CIVIL v. XIX

Na generalidade dos casos, a reclamação para preservar a competência do tribunal ocorre pela prática concreta de atos pelo órgão judicial incompetente, *v.g.*, cabe reclamação contra a decisão de juiz de primeiro grau que inadmitir apelação.[1614] No entanto, concebe-se que a usurpação da competência possa ocorrer por omissão, [1615] *v.g.*, depois de interposta a apelação e intimado o apelado para apresentar contrarrazões, o juiz deixa de remeter os autos ao tribunal.

Registre-se que a usurpação da competência[1616] pode ser praticada por órgãos individualizados (juízos, relator, presidente, vice-presidente etc.) ou por órgãos colegiados (câmara, turma, grupo de câmaras, órgão especial, plenário etc.).

Os órgãos jurisdicionais que funcionam nos juizados especiais também não podem invadir a competência dos tribunais, e, portanto, submetem-se ao controle por meio da reclamação.

A invasão da competência pode ocorrer dentro do próprio tribunal por órgão jurisdicional de hierarquia inferior. O órgão unipessoal (relator) é hierarquicamente inferior ao órgão colegiado (turma, câmara, órgão especial, plenário). A afirmação pode ser constatada pelo exame do agravo interno (art. 1.021). Contra decisão proferida pelo relator, caberá agravo interno para o órgão colegiado. Note-se que o órgão colegiado exerce controle sobre as decisões do relator. Assim, *v.g.*, é admissível reclamação contra decisão do relator

---

1614 Enunciado 207 do FPPC diz textualmente: "Cabe reclamação, por usurpação de competência do tribunal de justiça ou tribunal regional federal contra a decisão de juiz de 1º grau que inadmitir o recurso de apelação". Em semelhante perspectiva, confiram-se os Enunciados 208, 209 e 210 do FPPC: "Cabe reclamação, por usurpação da competência do Superior Tribunal de Justiça, contra a decisão de juiz de 1º grau que inadmitir recurso ordinário, no caso do art. 1.027, II, 'b'"; "Cabe reclamação, por usurpação da competência do Superior Tribunal de Justiça, contra a decisão de presidente ou vice-presidente do tribunal de 2º grau que inadmitir recurso ordinário interposto com fundamento no art. 1.027, II, 'a'"; "Cabe reclamação, por usurpação da competência do Supremo Tribunal Federal, contra a decisão de presidente ou vice-presidente de tribunal superior que inadmitir recurso ordinário interposto com fundamento no art. 1.027, I."

1615 RICARDO DE BARROS LEONEL, *Reclamação constitucional*, n. 7.2, p. 183.

1616 Usurpação de competência é um ato de violação ao exercício da função jurisdicional. A transgressão ocorre quando um órgão administrativo ou judicial invade a esfera de competência de outro órgão previamente definida pelo ordenamento jurídico. Costuma-se falar também em usurpação de competência entre poderes do Estado, *v.g.*, Poder Judiciário invade a espera do Poder Legislativo. Para o fim de resolver conflito entre poderes, a reclamação não se presta. Sobre o conceito de usurpação de competência, *v.* LEONARDO LINS MORATO, *Reclamação e sua aplicação para respeito da súmula vinculante*, p. 176; GUSTAVO AZEVEDO, *Reclamação constitucional no direito processual civil*, n. 3.6.1, p. 149.

que indefere o processamento do agravo interno. A usurpação pode ocorrer por órgãos colegiados de hierarquia inferior na espera do tribunal: é reclamável a decisão de julgamento de ação rescisória por turma do STF, considerando que o art. 6º do RISTF reza que esse processo é da competência originária do Plenário.[1617-1618]

272. Garantir a autoridade das decisões do tribunal

As decisões proferidas pelos tribunais no curso do processo devem ser respeitadas pelos órgãos jurisdicionais na medida de sua vinculação estabelecida de acordo com a estrutura organizacional disciplinada pelo ordenamento jurídico. O desacato a essas decisões desafia reclamação, como resulta do disposto no inciso II do art. 988.

A reclamação deve garantir a efetividade de *todas* as decisões do tribunal, independentemente do conteúdo (processual ou mérito) ou do órgão do tribunal que as proferiu (unipessoal ou colegiado).

Note-se que a reclamação, nessa hipótese, tem caráter subsidiário, porque não afasta outros mecanismos de controle de decisões que afrontem os pronunciamentos jurisdicionais dos tribunais. Assim, *v.g.*, contra ato judicial de juiz de primeiro grau que desrespeite a decisão do tribunal, é possível veicular a reclamação, sem prejuízo do recurso.[1619]

1617 Por esse motivo, mostra-se equivocada a decisão do STF que considerou incabível a reclamação contra pronunciamentos judiciais de Ministros ou das Turmas que integram esta Corte Suprema, pois os julgamentos, monocráticos ou colegiados, por eles proferidos (EDecl na Rcl 22.048 /DF, rel. Min. Ricardo Lewandowski, *DJe* 23-8-2016). Embora com bons argumentos, não é possível aceitar a doutrina de Gustavo Azevedo para quem "não cabe reclamação contra ato do próprio tribunal, em virtude de afronta à competência funcional interna do tribunal. Não cabe reclamação para o tribunal contra ato de órgão do próprio tribunal. Não é compreensível que a competência do tribunal seja usurpada por um órgão interno. Não há hierarquia entre membros e órgão do tribunal e, inexistindo hierarquia, não cabe a reclamação. As competências são dadas ao tribunal como um todo, é o que se preserva mediante reclamação. A divisão de competência interna no tribunal é questão de organização judiciária (CF, art. 96, I, a)" (*Reclamação constitucional no direito processual civil*, n. 3.6.1, p. 155-156).

1618 Embora não diga textualmente, por meio de exemplo – cabimento de reclamação contra "decisão de câmara ou turma sobre o incidente de resolução de demandas repetitivas de competência do órgão colegiado designado no regimento interno do tribunal (art. 978)", Guilherme Rizzo Amaral parece aceitar a conclusão do texto (*Comentários às alterações do novo CPC*, n. 2.2.2, p. 1005).

1619 Além do recurso, é possível manejar outros instrumentos processuais, *v.g.*, mandado de segurança, pedido de reconsideração etc. É possível conceber até a intervenção federal (art. 34, IV, da CF).

O cabimento da reclamação está condicionado a que o ato reclamado transgrida frontalmente a autoridade da decisão do tribunal. O processo de reclamação não abre espaço cognitivo para "interpretar" o pronunciamento judicial a ser efetivado. Daí por que "só se considera transgressiva da autoridade de um tribunal a decisão que trouxer uma disposição prática conflitante com a que ele houver emitido".[1620]

Na petição inicial, o reclamante tem o ônus de identificar com precisão a conexão entre o ato impugnado e a decisão do tribunal apontada como violada,[1621] pois não será possível *reclamar* contra ato que desafie, de forma genérica, "jurisprudência consolidada do tribunal".[1622]

Considera-se inviável reclamar contra eventual violação praticada pelo próprio tribunal que proferiu a decisão. A parte prejudicada deverá se socorrer de outros mecanismos processuais (*v.g.*, recurso, mandado de segurança, se o processo ainda não finalizou; ação rescisória, se presentes os pressupostos previstos no arts. 966 e 975). Essa afirmação, todavia, deve ser examinada *cum grano salis*. A princípio, não é possível afastar a hipótese de reclamação contra decisão do relator que transgrida a autoridade de decisão do colegiado, de acordo com a vinculação jurisdicional mantida entre esses dois órgãos da jurisdição. Sob a perspectiva dos precedentes, especialmente à luz do art. 926, entende-se que se um órgão hierarquicamente inferior deixa de seguir precedente obrigatório (*v.g.*, acórdão proferido pelo plenário ou órgão especial), caberá reclamação.[1623]

O trânsito em julgado da decisão que deva ser garantida pelo tribunal não é pressuposto para o cabimento da reclamação com base no inciso II do art. 988. Basta que a decisão do tribunal tenha aptidão para produzir efeitos que possam ser inadvertidamente obstados por órgão judicial hierarquicamente inferior.

Cabe registrar que a propositura da reclamação para garantir a autoridade da decisão do tribunal não está condicionada ao esgotamento das "instâncias ordinárias". São, pois, inaplicáveis os incisos I e II do § 5º do art. 988.

1620 CÂNDIDO R. DINAMARCO, *Nova era do processo civil*, n. 109, p. 213.

1621 Nesse sentido, na jurisprudência: STF, AgReg na Rcl 7.422/RS, rel. Min. LUIZ FUX, *DJe* 13-8-2015; AgReg na Rcl 17.571/SP, rel. Min. DIAS TOFFOLI, *DJe* 3-8-2015.

1622 Com amparo na jurisprudência do Supremo Tribunal Federal, *v.* DANIEL AMORIM ASSUMPÇÃO NEVES, *Manual de direito processual civil*, n. 64.2, p. 1524.

1623 LEONARDO CARNEIRO DA CUNHA. *A fazenda pública em juízo*, n. 17.4.3, p. 754-755. Com ênfase da Justiça do Trabalho, *v.* com proveito CLÁUDIO BRANDÃO, *Reclamação constitucional no processo do trabalho*, n. 21, p. 213-225.

273. Garantir a observância de enunciado de súmula vinculante e de decisão do Supremo Tribunal Federal em controle concentrado de constitucionalidade

Originariamente, inciso III do art. 988 dispunha que a reclamação poderia ser proposta para "garantir a observância de decisão do Supremo Tribunal Federal em controle concentrado de constitucionalidade". Ainda no período de *vacatio legis*, a Lei n. 13.256/2016 deslocou a primeira parte do inciso IV para o dispositivo em comento, de modo que a redação atual do inciso III é a seguinte: "garantir a observância de enunciado de súmula vinculante e de decisão do Supremo Tribunal Federal em controle concentrado de constitucionalidade".

O dispositivo indica duas possíveis causas de pedir da reclamação: (*i*) garantir observância de enunciado de súmula vinculante; e (*ii*) garantir decisão do STF em controle concentrado de constitucionalidade.

A primeira parte do inciso III do art. 988 reforça o disposto no § 3º do art. 103-A da CF ("*Do ato administrativo ou decisão judicial que contrariar a súmula aplicável ou que indevidamente a aplicar, caberá reclamação ao Supremo Tribunal Federal, que, julgando-a procedente, anulará o ato administrativo ou cassará a decisão judicial reclamada, e determinará que outra seja proferida com ou sem a aplicação da súmula, conforme o caso*").

Não cabe aqui examinar todos os aspectos da súmula vinculante. O necessário já foi exposto no comentário ao inciso II do art. 927. É suficiente dizer que a súmula vinculante é a sinopse de determinada tese jurídica, que exibe a orientação do Supremo Tribunal Federal sobre a validade, a interpretação e a eficácia de normas constitucionais, acerca das quais haja controvérsia atual entre órgãos judiciários ou entre esses e a administração pública.

O adjetivo "vinculante" exprime o significado de que o enunciado da súmula deve ser seguido por todos os órgãos do Poder Judiciário, inclusive por ministros, pelas duas turmas e pelo plenário do Supremo Tribunal Federal, e da administração pública direta e indireta, nas esferas federal, estadual e municipal.

Da decisão ou do ato administrativo que contrariar a súmula vinculante ou, ainda, que a aplicar indevidamente, cabe reclamação ao Supremo Tribunal Federal.

De modo a evitar o acúmulo de reclamações no Supremo Tribunal Federal, o § 1º do art. 7º da Lei n. 11.417/2006 estabelece que o cabimento da reclamação contra omissão ou ato da administração pública está subordinado ao esgotamento das vias administrativas. O dispositivo da lei não fere a Cons-

COMENTÁRIOS AO CÓDIGO DE PROCESSO CIVIL V. XIX

tituição, por, no mínimo, dois motivos.[1624] Em primeiro lugar, como regra, o acesso à justiça não se dá diretamente ao Supremo Tribunal Federal por meio de procedimento *per saltum*. Em segundo lugar, porque o interessado poderá provocar a tutela jurisdicional por outro instrumento processual (*v.g.*, mandado de segurança). Em outras palavras, o controle judicial do ato omissivo ou comissivo da administração pública contrário ao enunciado de súmula vinculante está assegurado.[1625]

No entanto, destaque-se a morosidade do Poder Público na decisão do recurso administrativo poderá mitigar os efeitos da lei que limita diretamente o acesso à Suprema Corte. A doutrina recomenda aplicar o disposto no art. 49 da Lei n. 9.784/99, que confere à Administração o prazo de até 30 (trinta) dias para decidir o recurso administrativo, salvo prorrogação por igual período expressamente motivada. Transgredido o prazo, aberto estará o caminho da reclamação.[1626]

Acrescente-se que, mesmo com o ajuizamento da reclamação para rebater ato administrativo ou judicial contrário ao enunciado da súmula vinculante, o interessado poderá utilizar recursos ou outros meios impugnativos (art. 7º, *caput*, da Lei n. 11.417/2006).[1627]

1624 Ressalve-se, porém, o posicionamento de MARCELO NAVARRO RIBEIRO DANTAS, para quem o disposto no § 1º do art. 7º é inconstitucional (*Novidades em reclamação constitucional*: seu uso para impor o cumprimento de súmula vinculante, p. 118-119).

1625 Registre-se o entendimento de LEONARDO CARNEIRO DA CUNHA: "[a]demais, a limitação do uso da reclamação contra ato administrativo somente após o esgotamento prévio das próprias vias administrativas, embora razoável em tese – e, portanto, constitucional –, pode, em concreto, mostrar-se exagerada, quando, então, poderá ser afastada, em controle difuso de constitucionalidade, após a aplicação do princípio da proporcionalidade. O condicionamento do exercício do direito à jurisdição pode ser feito pelo legislador, mas não deve significar o aniquilamento de tal direito. Não há justificativa constitucional, considerada a garantia da inafastabilidade do controle jurisdicional (CF, art. 5º, XXXV), para o condicionamento do exercício do direito de agir a um prévio esgotamento de instâncias extrajudiciais, a pretexto de demonstração do interesse de agir, sem exame das peculiaridades do caso concreto. Não se deve, *a priori*, de forma generalizada, e sem considerar as nuances do caso concreto, definir se há ou não interesse de agir. Não há esse poder de abstração por parte do legislador. A necessidade e a utilidade da tutela jurisdicional não devem ser examinadas em tese, independentemente das circunstâncias do caso concreto. Não é sem razão, aliás, que o interesse de agir deve ser concreto e atual, devendo 'dizer respeito a uma relação jurídica específica e individualizada, concernindo, ainda, a uma providência judicial determinada, tudo em decorrência do que constar da causa de pedir e do pedido insertos na petição inicial'" (*A fazenda pública em juízo*, n. 17.5.3.2, p. 760).

1626 EDUARDO TALAMINI, *Novos aspectos da jurisdição constitucional brasileira*: repercussão geral, força vinculante, modulação dos efeitos do controle de constitucionalidade e alargamento do objeto do controle direto, n. 3.20.2, p. 174.

1627 ANDRÉ RAMOS TAVARES escreve que "a Lei deixa certo que não será a reclamação que resolverá o caso concreto, e que sua propositura pode demandar o cumprimen-

O art. 64-B da Lei n. 9.784/1999 dispõe sobre a procedência da reclamação fundada em violação de enunciado de súmula vinculante, ao estabelecer que "dar-se-á ciência à autoridade prolatora e ao órgão competente para o julgamento do recurso, que deverão adequar as futuras decisões administrativas em casos semelhantes, sob pena de responsabilização pessoal nas esferas civil, administrativa e penal".

Ainda no caso de ser acolhido o pedido formulado na reclamação, uma vez cassado ou anulado o ato judicial ou administrativo que desrespeitou o teor do enunciado da súmula vinculante, e desde que presentes os elementos necessários para a responsabilidade civil, a parte interessada poderá provocar a tutela jurisdicional do Estado mediante pretensão indenizatória. Não é possível, ao menos na generalidade dos casos, que a indenização seja apurada na própria reclamação, dada a tipicidade desse processo.[1628]

A ortodoxa jurisprudência do Supremo Tribunal Federal exige que o reclamante exiba os fatos de acordo com os exatos termos do enunciado da súmula vinculante.[1629] Fala-se que "há necessidade de relação de aderência estrita entre o ato impugnado e o paradigma supostamente violado".[1630] Entretanto, por vezes, a "aderência" exigida pode revelar-se difícil ou impossível, abrindo indesejável margem para a discricionariedade no controle de pronunciamento judicial ou administrativo por meio de reclamação.[1631]

---

to de outras exigências (legalmente criadas, como esgotamento da instância administrativa), sem violar o princípio constitucional do amplo acesso ao Judiciário e da proibição (constitucionalmente implícita) de um contencioso administrativo prévio e obrigatório" (*Nova lei da súmula vinculante*, n. 5, p. 82). JORGE AMAURY MAIA NUNES diz que a reclamação será o meio próprio, mas não o único (*Segurança jurídica e súmula vinculante*, n.7.9, p. 163).

1628 LEONARDO L. MORATO, *Reclamação e sua aplicação para o respeito da súmula vinculante*, n. 12, p. 228.

1629 Em caso que se discutia a aplicação da Súmula Vinculante 3 ("Nos processos perante o Tribunal de Contas da União asseguram-se o contraditório e a ampla defesa quando da decisão puder resultar anulação ou revogação de ato administrativo que beneficie o interessado, excetuada a apreciação da legalidade do ato de concessão inicial de aposentadoria, reforma e pensão"), a reclamação não poderia ser acolhida porque o ato teria sido praticado por "Tribunal de Contas estadual, e não pelo E. Tribunal de Contas da União", o que afastaria a incidente do verbete sumular. Segundo o Supremo Tribunal Federal, "Esse fato – incoincidência dos fundamentos – inviabiliza o próprio conhecimento da presente reclamação" (STF, AgReg na Rcl 11.738, rel. Min. CELSO DE MELLO, *DJe* 11-12-2014).

1630 STF, AgReg na Rcl 7.411, rel. Min. ROBERTO BARROSO, *DJe* 6-6-2017.

1631 O Supremo Tribunal Federal já declarou o não cabimento de reclamação para prevenir uso de algemas (Súmula Vinculante 11) (Rcl 14.434, rel. Min. RICARDO LEWANDOWSKI, dec. monocrática, *DJe* 31-8-2012). Em outra oportunidade, afirmou-se que a justificativa empregada pelo ato reclamado não poderia ser examinado

COMENTÁRIOS AO CÓDIGO DE PROCESSO CIVIL V. XIX

Considera-se que a súmula vinculante é originada a partir de reiterados julgamentos a respeito do mesmo tema constitucional. Nesse sentido, o enunciado da súmula vinculante seria a *ratio decidendi* que seria possível extrair dos julgados do Supremo Tribunal Federal. Por esse motivo, é inadmissível reclamação contra pronunciamento que afronta argumentos que seriam dispensáveis para decidir o tema constitucional (*obiter dictum*), mas que, por algum motivo, estão inseridos naquelas decisões que deram origem à súmula vinculante.[1632]

O cabimento de reclamação fundada na primeira parte do inciso III do art. 988 está condicionado ao fato de que o enunciado da súmula vinculante seja editado antes do ato judicial ou administrativo que supostamente o viole.[1633]

A segunda parte do inciso III do art. 988 autoriza a propositura da reclamação para garantir a observância de "decisão do Supremo Tribunal Federal em controle concentrado de constitucionalidade".

O controle concentrado de constitucionalidade é realizado por intermédio de "processos objetivos",[1634] cuja finalidade é atribuir uma "visão objetiva" da

---

porque envolveria o exame de matéria "fático-probatória", o que seria inviável em sede de reclamação (Rcl 32.192, rel. Min. ALEXANDRE DE MORAES, dec. monocrática, *DJe* 30-10-2018).

1632 A lição de Luis ROBERTO BARROSO parece corroborar o texto: "[d]o ponto de vista objetivo, a súmula vinculante enuncia uma determinada tese jurídica, cuja observância passa a ser obrigatória para a Administração e para os demais órgãos do Poder Judiciário. Essa tese deve corresponder fielmente à decisão ou às razões de decidir (*ratio decidendi*) dos julgados dos quais se originou a súmula, e não de eventuais argumentos laterais (*obiter dicta*) ou do entendimento livre do STF acerca de determinado tema. É a correspondência com uma orientação jurisprudencial específica que legitima a edição da súmula e a eficácia vinculante que lhe é atribuída. Em outras palavras, a súmula apenas confere eficácia geral a uma linha de decisão estabelecida na Corte, que presumivelmente seria reproduzida em todo e qualquer caso similar que chegasse ao STF. O que a súmula faz é tentar produzir, já nas instâncias ordinárias, a observância desse entendimento, promovendo valores como isonomia e eficiência na prestação jurisdicional. Respeitando-se essa exigência – correspondência fiel entre o enuncia- do sumular e o conteúdo decisório dos julgados de origem –, a edição de súmula vinculante não caracterizará usurpação da função legislativa" (*Controle de constitucionalidade*, n. 6.4, p. 119).

1633 STF, Rcl 5.343, rel. min. presidente ELLEN GRACIE, dec. monocrática, *DJ* 1-8-2007.

1634 O conceito de processo objetivo está intimamente ligado ao controle concentrado de constitucionalidade, cuja única finalidade é defender o ordenamento jurídico, sua integridade e hierarquia normativa. Seu objetivo é fixar a interpretação constitucional, propiciando certeza jurídica e evitando violações de normas constitucionais. Trata-se de preservar a supremacia constitucional e não de tutelar direitos ou interesses subjetivos. Isso torna desnecessária a presença dos elementos que garantam o caráter dialético do processo tradicional (DIMOULIS-LUNARDI, *Curso de processo constitucional*, n. 1, p. 231).

CPC/2015, art. 988

Justiça Constitucional destinada a garantir respeito à Constituição.[1635] De acordo com a doutrina constitucionalista, são procedimentos relacionados ao controle de constitucionalidade: ação direta de inconstitucionalidade, ação direta de constitucionalidade, ação direta de inconstitucionalidade por omissão, arguição de descumprimento de preceito fundamental e ação direta interventiva.

Inegavelmente, o acórdão proferido pelo Plenário do Supremo Tribunal Federal que declara a constitucionalidade ou de inconstitucionalidade, inclusive a interpretação conforme a Constituição e a declaração parcial de inconstitucionalidade sem redução de texto, tem eficácia contra todos e efeito vinculante em relação aos órgãos do Poder Judiciário e à Administração Pública federal, estadual e municipal (art. 28, parágrafo único, da Lei n. 9.868/99). Os efeitos *erga omnes* e vinculativo forçam o inciso III do art. 988 a indicar o cabimento de reclamação contra atos do Poder Público ou pronunciamentos judiciais que desafiam decisões definitivas proferidas em controle concentrado de constitucionalidade.

Note-se que o "efeito vinculante e a eficácia contra todos (*erga omnes*), que qualificam os julgamentos que o Supremo Tribunal Federal profere em sede de controle normativo abstrato, incidem, unicamente, sobre os demais órgãos do Poder Judiciário e os do Poder Executivo, não se estendendo, porém, em tema de produção normativa, ao legislador, que pode, em consequência, dispor, em novo ato legislativo, sobre a mesma matéria versada em legislação anteriormente declarada inconstitucional pelo Supremo, ainda que no âmbito de processo de fiscalização concentrada de constitucionalidade, sem que tal conduta importe em desrespeito à autoridade das decisões do STF".[1636] Por esse motivo, é incabível reclamação para o caso de ato ou omissão da administração pública ou decisão jurisdicional proferida com base em "lei de conteúdo idêntico ou similar ao da anteriormente declarada inconstitucional, à falta de vinculação do legislador à motivação do julgamento sobre a validez do diploma legal precedente, que há de ser objeto de nova ação direta".[1637]

Dada a natureza do controle concentrado de constitucionalidade, cujo objeto é a verificação da compatibilidade entre o ato impugnado e a Constituição, reconhece-se que a reclamação não poderia ser utilizada para *garantir a autoridade dos fundamentos determinantes* do acórdão proferido em processo

---

1635 André Ramos Tavares, *Paradigmas do judicialismo constitucional*, p. 159.
1636 STF, Rcl 5.442-MC, rel. Min. Celso de Mello, decisão monocrática, *DJ* 6-9-2007. No mesmo sentido: Rcl 10.323-MC, rel. Min. Cármen Lúcia, decisão monocrática, *DJe* 2-8-2010.
1637 ADI 1.850-MC, rel. Min. Sepúlveda Pertence, *DJ* 27-4-2001. No mesmo sentido: Rcl 10.323-MC, rel. Min. Cármen Lúcia, decisão monocrática, *DJe* 2-8-2010.

objetivo.[1638] A questão não é simples. Todavia, o posicionamento não parece se alinhar ao modelo atual, pois o § 4º do art. 988 é claro ao se referir que as hipóteses dos incisos III e IV compreendem "a aplicação indevida da tese jurídica e sua não aplicação aos casos que a ela correspondam". Assim, *v.g.*, no exame de constitucionalidade da norma estadual *X* que regulamenta a matéria *Y*, por meio do controle concentrado de constitucionalidade, o Supremo Tribunal Federal pronuncia a invalidade da norma *X* frente à Constituição; os fundamentos determinantes (a tese jurídica) serão a *ratio decidendi*, em matéria *Y*, não compete ao Estado legislar. Na hipótese, todos os juízes e todos os tribunais observarão os fundamentos determinantes: em matéria *Y*, não compete ao Estado legislar. Caso algum órgão judiciário decida de maneira diferente, *v.g.*, em controle difuso, envolvendo outra lei (*Z*) e afirme que o Estado-membro poderá legislar sobre matéria *Y*, tal decisão viola os fundamentos determinantes do processo objetivo no qual o Supremo Tribunal Federal declarou ser inconstitucional a lei *X* e poderá ser impugnada por meio da reclamação.

O ordenamento jurídico convive com a tramitação simultânea de procedimento de controle concentrado de constitucionalidade junto ao Supremo Tribunal Federal e procedimentos de controle difuso de constitucionalidade em outros órgãos da jurisdição, ambas para discutir a validade de lei ou ato normativo frente à Constituição. À vista disso, a nosso ver, corretamente, o desrespeito à decisão proferida em controle difuso de constitucionalidade não confira fundamento para ajuizar a reclamação.[1639]

Questão deveras interessante é saber se as decisões liminares (medidas cautelares) também autorizariam o manejo da reclamação.

A decisão que defere a medida cautelar em controle concentrado de constitucionalidade tem efeito vinculante e sua efetividade é garantida por intermédio da reclamação.[1640] De outro lado, a decisão que indefere, por não alte-

---

1638 Marco Aurélio Mello, *A reclamação no Código de Processo Civil de 2015 e a jurisprudência do Supremo*, n. 4, p. 416. Na jurisprudência do STF, na vigência do Código revogado: AgReg na Rcl 9.778/RJ, rel. Min. Ricardo Lewandowski, *DJe* 10-11-2011; AgReg na Rcl 9.294/RN, rel. Min. Dias Toffolli, *DJe* 3-11-2011; AgReg na Rcl 6.319/SC, rel. Min. Eros Grau, *DJe* 6-8-2010; Rcl 3.014/SP, rel. Min. Ayres Britto, *DJe* 21-5-2010; AgReg na Rcl 5.703/SP, rel. Min. Cármen Lúcia, *DJe* 16-9-2009; AgReg na Rcl 4.448, rel. Min. Ricardo Lewandowski, *DJe* 8-8-2008; AgReg na Rcl 5.389/PA, rel. Min. Cármen Lúcia, *DJe* 19-12-2007; AgReg na Rcl 2.990/RN, rel. Min. Sepúlveda Pertence, *DJ* 14-9-2007. O entendimento permanece na vigência do atual Código: AgReg na Rcl 30787, rel. Min. Cármen Lúcia, *DJ* 10-4-2019.
1639 STF, AgReg em Rcl 26.512/ES, rel. Min. Ricardo Lewandowski, *DJe* 25-9-2017.
1640 "O provimento cautelar deferido, pelo Supremo Tribunal Federal, em sede de ação declaratória de constitucionalidade, além de produzir eficácia *erga omnes*, reveste-se

rar o "estado de fato", é desprovida de efeito vinculante, motivo pelo qual não pode servir de fundamento para a reclamação.[1641]

É inegável que o dispositivo legal em comento diz respeito à reclamação para garantir decisão do Supremo Tribunal Federal em "controle concentrado de constitucionalidade". No entanto, com base na teoria da abstrativização ou objetivação, já há manifestação da jurisprudência em admitir o cabimento da reclamação para preservar a aplicação de tese jurídica fixada em controle difuso de constitucionalidade ("transcendência dos motivos determinantes").[1642]

O texto legal fala em garantir decisão do "Supremo Tribunal Federal em controle concentrado de constitucionalidade". Todavia, pelo princípio da simetria constitucional, que estabelece relação simétrica entre os institutos da Constituição Federal e da Constituição dos Estados, não é possível excluir por completo o cabimento de reclamação atribuir efetividade a acórdão proferido em controle de constitucionalidade em âmbito estadual.[643]

---

de efeito vinculante, relativamente ao Poder Executivo e aos demais órgãos do Poder Judiciário. A eficácia vinculante, que qualifica tal decisão – precisamente por derivar do vínculo subordinante que lhe é inerente –, legitima o uso da reclamação, se e quando a integridade e a autoridade desse julgamento forem desrespeitadas" (ADC 8-MC, rel. Min. CELSO DE MELLO, DJ 4-4-2003).

1641 "O indeferimento de liminar em ação direta de inconstitucionalidade, pouco importando o fundamento, não dá margem à apresentação de reclamação" (Rcl 2.810-AgR, rel. Min. MARCO AURÉLIO, DJ 18-3-2005). Na doutrina: Luís ROBERTO BARROSO, O controle de constitucionalidade no direito brasileiro, n. 4.2, p. 231.

1642 A tese é capitaneada pelo Min. GILMAR MENDES, v. Rcl 4.335/AC, DJe 22-10-2014. Mais recentemente, destaque-se STF, Rcl 27.163/MG, rel. Min. DIAS TOFFOLI, DJe 15-10-2018. Na doutrina, com outras referências na jurisprudência do STF, v., com proveito, OSMAR MENDES PAIXÃO CÔRTES, Reclamação – a ampliação do cabimento no contexto da "objetivação" do processo nos tribunais superiores, RePro 197, n. 5, 18-21. Sobre a relação entre a objetivação e o ativismo judicial, ver, ainda, OSMAR MENDES PAIXÃO CÔRTES, A objetivação do processo e o ativismo judicial no contexto do pós-positivismo, RePro 251, n. 4, p. 334-337. Por outros argumentos, ver, ainda, CRUZ-GOMES JR., Cabe reclamação de decisão que desrespeita acórdão de recurso extraordinário não repetitivo?, n. 4, p. 362-363.

1643 Ressalte-se que o Supremo Tribunal Federal, ao julgar a ADIn 2.212, rel. Min. ELLEN GRACIE, DJ 14-11-2003, alterou o entendimento – firmado em período anterior à ordem constitucional vigente - do monopólio da reclamação pelo Supremo Tribunal Federal e assentou a adequação do instituto com os preceitos da Constituição de 1988: de acordo com a sua natureza jurídica e com os princípios da simetria (art. 125, caput e § 1º) e da efetividade das decisões judiciais, é permitida a previsão da reclamação na Constituição Estadual. A decisão é bastante criticada pela doutrina: MARCELO LABANCA CORRÊA DE ARAÚJO, Jurisdição constitucional e federação – o princípio da simetria na jurisprudência do STF, n. 3.2.2, p. 93-95. Na mesma linha LEONARDO MARINS sustenta que o princípio da simetria "como instrumento de justificação das decisões judiciais. Talvez seja mais interessante abandonar defi-

COMENTÁRIOS AO CÓDIGO DE PROCESSO CIVIL V. XIX

Ainda, na linha sustentada por estes *Comentários*, considerando que a decisão de controle de constitucionalidade concentrado de âmbito estadual provém do órgão especial ou do plenário do tribunal de justiça, por mais esse motivo, admite-se a reclamação.

Cabe uma observação relativamente ao mandado de injunção, instrumento destinado a combater omissões inconstitucionais (art. 5º, LXXI, da CF). Sabe-se que o mandado de injunção é via de controle incidental. Nada obstante, o § 1º do art. 9º da Lei n. 13.300/2016 estabelece que "poderá ser conferida eficácia *ultra partes* ou *erga omnes* à decisão, quando isso for inerente ou indispensável ao exercício do direito, da liberdade ou da prerrogativa objeto da impetração". Nesse ponto, a lei assemelhou os efeitos do pronunciamento do mandado de injunção aos do processo destinado ao controle concentrado de constitucionalidade. Não por outro motivo, sustenta-se, nesse caso, o cabimento de reclamação, com fulcro no inciso III do art. 988.[1644]

274. Garantir a observância de acórdão proferido em julgamento de casos repetitivos, acórdão de recurso extraordinário com repercussão geral reconhecida e acórdão proferido em assunção de competência

O presente tópico tem por objetivo examinar a reclamação a partir dos seguintes dispositivos: inciso IV do art. 988; e inciso II do § 5º do art. 988.[1645]

De acordo com esses dispositivos, a reclamação visa garantir a observância de acórdão proferido em julgamento de:

---

nitivamente o termo para justificar determinadas vinculações das constituições estatuais ao modelo federal" (*Limites ao princípio da simetria constitucional*, n. 9, p. 707). A crítica, embora pertinente, em nada afasta a conclusão de ser cabível a reclamação no caso.

1644 Embora não faça referência ao disposto no inciso III do art. 988, mas afirmando ser cabível, na hipótese, a reclamação: Luis ROBERTO BARROSO, *O controle de constitucionalidade no direito brasileiro*, n. 3, p. 218. JOÃO FRANCISCO N. DA FONSECA escreve: "concedido este *writ* com eficácia geral, o terceiro beneficiado por essa decisão poderá exercer o seu direito constitucional independentemente de nova decisão judicial. Mas, havendo resistência à satisfação do direito subjetivo invocado, o remédio adequado para superá-la será a reclamação, e não o mandado de injunção, para o qual faltaria inclusive legítimo interesse processual (CPC, arts. 17 e 485, VI)" (*O processo do mandado de injunção*, n. 33, p. 170-171).

1645 Destaque-se a relevante crítica de LUCAS BURIL DE MACÊDO para quem o cabimento da reclamação como meio de controlar a aplicação de precedentes enfraqueceria o debate e a própria força do precedente. O autor chega a dizer que se trata de "medida autoritária, baseada na ideia de que sua interpretação do precedente é absoluta e torna todas as demais importantes ou vazias" (*Precedentes judiciais e o direito processual civil*, n. 8.20.3, p. 526).

a) casos repetitivos (incidente de resolução de demandas repetitivas e recursos especial e extraordinário repetitivos);

b) recurso extraordinário com repercussão geral reconhecida; e

c) assunção de competência.

Porém, antes de comentar cada uma das situações acima, convém organizar o rol das hipóteses que autorizam o cabimento da reclamação.

No modelo atual, os quatro incisos do *caput* do art. 988 não esgotam as hipóteses que autorizam o manejo da reclamação. O inciso II do § 5º do art. 988 estabelece que é inadmissível a reclamação "proposta para garantir a observância de acórdão de recurso extraordinário com repercussão geral reconhecida ou de acórdão proferido em julgamento de recursos extraordinário ou especial repetitivos, quando não esgotadas as instâncias ordinárias".

Logo, o referido dispositivo cuida de uma hipótese de cabimento da reclamação, que deveria estar acomodada em inciso do *caput* do art. 988. Isso porque a ideia que se apresenta aí é de cabimento da reclamação com pressuposto negativo. Dito de outro modo: esgotadas as instâncias ordinárias, caberá reclamação para garantir a observância de acórdão de recurso extraordinário com repercussão geral reconhecida ou de acórdão proferido em julgamento de recursos extraordinário ou especial repetitivos.[1646]

1646 No mesmo sentido: Didier Jr.-Cunha, *Curso de direito processual civil*, vol. 3, n. 5.3.5, p. 671-673. Registre-se, porém, o posicionamento contrário do Superior Tribunal de Justiça: "não se consegue conceber que seja admitido o cabimento da reclamação para que seja examinada a aplicação supostamente indevida ou errônea de precedente oriundo de recurso especial repetitivo. Com efeito, a admissão da reclamação em tal hipótese atenta contra a finalidade da instituição do regime próprio de tratamento dos recursos especiais repetitivos. Para além de definir a tese jurídica, também incumbiria a este STJ o controle da sua aplicação individualizada em cada caso concreto, em franco descompasso com a função constitucional do Tribunal e com sério risco de comprometimento da celeridade e qualidade da prestação jurisdicional que aqui se outorga. Sob outra ótica, a aceitação da reclamação em tela tornaria estéril a vedação do CPC/2015 quanto à interposição de agravo quando o recurso especial é obstado na origem em razão da coincidência entre o acórdão recorrido e a tese repetitiva do STJ. Isso porque bastaria à parte cumprir formalmente com a exigência de interposição de agravo interno no Tribunal local para então submeter seu litígio concreto ao exame desta Corte Superior. Fosse esse o desiderato do Código (isto é, o de impor ao STJ o dever de aplicar diretamente seu entendimento em cada caso concreto), bastaria não obstar a via recursal do agravo. Aliás, não se pode olvidar que o meio adequado e eficaz para forçar a observância da norma jurídica oriunda de um precedente, ou para corrigir a sua aplicação concreta, é o recurso instrumento que, por excelência, destina-se ao controle e revisão das decisões judiciais. O sistema recursal pátrio é amplamente desenvolvido e dotado de características elementares à noção do devido processo legal, as quais, em certa medida, não se estendem bem à ação autônoma da reclamação. A título ilustrativo, partindo da premissa de que a

COMENTÁRIOS AO CÓDIGO DE PROCESSO CIVIL V. XIX

Passando a tratar especificamente da reclamação voltada a garantir o respeito aos precedentes dos tribunais superiores, observa-se que apenas ela se submete à condição expressa na lei de prévio esgotamento dos recursos nas instâncias ordinárias é apenas exigência para o cabimento de reclamação fundada para respeitar os precedentes tomados pelos tribunais superiores. Nas demais hipóteses (preservar a competência, garantir a autoridade das decisões do tribunal, garantir a observância de acórdão proferido em incidente de resolução de demandas repetitivas ou de incidente de assunção de competência), é desnecessário o manejo de recurso para exaurir as instâncias ordinárias; o acesso ao Supremo Tribunal Federal ou ao Superior Tribunal de Justiça é imediato por intermédio da reclamação.

A justificativa do pressuposto negativo referente ao esgotamento da instância ordinária é assentada em que o acesso imediato sobrecarregaria os Tribunais Superiores com reclamações fundadas em violação a precedentes.[1647-1648]

---

reclamação inaugura nova relação jurídica processual: a) não se tem a simplificação e a racionalização da atividade jurisdicional que resulta do princípio da dialeticidade dos recursos; b) se perde o controle dos efeitos da preclusão operados na relação processual de origem, possibilitando que temas preclusos sejam reexaminados; c) a ausência de efeito suspensivo inerente à reclamação pode resultar no trânsito em julgado da decisão final do processo de origem, hipótese em que a eventual procedência da reclamação se revestiria de verdadeiro caráter rescisório, sem a observância dos específicos pressupostos da ação rescisória. Por todos esses elementos, a conclusão que se alcança é que a reclamação constitucional não trata de instrumento adequado para o controle da aplicação dos entendimentos firmados pelo STJ em recursos especiais repetitivos. Esse controle é próprio do sistema recursal, ressalvada a via excepcional da ação rescisória, tal como desenhou o legislador no CPC" (Rcl 36.476/SP, rel. Min. NANCY ANDRIGHI, *DJe* 6-3-2020).

1647 JOSÉ CARLOS BAPTISTA PUOLI, *Precedentes vinculantes? O CPC "depois" da Lei n. 13.256/16*, p. 505. a precedentesviolaulharia os Tribunais Superior com reclamaral ou ao Superior Tribunal de Justi;ccr houve proposta de interpre. No mesmo sentido: PEDRO MIRANDA DE OLIVEIRA, Coment. ao art. 988, *Comentários ao Código de Processo Civil*, n. 3.5, p. 1480.

1648 O Supremo Tribunal Federal assim decidiu sobre a aplicação do disposto no inciso II do § 5º do art. 988: "[r]egistre-se que se, em se tratando de reclamação para o STF, a interpretação desse dispositivo do CPC deve ser fundamentalmente teleológica, e não estritamente literal. O esgotamento da instância ordinária, em tais casos, supõe o percurso de todo o íter recursal possível antes do acesso à Suprema Corte. Ou seja, se a decisão reclamada ainda comportar reforma por via de recurso a algum tribunal, inclusive a tribunal superior, não se permitirá acesso à Suprema Corte por via de reclamação. Esse é o sentido que deve ser conferido ao art. 988, § 5º, II, do CPC. Interpretação puramente literal desse dispositivo acabaria por transferir a esta Corte, pela via indireta da reclamação, a competência de pelo menos três tribunais superiores (Superior Tribunal de Justiça, Tribunal Superior do Trabalho, Tribunal Superior Eleitoral), para onde podem ser dirigidos recursos contra decisões de tribunais de segundo grau de jurisdição" (EDcl no AgReg na Rcl 24.686/RJ, rel. Min. TEORI ZAVASCKI, *DJe* 11-4-2017).

De acordo com o inciso II do § 5º do art. 988, no caso de reclamação fundada em tese firmada em recursos extraordinário e especial repetitivos ou em acórdão de recurso extraordinário com repercussão geral reconhecida, o exaurimento da instância ordinária "ocorre com a interposição e o julgamento do agravo interno no âmbito do Tribunal de origem (arts. 1021, 1.031, inciso I, § 2º, e 1.042, parte final)".[1649] Interessante notar que, nesse caso, o interessado deverá ajuizar a reclamação no prazo dos embargos de declaração – recurso cabível, em tese, contra a o acórdão que julga o agravo interno –, i.e., em 5 (cinco) dias,[1650] ou, ao menos, até o julgamento daquele recurso, na medida em que o trânsito em julgado obsta o procedimento da reclamação (art. 988, § 5º, I).

Interessante notar que, embora estejam contemplados em incisos diversos do art. 988, os recursos extraordinário e especial repetitivos e o incidente de resolução de demandas repetitivas são procedimentos que formam um microssistema de solução de casos repetitivos, cujas normas se integram e se complementam e devem ser interpretadas conjuntamente. A afirmação decorre da própria lei, que identifica esses procedimentos como "julgamento de casos repetitivos" nos incisos I e II do art. 928.

Tais procedimentos visam a formação de precedente obrigatório (art. 927, III), cuja efetividade é assegurada pela lei ao disponibilizar a reclamação contra os pronunciamentos judiciais que os transgridam.

É inamissível reclamação contra pronunciamento que determina equivocadamente o sobrestamento do recurso especial ou do recurso extraordinário em virtude da pendência de julgamento de recursos repetitivos por dois motivos: a) não foi realizado o juízo de admissibilidade dos recursos sobrestados; e b) a tese ainda não foi definida pelo(s) Tribunal(is) Superior(es).[1651]

Por sua vez, a assunção de competência é mecanismo processual que objetiva a formação de precedente obrigatório, a partir dos específicos pressupostos exigidos pelo art. 947, para o qual se remete o leitor. Para efeitos de reclamação, basta dizer que o § 3º do art. 947 estabelece que "o acórdão proferido na assunção de competência vinculará todos os juízes e órgãos fracionários, exceto se houver revisão da tese". A primeira conclusão que se pode extrair do dispositivo legal é a estrita relação estabelecida com o *caput* do art. 927. Além

---

1649 MARCO AURÉLIO Mello, *A reclamação no Código de Processo Civil de 2015 e a jurisprudência do Supremo*, n. 4, p. 415.
1650 LUIS GUILHERME A. BONDIOLI, *Comentários ao Código de Processo Civil*, vol. XX, n. 178, p. 230.
1651 LUIS GUILHERME A. BONDIOLI, *Comentários ao Código de Processo Civil*, vol. XX, n. 178, p. 230.

COMENTÁRIOS AO CÓDIGO DE PROCESSO CIVIL V. XIX

disso, conclui-se que o órgão colegiado também fixará "tese", como ocorre no incidente de resolução de demandas repetitivas (art. 985) e nos recursos repetitivos (art. 1.039).

275. Reclamação e a superação do precedente

O Código é claro quanto à possibilidade de superação do precedente (*v.g.*, art. 489, § 1º, VI), mas há muita discussão em torno do meio procedimental que autorizaria tal mudança de posicionamento. A doutrina[1652] e a jurisprudência,[1653] de modo geral, aceitam a reclamação como veículo processual para tal mister.

Porém, de forma minoritária, parcela da doutrina pondera que esse não seria um dos escopos da reclamação: "conforme o § 4º do artigo 988, o cabimento da reclamação contra a aplicação indevida da tese jurídica e a não aplicação dela aos casos que a ela correspondem se refere apenas às hipóteses dos incisos III e IV, que tratam, respectivamente, da observância de enunciado de súmula vinculante e de decisão do STF em controle concentrado de constitucionalidade e de observância de acórdão proferido em julgamento de incidente de resolução de demandas repetitivas (IRDR) ou de incidente de assunção de competência (IAC). Sendo assim, não se justifica o cabimento da reclamação, com base no referido § 4º, quando a tese for firmada sob o regime dos recursos repetitivos ou em sede de repercussão geral". Sustenta-se que a reclamação seria apenas "instrumento responsável por garantir e reforçar a autoridade das decisões e não para ensejar a sua não aplicação, ou seja, serve para confirmar o precedente, não para superar o seu entendimento".[1654]

De fato, dado seu escopo cognitivo limitado e a falta de representatividade para alguns casos, a reclamação encontraria dificuldades para superar precedentes formados a partir de determinados procedimentos (*v.g.*, controle concentrado de constitucionalidade) ou súmulas, inclusive vinculantes. No entanto, tal dificuldade poderia ser superada com a flexibilização do procedi-

---

1652 RAVI PEIXOTO, *A reclamação como remédio jurídico processual para superação de precedentes*, n. 4, p. 129-143.

1653 STF, Rcl 4.374/PE, rel. Min. GILMAR MENDES, *DJe* 4-9-2013. Do referido julgado, extrai-se a seguinte passagem: "[é] por meio da reclamação, portanto, que as decisões do Supremo Tribunal Federal permanecem abertas a esse constante processo hermenêutico de reinterpretação levado a cabo pelo próprio Tribunal. A reclamação, dessa forma, constitui o *locus* de apreciação, pela Corte Suprema, dos processos de mutação constitucional e de inconstitucionalização de normas (*des Prozess des Verfassungswidrigwerdens*), que muitas vezes podem levar à redefinição do conteúdo e do alcance, e até mesmo à superação, total ou parcial, de uma antiga decisão".

1654 NUNES-FREITAS, *A necessidade de meios para superação dos precedentes*, n. 3.1.4, p. 482.

CPC/2015, ART. 988

mento da reclamação, para assegurar que todos os pressupostos necessários à formação do precedente obrigatório estejam presentes.[1655]

276. Legitimidade ativa

O *caput* do art. 988 estabelece que a reclamação poderá ser proposta pela "parte interessada" ou pelo "Ministério Público". Dada a redação legal, o presente item cuidará apenas da legitimidade ativa. Sobre a legitimidade passiva e a participação da autoridade reclamada, remete-se o leitor ao comentário exposto no art. 989.

A lei utiliza o termo "partes interessadas", que deve ser compreendida como quem sofre os efeitos da decisão judicial ou do ato ou omissão da administração pública. Se o ato é administrativo, qualquer sujeito que sofra as consequências daquele pronunciamento pode propor a reclamação. Caso o ato seja judicial, compreende-se que todos que participam do processo em que foi proferido e suportam seus efeitos têm, em tese, legitimidade para propor a reclamação (*v.g.*, Ministério Público, Defensoria Pública, assistentes, entre outros).

1655 Porém, registre-se a seguinte argumentação esposada no julgamento da Rcl 4.374/PE, relatada pelo Min. GILMAR MENDES, *DJe* 4-9-2013: "No controle abstrato de constitucionalidade, por outro lado, a oportunidade de reapreciação ou de superação de jurisprudência fica a depender da propositura de nova ação direta contra o preceito anteriormente declarado constitucional. Parece evidente, porém, que essa hipótese de nova ação é de difícil concretização, levando-se em conta o delimitado rol de legitimados (art. 103 da Constituição) e o improvável ressurgimento da questão constitucional, em searas externas aos processos subjetivos, com força suficiente para ser levada novamente ao crivo do STF no controle abstrato de constitucionalidade. A oportunidade de reapreciação das decisões tomadas em sede de controle abstrato de normas tende a surgir com mais naturalidade e de forma mais recorrente no âmbito das reclamações. É no juízo hermenêutico típico da reclamação – no "balançar de olhos" entre objeto e parâmetro da reclamação – que surgirá com maior nitidez a oportunidade para a evolução interpretativa no controle de constitucionalidade. Assim, ajuizada a reclamação com base na alegação de afronta a determinada decisão do STF, o Tribunal poderá reapreciar e redefinir o conteúdo e o alcance de sua própria decisão. E, inclusive, poderá ir além, superando total ou parcialmente a decisão-parâmetro da reclamação, se entender que, em virtude de evolução hermenêutica, tal decisão não se coaduna mais com a interpretação atual da Constituição. Parece óbvio que a diferença entre a redefinição do conteúdo e a completa superação de uma decisão resume-se a uma simples questão de grau. No juízo hermenêutico próprio da reclamação, a possibilidade constante de reinterpretação da Constituição não fica restrita às hipóteses em que uma nova interpretação leve apenas à delimitação do alcance de uma decisão prévia da própria Corte. A jurisdição constitucional exercida no âmbito da reclamação não é distinta; como qualquer jurisdição de perfil constitucional, ela visa a proteger a ordem jurídica como um todo, de modo que a eventual superação total, pelo STF, de uma decisão sua, específica, será apenas o resultado do pleno exercício de sua incumbência de guardião da Constituição".

COMENTÁRIOS AO CÓDIGO DE PROCESSO CIVIL V. XIX

Destaque-se que, conforme a hipótese de cabimento da reclamação, o termo "partes interessadas" pode adquirir contornos mais amplos. Por exemplo, tratando-se de pedido de reclamação para garantir a efetividade de decisão proferida em controle concentrado de constitucionalidade, diante de sua eficácia *erga omnes* (art. 102, § 2º, da CF), abrange qualquer interessado que demonstre a lesão decorrente de pronunciamento judicial ou ato administrativo contrário à decisão proferida nos processos de controle concentrado de constitucionalidade.[1656] Dito de outra forma, "ainda que se trate de pessoa não legitimada para as ações diretas de controle de constitucionalidade, terá legitimidade ativa para a reclamação".[1657] O mesmo argumento vale para a hipótese para preservar o enunciado de súmula vinculante.[1658]

Além das hipóteses em que funcione como parte no processo em que foi proferido o ato impugnado, o Ministério Público poderá propor reclamação nos casos em que poderia ter sido parte, i.e., nos casos de legitimidade concorrente, como ocorre na ação civil pública.[1659]

Finalmente, franqueia-se legitimidade ao Ministério Público naqueles casos em que justifique sua atuação como fiscal da ordem jurídica (art. 178). Assim, *v.g.*, se em processo, cuja parte é incapaz, for proferida decisão que contrarie tese firmada em incidente de resolução de demandas repetitivas, o Ministério Público poderá propor a reclamação visando assegurar o interesse daquele que a lei considera inapto a exercer por si os atos da vida civil (art. 178, II).

Inicialmente, reconhecia-se a "ilegitimidade" ativa do Ministério Público para originariamente ajuizar reclamação perante o Supremo Tribunal Federal, na medida em que incumbiria ao Procurador-Geral da República exercer as atribuições do Ministério Público na Corte Suprema.[1660] O problema relaciona-se muito mais com a "atribuição" do que com a "legitimidade" do órgão e, posteriormente, acabou superado.[1661]

1656 No julgamento da Rcl 1.880, relatada pelo Min. MAURÍCIO CORRÊA, j. 7-11-2002, o Supremo Tribunal Federal superou a antiga jurisprudência que limitava a legitimidade ativa na reclamação às pessoas indicadas no art. 103 da CF. A referência jurisprudencial é indicada por FÁBIO VICTOR DA FONTE MONNERAT, Reclamação: STF: Legitimação Ativa. Atingidos por ADIN, *RePro* 142, n. 8.3, p. 204.

1657 PAULO HENRIQUE DOS SANTOS LUCON, *Evolução da reclamação constitucional e seu emprego para assegurar a autoridade dos precedentes*, n. 3, p. 295.

1658 Sustentou-se que na reclamação por violação à súmula vinculante, a legitimidade ativa ficaria restrita aos colegitimados para "requerer a criação, revisão ou cancelamento da súmula". Nesse sentido, WILLIAN SANTOS FERREIRA, n. 6, p. 817.

1659 MARCO ANTONIO RODRIGUES, *Manual dos recursos* - ação rescisória e reclamação, n. 17.4, p. 389.

1660 STF, Rcl 4.453/SE, rel. Min. ELLEN GRACIE, *DJe* 26-3-2009.

1661 STF, Rcl 7.358/SO, rel. Min. ELLEN GRACIE, *DJe* 3-6-2011. O posicionamento vem sendo ratificado: STF, Rcl 18.116/GO, rel. Min. EDSON FACHIN, *DJe* 16-10-2018.

Não há relação de coincidência necessária entre a composição dos polos ativo e passivo da reclamação com os polos do processo em que foi proferido o ato impugnado.[1662]

Admite-se a formação de litisconsórcio ativo para que dois ou mais legitimados promovam conjuntamente a reclamação.[1663] Por conta disso, é viável a intervenção litisconsorcial.

Questão interessante é examinar o *amicus curiae* e sua participação no processo de reclamação. Parece não suscitar dúvida que, por força da generalidade do art. 138, o qual não limita a espécie de procedimento, possa haver atuação desta importante figura, e desde que presente os requisitos da relevância da matéria, a especificidade do tema objeto da reclamação ou a repercussão social da controvérsia reclamatória.

Todavia, a questão ganha dificuldade quando se discute se o *amicus curiae* teria legitimidade para promover a reclamação.[1664] Em tese, seria possível para preservar a sua própria função ou o interesse institucional envolvido no processo. Por exemplo: o juiz não admite a intervenção do *amicus curiae* em processo perante o qual o Supremo Tribunal Federal, por precedente obrigatório, já declarou que sua participação deve ser admitida. Nessa hipótese, não se pode negar a legitimidade do *amicus curiae* para promover a reclamação. Outra hipótese é aquela em que a participação do *amicus curiae* é obrigatória (*v.g.*, o art. 31 da Lei n. 6.385/76 estabelece que nos processos relativos a mercado de capitais, a Comissão de Valores Mobiliários – CVM "será sempre intimada").

Por fim, em termos de legitimidade ativa, passa-se a tratar a legitimidade para ajuizar a reclamação contra decisão proferida em processos coletivos, sobretudo que envolvam direitos individuais homogêneos. Admite-se que os indivíduos substituídos em ação coletiva possam ingressar com reclamação

---

1662 GUSTAVO AZEVEDO, *Reclamação constitucional no processo civil*, n. 5.1.1, p. 232. O mesmo autor sustenta que o "dinamismo processual permite que as partes, apesar de possuírem interesses materiais contrapostos, em certos momentos processuais atuem em conjunto, caso se mostre como a melhor opção de estratégia processual. Se todas as partes comungam, ao menos em determinando tempo, do mesmo fim, nada impede que atuem conjuntamente; doutro lado, se partes que compartilham a mesma pretensão material acabam por exprimir momentaneamente interesses contrapostos, nada impede, igualmente, que exerçam atos em sentidos opostos" (ob. cit., n. 5.1.1, p. 235-236).

1663 ARAKEN DE ASSIS, *Manual dos recursos*, n. 115.2, p. 1076.

1664 Poder-se-ia estabelecer breve analogia entre a legitimidade recursal do *amicus curiae* e a legitimidade para propor reclamação, posto ser este um meio impugnativo de decisões judiciais. Sobre a legitimidade recursal do *amicus curiae*, no vigente Código, com ampla referência doutrinária, v. CASSIO SCARPINELLA BUENO, *Comentários ao Código de Processo Civil*, vol. 1, n. 8, p. 612.

quando o possível ato reclamado alcançar os interesses puramente individuais. Assim, *v.g.*, "os indivíduos que tenham sido beneficiados pela decisão proferida por tribunal superior poderão ingressar com reclamação constitucional na hipótese de juízo hierarquicamente inferior desrespeitar a decisão".[1665]

277. Competência

Observa-se que anteriormente à edição do Código vigente, muito se discutiu a respeito do cabimento de reclamação nos Tribunais de Justiça e nos Tribunais Regionais Federais, cuja admissibilidade veio a ser reconhecida pelo Plenário do Supremo Tribunal Federal[1666] e pela doutrina.[1667]

No modelo atual, a reclamação está incluída no Capítulo IX, compreendido no Título I do Livro III da Parte Especial, sob a denominação "Da Ordem dos Processos e dos Processos de Competência Originária dos Tribunais". Daí o motivo pelo qual se afirma que a competência para processar e julgar a reclamação é dos tribunais.

A fixação da competência decorre do objeto do processo da reclamação. Desse modo a competência é do tribunal cuja competência se busca preservar ou cuja autoridade da decisão se pretenda garantir. Por exemplo, se o fundamento da petição inicial é o inciso II do art. 988, a competência para processar e julgar a reclamação é do tribunal que teve sua decisão transgredida por outro órgão jurisdicional.

Diante de seu objeto, a natureza da competência para processar e julgar a reclamação é funcional,[1668] portanto, absoluta, que não pode ser objeto de convenção pelas partes.

De acordo com o § 3º do art. 988, "a reclamação será autuada e distribuída ao relator do processo principal, sempre que possível". O dispositivo cuida de

---

1665 DANIEL AMORIM ASSUMPÇÃO NEVES, *Manual de direito processual civil*, n. 64.2.2, p. 1527.

1666 O STF, ao julgar a ADI 2.212 (...), alterou o entendimento – firmado em período anterior à ordem constitucional vigente (*v.g.*, Rp 1.092, Pleno, DJACI FALCÃO, *RTJ* 112/504) – do monopólio da reclamação pelo STF e assentou a adequação do instituto com os preceitos da Constituição de 1988: de acordo com a sua natureza jurídica (situada no âmbito do direito de petição previsto no art. 5º, XXIV, da CF) e com os princípios da simetria (art. 125, *caput* e § 1º) e da efetividade das decisões judiciais, é permitida a previsão da reclamação na Constituição estadual, cf. ADI 2.480, rel. Min. SEPÚLVEDA PERTENCE, *DJ* 15-6-2007 (*A Constituição e o Supremo*, p. 951).

1667 Nesse sentido, com base no "modelo constitucional de direito processual civil", CASSIO SCARPINELLA BUENO, *Curso sistematizado de direito processual civil*, vol. 5, n. 1, p. 412.

1668 RICARDO DE BARROS LEONEL, *Comentários ao Código de Processo Civil*, vol. 4, n. 8, p. 244.

reclamação cujo objetivo é garantir a autoridade da decisão do tribunal (art. 988, II). Trata-se de regra de prevenção.[1669] Nem sempre a prevenção será possível (*v.g.*, extinção do órgão jurisdicional),[1670] daí o preceito "sempre que possível".

As hipóteses dos incisos I, III e IV do art. 988 recomendam a aplicação da regra geral, para distribuir a reclamação de acordo com as normas do regimento interno do tribunal.[1671]

Internamente, o julgamento da reclamação compete ao órgão jurisdicional cuja competência se busca preservar ou cuja autoridade se pretenda garantir.

A propositura da reclamação em tribunal incompetente não leva automaticamente à extinção do processo sem exame do mérito, mas, sim, à remessa dos autos ao tribunal competente. Todavia, nada obsta a que a parte reclamante desista da ação e promova novamente a reclamação, desta feita em tribunal competente.[1672]

278. Instrução probatória

Semelhante ao mandado de segurança,[1673] a reclamação é direcionada pela técnica da "cognição *exauriente secundum eventum probationis*".[1674] A afirmação decorre da primeira parte do § 2º do art. 988 ("*A reclamação deverá ser instruída com prova documental*").

Na petição inicial da reclamação, o reclamante deverá narrar e demonstrar os fatos que dão ensejo ao direito à garantia da preservação da competência ou do pronunciamento judicial violado. A demonstração desses fatos é feita mediante "prova documentada",[1675] não sendo admitido outro meio de prova. Exclui-se do processo de reclamação dilação probatória.

1669 Didier Jr.-Cunha, *Curso de direito processual civil*, vol. 2, n. 2.4, p. 531.

1670 Em alguns tribunais dos Estados, pela regra da especialidade, é comum que o regimento interno autorize a deliberação sobre a criação e extinção de câmaras ou turmas (*v.g.*, art. 13, II, *e*, do RITJSP).

1671 Alexandre Freitas Câmara observa que "Dentro da estrutura interna do tribunal, será competente para conhecer da reclamação o órgão (seja ele o Tribunal Pleno, Órgão Especial ou órgão fracionário) cuja competência se busca preservar ou cuja autoridade se pretenda garantir (art. 988, § 1º, parte final)" (*Novo processo civil brasileiro*, n. 23.9, p. 481).

1672 Lima-Fernandes, *Reclamação e causas repetitivas*: alguns pontos polêmicos, n. 2, p. 451.

1673 No ponto, Gustavo Azevedo propõe a integração analógica entre a reclamação e o mandado de segurança (*Reclamação no processo civil*, n. 6.2.3, p. 278).

1674 Marinoni-Arenhart-Mitidiero, *Novo Código de Processo Civil comentado*, n. 3, p. 1063.

1675 Sobre o conceito de prova documentada, *v.* Fabiano Carvalho, *A prova documentada e o mandado de segurança*, n. 2, p. 176-179.

Toda atividade provatória fica restrita ao exame de documentos, e de documentos pré-constituídos.

Caso seja constatada a falta de qualquer documento que poderia prejudicar a atividade jurisdicional sobre o objeto da reclamação, antes de extingui-la, em decorrência dos princípios da cooperação e da primazia do julgamento do mérito, o relator deverá dar oportunidade ao reclamante para complementar a documentação faltante (arts. 139, IX, 317, 932, parágrafo único), no prazo de 15 dias (art. 321).

279. Autuação e distribuição

Dada a natureza jurídica de ação, a reclamação se materializa na petição inicial que deverá obedecer aos requisitos indicados pelo art. 319.

Note-se que a reclamação deverá ser dirigida ao presidente do tribunal que, salvo disposição de lei em sentido contrário, não tem competência para exercer juízo de admissibilidade sobre o processo reclamatório.

Segue-se a partir daí a imediata distribuição de acordo com o § 3º do art. 988, caso a reclamação vise garantir a autoridade das decisões do tribunal, ou, não sendo esta a hipótese, nos termos do regimento interno, observando-se a alternatividade, o sorteio eletrônico e a publicidade (art. 930).

280. Prazo para propor reclamação (trânsito em julgado)

Tratando-se de reclamação contra pronunciamento judicial, exige-se que o ato reclamado ainda não haja transitado em julgado. Com efeito, o inciso I do § 5º do art. 988 estabelece que é inadmissível a reclamação "proposta após o trânsito em julgado da decisão reclamada".

O referido dispositivo cuida exclusivamente de decisão judicial como ato reclamado. Por conseguinte, é inaplicável para ato administrativo.

Esse fenômeno revela-se como um marco temporal dentro do processo. O trânsito em julgado é um efeito processual, que determina a mudança de *estado* da decisão judicial de *instável* para *estável*, de *mutável* para *imutável*. A locução permite saber o momento da formação da coisa julgada (material ou formal).[1676]

O fenômeno do trânsito em julgado relativamente à reclamação pode ser analisado sob duas perspectivas: a) como pressuposto negativo de admissibilidade, pois a lei exige que o pronunciamento judicial, para ser validamente

---

1676 BARBOSA MOREIRA, Ainda e sempre a coisa julgada, *in Direito processual civil*, n. 9, p. 145; CARNELUTTI, *Lezioni di diritto processuale civile*, vol. IV, n. 394, p. 487.

impugnado por meio da reclamação, não haja transitado em julgado; e b) como aspecto definidor dos efeitos da decisão de procedência do pedido formulado na reclamação proposta *dentro do prazo*.

Sob a perspectiva *a*, o Código positivou a diretriz jurisprudencial prevalecente nos tribunais superiores.

De outro lado, sob a perspectiva *b*, a questão ganha contorno provocativo.

É interessante notar a justificativa do disposto no I do § 5º do art. 988: a inocorrência do trânsito em julgado da decisão reclamada constitui pressuposto negativo de admissibilidade da reclamação; logo, inviável utilizar a reclamação como sucedâneo de ação rescisória.[1677] Por esse motivo, afirma-se que a propositura da reclamação não retarda o trânsito em julgado para efeitos do ajuizamento da ação rescisória.[1678] Porém, caso a reclamação seja proposta antes do trânsito em julgado, mas seu julgamento ocorra depois do julgamento do recurso, cuja decisão não haja sido objeto de nova impugnação, o acórdão de eventual acolhimento do pedido da reclamação terá efeito rescindente.[1679]

1677 Historicamente, *v.* o entendimento do Supremo Tribunal Federal: Rcl 365/MG, rel. Min. Moreira Alves, *DJ* 7-8-1992. Modernamente: STF, AgReg na Rcl 31.737/MG, rel. Min. Celso de Mello, *DJe* 16-5-2019. O entendimento do Superior Tribunal de Justiça é no mesmo sentido. Confira-se: STJ, Rcl 1.463-SP, rel. Min. Laurita Vaz, j. 23-9-2009. Registre-se também que a orientação alcança o instituto da revisão criminal (cf. STF, AgReg na Rcl 30.719, rel. Min. Luiz Fux, *DJe* 30-11-2018).

1678 STJ, AgInt na AR 6351/DF, rel. Min. Sérgio Kukina, *DJe* 26-4-2019.

1679 Na linha da jurisprudência do Supremo Tribunal Federal, "ajuizada a reclamação antes do trânsito em julgado da decisão reclamada, e não suspenso liminarmente o processo principal, a eficácia do tudo quanto nele se decidir ulteriormente, incluído o eventual trânsito em julgado do provimento que se tacha contrário à autoridade de acórdão do STF, será desconstituída pela procedência da reclamação" (*RTJ* 174/353). Interessante é a passagem da obra de Pontes de Miranda sobre o tema: "[a] reclamação não é recurso, é ação. Sendo, como é, ação, nenhum óbice cria ao trânsito em julgado. Aliás, o princípio é o da *irreclamabilidade contra a decisão de que ainda cabe recurso*. Por onde se vê quão errado foi o acórdão do Conselho de Justiça do então Distrito Federal, a 21 de março de 1955, que negou a reclamação se há trânsito em julgado. Isso não quer dizer que, contra os despachos que não transitam, por sua natureza em julgado, não possa haver reclamação, se dele não é interponível o recurso. O que mais importa é saber-se que, procedente a reclamação, necessariamente houve decretação de nulidade insanável de ato processual do juiz. É contra isso que se reclama. Todo mérito da ação escapa à indagação judicial, posto que o julgamento dele possa desconstituir-se com a desconstituição do ato processual do juiz" (*Comentários ao Código de Processo Civil*, t. V, n. 19, p. 394). Registre-se, finalmente, o posicionamento de Leonardo Carneiro da Cunha, para quem o trânsito em julgado da decisão reclamada fica sob "condição legal resolutiva: a procedência da reclamação fará com que a decisão desapareça e, com ela, o trânsito

281. Reclamação e recurso: inexistência de relação de prejudicialidade

Tradicionalmente, reconheceu-se que o instituto da reclamação é inviável para substituir recurso ou outros meios impugnativos.[1680]

O § 6º do art. 988 parece implementar relação de autonomia entre a reclamação e o recurso, ao estabelecer que "a inadmissibilidade ou o julgamento do recurso interposto contra a decisão proferida pelo órgão reclamado não prejudica a reclamação".

A lei parece acertada para os casos cujo resultado seja o não conhecimento ou não provimento do recurso.

Por outro lado, se o resultado é o provimento do recurso, a questão haverá de ser examinada sob o prisma do interesse de agir na reclamação. Caso o objeto do recurso coincida com o objeto da reclamação e a decisão do recurso produza os mesmos efeitos buscados por intermédio da reclamação, este processo deixa de ser útil. Nesse caso, ocorre a perda superveniente do interesse de agir.

O tema da prejudicialidade está relacionado com o fato novo superveniente. Assim, *v.g.*, o juízo de retratação exercido pela autoridade reclamada também provoca a perda do interesse de agir e determina a extinção da reclamação sem a resolução do mérito (art. 485, VI).

Há outras situações em que há relação de prejudicialidade entre recurso e reclamação. O Superior Tribunal de Justiça já declarou prejudicada reclamação proposta sob o argumento de ter sido desrespeitada a autoridade da decisão proferida em recurso especial afetado pelo regime dos recursos repetitivos, a qual, liminarmente, determinou o sobrestamento de todos os processos que cuidavam da matéria objeto "repetitivo", nas instâncias da Justiça comum, estadual ou federal, e inclusive nos Juizados Especiais Cíveis e nas respectivas Turmas ou Colégios Recursais. A declaração de prejudicialidade ocorreu porque, durante o trâmite da reclamação, houve o julgamento do recurso especial e a fixação da tese que seria aplicada.[1681]

> **Art. 989.** Ao despachar a reclamação, o relator:
>
> **I -** requisitará informações da autoridade a quem for imputada a prática do ato impugnado, que as prestará no prazo de 10 (dez) dias;

---

em julgado" (*A fazenda pública em juízo*, n. 17.7.9, p. 788).

1680 Por exemplo, STF, Rcl 724-9/ES, rel. Min. Octavio Gallotti, j. 26-3-1998.

1681 Na jurisprudência: STJ, AgInt na Rcl 22.475/RS, rel. Min. Benedito Gonçalves, DJe 15-5-2018. Na doutrina: Leonardo Carneiro da Cunha, *A fazenda pública em juízo*, n. 17.7.9, p. 788; Pedro Miranda de Oliveira, Coment. ao art. 988, *in Comentários ao novo Código de Processo Civil*, n. 7, p. 1463-1464.

II - se necessário, ordenará a suspensão do processo ou do ato impugnado para evitar dano irreparável;

III - determinará a citação do beneficiário da decisão impugnada, que terá prazo de 15 (quinze) dias para apresentar a sua contestação.

COMENTÁRIO

282. Poderes do relator

Distribuída a reclamação, os autos serão imediatamente conclusos ao relator a quem compete realizar o juízo de admissibilidade da petição inicial de acordo com o disposto nos arts. 219 e 321.[1682]

Caso constate que a petição inicial não preenche todos os requisitos ou que apresenta defeitos e irregularidade que possam prejudicar o julgamento do mérito, o relator determinará a intimação do reclamante, no prazo de 15 (quinze) dias, para que a emende ou complemente, indicando com precisão o que deve ser corrigido ou complementado.

Independentemente de pedido de informações e citação do beneficiário do ato impugnado, nas hipóteses do art. 332, o relator poderá julgar liminarmente inadmissível ou improcedente o pedido formulado na reclamação.

Positivo o juízo de admissibilidade, de acordo com o art. 989, o relator:

a) requisitará informações da autoridade a quem for imputada a prática do ato impugnado, que as prestará no prazo de 10 (dez) dias;

b) se necessário, ordenará a suspensão do processo ou do ato impugnado para evitar dano irreparável; e

c) determinará a citação do beneficiário da decisão impugnada, que terá o prazo de 15 (quinze) dias para apresentar a sua contestação.

Sustenta-se que o art. 932 seria aplicável à reclamação, por ser norma geral, exposta no Capítulo II do Livro III da Parte Especial ("Da Ordem dos Processos no Tribunal"). Induvidosamente, os incisos I e II do art. 932 aplicam-se, porquanto o relator deverá dirigir e ordenar a reclamação no tribunal e, eventualmente, conceder tutela provisória. Os incisos III, IV e V do art. 932 cuidam de competência para o relator inadmitir, dar ou negar provimento a recurso. Textualmente, o dispositivo não cuida de processos, muito menos da reclamação. Ainda assim, em interpretação extensiva, parcela da doutrina afirma que o relator tem competência para julgar extinta a reclamação sem o

---

1682 Na perspectiva do Código revogado, RICARDO DE BARROS LEONEL, *Reclamação constitucional*, n. 8.13, p. 265.

COMENTÁRIOS AO CÓDIGO DE PROCESSO CIVIL V. XIX

exame do mérito (art. 485), julgar procedente ou improcedente (art. 487) com base: a) em súmula do Supremo Tribunal Federal, do Superior Tribunal de Justiça ou do próprio tribunal; b) em acórdão proferido pelo Supremo Tribunal Federal ou pelo Superior Tribunal de Justiça em julgamento de recursos repetitivos; e c) em entendimento firmado em incidente de resolução de demandas repetitivas ou de assunção de competência.[1683-1684]

283. Informações da autoridade reclamada

Se a petição inicial preencher os requisitos de admissibilidade, o relator deverá cientificar a autoridade reclamada a fim de que preste informações no prazo de 10 (dez) dias.

A autoridade reclamada é a titular do ato comissivo ou omissivo. Ela assume a posição semelhante à autoridade coatora que tenha praticado o ato impugnado por meio do mandado de segurança. "A autoridade, nessa hipótese, é mero órgão do ente público em nome do qual ela atua."[1685]

O ato de cientificação da autoridade reclamada deverá ser acompanhado com as peças processuais da reclamação, com a identificação do prazo para as informações.

Diante de sua natureza processual, o prazo para a autoridade reclamada oferecer suas informações deverá ser contado em dias úteis (art. 219). O termo inicial do prazo é a data da cientificação por força do § 3º do art. 231 do Código, porquanto a autoridade reclamada presta informações sem "intermediação de representante judicial".[1686]

Caso o prazo seja exíguo ou por algum motivo revele-se insuficiente para que as informações sejam adequadamente prestadas, o relator, com fundamento no inciso VI do art. 139, tem poderes para dilatá-lo.

1683 RICARDO DE BARROS LEONEL, *Comentários ao Código de Processo Civil*, vol. 4, n. 2, p. 249.

1684 O parágrafo único do art. 161 do RISTF confere competência ao relator para "julgar a reclamação quando a matéria for objeto de jurisprudência consolidada do Tribunal". O termo "jurisprudência consolidada" é semelhante ao termo "jurisprudência dominante", utilizado pelo art. 557 do CPC/1973. Dada a vagueza do termo, a doutrina sempre manifestou severas críticas e o termo foi expulso do Código.

1685 EDUARDO TALAMINI, *Novos aspectos da jurisdição constitucional brasileira*: repercussão geral, força vinculante, modulação dos efeitos do controle de constitucionalidade e alargamento do objeto do controle direto, n. 3.20.4, p. 176.

1686 "Quando o ato tiver de ser praticado diretamente pela parte ou por quem, de qualquer forma, participe do processo, sem a intermediação de representante judicial, o dia do começo do prazo para cumprimento da determinação judicial corresponderá à data em que se der a comunicação."

As informações da autoridade reclamada, que podem vir acompanhadas de documentos, têm um sentido de qualidade do contraditório desenvolvido na reclamação. Não tem natureza de defesa. Podem ser subscritas pela própria autoridade reclamada, que não precisa estar assistida por advogado.

A princípio, a falta de informações não traz consequências processuais, nem há que se falar em revelia. No entanto, sua ausência, de alguma forma, pode ser interpretada como falta do dever de colaboração por parte da autoridade reclamada (art. 6°).

284. Tutela provisória

A propositura da reclamação não impede a eficácia do ato impugnado, salvo a concessão de tutela provisória em sentido diverso.[1687]

No modelo anterior, o revogado inciso II do art. 14 da Lei n. 8.038/90 estabelecia que, ao despachar a petição inicial, o relator ordenaria a suspensão do processo ou do ato impugnado para evitar dano irreparável. O Código não inovou na matéria, permanecendo praticamente a mesma redação.

O inciso II do art. 989 pressupõe a concessão de tutela provisória se o autor demonstrar apenas a possibilidade de "dano irreparável". A redação merece crítica porque não se alinha com as disposições gerais da tutela provisória de urgência, especialmente com a letra do art. 300 (*"perigo de dano ou risco ao resultado útil do processo"*). Além disso, o reclamante não está desobrigado de evidenciar em sua petição inicial "a probabilidade do direito".[1688]

A questão que se põe é a seguinte: se o termo "evitar dano irreparável" restringiria o relator a conceder apenas a tutela de urgência. A resposta restritiva parece não fazer muito sentido no atual sistema processual.

O Livro V da Parte Geral tem aplicação para todos os processos regulados pelo Código. Por esse motivo, é lícito ao relator, desde que preenchidos os requisitos expressos em lei, conceder tutela provisória seja qual for a natureza (urgência – tutela antecipada ou cautelar – ou evidência) ou procedimento (antecedente ou incidental).

1687 Bruno Vasconcelos Carrilho Lopes sustenta que "para o cabimento da reclamação é indiferente que a decisão judicial produza ou não efeitos imediatos" (*A evolução do processo civil brasileiro*, n. 19.13, p. 344). Evidentemente que o interesse no requerimento de tutela provisória nasce no momento em que o ato impugnado produza efeitos que gerem prejuízo à esfera jurídica do reclamante.

1688 Gustavo Azevedo afirma textualmente: É preciso – sempre – a verossimilhança das alegações. O *periculum in mora* por si só não é suficiente para admitir a concessão da tutela provisória na reclamação, devendo ser conjugado com o *fumus boni iuris*. Deve haver probabilidade do direito alegado pelo reclamante para além da afirmação do risco de dano irreparável (CPC, art. 300) (*Reclamação constitucional no processo civil*, n. 6.3.2, p. 282).

No processo de reclamação aplica-se o regime da fungibilidade da tutela provisória (art. 305, parágrafo único).

É possível, outrossim, a estabilização da decisão que venha a conceder a tutela provisória em reclamação, nos termos do art. 304. Em última análise, concedida tutela provisória *satisfativa* (tutela antecipada), a decisão torna-se estável, salvo se o interessado interpuser agravo interno.

A concessão de tutela provisória satisfativa deve corresponder aos efeitos da eventual procedência da reclamação, que, de acordo com o art. 992, corresponde à cassação da decisão exorbitante de seu julgado ou à determinação de medida adequada à solução da controvérsia.

Logo, se a procedência da reclamação pode gerar apenas a cassação do ato impugnado, não será possível tutela provisória satisfativa correspondente à decisão originária cuja autoridade foi violada. De outro lado, se a reclamação visa alcançar algo além da cassação, tal como permite o art. 992, ao estabelecer que, julgando procedente, o tribunal determinará medida adequada à solução da controvérsia, ao despachar a reclamação, deferindo a suspensão do ato impugnado, é lícito ao relator conceder tutela provisória satisfativa correspondente à decisão originária cuja autoridade foi violada.[1689]

Assim, *v.g.*, em processo que se busca evitar a cobrança de taxa de matrícula em determinada universidade pública, o juiz indefere o requerimento de tutela provisória satisfativa, violando a Súmula Vinculante 12.[1690] Proposta a reclamação, compreende-se que o relator possa suspender o pronunciamento impugnado e conceder a antecipação da tutela para evitar a cobrança da taxa de matrícula.

É possível a concessão de tutela provisória em casos de impugnação de ato comissivo e omissivo.[1691]

1689 Correto o Enunciado 64 da I Jornada de Direito Processual Civil do Conselho da Justiça Federal: "Ao despachar a reclamação, deferida a suspensão do ato impugnado, o relator pode conceder tutela provisória satisfativa correspondente à decisão originária cuja autoridade foi violada". Em sentido contrário: GUSTAVO AZEVEDO, *Reclamação constitucional no processo civil*, n. 6.3.2, p. 289. Especialmente com relação à procedência da reclamação fundada em violação à súmula vinculante, porém antes do vigente Código, BRUNO VASCONCELOS CARRILHO LOPES, *A evolução do processo civil brasileiro*, n. 19.14, p. 347.

1690 A cobrança de taxa de matrícula nas universidades públicas viola o disposto no art. 206, IV, da Constituição Federal.

1691 Na jurisprudência: STF, Rcl 29.446/RS, rel. Min. ALEXANDRE DE MORAES, *DJe* 6-2-2018. Na doutrina: CARRERA ALVIM, *Comentários ao Código de Processo Civil*, vol. XIV, p. 989.

285. Citação e resposta do beneficiário da decisão impugnada

O inciso III estabelece que o relator determinará a citação do beneficiário da decisão impugnada, que terá prazo de 15 (quinze) dias para apresentar a sua contestação.

A leitura do referido dispositivo legal leva ao resultado de que a citação do beneficiário é necessária porque o eventual pronunciamento de procedência da reclamação implica a cassação e, por vezes, a desconstituição da decisão impugnada, fatos que poderão afetar sua esfera jurídica.

Ao integrar a relação processual, o beneficiário do ato impugnado poderá exercer o contraditório.

Registre-se que o ato impugnado poderá ser proferido em processo subjetivamente complexo, no qual se formou litisconsórcio. Porém, o fato de haver litisconsórcio, por si só, não torna necessário citar todos para que integrem a reclamação, pois o pronunciamento contestado pode não alcançar a esfera jurídica de todos os litisconsortes.

Dada a natureza do processo de reclamação, de modo geral, a ausência de contestação caracteriza a revelia, mas não surte o efeito da presunção de veracidade das alegações de fato formuladas pelo reclamante.[1692]

Há discussão acerca da posição processual ocupada pela autoridade reclamada.

Parcela da doutrina sustenta que o réu da reclamação será apenas a pessoa que se beneficiou do ato impugnado. Por esse motivo, a autoridade reclamada jamais seria ré, porque não seria favorecida pelo ato e não disporia de "faculdades, ônus, deveres e poderes processuais".[1693] Sua posição no processo é "*fonte de prova*".[1694]

No entanto, o que parece ser o correto, prevalece o entendimento de que a autoridade reclamada é parte e deverá ocupar o polo passivo da relação processual.[1695] Com base nesse entendimento, sustenta-se haver litis-

---

1692 Zulmar Duarte de Oliveira Jr., *Execução e recursos* – comentários ao CPC de 2015, n. 1, p. 917.

1693 Gustavo Azevedo, *Reclamação constitucional no processo civil*, n. 5.1.2, p. 236.

1694 Leonardo Carneiro da Cunha, *A fazenda pública em juízo*, n. 17.6.2.1, p.780.

1695 Na perspectiva do Código/1973: Marcelo Navarro Ribeiro Dantas, *Reclamação constitucional no direito brasileiro*, n. 8.2.1, p. 475, 45-266; Leonardo Lins Morato, *Reclamação e sua aplicação para o respeito da súmula vinculante*, n. 8.1.1, p. 121; Arlete Inês Aurelli, *Condições da ação para o exercício da reclamação constitucional*, n. 2.1.2, p. 33; Glauco Gumerato Ramos, *Reclamação no Superior Tribunal de Justiça*, n. 3.1, p. 234. No Código vigente: Humberto Theodoro Jr. *Curso de direito processual civil*, vol. III, n. 714, p. 984; Cassio Scarpinella Bueno, *Curso sistematizado de direito*

COMENTÁRIOS AO CÓDIGO DE PROCESSO CIVIL v. XIX

consórcio unitário entre o beneficiário do ato impugnado e a autoridade reclamada.[1696] Outra corrente sustenta haver a formação de litisconsórcio necessário passivo.[1697]

Art. 990. Qualquer interessado poderá impugnar o pedido do reclamante.

COMENTÁRIO

286. Impugnação por terceiro

No direito processual, a palavra "interessado" poderá assumir múltiplos significados.

O julgamento da reclamação poderá atingir interesse de pessoas que não estejam diretamente envolvidas no ambiente judicial ou administrativo em que foi proferido o ato impugnado.

Por esse motivo o art. 990 estabelece que qualquer interessado poderá impugnar o pedido do reclamante.

A incidência do dispositivo será relativamente comum nos casos em que o objeto da reclamação envolver as hipóteses de garantia de preservação de súmula vinculante, decisão do Supremo Tribunal Federal em controle concentrado de constitucionalidade, acórdão proferido em incidente de assunção de competência ou acórdão proferido em julgamento de casos repetitivos (art. 928). Acrescentem-se, ainda, processos que promovam a tutela de direitos coletivos (*v.g.*, ação civil pública).[1698]

No momento da impugnação, o interessado deverá demonstrar a pertinência do objeto da reclamação com o seu *interesse*, i.e., em que medida a decisão reclamada interfere em sua esfera jurídica.[1699]

O interessado poderá ser o assistente no processo em que foi proferida a decisão reclamada.[1700] Dada a nota de facultatividade, o ingresso do inte-

---

processual civil, vol. 2, n. 4, p. 530; ARAKEN DE ASSIS, *Manual dos recursos*, n. 115.2, p. 1075; ROGÉRIO LICASTRO TORRES DE MELLO, Coment. ao art. 990, *Código de Processo Civil anotado*, p. 1349.

1696 RICARDO DE BARROS LEONEL, *Comentários ao Código de Processo Civil*, vol. 4, n. 4, p. 250.

1697 EDUARDO JOSÉ DA FONSECA COSTA, Coment. ao art. 988, *Breves comentários ao novo Código de Processo Civil*, n. 6, p. 2454.

1698 GISELE FERNANDES GÓES, *A reclamação constitucional*, n. 3.4, p. 131-132.

1699 NERY-NERY, *Código de Processo Civil comentado*, n. 2, p. 2228; ROGÉRIO LICASTRO TORRES DE MELLO, Coment. ao art. 990, *Código de Processo Civil anotado*, p. 1349.

1700 PEDRO MIRANDA DE OLIVEIRA, Coment. ao art. 990, *in Comentários ao novo Código de Processo Civil*, n. 1, p. 1485.

ressado deverá ser espontâneo, recebendo o processo no estado em que se encontra.[1701]

Se a defesa envolver as matérias enumeradas no art. 337, o relator determinará a intimação do reclamante para exercer o contraditório.[1702]

> **Art. 991.** Na reclamação que não houver formulado, o Ministério Público terá vista do processo por 5 (cinco) dias, após o decurso do prazo para informações e para o oferecimento da contestação pelo beneficiário do ato impugnado.

COMENTÁRIO

287. Participação do Ministério Público

Em razão do seu perfil constitucional, o Ministério Público participará do processo de reclamação, seja como parte ou fiscal da ordem jurídica.

O Código estabelece que se o Ministério Público não for parte na reclamação, depois do decurso do prazo para informações e oferecimento de contestação pelo beneficiário do ato impugnado, será intimado para manifestação, no prazo de 5 (cinco) dias.

A participação do Ministério Público como fiscal da ordem jurídica no processo de reclamação é de ordem político-legislativa. Essa opção é criticável, porque nem toda reclamação autorizaria a intervenção do membro do *Parquet*, por não envolver fato que atrairia relevância de sua função institucional.[1703] Isso não significa eliminar sua atuação enquanto fiscal da ordem jurídica, mas estabelecer prioridades institucionais.[1704]

O prazo de 5 (cinco) dias estabelecido pelo art. 991 é específico e, por esse motivo, não deve ser computado em dobro (art. 180, § 2º). Além disso, dada a natureza processual, deve ser computado em dias úteis (art. 219).

1701 STF, Rcl 449/SP, rel. Min. Celso de Mello, *DJ* 21-2-1997.

1702 Maninoni-Arenhart-Mitidiero, *Novo Código de Processo Civil comentado*, n. 3, p. 1064.

1703 Semelhante perspectiva levou o legislador a definir a participação do Ministério Público na ação rescisória somente nas hipóteses do art. 178. Poder-se-ia dizer o mesmo para a reclamação.

1704 Registre-se, porém, posição de Pedro Miranda de Oliveira, que justifica os termos da lei: "[o] Ministério Público oficiará nas reclamações não decorrentes de sua iniciativa. Sua atuação explica-se pela gravidade da situação que envolve o cabimento da reclamação: desacato a uma decisão judicial dos tribunais ou prática de invasão de competência" (Coment. ao art. 991, *in Comentários ao novo Código de Processo Civil*, n. 1, p. 1485).

COMENTÁRIOS AO CÓDIGO DE PROCESSO CIVIL V. XIX

O Ministério Público é livre para se manifestar na reclamação, seja no sentido de inadmiti-la (*v.g.*, ausência de pressuposto processual), seja para argumentar pelo acolhimento ou rejeição o pedido reclamatório. Por ser o último ato antes da conclusão ao relator para elaboração do voto, a manifestação do órgão ministerial tende a qualificar, ainda mais, o contraditório.

Note-se que a intimação do Ministério Público, sempre que possível, será realizada por meio eletrônico, na forma da lei (art. 270, parágrafo único).

A falta de sua intimação gera invalidade no processo, que, no entanto, só pode ser declarada depois de o Ministério Público ser intimado, que se manifestará sobre a existência ou a inexistência de prejuízo (art. 279, § 2º).

Cuida-se de prazo próprio. Findo o prazo para manifestação do Ministério Público, sem manifestação, o relator requisitará os autos e dará andamento ao processo de reclamação.

> **Art. 992.** Julgando procedente a reclamação, o tribunal cassará a decisão exorbitante de seu julgado ou determinará medida adequada à solução da controvérsia.

COMENTÁRIO

288. Julgamento

O julgamento da reclamação poderá assumir três resultados possíveis: a) inadmissibilidade; b) improcedência; e c) procedência.

Para os casos de inadmissibilidade, remete-se o leitor ao *comentário* exposto ao art. 990. Basta dizer, aqui, que a inadmissibilidade poderá ser declarada por órgão unipessoal ou órgão colegiado, sendo ambas as decisões passíveis de recursos.

A improcedência da reclamação – assim como sua inadmissibilidade – não altera o estado de fato. A decisão que rejeita o pedido declara que os fatos alegados pelo reclamante não podem produzir o efeito jurídico pretendido por ele em sede de reclamação. Logo, o ato impugnado permanece hígido.

Todavia, o art. 992 não cuida da inadmissibilidade ou da improcedência, mas unicamente da procedência da reclamação.

No referido dispositivo, o legislador precisou os possíveis efeitos da procedência da reclamação: "o tribunal cassará a decisão exorbitante de seu julgado ou determinará medida adequada à solução da controvérsia".

A palavra "cassação" está no sentido de desfazer o ato impugnado (judicial ou administrativo).[1705]

1705 Nesse sentido: PEDRO HENRIQUE PEDROSA NOGUEIRA, *A eficácia da reclamação constitucional*, n. 4, p. 388-389. Com referência doutrinária histórica, cuja lição pode ser

Porém, poderá suceder que não haja nada para "cassar" (*v.g.*, reclamação contra ato omissivo), hipótese que poderá atrair a aplicação da parte final do art. 992 ("*determinará medida adequada à solução da controvérsia*").

O termo utilizado pela lei é bastante impreciso. Parece que o objetivo do legislador foi outorgar ao órgão julgador amplos poderes para atingir os objetivos da reclamação, i.e., preservar a competência do tribunal, garantir a autoridade das decisões do tribunal, garantir a observância de súmulas e precedentes obrigatórios.[1706]

Por esse motivo, a definição de eficácia do julgamento de procedência da reclamação depende do motivo que a ensejou.[1707]

Se o pedido de reclamação estiver fundado na usurpação da competência, o tribunal poderá desconstituir ou cassar a eventual decisão judicial proferida pela autoridade reclamada, ou, ainda, em alguns casos avocar para conhecer o processo em que ocorreu a irregular atividade jurisdicional.[1708]

De outro lado, tratando-se de reclamação para assegurar a efetividade de decisão judicial, precedente ou súmula, poderá haver a desconstituição ou cassação do pronunciamento judicial, com a ordem para que a autoridade judicial reclamada profira outra decisão.[1709]

Cuidando-se de ato administrativo, a procedência da reclamação anulará (*rectius*: cassará) o ato e, quando for o caso, determinará a medida adequada para solução da controvérsia. Na hipótese de decisão proferida em processo administrativo, incide o disposto no art. 64-B: "Acolhida pelo Supremo Tribunal Federal a reclamação fundada em violação de enunciado da súmula vinculante, dar-se-á ciência à autoridade prolatora e ao órgão competente para o julgamento do recurso, que deverão adequar as futuras decisões administra-

---

aproveitada para o estudo da procedência da reclamação, Flávio Yarshell sustenta que "cassar não significa outra coisa que rescindir" (*Ação rescisória*: juízos rescindente e rescisório, n. 2, p. 24-25). Os dicionários registram outras expressões: anular, derrogar, invalidar, suprimir, entre muitas outras (sinônimos.com.br).

1706 Rogério Licastro Torres de Mello, Coment. ao art. 992, *Código de Processo Civil anotado*, p. 1350.

1707 Pedro Henrique Pedrosa Nogueira, *A eficácia da reclamação constitucional*, n. 2, p. 384.

1708 Pedro Miranda de Oliveira, Coment. ao art. 992, in *Comentários ao novo Código de Processo Civil*, n. 1, p. 1486. Georges Abboud chega a sustentar que no caso de procedência da reclamação fundada em usurpação da competência, o tribunal "tranca o andamento da ação" (*Processo constitucional brasileiro*, 3.4.1. p. 150). *V*, ainda, com proveito, Luis Roberto Barroso, *O controle de constitucionalidade no direito brasileiro*, n. 2, p. 210.

1709 O inciso III do art. 161 do RISTF estabelece que o tribunal poderá "determinar medida adequada à observância de sua jurisdição".

tivas em casos semelhantes, sob pena de responsabilização pessoal nas esferas cível, administrativa e penal".

No julgamento de procedência da reclamação, o órgão julgador poderá aplicar o disposto no inciso IV do art. 139.[1710]

289. Recursos e ação rescisória

A reclamação é processo de competência originária dos tribunais. Por esse motivo, não cabem os recursos próprios para impugnar os pronunciamentos judiciais de primeiro grau de jurisdição. Assim, são incabíveis apelação e agravo de instrumento. A Lei n. 13.256/2016 revogou o art. 1.043, IV, o qual previa o cabimento de embargos de divergência contra acórdão de órgão fracionário que nos processos de competência originária divergisse do julgamento de qualquer outro órgão do mesmo tribunal. Ademais, tampouco é cabível recurso ordinário.

No processo de reclamação são cabíveis os seguintes recursos: embargos de declaração, agravo interno, recurso especial, recurso extraordinário e agravo em recurso especial ou extraordinário.

Nos termos do art. 1.022, os embargos de declaração são cabíveis contra qualquer decisão judicial, no prazo de 5 (cinco) dias. Nos estreitos limites da reclamação, são embargáveis todas as decisões monocráticas ou colegiadas. No primeiro caso, o próprio relator julgará o recurso. Interessante notar que o relator conhecerá dos embargos de declaração como agravo interno se entender ser este o recurso cabível, hipótese em que deverá determinar a intimação do recorrente para complementar suas razões, ajustando-as às exigências expostas no § 1º do art. 1.021.

O agravo interno (art. 1.021) é o recurso cabível contra a decisão do relator, o qual será julgado pelo órgão colegiado que originariamente é competente para o julgamento da reclamação ("para o respectivo órgão colegiado"). Registre-se que todas as decisões proferidas pelo relator podem ser agravadas: (i) tutela provisória (art. 932, II); (ii) indeferimento da petição inicial (art. 968, § 3º, c/c art. 330); (iii) improcedência liminar do pedido (art. 968, § 4º, c/c art. 332); e (iv) decisão interlocutória (art. 203, § 2º).[1711] É incabível agravo interno contra acórdão.

1710 MARINONI-ARENHART-MITIDIERO, *Novo Código de Processo Civil comentado*, n. 3, p. 1065; FABIANO CARVALHO, Coment. ao art. 139, *Código de Processo Civil anotado*, p. 255 (versão eletrônica).

1711 Destaque-se que há julgado do Superior Tribunal de Justiça, anterior à edição do CPC/2015, que admitiu a impetração de mandado de segurança contra decisão do relator que havia inadmitido a reclamação (MS 16.180-DF, rel. Min. CASTRO MEIRA, j. 5-10-2011).

A interposição dos recursos especial e extraordinário fica condicionada aos requisitos exigidos pela Constituição. De acordo com o art. 1.042, cabe agravo contra decisão do presidente ou do vice-presidente do tribunal recorrido que inadmitir recurso extraordinário ou recurso especial, salvo quando fundada na aplicação de entendimento firmado em regime de repercussão geral ou em julgamento de recursos repetitivos.

Os recursos cabíveis na reclamação não obstam a produção de efeitos da decisão recorrida. Todavia, o recorrente fica autorizado a requerer a concessão de tutela provisória, com apoio no parágrafo único do art. 995.

Registre-se que o julgamento não unânime, seja qual for o resultado, não dá lugar à técnica do julgamento estendido (art. 942).

Lembre-se, ainda, que a decisão que resolve a reclamação não está sujeita à remessa necessária (art. 496).

Finalmente, se a decisão proferida na reclamação transitada em julgado se enquadrar no *caput* ou nos incisos I e II do § 2º do art. 966 do CPC e houver fundamento rescisório (*v.g.*, violação manifesta de norma jurídica), será possível ajuizar ação rescisória.[1712]

290. Honorários advocatícios

A reclamação é "ação autônoma", que dá origem ao processo com etapas bem demarcadas. Tanto assim que o inciso III do art. 989 estabelece que, ao despachar a reclamação, "o relator determinará a citação do beneficiário da decisão impugnada, que terá prazo de 15 (quinze) dias para apresentar a sua contestação".

A instituição do contraditório prévio à decisão final conduzem setores da doutrina e da jurisprudência a aceitar a condenação em honorários advocatícios na reclamação.[1713]

Por se tratar de processo de competência originária dos tribunais, o cumprimento da condenação de honorários efetuar-se-á perante o órgão jurisdicional cuja competência se busca preservar ou cuja autoridade se pretenda garantir (art. 516, I).[1714]

1712 EDUARDO JOSÉ DA FONSECA COSTA, Coment. ao art. 993, *Breves comentários ao novo Código de Processo Civil*, n. 1 , p. 2462.

1713 Na jurisprudência: STF, EDecl no AgReg na Rcl 25.160/SP, rel. p/ ac. Min. DIAS TOFFOLI, Sessão Virtual de 29-9-2017 a 5-10-2017.

1714 Equivocado o acórdão do STF que afirmou que a execução da verba honorária deveria ser "realizada nos autos do processo de origem, quando se tratar de impugnação de decisão judicial" (STF, AgReg na Rcl 24.417/SP, rel. Min. ROBERTO BARROSO, *DJe* 24-4-2017).

COMENTÁRIOS AO CÓDIGO DE PROCESSO CIVIL V. XIX

Art. 993. O presidente do tribunal determinará o imediato cumprimento da decisão, lavrando-se o acórdão posteriormente.

COMENTÁRIO

291. Cumprimento da decisão

O art. 993 é reprodução literal do revogado art. 18 da Lei n. 8.038/90, que disciplinava o procedimento da reclamação junto aos tribunais superiores.[1715]

A regra é de difícil compreensão. Andou mal o legislador ao expressar-se do modo como se expressou.

De acordo com a leitura da primeira parte do art. 993, não se sabe o exato alcance da locução "presidente do tribunal". Questiona-se se o dispositivo faria referência ao "presidente do tribunal" perante o qual tramitou a reclamação ou ao "presidente do tribunal" ao qual esteja vinculado o órgão judiciário que praticou o ato impugnado.

Além disso, salvo nos casos em que o presidente haja participado do julgamento – se se admitir que o destinatário da norma seria o presidente do tribunal em que se processou a reclamação –, no modelo atual, dado seu distanciamento do processo, não faz muito sentido delegar a ele "função executiva" para dar efetividade à decisão proferida na reclamação.[1716]

Há mais. É bastante criticável deixar a lavratura do acórdão para depois do cumprimento da decisão de procedência do pedido formulado na reclamação. Sem o teor da decisão, é inviável saber o que deverá ser cumprido. O que talvez a lei tenha almejado transmitir é a desnecessidade de publicação e de intimação do acórdão que haja acolhido o pedido da reclamação para que produza efeitos.

Parcela da doutrina afirma que o objetivo do art. 993 seria implementar "velocidade" no cumprimento da decisão de procedência da reclamação.[1717] No entanto, como visto acima, tal argumento sucumbe à burocracia necessária para dar eficácia ao dispositivo legal. Sua concretização motivaria o órgão julgador (relator ou colegiado) a expedir ofício ao presidente do tribunal acerca do resultado e da ordem a ser cumprida, sem o teor da decisão de procedência da reclamação, ao menos nos casos em que o acórdão não estivesse

---

1715 O art. 192 do RISTJ tem exatamente a mesma redação empregada pelo Código.

1716 Correta a observação de CARREIRA ALVIM, *Comentários ao novo Código de Processo Civil*, vol. XIV, p. 329.

1717 NERY-NERY, *Código de Processo Civil comentado*, n. 2, p. 2229; JOSÉ MIGUEL GARCIA MEDINA, *Novo Código de Processo Civil comentado*, p. 1334.

498

lavrado ("O presidente do tribunal determinará o imediato cumprimento da decisão, *lavrando-se o acórdão posteriormente*"), para que este determinasse a expedição de mandado (no caso, ato impugnado de autoridade administrativa) ou carta de ordem (no caso de ato impugnado de autoridade judicial)[1718] para, aí sim, a decisão da reclamação ser cumprida.

Nada obstante sua literalidade, o dispositivo em comento não tem o condão de retirar do relator ou do órgão colegiado a competência para dar efetividade à decisão de procedência da reclamação ou à decisão concessiva de tutela provisória (art. 989, II).

Merece destaque o fato de que o recurso interposto em reclamação é desprovido de efeito suspensivo, o que torna o pronunciamento passível de execução imediata.[1719]

É inaceitável promover nova reclamação contra o órgão que descumpre o pronunciamento de procedência do pedido de reclamação. Nesse caso, deverão ser empregadas todas as medidas indutivas, coercitivas, mandamentais ou sub-rogatórias necessárias para assegurar o cumprimento da ordem judicial, na linha do que dispõe o inciso IV do art. 139.

O descumprimento poderá configurar responsabilidade administrativa, civil ou criminal, podendo caracterizar, inclusive, ato de improbidade administrativa.[1720]

1718 GUILHERME RIZZO AMARAL, *Comentários às alterações do novo CPC*, versão eletrônica.

1719 EDUARDO JOSÉ DA FONSECA COSTA, Coment. ao art. 993, *Breves comentários ao novo Código de Processo Civil*, n.1, p. 2461.

1720 GISELE FERNANDES GÓES, *A reclamação constitucional*, n. 5.4, p. 142. No mesmo sentido: EDUARDO JOSÉ DA FONSECA COSTA, Coment. ao art. 988, ,in: TERESA ARRUDA ALVIM WAMBIER (coord.) et al. *Breves comentários ao novo Código de Processo Civil*, 3. Ed. São Paulo: Revista dos Tribunais, 2016, p.2299-2308.

BIBLIOGRAFIA

ABBOUD, Georges. *Processo constitucional brasileiro.* São Paulo: Revista dos Tribunais, 2016.

_____. *Processo constitucional brasileiro.* 3. ed. São Paulo: Revista dos Tribunais, 2019.

_____ e STRECK, Lenio Luiz. *O que é isto* – o precedente judicial e as súmulas vinculantes? 3. ed. Porto Alegre: Livraria do Advogado, 2015.

_____ e FERNANDES, Ricardo Yamin. Requisitos legais para instauração do incidente de assunção de competência, *RePro* 279 (versão eletrônica).

_____ e CAVALCANTI, Marcos de Araújo. Inconstitucionalidades do incidente de resolução de demandas repetitivas e riscos ao sistema decisório, *RePro* 240.

ABBUD, André de Albuquerque Cavalcanti. *Homologação de sentenças arbitrais estrangeiras.* São Paulo: Atlas, 2008.

ABDO, Helena Najjar. *O abuso do processo.* São Paulo: Revista dos Tribunais, 2007.

ABELHA RODRIGUES, Marcelo. *Manual de direito processual civil.* 6. ed. Rio de Janeiro: Forense, 2016.

_____. *Comentários ao Código de Processo Civil*, vol. 1. Coord. Cassio Scarpinella Bueno. São Paulo: Saraiva, 2017.

AGUIAR JÚNIOR, Ruy Rosado de. *Extinção dos contratos por incumprimento do devedor.* 2. ed., 2. tir. Rio de Janeiro: Aide, 2004.

ALEXANDRE, Isabel Maria e FREITAS, José Lebre de. *Código de Processo Civil anotado*, vol. 2º, 3. ed. Coimbra: Almedina, 2017.

ALMEIDA, Fernando Dias Menezes de. *Memória jurisprudencial* – Ministro Victor Nunes. Brasília: Supremo Tribunal Federal, 2006.

ALMENDRA, Matheus Leite. Incidente de resolução de demandas repetitivas: desmistificando a sua influência e o tema da suspensão de processos em razão da sua admissibilidade, *RePro* 281.

ALVIM, Eduardo Arruda. *Tutela provisória.* 2. ed. São Paulo: Saraiva, 2017.

ALVIM, Teresa Arruda. *Modulação na alteração da jurisprudência firme ou de precedentes vinculantes.* São Paulo: Revista dos Tribunais, 2019.

_____. Ampliação da colegialidade: o polêmico art. 942 do CPC de 2015. *In Ampliação da colegialidade* – técnica de julgamento do art. 942 do CPC. Coord. Clayton Maranhão, Luiz Henrique Sormani Bargugiani, Rogério Ribas e Sandro Marcelo Kozikoski. Belo Horizonte: Arraes, 2017.

_____. Ampliar a colegialidade: valeu a pena? *In Aspectos polêmicos e atuais dos recursos cíveis e assuntos afins*, vol. 13. Coord. Nelson Nery Jr. e Teresa Arruda Alvim. São Paulo: Revista dos Tribunais, 2017.

_____ e DANTAS, Bruno. *Recurso especial, recurso extraordinário e a nova função dos tribunais superiores no direito brasileiro*. 5. ed. São Paulo: Revista dos Tribunais, 2016.

ALVIM, Thereza. *Questões prévias e os limites objetivos da coisa julgada*. São Paulo: Revista dos Tribunais, 1977.

ALVIM WAMBIER, Teresa Arruda. *Recurso especial, recurso extraordinário e ação rescisória*. 2. ed. São Paulo: Revista dos Tribunais, 2008.

_____ *et alii. Primeiros comentários ao novo código de processo civil*. 3. tir. São Paulo: Revista dos Tribunais, 2015.

_____ e DANTAS, Bruno. *Recurso especial, recurso extraordinário e a nova função dos tribunais superiores no direito brasileiro*. São Paulo: Revista dos Tribunais, 2016.

_____. Sobre a Súmula 343, *RePro* 86.

_____. Estabilidade e adaptabilidade como objetivos do direito: *civil law* e *common law*, *RePro* 172.

AMARAL, Guilherme Rizzo. *Comentários às alterações do novo CPC*. São Paulo: Revista dos Tribunais, 2015.

AMORIM FILHO, Agnelo. Critério científico para distinguir a prescrição da decadência e para identificar as ações imprescritíveis. *Revista de direito processual civil*, vol. 3, p. 95-132.

ANDRADE, Odilon de. *Comentários ao Código de Processo Civil*, vol. IX. Rio de Janeiro: Forense, 1946.

ANDRADE JÚNIOR, Luiz Carlos de. *A simulação no direito civil*. São Paulo: Malheiros, 2016.

APRIGLIANO, Ricardo de Carvalho. *Ordem pública e processo*: tratamento das questões de ordem pública no direito processual civil. São Paulo: Atlas, 2011.

ARAÚJO, Luciano Vianna. *Sentenças parciais?* São Paulo: Saraiva, 2011.

ARAÚJO, Marcelo Labanca Corrêa. *Jurisdição constitucional e federação* – o princípio da simetria na jurisprudência do STF. Rio de Janeiro: Elsivier, 2009.

ARENNHART, Sérgio Cruz; MARINONI, Luiz Guilherme e MITIDIERO, Daniel. *Novo curso de processo civil*, vol. 2. São Paulo: Revista dos Tribunais, 2015.

_____ e MARINONI, Luiz Guilherme. *Prova e convicção*. 3. ed. São Paulo: Revista dos Tribunais, 2015.

AURELLI, Arlete Inês. Condições da ação para o exercício da reclamação constitucional. *In Reclamação constitucional*. Org. Pedro Henrique Pedrosa Nogueira e Eduardo José da Fonseca Costa. Salvador: JusPodivm, 2013.

ARMELIN, Donaldo. *Legitimidade no direito processual civil brasileiro*. São Paulo: Revista dos Tribunais, 1979.

AROCA, Juan Montero. *El processo civil*. Valencia: Editorial Tirant lo Blanch, 2014.

ARRUDA ALVIM NETTO, José Manoel. *Novo contencioso cível no CPC/2015*. São

Paulo: Revista dos Tribunais, 2016.

_____. *Manual de direito processual civil*. 18. ed. São Paulo: Revista dos Tribunais, 2019.

ARSUFFI, Arthur Ferrari. O procedimento da produção antecipada de provas na ação rescisória. *In Provas no novo CPC*. Coord. Pedro da Silva Dinamarco, Rodrigo Matheus, Rogério Lauria Marçal Tucci e João Luís Zaratin Lotufo. São Paulo: IASP, 2016.

ASCARELLI, Tullio. *Problemas das sociedades anônimas e direito comparado*. 2. ed. São Paulo: Saraiva, 1969.

_____. Giurisprudenza constituzionale e teoria dell´interpretazione, *Rivista di Diritto Processuale*. Anno 1957.

ASSIS, Araken. *Processo civil brasileiro*, vol. II, t. II. São Paulo: Revista dos Tribunais, 2015.

_____. *Processo civil brasileiro*, vol. III. São Paulo: Revista dos Tribunais, 2015.

ATAÍDE JR., Jaldemiro Rodrigues de. *Precedentes vinculantes e irretroatividade do direito no sistema processual brasileiro*. Curitiba: Juruá, 2012.

_____. Coment. aos arts. 966 e 968. *In Comentários ao Código de Processo Civil*. Coord. Angélica Arruda Alvim, Araken de Assis, Eduardo Arruda Alvim e George Salomão Leite. São Paulo: Saraiva, 2016.

_____. *A inércia argumentativa no processo civil brasileiro*. Tese de Doutorado: PUC-SP, 2017.

ATTARDI, Aldo. *La revocazione*. Padova: Cedam, 1959.

ÁVILA, Humberto. *Teoria dos princípios* – da definição à aplicação dos princípios jurídicos. 15. ed. São Paulo: Malheiros, 2014.

AZEVEDO, Álvaro Villaça. Os assentos no direito processual civil, *Justitia* 74.

AZEVEDO, Gustavo. *Reclamação constitucional no direito processual civil*. Rio de Janeiro: Forense, 2018.

BADARÓ, Gustavo Henrique. *Manual dos recursos penais*. São Paulo: Revista dos Tribunais, 2016.

BAHIA, Alexandre Melo Franco *et al*. *Novo CPC* – fundamentos e sistematização. 2. ed. Rio de Janeiro: Forense, 2015.

BARBI, Celso Agrícola. *Comentários ao Código de Processo Civil*, vol. I. 17. ed. Revista e atualizada por Bernardo Pimentel Souza. Rio de Janeiro: Forense, 2010.

_____. *Ação declaratória principal e incidente*. 4. ed. Rio de Janeiro: Forense, 1976.

BARBOSA MOREIRA, Carlos Roberto. A ação rescisória no STJ: exame de algumas questões. *In O papel da jurisprudência no STJ*. Coord. Isabel Gallotti, Bruno Dantas, Alexandre Freire, Fernando da Fonseca Gajardoni e José Miguel Garcia Medina. São Paulo: Revista dos Tribunais, 2014.

BARBOSA MOREIRA, José Carlos. *Comentários ao Código de Processo Civil*, vol. V. 17. ed. Rio de Janeiro: Forense, 2013.

_____. *Comentários ao Código de Processo Civil*, vol. V. 16. ed. Rio de Janeiro: Forense, 2012.

COMENTÁRIOS AO CÓDIGO DE PROCESSO CIVIL V. XIX

_____. *Comentários à nova lei de falência e recuperação de empresa*. Coord. Osmar Brina Corrêa Lima, Sérgio Mourão Corrêa Lima. Rio de Janeiro: Forense, 2009.

_____. *O novo processo civil brasileiro*. 29. ed. Rio de Janeiro: Forense, 2012.

_____. *Estudos sobre o novo Código de Processo Civil*. Rio de Janeiro: Liber juris, 1974.

_____. Ainda e sempre a coisa julgada. *In Direito processual civil*. Rio de Janeiro: Borsoi, 1971.

_____. Ação rescisória: objeto do pedido de rescisão. *In Temas de direito processual (terceira série)*. São Paulo: Saraiva, 1984.

_____. Considerações sobre a chamada "relativização" da coisa julgada material. *In Temas de direito processual (nona série)*. São Paulo: Saraiva, 2007.

_____. Considerações sobre a causa de pedir na ação rescisória. *In Temas de direito processual (quarta série)*. São Paulo: Saraiva, 1989.

_____. Razões finais. *In Repertório enciclopédico do direito brasileiro*, vol. XLIV. Rio de Janeiro: Borsoi, p. 279-281.

_____. Julgamento colegiado – modificação de voto após a proclamação do resultado? *In Temas de direito processual (sétima série)*. São Paulo: Saraiva, 2001.

_____. Sentença objetivamente complexa, trânsito em julgado e rescindibilidade. *In Aspectos polêmicos e atuais dos recursos cíveis e assuntos afins*, vol. 11. Coord. Nelson Nery Jr. e Teresa Arruda Alvim Wambier. São Paulo: Revista dos Tribunais, 2007.

_____. Questões de técnica de julgamento nos tribunais. *In Temas de direito processual (nona série)*. São Paulo: Saraiva, 2007.

_____. Inovações da Lei 9.756 em matéria de recursos cíveis. *In Aspectos polêmicos e atuais dos recursos cíveis de acordo com a lei 9.756/98*. Coord. Teresa Arruda Alvim Wambier e Nelson Nery Junior. 1. ed., 2. tir. São Paulo: Revista dos Tribunais, 1999.

_____. Notas sobre alguns fatores extrajurídicos no julgamento colegiado. *In Temas de direito processual (sexta série)*. São Paulo: Saraiva, 1997.

_____. Problemas relativos a litígios internacionais. *In Temas de direito processual (quinta série)*. São Paulo: Saraiva, 1994.

_____. Questões prejudiciais e coisa julgada. *Revista de Direito da Procuradoria- Geral do Estado da Guanabara*, vol. 16.

_____. Conflito positivo e litispendência. *In Temas de direito processual (segunda série)*. São Paulo: Saraiva, 1980.

_____. Restrições ilegítimas ao conhecimento dos recursos. *In Temas de direito processual (nova série)*. São Paulo: Saraiva, 2007.

BARBUGIANI, Luiz Henrique Sormani. Uma análise comparativa entre os embargos infringentes do CPC de 1973 e a técnica de julgamento do artigo 942 do CPC de 2015: uma alteração de paradigma. *In Ampliação da colegialidade – técnica de julgamento do art. 942 do CPC*. Coord. Clayton Maranhão, Luiz Henrique Sormani Bargugiani, Rogério Ribas e Sandro Marcelo Kozikoski. Belo Horizonte: Arraes, 2017.

BARIONI, Rodrigo. *Ação rescisória e recursos para os tribunais superiores*. 2. ed. São Paulo:

Bibliografia

Revista dos Tribunais, 2013.

_____. Comentários aos arts. 966 a 975. *In Breves Comentários ao Código de Processo Civil*. Coord. Teresa Arruda Alvim Wambier, Fredie Didier Jr., Eduardo Talamini e Bruno Dantas. São Paulo: Revista dos Tribunais, 2015.

_____. Comentários aos arts. 966 a 975. *In Breves Comentários ao Código de Processo Civil*. 3. ed. Coord. Teresa Arruda Alvim Wambier, Fredie Didier Jr., Eduardo Talamini e Bruno Dantas. São Paulo: Revista dos Tribunais, 2016.

_____. A produção de provas em ação rescisória. *In Os poderes do juiz e o controle das decisões judiciais* – estudos em homenagem à Professora Teresa Arruda Alvim Wambier. Coord. José Miguel Garcia Medina, Luana Pedrosa Figueiredo Cruz, Luís Otávio Sequeira de Cerqueira e Luiz Manoel Gomes Junior. São Paulo: Revista dos Tribunais, 2008.

_____. Efeito infringente dos embargos de declaração, *RePro* 105.

_____. Legitimidade passiva na ação rescisória. *In Aspectos polêmicos e atuais dos recursos cíveis e assuntos afins*. Coord. Nelson Nery Jr. e Teresa Arruda Alvim Wambier. São Paulo: Revista dos Tribunais, 2011.

_____. Ação rescisória de decisão proferida em ação coletiva. *In Aspectos processuais do Código de Defesa do Consumidor*. Coord. Fabiano Carvalho e Rodrigo Barioni. São Paulo: Revista dos Tribunais, 2008.

_____. Preclusão diferida, o fim do agravo retido e a ampliação do objeto da apelação no novo Código de Processo Civil, *RePro* 243.

_____. As *unpublished opinions* do direito norte-americano: contribuição para a assunção de competência, *RePro* 261.

_____. Incidente de declaração de inconstitucionalidade nos tribunais: a regra da "reserva de plenário". *In Processo e Constituição* – estudos em homenagem ao Professor José Carlos Barbosa Moreira. Coord. Luiz Fux, Nelson Nery Jr. e Teresa Arruda Alvim Wambier. São Paulo: Revista dos Tribunais, 2006.

_____ e CARVALHO, Fabiano. Depósito prévio na ação rescisória e a evolução das garantias prestadas em juízo. *In Questões relevantes sobre recursos, ações de impugnação e mecanismos de uniformização da jurisprudência, em homenagem à professora Teresa Arruda Alvim*. Coord. Bruno Dantas, Cassio Scarpinella Bueno, Cláudia Elisabete Schwerz Cahali e Rita Dias Nolasco. São Paulo: Revista dos Tribunais, 2017.

BARKER, Robert S. *El precedente y su significado en el derecho constitucional de Los Estados Unidos*. Lima: Grijley, 2014.

BARROS, Vera Cecília Monteiro de e CHISÉ, Paula de Magalhães. Coment. ao art. 965. *In Código de Processo Civil anotado*. Coord. José Rogério Cruz e Tucci, Manoel Caetano Ferreira Filho, Ricardo de Carvalho Aprigliano, Rogéria Fagundes Dotti e Sandro Gilbert Martins. Disponível em www.aasp.org.br/novo_cpc.

BARROSO, Luís Roberto. *O controle de constitucionalidade no direito brasileiro*. 8. ed. Atualizada com a colaboração de Patrícia Perrone Campos Mello. São Paulo: Saraiva, 2019.

COMENTÁRIOS AO CÓDIGO DE PROCESSO CIVIL V. XIX

_____. Reflexões sobre as competências e o funcionamento do Supremo Tribunal Federal. Disponível em: s.conjur.com.br/dl/palestra-ivnl-reflexoes-stf-25ago2014.pdf.

_____. A razão sem voto: o Supremo Tribunal Federal e o governo da maioria, *Revista Brasileira de Políticas Públicas*, vol. 5.

_____. Contramajoritário, representativo e iluminista: o Supremo, seus papéis e seus críticos. *In A razão e o voto* – diálogos constitucionais com Luís Roberto Barroso. Org. Oscar Vilhena Vieira e Rubens Grezer. Rio de Janeiro: FGV Editora, 2017.

_____e TIBURCIO, Carmen. *Direito constitucional internacional*. Rio de Janeiro: Renovar, 2013.

_____e REGO, Frederico Montedonio. Como salvar o sistema de repercussão geral: transparência, eficiência e realismo na escolha do que o Supremo Tribunal Federal vai julgar, *Revista Brasileira de Políticas Públicas*, vol. 7.

BASTOS, Antônio Adonias. A potencialidade de gerar relevante multiplicação de processos como requisito do incidente de resolução de causas repetitivas no projeto do novo CPC. *In O projeto do novo Código de Processo Civil* – estudos em homenagem ao Prof. José de Albuquerque Rocha. Coord. Fredie Didier Jr., José Henrique Mouta Araújo e Rodrigo Klippel. Salvador: JusPodivm, 2011.

BECKER, Rodrigo Frantz. Aspectos relevantes da homologação de decisão estrangeira. *In Cooperação internacional*. Coord. Hermes Zanetti Jr. e Marco Antonio Rodrigues. Salvador: JusPodivm, 2019.

BENDITT, Theodore M. The rule of precedent. *In Precedent in law*. Edited by Laurence Goldstein. New York: Oxford University Press, 1987.

BENEDUZI, Renato. *Introdução ao processo civil alemão*. Salvador: JusPodivm, 2015.

_____. *Comentários ao Código de Processo Civil*, vol. II. São Paulo: Revista dos Tribunais, 2016.

_____. O direito alemão e a homologação de sentenças arbitrais anuladas ou confirmadas na sede. *In Cooperação internacional*. Coord. Hermes Zanetti Jr. e Marco Antonio Rodrigues. Salvador: JusPodivm, 2019.

BERMUDES, Sergio. *Comentários ao Código de Processo Civil*, vol. VII. 2. ed. São Paulo: Revista dos Tribunais, 1977.

_____. *CPC de 2015*: inovações, vol. 1. Rio de Janeiro: GZ, 2016.

BITENCOURT, Cezar Roberto. *Código Penal comentado*. 9. ed. São Paulo: Saraiva, 2015.

BLENNERHASSETT, Joanne. *A comparative examination of multi-party actions*. Oxford: Hart Publishing, 2016.

BOBBIO, Norberto. *Teoría gerenal del derecho*. Trad. E. Rozo Acuña. Madrid: Debate, 1996.

BONDIOLI, Luis Guilherme A. *Comentários ao Código de Processo Civil*, vol. XX. São Paulo: Saraiva, 2016.

_____. *Comentários ao Código de Processo Civil*, vol. XX. 2. ed. São Paulo: Saraiva, 2017.

_____. *Código de Processo Civil e legislação processual em vigor.* 49. ed. São Paulo: Saraiva, 2018.

_____. *Reconvenção no processo civil.* São Paulo: Saraiva, 2009.

_____e NEGRÃO, Theotonio; GOUVÊA, José Roberto F.; FONSECA, João Francisco N. da. *Código de Processo Civil e legislação processual em vigor.* 47. ed. São Paulo: Saraiva, 2016.

_____. *Código de Processo Civil e legislação processual em vigor.* 46. ed. São Paulo: Saraiva, 2014.

_____. Coment. ao art. 322. *In Breves comentários ao Código de Processo Civil.* Coord. Teresa Arruda Alvim Wambier, Fredie Didier Jr., Eduardo Talamini e Bruno Dantas. 3. ed. São Paulo: Revista dos Tribunais, 2016.

_____. Coment. ao art. 177. *In Código de Processo Civil anotado.* Coord. José Rogério Cruz e Tucci, Manoel Caetano Ferreira Filho, Rogéria Fagundes Dotti e Sandro Gilbert Martins. Rio de Janeiro: GZ Editora, 2016.

_____.Recorribilidade das decisões em matéria de intervenção de terceiros, *RePro* 283 (versão eletrônica).

BORDALO, Rodrigo. *Os órgãos colegiados no direito administrativo brasileiro.* São Paulo: Saraiva, 2016.

BORGES, Flávio Buonaduce. O julgamento monocrático em órgão colegiado sob a ótica do CPC de 2015. *In Processo em jornadas.* Coord. Paulo Henrique dos Santos Lucon, Ricardo de Carvalho Aprigliano, João Paulo Hecker da Silva, Ronaldo Vasconcelos e André Orthmann. Salvador: JusPodivm, 2016.

BRAGA, Antônio Pereira. *Exegese do Código de Processo Civil*, vol. II. Rio de Janeiro: Max Limonad, 1947.

BRAGA, Paula Sarno; DIDIER JR., Fredie e OLIVEIRA, Rafael Alexandria de. *Curso de direito processual civil.* 11. ed. Salvador: JusPodivm, 2016.

BRANDÃO, Cláudio. *Reclamação constitucional no processo do trabalho.* São Paulo: LTr, 2017.

BRASIL. Supremo Tribunal Federal (STF). *A Constituição e o Supremo* [recurso eletrônico] / Supremo Tribunal Federal. 5. ed. Brasília: STF, Secretaria de Documentação, 2016.

BRENNER, Saul and SPAETH, Harold J. *Stare indecisis* – the alteration of precedent on the Supreme Court, 1946-1992. New York: University of Cambridge, 1995.

BREYER, Stephen. *Making our democracy*: a judge's view. New York: Alfred A. Knopf, 2010.

BUZAID, Alfredo. *Estudos de direito*, vol. I. São Paulo: Saraiva, 1972.

CABRAL, Antonio do Passo. Juiz natural e eficiência processual: flexibilização, delegação e coordenação de competências no processo civil. Tese apresentada no concurso de provas e títulos para provimento do cargo de Professor Titular de Direito Processual Civil da Faculdade de Direito da Universidade do Estado do Rio de Janeiro: s/ed., 2017.

COMENTÁRIOS AO CÓDIGO DE PROCESSO CIVIL V. XIX

_____. *Coisa julgada e preclusões dinâmicas* – entre continuidade, mudança de posições processuais estáveis. 2. ed. Salvador: JusPodivm, 2014.

_____. *Nulidade no processo moderno*. 2. ed. Rio de Janeiro: Forense, 2010.

_____. ll principio del contraddittorio come diritto d'influenza e dovere di dibattito, *Rivista di Diritto Processuale*, anno 60, n. 2.

_____. Os efeitos processuais da audiência pública, *Boletim Científico da Escola Superior do Ministério Público da União*, 2007.

_____. A escolha da causa-piloto nos incidentes de resolução de processos repetitivos. *In Julgamento de casos repetitivos*. Coord. Fredie Didier Jr. e Leonardo Carneiro da Cunha. Salvador: JusPodivm, 2017.

_____. Comentários ao art. 502. *In Breves comentários ao Código de Processo Civil*. Coord. Teresa Arruda Alvim Wambier, Fredie Didier Jr., Eduardo Talamini e Bruno Dantas. São Paulo: Revista dos Tribunais, 2015.

_____. Comentários ao art. 279. *In Comentários ao novo Código de Processo Civil*. 2. ed. Coord. Antonio do Passo Cabral e Ronaldo Cramer. Rio de Janeiro: Forense, 2016.

_____. Comentários aos arts. 976 ao 987. *In Comentários ao novo Código de Processo Civil*. 2. ed. Coord. Antonio do Passo Cabral e Ronaldo Cramer. Rio de Janeiro: Forense, 2016.

_____. Estabilidade e alteração de jurisprudência consolidada: proteção da confiança e a técnica do julgamento-alerta. *In O papel da jurisprudência no STJ*. Coord. Isabel Gallotti, Bruno Dantas, Alexandre Freire, Fernando da Fonseca Gajardoni e José Miguel Garcia Medina. São Paulo: Revista dos Tribunais, 2014.

_____. A técnica do julgamento-alerta na mudança de jurisprudência consolidada. *RePro* 221.

_____. Novas tendências sobre os limites objetivos e temporais da coisa julgada. *In Ius Dictum*. Lisboa: Associação Académica da Faculdade de Direito da Universidade de Lisboa, 2020.

CADIET, Löic e JEULAND, Emmanuel. *Droit judiciaire privé*. 6. ed. Paris: LexisNexis, 2009.

CALAMANDREI, Piero. Revocazione. *In Opere giuridiche*, vol. VIII. A cura di Mauro Capplelletti. Napoli: Morano Editore, 1979.

CALMON DE PASSOS, José Joaquim. *Comentários ao Código de Processo Civil*, vol. III. 9. ed. Rio de Janeiro: Forense, 2004.

_____. *Esboço de uma teoria das nulidades aplicadas às nulidades processuais*. Rio de Janeiro: Forense, 2002.

CÂMARA, Alexandre Freitas. *O novo processo civil brasileiro*. São Paulo: Atlas, 2015.

_____. *O novo processo civil brasileiro*. 2. ed. São Paulo: Atlas, 2016.

_____. *O novo processo civil brasileiro*. 3. ed. São Paulo: Atlas, 2017.

_____. *Ação rescisória*. 3. ed. São Paulo: Atlas, 2014.

CÂMARA JÚNIOR, José Maria. Técnica da colegialidade do art. 942 do CPC. *In Aspectos polêmicos e atuais dos recursos cíveis e assuntos afins*, vol. 13. Coord. Nelson Nery

Jr. e Teresa Arruda Alvim. São Paulo: Revista dos Tribunais, 2017.

CAMARGO, Luiz Henrique Volpe. *A centralização de processos como etapa necessária do incidente de resolução de demandas repetitivas*. Tese de Doutorado. São Paulo: PUC-SP, 2017.

_____. Coment. ao art. 932. *In Comentários ao Código de Processo Civil*. 2. ed. Org. Lenio Luiz Streck, Dierle Nunes e Leonardo Carneiro da Cunha. São Paulo: Saraiva, 2017.

CAMPESTRINI, Hildebrando. *Como redigir ementas*. São Paulo: Saraiva, 1994.

CAPELO, Maria José. *A sentença entre a autoridade e a prova*. Coimbra: Almedina, 2016.

CAPPELLETTI, Mauro. Il valore delle sentenze straniere in Italia, *Rivista di Diritto Processuale*, vol. XX.

CARAMELO, António Sampaio. *O reconhecimento e execução de sentenças arbitrais estrangeiras*. Coimbra: Almedina, 2016.

CARMONA, Carlos Alberto. *Arbitragem e processo*. 3. ed. São Paulo: Atlas, 2009.

_____. Comentários aos arts. 960 ao 965. *In Breves comentários ao Código de Processo Civil*. 3. ed. Coord. Teresa Arruda Alvim Wambier, Fredie Didier Jr., Eduardo Talamini e Bruno Dantas. São Paulo: Revista dos Tribunais, 2016.

CARNEIRO, Athos Gusmão. *Jurisdição e competência*. 18. ed. São Paulo: Saraiva, 2012.

_____. *Recurso especial, agravos e agravo interno*. 6. ed. Rio de Janeiro: Forense, 2009.

CARNELUTTI, Francesco. *Sistema del diritto processuale civile*, vol. I. Padova: Cedam, 1936.

_____. *Sistema del diritto processuale civile*, vol. II. Padova: Cedam, 1938.

_____. *Teoria del falso*. Padova: Cedam, 1935.

_____. *Lezioni di diritto processuale civile*, vol. IV. Padova: La Litotipo, 1926.

_____. Intorno al litisconsorzio necessario nel giudizio di delibazione, *Rivista di Diritto Processuale*, vol. XVII.

CARVALHO, Fabiano. *Ação rescisória* – decisões rescindíveis. São Paulo: Saraiva, 2010.

_____. *Poderes do relator nos recursos* – art. 557 do CPC. São Paulo: Saraiva, 2008.

_____. Comentários aos arts. 21 ao 25. *In Comentários ao Código de Processo Civil*, vol. 1. Coord. Cassio Scarpinella Bueno. São Paulo: Saraiva, 2017.

_____. Comentário ao art. 143. *In Código de Processo Civil anotado*. Coord. José Rogério Cruz e Tucci, Manoel Caetano Ferreira Filho, Ricardo de Carvalho Aprigliano, Rogéria Fagundes Dotti e Sandro Gilbert Martins. Disponível em: www.aasp.org.br/novo_cpc.

_____. Ação rescisória fundada em prova nova e prova documentada. *In Direito probatório*. Coord. Marco Félix Jobim e Willian Santos Ferreira. Salvador: JusPodivm, 2015.

_____. A prova documentada e o mandado de segurança. *In A prova no direito processual civil* – estudos em homenagem ao professor João Batista Lopes. Coord. Olavo de Oliveira Neto, Elias Marques de Medeiros Neto e Ricardo Augusto de Castro Lopes. São Paulo: Verbatim, 2013.

COMENTÁRIOS AO CÓDIGO DE PROCESSO CIVIL V. XIX

_____. O princípio da eficiência no processo coletivo – Constituição, microssistema do processo coletivo e novo Código de Processo Civil. *In Ação civil pública após 30 anos*. Coord. Édis Milaré. São Paulo: Revista dos Tribunais, 2015.

_____. O princípio da dupla conformidade. *In Direito civil e processo*: estudos em homenagem ao professor Arruda Alvim. Coord. Araken de Assis, Eduardo Arruda Alvim, Nelson Nery Júnior, Rodrigo Mazzei, Teresa Arruda Alvim Wambier e Teresa Alvim (Org.). São Paulo: Revista dos Tribunais, 2007.

_____ e BARIONI, Rodrigo. Depósito prévio na ação rescisória e a evolução das garantias prestadas em juízo. *In Questões relevantes sobre recursos, ações de impugnação e mecanismos de uniformização da jurisprudência, em homenagem à professora Teresa Arruda Alvim*. Coord. Bruno Dantas, Cassio Scarpinella Bueno, Cláudia Elisabete Schwerz Cahali e Rita Dias Nolasco. São Paulo: Revista dos Tribunais, 2017.

CARVALHO, Milton Paulo de. *Manual da competência civil*. São Paulo: Saraiva, 1995.

_____. *Do pedido no processo civil*. Porto Alegre: Fabris, 1992.

CARVALHO FILHO, Milton Paulo de. *Apelação sem efeito suspensivo*. São Paulo: Saraiva, 2010.

CASTRO, Amilcar de. *Direito internacional privado*. 4. ed. Revisão e atualização Osiris Rocha. Rio de Janeiro: Forense, 1987.

CASTRO FILHO, José Olympio. Prejulgado, *Revista da Faculdade de Direito da Universidade de Minas Gerais*, vol. 4.

CHIOVENDA, Giuseppe. *Principio de derecho procesal*, t. I. Trad. José Casaís Y Santaló. Madrid: Editorial Reus, 1922.

CAVALCANTI, Marcos de Araújo. *Incidente de resolução de demandas repetitivas (IRDR)*. São Paulo: Revista dos Tribunais, 2016.

_____ e ABBOUD, Georges. Inconstitucionalidades do incidente de resolução de demandas repetitivas e riscos ao sistema decisório, *RePro* 240 (versão eletrônica).

CHISÉ, Paula de Magalhães e BARROS, Vera Cecília Monteiro de. Coment. ao art. 965. *In Código de Processo Civil anotado*. Coord. José Rogério Cruz e Tucci, Manoel Caetano Ferreira Filho, Ricardo de Carvalho Aprigliano, Rogéria Fagundes Dotti e Sandro Gilbert Martins. Disponível em www.aasp.org.br/novo_cpc.

CLÈVE, Clèmerson Merlin. *Atividade legislativa do poder executivo*. 3. ed. São Paulo: Revista dos Tribunais, 2011.

COLTRO, Antônio Carlos Mathias. O sim pode ser não (notas sobre o art. 485, IX, do CPC). *In Os poderes do juiz e o controle das decisões judiciais*. Coord. José Miguel Garcia Medina, Luana Pedrosa de Figueiredo Cruz, Luis Otávio Sequeira de Cerqueira e Luiz Manoel Gomes Junior. São Paulo: Revista dos Tribunais, 2008.

COMOGLIO, Luigi Paolo; FERRI, Corrado e TARUFFO, Michele. *Lezioni sul processo civile*, vol. I. 5. ed. Bologna: Il Mulino, 2011.

CONCEIÇÃO, Maria Lúcia Lins *et alii*. *Primeiros comentários ao novo Código de Processo Civil*. 3. tir. São Paulo: Revista dos Tribunais, 2015.

CONSOLO, Claudio. *Spiegazioni di diritto prossuale civile*, vol. III. Torino: Giappichelli,

2011.

CÔRTES, Osmar Mendes Paixão. Coment. ao art. 941. *In Breves comentários ao Código de Processo Civil*. Coord. Teresa Arruda Alvim Wambier, Fredie Didier Jr., Eduardo Talamini e Bruno Dantas. 3. ed. São Paulo: Revista dos Tribunais, 2016.

_____. Coment. ao art. 947. *In Breves comentários ao Código de Processo Civil*. Coord. Teresa Arruda Alvim Wambier, Fredie Didier Jr., Eduardo Talamini e Bruno Dantas. 3. ed. São Paulo: Revista dos Tribunais, 2016.

_____. Reclamação – a ampliação do cabimento no contexto da "objetivação" do processo nos tribunais superiores, *RePro* 197.

_____. A objetivação do processo e o ativismo judicial no contexto do pós-positivismo, *RePro* 251.

COSTA, Eduardo José da Fonseca. Coment. ao art. 304. *In Comentários ao Código de Processo Civil*. Org. Lenio Luiz Streck, Dierle Nunes e Leonardo Carneiro da Cunha. São Paulo: Saraiva, 2016.

_____. Coment. ao art. 988. *In Breves comentários ao Código de Processo Civil*. 3. ed. Coord. Teresa Arruda Alvim Wambier, Fredie Didier Jr., Eduardo Talamini e Bruno Dantas. São Paulo: Revista dos Tribunais, 2016.

_____. A reclamação constitucional estadual como um problema de fonte. *In Reclamação constitucional*. Org. Pedro Henrique Pedrosa Nogueira e Eduardo José da Fonseca Costa. Salvador: JusPodivm, 2013.

_____. A reclamação perante o Superior Tribunal Militar. *In Reclamação constitucional*. Org. Pedro Henrique Pedrosa Nogueira e Eduardo José da Fonseca Costa. Salvador: JusPodivm, 2013.

_____. Pequena história dos embargos infringentes no Brasil: uma viagem redonda. *In Novas tendências do processo civil – estudos sobre o projeto do novo Código de Processo Civil*. Org. Alexandre Freire, Bruno Dantas, Dierle Nunes, Fredie Didier Jr., José Miguel Garcia Medina, Luiz Fux, Luiz Henrique Volpe Camargo e Pedro Miranda de Oliveira. Salvador: JusPodivm 2014.

COSTA, Stefano. *Il dolo processuale in tema civile e penale*. Torino: Giappichelli, 1930.

COSTA, Susana Henriques da. Coment. ao art. 322. *In Comentários ao novo Código de Processo Civil*. Coord. Antonio do Passo Cabral e Ronaldo Cramer. 2. ed. Rio de Janeiro: Forense, 2016.

COUY, Giselle Santos. Da extirpação dos embargos infringentes no novo Código de Processo Civil – um retrocesso ou avanço? *In Processos nos tribunais e meios de impugnação às decisões judiciais*. Org. Lucas Buril de Macêdo, Ravi Peixoto e Alexandre Freire. Salvador: JusPodivm, 2015.

CRAMER, Ronaldo. *Ação rescisória por violação à norma jurídica*. Salvador: JusPodivm, 2012.

_____. *Precedentes judiciais* – teoria e dinâmica. Rio de Janeiro: Forense, 2016.

_____. Comentário ao art. 968. *In Comentários ao novo Código de Processo Civil*. Coord. Antonio do Passo Cabral e Ronaldo Cramer. 2. ed. Rio de Janeiro: Forense, 2016.

COMENTÁRIOS AO CÓDIGO DE PROCESSO CIVIL V. XIX

_____. A súmula e o sistema de precedentes do novo CPC. *In A nova aplicação da jurisprudência e precedentes no CPC/2015* – estudos em homenagem à Professora Teresa Arruda Alvim. Coord. Dierle Nunes, Aluisio Mendes e Fernando Gonzaga Jayme. São Paulo: Revista dos Tribunais, 2017.

CROSS, Rupert e HARRIS, J. W. *Precedent in english law.* 4. ed. Oxford: Oxford University Press, 2004.

CRUZ, Luana Pedrosa de Figueiredo e GOMES JÚNIOR, Luiz Manoel. Cabe reclamação de decisão que desrespeita acórdão de recurso extraordinário não repetitivo? *In Questões relevantes sobre recursos, ações de impugnação e mecanismos de uniformização da jurisprudência, em homenagem à professora Teresa Arruda Alvim.* Coord. Bruno Dantas, Cassio Scarpinella Bueno, Cláudia Elisabete Schwerz Cahali e Rita Dias Nolasco. São Paulo: Revista dos Tribunais, 2017.

CUNHA, Leonardo Carneiro da. *Comentários ao Código de Processo Civil*, vol. III. São Paulo: Revista dos Tribunais, 2016.

_____. *A fazenda pública em juízo.* 16. ed. Rio de Janeiro: Forense, 2019.

_____. *Direito intertemporal e o novo Código de Processo Civil.* Rio de Janeiro: Forense, 2016.

_____. *A atendibilidade dos fatos supervenientes no processo civil.* Coimbra: Almedina, 2012.

_____. Anotações sobre o incidente de resolução de demandas repetitivas previsto no projeto de novo Código de Processo Civil, *RePro* 193.

_____ e DIDIER JR., Fredie. *Curso de direito processual civil*, vol. 3. 13. ed. Salvador: JusPodivm, 2016.

_____ e DIDIER JR., Fredie. *Curso de direito processual civil*, vol. 3. 14. ed. Salvador: JusPodivm, 2017.

_____ e DIDIER JR., Fredie. *Curso de direito processual civil*, vol. 3. 16. ed. Salvador: JusPodivm, 2019.

_____ e DIDIER JR., Fredie. Intervenção do Ministério Público no incidente de assunção de competência e na reclamação: interpretando um silêncio e um exagero verborrágico do novo CPC. *In Ministério Público.* Coleção repercussões do novo CPC, v. 6. Coord. Robson Renault Godinho e Susana Henriques da Costa. Salvador: JusPodivm, 2015.

DALL'AGNOL, Antônio. *Comentários ao Código de Processo Civil*, vol. 2. São Paulo: Revista dos Tribunais. 2000.

DANTAS, Bruno. *Comentários ao Código de Processo Civil*, vol. 4. Coord. Cassio Scarpinella Bueno. São Paulo: Saraiva, 2017.

_____. (In)consistência jurisprudência e segurança jurídica: o "novo" dever dos tribunais no Código de Processo Civil brasileiro, *RePro* 262.

_____ e WAMBIER, Teresa Arruda Alvim. *Recurso especial, recurso extraordinário e a nova função dos tribunais superiores no direito brasileiro.* São Paulo: Revista dos Tribunais, 2016.

_____ e ALVIM, Teresa Arruda Alvim; DANTAS, Bruno. *Recurso especial, recurso extraordinário e a nova função dos tribunais superiores no direito brasileiro.* São Paulo: Revista dos

Tribunais, 2016.

DANTAS, Marcelo Navarro Ribeiro. *Reclamação constitucional no direito brasileiro*. Porto Alegre: Sergio Antonio Farbis Editor, 2000.

_____. Novidades em reclamação constitucional: seu uso para impor o cumprimento de súmula vinculante, *Revista Latino-Americana de Estudos Constitucionais* 8.

DELLORE, Luiz e outros. *CPC na jurisprudência*. Indaiatuba: Editora Foco, 2018.

DIDIER JR., Fredie. *Sobre a teoria geral do processo, essa desconhecida*. 2. ed. Salvador: Jus-Podivm, 2013.

_____. *Fundamentos do princípio da cooperação no direito processual civil português*. Coimbra: Coimbra Editora, 2010.

_____. *Curso de direito processual civil*, vol. 1. 17. ed. Salvador: JusPodivm, 2015.

_____. *Curso de direito processual civil*, vol. 1. 18. ed. Salvador: JusPodivm, 2016.

_____. Sentença constitutiva e execução forçada. *In Teoria quinaria da ação* – estudos em homenagem a Pontes de Miranda nos 30 anos do seu falecimento. Coord. Eduardo José da Fonseca Costa, Luiz Eduardo Ribeiro Mourão e Pedro Henrique Pedrosa Nogueira. Salvador: JusPodivm, 2010.

_____. Comentário ao art. 1º. *In Comentários ao novo Código de Processo Civil*. 2. ed. Coord. Antonio do Passo Cabral e Ronaldo Cramer. Rio de Janeiro: Forense, 2015.

_____ e CUNHA, Leonardo Carneiro da. *Curso de direito processual civil*, vol. 3. 13. ed. Salvador: JusPodivm, 2016.

_____ e CUNHA, Leonardo Carneiro da. *Curso de direito processual civil*, vol. 3. 14. ed. Salvador: JusPodivm, 2017.

_____ e CUNHA, Leonardo Carneiro da. *Curso de direito processual civil*, vol. 3. 16. ed. Salvador: JusPodivm, 2019.

_____ e CUNHA, Leonardo Carneiro da. Intervenção do Ministério Público no incidente de assunção de competência e na reclamação: interpretando um silêncio e um exagero verborrágico do novo CPC. *In Ministério Público*. Coleção repercussões do novo CPC, v. 6. Coord. Robson Renault Godinho e Susana Henriques da Costa. Salvador: JusPodivm, 2015.

_____; BRAGA, Paula Sarno e OLIVEIRA, Rafael Alexandria de. *Curso de direito processual civil*. 11. ed. Salvador: JusPodivm, 2016.

_____ e GODINHO, Robson Renault. Questões atuais sobre as posições do Ministério Público no novo CPC. *In Ministério Público*. Coord. Robson Renault Godinho e Susana Henrique da Costa. Salvador: JusPodivm, 2016.

_____ e OLIVEIRA, Rafael Alexandria. O depósito obrigatório da ação rescisória e a superveniência do novo CPC, *RePro 266*.

_____ e SOUZA, Marcus Seixas. O respeito aos precedentes como diretriz histórica do direito brasileiro, *Revista de Processo Comparado* vol. 2.

_____ e TEMER, Sofia. A decisão de organização do incidente de resolução de demandas repetitivas: importância, conteúdo e papel do regimento interno do tribunal,

COMENTÁRIOS AO CÓDIGO DE PROCESSO CIVIL v. XIX

RePro 258 (versão eletrônica).

DIMOULIS, Dimitri e LUNARDI, Soraya. *Curso de processo constitucional*. 4. ed. São Paulo: Atlas, 2016.

DINAMARCO, Cândido Rangel. *Capítulos de sentença*. 6. ed. São Paulo: Malheiros, 2014.

_____. *Instituições de direito processual civil*, vol. I. 8. ed. São Paulo: Malheiros, 2016.

_____. *Instituições de direito processual civil*, vol. III. 6. ed. São Paulo: Malheiros, 2009.

_____. *Ação rescisória e trânsito em julgado superveniente à sua propositura. In Fundamentos do processo civil moderno*, vol. II. 6. ed. São Paulo: Malheiros, 2010.

_____. *Nova era do processo civil*. 4. ed. São Paulo: Malheiros, 2013.

_____. *Das ações típicas. In Fundamentos do processo civil moderno*, vol. I. 6. ed. São Paulo: Malheiros, 2010.

_____. *A reclamação no processo civil brasileiro. In Nova era do processo civil*. 4. ed. São Paulo: Malheiros, 2013.

_____. *A reforma do Código de Processo Civil*. 4. ed. São Paulo: Malheiros, 1996.

_____. *A reforma da reforma*. São Paulo: Malheiros, 2002.

DOMINGUES DE ANDRADE, Manuel A. *Teoria geral da relação jurídica*, vol. II. Coimbra: Almedina, 2003.

DOLINGER, Jacob e TIBURCIO, Carmen. *Direito internacional privado*. 12. ed., com a colaboração de Felipe Albuquerque. Rio de Janeiro: Forense, 2016.

DONADEL, Adriane. *Ação rescisória no direito processual civil brasileiro*. 2. ed. Rio de Janeiro: Forense, 2009.

DUXBURY, Neil. *The nature and authority of precedente*. Cambridge: Cambridge University Press, 2008.

DWORKIN, Ronald. *O império do direito*. São Paulo: Martins Fontes, 2014.

FADEL, Sergio Sahione. *Código de Processo Civil comentado*, vol. III. Rio de Janeiro: José Konfino, 1974.

_____. *O processo nos tribunais*. Rio de Janeiro: Forense, 1981.

FARIAS, Cristiano Chaves de e ROSENVALD, Nelson. *Curso de direito civil*, vol. 1. 14. ed. Salvador: JusPodivm, 2016.

_____. *Curso de direito civil*, vol. 4. 4. ed. Salvador: JusPodivm, 2014.

FAZZALARI, Elio. *Instituzioni di diritto processuale*. 8. ed. Padova: Cedam, 1996.

FERNANDES, André Dias e LIMA, Tiago Asfor Rocha. Reclamação e causas repetitivas: alguns pontos polêmicos. *In Julgamento de casos repetitivos*. Coord. Fredie Didier Jr. e Leonardo Carneiro da Cunha. Salvador: JusPodivm, 2017.

FERNANDES, Antônio Scarance; GRINOVER, Ada Pellegrini; GOMES FILHO, Antônio Magalhães. *As nulidades do processo penal*, 6. ed. São Paulo: Revista dos Tribunais, 1999.

FERREIRA, Willian Santos. Cabimento do agravo de instrumento e a ótica prospectiva da utilidade – o direito ao interesse na recorribilidade de decisões interlocutórias,

RePro 263.

_____. Súmula vinculante – solução concentrada: vantagens, riscos e a necessidade de um contraditório de natureza coletiva (*amicus curiae*). *In Reforma do judiciário*. Teresa Arruda Alvim Wambier, Luiz Rodrigues Wambier, Luiz Manoel Gomes Jr., Octavio Campos Fischer e William Santos Ferreira (coords.). São Paulo: Revista dos Tribunais, 2005.

FERRI, Corrado. *Profili dell'accertamento costitutivo*. Padova: Cedam, 1971.

_____; COMOGLIO, Luigi Paolo e TARUFFO, Michele. *Lezioni sul processo civile*, vol. I. 5. ed. Bologna: Il Mulino, 2011.

FICANHA, Gresieli Taise. Decisões vinculantes, sua aplicação e garantia do contraditório: uma possível solução através da representação argumentativa, *Revista de Processo* 275 (versão eletrônica).

FIDÉLIS DOS SANTOS, Ernane. *Manual de direito processual civil*, vol. 1. 11. ed. São Paulo: Saraiva, 2006.

_____. *Manual de direito processual civil*, vol. 3. 15. ed. São Paulo: Saraiva, 2017.

FONSECA, João Francisco N. da. *O processo do mandado de injunção*. São Paulo: Saraiva, 2016.

_____; NEGRÃO, Theotonio; GOUVÊA, José Roberto F. e BONDIOLI, Luis Guilherme A. *Código de Processo Civil e legislação processual em vigor*. 47. ed. São Paulo: Saraiva, 2016.

_____. *Código de Processo Civil e legislação processual em vigor*. 49. ed. São Paulo: Saraiva, 2018.

_____. *Código de Processo Civil e legislação processual em vigor*. 46. ed. São Paulo: Saraiva, 2014.

FORNACIARI JR., Clito. Partilha judicial: via processual adequada à desconstituição, *Revista dos Tribunais*, vol. 551, p. 54-60.

FREIRE, Alexandre. Comentários aos arts. 976 ao 987. *In Código de Processo Civil comentado*. Coord. Helder Mornoni Câmara. São Paulo: Almedina, 2016.

_____. *A reforma processual civil (artigo por artigo)*. São Paulo: Saraiva, 1996.

FREITAS, Gabriela Oliveira. *A uniformização de jurisprudência no estado democrático de direito*. Rio de Janeiro: Lumen Juris, 2014.

FREITAS, José Lebre de e ALEXANDRE, Isabel Maria. *Código de Processo Civil anotado*, vol. 2º. 3. ed. Coimbra: Almedina, 2017.

FREITAS, Marina Carvalho e NUNES, Dierle. A necessidade de meios para superação dos precedentes, *RePro* 281.

FUX, Luiz. *Teoria geral do processo civil*. 3. ed. Rio de Janeiro: Forense, 2019.

GAJARDONI, Fernando da Fonseca. *Teoria geral do processo – comentários ao CPC de 2015*. Fernando da Fonseca Gajardoni, Luiz Dellore, André Vasconcelos Roque e Zulmar Duarte de Oliveira Jr. São Paulo: Método, 2015.

_____. *Processo de conhecimento e cumprimento de sentença – comentários ao CPC de 2015*.

Fernando da Fonseca Gajardoni, Luiz Dellore, André Vasconcelos Roque e Zulmar Duarte de Oliveira Jr. São Paulo: Método, 2016.

_____ e outros. *CPC na jurisprudência*. Indaiatuba: Editora Foco, 2018.

GALDINO, Flávio. Comentário ao art. 62. *In Comentários ao novo Código de Processo Civil*. Coord. Antonio do Passo Cabral e Ronaldo Cramer. Rio de Janeiro: Forense, 2015.

GALGANO, Francesco. *Il negozio giuridico*. 2. ed. Milano: Giuffrè, 2002.

GARAY, Alberto F. *La doctrina del precedente en la corte suprema*. Buenos Aires: Abeledo Perrot, 2013.

GARCIA, Emerson. *Ministério Público* – organização, atribuições e regime jurídico. 3. ed. Rio de Janeiro: Lumen Juris, 2008.

GARMS, Vercingetorix de Castro. *Recurso de revista*. São Paulo: Revista dos Tribunais, 1966.

GARRO, Alejandro M. Eficacia y autoridad del precedente constitucional em america latina: las lecciones del derecho comparado. *In Inter-American Law Review*, vol. 20:2.

GIANESINI, Rita. *Da revelia no processo civil brasileiro*. São Paulo: Revista dos Tribunais, 1977.

GILISSEN, John. *Introdução histórica ao direito*. 3. ed. Trad. A. M. Hepanha e L. M. Macaísta Malheiros. Lisboa: Fundação Calouste Gulbenkian, 2001.

GÓES, Gisele Santos Fernandes. A sinergia do NCPC: integridade, estabilidade e coerência. *In Processo em jornadas*. Coord. Paulo Henrique dos Santos Lucon, Ricardo de Carvalho Aprigliano, João Paulo Hecker da Silva, Ronaldo Vasconcelos e André Orthmann. Salvador: JusPodivm, 2016.

_____. A reclamação constitucional. *In Aspectos polêmicos e atuais dos recursos cíveis e de outras formas de impugnação às decisões judiciais*, vol. 8. Coord. Nelson Nery Jr. e Teresa Arruda Alvim Wambier. São Paulo: Revista dos Tribunais, 2005.

GOMES FILHO, Antônio Magalhães; GRINOVER, Ada Pellegrini e FERNANDES, Antônio Scarance. *As nulidades do processo penal*. 6. ed. São Paulo: Revista dos Tribunais, 1999.

GONÇALVES, Carlos Roberto. *Direito civil brasileiro*, vol. 1. 12. ed. São Paulo: Saraiva, 2014.

GOUVÊA, José Roberto F.; NEGRÃO, Theotonio; BONDIOLI, Luis Guilherme A. e FONSECA, João Francisco N. da. *Código de Processo Civil e legislação processual em vigor*. 47. ed. São Paulo: Saraiva, 2016.

_____. *Código de Processo Civil e legislação processual em vigor*. 46. ed. São Paulo: Saraiva, 2014.

_____. *Código de Processo Civil e legislação processual em vigor*. 49. ed. São Paulo: Saraiva, 2018.

GODINHO, Robson Renault. *Comentários ao Código de Processo Civil*, vol. XIV. São Paulo: Saraiva, 2018.

_____. Coment. ao art. 304. *In Comentários ao novo Código de Processo Civil*. Coord.

Antonio do Passo Cabral e Ronaldo Cramer. Rio de Janeiro: Forense, 2015.

_____. Comentários ao art. 449. *In Breves comentários ao Código de Processo Civil*. Coord. Teresa Arruda Alvim Wambier, Fredie Didier Jr., Eduardo Talamini e Bruno Dantas. São Paulo: Revista dos Tribunais, 2015.

_____. O Ministério Público no novo Código de Processo Civil: alguns tópicos. *In Ministério Público*. Coord. Robson Renault Godinho e Susana Henrique da Costa. Salvador: JusPodivm, 2016.

_____ e DIDIER JR., Fredie. Questões atuais sobre as posições do Ministério Público no novo CPC. *In Ministério Público*. Coord. Robson Renault Godinho e Susana Henrique da Costa. Salvador: JusPodivm, 2016.

GOLDSCHMIDT, James. *Derecho procesal civil*. Trad. Leonardo Prieto Castro. Barcelona: Editorial Labor, 1936.

GONÇALVES, Tiago e MAZZEI, Rodrigo. Primeiras linhas sobre a disciplina da ação rescisória no CPC/2015. *In Processos nos tribunais e meios de impugnação às decisões judiciais*. Org. Lucas Buril de Macêdo, Ravi Peixoto e Alexandre Freire. Salvador: JusPodivm, 2015.

GRECO, Leonardo. *Instituições de processo civil*, vol. I. 5. ed. Rio de Janeiro: Forense, 2015.

_____. *Instituições de processo civil*, vol. III. Rio de Janeiro: Forense, 2015.

_____. *Translatio iudicii* e reassunção do processo, *RePro* 166, p. 9-26.

_____. A tutela da urgência e a tutela da evidência no Código de Processo Civil de 2015. *In Procedimentos especiais, tutela provisória e direito transitório*. Org. Lucas Buril de Macêdo, Ravi Peixoto e Alexandre Freire. Salvador: Juspodivm, 2015.

_____. Garantias fundamentais do processo: o processo justo. *In Os princípios da Constituição de 1988*. Org. Manoel Mesias Peixinho, Isabella Franco Guerra e Firly Nascimento Filho. Rio de Janeiro: Lumen Juris, 2001.

GRECO FILHO, Vicente. *Direito processual civil brasileiro*, vol. 2. 22. ed. São Paulo: Saraiva, 2013.

_____. *Homologação de sentença estrangeira*. São Paulo: Saraiva, 1978.

GREENAWALT, Kent. Reflections on Holding and Dictum, 39, *Journal of Legal Education*. 431-442 (1989).

GRINOVER, Ada Pellegrini. As garantias constitucionais do processo. *In Novas tendências do direito processual*. Rio de Janeiro: Forense Universitária, 1990.

_____ ; GOMES FILHO, Antônio Magalhães e FERNANDES, Antônio Scarance. *As nulidades do processo penal*. 6. ed. São Paulo: Revista dos Tribunais, 1999.

GRUENBAUM, Daniel. Reconhecimento de sentença estrangeira: análise do requisito da competência da autoridade estrangeira. *In Cooperação internacional*. Coord. Hermes Zanetti Jr. e Marco Antonio Rodrigues. Salvador: JusPodivm, 2019.

GUASTINI, Riccardo. *L'interpretazioni dei documenti normativi*. Milano: Giuffrè, 2004.

GUIMARÃES, José Augusto Chaves. *Elaboração de ementas jurisprudenciais*. Brasília: CEJ, 2004.

COMENTÁRIOS AO CÓDIGO DE PROCESSO CIVIL V. XIX

GUIMARÃES, Mario. *O juiz e a função jurisdicional*. Rio de Janeiro: Forense, 1958.

HARRIS, J. W. e CROSS, Rupert. *Precedent in english law*. 4. ed. Oxford: Oxford University Press, 2004.

HASNAS, John. Hayek, the Common Law, and Fluid Drive, *NYU Journal of Law & Liberty*, 2004.

HESS, Burkhard e JAUERNIG, Othamar. *Manual de derecho procesal civil*. 30ª edição completamente revisada do manual fundado por Friedrch Lent e continuado desde a 10ª até a 29ª edição por Othmar Jauernig. Tradução de Eduard Roig Molés. Madri: Marcial Pons, 2015.

HILL, Flávia Pereira. A cooperação jurídica internacional no Código de Processo Civil de 2015. *In Cooperação internacional*. Coord. Hermes Zanetti Jr e Marco Antonio Rodrigues. Salvador: JusPodivm, 2019.

HOMMERDING, Adalberto Narciso. Reclamação e correição parcial: critério para distinção. *In Reclamação constitucional*. Org. Pedro Henrique Pedrosa Nogueira e Eduardo José da Fonseca Costa. Salvador: JusPodivm, 2013.

HUCK, Hermes Marcelo. Sentença arbitral estrangeira e os limites da ordem pública. *In Direito: teoria e experiência* – estudos em homenagem a Eros Roberto Grau, t. II. Org. José Augusto Fontoura Costa, José Maria Arruda de Andrade e Alexandra Mery Hansen Matsuo. São Paulo: Malheiros, 2013.

JAUERNIG, Othamar e HESS, Burkhard. *Manual de derecho procesal civil*. 30ª ed. completamente revisada do manual fundado por Friedrch Lent e continuado desde a 10ª até a 29ª edição por Othmar Jauernig. Tradução de Eduard Roig Molés. Madri: Marcial Pons, 2015.

JEULAND, Emmanuel e CADIET, Löic. *Droit judiciaire privé*. 6. ed. Paris: LexisNexis, 2009.

JORGE, Flávio Cheim. Coment. ao art. 1.006. *In Breves comentários ao Código de Processo Civil*. Coord. Teresa Arruda Alvim Wambier, Fredie Didier Jr., Eduardo Talamini e Bruno Dantas. 2. ed. São Paulo: Revista dos Tribunais, 2016.

JUNOY, Joan Picó I. *El principio de la buena fe procesal*. 2. ed. Barcelona: Bosch, 2013.

KELLY, David e SLAPPER, Gary. *O sistema jurídico inglês*. Trad. Marcílio Moreira de Castro. Rio de Janeiro: Forense, 2011.

KLIPPEL, Rodrigo. *Ação rescisória* – teoria e prática. Rio de Janeiro: Impetus, 2008.

KOEHLER, Frederico Augusto Leopoldino. O sistema de precedentes vinculantes e o incremento da eficiência na prestação jurisdicional: aplicar a *ratio decidendi* sem rediscuti-la. *In Processo em jornadas*. Coord. Paulo Henrique dos Santos Lucon, Ricardo de Carvalho Aprigliano, João Paulo Hecker da Silva, Ronaldo Vasconcelos e André Orthmann. Salvador: JusPodivm, 2016.

_____. O incidente de resolução de demandas repetitivas e os juizados especiais, *RePro* 237 (versão eletrônica).

KRöLL, Stefan. Recognition and Enforcement of Awards. *In Arbitration in Germany*: The Model Law in Practice Chapter VIII. 2. Edition: Wolters Kluwer Law & Business,

2015

LACERDA, Galeno. *Comentários ao Código de Processo Civil*, vol. VIII, t. I. 10. ed. Rio de Janeiro: Forense, 2007.

LEITE, Clarisse Frechiani Lara. *Prejudicialidade no processo civil*. São Paulo: Saraiva, 2008.

LEMOS, Vinicius Lemos. *Incidente de resolução de demandas repetitivas*. Londrina: Thoth, 2019.

_____. *Recursos e processos nos tribunais no novo CPC*. São Paulo: Lexia, 2015.

_____. *O incidente de assunção de competência*. Salvador: JusPodivm, 2018.

_____. O incidente de assunção de competência: o aumento da importância e sua modernização no novo Código de Processo Civil, *Revista Dialética de Direito Processual*, vol. 152.

LEONEL, Ricardo de Barros. *Reclamação constitucional*. São Paulo: Revista dos Tribunais, 2007.

_____. Direito intertemporal e reclamação. *In Direito intertemporal*. Coord. Flávio Luiz Yarshell e Fabio Guide Tabosa Pessoa. Salvador: JusPodivm, 2016.

LIEBMAN, Enrico Tullio. *Manuale di diritto processuale civile*, vol III. 3. ed. Milano: Giuffrè, 1976.

_____. L'azione per la delibazioni delle sentenze straniere, *Rivista di Diritto Processuale Civile*, vol. IV – Parte I, anno 1927. Cedam, 1931.

LIMA, Tiago Asfor Rocha e FERNANDES, André Dias. Reclamação e causas repetitivas: alguns pontos polêmicos. *In Julgamento de casos repetitivos*. Coord. Fredie Didier Jr. e Leonardo Carneiro da Cunha. Salvador: JusPodivm, 2017.

LIMONGE, Aroldo. As novas tendências de reclamação constitucional. *In Reclamação constitucional*. Org. Pedro Henrique Pedrosa Nogueira e Eduardo José da Fonseca Costa. Salvador: JusPodivm, 2013.

LOPES, Bruno Vasconcelos Carrilho. *A evolução do processo civil brasileiro*, vol. 1. 2. ed. São Paulo: Saraiva, 2012.

LOPES, João Batista. *Ação declaratória*. 5. ed. São Paulo: Revista dos Tribunais, 2002.

_____. *Tutela antecipada*. 5. ed. São Paulo: Castro Lopes, 2016.

LOPES DA COSTA, Alfredo de Araújo. *Direito processual civil brasileiro*, vol. III. 2. ed. Rio de Janeiro: Forense, 1959.

LUCON, Paulo Henrique dos Santos. Ação rescisória no Código de Processo Civil de 2015. *In Processo civil contemporâneo*: homenagem aos 80 anos do professor Humberto Theodoro Júnior. Org. Paulo Henrique dos Santos Lucon, Juliana Cordeiro de Faria, Edgard Audomar Marx Neto e Ester Camila Gomes Norato Rezende. Rio de Janeiro: Forense, 2018.

_____. Evolução da reclamação constitucional e seu emprego para assegurar a autoridade dos precedentes. *In Processo civil* – homenagem a José Ignacio Botelho de Mesquita. Coord. José Rogério Cruz e Tucci, Walter Piva Rodrigues e Rodolfo da Costa Manso Real Amadeo. São Paulo: Quartier Latin, 2013.

LUISO, Francisco P. *Diritto processuale civile*, vol. II. Milano: Giuffrè, 1997.

LUNARDI, Fabrício Castagna. *Curso de direito processual civil*. São Paulo: Saraiva, 2016.

LUNARDI, Soraya e DIMOULIS, Dimitri. *Curso de processo constitucional*. 4. ed. São Paulo: Atlas, 2016.

MACÊDO, Lucas Buril de. *Precedentes judiciais e o direito processual civil*. 2. ed. Salvador: JusPodivm, 2017.

_____. A concretização direta da cláusula geral do devido processo legal processual no Supremo Tribunal Federal e no Superior Tribunal de Justiça, *Revista de Processo* 2016.

MACCORMICK, Neil. *Rhetoric and the Rule of Law* - A Theory of Legal Reasoning. Oxford: Oxford University Press, 2005.

_____. Why cases have rationes and what these are. *In Precedent in law*. Edited by Laurence Goldstein. New York: Oxford University Press, 1987.

_____. Formal Justice and the Form of Legal Arguments. *In Études de Logique Juridique*. Bruxelles: Centre National de Recherches de Logique, 1976.

MACHADO, Marcelo e outros. *CPC na jurisprudência*. Indaiatuba: Editora Foco, 2018.

MALETT, Estêvão. *Ensaio sobre a interpretação das decisões judiciais*. São Paulo: LTr, 2009.

_____. A reclamação perante o Tribunal Superior do Trabalho. *In Reclamação constitucional*. Org. Pedro Henrique Pedrosa Nogueira e Eduardo José da Fonseca Costa. Salvador: JusPodivm, 2013.

MANCUSO, Rodolfo de Camargo. *Incidente de resolução de demandas repetitivas* – a luta contra a dispersão jurisprudencial excessiva. 2. ed. Salvador: JusPodivm, 2019.

_____. *Recurso extraordinário e recurso especial*. 14. ed. São Paulo: Revista dos Tribunais, 2018.

MANDRIOLI, Crisanto. *Corso di diritto processuale civile,* vol. II. 9. ed. com os cuidados de Antonio Carratta. Torino: Giappichelli, 2011.

MANGONE, Kátia Aparecida. A tutela provisória em ação rescisória. *In Tutela provisória no novo CPC*. Coord. Cassio Scarpinella Bueno, Elias Marques de Medeiros Neto, Olavo de Oliveira Neto, Patrícia Elias Cozzolino de Oliveira, Paulo Henrique dos Santos Lucon. São Paulo: Saraiva, 2016.

MARANHÃO, Clayton. *Comentários ao Código de Processo Civil*, vol. XVII. São Paulo: Revista dos Tribunais, 2016.

MARCACINI, Augusto Tavares Rosa. *Processo e tecnologia*: garantias processuais, efetividade e informatização processual. São Paulo: Edição do Autor, 2013 (livro eletrônico).

_____. Coment. ao art. 942. *In Código de Processo Civil anotado*. Coord. José Rogério Cruz e Tucci, Manoel Caetano Ferreira Filho, Rogéria Fagundes Dotti e Sandro Gilbert Martins. Rio de Janeiro: GZ Editora, 2016.

MARINONI, Luiz Guilherme. *A ética dos precedentes* – justificativa do novo CPC. São Paulo: Revista dos Tribunais, 2014.

_____. *Julgamento nas cortes supremas* – precedente e decisão do recurso diante do novo

CPC. 2. ed. São Paulo: Revista dos Tribunais, 2017.

_____. *O STJ enquanto corte de precedentes*. 3. ed. São Paulo: Revista dos Tribunais, 2017.

_____. *Precedentes obrigatórios*. 4. ed. São Paulo: Revista dos Tribunais, 2015.

_____. *Incidente de resolução de demandas repetitivas*. São Paulo: Revista dos Tribunais, 2016.

_____. A questão das coisas julgadas contraditórias, *RePro* 271.

_____. Sobre a assunção de competência. *In Doutrinas essenciais* – novo processo civil, vol. VII. Org. Teresa Arruda Alvim e Fredie Didier Jr. 2. ed. São Paulo: Revista dos Tribunais, 2018.

_____; ARENHART, Sérgio Cruz e MITIDIERO, Daniel. *Novo curso de processo civil*, vol. 2. São Paulo: Revista dos Tribunais, 2015.

_____e ARENHART, Sérgio Cruz. *Prova e convicção*. 3. ed. São Paulo: Revista dos Tribunais, 2015.

_____e MITIDIERO, Daniel. *Comentários ao Código de Processo Civil*, vol. XV. São Paulo: Revista dos Tribunais, 2016.

_____ e MITIDIERO, Daniel. *Recurso extraordinário e recurso especial*: do *jus litigatoris* ao *jus constitutions*. São Paulo: Revista dos Tribunais, 2019.

MARQUES, José Frederico. *Manual de direito processual civil*, vol. III. Campinas: Bookseller, 1997.

_____. Dos regimentos internos dos tribunais. *In Nove ensaios jurídicos* – em homenagem ao centenário do Tribunal de Justiça de São Paulo. São Paulo: Lex, 1975.

_____. Verbete "Juiz natural". *In Enciclopédia Saraiva do Direito*, vol. 46. São Paulo: Saraiva, 1977.

MARINS, Leonardo. Limites ao princípio da simetria constitucional. *In Vinte anos da Constituição Federal de 1988*. Coord. Cláudio Pereira de Souza Neto, Daniel Sarmento e Gustavo Binebojm. Rio de Janeiro: Lumen Juris, 2009.

MARTINS, Sandro Gilbert. Coment. ao art. 1.006. *In Código de Processo Civil comentado*. Coord. Antonio César Bochenek e Eduardo Cambi. São Paulo: Revista dos Tribunais, 2015.

MARTINS-COSTA, Judith. *A boa-fé no direito privado* – critérios para a sua aplicação. São Paulo: Marcial Pons, 2015.

MARTINS NETTO, Modestino. *Manual da ação rescisória*. Rio de Janeiro: Edições Trabalhistas S/A, 1972.

MAZZEI, Rodrigo. Coment. ao art. 1.022. *In Breves comentários ao Código de Processo Civil*. 3. ed. Coord. Teresa Arruda Alvim Wambier, Fredie Didier Jr., Eduardo Talamini e Bruno Dantas. São Paulo: Revista dos Tribunais, 2016.

_____ e GONÇALVES, Tiago. Primeiras linhas sobre a disciplina da ação rescisória no CPC/2015. *In Processos nos tribunais e meios de impugnação às decisões judiciais*. Org. Lucas Buril de Macêdo, Ravi Peixoto e Alexandre Freire. Salvador: JusPodivm, 2015.

MEDINA, José Miguel Garcia. *Novo Código de Processo Civil comentado*. 3ª ed. da obra

Código de Processo Civil comentado, reescrita com a Lei 13.105, de 16-3-2015. São Paulo: Revista dos Tribunais, 2015.

_____. *O prequestionamento nos recursos extraordinário e especial*, 4. ed. São Paulo: Revista dos Tribunais, 2005.

_____. Entre julgar teses e casos: transformações recentes dos papéis desempenhados pelos tribunais no direito brasileiro, *Revista dos Tribunais*, vol. 1000 (versão eletrônica).

MEIRELES, Edilton. Do incidente de resolução de demandas repetitivas no processo civil brasileiro. Disponível em: https://www.academia.edu/29245970/Incidente_de_resolu%C3%A7%C3%A3o_de_demandas_repetitivas_no_processo_civil.

MEIRELLES, Hely Lopes. *Direito administrativo brasileiro*. 41. ed. Atual. por Délcio Balestero Aleixo e José Emmanuel Burle Filho. São Paulo: Malheiros, 2014.

MENDES, Aluisio Gonçalves de Castro. *Incidente de resolução de demandas repetitivas*: sistematização, análise e interpretação do novo instituto processual. Rio de Janeiro: Forense, 2017.

_____ e TEMER, Sofia. *Comentários ao Código de Processo Civil*, vol. 4. Coord. Cassio Scarpinella Bueno. São Paulo: Saraiva, 2017.

_____; PINHO, Humberto Dalla Bernardina de; VARGAS, Daniel Vianna e SILVA, Felipe Carvalho Gonçalves da. O incidente de resolução de demandas repetitivas (IRDR) no processo penal. Reflexões iniciais, *RePro* 279.

MENDONÇA LIMA, Alcides. *Introdução aos recursos cíveis*, 2. ed. São Paulo: Revista dos Tribunais, 1976.

MELLO, Marco Aurélio. A reclamação no Código de Processo Civil de 2015 e a jurisprudência do Supremo. *In Questões relevantes sobre recursos, ações de impugnação e mecanismos de uniformização da jurisprudência, em homenagem à professora Teresa Arruda Alvim.* Coord. Bruno Dantas, Cassio Scarpinella Bueno, Cláudia Elisabete Schwerz Cahali e Rita Dias Nolasco. São Paulo: Revista dos Tribunais, 2017.

MELLO, Patrícia Perrone Campos. *Precedentes* – o desenvolvimento judicial do direito no constitucionalismo contemporâneo. Rio de Janeiro: Renovar, 2008.

_____. O Supremo e os precedentes constitucionais: como fica a sua eficácia após o novo Código de Processo Civil. *In Universitas JUS*, vol. 26, n. 2, p. 41-53, 2015.

MELLO, Rogério Licastro Torres de. *Atuação de ofício em grau recursal*. São Paulo: Saraiva, 2010.

_____ et al. *Primeiros comentários ao novo Código de Processo Civil*. 3. tir. São Paulo: Revista dos Tribunais, 2015.

_____. Coment. ao art. 990. *In Código de Processo Civil anotado*. Coord. José Rogério Cruz e Tucci, Manoel Caetano Ferreira Filho, Rogéria Fagundes Dotti e Sandro Gilbert Martins. Rio de Janeiro: GZ Editora, 2016.

MESQUITA, José Ignacio Botelho de. Súmula da jurisprudência predominante do Supremo Tribunal Federal. *In Teses, estudos e pareceres de processo civil*, vol. 2. São Paulo: Revista dos Tribunais, 2005.

_____. Da uniformização da jurisprudência – uma contribuição para seu estudo. *In*

Teses, estudos e pareceres de processo civil, vol. 2. São Paulo: Revista dos Tribunais, 2005.

_____. Uniformização da jurisprudência (esboço de substitutivo do Projeto de Lei 3.804/93). *In Teses, estudos e pareceres de processo civil*, vol. 2. São Paulo: Revista dos Tribunais, 2005.

_____. Da ação rescisória. *In Teses, estudos e pareceres de processo civil*, vol. 2. São Paulo: Revista dos Tribunais, 2005.

_____. Sentença estrangeira. *In Teses, estudos e pareceres de processo civil*, vol. 2. São Paulo: Revista dos Tribunais, 2005.

MICHELI, Gian Antonio. *Curso de derecho procesal civil*, vol. II. Tradução Santiago Sentís Melendo. Buenos Aires: EJEA, 1970.

MILMAN, Fabio. *Improbidade processual*: comportamento das partes e de seus procuradores no processo civil. Rio de Janeiro: Forense, 2007.

MITIDIERO, Daniel. *Colaboração no processo civil*. São Paulo: Revista dos Tribunais, 2009.

_____. *Precedentes* – da persuasão à vinculação. 2. ed. São Paulo: Revista dos Tribunais, 2017.

_____; MARINONI, Luiz Guilherme e ARENHART, Sérgio Cruz. *Novo curso de processo civil*, vol. 2. São Paulo: Revista dos Tribunais, 2015.

_____; MARINONI, Luiz Guilherme e ARENNHART, Sérgio Cruz. *Novo Código de Processo Civil*. São Paulo: Revista dos Tribunais, 2015.

_____ e MARINONI, Luiz Guilherme. *Comentários ao Código de Processo Civil*, vol. XV. São Paulo: Revista dos Tribunais, 2016.

_____ e MARINONI, Luiz Guilherme. *Recurso extraordinário e recurso especial*: do jus litigatoris ao jus constitutions. São Paulo: Revista dos Tribunais, 2019.

MONACO, Riccardo. Il giudizio di delibazione secondo il nuovo códice di procedura civile, *Rivista di Diritto Processuale Civile*, vol. XIX – parte I, anno 1942. Cedam, 1942.

MONIZ DE ARAGÃO, Egas Dirceu. *Sentença e coisa julgada*: exegese do Código de Processo Civil: arts. 444 a 475. Rio de Janeiro: Aide, 1992.

_____. *A correição parcial*. São Paulo: José Bushatsky, 1969.

MONNERAT, Fábio Victor da Fonte. Reclamação: STF. Legitimação Ativa. Atingidos por ADIN, *RePro* 142.

_____. *Súmulas e precedentes qualificados*. São Paulo: Saraiva, 2019.

MONTEIRO, João. *Teoria do processo civil*, t. II. 6. ed. Atualizada por J. M. de Carvalho Santos. Rio de Janeiro: Borsoi, 1956.

MORAES, José Rubens de. *Sociedade e verdade*: evolução histórica da prova. São Paulo: Edusp, 2015.

MORAES E BARROS, Hamilton de. *Comentários ao Código de Processo Civil*, vol. IX. 2. ed., 4. tir. Rio de Janeiro: Forense, 1987.

MORATO, Leonardo Lins. *Reclamação e sua aplicação para o respeito da súmula vinculante*. São Paulo: Revista dos Tribunais, 2007.

MOREIRA ALVES, José Carlos. *A parte geral do Projeto de Código Civil brasileiro*. 2. ed.

São Paulo: Saraiva, 2003.

MOTTA, Otávio Verdi. *Justificação da decisão judicial.* São Paulo: Revista dos Tribunais, 2016.

NEGRÃO, Theotonio; GOUVÊA, José Roberto F.; BONDIOLI, Luis Guilherme A. e FONSECA, João Francisco N. da. *Código de Processo Civil e legislação processual em vigor.* 47. ed. São Paulo: Saraiva, 2016.

_____. *Código de Processo Civil e legislação processual em vigor.* 49. ed. São Paulo: Saraiva, 2018.

NERY JR., Nelson. *Teoria geral dos recursos.* 7. ed. São Paulo: Revista dos Tribunais, 2014.

_____. *Princípios do processo civil na Constituição Federal.* 12. ed. São Paulo: Revista dos Tribunais, 2016.

_____ e NERY, Rosa Maria de Andrade. *Comentários ao Código de Processo Civil.* São Paulo: Revista dos Tribunais, 2015.

_____ e NERY, Rosa Maria de Andrade. *Comentários ao Código de Processo Civil.* 17. ed. São Paulo: Revista dos Tribunais, 2018.

NEVES, Daniel Amorim Assumpção. *Novo CPC* – inovações, alterações e supressões comentadas. 2. ed. São Paulo: Método, 2015.

_____. *Manual de direito processual civil.* 8. ed. Salvador: JusPodivm, 2016.

_____. *Novo Código de Processo Civil comentado artigo por artigo.* Salvador: JusPodium, 2016.

_____. *Competência no processo civil.* 2. ed. Rio de Janeiro: Forense, 2011.

NIEVA-FENOLL, Jordi. *Derecho procesal,* vol. II. Madri: Marcial Pons, 2015.

_____. *Coisa julgada.* Trad. Antonio do Passo Cabral. São Paulo: Revista dos Tribunais, 2016.

NOBRE JÚNIOR, Edilson Pereira. Reclamação e tribunais de justiça. *In Reclamação constitucional.* Org. Pedro Henrique Pedrosa Nogueira e Eduardo José da Fonseca Costa. Salvador: JusPodivm, 2013.

NOGUEIRA, Pedro Henrique Pedrosa. A eficácia da reclamação constitucional. *In Reclamação constitucional.* Org. Pedro Henrique Pedrosa Nogueira e Eduardo José da Fonseca Costa. Salvador: JusPodivm, 2013.

NONATO, Orosimbo. *Da coação como defeito do ato jurídico.* Rio de Janeiro: Forense, 1957.

NORONHA, Carlos Silveira. *Do agravo de instrumento.* Rio de Janeiro: Forense, 1976.

NUCCI, Guilherme de Souza. *Código de Processo Penal comentado.* 14. ed. Rio de Janeiro : Forense, 2015.

NUNES, Dierle *et al. Novo CPC* – fundamentos e sistematização. 2. ed. Rio de Janeiro: Forense, 2015.

_____ e FREITAS, Marina Carvalho. A necessidade de meios para superação dos precedentes, *RePro* 281.

_____ e VIANA, Antonio Aurélio de Souza. *Precedentes* – a mutação no ônus argumentativo. Rio de Janeiro: Forense, 2018.

NUNES, Jorge Amaury Maia. *Segurança jurídica e súmula vinculante*. São Paulo: Saraiva, 2010.

OLIANI, José Alexandre M. *Sentença no novo CPC*. São Paulo: Revista dos Tribunais, 2015.

OLIVEIRA, Daniele Viafore e TESHEINER, José Maria Rosa. Coment. aos arts. 976-987. *In Comentários ao Código de Processo Civil*. Coord. Angélica Arruda Alvim, Araken de Assis, Eduardo Arruda Alvim e George Salomão Leite. São Paulo: Saraiva, 2016.

OLIVEIRA, Eduardo Ribeiro de. Embargos de divergência. *In Estudos em homenagem a Carlos Alberto Menezes Direito*. Org. Antônio Celso Alves Pereira e Celso R. Duvivier de Albuquerque Mello. Rio de Janeiro: Renovar, 2003.

OLIVEIRA, Fernando Antônio e ZUFELATO, Camilo. Meios de impugnação da decisão do exame de admissibilidade do incidente de resolução de demandas repetitivas, *RePro* 286.

OLIVEIRA, Paulo Mendes de. *O poder normativo dos tribunais* – regimentos internos como fonte de normas processuais. Relatório final de pesquisa apresentado ao Programa de pós-doutorado da Faculdade de Direito da Universidade Federal da Bahia. Salvador: PDF, 2019.

OLIVEIRA, Pedro Miranda de. Coment. ao art. 988. *In Comentários ao novo Código de Processo Civil*. 2. ed. Coord. Antonio do Passo Cabral e Ronaldo Cramer. Rio de Janeiro: Forense, 2016.

_____. Coment. ao art. 992. *In Comentários ao novo Código de Processo Civil*. 2. ed. Coord. Antonio do Passo Cabral e Ronaldo Cramer. Rio de Janeiro: Forense, 2016.

_____. *Novíssimo sistema recursal conforme o CPC/2015*. Florianópolis: Conceito, 2015.

OLIVEIRA, Rafael Alexandria de; DIDIER JR., Fredie e BRAGA, Paula Sarno. *Curso de direito processual civil*. 11. ed. Salvador: JusPodivm, 2016.

_____ e DIDIER JR., Fredie O depósito obrigatório da ação rescisória e a superveniência do novo CPC, *RePro* 266.

OLIVEIRA JÚNIOR, Waldemar Mariz de. *Curso de direito processual civil*: teoria geral do processo civil, vol. 1. São Paulo: Revista dos Tribunais, 1968.

OLIVEIRA JR., Zulmar Duarte e outros. *CPC na jurisprudência*. Indaiatuba: Editora Foco, 2018.

PACHECO, José da Silva. A "reclamação" no STF e no STJ de acordo com a nova Constituição. *In Doutrinas essenciais de processo civil*, vol. VI. São Paulo: Revista dos Tribunais, 2011.

_____. *Mandado de segurança e outras ações constitucionais típicas*. 6. ed. São Paulo: Revista dos Tribunais, 2012.

PARÁ FILHO, Tomás. *Sentença constitutiva*. São Paulo: s/editora, 1973.

PARENTE, Eduardo de Albuquerque. *Jurisprudência* – da divergência à uniformização. São Paulo: Atlas, 2006.

PAULA, Alexandre de. *Código de Processo Civil anotado*, vol. 2. 7. ed. São Paulo: Revista dos Tribunais, 1998.

COMENTÁRIOS AO CÓDIGO DE PROCESSO CIVIL V. XIX

PEDRON, Flávio Quinaud *et al. Novo CPC* – fundamentos e sistematização. 2. ed. Rio de Janeiro: Forense, 2015.

PEIXOTO, Ravi. *Superação do precedente e segurança jurídica.* 4. ed. Salvador: JusPodivm, 2019.

_____. A reclamação como remédio jurídico processual para superação de precedentes. *In Precedentes judiciais* – diálogos transnacionais. Org. Ingo Wolfgang Sarlet e Marco Félix Jobim. Florianópolis: Tirant, 2018.

_____. Ação rescisória e capítulos de sentença: a análise de uma relação conturbada a partir do CPC/2015. *In Processos nos tribunais e meios de impugnação às decisões judiciais.* Org. Lucas Buril de Macêdo, Ravi Peixoto e Alexandre Freire. Salvador: JusPodivm, 2015.

_____. Supremo pode modular efeitos de decisão em embargos de declaração. Disponível em: http://www.conjur.com.br/2017-abr-15/ratyui vi-peixoto-stf-modular--efeitos-embargos-declaracao#_ftnref2.

_____. O incidente de arguição de inconstitucionalidade e o CPC/2015, *RePro* 287.

PEREIRA, Caio Mario da Silva. *Instituições de direito civil*, vol. I. 25. ed. Atual. Maria Celina Bodin de Moraes. Rio de Janeiro: Forense, 2012.

_____. *Instituições de direito civil*, vol. VI. 19. ed. Atual. Carlos Roberto Barbosa Moreira. Rio de Janeiro: Forense, 2012.

PEREIRA, Marcela Harumi Takahashi. *Homologação de sentenças estrangeiras*: aspectos gerais e o problema da falta de fundamentação no exterior. Rio de Janeiro: Renovar, 2009.

_____. Dos casos em que é desnecessário homologar uma sentença estrangeira, *Revista de Informação Legislativa*, n. 184.

PINHO, Humberto Dalla Bernadina de. *Direito processual civil contemporâneo*, vol. 2. 5. ed. São Paulo: Saraiva, 2018.

_____; MENDES, Aluisio Gonçalves de Castro; VARGAS, Daniel Vianna e SILVA, Felipe Carvalho Gonçalves da. O incidente de resolução de demandas repetitivas (IRDR) no processo penal. Reflexões iniciais, *RePro* 279.

PINTO, Bilac e BITTERCOURT, C. A. Lucio. *Recurso de revista*. Rio de Janeiro: Forense, 1937.

PISANI, Andrea Proto. La tutela C.D. constitutiva. In *Le tutele giurisdizionali dei diritti.* Napoli: Jovene Editore, 2003.

_____. *Lezioni di diritto processuale civile.* 5. ed. Napoli: Jovene, 2012.

POLIDO, Fabrício Bertini Pasquot. *Direito processual internacional e o contencioso internacional privado.* Curitiba: Juruá, 2013.

_____. Coment. aos arts. 24 e 41. *In Comentários ao Código de Processo Civil*, 2. ed. Org. Lenio Luiz Streck, Dierle Nunes e Leonardo Carneiro da Cunha. São Paulo: Saraiva, 2017.

PONTES DE MIRANDA, Francisco Cavalcante. Ação rescisória (verbete). *In Digesto de processo*, vol. 1. Rio de Janeiro: Forense, 1980.

_____. *Embargos, prejulgado e revista no direito processual brasileiro*. Rio de Janeiro: A. Coelho Branco Fº (Editor), 1937.

_____. *Comentários ao Código de Processo Civil*, t. V. 3. ed. Atualização legislativa de Sergio Bermudes. Rio de Janeiro: Forense, 2002.

_____. *Comentários ao Código de Processo Civil*, t. VI. 3. ed. Atualização legislativa de Sergio Bermudes. Rio de Janeiro: Forense, 2000.

_____. *Comentários ao Código de Processo Civil*, t. VIII. Rio de Janeiro: Forense, 1975.

_____. *Tratado da ação rescisória das sentenças e de outras decisões*. Atualizado por Nelson Nery Jr. e Georges Abboud. São Paulo: Revista dos Tribunais, 2015.

_____. *Tratado das ações*, t. III. 2. tir. São Paulo: Revista dos Tribunais, 1974.

PORTO, Sérgio Gilberto. *Ação rescisória atípica*. São Paulo: Revista dos Tribunais, 2009.

_____. *Comentários ao Código de Processo Civil*, vol. 6. São Paulo: Revista dos Tribunais, 2000.

POSNER, Richard A. *How judges think*. Cambrige: Harvard University Press, 2010.

PROVINCIALI, Renzo. *Della impugnazioni in generale*. Napoli: Morano, 1962.

PUOLI, José Carlos Baptista. Precedentes vinculantes? O CPC "depois" da Lei n. 13.256/16. *In Processo em jornadas*. Coord. Paulo Henrique dos Santos Lucon. Salvador: JusPodivm, 2016.

RAMOS, André de Carvalho. *Processo internacional de direitos humanos*. 5. ed. São Paulo: Saraiva, 2016.

_____. Dignidade humana como obstáculo à homologação de sentença estrangeira, *RePro* 249.

RAMOS, Glauco Gumerato. Reclamação no Superior Tribunal de Justiça. *In Reclamação constitucional*. Org. Pedro Henrique Pedrosa Nogueira e Eduardo José da Fonseca Costa. Salvador: JusPodivm, 2013.

REGO, Frederico Montedonio e BARROSO, Luis Roberto. Como salvar o sistema de repercussão geral: transparência, eficiência e realismo na escolha do que o Supremo Tribunal Federal vai julgar, *Revista Brasileira de Políticas Públicas*, vol. 7.

RIBEIRO, Leonardo Ferres da Silva. A conhecida, porém ignorada, distinção entre juízo de admissibilidade e juízo e mérito nos recursos especial e extraordinário. *In Recursos especial e extraordinário*. Coord. Rogério Licastro Torres de Mello. São Paulo: Método, 2007.

RIZZI, Sérgio. *Ação rescisória*. São Paulo: Revista dos Tribunais, 1979.

_____. Da ação rescisória. *In Doutrinas essenciais* – processo civil, vol. VII. Org. Teresa Arruda Alvim e Luiz Rodrigues Wambier. São Paulo: Revista dos Tribunais, 2011.

ROCHA, José de Albuquerque. *O procedimento da uniformização da jurisprudência*. São Paulo: Revista dos Tribunais, 1977.

RODRIGUES, Marco Antonio. *Manual dos recursos* – ação rescisória e reclamação. São Paulo: Atlas, 2017.

ROMANO NETO, Odilon. A nova técnica de julgamento do artigo 942 do CPC/2015.

In A nova aplicação da jurisprudência e precedentes no CPC/2015 – estudos em homenagem à Professora Teresa Arruda Alvim. Coord. Dierle Nunes, Aluisio Mendes e Fernando Gonzaga Jayme. São Paulo: Revista dos Tribunais, 2017.

ROQUE, Andre Vasconcelos. Coment. aos arts. 960 ao 965. *In Execução e recursos* – comentários ao CPC de 2015. Fernando da Fonseca Gajardoni, Luiz Dellore, André Vasconcelos Roque e Zulmar Duarte de Oliveira Jr. São Paulo: Método, 2017.

_____ e outros. *CPC na jurisprudência*. Indaiatuba: Editora Foco, 2018.

ROSENVALD, Nelson e FARIAS, Cristiano Chaves de. *Curso de direito civil*, vol. 1. 14. ed. Salvador: JusPodivm, 2016.

_____. *Curso de direito civil*, vol. 4. 4. ed. Salvador: JusPodivm, 2014.

SÁ, Renato Montans de. *Manual de direito processual civil*. São Paulo: Saraiva, 2016.

SANCHES, Sydney. *Uniformização da jurisprudência*. São Paulo: Revista dos Tribunais, 1975.

_____. Da ação rescisória por erro de fato, *RePro* 44.

SANTOS, Evaristo Aragão Ferreira dos. A ação rescisória fundada em prova falsa e a sentença civil declaratória de falsidade. *In Aspectos polêmicos e atuais dos recursos cíveis e de outras formas de impugnação às decisões judiciais*, vol. 4. Coord. Nelson Nery Jr. e Teresa Arruda Alvim Wambier. São Paulo: Revista dos Tribunais, 2001.

SANTOS, Welder Queiros dos. Ação rescisória contra decisão interlocutória de mérito e contra capítulo não recorrido, *RePro* 272.

SASSANI, Bruno. *Lineamenti del processo civile italiani*. 6. ed. Milano: Giuffrè, 2017.

SATO, Priscila Kei. Translatio iudicii no direito processual civil brasileiro. Tese de doutorado: PUC-SP, 2010.

SATTA, Salvatore. *Direito processual civil*, vol. II. 7. ed. Trad. e notas de Luiz Autuori. Rio de Janeiro: Borsoi, 1973.

SCARPINELLA BUENO, Cassio. *Manual de direito processual civil*. São Paulo: Saraiva, 2015.

_____. *Manual de direito processual civil*. 2. ed. São Paulo: Saraiva, 2016.

_____. *Manual de direito processual civil*. 3. ed. São Paulo: Saraiva, 2017.

_____. *Curso sistematizado de direito processual civil*, vol. 2. 8. ed. São Paulo: Saraiva, 2019.

_____. *Comentários ao Código de Processo Civil*, vol. 1. São Paulo: Saraiva, 2017.

_____. *Novo Código de Processo Civil anotado*. São Paulo: Saraiva, 2015.

_____. *Novo Código de Processo Civil anotado*. 2. ed. São Paulo: Saraiva, 2016.

_____. *Curso sistematizado de direito processual civil*. 5. ed. São Paulo: Saraiva, 2014.

_____. *Curso sistematizado de direito processual civil*, vol. 5. 4. ed. São Paulo: Saraiva, 2013.

_____. *Amicus curiae* – um terceiro enigmático. 3. ed. São Paulo: Saraiva, 2012.

_____. *Projetos de novo Código de Processo Civil comparados e anotados*. São Paulo: Saraiva, 2014.

SCHAUER, Frederick. *Thinking like a lawyer*. Cambridge: Harvard University Press, 2009.

_____. Precedent, *Stanford Law Review*, vol. 39, Issue 3 (February 1987).

SCHMITZ, Leonard Ziesemer. *Fundamentação das decisões judiciais*. São Paulo: Revista dos Tribunais, 2015.

SCHONKE, Adolf. *Derecho procesal civil*. Trad. Leonardo Prieto Castro. Barcelona: Bosh, 1950.

SICA, Heitor Vitor Mendonça. Cognição e execução no sistema de tutela jurisdicional civil brasileiro – identificação e tratamento do objeto litigioso em sede executiva. Tese de livre-docência. São Paulo: USP, 2016.

_____. *Cognição do juiz na execução civil*. São Paulo: Revista dos Tribunais, 2017.

_____. *Comentários ao Código de Processo Civil*, vol. V. São Paulo: Saraiva, 2019.

_____. Doze problemas e onze soluções quanto à chamada "estabilização da tutela antecipada". *In Tutela provisória*. Org. Eduardo José da Fonseca Costa, Mateus Costa Pereira, Roberto P. Campos Gouveia Filho. Salvador: JusPodivm, 2015.

_____. Brevíssimas reflexões sobre a evolução do tratamento da litigiosidade repetitiva no ordenamento brasileiro, do CPC/1973 ao CPC/2015. *In Doutrinas essenciais – novo processo civil*. Org. Teresa Arruda Alvim e Fredie Didier Jr. 2. ed. São Paulo: Revista dos Tribunais, 2018.

SIMÃO, José Fernando. *Prescrição e decadência*: início dos prazos. São Paulo: Atlas, 2013.

SILVA, Felipe Carvalho Gonçalves da; VARGAS, Daniel Vianna; MENDES, Aluisio Gonçalves de Castro e PINHO, Humberto Dalla Bernardina de. O incidente de resolução de demandas repetitivas (IRDR) no processo penal. Reflexões iniciais, *RePro* 279.

SILVA, José Afonso da. *Processo constitucional de formação das leis*. 2. ed. São Paulo: Malheiros, 2007.

SILVA, Paula Costa e. *A litigância de má fé*. Coimbra: Coimbra Editora, 2008.

SILVA, Beclaute Oliveira. Conflito entre coisas julgadas e o PLS n. 166/2010. *In O projeto do novo Código de Processo Civil*: estudos em homenagem a José Joaquim Calmon de Passos. Coord. Fredie Dider Jr. e Antônio Adonias Aguiar Bastos. Salvador: JusPodivm, 2012.

SILVA, Thais Sampaio da. Escrevendo um romance em cadeira: pressupostos teóricos da teoria dos precedentes. *In Direito jurisprudencial*, vol. II. Coord. Aluisio Gonçalves de Castro Mendes, Luiz Guilherme Marinoni e Teresa Arruda Alvim Wambier. São Paulo: Revista dos Tribunais, 2014.

SLAPPER, Gary e KELLY, David. *O sistema jurídico inglês*. Trad. Marcílio Moreira de Castro. Rio de Janeiro: Forense, 2011.

SOUZA, Antonio Aurélio de. *Precedentes* – a mutação no ônus argumentativo. Rio de Janeiro: Forense, 2018.

SOUZA, Artur César de. *Contraditório e revelia*. São Paulo: Revista dos Tribunais, 2003.

_____. *Resolução de demandas repetitivas*. São Paulo: Almedina, 2015.

SOKAL, Guilherme Jales. *O julgamento colegiado nos tribunais*. São Paulo: Método, 2012.

SOUZA, Bernardo Pimentel. *Introdução aos recursos cíveis*. 9. ed. São Paulo: Saraiva, 2013.

_____. Ação rescisória de decisão proferida em ação rescisória, *Revista de Informação Legislativa*, vol. 139.

_____. Carta rogatória: breves observações. *In Processos nos tribunais superiores*. Coord. Marcelo Andrade Féres e Paulo Gustavo M. Carvalho. São Paulo: Saraiva, 2006.

SOUZA, Marcus Seixas. *Os precedentes na história do direito processual civil brasileiro*: colônia e império. Dissertação de Mestrado. Salvador: Universidade Federal da Bahia, 2014.

SPAETH, Harold J. and BRENNER, Saul. *Stare indecisis* – the alteration of precedent on the Supreme Court, 1946-1992. New York: University of Cambridge, 1995.

STEFANO, Giuseppe de. *La revocazione*. Milano: Giuffrè, 1957.

STRECK, Lenio Luiz. O que é isto – a exigência de coerência e integridade no novo Código de Processo Civil. *In* STRECK, Lenio Luiz; ARRUDA ALVIM, Eduardo e SALOMÃO, George Leite. *Hermenêutica e jurisprudência no novo Código de Processo Civil*. São Paulo: Saraiva, 2016.

_____. *Dicionário de hermenêutica*: quarenta temas fundamentais da teoria do direito à luz da crítica hermenêutica do direito. Belo Horizonte: Casa do Direito, 2017.

_____. Coment. ao art. 926. *In Comentários ao Código de Processo Civil*. 2. ed. Org. Lenio Luiz Streck, Dierle Nunes e Leonardo Carneiro da Cunha. São Paulo: Saraiva, 2017.

_____ e ABBOUD, Georges. *O que é isto* – o precedente judicial e as súmulas vinculantes? 3. ed. Porto Alegre: Livraria do Advogado, 2015.

SUNSTEIN, Cass R. Porque as sociedades precisam de dissenso, *Revista de Direito Público da Economia*, Belo Horizonte, v. 4, n. 13, jan. 2006.

TALAMINI, Eduardo. *Coisa julgada e sua revisão*. São Paulo: Revista dos Tribunais, 2005.

_____. Novos aspectos da jurisdição constitucional brasileira: repercussão geral, força vinculante, modulação dos efeitos do controle de constitucionalidade e alargamento do objeto do controle direto. Tese apresentada para o concurso à livre-docência. USP, 2008.

_____. Produção antecipada de prova no Código de Processo Civil de 2015, *RePro* 260.

_____ e WAMBIER, Luiz Rodrigues. *Curso avançado de processo civil*, vol. 2. 16. ed. São Paulo: Revista dos Tribunais, 2016.

TARTUCE, Fernanda e outros. *CPC na jurisprudência*. Indaiatuba: Editora Foco, 2018.

TARUFFO, Michele. *A prova*. Trad. João Gabriel Couto. São Paulo: Marcial Pons, 2014.

_____. *Precedente e giurisprudenza*. Editoriale Scientifica, 2007.

. In *Revista de Processo v*. 199, p. 139, set. 2011. | DTR\2011\2445 (*versão eletrônica*).

_____; FERRI, Corrado e COMOGLIO, Luigi Paolo. *Lezioni sul processo civile*, vol. I. 5. ed. Bologna: Il Mulino, 2011.

TAVARES, André Ramos. *Nova lei da súmula vinculante*. São Paulo: Método, 2007.

_____. *Paradigmas do judicialismo constitucional*. São Paulo: Saraiva, 2012.

TEIXEIRA, Guilherme Freire de Barros. Art. 942 do CPC 2015 e suas dificuldades operacionais: aspectos práticos. *In Ampliação da colegialidade* – técnica de julgamento do art. 942 do CPC. Coord. Clayton Maranhão, Luiz Henrique Sormani Bargugiani, Rogério Ribas e Sandro Marcelo Kozikoski. Belo Horizonte: Arraes, 2017.

TEIXEIRA, Sálvio de Figueiredo. Ação rescisória: apontamentos, *RT* n. 646.

TERCEIRO NETO, João Otávio. *Interpretação dos atos processuais*. Rio de Janeiro: Forense, 2009.

TELES, Ney Moura. A reclamação nos Tribunais Regionais federais. *In Reclamação constitucional*. Org. Pedro Henrique Pedrosa Nogueira e Eduardo José da Fonseca Costa. Salvador: JusPodivm, 2013.

TEMER, Sofia. *Incidente de resolução de demandas repetitivas*. 3. ed. Salvador: JusPodivm, 2018.

_____ e DIDIER JR., Fredie. A decisão de organização do incidente de resolução de demandas repetitivas: importância, conteúdo e papel do regimento interno do tribunal, *RePro* 258 (versão eletrônica).

_____ e MENDES, Aluisio Gonçalves de Castro. *Comentários ao Código de Processo Civil*, vol. 4. Coord. Cassio Scarpinella Bueno. São Paulo: Saraiva, 2017.

TENÓRIO, Oscar. *Direito internacional privado*, vol. II. 11. ed. Rev. e atual. por

José Maria Rosa Tesheiner e Daniele Viafore Oliveira. Coment. aos arts. 976-987. *In Comentários ao Código de Processo Civil*. Coord. Angélica Arruda Alvim, Araken de Assis, Eduardo Arruda Alvim e George Salomão Leite. São Paulo: Saraiva, 2016.

THEODORO JR., Humberto. *Curso de direito processual civil*, vol. II. 50. ed. Rio de Janeiro: Forense, 2016.

_____. *Curso de direito processual civil*, vol. III. 47. ed. Rio de Janeiro: Forense, 2015.

_____ *et al. Novo CPC* – fundamentos e sistematização. 2. ed. Rio de Janeiro: Forense, 2015.

TIBURCIO, Carmen e DOLINGER, Jacob. *Direito internacional privado*. 12. ed., com a colaboração de Felipe Albuquerque. Rio de Janeiro: Forense, 2016.

_____ e BARROSO, Luis Roberto. *Direito constitucional internacional*. Rio de Janeiro: Renovar, 2013.

TORNAGHI, Hélio. *Comentários ao Código de Processo Civil*, vol. I. São Paulo: Revista dos Tribunais, 1974.

TUCCI, José Rogério Cruz e. *Comentários ao Código de Processo Civil*, vol. VII. São Paulo: Saraiva, 2016.

_____. *Comentários ao Código de Processo Civil*, vol. VIII. São Paulo: Revista dos Tribunais, 2016.

_____. *Precedente judicial como fonte do direito*. São Paulo: Revista dos Tribunais, 2004

_____. *Limites subjetivos da sentença e da coisa julgada*. São Paulo: Revista dos Tribunais, 2006.

_____. *A causa petendi no processo civil*. 3. ed. São Paulo: Revista dos Tribunais, 2009.

_____. Desistência da ação rescisória. *In Doutrinas essenciais* – processo civil, vol. VII.

Org. Teresa Arruda Alvim Wambier e Luiz Rodrigues Wambier. São Paulo: Revista dos Tribunais, 2011.

_____. *Comentários ao Código de Processo Civil*, vol. 4. Coord. Cassio Scarpinella Bueno. São Paulo: Saraiva, 2017.

_____. Limites da devolução da matéria objeto da divergência no julgamento estendido. Disponível em: http://www.conjur.com.br/2017-jan-31/paradoxo-corte-limites--devolucao-materia-divergente-julgamento-estendido?imprimir=1.

_____ e TUCCI, Rogério Lauria. *Constituição de 1988 e processo*. São Paulo: Saraiva, 1989.

TUCCI, Rogério Lauria e TUCCI, José Rogério Cruz e. *Constituição de 1988 e processo*. São Paulo: Saraiva, 1989.

TUPINAMBÁ, Carolina. O incidente de resolução de demandas repetitivas na Justiça do Trabalho, *RePro* 270.

VANDEVELDE, Kenneth J. *Thinking like a lawyer*: a introduction to legal reasoning. 2. ed. United States of America: Westview Press, 2011.

VARGAS, Daniel Vianna; MENDES, Aluisio Gonçalves de Castro; PINHO, Humberto Dalla Bernardina de e SILVA, Felipe Carvalho Gonçalves da. O incidente de resolução de demandas repetitivas (IRDR) no processo penal. Reflexões iniciais, *RePro* 279.

VASCONCELLOS, Heloisa de Almeida. A estabilização da tutela antecipada no novo Código de Processo Civil. Tese de Doutorado. São Paulo: USP, 2016.

VIANNA, José Ricardo Alvarez. *Erro judiciário e sua responsabilidade civil*. São Paulo: Malheiros, 2017.

VIDIGAL, Luís Eulálio de Bueno. *Comentários ao Código de Processo Civil*, vol. VI. São Paulo: Revista dos Tribunais, 1974.

_____. *Da ação rescisória dos julgados*. São Paulo: Saraiva, 1948.

VIVEIROS, Estefânia. *Os limites do juiz para correção do erro material*. Brasília: Gazeta Jurídica, 2013.

WAMBIER, Luiz Rodrigues e TALAMINI, Eduardo. *Curso avançado de processo civil*, vol. 2. 16. ed. São Paulo: Revista dos Tribunais, 2016.

_____. Coment. ao art. 509. *In Breves comentários ao Código de Processo Civil*. 3. ed. Coord. Teresa Arruda Alvim Wambier, Fredie Didier Jr., Eduardo Talamini e Bruno Dantas. São Paulo: Revista dos Tribunais, 2016.

XAVIER, Carlos Eduardo Rangel. *Reclamação constitucional e precedentes judiciais*. São Paulo: Revista dos Tribunais, 2016.

YOSHIKAWA, Eduardo Henrique de Oliveira. *Valor da causa*. São Paulo: Dialética, 2008.

_____. O incidente de resolução de demandas repetitivas no novo Código de Processo Civil. Comentários aos arts. 930 a 941 do PL 8.046/2010, In: Revista de Processo, São Paulo, v. 206, p. 243-270, abr. 2012. (versão eletrônica).

YARSHELL, Flávio Luiz. *Ação rescisória*: juízos rescindente e rescisório. São Paulo: Ma-

Bibliografia

lheiros, 2005.

_____. *Curso de direito processual civil*, vol. I. São Paulo: Marcial Pons, 2014.

_____. *Tutela jurisdicional*. 2. ed. São Paulo: DJP Editora, 2006.

_____. Direito intertemporal em tema de ação rescisória. *In Direito Intertemporal*. Coord. Flávio Luiz Yarshell e Fabio Guide Tabosa Pessoa. Salvador: JusPodivm, 2016.

ZAMPAR JÚNIOR, José Américo. *Produção de provas em sede recursal*. São Paulo: Revista dos Tribunais, 2019.

ZANETTI JR., Hermes. A eficácia da sentença constitutiva. *In Teoria quinaria da ação – estudos em homenagem a Pontes de Miranda nos 30 anos do seu falecimento*. Coord. Eduardo José da Fonseca Costa, Luiz Eduardo Ribeiro Mourão e Pedro Henrique Pedrosa Nogueira. Salvador: JusPodivm, 2010.

_____. Comentários ao art. 942. *In Comentários ao novo Código de Processo Civil*. 2. ed. Coord. Antonio do Passo Cabral e Ronaldo Cramer. Rio de Janeiro: Forense, 2016.

_____. Poderes do relator e precedentes no CPC/2015. *In A nova aplicação da jurisprudência e precedentes no CPC/2015 – estudos em homenagem à Professora Teresa Arruda Alvim*. Dierle Nunes, Aluisio Mendes e Fernando Gonzaga Jayme. São Paulo: Revista dos Tribunais, 2017.

_____. Aplicação supletiva, subsidiária e residual do CPC ao CPP. Precedentes normativos formalmente vinculantes no processo penal e sua dupla função. *Pro futuro in malam partem* (matéria penal) e *tempus regit actum* (matéria processual penal). *In Processo penal*. Coleção Repercussões do novo CPC, v. 13. Coord. Antonio do Passo Cabral, Eugênio Pacelli e Rogerio Schietti Cruz. Salvador: JusPodivm, 2016.

ZAVASCKI, Teori Albino. *Eficácia das sentenças na jurisdição* constitucional. São Paulo: Revista dos Tribunais, 2001.

_____. Ação rescisória: a súmula n. 343-STF e as funções institucionais do Superior Tribunal de Justiça. *In Superior Tribunal de Justiça – Doutrina (edição comemorativa – 20 anos)*. Brasília: STJ, 2009.

ZUFELATO, Camilo. *Contraditório e vedação às decisões-surpresa no processo civil brasileiro*. Belo Horizonte: Ed. D´Plácido, 2019.

_____. *Comentários ao Código de Processo Civil*, vol. 4. Coord. Cassio Scarpinella Bueno. São Paulo: Saraiva, 2017.

_____. e OLIVEIRA, Fernando Antônio. Meios de impugnação da decisão do exame de admissibilidade do incidente de resolução de demandas repetitivas, *RePro* 286.